正保会计网校
www.chinaacc.com

梦想成真® 1

2025年全国税务师职业资格考试

财务与会计
应试指南

上册

■ 赵玉宝 主编　■ 正保会计网校 编

感恩25年相伴 助你梦想成真

中国税务出版社

图书在版编目（CIP）数据

财务与会计应试指南 / 赵玉宝主编；正保会计网校编. -- 北京：中国税务出版社，2025.5. -- （2025年全国税务师职业资格考试应试指南）. -- ISBN 978-7-5678-1593-3

Ⅰ. F234.4

中国国家版本馆 CIP 数据核字第 2025K59G17 号

版权所有·侵权必究

丛 书 名：2025 年全国税务师职业资格考试应试指南
书 　 名：财务与会计应试指南
　　　　　CAIWU YU KUAIJI YINGSHI ZHINAN
作 　 者：赵玉宝　主编　正保会计网校　编
责任编辑：杨晓慧
责任校对：姚浩晴
技术设计：林立志
出版发行：中国税务出版社
　　　　　北京市丰台区广安路 9 号国投财富广场 1 号楼 11 层
　　　　　邮政编码：100055
　　　　　网址：https:// www.taxation.cn
　　　　　投稿：https:// www.taxation.cn/qt/zztg
　　　　　发行中心电话：（010）83362083/85/86
　　　　　传真：（010）83362047/49
经 　 销：各地新华书店
印 　 刷：北京荣玉印刷有限公司
规 　 格：787 毫米 ×1092 毫米　1/16
印 　 张：37.5
字 　 数：780000 字
版 　 次：2025 年 5 月第 1 版　2025 年 5 月第 1 次印刷
书 　 号：ISBN 978-7-5678-1593-3
定 　 价：99.00 元

前 言
PREFACE

学税务师？找"应试指南"！

考过税务师？找"应试指南"！

应试指南——正保会计网校老师潜心钻研考试大纲和命题规律精心打造，税务师考试备考路上的超级"加速器"，助力大家高效学习，轻松过关。

▶紧扣考纲剖考情：学习有重点

开篇：考情分析及学习指导——正保资深主编老师依据多年教学经验倾心编写，帮助大家迅速了解考试情况，掌握科学的学习方法，清晰明了且高效地开启备考之旅。

▶知识详解全覆盖：全面又细致

万丈高楼平地起，为了让大家学起来更加轻松，老师们在内容上精挑细选，选出最具代表性、最贴合学习需求的知识点；表述上摒弃枯燥的理论堆砌，用简洁生动的语言搭配图表等形式阐释知识；结构编排上按章由易到难、循序渐进梳理考点，让大家逐步深入掌握知识。

每章知识点讲解之后的"同步训练"，以考点顺序编排，在检测学习成果的同时查找漏洞、填补空缺，通过"学练结合"的方式提高学习效率。

▶实用小模块设计：贴心又实用

书中还设有诸多贴心小模块：在考点后采用★级标注重要程度，快速锁定学习重点，节省时间精力；"得分高手"模块紧跟考情，解读常考出题方式，传授高效解题技巧，精准把握考试方向；创新性设置的"一学多考"小标识，打通了学科之间的关键脉络，促进知识融会贯通；讲解中还穿插着提示性小模块，帮大家化解记忆难点和易混淆点。

▶模拟试卷押考点：考前不用慌

"考前模拟"部分精心准备了两套模拟试卷，扫描二维码就能答题，帮助大家熟悉考试

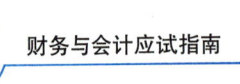

节奏，提升应试能力，快速进入考试状态。

▶数字化学习资源：随时随地学

书中配有丰富的数字化学习资源，扫描封面的防伪码即可获取线上电子书、电子题库等内容。网校还打造了配套专属课程供大家自由选择，书课结合效果更佳。

窗外有风景，笔下有前途；低头是题海，抬头是未来！备考的日子或许充满了艰辛和汗水，但每一次努力都是在为未来积攒能量，只要坚持下去，你一定会收获成功的喜悦。加油吧，小伙伴们，"应试指南"陪你一起成为更好的自己！

由于时间所限，书中难免存在疏漏，敬请批评指正。

编　者

总目录

上册 / 1   下册 / 305

目录 上册>>>

第一篇 考情分析及学习指导

2025年考情分析及学习指导 ··· 3

第二篇 应试指导及同步训练

第一章 财务管理概论 ··· 9
  考试风向 ··· 9
  考点详解及精选例题 ··· 10
    考点一 财务管理目标 ··· 10
    考点二 财务管理环境 ··· 12
    考点三 货币时间价值 ··· 14
    考点四 单项资产风险与收益 ··· 19
    考点五 证券资产组合的风险与收益 ··· 21
    考点六 资本资产定价模型 ··· 24
  同步训练 ··· 26

第二章 财务预测和财务预算 ... 34
考试风向 ... 34
考点详解及精选例题 ... 35
- 考点一 资金需要量预测 ... 35
- 考点二 本量利分析法 ... 37
- 考点三 盈亏临界点 ... 40
- 考点四 财务预算 ... 43
同步训练 ... 46

第三章 筹资与股利分配管理 ... 54
考试风向 ... 54
考点详解及精选例题 ... 55
- 考点一 筹资方式 ... 55
- 考点二 资本成本 ... 57
- 考点三 资本结构 ... 59
- 考点四 杠杆效应 ... 61
- 考点五 股利分配 ... 63
同步训练 ... 68

第四章 投资管理 ... 80
考试风向 ... 80
考点详解及精选例题 ... 81
- 考点一 投资项目现金流量估计 ... 81
- 考点二 固定资产投资决策方法 ... 83
- 考点三 有价证券投资管理 ... 87
- 考点四 公司并购与收缩 ... 88
同步训练 ... 90

第五章 营运资金管理 ... 98
考试风向 ... 98
考点详解及精选例题 ... 99
- 考点一 营运资金管理策略 ... 99
- 考点二 现金管理 ... 101
- 考点三 应收账款管理 ... 104

目录

　　　考点四　存货管理 ·· 106
　　　考点五　流动负债管理 ······································ 107
　　同步训练 ·· 109

第六章　财务分析与评价 ·· 116
　　考试风向 ·· 116
　　考点详解及精选例题 ·· 117
　　　考点一　基本财务分析比率 ·································· 117
　　　考点二　上市公司财务分析比率 ······························ 121
　　　考点三　综合分析与评价 ···································· 124
　　同步训练 ·· 127

第七章　财务会计概论 ·· 134
　　考试风向 ·· 134
　　考点详解及精选例题 ·· 135
　　　考点一　会计基本假设和会计基础 ···························· 135
　　　考点二　财务会计要素 ······································ 137
　　　考点三　财务会计要素计量属性 ······························ 142
　　　考点四　会计信息质量要求 ·································· 143
　　同步训练 ·· 146

第八章　流动资产（一） ·· 150
　　考试风向 ·· 150
　　考点详解及精选例题 ·· 151
　　　考点一　货币资金的核算 ···································· 151
　　　考点二　应收款项的核算 ···································· 154
　　　考点三　应收款项减值的核算 ································ 158
　　　考点四　交易性金融资产的核算 ······························ 161
　　　考点五　外币交易的核算 ···································· 164
　　同步训练 ·· 169

第九章　流动资产（二） ·· 176
　　考试风向 ·· 176
　　考点详解及精选例题 ·· 177

考点一 存货的确认和初始计量 …… 177
考点二 原材料的核算 …… 180
考点三 其他存货的核算 …… 186
考点四 存货的期末计量 …… 188
考点五 存货清查的核算 …… 194
考点六 非货币性资产交换 …… 195
同步训练 …… 199

第十章 非流动资产（一） …… 209

考试风向 …… 209
考点详解及精选例题 …… 210
考点一 固定资产取得 …… 210
考点二 固定资产折旧 …… 215
考点三 固定资产后续支出、处置和清查 …… 218
考点四 无形资产的取得 …… 221
考点五 无形资产摊销 …… 224
考点六 无形资产出售和报废 …… 226
考点七 投资性房地产的核算 …… 227
考点八 资产减值的核算 …… 232
考点九 持有待售资产 …… 236
同步训练 …… 239

第十一章 非流动资产（二） …… 253

考试风向 …… 253
考点详解及精选例题 …… 254
考点一 以摊余成本计量的金融资产的核算 …… 254
考点二 以公允价值计量且其变动计入其他综合收益的金融资产的核算 …… 258
考点三 长期股权投资成本法 …… 262
考点四 长期股权投资权益法 …… 268
考点五 长期股权投资核算方法的转换 …… 276
同步训练 …… 288

第一篇 考情分析及学习指导

税务师应试指南

轻松学习，快乐考试，梦想成真。

> 轻松听书，尽在"正保会计网校"APP！
>
> 打开"正保会计网校"APP，扫描"扫我听书"二维码，即可畅享在线听书服务。
> *提示：首次使用需扫描封面防伪码激活服务，此服务仅限手机端使用。
>
> 扫我听书

2025年考情分析及学习指导

一、"财务与会计"科目的总体情况

从历年考试情况来看，"财务与会计"科目近年考试朝着计算量大、考核面广、注重基础知识等方向发展，因此如何掌握有效的学习方法，全面深入地分析重难点，把握考试脉络，就成为决定考试成败的关键因素。

二、考试时间、考查形式及命题规律

（一）考试时间

2025年税务师职业资格考试财务与会计考试时间为2025年11月16日09：00—11：30。

（二）考查形式

各题型分值及命题特点，见下表。

各题型分值及命题特点

题型	题量	分值	特点
单项选择题	40	60	(1)题目覆盖面广，基本每章都有题目涉及，强调基础知识及基础计算； (2)需要计算的题目比重较高，个别题目的计算量较大，所需时间最多
多项选择题	20	40	更注重某个会计核算项目的界定、会计处理表述的正误判断或某指标影响因素的分析，对知识掌握的准确性有更高的要求
计算题	2	16	(1)财务管理与会计平均分配题量，覆盖面较广； (2)客观题形式主观题本质，更强调计算结果，不考查计算过程，因此对计算的正确性要求更高，在一定程度上加大了应试难度

(续表)

题型	题量	分值	特点
综合分析题	2	24	以大量信息为背景,将有关联的知识点融合,综合考查考生对复杂知识点的理解和应用,综合性强、计算量大、陷阱更多

*2025年考试题型尚未公布,参考2024年考试题型。

(三)命题规律

1. 从试题内容方面来看

(1)覆盖面广。

考试基本能覆盖大纲所规定的全部范围。因此,一定要精读大纲,全面掌握大纲所要求的内容。

(2)重点突出。

虽然考核范围广,但是重点章节考查力度大,因此应着重掌握重点章节、重点内容。"财务与会计"应关注的重点内容包括固定资产投资决策、财务分析、非流动资产的核算、非流动负债的核算、收入的确认原则及其应用、所得税及会计调整等。

(3)综合性强。

从近几年考试的趋势来看,不再局限于考查纯记忆性的知识点,而是跨章节、多角度地针对某一类问题或者某一个业务的各个环节进行考核。

2. 从考核思路方面来看

(1)计算要求高。

税务师考试更加注重对结果的考核,结果直接体现在选项上,而不是考查解析过程,与其他考试相比,难度有所增加。近年来,各类题型中计算性题目的比例居高不下。

(2)前后关联性强。

上一步的计算结果直接影响下一步的计算,一个步骤出错可能导致多个小题做错。以会计调整为例,如果前面调整分录错误,那么后面的应交所得税、所得税费用以及递延所得税等都无法计算正确。

(3)干扰项迷惑性比较强。

如果不能准确地排除干扰项,就很容易失分。比如综合分析题属于不定项选择题,题目条件本身并没有明确指出该小题是单选题还是多选题,如不小心应对,很容易出现错选或漏选。

三、备考建议

(一)应试指南如何使用

1. 基础阶段:学习本书第二篇"应试指导及同步训练"的知识点

这一阶段需要对考试内容进行全面系统的学习,时间较长(80个小时左右),您可根据自身情况，预留出"1至3个月"的时间。这一阶段的目标是打好基础，把不懂的内容学懂，把不理解的内容理解清楚。

2．练习阶段：完成本书第二篇"同步训练"的题目

在初步学习完每章全部知识点后，进入练习阶段。这一阶段是对已学内容进行第一次检验，完成由理论到实战的跨越。这一阶段的目标是通过一定量的练习，熟悉考试的出题套路、考查方向及难易程度，并对已学知识进行检验，发现自己的学习漏洞加以弥补，同时掌握一定的解题方法。需要提醒您注意的是，做习题时，建议多归纳总结，争取举一反三，不要轻易尝试题海战术；好题、错题要单独标记，以备反复演练。

3．模拟阶段：完成本书第三篇"考前模拟"

模拟阶段的目的是让我们熟悉考试的流程。选择一个空闲时间，完全模拟考试场景，进行自我检测。

（二）书课结合如何使用

本书和正保会计网校赵玉宝老师讲授的课程高度协同，其中"考点详解及精选例题"模块对标基础精讲班课程，"同步训练"模块对标习题强化班课程。

课件与图书有机结合，让书"活"起来，课件"活泼"、图书"沉稳"，两者既可以相辅相成，又可以独立使用。

最后，预祝各位考生在2025年能够*梦想成真！*

第二篇 应试指导及同步训练

税务师应试指南

逆流的方向，才更适合成长。

第一章　财务管理概论

重要程度：次重点章节　分值：4分左右

考试风向

▰▰▰ 考情速递

本章重点内容为财务管理目标、利益相关者的要求、经济周期中的财务管理战略、利率、货币时间价值计算、单项资产风险计算、证券资产组合风险计算、资本资产定价模型中必要收益率的计算等。常以单选题、多选题的形式考核，分值约占4分，需要理解并掌握。

▰▰▰ 2025年考试变化

本章内容无实质性变化。

▰▰▰ 脉络梳理

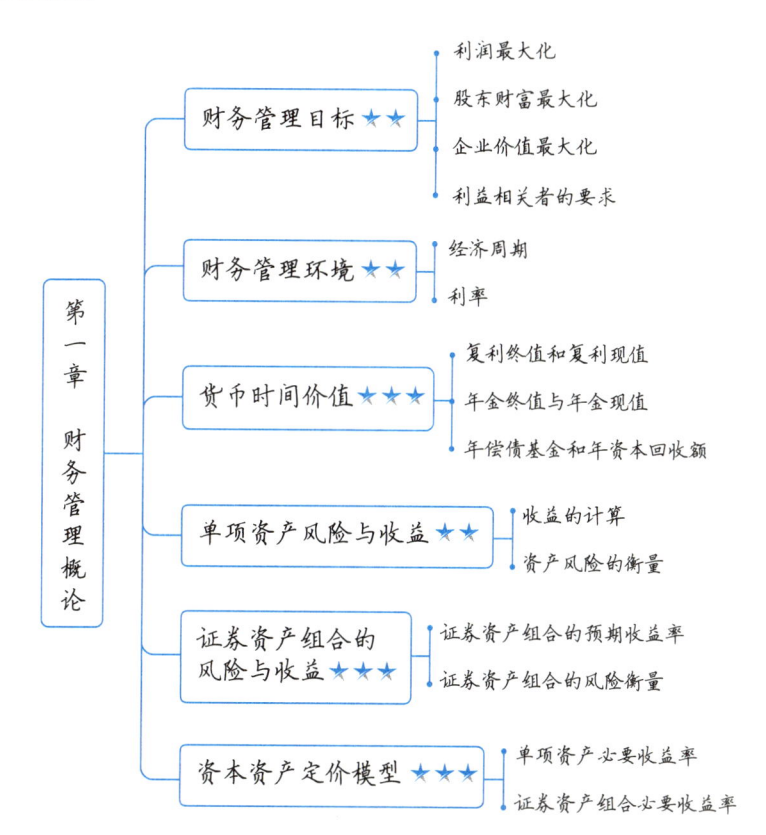

```
                            ┌─ 利润最大化
              ┌─ 财务管理目标★★ ─┼─ 股东财富最大化
              │                 ├─ 企业价值最大化
              │                 └─ 利益相关者的要求
              │
              ├─ 财务管理环境★★ ─┬─ 经济周期
              │                 └─ 利率
              │
              │                 ┌─ 复利终值和复利现值
第一章        ├─ 货币时间价值★★★ ┼─ 年金终值与年金现值
财务管理概论  │                 └─ 年偿债基金和年资本回收额
              │
              ├─ 单项资产风险与收益★★ ─┬─ 收益的计算
              │                      └─ 资产风险的衡量
              │
              ├─ 证券资产组合的 ──┬─ 证券资产组合的预期收益率
              │  风险与收益★★★   └─ 证券资产组合的风险衡量
              │
              └─ 资本资产定价模型★★★ ─┬─ 单项资产必要收益率
                                     └─ 证券资产组合必要收益率
```

考点详解及精选例题

考点一 财务管理目标 ★★① 一学多考 | 中注②

> **得分高手**（2020年多选）
> 考试常考三类财务管理目标特点的识别，大纲对本考点的要求是熟悉，以文字性的选择题为主。近几年考核较少，但2025年应重点掌握。

（一）利润最大化

利润最大化，见表1-1。

表1-1 利润最大化

优点	指标计算简单、易于理解
缺点	（1）没有反映创造的利润与投入资本之间的关系； （2）没有考虑风险问题； （3）没有考虑利润实现时间和资金时间价值； （4）可能导致企业财务决策短期化倾向，影响企业长远发展
另外表现方式	每股收益最大化，反映了创造利润与投入资本之间的关系，但是并不能弥补利润最大化目标的其他缺陷

记忆密码 口诀：三没一短、风时头短。

（二）股东财富最大化（2020年多选）

股东财富最大化，见表1-2。

表1-2 股东财富最大化

优点	（1）考虑风险因素，因为通常股价会对风险作出较敏感的反应； （2）在一定程度上能避免企业短期行为，因为不仅目前的利润会影响股票价格，预期未来的利润同样会对股价产生重要影响； （3）对上市公司而言，股东财富最大化目标比较容易量化，便于考核和奖惩
缺点	（1）通常只适用于上市公司，非上市公司难以应用； （2）股价受众多因素影响，不能完全准确反映企业财务管理状况； （3）强调更多的是股东利益，而对其他相关者的利益重视不够

---

① 本书采用★级对考点进行标注，★表示需要了解，★★表示需要熟悉，★★★表示需要掌握。
② "中"表示中级会计资格考试同步考查；"注"表示注册会计师考试同步考查。

(三)企业价值最大化

企业价值最大化,见表1-3。

表1-3 企业价值最大化

优点	(1)考虑了风险与报酬的关系; (2)考虑了取得报酬的时间,并用时间价值的原理进行了计量; (3)将企业长期、稳定的发展和持续的获利能力放在首位,能克服企业在追求利润上的短期行为; (4)用价值代替价格,避免了过多受外界市场因素的干扰
缺点	(1)过于理论化,不易操作; (2)对于非上市公司,只有对企业进行专门的评估才能确定其价值,而在评估企业的资产时,由于受评估标准和评估方式的影响,很难做到客观和准确

【例题1·多选题】与利润最大化目标相比,股东财富最大化作为企业财务管理的目标的优点有( )。①

A．一定程度上避免企业追求短期行为
B．通常只适用于上市公司,非上市公司难以应用
C．考虑了风险因素
D．对上市公司而言,股东财富最大化的目标容易量化,便于考核
E．充分考虑了企业所有的利益相关者

解析 与利润最大化相比,股东财富最大化的主要优点有:①考虑了风险因素,因为通常股价会对风险作出较敏感的反应;②在一定程度上能避免企业短期行为,因为不仅目前的利润会影响股票价格,预期未来的利润同样会对股价产生重要影响;③对上市公司而言,股东财富最大化目标比较容易量化,便于考核和奖惩。

【例题2·多选题】(2020年)② 下列企业财务管理目标中,考虑了风险因素的有( )。

A．企业价值最大化　　　B．每股收益最大化
C．利润最大化　　　　　D．企业净资产最大化
E．股东财富最大化

解析 选项B、C,没有考虑风险因素。选项D,不属于企业财务管理目标。

【例题3·多选题】下列关于财务管理目标理论的表述中,正确的有( )。

A．利润最大化反映创造的利润与投入资本之间的关系

---

① 本书例题的答案放在页面最下方或"考点详解及精选例题"的结尾处。
② 本书仅对近5年考题进行年份标记,考题均为考生回忆并已根据2025年考试大纲修改过时内容。

答案
例题1 | ACD
例题2 | AE

B. 利润最大化和股东财富最大化都未考虑风险因素

C. 企业价值最大化同时考虑了风险和货币的时间价值因素

D. 股东财富最大化和企业价值最大化都能规避管理层追求利润的短期行为

E. 企业价值最大化用价值代替价格,避免了过多受外界市场因素的干扰

解析 选项A,利润最大化没有反映创造的利润与投入资本之间的关系。选项B,股东财富最大化考虑了风险因素。

(四)利益相关者的要求

利益相关者的要求,见表1-4。

表1-4 利益相关者的要求

股东和经营者的利益冲突协调方法❶	(1)解聘:一种通过股东约束经营者的办法。 (2)接收:一种通过市场约束经营者的办法。 (3)激励:将经营者的报酬与其绩效直接挂钩,以使经营者自觉采取能提高股东财富的措施。激励通常有两种方式:①股票期权;②绩效股
股东和债权人的利益冲突协调方法❷	保证债权人的利益,降低不能偿债风险的解决方式: (1)限制性借债:债权人通过事先规定借债信用条件、借债担保条款和借债用途限制,使股东不能通过以上方式削弱债权人的债权价值。 (2)收回借款或停止借款:当债权人发现企业有侵蚀其债权价值的意图时,采取收回债权或不再给予新的借款的措施,从而保护自身权益

记忆密码 1
口诀:姐(解)接机(激)妻(期)笑(效)。

记忆密码 2
口诀:借前限制条保途、借后停止或收回。

● **得分高手**

考试常考两类协调方法的识别,以文字性的选择题为主。近几年考核少,2025年应重点掌握。

【例题4·多选题】以股东财富最大化作为财务管理目标的首要任务就是协调相关者的利益关系,下列属于股东和债权人利益冲突的解决方式有( )。

A. 股权激励   B. 限制性借债
C. 收回借款或停止借款 D. 通过市场约束债权人
E. 压缩投资

解析 协调股东和债权人利益冲突的方式有:限制性借债、收回借款或停止借款。

答案
例题3 | CDE
例题4 | BC

考点二 财务管理环境 ★★ 一学多考|中

财务管理环境主要包括经济、法律、金融等方面。经济环境主要包括经济体制、经济周期、经济发展水平、宏观经济政策及通货膨胀水平等。

（一）经济周期(2024年单选；2022年多选)

> **得分高手**（2022年多选、2024年单选）
> 考试常考四个阶段中不同管理战略的识别，以文字性的选择题为主。

经济周期中的财务管理战略，见表1-5。

表1-5 经济周期中的财务管理战略

复苏	繁荣	衰退	萧条
增加厂房设备 实行长期租赁	扩充厂房设备	停止扩张 出售多余设备	建立投资标准 压缩管理费用
建立存货储备 开发新产品	继续增加存货 提高产品价格 开展营销规划	削减存货 停止长期采购 停产不利产品	削减存货 保持市场份额 放弃次要利益
增加劳动力	增加劳动力	停止扩招雇员	裁减雇员

记忆密码
复苏：增租储开劳；衰退：4停1售1削减。

【例题5·多选题】（2022年）在处于衰退的经济周期中，公司应采取的财务管理战略包括(   )。

A．增加劳动力   B．停止长期采购
C．提高产品价格 D．出售多余设备
E．停止扩张

解析 在经济周期的不同阶段，企业应相应采取不同的财务管理战略。当经济处于衰退阶段时，应采取的财务管理战略包括：①停止扩张；②出售多余设备；③停产不利产品；④停止长期采购；⑤削减存货；⑥停止扩招雇员。选项A，属于复苏和繁荣阶段应采用的财务管理战略。选项C，属于繁荣阶段应采用的财务管理战略。

【例题6·单选题】（2024年）企业在经济周期的不同阶段实施不同的财务管理战略，下列表述正确的是(   )。

A．经济衰退阶段，应开发新产品和停产不利产品
B．经济繁荣阶段，应实行长期租赁和提高产品价格
C．经济萧条阶段，应开展营销规划和压缩管理费用
D．经济复苏阶段，应建立存货储备和增加厂房设备

解析 选项A，开发新产品属于经济复苏阶段。选项B，实行长期租赁属于经济复苏阶段。选项C，开展营销规划属于经济繁荣阶段。

（二）利率(2023年多选)

名义利率=纯利率+通货膨胀预期补偿率+风险补偿率(包括：违约风

答案
例题5｜BDE
例题6｜D

补偿率+流动性风险补偿率+期限风险补偿率)

利率的各组成部分,见表1-6。

记忆密码

口诀:蠢(纯)货风流违妻(期)。

表1-6 利率的各组成部分

名称	含义	
纯利率	指<u>没有</u>风险、<u>没有</u>通货膨胀情况下的平均利率,它只受<u>平均利润率、货币的供求关系和国家调节</u>的影响	
通货膨胀预期补偿率	由于通货膨胀造成货币实际购买力下降而对投资者的补偿,它<u>与将来的通货膨胀水平有关</u>,与当前的通货膨胀水平关系不大	
风险补偿率	风险补偿率受风险大小的影响,<u>风险越大,要求的报酬率越高</u>,当风险升高时,就相应要求提高报酬率	
	流动性风险	指一项资产能否迅速转化为现金,如果能迅速转化为现金,说明其<u>变现能力强,流动性风险小</u>,反之,流动性风险大
	违约风险	指由于借款人<u>无法按时支付</u>利息或偿还本金而给投资者带来的风险
	期限风险	指在一定时期内利率变动的幅度,<u>利率变动幅度越大,期限风险越大</u>,反之,期限风险越小

【例题7·多选题】(2023年)下列关于利率各组成部分,表述正确的有( )。

A. 纯利率是指没有风险、没有通货膨胀情况下的平均利率
B. 纯利率只受货币供求关系影响
C. 风险补偿率包括通货膨胀补偿率、违约风险补偿率、流动性风险补偿率、期限风险补偿率
D. 期限风险是指在一定时期内利率变动的幅度,其与利率变动幅度成正比
E. 流动性风险是指一项资产能否迅速转化为现金,与资产的变现能力成正比

解析 选项B,纯利率只受货币的供求关系、平均利润率和国家调节的影响。选项C,风险补偿率包括违约风险补偿率、流动性风险补偿率和期限风险补偿率。选项E,流动性风险与资产的变现能力成反比,如果资产能迅速转换为现金,说明其变现能力强,流动性风险小。

考点三 货币时间价值 ★★★   一学多考|中注

(一)复利终值和复利现值

1. 复利终值

复利终值指期初的货币按复利计算的若干期后的本利总和。

$F = P \times$ 复利终值系数$(F/P, i, n) = P \times (1+i)^n$

答案
例题7|AD

2. 复利现值

复利现值是指未来某期的一定量的货币按复利计算的现在价值。

$P = F \times 复利现值系数(P/F, i, n) = F \times 1 \div (1+i)^n$

【例题8·单选题】 甲公司进行长期投资，拟支付1 000万元资金购入5年期、年利率为2%的债券。在复利计息下，甲公司5年后收到的本利和为（　　）万元。[已知(F/P, 2%, 5)=1.104 1]

A. 1 100　　　B. 1 000　　　C. 1 104.1　　　D. 1 004.1

解析 5年后收到的本利和=1 000×(1+2%)⁵=1 104.08（万元）[①]。或：1 000×(F/P, 2%, 5)=1 000×1.104 1=1 104.1（万元）。

【例题9·单选题】 甲公司进行长期投资，拟购入5年期、年利率为2%的债券，在复利计息下，甲公司5年后收到1 104.1万元，则甲公司购买时需支付（　　）万元。[已知(P/F, 2%, 5)=0.905 7，计算结果保留整数]

A. 1 100　　　B. 1 000　　　C. 1 104　　　D. 1 004

解析 购买时需支付的金额=1 104.1÷(1+2%)⁵=1 000（万元）。或：1 104.1×(P/F, 2%, 5)=1 104.1×0.905 7=1 000（万元）。

（二）年金终值与年金现值（2021年单选；2020年多选）

年金是<u>等期等额</u>的收付款（等期可以是1年，也可以是每季、每月），常用字母A表示。年金主要包括普通年金、预付年金、递延年金、永续年金。

1. 普通年金

特点：<u>每期期末</u>等额收付的系列款项。

普通年金<u>终值</u> $F_A = A \times (F/A, i, n)$

普通年金<u>现值</u> $P_A = A \times (P/A, i, n)$

提示 计算要点：求什么，乘什么系数；关键是准确识别题目给出的系数。

普通年金终值和普通年金现值（期限五期），见图1-1。

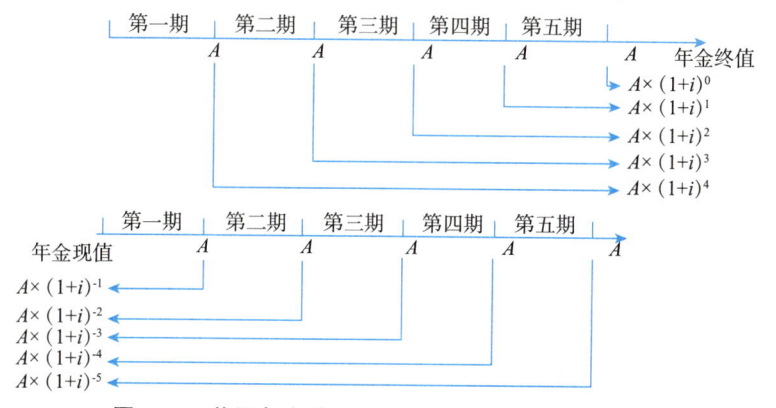

图1-1 普通年金终值和普通年金现值（期限五期）

[①] 因考试时并不严格区分等号和约等号，故为了统一性，本书统一使用等号；另外，本书中计算结果除不尽的均保留两位小数。

答案
例题8 | C
例题9 | B

【例题10·单选题】乙公司拟每年年末支付100万元的资金购入债券进行投资,第5年年末收回所有投资,年利率5%,在复利计息下,乙公司5年后收到的资金总额为( )万元。[已知(F/A,5%,5)=5.525 6]
A. 500　　　　B. 432.95　　　　C. 552.56　　　　D. 127.63

解析 5年后收到的资金总额(普通年金终值)=100×(F/A,5%,5)=100×5.525 6=552.56(万元)。

【例题11·单选题】王某2021年年初需出国工作三年,拟在银行存入一笔钱请朋友分次取出正好付清三年房屋的物业费,每年6月末和12月末各支付3 000元。若存款年利率为6%,那么2020年年末王某应在银行存入( )元。[已知(P/A,3%,6)=5.417 2,(P/A,6%,6)=4.917 3,(P/A,6%,3)=2.673 0]
A. 14 751.9　　B. 16 038　　C. 16 251.6　　D. 18 000

解析 2020年年末应存入的金额(普通年金现值)=3 000×(P/A,3%,6)=3 000×5.417 2=16 251.6(元)。

2. 预付年金

特点:<u>每期期初</u>等额收付的款项。

预付年金和普通年金,见图1-2。

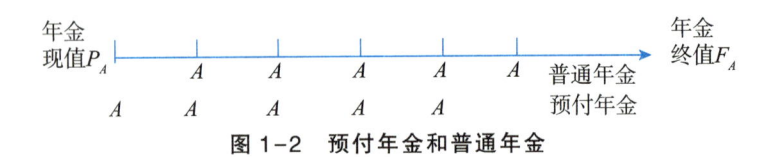

图1-2　预付年金和普通年金

预付年金终值 $F_A = A \times (F/A, i, n) \times (1+i)$
$= A \times [(F/A, i, n+1) - 1]$
预付年金现值 $P_A = A \times (P/A, i, n) \times (1+i)$
$= A \times [(P/A, i, n-1) + 1]$

【例题12·单选题】甲公司拟进行投资,连续5年每年年初支付10万元购入国债,第5年年末收回所有的投资,年利率为5%。在复利计息下,甲公司5年后收到的资金总额为( )万元。[已知(F/A,5%,4)=4.310,(F/A,5%,5)=5.526,(F/A,5%,6)=6.802,计算结果保留两位小数]
A. 58.02　　　　B. 55.26　　　　C. 52.63　　　　D. 53.10

解析 5年后收到的资金总额(预付年金求终值)=10×(F/A,5%,5)×(1+5%)=10×5.526×1.05=58.02(万元)。或:10×[(F/A,5%,6)-1]=10×(6.802-1)=58.02(万元)。

【例题13·单选题】甲公司2020年年末租入一套办公用房,租期5年,按照租赁合同需自2021年起于每年年初向出租方支付100 000元租金。假设市场年利率为2%,则甲公司支付的租金在2021年1月1日的现值为

答案
例题10 | C
例题11 | C
例题12 | A

( )元。[已知$(P/A, 2\%, 5)=4.7135$,$(P/A, 2\%, 4)=3.8077$]

A. 471 350   B. 480 777
C. 500 000   D. 无法计算

解析 甲公司支付租金的现值$=100\,000\times(P/A, 2\%, 5)\times(1+2\%)=100\,000\times4.7135\times(1+2\%)=480\,777$(元)。或：$100\,000\times[(P/A, 2\%, 4)+1]=480\,770$(元)。

3. 递延年金(2022年单选)

特点：隔若干期后才等期等额收付的款项。

递延年金(递延期$m=3$、$n=7$)，见图1-3。

图1-3 递延年金(递延期$m=3$、$n=7$)

(1)递延年金终值。

递延年金终值与普通年金终值计算一样，与递延期无关。

(2)递延年金现值。

a. 先计算n期普通年金现值，再计算m期的复利现值：$P_A=A\times(P/A, i, n)\times(P/F, i, m)$。

b. $m+n$期的普通年金现值减去m期的普通年金现值：$P_A=A\times[(P/A, i, m+n)-(P/A, i, m)]$。

c. 先计算n期的普通年金终值，再将普通年金终值按$m+n$期计算复利现值：$P_A=A\times(F/A, i, n)\times(P/F, i, m+n)$。

【例题14·单选题】甲公司计划投资一存续期为10年的项目。其中前4年无现金流入，后6年每年年末现金流入200万元。若市场年利率为6%，则该投资项目现金流入现值为( )万元。[已知$(P/A, 6\%, 6)=4.9173$,$(P/F, 6\%, 4)=0.7921$,$(P/A, 6\%, 10)=7.3601$,$(P/A, 6\%, 4)=3.4651$，计算结果保留两位小数]

A. 983.46   B. 779.00   C. 875.28   D. 734.90

解析 该投资项目现金流入现值$=200\times(P/A, 6\%, 6)\times(P/F, 6\%, 4)=200\times4.9173\times0.7921=779.00$(万元)。或：$200\times[(P/A, 6\%, 10)-(P/A, 6\%, 4)]=200\times(7.3601-3.4651)=779.00$(万元)。

【例题15·单选题】甲公司计划投资一存续期为10年的项目。其中前4年无现金流入，后6年每年年初现金流入200万元。若当年市场年利率为6%，则甲公司该投资项目现金流入的现值为( )万元。[已知$(P/A, 6\%, 6)=4.9173$,$(P/F, 6\%, 4)=0.7921$，计算结果保留两位小数]

A. 825.74   B. 779.00   C. 875.28   D. 734.90

答案
例题13 | B
例题14 | B
例题15 | A

解析 ↘ 该投资项目现金流入的现值 = 200×(P/A,6%,6)×(1+6%)×(P/F,6%,4) = 200×4.917 3×1.06×0.792 1 = 825.74(万元)。

4. 永续年金

特点：无限期收付的年金。

(1) 永续年金没有终值。

(2) 永续年金现值 = n 无穷大时普通年金的现值 = 年金÷利率

【例题16·单选题】甲公司设立永久性奖励基金。奖金每年发放一次，奖励公司的优秀员工100万元。奖励基金保存在该市银行。假设银行存款年利率为2%，则作为奖励基金甲公司要投资( )万元。

A. 5 000　　　B. 100　　　C. 2　　　D. 不能计算

解析 ↘ 甲公司投资额 = 100÷2% = 5 000(万元)。

(三) 年偿债基金和年资本回收额

1. 年偿债基金

年偿债基金是已知年金终值求年金，年金即年偿债基金。

普通年金终值 $F_A = A×(F/A,i,n)$

【例题17·单选题】A公司拟在5年后还清10 000万元债务，从现在起每年年末等额存入银行一笔款项。假设银行存款年利率为10%，则A公司每年需存入( )万元。[已知(F/A,10%,5) = 6.105 1，(P/A,10%,5) = 3.790 8，计算结果保留整数]

A. 2 000　　　B. 10 000　　　C. 1 638　　　D. 2 638

解析 ↘ 本题是已知终值计算年金，即 A×(F/A,10%,5) = 10 000，因此，A = 10 000÷(F/A,10%,5) = 10 000÷6.105 1 = 1 638(万元)。

2. 年资本回收额

年资本回收额是已知年金现值求年金，年金即年资本回收额。

普通年金现值 $P_A = A×(P/A,i,n)$

【例题18·单选题】2022年1月1日，甲企业投资1 000万元，准备在10年内以年利率12%等额收回，则甲企业每年年末应收回( )万元。[已知(P/A,12%,10) = 5.650 2]

A. 100　　　　　　　B. 1 000

C. 176.98　　　　　D. 不能计算

解析 ↘ 本题是已知现值计算年金，即 A×(P/A,12%,10) = 1 000，因此 A = 1 000÷(P/A,12%,10) = 1 000÷5.650 2 = 176.98(万元)。

【例题19·多选题】(2020年)下列关于各项年金的说法中，正确的有( )。

记忆密码
口诀：资本现回收，基金终偿债。

答案 ↘
例题16 | A
例题17 | C
例题18 | C

A. 普通年金终值是每次收付款的复利终值之和

B. 永续年金无法计算其终值

C. 递延年金无法计算其现值

D. 预付年金与普通年金的区别仅在于收付款时点不同

E. 递延年金的终值与普通年金的终值计算方法一样

解析 ↘ 选项C，递延年金可以计算现值。

【例题20·多选题】下列关于货币时间价值系数关系的表述中，正确的有(　　)。

A. 普通年金终值系数和偿债基金系数互为倒数关系

B. 复利终值系数和复利现值系数互为倒数关系

C. 单利终值系数和单利现值系数互为倒数关系

D. 复利终值系数和单利现值系数互为倒数关系

E. 普通年金现值系数和普通年金终值系数互为倒数关系

解析 ↘ 选项D，复利现值系数和复利终值系数之间互为倒数。选项E，普通年金现值系数和资本回收系数互为倒数关系。

考点四 单项资产风险与收益 ★★　　一学多考|中注

(一) 收益的计算

收益的计算，见表1-7。

表1-7　收益的计算

资产收益率类型	必要收益率	表示投资者对资产合理要求的最低收益率 =无风险收益率+风险收益率 其中：无风险利率=纯利率+通货膨胀补偿
	预期收益率	指在不确定的情况下，预测资产未来可能实现的收益率 =∑各种可能的收益率×各种可能的概率
	实际收益率	表示已经实现或者确定可以实现的资产收益率

(二) 资产风险的衡量(2021年单选；2024年多选)

1. 资产的风险

资产的风险是<u>资产收益率</u>的<u>不确定性</u>，其<u>大小</u>可用资产收益率的<u>离散程度</u>来衡量。

离散程度是指资产收益率的各种<u>可能结果</u>与<u>预期收益率</u>的偏差。

一般来说，离散程度<u>越大</u>，风险<u>越大</u>；离散程度<u>越小</u>，风险<u>越小</u>。

答案 ↘
例题19 | ABDE
例题20 | ABC

2. 衡量风险的指标

衡量风险的指标：方差、标准离差和标准离差率。

期望值 $\bar{E} = \sum_{i=1}^{n} X_i \times P_i$

方差 $\sigma^2 = \sum_{i=1}^{n} (X_i - \bar{E})^2 \times P_i$

标准离差 $\sigma = \sqrt{\sum_{i=1}^{n} (X_i - \bar{E})^2 \times P_i}$

标准离差率 $V = \dfrac{\sigma}{\bar{E}} \times 100\%$

说明：P_i 表示情况 i 可能出现的概率；X_i 表示情况 i 出现时的收益率。

【知识点拨】 期望值 = $\sum$ 预期收益率 × 概率；方差 = $\sum$ 预期收益率与期望值差的平方 × 概率；标准离差 = 方差开方；标准离差率 = 标准离差 ÷ 期望值。

【例题 21·单选题】(2021 年) 甲公司 2021 年计划投资的 B 项目的预期收益率及概率分布如下：预期收益率为 18% 的概率为 30%，预期收益率为 10% 的概率为 40%，预期收益率为 2% 的概率为 30%。不考虑其他因素，则 B 项目的标准离差率为( )。

A. 84% B. 4% C. 6.2% D. 62%

解析 期望值 = 0.18 × 30% + 0.1 × 40% + 0.02 × 30% = 10%；方差 σ^2 = 30% × (0.18 − 0.1)² + 40% × (0.1 − 0.1)² + 30% × (0.02 − 0.1)² = 0.003 84；标准离差 = (0.003 84)^(1/2) = 6.2%；标准离差率 = 6.2% ÷ 10% × 100% = 62%。

3. 风险衡量

(1) 期望值相同时，方差越大、标准离差越大、标准离差率越大，风险越大；期望值不同时(只能借助于标准离差率这一相对值)，标准离差率越大，风险越大。

(2) 方差与标准离差只适用于期望值相同的方案比较；标准离差率适用于期望值相同或不同方案的比较。

(3) 单方案是否可行：标准离差(率)低于风险指标最高限值，可行。

多方案择优：选择标准离差率最低、期望收益最高的方案。

【例题 22·单选题】某企业拟进行一项风险投资，有甲、乙两个方案可供选择。已知：甲方案投资收益率的期望值为 14.86%，标准离差为 4.38%；乙方案投资收益率的期望值为 16.52%，标准离差为 4.5%。下列评价结论中，正确的是( )。

A. 甲方案的风险小于乙方案的风险
B. 甲方案优于乙方案
C. 乙方案优于甲方案
D. 无法评价甲乙两方案的优劣

答案
例题 21 | D
例题 22 | C

解析 甲方案的标准离差率=4.38%÷14.86%=0.29，乙方案的标准离差率=4.50%÷16.52%=0.27，甲方案的风险大于乙方案，所以乙方案优于甲方案。

【例题 23·多选题】（2024 年）下列关于衡量资产风险的表述中，正确的有(   )。

A. 期望值不同的两个项目，标准离差越大，标准离差率越大
B. 期望值相同的两个项目，标准离差越大，风险越大
C. 离散程度是指资产收益率的各种可能结果与预期收益率的偏差
D. 一般来说，离散程度越大，风险越大
E. 资产的期望收益率越高，风险越大

解析 选项 A，标准离差作为绝对数，只适用于期望值相同的决策方案风险程度的比较，不适用于期望值不同的两个项目的比较。选项 E，资产的期望收益率(即期望值)代表着投资者的合理预期，不能用来衡量资产的风险。

考点五 证券资产组合的风险与收益 ★★★ 一学多考|中注

(一)证券资产组合的预期收益率

证券资产组合的预期收益率=资产组合的各种资产收益率×各种资产在组合中的价值比例

【例题 24·分析题】 某投资公司的一项投资组合中包含 A、B 和 C 三种股票，权重分别为 30%、30% 和 40%，三种股票的预期收益率分别为 10%、12%、16%。

要求：计算该投资组合的预期收益率。

解析 投资组合的预期收益率 $E(R_p) = 10\% \times 30\% + 12\% \times 30\% + 16\% \times 40\% = 13\%$。

(二)证券资产组合的风险衡量（2020 年单选）

1. 系统风险与非系统风险

在证券资产组合中，能够随着资产种类增加而降低直至消除的风险，称为非系统性风险(包括经营风险、财务风险)；不能随着资产种类增加而分散的风险，称为系统性风险。

证券资产组合能分散风险，但不能完全消除风险。

一般来说，随着证券资产组合中资产个数的增加，证券资产组合的风险会逐渐降低，当资产的个数增加到一定程度时，证券资产组合的风险程度将趋于平稳，这时组合风险的降低将非常缓慢直到不再降低。

答案
例题 23 | BCD

经验数据表明，组合中不同行业的资产个数达到20个时，绝大多数非系统风险均已被消除掉。此时，如果继续增加资产数目，对分散风险已经没有多大的实际意义，只会增加管理成本。

2.证券资产组合的风险衡量

(1)两项证券资产组合的收益率的方差：

$$\sigma_P^2 = w_1^2\sigma_1^2 + w_2^2\sigma_2^2 + 2w_1w_2\rho_{1,2}\sigma_1\sigma_2$$

σ_P表示证券资产组合的标准差，它衡量的是组合的风险；σ_1和σ_2分别表示组合中两项资产的标准差；w_1和w_2分别表示组合中两项资产所占的价值比例。

【知识点拨】不要求掌握方差的计算，只是为了导出相关系数。

(2)相关系数。

相关系数$\rho_{1,2}$反映两项资产收益率的相关程度，即两项资产收益率之间的相对运动状态。理论上，相关系数在区间[-1,1]内。相关系数，见表1-8。

表1-8 相关系数

项目	含义	具体解释
$\rho = 1$	完全正相关	(1)两项资产收益率的变化方向、变动幅度完全相同，风险完全不能相互抵消、不能降低任何风险； (2)组合风险等于组合中各项资产风险的加权平均值，组合收益率的方差最大
$\rho = -1$	完全负相关	(1)两项资产收益率的变化方向相反、变动幅度完全相同，风险可以充分地相互抵消，甚至完全消除，能最大限度地降低风险； (2)组合收益率的方差最小，甚至可能是0
$-1 < \rho < 1$	不完全相关	证券资产组合收益率的标准差小于组合中各资产收益率标准差的加权平均值，即证券资产组合的风险小于组合中各项资产风险的加权平均值

相关系数图，见图1-4。

```
        -1           0          +1
    完全负相关  ←  不完全相关  →  完全正相关

    组合风险 σ=0              组合风险 σ=风险的加权平均值
    σ_P^2 = (W_1σ_1 - W_2σ_2)^2      σ_P^2 = (W_1σ_1 + W_2σ_2)^2
```

图1-4 相关系数图

【例题25·单选题】下列两项证券资产的组合能够最大限度地降低风险的是(   )。

A.两项证券资产的收益率完全正相关

B.两项证券资产的收益率完全负相关

C. 两项证券资产的收益率不完全相关
D. 两项证券资产的收益率的相关系数为 0

解析 当两项资产的收益率完全负相关时,两项资产的风险可以充分地相互抵消,甚至完全消除。因而这样的组合能够最大限度地降低风险。

3. 系统风险系数

系统风险并不是对所有资产或所有企业具有相同的影响,有些资产受系统风险影响大、有些资产受系统风险影响小。单项资产或证券资产组合受系统风险影响的程度,可以用系统风险系数(β 系数)来衡量。

(1)单项资产系统风险系数。

单项资产系统风险系数 β,表示单项资产收益率的变动受市场平均收益率变动的影响程度。即相对于市场组合的平均风险而言,单项资产所含的系统风险大小。

系统风险系数(β 系数)的定义式如下:

$$\beta_i = \text{cov}(R_i, R_m) \div \sigma_m^2 = \rho_{i,m} \sigma_i \sigma_m \div \sigma_m^2 = \rho_{i,m} \times \sigma_i \div \sigma_m$$

提示 应对考试需要熟悉公式结论部分:$\beta_i = \rho_{i,m} \times \sigma_i \div \sigma_m$。

市场组合是指在市场上所有资产组成的组合,它的收益率就是市场平均收益率。市场组合由于包含了所有资产,市场组合中的非系统风险已经被消除,所以市场组合的风险就是市场风险或系统风险。

单项资产系统风险系数,见表 1-9。

表 1-9 单项资产系统风险系数

正数		大多数资产的 β 系数大于 0,它们收益率的变化方向与市场平均收益率的变化方向一致,只是变化幅度不同而导致 β 系数的不同
	<1	(1)该资产收益率的变动幅度小于市场组合收益率的变动幅度; (2)该资产的系统风险小于市场组合的风险
	=1	(1)该资产收益率与市场平均收益率呈同方向、同比例的变化; (2)该资产所含的系统风险与市场组合的风险一致
	>1	(1)该资产收益率的变动幅度大于市场组合收益率的变动幅度; (2)该资产的系统风险大于市场组合的风险
负数		表明这类资产与市场平均收益的变化方向相反,当市场平均收益增加时,这类资产的收益却在减少

(2)证券资产组合系统风险系数 β 是所有单项资产 β 系数的加权平均数,权数为各种资产在证券资产组合中所占的价值比例。

提示 由于单项资产的 β 系数不尽相同,因此,通过替换资产组合中的资产或者改变不同资产在组合中的价值比例,可以改变组合的风险特性。

【例题 26 · 分析题】某证券资产组合中有三只股票,相关的信息如下表所示。

例题 25 | B

股票	β系数	股票的每股市价(元)	股票数量(股)	价值比例(%)
A	0.6	8	400	40
B	1.0	4	200	10
C	1.5	20	200	50

要求：计算证券资产组合的β系数。

解析 $\beta_P = 40\% \times 0.6 + 10\% \times 1.0 + 50\% \times 1.5 = 1.09$。

【例题27·多选题】下列关于证券资产组合风险的表述中，正确的有( )。

A. 证券资产组合中的非系统风险能随着资产种类的增加而逐渐减小
B. 证券资产组合中的系统风险能随着资产种类的增加而不断降低
C. 当资产组合的收益率的相关系数大于零时，组合的风险小于组合中各项资产风险的加权平均数
D. 当资产组合的收益率具有完全负相关关系时，组合风险可以充分地相互抵消
E. 当资产组合的收益率具有完全正相关关系时，组合的风险等于组合中各项资产风险的加权平均数

解析 选项B，系统风险不能随着资产种类的增加而分散。选项C，当-1<相关系数<1时，证券资产组合的风险小于组合中各项资产风险的加权平均数。

【例题28·多选题】下列关于β系数的表述中，正确的有( )。

A. β系数越大，表明系统性风险越小
B. β系数越大，表明非系统性风险越大
C. β系数越大，表明投资该资产的预期收益率越高
D. 单项资产的β系数不受市场组合风险变化的影响
E. 投资组合的β系数是组合中单项资产β系数的加权平均数

解析 选项A、B，β系数越大，表明系统性风险越大。选项D，单项资产的β系数表示单项资产风险受市场组合风险的影响程度。

考点六 资本资产定价模型 ★★★　一学多考|中注

(一)单项资产必要收益率

1. 计算公式

$R = R_f + \beta \times (R_m - R_f)$

必要收益率 R = 无风险收益率 R_f + 风险收益率

= 无风险收益率 R_f + 系统风险系数 $\beta \times$ (市场组合收益率 $R_m -$

答案
例题27 | ADE
例题28 | CE

无风险收益率 R_f)

2. 市场风险溢酬(R_m-R_f)

(1) 市场风险溢酬是附加在无风险收益率之上的;

(2) 由于承担了市场平均风险所要求获得的补偿,市场风险溢酬反映的是市场作为整体对风险的平均"容忍"程度,也就是市场整体对风险的厌恶程度。

抗风险能力对市场风险溢酬的影响,见表1-10。

表1-10 抗风险能力对市场风险溢酬的影响

抗风险能力	影响
对风险越是厌恶和回避	要求的补偿就越高,市场风险溢酬的数值就越大
市场的抗风险能力强	对风险的厌恶和回避就不是很强烈,要求的补偿就越低,所以市场风险溢酬的数值就越小

3. 只有系统风险才有资格要求补偿

必要收益率公式中并没有引入非系统风险,也就是说,投资者要求补偿只是因为他们"忍受"了市场风险的缘故,而不包括非系统风险,因为非系统风险可以通过证券资产组合来消除。

【例题29·单选题】2016年,MULTEX公布的甲公司股票的β系数是1.15,市场上短期国债利率为3%、标准普尔股票价格指数的收益率是10%,则2016年甲公司股票的必要收益率是(   )。

A. 10.50%　　B. 11.05%　　C. 10.05%　　D. 11.50%

解析 ↘ 2016年甲公司股票的必要收益率 = 3% + 1.15 × (10% - 3%) = 11.05%。

(二) 证券资产组合必要收益率(2020年、2023年单选;2021年多选)

$R = R_f + \beta_p \times (R_m - R_f)$

β_p 表示证券资产组合的β系数。

【例题30·多选题】(2021年)甲公司持有的证券资产组合由X、Y两只股票构成,对应单项资产β系数分别为0.60和0.80,每股市价分别为5元和10元,股票的数量分别为1 000股和2 000股,假设短期国债的利率为4%,市场组合收益率为10%。下列关于该证券资产组合的表述中,正确的有(   )。

A. 风险收益率为7.6%　　　　B. 无风险收益率为4%
C. 市场风险溢酬为10%　　　D. 证券资产组合的β系数为0.76
E. 必要收益率为8.56%

解析 ↘ 无风险收益率即短期国债的利率,即4%。市场风险溢酬 = 市场组合收益率 - 无风险收益率 = 10% - 4% = 6%。X股票比例 = (5 × 1 000) ÷ (5 ×

答案 ↘
例题29 | B
例题30 | BDE

1 000+10×2 000)＝20％，Y股票比例＝(10×2 000)÷(5×1 000+10×2 000)＝80％，证券资产组合的β系数＝20％×0.60+80％×0.80＝0.76。证券资产组合的风险收益率＝0.76×6％＝4.56％。证券资产组合的必要收益率＝4％+0.76×6％＝8.56％。

【例题31·多选题】下列关于资本资产定价模型表述正确的有( )。
A. 市场风险溢酬反映了市场整体对风险的平均容忍程度
B. 如果某项资产的β＝1，则该资产的必要收益率等于市场平均收益率
C. 市场上所有资产的β系数应是正数
D. 如果市场风险溢酬提高，则市场上所有资产的风险收益率均提高
E. 如果市场对风险的平均容忍程度越高，市场风险溢酬越小

解析 ↘ 选项B，β＝1时，必要收益率＝市场组合收益率，市场组合收益率即市场平均收益率。选项C，β系数也可以是负数或者0，不一定是正数。选项D，若β系数为负数，当市场风险溢酬提高时，资产的风险收益率会降低。

答案 ↘
例题31｜ABE

同步训练

关于"扫我做试题"，你需要知道

移动端操作：使用"正保会计网校"APP扫描"扫我做试题"二维码，即可同步在线做题。

电脑端操作：使用电脑浏览器登录正保会计网校（www.chinaacc.com），进入"我的网校我的家"，打开"我的图书"选择对应图书享受服务。

提示：首次使用需扫描封面防伪码激活服务。

考点一 财务管理目标

1.（单选题）下列各项企业财务管理目标中，既没有考虑资金的时间价值，也没有考虑投资风险的是( )。
A. 每股市价最大化
B. 每股收益最大化
C. 股东财富最大化
D. 企业价值最大化

2.（单选题）关于企业价值最大化，下列说法错误的是( )。
A. 企业价值最大化可以避免企业过多受外界市场因素的干扰
B. 企业价值最大化考虑了资金的时间价值
C. 企业价值最大化目标考虑了风险因素
D. 企业价值最大化会导致企业追求利润的短期行为

3. (单选题)与利润最大化目标相比,以每股收益最大化作为企业财务管理的目标,其优点在于(   )。
   A. 考虑了资金的时间价值
   B. 考虑了利润与所承担风险的关系
   C. 可以避免企业经营行为的短期化
   D. 能将企业创造的利润与投入资本相联系

4. (单选题)以股东财富最大化作为财务管理目标的首要任务是协调相关者的利益关系。下列不属于股东和经营者利益冲突解决方式的是(   )。
   A. 因经营者决策失误企业被兼并
   B. 因经营者经营不善导致公司贷款被银行提前收回
   C. 因经营者经营绩效达到规定目标获得绩效股
   D. 因经营者绩效不佳被股东解聘

5. (多选题)股东财富最大化作为财务管理目标,其缺点不包括(   )。
   A. 通常只适用于上市公司,非上市公司难以应用
   B. 股价受众多因素影响,特别是企业外部因素
   C. 对其他相关者的利益重视不够
   D. 没有反映创造的利润与投入资本之间的关系
   E. 没有考虑风险问题

6. (多选题)为了解决股东与经营者的利益冲突,通常采取的措施有(   )。
   A. 解聘   B. 接收
   C. 股票期权   D. 绩效股
   E. 现金股票增值权

考点二 财务管理环境

1. (单选题)下列不同的经济周期,企业采用的财务管理战略错误的是(   )。
   A. 在经济繁荣期,应提高产品价格   B. 在经济复苏期,应实行长期租赁
   C. 在经济萧条期,应保持市场份额   D. 在经济衰退期,应增加长期采购

2. (多选题)下列各项属于经济周期中萧条阶段采用的财务管理战略的有(   )。
   A. 保持市场份额   B. 压缩管理费用
   C. 提高产品价格   D. 裁减雇员
   E. 开发新产品

3. (多选题)下列关于利率的说法中,正确的有(   )。
   A. 利率是资金的价格,是衡量资金增值的基本单位
   B. 纯利率是受货币供求关系、平均利润率和国家调节影响的没有风险、没有通货膨胀情况下的平均利率
   C. 期限风险是指在一定时期内利率变动的幅度,利率变动幅度越大,期限风险就越小
   D. 流动性风险的大小可用一项资产转化为现金的速度来衡量,如果变现能力强,

流动性风险小

E. 风险补偿率受风险大小的影响,风险越大,要求的报酬率越高

4. (多选题)下列各项中,属于风险补偿率的有( )。

A. 违约风险补偿率   B. 纯利率
C. 流动性风险补偿率   D. 期限风险补偿率
E. 通货膨胀预期补偿率

考点三 货币时间价值

1. (单选题)某企业计划建立一项偿债基金,以便在5年以后以其本利和一次性偿还一笔长期借款。该企业从现在起每年年初存入银行50 000元,银行存款年利率为6%,则该项偿债基金在第5年年末的终值为( )元。[已知(F/A,6%,5)=5.637,(F/A,6%,6)=6.975]

A. 287 951   B. 286 410   C. 281 850   D. 298 761

2. (单选题)甲企业有一项年金,存续期为10年,前3年无现金流出,后7年每年年初现金流出180万元。假设年利率为8%,则该项年金的现值为( )万元。[已知(P/A,8%,7)=5.206 4,(P/F,8%,3)=0.793 8,计算结果保留两位小数]

A. 688.81   B. 743.91   C. 756.56   D. 803.42

3. (单选题)某企业近期付款购买了一台设备,总价款为100万元,从第2年年末开始付款,分5年平均支付,年利率为10%,则为购买该设备支付价款的现值为( )万元。[已知:(P/F,10%,1)=0.909 1,(P/A,10%,2)=1.735 5,(P/A,10%,5)=3.790 8,(P/A,10%,6)=4.355 3,计算结果保留两位小数]

A. 41.11   B. 52.40   C. 57.63   D. 68.92

4. (单选题)某研究所准备设立永久性奖励基金,每年年末计划颁发160 000元,若年利率为5%,该研究所现在应存入( )元。

A. 900 000   B. 3 200 000   C. 700 000   D. 720 000

5. (单选题)小李热心于公益事业,自2021年1月1日开始,每年年初都要向一位失学儿童捐款1 000元,帮助这位失学儿童从小学一年级读完九年义务教育。假设每年定期存款利率为3%,为了保证该失学儿童顺利完成九年义务教育,则小李2021年1月1日需要存入( )元。[已知(P/A,3%,8)=7.019 7,(P/A,3%,9)=7.786 1]

A. 7 019.7   B. 7 786.1   C. 8 019.7   D. 8 786.1

6. (单选题)甲企业拟对外投资一项目,项目开始时一次性总投资500万元,建设期为2年,使用期为6年。若企业要求的年投资报酬率为8%,则该企业年均从该项目获得的回报为( )万元。[已知(P/A,8%,8)=5.746 6,(P/A,8%,2)=1.783 3]

A. 83.33   B. 87.01   C. 126.16   D. 280.38

7. (单选题)下列各项中,与普通年金终值系数互为倒数的是( )。

A. 预付年金现值系数   B. 普通年金现值系数
C. 偿债基金系数   D. 资本回收系数

8. (多选题)下列关于货币时间价值的说法中,错误的有( )。

A. 普通年金现值系数×资本回收系数=1
B. 预付年金的现值系数和普通年金的现值系数相比，期数加1，系数减1
C. 递延年金的终值与递延期无关
D. 永续年金是指无限期收付的年金，因此没有现值
E. 普通年金终值系数×偿债基金系数=1

考点四 单项资产风险与收益

1. (单选题)已知A资产收益率的期望值为20%，标准离差率为0.2，则该资产收益率的方差为(　　)。

   A. 20%　　　　B. 16%　　　　C. 4%　　　　D. 0.16%

2. (单选题)甲、乙两方案的期望投资收益率均为30%，若甲方案标准离差为0.13，乙方案的标准离差为0.05。下列表述中，正确的是(　　)。

   A. 甲方案和乙方案的风险相同　　　　B. 甲方案的风险大于乙方案
   C. 甲方案的风险小于乙方案　　　　D. 无法通过标准离差指标评价风险

3. (多选题)大海公司的一项投资项目与经济环境状况有关，经济状况很差的发生概率为0.3，预期收益率为-10%；经济状况一般的发生概率为0.4，预期收益率为20%；经济状况很好的发生概率为0.3，预期收益率为30%。下列关于该投资项目的说法中正确的有(　　)。

   A. 期望值为14%　　　　B. 标准离差为16.25%
   C. 标准离差率为116.07%　　　　D. 期望值为15%
   E. 标准离差为2.64%

4. (多选题)下列各项中，关于资产风险和收益表述正确的有(　　)。

   A. 预期收益率指在不确定的情况下，预测资产未来可能实现的收益率
   B. 资产的风险是资产收益率的不确定性，其大小可用资产收益率的离散程度来衡量
   C. 离散程度越大，风险越大；离散程度越小，风险越小
   D. 对于期望值不同的决策方案，评价和比较其各自的风险程度只能借助于标准离差率
   E. 方差与标准离差只适用于期望值不相同的方案比较

考点五 证券资产组合的风险与收益

1. (单选题)关于系统风险和非系统风险，下列表述错误的是(　　)。

   A. 在资本资产定价模型中，β系数衡量的是投资组合的非系统风险
   B. 若证券组合中各证券收益之间负相关，则该组合能分散非系统风险
   C. 证券市场的系统风险，不能通过证券组合予以消除
   D. 某公司新产品开发失败的风险属于非系统风险

2. (单选题)A、B两种证券的相关系数为0.4，预期收益率分别为12%和16%，标准离差分别为0.2和0.3，在投资组合中A、B两种证券的投资比例分别为60%和40%，则A、B两种证券构成的证券组合的预期收益率和标准离差分别为(　　)。

   A. 13.6%和20%　　　　B. 13.6%和24%
   C. 14.4%和30%　　　　D. 14.6%和25%

3. (单选题)关于两种证券组合的风险,下列表述正确的是( )。
   A. 若两种证券收益率的相关系数为-1,该证券组合无法分散风险
   B. 若两种证券收益率的相关系数为0,该证券组合能够分散全部风险
   C. 若两种证券收益率的相关系数为-0.5,该证券组合能够分散部分风险
   D. 若两种证券收益率的相关系数为1,该证券组合能够分散全部风险

4. (单选题)已知A股票的收益率与市场组合收益率的相关系数为0.5,A股票收益率的标准差为16%,市场组合收益率的标准差为24%,则A股票的β系数为( )。
   A. 1.89　　　　　B. 0.33　　　　　C. 0.75　　　　　D. 4.69

5. (多选题)下列关于证券资产组合风险的表述中,正确的有( )。
   A. 当相关系数为-1时,证券资产组合的标准差为0
   B. 当相关系数为+1时,证券资产组合的风险等于组合中各项资产风险的加权平均值
   C. 当相关系数为0时,证券资产组合不能分散任何风险
   D. 当相关系数为正数时,表明两种资产的收益率呈同方向变动
   E. 一般而言,证券资产组合中资产的个数越多,风险越小

6. (多选题)下列关于系统风险系数表述正确的有( )。
   A. 单项资产系统风险系数β,表示单项资产收益率的变动受市场平均收益率变动的影响程度
   B. 证券资产组合系统风险系数是所有单项资产β系数的加权平均数,权数为各种资产在证券资产组合中所占的价值比例
   C. 大多数资产β系数大于0,它们收益率的变化方向与市场平均收益率的变化方向一致,只是变化幅度不同而导致β系数的不同
   D. β系数为负,表明这类资产收益与市场平均收益的变化方向相反,当市场平均收益增加时,这类资产的收益却在减少
   E. 单项资产系统风险系数β等于1,表明该资产所含的系统风险大

考点六 资本资产定价模型

1. (单选题)宏发公司股票的β系数为1.5,无风险收益率为4%,股票的必要收益率为10%,则市场上所有股票的平均收益率为( )。
   A. 4%　　　　　B. 12%　　　　　C. 8%　　　　　D. 10%

2. (单选题)某证券资产组合由甲、乙、丙三只股票构成,β系数分别为0.6、1.0和1.5,每股市价分别为8元、4元和20元,股票数量分别为400股、200股和200股。假设当前短期国债收益率为3%,股票价值指数平均收益率为10%,则该证券资产组合的风险收益率为( )。
   A. 10.63%　　　　B. 11.63%　　　　C. 7.63%　　　　D. 8.63%

3. (单选题)下列关于市场风险溢酬的表述中,错误的是( )。
   A. 若市场抗风险能力强,则市场风险溢酬的数值就越大
   B. 若市场对风险越厌恶,则市场风险溢酬的数值就越大
   C. 市场风险溢酬反映了市场整体对风险的平均容忍程度

D. 市场风险溢酬附加在无风险收益率之上

4. (多选题)下列关于资本资产定价模型的表述中,正确的有(   )。
   A. 如果市场对风险的平均容忍程度越高,市场风险溢酬越小
   B. 证券市场线暗示"只有系统风险才有资格要求补偿"
   C. 资本资产定价模型的一个主要贡献是解释了风险收益率的决定因素和度量方法
   D. 如果市场风险溢酬提高,则市场上所有资产的风险收益率均提高
   E. 如果某项资产的 $\beta=1$,则该资产的必要收益率等于市场平均收益率

参考答案及解析

考点一 财务管理目标

1. B 【解析】本题考查财务管理目标——利润最大化。利润最大化和每股收益最大化均没有考虑资金时间价值和风险因素。

2. D 【解析】本题考查财务管理目标——企业价值最大化。企业价值最大化考虑了资金的时间价值和风险因素,考虑了企业的长远利益,能克服企业在追求利润上的短期行为。

3. D 【解析】本题考查财务管理目标——利润最大化。每股收益最大化反映了所创造利润与投入资本之间的关系。但每股收益最大化并不能弥补利润最大化目标的其他缺陷。

4. B 【解析】本题考查股东和经营者利益冲突的解决途径。股东和经营者利益冲突的解决途径有:解聘、接收、激励(股票期权、绩效股)。

5. DE 【解析】本题考查财务管理目标——股东财富最大化。选项 D、E,属于利润最大化作为财务管理目标的缺点。

6. ABCD 【解析】本题考查股东和经营者的利益冲突与协调。股东和经营者利益冲突与协调的方式有:解聘、接收、激励。其中激励又包括股票期权和绩效股。

考点二 财务管理环境

1. D 【解析】本题考查不同经济周期下的财务管理战略。选项 D,企业若处于经济衰退期,应停止长期采购。

2. ABD 【解析】本题考查经济周期中萧条阶段采用的财务管理战略。选项 C 属于繁荣阶段采用的财务管理战略。选项 E 属于复苏阶段采用的财务管理战略。

3. ABDE 【解析】本题考查财务管理金融环境。选项 C,期限风险是指在一定时期内利率变动的幅度,利率变动幅度越大,期限风险越大,反之,期限风险越小。

4. ACD 【解析】本题考查财务管理金融环境。风险补偿率是资本提供者因承担风险所获得的超过纯利率、通货膨胀预期补偿率的回报,包括违约风险补偿率、流动性风险补偿率和期限风险补偿率。

考点三 货币时间价值

1. D 【解析】本题考查预付年金终值的计算。该项偿债基金在第 5 年年末的终值 = 50 000×(F/A,6%,5)×(1+6%) = 50 000×5.637×1.06 = 298 761(元)。

2. D 【解析】本题考查递延年金现值的计算。该项年金的现值 = 180×(P/A，8%，7)×(P/F，8%，3)×(1+8%) = 180×5.206 4×0.793 8×(1+8%) = 803.42(万元)。

3. D 【解析】本题考查递延年金现值的计算。购买该设备支付价款的现值 = 100÷5×(P/A，10%，5)×(P/F，10%，1) = 20×3.790 8×0.909 1 = 68.92(万元)。

4. B 【解析】本题考查永续年金现值的计算。现在应存入的金额 = 160 000÷5% = 3 200 000(元)。

5. C 【解析】本题考查预付年金现值的计算。需要存入的款项 = 1 000+1 000×(P/A，3%，8) = 1 000+1 000×7.019 7 = 8 019.7(元)。

6. C 【解析】本题考查年资本回收额的计算。本题已知现值求年金，年均从该项目获得的回报 = 500÷[(P/A，8%，8)-(P/A，8%，2)] = 500÷(5.746 6-1.783 3) = 126.16(万元)。

7. C 【解析】本题考查货币时间价值。与普通年金终值系数互为倒数的是偿债基金系数。

【思路点拨】

互为逆运算

逆运算	倒数
单利终值—单利现值	系数互为倒数
复利终值—复利现值	
偿债基金—普通年金终值(基金终偿债)	
年资本回收额—普通年金现值(资本现回收)	
注意：年金终值与年金现值不属于逆运算；年金终值系数与年金现值系数也不属于倒数	

8. BD 【解析】本题考查货币时间价值。选项B，预付年金的现值系数和普通年金的现值系数相比，期数减1，系数加1。选项D，永续年金没有终值。

考点四 单项资产风险与收益

1. D 【解析】本题考查资产风险衡量相关指标的计算。标准离差率 0.2 = 标准离差÷期望值 20%，解得标准离差 = 20%×0.2 = 4%，方差 = (4%)² = 0.16%。

2. B 【解析】本题考查资产风险的衡量。甲、乙两方案的期望值相同的情况下，依据标准离差衡量风险大小，标准离差大的方案风险大。因此甲方案的风险大于乙方案的风险。

3. ABC 【解析】本题考查资产风险衡量相关指标的计算。期望值 = 0.3×(-10%)+0.4×20%+0.3×30% = 14%。标准离差 = [(-10%-14%)²×0.3+(20%-14%)²×0.4+(30%-14%)²×0.3]^(1/2) = 16.25%。标准离差率 = 16.25%÷14% = 116.07%。

4. ABCD 【解析】本题考查资产风险的衡量。选项E，方差与标准离差只适用于期望值相同的方案比较。

考点五 证券资产组合的风险与收益

1. A 【解析】本题考查非系统风险和系统风险。某资产的β系数表达的含义是该资产的系统风险相当于市场组合系统风险的倍数，因此 β 系数衡量的是系统风险。

2. A 【解析】本题考查证券资产组合的预期收益率和标准离差的计算。投资组合的预期收益率 = 12%×60%+16%×40% = 13.6%；投资组合的标准离差 = [(60%)^2×0.2^2+(40%)^2×0.3^2+2×0.4×60%×40%×0.2×0.3]$^{1/2}$ = 20%。

3. C 【解析】本题考查证券资产组合的风险分散功能。若两种证券收益率的相关系数为 1，表明它们的收益率变化方向和幅度完全相同，所以，该证券组合不能降低任何风险。只有在相关系数小于 1 的情况下，两种证券构成的组合才能分散风险，在相关系数为 –1 时，能够最大限度地分散风险，甚至能够分散全部风险。

4. B 【解析】本题考查单项资产的系统风险系数的计算。A 股票的 β 系数 = 该项资产的收益率与市场组合收益率的相关系数×该项资产收益率的标准差÷市场组合收益率的标准差 = 0.5×16%÷24% = 0.33。

5. BDE 【解析】本题考查证券资产组合的风险分散功能。选项 A，当相关系数为 –1 时，证券资产组合的标准差达到最小，甚至可能为 0。选项 C，当相关系数为 1 时，表明两项资产的收益率具有完全正相关的关系，两项资产的风险完全不能相互抵消，所以这样的组合不能降低任何风险。

6. ABCD 【解析】本题考查系统风险系数。单项资产系统风险系数 β 等于 1，表明该资产收益率与市场平均收益率呈同方向、同比例的变化，该资产所含的系统风险与市场组合的风险一致。

考点六 资本资产定价模型

1. C 【解析】本题考查资本资产定价模型的计算。$R = R_f + β×(R_m - R_f)$，因此 $R_m = (R - R_f)÷β + R_f = (10\% - 4\%)÷1.5 + 4\% = 8\%$。

2. C 【解析】本题考查证券资产组合风险收益率的计算。证券资产组合的总价值 = 8×400+4×200+20×200 = 8 000（元）；证券资产组合的 β 系数 = 0.6×(8×400)÷8 000+1×(4×200)÷8 000+1.5×(20×200)÷8 000 = 1.09；证券资产组合的风险收益率 = 1.09×(10% – 3%) = 7.63%。

提示 证券资产组合的必要收益率 = 3%+7.63% = 10.63%。

3. A 【解析】本题考查资本资产定价模型。选项 A，如果市场的抗风险能力强，则对风险的厌恶和回避就不是很强烈，因此要求的补偿就越低，所以市场风险溢酬的数值就越小。

4. ABCE 【解析】本题考查资本资产定价模型。选项 D，β 系数为负数，市场风险溢酬提高，资产的风险收益率是降低的。

亲爱的读者，你已完成本章6个考点的学习，本书知识点的学习进度已达6%。

第二章 财务预测和财务预算

重要程度：次重点章节　　分值：7分左右

考试风向

考情速递

本章重点内容为销售百分比法和高低点法下资金需要量预测、本量利和利润敏感系数计算、边际贡献和盈亏临界点计算、财务预算的编制方法等。常以单选题、多选题、计算题的形式考核，需要理解并掌握。

2025年考试变化

本章内容无实质性变化。

脉络梳理

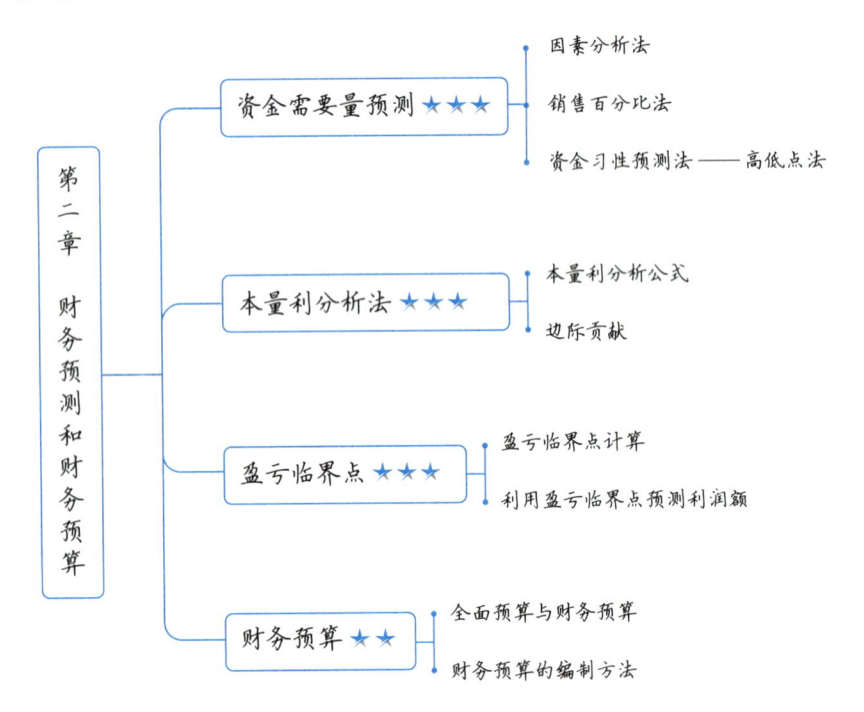

第二章 财务预测和财务预算
- 资金需要量预测 ★★★
  - 因素分析法
  - 销售百分比法
  - 资金习性预测法——高低点法
- 本量利分析法 ★★★
  - 本量利分析公式
  - 边际贡献
- 盈亏临界点 ★★★
  - 盈亏临界点计算
  - 利用盈亏临界点预测利润额
- 财务预算 ★★
  - 全面预算与财务预算
  - 财务预算的编制方法

考点详解及精选例题

考点一 资金需要量预测 ★★★ 一学多考|中

(一) 因素分析法

资金需要量=（基期资金平均占用额-不合理资金占用额）×（1±预测期销售增减率）×（1∓预测期资金周转速度变动率）

提示 周转速度变动率为正，说明资金周转加快，资金需求减少。因素分析的理解是剔除不合理因素后看资金周转。

> 记忆密码
> 与中级财务管理教材公式不同。

【例题1·单选题】甲公司2020年度资金平均占用额为4 500万元，其中不合理部分占15%，预计2021年销售增长率为20%，资金周转速度变动率为+2%，采用因素分析法预测的2021年度资金需要量为（　　）万元。

A. 4 498.2　　B. 4 681.8　　C. 4 590　　D. 3 825

解析 资金需要量=（基期资金平均占用额-不合理资金占用额）×（1±预测期销售增长率）×（1∓预测期资金周转速度变动率）=（4 500-4 500×15%）×（1+20%）×（1-2%）=4 498.2（万元）。

(二) 销售百分比法（2020年、2022年单选）

销售百分比法，是假设某些资产、负债与销售额存在稳定的百分比关系，根据该假设预计外部资金需要量的方法。

1. 确定敏感性资产、敏感性负债与销售额的百分比

敏感性资产与敏感性负债，是指随销售额变动而变动的资产和负债。

敏感性资产与敏感性负债，见表2-1。

表2-1 敏感性资产与敏感性负债

项目	内容
敏感性资产（经营性资产）	包括库存现金、应收账款、存货等项目
敏感性负债（经营性负债、自发性债务）	包括应付票据、应付账款等项目
	不包括短期借款、短期融资券、长期负债等筹资性负债

【例题2·单选题】（2020年）采用销售百分比法预测资金需要量时，下列资产负债表项目会影响外部融资需求量金额的是（　　）。

A. 应付票据　　　　　　　B. 实收资本
C. 固定资产　　　　　　　D. 短期借款

> **答案**
> 例题1 | A
> 例题2 | A

解析 销售百分比法下,需要考虑敏感性资产与敏感性负债项目,其中敏感性资产项目包括库存现金、应收账款、存货等项目;敏感性负债项目包括应付票据、应付账款等,不包括短期借款、短期融资券、长期负债等筹资性负债。

2. 外部融资需求量

外部融资需求量=销售额增加额×(敏感性资产占基期销售额百分比-敏感性负债占基期销售额百分比)-预测期销售额×销售净利润率×利润留存率

利润留存率=1-股利支付率

> **记忆密码**
> 预测期销售额不是销售额增加额,而是预测期全部销售额。

> ● **得分高手**
> 销售百分比法是考核频率最高的预测方法,根据公式熟练计算,2025年考核概率高。

【例题3·单选题】(2022年)甲公司采用销售百分比法预测2022年外部资金需要量,2021年销售额为2 000万元,敏感性资产和敏感性负债分别占销售收入的65%和15%,销售净利润率为12%,利润留存率为55%。若甲公司预计2022年销售收入将比上年增长25%,销售净利润率为14%,利润留存率保持不变。甲公司有足够的生产能力,无须追加固定资产投资,则甲公司2022年应追加的外部资金需要量为( )万元。

A. 85   B. 57.5   C. 90.5   D. 97.5

解析 应追加的外部资金需要量=(65%-15%)×2 000×25%-2 000×(1+25%)×14%×55%=57.5(万元)。

(三)资金习性预测法——高低点法(2021年单选)

1. 定义

资金习性预测法:一般根据历史上企业资金占用总额与产销量之间的关系,把资金分为不变和变动两部分,然后结合预计的销售量来预测资金需要量。

不变资金是指在一定的产销量范围内,不受产销量变动的影响而保持固定不变的资金。

变动资金是指随产销量的变动而同比例变动的资金。

2. 资金需要量计算

(1)利用高低点法测算不变资金与单位变动资金。

b(单位变动资金)=占用差÷收入差=(最高收入期的资金占用量-最低收入期的资金占用量)÷(最高销售收入-最低销售收入)

a(不变资金)=最高收入期的资金占用量-b×最高销售收入
　　　　　　=最低收入期的资金占用量-b×最低销售收入

(2)结合预计的销售量来预测资金需要量。

> **答案**
> 例题3|B

解出：$Y=a+bX$。

【例题4·单选题】 甲公司2024年度销售收入500万元、资金需要量90万元；2023年度销售收入480万元、资金需要量72万元；2022年度销售收入560万元、资金需要量80万元。若甲公司预计2025年度销售收入600万元，则采用高低点法预测的资金需要量为( )万元。

A. 84　　　　B. 100　　　　C. 75　　　　D. 96

解析 第一，根据销售收入的最高点和最低点计算不变资金和变动资金。

$72 = a + b \times 480$

$80 = a + b \times 560$

$b = (80 - 72) \div (560 - 480) = 0.1$

$a = 72 - 480 \times 0.1 = 24$

第二，确定资金变动预测模型，根据预测模型和预测期销售收入计算资金需要量，资金需要量 $Y = a + bX = 24 + 0.1X = 24 + 0.1 \times 600 = 84$（万元）。

考点二 本量利分析法 ★★★　一学多考|中注

(一) 本量利分析公式（2021年、2022年计算）

> **得分高手**
>
> 本量利分析法是历年大题的出题点，难点在于公式较多，容易点是各个公式来源于基本关系式，2025年考核的概率较高。

1. 利润计算基本关系式

(1) 固定成本与变动成本的区分，见表2-2。

表2-2　固定成本与变动成本的区分

名称	概念	举例
固定成本	指与商品产销数量没有直接联系，在一定时期和一定产销数量内其发生总额保持相对稳定不变的成本	固定月工资、固定资产折旧费、取暖费、财产保险费、职工培训费
变动成本	指其发生总额随商品产销数量的增减变化而相应变动的成本	直接材料、直接人工、销售佣金

(2) 计算公式。

销售收入-变动成本-固定成本=利润

销售量×单价-销售量×单位变动成本-固定成本=利润

销售量×(单价-单位变动成本)-固定成本=利润

答案
例题4 | A

2. 实现目标利润必须达到的经济指标

销售量×(单价-单位变动成本)-固定成本=利润

【知识点拨】 考核方法是已知目标利润，要求计算影响目标利润的因素变动率，因素变动率=(变后-变前)÷变前。

【结论】 提高利润途径：增加销售数量、提高销售价格、降低固定成本总额、降低单位变动成本。

【例题5·单选题】 甲企业只生产销售一种产品，2020年度该产品的销售数量为1 000件，单价为18元，单位变动成本为12元，固定成本总额为5 000元。如果甲企业要求2021年度的利润较上年度增长12%，在其他条件不变的情况下，下列单项措施的实施即可达到利润增长目标的是( )。

A. 销售量增加1%　　　　　　　B. 销售单价提高0.5%
C. 固定成本总额降低2%　　　　D. 单位变动成本降低1%

解析 2020年度利润=1 000×(18-12)-5 000=1 000(元)。在此基础上，如果要求2021年度的利润增长12%，即达到1 120元[1 000×(1+12%)]。各因素变动分析如下：选项A，利润总额1 120=销售量×(18-12)-5 000，解出销售量为1 020件，销售量变动率=(1 020-1 000)÷1 000=2%；选项B，利润总额1 120=1 000×(单价-12)-5 000，解出单价为18.12元，单价变动率=(18.12-18)÷18=0.67%；选项C，利润=1 000×(18-12)-5 000×(1-2%)=1 100(元)≠1 120元；选项D，利润=1 000×[18-12×(1-1%)]-5 000=1 120(元)。

● 得分高手

本题速算方法：将选项数值代入计算公式，达到利润增长目标的就是本题答案。

3. 利润敏感性分析

利润敏感性分析，是指研究本量利分析的假设前提中的各个因素发生微小变化时，对利润的影响方向和程度。

敏感系数=利润变动百分比÷因素变动百分比

提示 考核方法是已知因素变动率，要求计算敏感系数(先算利润变动率)，敏感系数=利润变动率÷因素变动率。

敏感系数的<u>绝对值越大</u>，该因素越敏感。

【知识点拨】 速算方法：销售量敏感系数=基期边际贡献÷基期息税前利润，单价敏感系数=基期销售收入÷基期息税前利润，单位变动成本敏感系数=-基期变动成本÷基期息税前利润，固定成本敏感系数=-基期固定成本÷基期息税前利润。

【例题6·多选题】 (2023年)某公司只生产和销售单一产品。2023年有关数据为：销售量为10万台，单价为30元，单位变动成本为20元，固定成本为20万元。不考虑利息支出和企业所得税，下列说法正确的有( )。

答案
例题5 | D

A. 销售量的敏感系数为 12.5
B. 单位变动成本的敏感系数为 2.5
C. 对利润的敏感程度由高到低依次是单价、单位变动成本、销售量、固定成本
D. 单价的敏感系数为 3.75
E. 固定成本的敏感系数为 0.25

解析 ↘ 2023 年利润 = 10×(30-20)-20 = 80(万元)。选项 A,假设销售量增长 100%,利润 = 10×(1+100%)×(30-20)-20 = 180(万元),利润变动百分比 = (180-80)÷80 = 1.25,销售量的敏感系数 = 1.25÷100% = 1.25。选项 B,假设单位变动成本增长 100%,利润 = 10×[30-20×(1+100%)]-20 = -120(万元),利润变动百分比 = (-120-80)÷80 = -2.5,单位变动成本的敏感系数 = -2.5÷100% = -2.5。选项 D,假设单价增长 100%,利润 = 10×[30×(1+100%)-20]-20 = 380(万元),利润变动百分比 = (380-80)÷80 = 3.75,单价的敏感系数 = 3.75÷100% = 3.75。选项 E,假设固定成本增长 100%,利润 = 10×(30-20)-20×(1+100%) = 60(万元),利润变动百分比 = (60-80)÷80 = -0.25,固定成本的敏感系数 = -0.25÷100% = -0.25。选项 C,敏感系数的绝对值越大,该因素越敏感,本题中对利润的敏感程度由高到低依次是单价(3.75)、单位变动成本(2.5)、销售量(1.25)、固定成本(0.25)。

(二)边际贡献(2022 年计算)

1. 单位边际贡献

单位边际贡献 = 单价-单位变动成本

边际贡献总额 = 销售量×单位边际贡献

2. 利润

销售量×(单价-单位变动成本)-固定成本 = 利润

销售量×单位边际贡献-固定成本 = 利润

边际贡献总额-固定成本 = 利润

销售收入-变动成本 = 边际贡献总额 = 固定成本+利润

3. 变动成本率与边际贡献率

变动成本率+边际贡献率 = 1

变动成本率 = 单位变动成本÷单价×100%

    = 变动成本总额÷销售收入×100%

边际贡献率 = 单位边际贡献÷单价×100%

    = 边际贡献总额÷销售收入×100%

销售收入×边际贡献率 = 边际贡献总额

【例题 7·单选题】甲企业生产甲产品,售价为 60 元/件,单位变动成本 24 元,固定成本总额 100 000 元,当年销售数量为 20 000 件。甲企业下列指标计算不正确的是( )。

答案 ↘
例题 6 | CD

A. 单位边际贡献36元　　　　　　B. 边际贡献总额720 000元
C. 边际贡献率40%　　　　　　　D. 利润620 000元

解析 单位边际贡献=60-24=36(元)，边际贡献总额=36×20 000=720 000(元)，边际贡献率=36÷60×100%=60%，利润=720 000-100 000=620 000(元)。

考点三　盈亏临界点★★★　　一学多考|中注

(一)盈亏临界点计算(2021年、2022年计算)

盈亏临界点销售量(额)是企业利润为0时的销售量(额)。当达到企业的盈亏临界点销售量(额)时，企业处于保本状态；当企业的销售量(额)大于盈亏临界点销售量(额)时，企业处于盈利状态；当企业的销售量(额)小于盈亏临界点销售量(额)时，企业处于亏损状态。

1. 盈亏临界点的销售量与销售额

盈亏临界点销售量=固定成本÷(单价-单位变动成本)=固定成本÷单位边际贡献

盈亏临界点销售额=盈亏临界点销售量×单价=固定成本÷边际贡献率

2. 盈亏临界点的作业率

盈亏临界点作业率，指盈亏临界点销售量(额)占正常经营情况下销售量(额)的百分比

盈亏临界点作业率=盈亏临界点销售量÷正常经营销售量×100%
　　　　　　　　=盈亏临界点销售额÷正常经营销售额×100%

3. 安全边际和安全边际率

安全边际，是指正常销售额超过盈亏临界点销售额的差额，它表明销售额下降多少企业仍不至亏损。

安全边际率=安全边际÷正常销售额(或实际订货额)×100%

安全边际或安全边际率的数值越大，企业发生亏损的可能性越小，抵御营运风险的能力越强，盈利能力越强。

【例题8·单选题】长江公司只生产甲产品，其固定成本总额为160 000元，单位变动成本50元，单位售价70元，则甲产品盈亏临界点的销售量为(　　)件。

A. 1 600　　　B. 6 400　　　C. 8 000　　　D. 3 200

解析 盈亏临界点销售量=160 000÷(70-50)=8 000(件)。

【例题9·单选题】根据本量利分析原理，若其他条件不变，下列各项中，不会降低盈亏临界点销售额的是(　　)。

A. 降低销售额　　　　　　　　B. 降低单位变动成本
C. 提高单价　　　　　　　　　D. 降低固定成本

答案
例题7|C
例题8|C
例题9|A

解析 盈亏临界点销售额=固定成本总额÷边际贡献率,所以降低固定成本,会导致盈亏临界点销售额降低。边际贡献率提高,也会导致盈亏临界点销售额降低,提高单价和降低单位变动成本都会提高边际贡献率。

【例题10·单选题】 某企业只生产销售甲产品,已知该产品的单价为20元,单位变动成本为8元,2022年的销售量为600件,实现的利润总额为4 500元。该企业的盈亏临界点作业率为( )。

A. 40%　　　B. 60%　　　C. 37.5%　　　D. 62.5%

解析 固定成本=(20-8)×600-4 500=2 700(元),盈亏临界点销售量=2 700÷(20-8)=225(件),盈亏临界点作业率=225÷600×100%=37.5%。

【例题11·单选题】 (2020年)甲公司只生产销售一种产品,2019年度利润总额为100万元,销售量为50万件,产品单位边际贡献为4元。甲公司2019年的安全边际率为( )。

A. 50%　　　B. 65%　　　C. 35%　　　D. 45%

解析 利润=单位边际贡献×销售量-固定成本,因此,固定成本=50×4-100=100(万元)。盈亏临界点销售量=100÷4=25(万件),安全边际率=(50-25)÷50×100%=50%。

(二)利用盈亏临界点预测利润额

利润=(预测销售额-盈亏临界点销售额)×边际贡献率

由于企业的固定成本已经从盈亏临界点销售收入中扣除,所以盈亏临界点以上的销售额减去相应的变动成本就是利润额。

【例题12·计算题】 2024年甲公司生产销售A产品,产销平衡,单价为60元,单位变动成本为24元,固定成本总额为72 000元,销售量为10 000件。

2025年1月1日,甲公司决定A产品降价10%销售,单位变动成本和固定成本总额不变。2025年甲公司预计A产品的销售量将提高20%。

根据上述资料,回答下列问题。

(1)2024年A产品的单位边际贡献、边际贡献率分别为( )。

A. 24元;40%　　　　　B. 36元;60%

C. 31.2元;52%　　　　D. 28.8元;48%

解析 单位边际贡献=60-24=36(元),边际贡献率=36÷60×100%=60%。

(2)2024年A产品的盈亏临界点销售量为( )件。

A. 1 200　　B. 2 500　　C. 2 000　　D. 1 500

解析 2024年的盈亏临界点销售量=72 000÷36=2 000(件)。

(3)2025年预计A产品的利润为( )元。

A. 368 000　　B. 168 000　　C. 360 000　　D. 288 000

答案
例题10 | C
例题11 | A

解析 2025 年单价=60×(1-10%)=54(元)，销售量=10 000×(1+20%)=12 000(件)，利润=12 000×(54-24)-72 000=288 000(元)。

(4)2025 年预计 A 产品的盈亏临界点作业率为(　　)。
A. 20%　　　B. 80%　　　C. 25%　　　D. 5%

解析 2025 年单位边际贡献=54-24=30(元)，盈亏临界点销售量=72 000÷30=2 400(件)，盈亏临界点作业率=2 400÷12 000×100%=20%。

【例题 13·计算题】甲家政公司专门提供家庭保洁服务，按提供保洁服务的小时数向客户收取费用，收费标准为 200 元/小时。

2018 年每月发生租金、水电费、电话费等固定费用合计为 40 000 元。甲公司有 2 名管理人员，负责制定工作规程、员工考勤、业绩考核等工作，每人每月固定工资为 5 000 元；另有 20 名保洁工人，接受公司统一安排对外提供保洁服务，工资采取底薪加计时工资制，即每人每月除获得 3 500 元底薪外，另可获 80 元/小时的提成收入。

甲公司平均每天提供 100 小时的保洁服务，每天最多提供 120 小时的保洁服务。假设每月按照 30 天计算，不考虑相关税费。

根据上述资料，回答下列问题。

(1)甲公司 2018 年每月发生的固定成本为(　　)元。
A. 40 000　　B. 50 000　　C. 110 000　　D. 120 000

解析 固定成本=固定费用 40 000+管理人员固定工资 5 000×2+保洁人员固定工资 3 500×20=120 000(元)。

(2)甲公司 2018 年每月的税前利润为(　　)元。
A. 240 000　　B. 310 000　　C. 360 000　　D. 430 000

解析 每月的税前利润=100×30×200-100×30×80-120 000=240 000(元)。

(3)甲公司 2018 年每月的盈亏临界点作业率为(　　)。
A. 26.67%　　B. 33.33%　　C. 28%　　D. 21%

解析 盈亏临界点销售量=120 000÷(200-80)=1 000(小时)，盈亏临界点作业率=盈亏临界点销售量 1 000÷正常经营销售量(100×30)×100%=33.33%。

(4)甲公司预计 2019 年平均每天保洁服务小时数增加 10%，假定其他条件保持不变，则保洁服务小时数的敏感系数为(　　)。
A. 1.0　　B. 1.9　　C. 1.2　　D. 1.5

解析 平均每天保洁服务小时数增加 10%，则提供的总的小时数=100×(1+10%)×30=3 300(小时)；预计税前利润=3 300×(200-80)-120 000=276 000(元)。

利润变动百分比=(276 000-240 000)÷240 000×100%=15%。

保洁服务小时数的敏感系数=15%÷10%=1.5。

答案
例题 12 | (1) B
(2) C
(3) D
(4) A
例题 13 | (1) D
(2) A
(3) B
(4) D

考点四 财务预算 ★★ 　　一学多考|中注

(一) 全面预算与财务预算

1. 全面预算

全面预算包括经营预算、资本支出预算和财务预算。

财务预算的综合性最强，是预算的核心内容；财务预算的各项指标依赖于经营预算和资本支出预算。

2. 财务预算

财务预算主要包括现金预算、预计利润表、预计资产负债表和预计现金流量表。其中，现金预算的内容包括现金收入、现金支出、现金余缺和资金的筹集与运用。现金预算以销售预算、生产预算、成本与费用预算、预计资本支出预算为基础编制，为财务预算的核心。

(二) 财务预算的编制方法（2023年单选；2020年、2024年多选）

1. 增量预算法与零基预算法

编制预算的方法按照出发点的特征不同(是否以历史期数据为基础)，可分为增量预算法和零基预算法。

(1) 增量预算法。

增量预算法，见表2-3。

表2-3 增量预算法

项目	内容
编制方法	指以历史期实际经济活动及其预算为基础，结合预算期经济活动及相关影响因素的变动情况，通过调整历史期经济活动项目及金额形成预算的预算编制方法
假定前提	现有业务活动合理，不需要进行调整；现有业务活动的开支水平合理，在预算期保持不变；以现有业务活动和各项活动的开支水平为基础，确定预算期各项活动的预算数
缺点	可能导致无效费用开支项目无法得到有效控制

(2) 零基预算法。

零基预算法，见表2-4。

表2-4 零基预算法

项目	内容
编制方法	指企业不以历史期经济活动及其预算为基础，以零为起点，从实际需要出发分析预算期经济活动的合理性，经综合平衡，形成预算的预算编制方法

(续表)

项目	内容
优点	a. 以零为起点编制预算，不受历史期经济活动中的不合理因素影响，能够灵活应对内外环境的变化，预算编制更贴近预算期企业经济活动需要； b. 有助于增加预算编制透明度，有利于进行预算控制
缺点	a. 预算编制工作量较大、成本较高； b. 预算编制的准确性受企业管理水平和相关数据标准准确性影响较大
适用项目	适用于企业各项预算的编制，特别是不经常发生的预算项目或预算编制基础变化较大的预算项目

【例题14·多选题】（2020年）与增量预算法相比，下列关于零基预算法特点的表述中错误的有(　　)。

A. 认为企业现有业务活动是合理的，不需要进行调整

B. 预算编制工作量较大、成本较高

C. 容易受历史期经济活动中的不合理因素影响，预算编制难度加大

D. 有助于增加预算编制的透明度，有利于进行预算控制

E. 特别适用于不经常发生的预算项目或预算编制基础变化较大的预算项目

解析 选项A，增量预算法认为企业现有业务活动是合理的，不需要进行调整。选项C，零基预算法是以零为起点编制预算，不受历史期经济活动中的不合理因素影响。

2. 固定预算法与弹性预算法

编制预算的方法按照业务量基础的数量特征不同(是否以固定的业务量为基础)，可分为固定预算法与弹性预算法。

(1)固定预算法。

固定预算法，见表2-5。

表2-5　固定预算法

项目	内容
编制方法	指在编制预算时，只将预算期内正常、可实现的某一固定的业务量(如生产量、销售量等)水平作为唯一基础来编制预算的方法
缺点	a. 适应性差； b. 可比性差
适用项目	一般适用于经营业务稳定，生产产品产销量稳定，能准确预测产品需求及产品成本的企业，也可用于编制固定费用预算

(2)弹性预算法。

弹性预算法，见表2-6。

答案
例题14 | AC

44

表 2-6　弹性预算法

项目	内容
编制方法	按照预算期内可能的一系列业务量水平编制系列预算的方法
优点	考虑了预算期可能的不同业务量水平，更贴近企业经营管理实际情况
缺点	a. 编制工作量大； b. 市场及其变动趋势预测的准确性、预算项目与业务量之间依存关系的判断水平等会对弹性预算法的合理性造成较大影响
适用项目	从理论出发，弹性预算法适用于编制全面预算中所有与业务量有关的预算。从实务出发，弹性预算法适用于编制成本费用预算和利润预算，尤其是成本费用预算

【例题 15·多选题】与固定预算法相比，下列属于弹性预算法特点的有（　　）。

A. 考虑了预算期可能的不同业务量水平
B. 预算项目与业务量之间依存关系的判断水平对弹性预算法的合理性造成较大影响
C. 编制工作量小
D. 动态反映市场、建立跨期综合平衡
E. 不考虑以往期间的费用项目和费用数额

解析　弹性预算法的优点：考虑了预算期可能的不同业务量水平，更贴近企业经营管理实际情况。其缺点：①编制工作量大；②市场及其变动趋势预测的准确性、预算项目与业务量之间依存关系的判断水平等会对弹性预算法的合理性造成较大影响。

3. 定期预算法与滚动预算法

编制预算的方法按照预算期的时间特征不同（是否以不变期间作为预算期），可分为定期预算法与滚动预算法。

（1）定期预算法。
定期预算法，见表 2-7。

表 2-7　定期预算法

项目	内容
编制方法	编制预算时，以不变的会计期间作为预算期编制预算
优点	能够使预算期间与会计期间相对应，便于将实际数与预算数进行对比，也有利于对预算执行情况进行分析和评价
缺点	不利于前后各个期间的预算衔接，不能适应连续不断的业务活动过程的预算管理

（2）滚动预算法。
滚动预算法，见表 2-8。

答案
例题 15 | AB

表 2-8　滚动预算法

项目	内容
编制方法	指企业根据上一期预算执行情况和新的预测结果，按既定的预算编制周期和滚动频率，对原有的预算方案进行调整和补充，逐期滚动，持续推进的预算编制方法
优点	通过持续滚动预算编制、逐期滚动管理，实现动态反映市场、建立跨期综合平衡，从而有效指导企业营运，强化预算的决策与控制职能
缺点	a. 预算滚动的频率越高，对预算沟通的要求越高，预算编制的工作量越大； b. 过高的滚动频率容易增加管理层的不稳定感，导致预算执行者无所适从

【例题16·多选题】（2024年）与滚动预算法相比，下列关于定期预算法特点的表述，正确的有(　　)。

A. 使预算期间与会计期间相对应，便于将实际数与预算数进行对比

B. 有利于建立跨期综合平衡，强化预算的决策与控制职能

C. 有利于前后各个期间的预算衔接，进而反映连续不断的业务活动过程的预算管理

D. 预算编制工作量较大，成本较高

E. 有利于对预算执行情况进行分析和评价

解析 ▷ 选项B，是滚动预算法的优点。选项C，定期预算法，不利于前后各个期间的预算衔接，不能适应连续不断的业务活动过程的预算管理。选项D，与滚动预算法相比，定期预算法的编制工作量较小。

答案 ▷
例题16 | AE

同步训练

考点一　资金需要量预测

1. (单选题)某公司2022年度资金平均占用额为4 500万元，其中不合理部分占15%，预计2023年销售增长率为20%，资金周转速度变动率为+3%，采用因素分析法预测的2023年度资金需要量为(　　)万元。

　　A. 4 452.3　　　　B. 4 590　　　　C. 4 500　　　　D. 3 825

2. (单选题·2021年)甲公司近年资金占用与销售收入之间的关系如下表所示：

年度	销售收入(万元)	资金占用(万元)
2017	118	90
2018	127	80
2019	145	110

(续表)

年度	销售收入（万元）	资金占用（万元）
2020	148	105

根据高低点法预测甲公司2021年的不变资金为（　　）万元。

A. 61　　　　　　B. 131　　　　　　C. 11　　　　　　D. 31

3. （单选题·2018年）长江公司2022年年末的敏感性资产为2 600万元，敏感性负债为800万元。2022年度实现销售收入5 000万元，预计2023年度销售收入将提高20%，销售净利润率为8%，利润留存率为60%。基于销售百分比法预测下，2023年度长江公司应追加的外部融资需求量为（　　）万元。

A. 93　　　　　　B. 72　　　　　　C. 160　　　　　　D. 312

4. （单选题）甲公司采用销售百分比法预测2022年外部资金需求量。2022年销售收入将比上年增长20%，2021年销售收入为2 000万元，敏感性资产和敏感性负债分别占销售收入的59%和14%，销售净利润率为10%，股利支付率为60%。若甲公司2022年销售净利润率、股利支付率均保持不变，则甲公司2022年外部融资需求量为（　　）万元。

A. 36　　　　　　B. 60　　　　　　C. 84　　　　　　D. 100

5. （单选题）某企业2023年度销售收入为2 000万元，净利润为200万元，股利支付率为40%，预计2024年度销售收入下降15%，盈利能力和股利政策保持不变，则该企业留存收益在2024年可提供的资金金额为（　　）万元。

A. 68　　　　　　B. 102　　　　　　C. 138　　　　　　D. 170

6. （多选题）下列各项中，属于敏感性资产或敏感性负债的有（　　）。

A. 存货　　　　　　　　　　　　B. 应付账款
C. 短期借款　　　　　　　　　　D. 固定资产
E. 留存收益

考点二　本量利分析法

1. （单选题）某出版社与一畅销书作者正在洽谈新作出版的事宜，预计出版该书的固定成本总额为70万元，单位变动成本为10元；同时与作者约定，一次性支付稿酬100万元，另按销售价给予售价10%的提成。若预计该书的销售量为40万册，为实现税前目标利润150万元，该书的销售单价应定为（　　）元。

A. 15.5　　　　　　B. 18　　　　　　C. 20　　　　　　D. 21

2. （单选题）某企业上年度甲产品的销售数量为1万件，销售价格为每件18 000元，单位变动成本为12 000元，固定成本总额为5 000万元，若企业要求甲产品的利润总额增长12%，则在其他条件不变情况下，应将甲产品的单位变动成本降低（　　）。

A. 1%　　　　　　B. 0.67%　　　　　　C. 2%　　　　　　D. 2.4%

3. （单选题）某企业只产销一种产品，2023年固定成本总额为50万元；实现销售收入100万元，恰好等于盈亏临界点销售额。2024年该企业目标利润定为10万元，预

47

计产品销售量、销售单价和固定成本与2023年相同。该企业2024年的边际贡献率比2023年提高(　　)时,才能使目标利润实现。

A. 60%　　　　　　B. 40%　　　　　　C. 20%　　　　　　D. 50%

4. (单选题)某公司只生产一种产品,2023年度销售量为2 000件,单位售价为180元,固定成本总额为56 000元,公司当年实现净利润45 000元,适用企业所得税税率为25%,假定不存在纳税调整事项,则该公司产品的单位边际贡献为(　　)元。

A. 47　　　　　　B. 50　　　　　　C. 50.5　　　　　　D. 58

5. (单选题)甲企业生产和销售单一产品,2020年度有关数据如下:销售量100 000件,单价30元,单位变动成本为20元,固定成本为200 000元。假设没有利息支出和所得税,下列销售量敏感系数和固定成本敏感系数的说法中,正确的是(　　)。

A. 销售量的敏感系数为12.5%
B. 销售量的敏感系数为1.25
C. 固定成本的敏感系数为-2.5%
D. 固定成本的敏感系数为0.25

6. (多选题)下列各项中,属于本量利分析中固定成本的有(　　)。

A. 固定资产折旧费
B. 固定月工资
C. 销售佣金
D. 职工培训费
E. 财产保险费

7. (多选题)下列采用本量利分析法计算利润的公式中,正确的有(　　)。

A. 利润=销售收入×变动成本率-固定成本
B. 利润=销售收入×(1-边际贡献率)-固定成本
C. 利润=销售收入×(1-变动成本率)-固定成本
D. 利润=(销售收入-盈亏临界点销售额)×边际贡献率
E. 利润=盈亏临界点销售量×边际贡献率

考点三 盈亏临界点

1. (单选题)某企业只生产销售甲产品,正常生产经营条件下的销售量为5 000件,销售单价为100元,单位变动成本为60元,固定成本为130 000元。下列说法中不正确的是(　　)。

A. 边际贡献总额为200 000元
B. 盈亏临界点销售额为325 000元
C. 盈亏临界点作业率为65%
D. 安全边际率为40%

2. (单选题·2024年)甲公司只生产销售一种产品,单价为1 000元,单位变动成本为500元,固定成本为100 000元,年正常销售量为500件。不考虑其他因素,下列表述错误的是(　　)。

A. 安全边际为200 000元
B. 年利润总额为150 000元
C. 盈亏临界点销售量为200件
D. 盈亏临界点作业率为40%

3. (多选题)下列关于盈亏临界点的表述中,错误的有(　　)。

A. 盈亏临界点销售量(额)越小,企业经营风险越小

B. 实际销售量(额)超过盈亏临界点销售量(额)越多,企业亏损增加越多

C. 盈亏临界点销售量(额)越大,企业的盈利能力就越强

D. 实际销售量(额)小于盈亏临界点销售量(额)时,企业将产生亏损

E. 盈亏临界点的含义是企业的销售总收入等于总成本的销售量(额)

4. (多选题)如果企业欲降低某种产品的盈亏临界点销售量,在其他条件不变的情况下,可以采取的措施有(   )。

A. 增加产品销售量
B. 降低固定成本总额
C. 提高产品销售单价
D. 降低产品单位变动成本
E. 降低产品单位边际贡献

考点四 财务预算

1. (单选题)下列关于固定预算法的说法中,错误的是(   )。

A. 只将预算期内正常、可实现的生产量水平作为编制预算的唯一基础
B. 固定预算法适用经营业务、生产产品产销量稳定,能准确预测产品需求及产品成本的企业
C. 适应性差
D. 可比性差

2. (单选题)下列各项中,属于弹性预算法优点的是(   )。

A. 能够使预算期间与会计期间相对应
B. 便于将实际数与预算数进行对比
C. 实现动态反映市场、建立跨期综合平衡,从而有效指导企业营运,强化预算的决策与控制职能
D. 考虑了预算期可能的不同业务量水平,更贴近企业经营管理实际情况

3. (单选题)下列各项预算中,不适用弹性预算法编制的是(   )。

A. 资本支出预算
B. 销售收入预算
C. 成本费用预算
D. 材料采购预算

4. (多选题)下列关于增量预算法的说法中,正确的有(   )。

A. 通过调整历史期经济活动项目及金额形成预算
B. 以过去的费用发生水平为基础,主张不需要在预算内容上作较大的调整
C. 假定企业现有各项业务的开支水平是合理的
D. 可能导致无效费用开支项目无法得到有效控制
E. 预算编制工作量较大、成本较高

5. (多选题)下列各项中,属于零基预算法优点的有(   )。

A. 以零为起点编制预算,不受历史期经济活动中的不合理因素影响
B. 能够灵活应对内外环境的变化,预算编制更贴近预算期企业经济活动需要,有助于增加预算编制透明度,有利于进行预算控制
C. 预算编制的准确性受企业管理水平和相关数据标准准确性影响较大
D. 按一系列业务量水平编制,更贴近企业经营管理实际情况

E. 通过持续滚动预算编制有效指导企业营运，强化预算的决策与控制职能

综合拓展

1. (计算题·2022年)甲公司在2020年10月初投入建设一条新产品生产线，相关的设备及建造安装成本共计2 500万元。当年12月该生产线达到预定可使用状态并投入使用，预计可使用年限为10年，预计净残值率为10%，按照年限平均法计提折旧。新产品每盒原材料成本48元，单位变动制造费用23元，包装成本9元。

甲公司相关人员及工资情况如下：生产人员15名，每人每年的基础工资4.8万元，另按每盒8元支付计件工资；销售人员4名，每人每年的基础工资9万元，并按年销售额的2%支付提成工资。2021年甲公司全年共生产12万盒新产品并全部对外销售，每盒售价180元。

假设不考虑相关税费和其他因素的影响，根据上述资料，回答下列问题。

(1)本量利分析模型下，甲公司生产该新产品的年固定成本为(　　)万元。

A. 358　　　　B. 393　　　　C. 297　　　　D. 333

(2)本量利分析模型下，甲公司2021年度该新产品实现的利润为(　　)万元。

A. 952.8　　　B. 727.8　　　C. 702.8　　　D. 823.8

(3)本量利分析模型下，甲公司2021年度该新产品的边际贡献率为(　　)。

A. 46.29%　　B. 33.69%　　C. 50.89%　　D. 49.11%

(4)本量利分析模型下，甲公司2021年度该新产品的盈亏临界点的销售额为(　　)万元。

A. 703.48　　B. 678.07　　C. 651.52　　D. 604.76

2. (计算题·2021年)甲公司2019年5月为生产W产品自行建造一条生产线，实际发生工程成本600万元，2019年12月该生产线达到预定可使用状态并投入使用，预计使用年限为10年，预计净残值率为10%，采用年限平均法计提折旧。

W产品于2020年投产，年生产2万瓶并已在当年全部销售，每瓶售价为480元。W产品每瓶材料成本为50元、变动制造费用15元、包装成本13元，按年销售额的7%支付广告费。参与W产品项目的成员包括：2名管理人员，每人每年的固定工资为12万元；20名生产人员，每人每年的固定工资为6万元，另按每瓶10元支付计件工资；5名销售人员，每人每年的固定工资为4.8万元，另按年销售额的3%支付提成收入。

不考虑其他相关税费，根据上述资料，回答下列问题。

(1)本量利分析模型下，甲公司2020年生产W产品的固定成本为(　　)万元。

A. 198　　　　B. 222　　　　C. 232　　　　D. 282

(2)甲公司2020年生产W产品实现税前利润为(　　)万元。

A. 406　　　　B. 456　　　　C. 466　　　　D. 486

(3)甲公司2020年生产W产品盈亏临界点销售额为(　　)万元。

A. 393.49　　B. 309.77　　C. 297.31　　D. 301.02

(4)假定2021年甲公司生产的W产品固定成本降低10%，其他条件保持不变，则

甲公司生产 W 产品的固定成本的敏感系数为(　　)。[计算结果保留两位小数]
A．-0.48　　　　B．-0.45　　　　C．0.50　　　　D．0.45

参考答案及解析

考点一　资金需要量预测

1．A　【解析】本题考查因素分析法。因素分析法下，资金需要量=(4 500-4 500×15%)×(1+20%)×(1-3%)=4 452.3(万元)。

2．D　【解析】本题考查资金习性预测法(高低点法)。高低点法是要选取<u>业务量(销售收入)的最高点和最低点</u>来计算的，因此单位产销量所需变动资金=(105-90)÷(148-118)=0.5，甲公司2021年不变资金=105-148×0.5=31(万元)。或：甲公司2021年不变资金=90-118×0.5=31(万元)。

【拓展】甲公司2021年预计销售收入为200万元，则资金需要量=31+200×0.5=131(万元)。

3．B　【解析】本题考查销售百分比法。外部融资需求量=(2 600÷5 000-800÷5 000)×5 000×20%-5 000×(1+20%)×8%×60%=72(万元)。

4．C　【解析】本题考查销售百分比法。外部融资需求量=(59%-14%)×2 000×20%-2 000×(1+20%)×10%×(1-60%)=84(万元)。

5．B　【解析】本题考查销售百分比法。2024年留存收益可提供的资金金额=2 000×(1-15%)×(200÷2 000)×(1-40%)=102(万元)。

6．AB　【解析】本题考查销售百分比法。敏感性资产或负债是指直接<u>随销售额变动而变动</u>的资产、负债，如库存现金、应收账款、存货、应付账款、应付票据等。<u>短期借款属于非敏感性负债，固定资产属于非敏感性资产</u>，留存收益不属于资产或负债。

考点二　本量利分析法

1．C　【解析】本题考查预测实现目标必须达到的经济指标。[销售单价×(1-10%)-10]×40-(100+70)=150，解得销售单价为20元。

2．A　【解析】本题考查预测实现目标必须达到的经济指标。上年度利润=(18 000-12 000)×1-5 000=1 000(万元)，目标利润=1 000×(1+12%)=1 120(万元)。(18 000-单位变动成本)×1-5 000=1 120，解得单位变动成本为11 880元，单位变动成本的变动率=(11 880-12 000)÷12 000×100%=-1%。

3．C　【解析】本题考查预测实现目标必须达到的经济指标。根据题意可知：100×原边际贡献率-50=0，原边际贡献率为50%；100×新边际贡献率-50=10，新边际贡献率为60%，所以边际贡献率的提高率=(60%-50%)÷50%=20%。

4．D　【解析】本题考查边际贡献的计算。边际贡献=固定成本+利润=56 000+45 000÷(1-25%)=116 000(元)，单位边际贡献=边际贡献÷销售量=116 000÷2 000=58(元)。

5. B 【解析】本题考查敏感系数的计算。2020年利润=(30-20)×100 000-200 000=800 000(元)。

(1)假设销售量增长10%，则销售量=100 000×(1+10%)=110 000(件)，利润=(30-20)×110 000-200 000=900 000(元)，利润变动百分比=(900 000-800 000)÷800 000×100%=12.5%，销售量的敏感系数=12.5%÷10%=1.25。

(2)假设固定成本增长10%，则固定成本=200 000×(1+10%)=220 000(元)，利润=(30-20)×100 000-220 000=780 000(元)，利润变化百分比=(780 000-800 000)÷800 000×100%=-2.5%，固定成本的敏感系数=-2.5%÷10%=-0.25。

6. ABDE 【解析】本题考查固定成本的内容。固定成本是指与商品产销数量没有直接联系，在一定时期和一定产销数量内其发生总额保持相对稳定的成本，例如，固定月工资、固定资产折旧费、取暖费、财产保险费、职工培训费等；变动成本是指其发生额随商品产销量的增减变化而相应变动的成本，例如，直接材料、直接人工、销售佣金等。

7. CD 【解析】本题考查预测目标利润额。销售利润=销售收入×边际贡献率-固定成本=销售收入×(1-变动成本率)-固定成本=销售收入×边际贡献率-盈亏临界点销售额×边际贡献率=(销售收入-盈亏临界点销售额)×边际贡献率。

考点三 盈亏临界点

1. D 【解析】本题考查盈亏临界点各指标的计算。单位边际贡献=100-60=40(元)，边际贡献总额=5 000×40=200 000(元)。边际贡献率=40÷100×100%=40%，盈亏临界点销售额=固定成本÷边际贡献率=130 000÷40%=325 000(元)。盈亏临界点作业率=盈亏临界点销售额÷正常经营销售额=325 000÷(5 000×100)×100%=65%。安全边际率=1-盈亏临界点作业率=1-65%=35%。

2. A 【解析】本题考查盈亏临界点各指标的计算。利润总额=(1 000-500)×500-100 000=150 000(元)，盈亏临界点销售量=100 000÷(1 000-500)=200(件)，盈亏临界点作业率=200÷500×100%=40%，安全边际=(500-200)×1 000=300 000(元)。

3. BC 【解析】本题考查盈亏临界点的确定。选项B，实际销售量(额)超过盈亏临界点销售量(额)越多，说明企业盈利越多。选项C，盈亏临界点销售量(额)越小，企业的盈利能力越强。

4. BCD 【解析】本题考查盈亏临界点的确定。选项A，销售量的变动不影响盈亏临界点的销售量。选项E，在其他条件不变的情况下，降低产品单位边际贡献将提高盈亏临界点的销售量。

考点四 财务预算

1. A 【解析】本题考查固定预算法。固定预算法是指在编制预算时，只将预算期内正常、可实现的某一固定的业务量(如生产量、销售量等)水平作为唯一基础来编制预算的方法。

2. D 【解析】本题考查弹性预算法。选项A、B，是定期预算法的优点。选项C，是滚动预算法的优点。

3. A 【解析】本题考查弹性预算法。选项 A，弹性预算法适用于编制全面预算中所有与业务量有关的预算，而资本支出预算与业务量之间没有直接的联动关系，所以不采用弹性预算法编制。销售收入预算、成本费用预算、材料采购预算都与业务量有关。

4. ABCD 【解析】本题考查增量预算法。选项 E，属于零基预算法的缺点。

5. AB 【解析】本题考查零基预算法。选项 C，属于零基预算法的缺点。选项 D，属于弹性预算法的优点。选项 E，属于滚动预算法的优点。

综合拓展

1. （1）D；（2）B；（3）D；（4）B。

【解析】

（1）本题考查固定成本的计算。年固定成本＝设备的年折旧＋固定基本工资＝2 500×（1－10%）÷10＋15×4.8＋4×9＝333（万元）。

（2）本题考查预测目标利润额的计算。2021 年度该新产品实现的利润＝12×180－[12×(48＋23＋9)＋12×8＋12×180×2%]－333＝727.8（万元）。

（3）本题考查边际贡献率的计算。边际贡献率＝边际贡献÷销售收入×100%＝[12×180－12×(48＋23＋9)－12×8－12×180×2%]÷(12×180)×100%＝49.11%。

（4）本题考查盈亏临界点销售额的计算。盈亏临界点销售额＝固定成本÷边际贡献率＝333÷49.11%＝678.07（万元）。

2. （1）B；（2）C；（3）B；（4）A。

【解析】

（1）本题考查固定成本的计算。固定成本＝600×（1－10%）÷10＋2×12＋20×6＋5×4.8＝222（万元）。

（2）本题考查预测目标利润额的计算。变动成本＝（50＋15＋13）×2＋480×2×7%＋2×10＋480×2×3%＝272（万元）；税前利润＝480×2－272－222＝466（万元）。

（3）本题考查盈亏临界点销售额的计算。甲公司 2020 年生产 W 产品盈亏临界点销售额＝222÷（480－272÷2）×480＝309.77（万元）。

（4）本题考查利润敏感系数的计算。2021 年税前利润＝480×2－272－222×（1－10%）＝488.2（万元）；2021 年税前利润变动率＝（488.2－466）÷466＝4.76%；甲公司生产 W 产品的固定成本的敏感系数＝4.76%÷（－10%）＝－0.48。

亲爱的读者，你已完成本章4个考点的学习，本书知识点的学习进度已达11%。

第三章 筹资与股利分配管理

重要程度：次重点章节　分值：7分左右

考试风向

考情速递

本章重点内容为各种筹资方式的特点、资本成本的计算、每股收益无差别点的计算、杠杆系数、股利分配政策的特点及适用范围等。常以单选题、多选题、计算题的形式考核，需要理解并掌握。

2025年考试变化

本章内容无实质性变化。

脉络梳理

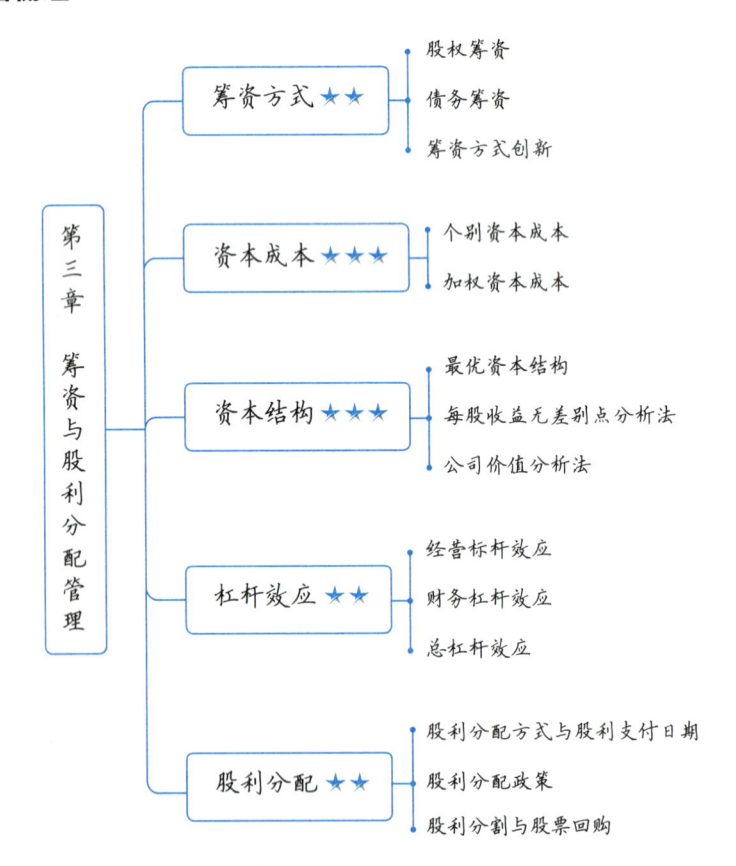

第三章 筹资与股利分配管理
- 筹资方式 ★★
  - 股权筹资
  - 债务筹资
  - 筹资方式创新
- 资本成本 ★★★
  - 个别资本成本
  - 加权资本成本
- 资本结构 ★★★
  - 最优资本结构
  - 每股收益无差别点分析法
  - 公司价值分析法
- 杠杆效应 ★★
  - 经营杠杆效应
  - 财务杠杆效应
  - 总杠杆效应
- 股利分配 ★★
  - 股利分配方式与股利支付日期
  - 股利分配政策
  - 股利分割与股票回购

考点详解及精选例题

考点一 筹资方式 ★★ 一学多考|中注

> **得分高手**
>
> 股权筹资与债务筹资的特点,在近几年的考题中较少出现,但预计2025年再次考核的概率较高。主要掌握每种方式典型的特点,如筹资成本高低和风险大小等。

(一)股权筹资(2017年、2019年多选)

股权筹资方式及特点,见表3-1。

表3-1 股权筹资方式及特点

筹资方式	特点	
吸收直接投资	(1)容易进行信息沟通(投资者可以担任管理者)。 (2)不易进行产权交易(没有证券为媒介)。 (3)资本成本较高、筹资费用较低(与发行股票相比)。 (4)能够尽快形成生产能力(可以用设备等出资)	
普通股	(1)两权分离,有利于公司自主经营管理。 (2)促进股权流通和转让,能提高公司的社会声誉。 (3)资本成本较高、发行费用高、筹资公司得不到抵减税款的好处(与债务筹资相比)。 (4)不易及时形成生产能力	
优先股	优点	(1)由于优先股股东一般没有投票权,所以发行优先股不会因稀释控制权而引起普通股股东的反对,筹资能顺利进行。 (2)优先股股东也是公司的所有者,不能强迫公司破产,因而发行优先股能增强公司的信誉,提高公司的举债能力。 (3)优先股一般没有到期日,实际上可将优先股看成一种永久性负债;不需要偿还本金,只需支付固定股息;优先股的股息率一般为固定比率,使得优先股融资具有财务杠杆作用
	缺点	(1)优先股的资本成本虽低于普通股,但高于债券。 (2)优先股在股息分配、资产清算等方面拥有优先权,使普通股股东在公司经营不稳定时收益受到影响。 (3)优先股筹资后对公司的限制较多

> **记忆密码**
>
> 口诀:分权转让高又高、不易生。

(续表)

筹资方式	特点
留存收益	(1)筹资数额有限。 (2)不用发生筹资费用。 (3)维持公司的控制权分布(不会改变公司的股权结构)

【例题1·单选题】下列关于公开发行普通股股票筹资的表述中，错误的是(　　)。

A. 与发行债券相比，易分散公司的控制权

B. 便于市场确定公司价值

C. 与吸收直接投资相比，资本成本较高

D. 信息沟通与披露成本较大

解析 相对于吸收直接投资来说，普通股筹资的资本成本较低。

【例题2·多选题】下列关于发行优先股股票筹资的表述中，正确的有(　　)。

A. 优先股在股息分配、资产清算等方面拥有优先权

B. 发行优先股不会因稀释控制权而引起普通股股东的反对

C. 发行优先股能增强公司的信誉，提高公司的举债能力

D. 优先股的股息率一般为固定比率，使得优先股融资具有财务杠杆作用

E. 优先股的资本成本虽高于普通股，但低于债券

解析 选项E，优先股的资本成本高于债券，低于普通股。

(二)债务筹资 (2020 年单选)

> 记忆密码
> 重点关注债务筹资方式种类，别忘商业信用。

债务筹资的主要方式包括银行借款、发行债券、融资租赁和商业信用等多种方式，债务筹资方式及相关内容，见表3-2。

表3-2 债务筹资方式及相关内容

筹资方式		内容
银行借款	筹资特点	(1)筹资速度快、筹资弹性较大。 (2)资本成本较低。 (3)筹资数额有限、限制条款多
发行公司债券	筹资特点	(1)提高公司的社会声誉。 (2)一次筹资数额大。 (3)募集资金的使用限制条件少(与银行借款相比)。 (4)资本成本负担较高(利息负担和筹资费用都较高)

答案
例题1 | C
例题2 | ABCD

(续表)

筹资方式		内容
融资租赁	基本形式	直接租赁、杠杆租赁和售后回租
	筹资特点	(1)无须大量资金就能迅速获得资产。 (2)能延长资金融通的期限、无融资额度限制。 (3)财务风险小(财务优势明显):分期支付避免一次性支付的负担、租金可以通过项目本身产生的收益来支付。 (4)筹资的限制条件较少(三种债务筹资方式中最少)。 (5)资本成本负担较高(三种债务筹资方式中最高)

【例题3·多选题】下列关于各种筹资方式的表述中,错误的有(　　)。

A. 普通股筹资没有固定的利息负担,财务风险较低,因此资本成本也较低

B. 由于优先股的股利是固定的,因此在企业盈利能力较强时,可以为普通股股东创造更多的收益

C. 通过发行债券筹资,企业可以获得财务杠杆效应

D. 银行借款方式筹资的筹资速度快,筹资弹性较大

E. 银行借款方式筹资与发行股票和债券相比,其资本成本较高

解析 ↘ 选项A,利用普通股筹资的资本成本较高。选项E,与发行股票和债券相比,银行借款的资本成本比较低。

(三)筹资方式创新(2022年多选)

筹资方式创新包括:商业票据融资、中期票据融资、企业应收账款证券化、融资租赁债权资产证券化、商圈融资、供应链融资、绿色信贷、能效信贷、股权众筹融资。

考点二 资本成本 ★★★　　一学多考|中注

(一)个别资本成本(2022年、2024年单选)

1. 银行借款资本成本

$$银行借款资本成本 = \frac{银行借款年利率 \times (1-所得税税率)}{1-筹资费用率} \times 100\%$$

【例题4·单选题】(2022年)甲公司向银行借入短期借款1 000万元,年利率为6%,到期一次还本付息,借款的筹资费用率为1.5%,适用的企业所得税税率为25%,则该笔借款的资本成本为(　　)。

A. 6%　　　　B. 6.09%　　　　C. 4.57%　　　　D. 4.5%

解析 ↘ 银行借款资本成本 = 6% × (1-25%) ÷ (1-1.5%) × 100% = 4.57%。

记忆密码
银行借款和发行债券的资本成本公式中,分子是税后金额。

答案 ↘
例题3|AE
例题4|C

2. 债券的资本成本

$$债券资本成本 = \frac{债券面值 \times 债券票面利率 \times (1-所得税税率)}{债券筹资额 \times (1-筹资费用率)} \times 100\%$$

【例题5·单选题】 甲公司以680万元价格溢价发行面值为600万元、期限3年、年利率为8%的公司债券,每年付息一次,到期一次还本。该批债券的筹资费用率为2%,适用的企业所得税税率为25%,则甲公司该债券的资本成本为( )。

A. 5.4%　　　B. 5.12%　　　C. 6.12%　　　D. 5.65%

解析 该债券的资本成本 = [600×8%×(1-25%)] ÷ [680×(1-2%)] = 5.4%。

3. 普通股资本成本

(1) 股利增长模型法。

$$普通股资本成本 = \frac{预计下年每股股利}{当前每股市价 \times (1-筹资费用率)} + 股利增长率$$

$$= \frac{当前每股股利 \times (1+股利增长率)}{当前每股市价 \times (1-筹资费用率)} + 股利增长率$$

(2) 资本资产定价模型法。

普通股资本成本 = 无风险收益率 + 普通股β系数×(市场平均收益率 - 无风险收益率)

【例题6·单选题】 (2024年)甲公司发行普通股的股价为15元/股,预计下年度每股股利为1元,筹资费用率为3%,预计股利每年增长2%。甲公司普通股资本成本为( )。

A. 6.87%　　　B. 8.67%　　　C. 8.87%　　　D. 6.67%

解析 普通股资本成本 = 1 ÷ [15×(1-3%)] + 2% = 8.87%。

4. 优先股的资本成本

$$优先股资本成本 = \frac{优先股年固定股息}{当前每股市价 \times (1-优先股筹资费用率)}$$

【例题7·单选题】 某公司发行优先股,年固定股息为640万元。发行价格为10 000万元,发行费用占发行价格的2%,则该优先股的资本成本为( )。

A. 8.16%　　　B. 6.4%　　　C. 8%　　　D. 6.53%

解析 该优先股的资本成本 = 640 ÷ [10 000×(1-2%)] = 6.53%。

5. 留存收益的资本成本(股利增长模型法、无筹资费用)

$$留存收益的资本成本 = \frac{预计下年每股股利}{当前每股市价} + 股利增长率$$

【例题8·单选题】 某公司当前普通股股价为16元/股,每股筹资费用率为3%,其上年度支付的每股股利为2元、预计股利每年增长5%,今年的股

答案
例题5 | A
例题6 | C
例题7 | D

利将于近期支付,则该公司留存收益的资本成本是( )。[计算结果保留两位小数]

A. 17.50% B. 18.13% C. 18.78% D. 19.21%

解析 留存收益资本成本=预计下年每股股利÷每股市价+股利年增长率=2×(1+5%)÷16+5%=18.13%。

(二)加权资本成本(2021年单选;2020年计算)

$$\text{加权资本成本} = \sum_{j=1}^{n} K_j \times W_j$$

式中:K_j表示第j种个别资本成本;W_j表示第j种个别资本在全部资本中的比重。

【例题9·单选题】某公司的资金结构中长期债券、普通股和留存收益资金分别为600万元、120万元和80万元,其中债券的年利率为12%,筹资费用率为2%;普通股每股市价为40元,预计下一年每股股利为5元,每股筹资费用率为2.5%,预计股利每年增长3%。若公司适用的企业所得税税率为25%,则该公司加权资本成本为( )。

A. 9.64% B. 10.81% C. 11.85% D. 12.43%

解析 加权资本成本=600÷(600+120+80)×[12%×(1-25%)÷(1-2%)]+120÷(600+120+80)×{5÷[40×(1-2.5%)]+3%}+80÷(600+120+80)×(5÷40+3%)=10.81%。

【例题10·单选题】甲公司现有长期债券和普通股资金分别为18 000万元和27 000万元,其资本成本分别为10%和18%。现因投资需要拟平价发行年利率为12%的长期债券1 200万元,筹资费用率为2%;预计该债券发行后甲公司的股票价格为40元/股,每股股利预计为5元,股利年增长率预计为4%。不考虑其他因素,若甲公司适用的企业所得税税率为25%,则债券发行后甲公司的加权资本成本为( )。

A. 12.65% B. 12.91% C. 13.65% D. 13.78%

解析 增发的长期债券的资本成本=12%×(1-25%)÷(1-2%)=9.18%;增资后股票的资本成本=5÷40+4%=16.5%;加权资本成本=27 000÷(18 000+27 000+1 200)×16.5%+18 000÷(18 000+27 000+1 200)×10%+1 200÷(18 000+27 000+1 200)×9.18%=13.78%。

考点三 资本结构 ★★★ 一学多考|中注

(一)最优资本结构

狭义资本结构一般指长期负债与股东权益的构成比例。

答案
例题8 | B
例题9 | B
例题10 | D

最优资本结构的特点是企业加权平均资本成本最低,同时企业价值最大。资本结构决策的方法主要包括比较资本成本法、每股收益无差别点分析法和公司价值分析法。

(二) 每股收益无差别点分析法(2020年计算)

每股收益无差别点,是指不同筹资方式下每股收益都相等时的息税前利润或业务量水平。在每股收益无差别点上,无论是采用债务筹资方案还是股权筹资方案,每股收益都是相等的。

$$方案A每股收益 = \frac{(息税前利润 - A利息) \times (1 - 25\%) - A优先股股利}{A普通股股数}$$

$$方案B每股收益 = \frac{(息税前利润 - B利息) \times (1 - 25\%) - B优先股股利}{B普通股股数}$$

当预期息税前利润或业务量水平大于每股收益无差别点时,应当选择债务筹资方案。反之,当预期息税前利润或业务量水平小于每股收益无差别点时,应当选择权益筹资方案。

> **得分高手**
>
> 没有优先股股利时的速算方法:$EBIT = \dfrac{A股数 \times B利息 - B股数 \times A利息}{A股数 - B股数}$

【例题11·单选题】某公司当前总资本为32 600万元,其中债务资本20 000万元(年利率6%)、普通股5 000万股(每股面值1元,当前市价6元)、资本公积2 000万元,留存收益5 600万元。公司准备扩大经营规模,需追加资金6 000万元,现有两个筹资方案可供选择:甲方案为发行1 000万股普通股、每股发行价5元,同时向银行借款1 000万元、年利率8%;乙方案为按面值发行5 200万元的公司债券、票面年利率10%,同时向银行借款800万元、年利率8%。假设不考虑股票与债券的发行费用,适用企业所得税税率25%,则上述两个方案每股收益无差别点息税前利润为( )万元。

A. 2 420   B. 4 304   C. 4 364   D. 4 502

解析 假设每股收益无差别点的息税前利润为EBIT,则可以列式:(EBIT−20 000×6%−1 000×8%)×(1−25%)÷(5 000+1 000) = (EBIT−20 000×6%−5 200×10%−800×8%)×(1−25%)÷5 000,解得EBIT为4 304万元。

【例题12·单选题】采用每股收益无差别点分析法确定最优资本结构时,下列表述中错误的是( )。

A. 在每股收益无差别点上无论选择债务筹资还是股权筹资,每股收益都是相等的

B. 当预期息税前利润大于每股收益无差别点时,应当选择财务杠杆较大的筹资方案

答案
例题11 | B

C. 每股收益无差别点分析法确定的公司加权资本成本最低
D. 每股收益无差别点是指不同筹资方式下每股收益相等时的息税前利润或业务量水平

解析 每股收益无差别点法是通过计算各备选筹资方案的每股收益无差别点并进行比较来选择最佳资本结构融资方案的方法。每股收益无差别点是指不同筹资方式下每股收益都相等时的息税前利润或业务量水平。在每股收益无差别点上，无论是采用债务还是股权筹资方案，每股收益都是相等的。当预期息税前利润或业务量水平大于每股收益无差别点时，应当选择财务杠杆效应较大的筹资方案，反之亦然，与加权资本成本无关。

（三）公司价值分析法

假设公司各期的息税前利润 $EBIT$ 保持不变，债务资本的市场价值等于面值，权益资本的市场价值可通过下式计算：

权益资本的市场价值 $S=$（息税前利润 $EBIT-$利息 I）$\times$（1−所得税税率 T）÷权益资本的资本成本 K_s

权益资本的资本成本 $K_s = R_f + \beta \times (R_m - R_f)$

提示 公司价值最大、资本成本最低的资本结构就是最优资本结构。

考点四 杠杆效应 ★★ 一学多考｜中注

（一）经营杠杆效应（2022年单选；2023年多选）

1. 经营杠杆

经营杠杆是指由于<u>固定性经营成本</u>的存在，使企业的<u>资产报酬（息税前利润）变动率大于业务量变动率</u>的现象。

当不存在固定性经营成本时，所有成本都是变动性经营成本，边际贡献等于息税前利润，此时息税前利润变动率与产销业务量的变动率完全一致。

指标数据关系，见图3-1。

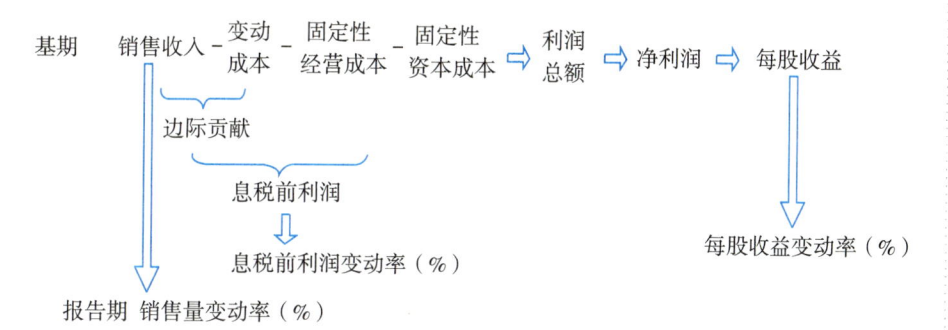

图 3-1 指标数据关系

答案
例题 12｜C

2. 经营杠杆系数(DOL)

公式一：经营杠杆系数(报告期数据)
  = 息税前利润变动率÷产销业务量变动率

公式二：经营杠杆系数(基期数据)
  = 基期边际贡献÷基期息税前利润
  = (基期息税前利润+固定性经营成本)÷基期息税前利润
  = 基期边际贡献÷(基期边际贡献－固定性经营成本)
  = 1+固定性经营成本÷基期息税前利润

经营杠杆系数越高，表明息税前利润受产销量变动的影响程度越大，经营风险也就越大。

在息税前利润为正的前提下，经营杠杆系数最低为1，不会为负数；只要有固定性经营成本存在，经营杠杆系数<u>总是大于1</u>。

【记忆密码】 口诀：固前除固后。

【例题13·单选题】 甲公司产销某种服装，固定成本500万元，变动成本率为70%。2020年产销额5 000万元时，变动成本为3 500万元，固定性经营成本为500万元，息税前利润为1 000万元；2021年产销额7 000万元时，变动成本为4 900万元，固定性经营成本仍为500万元，息税前利润为1 600万元。甲公司2021年的经营杠杆系数为(　　)。

A. 0.6　　B. 0.4　　C. 1.5　　D. 1

解析 DOL = (600÷1 000)÷(2 000÷5 000) = 60%÷40% = 1.5；或者：DOL = (1 000+500)÷1 000 = 1.5。

【拓展】 已知产销量增长40%，经营杠杆系数1.5，可推算出息税前利润增长60%。

(二) 财务杠杆效应 (2020年计算)

1. 财务杠杆

财务杠杆是指由于<u>固定性资本成本</u>的存在，而使得企业的<u>普通股收益(或每股收益)变动率</u>大于<u>息税前利润变动率</u>的现象。

当不存在固定利息等资本成本时，息税前利润就是利润总额，此时利润总额变动率与息税前利润变动率完全一致。

2. 财务杠杆系数(DFL)

公式一：财务杠杆系数(报告期数据)
  = 普通股每股收益变动率÷息税前利润变动率

公式二：财务杠杆系数(基期数据)
  = <u>息税前利润÷利润总额</u>
  = (利润总额+利息)÷利润总额
  = 息税前利润÷(息税前利润－利息)

财务杠杆系数越高，表明普通股收益的波动程度越大，财务风险也就

答案
例题13 | C

越大。

在企业有正的税后利润的前提下,财务杠杆系数最低为 1,不会为负数;只要有固定性资本成本存在,财务杠杆系数总是大于 1。

【例题 14·单选题】 某公司基期息税前利润为 1 000 万元,基期利息费用为 400 万元。假设与财务杠杆计算相关的其他因素保持不变,则该公司计划期的财务杠杆系数为( )。

A. 1.88　　　　　　　　B. 2.50
C. 1.25　　　　　　　　D. 1.67

解析 ↘ 本题没有优先股股利,不考虑优先股股利因素。财务杠杆系数=基期息税前利润÷(基期息税前利润−基期利息费用)=1 000÷(1 000−400)=1.67。

(三) 总杠杆效应

总杠杆是由于固定性经营成本和固定性资本成本的存在,导致普通股每股收益变动率大于产销业务量变动率的现象。

公式一:DTL(报告期数据)=经营杠杆系数×财务杠杆系数
　　　　　　　　　　　　=普通股每股收益变动率÷产销量变动率
公式二:DTL(基期数据)=经营杠杆系数×财务杠杆系数
　　　　　　　　　　　　=基期边际贡献÷基期利润总额

总杠杆系数一定时,经营杠杆系数与财务杠杆系数成反比。

考点五　股利分配 ★★　　一学多考|中注

(一) 股利分配方式与股利支付日期

1. 股利分配方式

股利分配方式,见表 3-3。

表 3-3　股利分配方式

种类		内容
现金股利	优点	支付现金,在企业营运资金和现金较多而又不需要增加投资的情况下,既有利于改善企业长短期资金结构,又有利于股东取得现金收入和增强投资能力
	缺点	采用现金分配形式将会增加企业的财务压力,从而导致偿债能力下降

答案 ↘
例题 14 | D

(续表)

种类		内容
股票股利	优点	增发股票没有现金流出，也不会导致公司的财产减少，不改变公司股东权益总额，而只是将公司的未分配利润转化为股本和资本公积，改变股东权益各项目结构
	缺点	股票股利会增加流通在外的股票数量，同时降低股票的每股价值
财产股利		证券股利、实物股利
负债股利		应付票据、应付债券

【知识点拨】财产股利中的证券股利，是以本公司持有的其他公司的有价证券或政府公债等证券作为股利发放。（发放本公司股票：股票股利；发放其他公司股票：财产股利）

2. 股利支付相关日期（2021年多选）

股利支付相关日期，见表3-4。

表3-4 股利支付相关日期

项目	内容
股利宣告日	公司董事会将股东大会通过本年度利润分配方案的情况以及股利支付情况予以公告的日期
股权登记日	指有权领取本期股利的股东资格登记截止日期。在这一天之后登记在册的股东，即使是在股利支付日之前买入的股票，也无权领取本期分配的股利
除息日（除权日）	指股利所有权与股票本身分离的日期（登记日的下一个交易日）。将股票中含有的股利分配权予以解除，即在除息日当日及以后买入的股票不再享有本次股利分配的权利
股利支付日	公司确定的向股东正式发放股利的日期

【例题15·多选题】（2021年）下列关于上市公司股利分配的表述中，正确的有(　　)。

A. 除息日当天投资者购入公司股票，可以享有最近一期股利

B. 采用稳定增长股利政策分配现金股利，有利于保持最佳的资本结构

C. 上市公司的分红一般按年度进行，但也允许进行中期现金分红

D. 股权登记日当天投资者购入公司股票可以享有最近一期股利

E. 公司宣告发放现金股利将改变其股东权益总额

解析 选项A，在除息日当日及以后买入的股票不再享有本次股利分配的权利。选项B，采用剩余股利分配政策时有利于保持最佳的资本结构。选项E，公司宣告发放现金股利，借记"利润分配"科目，贷记"应付股利"科目，股东权益总额减少。

答案
例题15 | CDE

(二)股利分配政策(2022年单选;2021年多选)

1. 剩余股利政策

剩余股利政策,见表3-5。

表3-5 剩余股利政策

项目	内容
方法	净利润首先满足公司的资金需求,如果还有剩余,就派发股利;根据目标资本结构,测算出投资所需的权益资本额,先从盈余中留用,然后将剩余的盈余作为股利来分配
优点	留存收益优先满足再投资的需要,有助于降低再投资的资本成本;保持最佳的资本结构(加权平均资本成本最低),实现企业价值的长期最大化
缺点	股利发放额会每年随着投资机会和盈利水平的波动而波动,不利于公司树立良好的形象;剩余股利政策不利于投资者安排收入与支出
适用	初创阶段:急需资金、融资能力差; 衰退阶段:销售收入减少、利润下降

【例题16·分析题】甲公司2023年税后净利润为1 000万元,2024年的投资计划需要资金1 200万元,公司的目标资本结构为权益资本占60%,债务资本占40%。

要求:按照目标资本结构的要求,计算甲公司投资方案所需的权益资本数额及可以发放的股利额。

解析 按照目标资本结构的要求,甲公司投资方案所需的权益资本数额=1 200×60%=720(万元)。

2024年甲公司可以发放股利额=1 000-720=280(万元)。

2. 低正常股利加额外股利政策

低正常股利加额外股利政策,见表3-6。

表3-6 低正常股利加额外股利政策

项目	内容
方法	公司事先设定一个较低的正常股利额,每年除了按正常股利额向股东发放股利外,还在公司盈余较多、资金较为充裕的年份向股东发放额外股利
优点	赋予公司较大的灵活性,使公司在股利发放上留有余地,并具有较大的财务弹性; 比较稳定的股利收入吸引依靠股利度日的股东
缺点	额外股利不断变化,容易给投资者造成收益不稳定的感觉;公司在较长时间持续发放额外股利后,一旦取消,可能会使股东认为这是公司财务状况恶化的表现,进而导致股价下跌

(续表)

项目	内容
适用	高速增长阶段：销售急剧上升、资金需求大而紧迫

3. 固定或稳定增长的股利政策

固定或稳定增长的股利政策，见表3-7。

表3-7 固定或稳定增长的股利政策

项目	内容
方法	公司将每年派发的股利额固定在某一特定水平或是在此基础上维持某一固定比率逐年稳定增长（股利分配额不随资金需求变动）
优点	稳定的股利向市场传递公司正常发展的信息，有利于树立公司良好形象，增强投资者对公司的信心，稳定股票的价格；稳定的股利额有助于投资者安排股利收入和支出，有利于吸引那些打算进行长期投资并对股利有很高依赖性的股东；为维持股利稳定，即使推迟某些投资方案或暂时偏离目标资本结构，也可能比降低股利或股利增长率更为有利
缺点	股利的支付与企业的盈利相脱节，可能会导致企业资金紧缺，财务状况恶化；在无利可分情况下分配股利，违反《公司法》
适用	稳定增长阶段：收入稳定增长、具备持续支付较高股利能力

4. 固定股利支付率政策

固定股利支付率政策，见表3-8。

表3-8 固定股利支付率政策

项目	内容
方法	公司将每年净利润的某一固定百分比作为股利分派给股东
优点	股利与公司盈余紧密地配合，体现"多盈多分、少盈少分、无盈不分"的股利分配原则；每年的股利随着公司收益的变动而变动，从企业的支付能力的角度分析，是稳定的股利政策
缺点	年度间的股利额波动较大，由于股利的信号传递作用，波动的股利很容易给投资者带来经营状况不稳定、投资风险较大的不良印象，成为影响股价的不利因素；有利润无现金时，容易使公司面临较大的财务压力；合适的固定股利支付率的确定难度比较大
适用	成熟阶段：收入不再增长、利润水平稳定

【例题17·多选题】（2021年）下列关于固定股利支付率政策的说法中，正确的有(　　)。

A. 每年派发的股利额固定在一个稳定的水平

B. 有助于投资者规律的安排股利收入与支出

C. 容易使股东产生企业发展不稳定的感觉
D. 容易使公司面临较大的财务压力
E. 股利随经营业绩的好坏上下波动

解析 选项 A，固定股利支付率政策下公司每年按固定的比例从税后利润中支付现金股利，并不是固定的金额。选项 B，固定或稳定增长的股利政策下，稳定的股利额有助于投资者安排股利收入和支出。

【例题 18·多选题】 下列关于股利政策的表述中，正确的有（　　）。
A. 固定股利政策有可能导致公司违反我国《公司法》的规定
B. 剩余股利政策有助于降低再投资的资本成本，保持最佳的资本结构，实现企业价值的长期最大化
C. 剩余股利政策有利于投资者安排收入和支出
D. 低正常股利加额外股利政策赋予公司较大的灵活性，使公司股利发放上留有余地，并具有较大的财务弹性
E. 固定股利支付率政策容易使公司面临较大的财务压力

解析 选项 C，剩余股利政策不利于投资者安排收入和支出。

（三）股票分割与股票回购

1. 股票分割

股票分割相关内容，见表 3-9。

表 3-9　股票分割相关内容

定义		又称拆股，即将一股股票拆分成多股股票的行为
作用		(1)降低股票价格。 (2)向市场和投资者传递"公司发展前景良好"的信号，有助于提高投资者对公司股票的信心
与股票股利异同	相同	都是在不增加股东权益的情况下增加了股份的数量
	不同	股票分割：只会增加发行在外的股票总数，但不会对公司的资本结构产生任何影响；股东权益总额及其内部结构都不会发生任何变化，变化的只是股票面值
		股票股利：不会引起股东权益总额的改变，但股东权益的内部结构会发生变化

2. 股票回购

股票回购相关内容，见表 3-10。

表 3-10　股票回购相关内容

定义	上市公司出资将其发行在外的普通股以一定价格购买回来予以注销或作为库存股的一种资本运作方式

答案
例题 17｜CDE
例题 18｜ABDE

(续表)

方式	主要包括公开市场回购、要约回购和协议回购三种方式
影响	（1）股票回购需要大量资金支付回购成本，容易造成资金紧张，降低资产流动性，影响公司的后续发展。 （2）股票回购无异于股东退股和公司资本的减少，也可能会使公司的发起人股东更注重创业利润的变现，从而不仅在一定程度上削弱了对债权人利益的保护，而且忽视了公司的长远发展，损害了公司的根本利益。 （3）股票回购容易导致公司操纵股价。公司回购自己的股票容易导致其利用内幕消息进行炒作，加剧公司行为的非规范化，损害投资者的利益

同步训练

考点一 筹资方式

1. (单选题)下列关于吸收直接投资特点的说法中，错误的是(　　)。
   A. 能够尽快形成生产能力
   B. 容易进行信息沟通
   C. 有利于产权交易
   D. 相对于股票筹资方式而言，资本成本较高

2. (多选题)下列各项中，属于企业股权筹资方式的有(　　)。
   A. 利用留存收益
   B. 发行债券
   C. 吸收直接投资
   D. 融资租赁
   E. 收购子公司其他股东股权

3. (多选题)与银行借款筹资相比，公开发行普通股筹资的特点有(　　)。
   A. 能增加公司的社会声誉
   B. 不受金融监管政策约束
   C. 资本成本较低
   D. 有利于公司自主经营管理
   E. 发行费用高

4. (多选题)一般而言，与发行普通股相比，发行优先股的特点有(　　)。
   A. 可以增加公司的财务杠杆效应
   B. 可以降低公司的财务风险
   C. 可以保障普通股股东的控制权
   D. 可以降低公司的资本成本
   E. 高于普通股的资本成本

5. (多选题)下列属于利用留存收益筹资特点的有(　　)。
   A. 不用发生筹资费用
   B. 维持公司的控制权分布
   C. 筹资金额大
   D. 筹资金额有限
   E. 筹资费用高

6. (多选题)关于银行借款的筹资特点，下列说法正确的有(　　)。

A. 筹资弹性较小 　　　　　　　　B. 筹资成本较高
C. 限制条件多 　　　　　　　　　D. 筹资速度快
E. 筹资数额有限

7. (多选题)下列属于融资租赁筹资方式特点的有(　　)。
A. 能延长资金融通的期限 　　　　B. 筹资的限制条件较多
C. 财务风险小 　　　　　　　　　D. 资本成本较低
E. 无须大量资金就能迅速获得资产

考点二　资本成本

1. (单选题)某公司拟于2024年1月1日发行债券,债券面值为1000万元,票面利率5%,每年付息到期一次还本,债券发行价为1010万元,筹资费为发行价的2%,企业所得税税率为25%,则该债券的资本成本为(　　)。
A. 3.83%　　　　B. 3.75%　　　　C. 3.79%　　　　D. 3.71%

2. (单选题)某公司普通股当前市价为每股25元,拟按当前市价增发新股100万股,预计每股筹资费用率为5%,增发第一年年末预计每股股利为2.5元,以后每年股利增长率为6%,则该公司本次增发普通股的资本成本为(　　)。
A. 10.53%　　　B. 12.36%　　　C. 16.53%　　　D. 18.36%

3. (单选题)某公司发行普通股股票,筹资费用率为6%,股价10元/股,本期已支付现金股利2元/股,未来各期股利按2%持续增长,则该公司留存收益的资本成本为(　　)。
A. 20.4%　　　　B. 21.2%　　　　C. 22.4%　　　　D. 23.7%

4. (单选题)某公司拟发行一批优先股,每股股票市价为110元,发行费用率为3%,预计每年固定股息为12元,则该优先股的资本成本为(　　)。
A. 10.91%　　　B. 10%　　　　　C. 12.5%　　　　D. 11.25%

5. (单选题)甲公司的筹资方式仅限于银行借款和发行普通股,其中,银行借款占全部资本的40%,年利率为8%,普通股占全部资本的60%,资本成本为12%,若适用的企业所得税税率为25%,不考虑筹资费用等其他因素,则甲公司的加权平均资本成本为(　　)。
A. 10.4%　　　　B. 15.2%　　　　C. 9.6%　　　　D. 13.2%

6. (单选题)甲公司现有资金中普通股与长期债券的比例为2∶1,加权平均资本成本为12%,假定债券的资本成本和权益资本成本、企业所得税税率不变,且债券的资本成本小于普通股的资本成本,普通股与长期债券的比例变为1∶2,则甲公司加权资本成本将(　　)。
A. 等于12%　　　　　　　　　　B. 无法确定
C. 小于12%　　　　　　　　　　D. 大于12%

考点三　资本结构

(单选题)甲公司原资金总额1000万元,其中债务资本400万元,年利率是10%,普通股15万股(每股面值1元)、资本公积585万元。由于扩大业务,需追加筹资

400万元,现有两个筹资方案可供选择:一是全部发行普通股,增发10万股,每股发行价40元;二是全部筹措长期债务,债务年利率为12%。甲公司的变动成本率为60%,固定成本为200万元,企业所得税税率为25%,则每股收益无差别点的销售收入为( )万元。

A. 900　　　　　B. 850　　　　　C. 750　　　　　D. 800

考点四　杠杆效应

1. (单选题)甲公司只生产一种产品,2024年的销售量为18万件,销售单价为1000元,变动成本率为65%,固定性经营成本为1050万元,则甲公司经营杠杆系数为( )。

A. 1.15　　　　B. 1.1　　　　C. 1.2　　　　D. 1.05

2. (单选题)某公司只生产一种产品,上年的销售量为10万台,销售单价为32元,变动成本率为70%,固定性经营成本为36万元;预计本年的销售量会提高20%,单价、变动成本率和固定性经营成本保持不变,则本年的经营杠杆系数为( )。

A. 1.6　　　　B. 1.8　　　　C. 2.3　　　　D. 2.6

3. (单选题)下列各项中,既能降低经营杠杆系数,又能降低财务杠杆系数的是( )。

A. 降低销售量　　　　　　　　　B. 降低固定性经营成本
C. 降低利息费用　　　　　　　　D. 降低单价

4. (单选题)某公司基期有关数据如下:销售额为100万元,变动成本率为60%,固定性经营成本总额为20万元,利息费用为4万元。不考虑其他因素,该公司的总杠杆系数为( )。

A. 2.5　　　　B. 3.25　　　　C. 1.25　　　　D. 2

5. (单选题·2024年)甲公司2023年经营杠杆系数为5,固定性经营成本为16万元,利息费用为2万元,不考虑其他因素,甲公司2023年财务杠杆系数为( )。

A. 2　　　　　B. 3　　　　　C. 4　　　　　D. 5

6. (多选题·2023年)下列各项关于经营杠杆的表述中,错误的有( )。

A. 利润对销售量的敏感系数等于经营杠杆系数
B. 基期固定性经营成本越大,经营杠杆系数越大,企业经营风险越大
C. 基期销售量越大,经营杠杆系数越小,企业经营风险越小
D. 只要企业存在固定性资本成本,就存在经营杠杆效应
E. 基期息税前利润越大,经营杠杆系数越大,企业经营风险越小

考点五　股利分配

1. (单选题)以本公司持有的其他公司的股票或政府公债等证券向股东发放的股利,属于( )。

A. 现金股利　　　　　　　　　　B. 股票股利
C. 负债股利　　　　　　　　　　D. 财产股利

2. (单选题)下列关于股利支付过程中的重要日期的说法中,错误的是( )。

A. 有权领取本期股利的股东资格登记截止日期为股权登记日

B. 股利所有权与股票本身分离的日期为除息日

C. 除息日以后，新购入股票的投资者不能享有股利

D. 股权登记日之后登记在册的股东，如果在股利支付日之前已买入股票，也可领取本期分配的股利

3. (单选题)下列各项股利分配政策中，有利于企业保持理想的资本结构，使加权资本成本降至最低的是( )。

A. 剩余股利政策　　　　　　　　　　B. 固定股利政策

C. 固定股利支付率政策　　　　　　　D. 低正常股利加额外股利政策

4. (单选题)某公司目标资本结构为负债资金占30%，权益资金占70%，预计2024年实现净利润为1 000万元，计划投资850万元，假定该公司采用剩余股利政策，则2024年预计可以向投资者分配的股利为( )万元。

A. 150　　　　B. 405　　　　C. 0　　　　D. 445

5. (单选题)下列关于股利分配政策的说法中，错误的是( )。

A. 剩余股利政策有利于企业保持目标资本结构，可使加权资本成本降到最低

B. 固定或稳定增长的股利政策有利于树立企业良好形象，增强投资者对公司的信心

C. 固定股利支付率政策能使股利支付与盈余多少保持一致，有利于公司股价的稳定

D. 低正常股利加额外股利政策赋予公司较大的灵活性，使得公司在股利发放上留有余地，并具有较大的财务弹性

6. (单选题)下列关于公司不同的发展阶段选择的股利分配政策类型的表述中，错误的是( )。

A. 在初创阶段，剩余股利政策为最佳选择

B. 在高速增长阶段，应采取低正常股利加额外股利政策

C. 在稳定增长阶段，理想的股利政策是固定或稳定增长的股利政策

D. 在衰退阶段，应采用固定股利支付率政策

7. (多选题·2024年)下列关于各种股利政策的表述，正确的有( )。

A. 固定股利政策使股利支付与企业的盈利相脱节，可能导致企业财务状况恶化

B. 固定股利支付率政策有利于维持股价的稳定

C. 低正常股利加额外股利政策赋予公司较大的灵活性，使公司在股利发放上留有余地，并具有较大的财务弹性

D. 剩余股利政策能降低再投资的资金成本，保持最佳的资本结构，实现企业价值的长期最大化

E. 低正常股利加额外股利政策适用于企业发展的各个阶段

8. (多选题)采用低正常股利加额外股利政策，通常有利于公司( )。

A. 灵活掌握资金的调配　　　　　　　B. 维持股价稳定

C. 吸引那些依靠股利度日的股东　　　D. 保持理想的资本结构

E. 降低加权资本成本

9. (多选题)关于发放股票股利和股票分割,下列说法中正确的有( )。
   A. 都不会对公司股东权益总额产生影响
   B. 都会导致股数增加
   C. 都会导致每股面额降低
   D. 都可以达到降低股价的目的
   E. 都会导致每股收益降低

综合拓展

1. (计算题)甲公司2023年年末资本结构为:银行借款1 000万元,年利率为6%;普通股4 000万元,资本成本为14%。

   2023年的销售收入为40 000万元,敏感性资产和敏感性负债分别占销售收入的58%和13%,销售净利润率为20%,股利支付率为37.5%。甲公司采用销售百分比法预测2024年外部资金需要量,2024年销售收入将比上年增加50%。甲公司2024年销售净利润率、股利支付率均保持不变。

   甲公司计划在2024年追加筹集的资金,其中40%按面值发行债券,票面年利率为6.86%,期限5年,每年付息一次,到期一次还本,筹资费用率为2%;其中60%发行普通股筹资,当前普通股每股市价10元,每股面值1元,预计2024年每股股利为1.2元,预计股利增长率为2.5%,筹资费用率为4%。

   假设不考虑筹资费用对资本结构的影响,甲公司适用的企业所得税税率为25%。

   根据上述资料,回答以下问题。

   (1)2024年甲公司应追加外部资金需要量的金额为( )万元。
   A. 1 100   B. 3 000   C. 1 500   D. 2 000

   (2)甲公司发行债券的资本成本为( )。
   A. 6.86%   B. 5.25%   C. 7%   D. 5.14%

   (3)甲公司发行普通股的资本成本为( )。
   A. 14.25%   B. 15%   C. 14%   D. 10%

   (4)甲公司2024年完成筹资后的加权资本成本为( )。
   A. 12.72%   B. 12.48%   C. 11.31%   D. 11.87%

2. (计算题)长江公司2021年实现销售收入800万元,固定成本235万元(其中利息费用20万元,优先股股利15万元),变动成本率为60%,普通股80万股。2022年长江公司计划销售收入提高50%,固定成本和变动成本率不变。2021年度的利息费用和优先股股利在2022年保持不变。

   计划2022年筹资360万元,以满足销售收入的增长需要,有以下两个方案。

   方案一:新增发普通股,发行价格为6元/股。

   方案二:新增发行债券,票面金额100元/张,票面年利率5%,预计发行价格120元/张。

采用每股收益无差别点法选择方案,假设企业所得税税率为25%。

根据上述资料,回答下列问题。

(1)采用每股收益无差别点法,长江公司应选择的方案是( )。

A. 两个方案一致　　　　　　　　B. 无法确定

C. 方案一　　　　　　　　　　　D. 方案二

(2)筹资后,2022年每股收益为( )元。[计算结果保留两位小数]

A. 1.29　　　　B. 0.92　　　　C. 2.11　　　　D. 0.19

(3)筹资后,2022年息税前利润为( )万元。

A. 260　　　　B. 200　　　　C. 280　　　　D. 180

(4)筹资后,2022年利润总额为( )万元。

A. 225　　　　B. 245　　　　C. 520　　　　D. 440

3. (计算题·2020年)甲公司2019年年初资本总额为1 500万元,资本结构如下表:

资本来源	筹资
股本	50万股(面值1元、发行价格16元)
资本公积	750万元
长期借款	500万元(5年期、年利率8%、分期付息一次还本)
应付债券	200万元(按面值发行、3年期、年利率5%、分期付息一次还本)

(1)甲公司因需要筹集资金500万元,现有两个方案可供选择,并按每股收益无差别点分析法确定最优筹资方案。

方案一:采用发行股票方式筹集资金。发行普通股20万股,股票的面值为1元,发行价格25元。

方案二:采用发行债券方式筹集资金。期限3年,债券票面年利率为6%,按面值发行,每年年末付息,到期还本。

(2)预计甲公司2019年度息税前利润为200万元。

(3)甲公司筹资后,发行的普通股每股市价为28元,预计2020年每股现金股利为2元,预计股利每年增长3%。

(4)甲公司适用的企业所得税税率为25%。

不考虑筹资费用和其他因素影响。

根据上述资料,回答下列问题。

(1)针对以上两个筹资方案,每股收益无差别点的息税前利润为( )万元。

A. 150　　　　B. 155　　　　C. 160　　　　D. 163

(2)甲公司选定最优方案并筹资后,其普通股的资本成本为( )。

A. 8.14%　　　B. 11.14%　　　C. 7.14%　　　D. 10.14%

(3)甲公司选定最优方案并筹资后,其加权资本成本为( )。[计算结果保留两位小数]

A. 7.47%　　　B. 8.47%　　　C. 7.06%　　　D. 8.07%

(4)甲公司选定最优方案并筹资后,假设甲公司2019年实现息税前利润与预期的

一致，其他条件不变，则甲公司2020年的财务杠杆系数为（　　）。

A. 1.33　　　　B. 1.5　　　　C. 1.67　　　　D. 1.8

4.（计算题）黄河公司2022年年初资本总额为1 500万元，其中股本300万元（每股面值1元、发行价格4元）、长期债券300万元（票面年利率为8%）。公司为提高A产品的产销量打算再投资一条生产线，该生产线投资总额为400万元。为进行该项投资有两个筹资方案可供选择：

方案一：按每股4元增发普通股股票100万股。

方案二：按面值发行长期债券400万元，票面年利率为10%。

经测算，该生产线完工投入使用后的第一年预计实现销售收入为550万元，已知生产A产品的单位变动成本（含销售税金）为30元，变动成本率为60%，固定成本为100万元。假设黄河公司适用企业所得税税率为25%，无纳税调整事项。

根据上述资料，回答下列问题。

(1)若不考虑筹资费用，采用每股收益无差别点分析法计算，方案一和方案二的每股收益无差别点的息税前利润为（　　）万元。

A. 230　　　　B. 160　　　　C. 184　　　　D. 88

(2)若要达到预计目标销售收入额，则A产品的销售量应为（　　）万件。

A. 5　　　　B. 11　　　　C. 8　　　　D. 15

(3)黄河公司选定最优方案并筹资后，其达到预计目标销售收入额时，每股收益为（　　）元。

A. 0.42　　　　B. 0.14　　　　C. 0.37　　　　D. 0.18

(4)黄河公司以预计目标销售收入额为正常销售额，则筹资后的安全边际率为（　　）。

A. 54.55%　　　　B. 30.3%　　　　C. 69.7%　　　　D. 45.45%

参考答案及解析

考点一　筹资方式

1. C　【解析】本题考查吸收直接投资的筹资特点。选项C，吸收投入资本由于没有以证券为媒介，<u>不利于产权交易</u>，难以进行产权转让。

2. AC　【解析】本题考查筹资的方式。股权筹资是企业最基本的筹资方式，它包括<u>吸收直接投资、发行股票和利用留存收益</u>三种基本形式。选项B、D，属于债务筹资方式。选项E，属于投资活动。

3. ADE　【解析】本题考查发行普通股的筹资特点。选项B，公司公开发行的股票进入证券交易所交易，必须受严格的条件限制。选项C，由于股票投资的风险较大，收益具有不确定性，投资者就会要求较高的风险补偿。因此，股票筹资的资本成本较高、发行费用高。

4. ACD　【解析】本题考查发行优先股的筹资特点。选项A，如果存在优先股，计算财务杠杆系数时要考虑优先股股利。选项 B，相对于普通股，优先股股利是固定支付的，所以 增加了财务风险。选项 C，优先股股东无表决权，所以保障了普通股股东的控制权。选项 D、E，普通股的投资风险比优先股的大，所以普通股的资本成本高一些。

5. ABD 【解析】本题考查留存收益的筹资特点。留存收益筹资的特点有：①不用发生筹资费用；②维持公司的控制权分布；③筹资数额有限。

6. CDE 【解析】本题考查银行借款的筹资特点。银行借款的筹资特点包括：①筹资速度快；②资本成本较低；③筹资弹性较大；④限制条款多；⑤筹资数额有限。

7. ACE 【解析】本题考查融资租赁的筹资特点。融资租赁的筹资特点包括：①无须大量资金就能迅速获得资产；②财务风险小；③筹资的限制条件较少；④能延长资金融通的期限；⑤资本成本较高。

考点二　资本成本

1. C 【解析】本题考查公司债券资本成本的计算。债券资本成本 = $1\,000×5\%×(1-25\%)÷[1\,010×(1-2\%)]×100\% = 3.79\%$。

2. C 【解析】本题考查股票资本成本的计算。普通股资本成本 = $2.5÷[25×(1-5\%)]+6\% = 16.53\%$。

3. C 【解析】本题考查留存收益资本成本的计算。留存收益资本成本的计算除 不考虑筹资费用 外，与普通股相同，留存收益资本成本 = 预计下年的每股股利÷每股市价+股利增长率 = $2×(1+2\%)÷10+2\% = 22.4\%$。

4. D 【解析】本题考查优先股资本成本的计算。优先股资本成本 = $12÷[110×(1-3\%)] = 11.25\%$。

5. C 【解析】本题考查加权资本成本的计算。银行借款资本成本 = $8\%×(1-25\%)×100\% = 6\%$；甲公司的加权平均资本成本 = $6\%×40\%+12\%×60\% = 9.6\%$。

6. C 【解析】本题考查加权资本成本。股票筹资的资本成本比债务筹资高，因此若减少股票筹资的比重，则加权资本成本下降。

考点三　资本结构

A 【解析】本题考查资本结构决策——每股收益无差别点。如果两个方案的每股收益相等，则：$[销售收入×(1-60\%)-200-400×10\%]×(1-25\%)÷(15+10) = [销售收入×(1-60\%)-200-400×10\%-400×12\%]×(1-25\%)÷15$，解得销售收入为 900 万元。

或者，先计算每股收益无差别点息税前利润：$(EBIT-400×10\%)×(1-25\%)÷(15+10) = (EBIT-400×10\%-400×12\%)×(1-25\%)÷15$，解得 $EBIT$ 为 160 万元。然后计算销售收入：$EBIT = 销售收入×(1-60\%)-200 = 160$，解得销售收入为 900 万元。

考点四　杠杆效应

1. C 【解析】本题考查经营杠杆系数的计算。经营杠杆系数 = $18×1\,000×(1-65\%)÷[18×1\,000×(1-65\%)-1\,050] = 1.2$。

2．A　【解析】本题考查经营杠杆系数的计算。经营杠杆系数＝基期边际贡献÷基期息税前利润＝[10×32×(1−70％)]÷[10×32×(1−70％)−36]＝1.6。

3．B　【解析】本题考查杠杆效应。经营杠杆系数＝1＋基期固定成本÷基期息税前利润。财务杠杆系数＝1＋基期利息÷(基期息税前利润−基期利息)。选项A，降低销售量会降低息税前利润，经营杠杆系数和财务杠杆系数会同时提高。选项B，降低固定性经营成本，会提高息税前利润，会同时降低经营杠杆系数和财务杠杆系数。选项C，降低利息费用，对经营杠杆系数无影响。选项D，降低单价，会降低息税前利润，经营杠杆系数和财务杠杆系数会同时提高。

4．A　【解析】本题考查总杠杆系数的计算。本题中，总杠杆系数＝基期边际贡献÷基期利润总额，基期边际贡献＝100−100×60％＝40(万元)，基期利润总额＝40−20−4＝16(万元)，所以，总杠杆系数＝40÷16＝2.5。

5．A　【解析】本题考查财务杠杆系数的计算。经营杠杆系数＝边际贡献÷息税前利润＝(息税前利润＋16)÷息税前利润＝5，因此息税前利润为4万元；财务杠杆系数＝息税前利润÷(息税前利润−利息费用)＝4÷(4−2)＝2。

6．DE　【解析】本题考查经营杠杆。选项A，利润对销售量的敏感系数＝息税前利润的变动率÷销售量的变动率＝经营杠杆系数。选项B，经营杠杆系数＝基期边际贡献÷基期息税前利润＝基期边际贡献÷(基期边际贡献−基期固定性经营成本)，因此基期固定性经营成本越大，经营杠杆系数越大，经营风险越大。选项C、E，经营杠杆系数＝基期边际贡献÷基期息税前利润＝1＋基期固定性经营成本÷基期息税前利润，基期销售量越大，基期息税前利润越大，经营杠杆系数越小，经营风险越小。选项D，只要有固定性经营成本(而非固定性资本成本)存在，经营杠杆系数总是大于1。

考点五　股利分配

1．D　【解析】本题考查股利的分配方式。财产股利，是公司以现金以外的资产支付的股利，主要有两种形式：一是证券股利，即以本公司持有的其他公司的有价证券或政府公债等证券作为股利发放；二是实物股利，即以公司的物资、产品或不动产等充当股利。

2．D　【解析】本题考查股利支付过程中的重要日期。选项D，在股权登记日之后登记在册的股东，即使在股利支付日之前买入的股票，也无权领取本期分配的股利。

3．A　【解析】本题考查剩余股利政策。剩余股利政策的优点：留存收益优先满足再投资的需要，有助于降低再投资的资本成本，保持最佳的资本结构，实现企业价值的长期最大化。

4．B　【解析】本题考查剩余股利政策下分配股利的计算。可以向投资者分配的股利＝1 000−850×70％＝405(万元)。

5．C　【解析】本题考查股利分配政策。选项C，固定股利支付率政策会导致各年股利不稳定，波动较大，不利于稳定股价。

6．D　【解析】本题考查不同股利政策的选择。选项D，在衰退阶段，公司已不具备较强的股利支付能力,应采用剩余股利政策。

【思路点拨】

不同阶段企业股利政策的选择

发展阶段	公司现状	股利政策
初创阶段	公司面临的经营风险和财务风险都很高	应贯彻先发展后分配的原则,剩余股利政策为最佳选择
高速增长阶段	产品销售急剧上升,投资机会快速增加,资金需求大而紧迫	应采取低正常股利加额外股利政策,股利支付方式应采用股票股利的形式,避免现金支付
稳定增长阶段	产品的市场容量、销售收入稳定增长,对外投资需求减少,公司已具备持续支付较高股利的能力	理想的股利政策应是固定或稳定增长的股利政策
成熟阶段	产品市场趋于饱和,销售收入不再增长,利润水平稳定	可考虑由稳定增长的股利政策转为固定股利支付率政策
衰退阶段	产品销售收入减少,利润下降,公司为了不被解散或被其他公司兼并重组,需要投入新的行业和领域,因此公司已不具备较强的股利支付能力	应采用剩余股利政策

7. ACD 【解析】选项 B,固定股利支付率政策下,年度间的股利额波动较大,很容易给投资者带来经营状况不稳定、投资风险较大的不良印象,成为影响股价的不利因素。选项 E,低正常股利加额外股利政策适用于企业发展的高速增长阶段。

8. ABC 【解析】本题考查低正常股利加额外股利政策。采用低正常股利加额外股利政策,有利于公司灵活掌握资金的调配;有利于维持股价的稳定,从而增强股东对公司的信心;有利于吸引那些依靠股利度日的股东,使之每年可以取得比较稳定的股利收入。选项 D、E,是剩余股利政策的优点。

9. ABDE 【解析】本题考查股票股利和股票分割。发放股票股利后,会增加流通在外的股票数量,同时降低股票的每股收益和每股价格,但不会导致每股面额降低,也不会对公司股东权益总额产生影响(仅仅是引起股东权益各项目的结构发生变化)。股票分割时,发行在外的股数增加,使得每股面额降低,每股收益下降,每股股价降低;但公司价值不变,股东权益总额、股东权益各项目的金额及其相互间的比例也不会改变。

综合拓展

1. (1)C;(2)B;(3)B;(4)B。

【解析】

(1)本题考查资金需要量预测——销售百分比法。追加外部资金需要量的金额 = 40 000×50%×(58%−13%)−40 000×(1+50%)×20%×(1−37.5%) = 1 500(万元)。

(2)本题考查公司债券资本成本的计算。发行债券的资本成本 = 6.86%×(1−25%)÷

(1-2%)=5.25%。

(3)本题考查普通股资本成本的计算。普通股资本成本=1.2÷[10×(1-4%)]+2.5%=15%。

(4)本题考查加权资本成本的计算。总的资本金额=1 000+4 000+1 500=6 500(万元),债券筹资金额=1 500×40%=600(万元),普通股筹资金额=1 500×60%=900(万元);银行借款的资本成本=6%×(1-25%)=4.5%;加权资本成本=1 000÷6 500×4.5%+(4 000+900)÷6 500×15%+600÷6 500×5.25%=12.48%。

2. (1)D;(2)C;(3)C;(4)B。

【解析】

(1)本题考查资本结构决策——每股收益无差别点分析法。假设每股收益无差别点的息税前利润为 $EBIT$,则:[($EBIT$-20)×(1-25%)-15]÷(80+360÷6)=[($EBIT$-20-360÷120×100×5%)×(1-25%)-15]÷80,解得 $EBIT$ 为75万元。2022年预计收入=800×(1+50%)=1 200(万元),预计息税前利润=1 200×(1-60%)-(235-20-15)=280(万元),280万元>75万元,因此选择负债筹资。

(2)本题考查每股收益的计算。选择负债筹资,其每股收益=[(280-20-360÷120×100×5%)×(1-25%)-15]÷80=2.11(元)。

(3)本题考查预测目标利润额。2022年预计收入=800×(1+50%)=1 200(万元),息税前利润=1 200×(1-60%)-(235-20-15)=280(万元)。

(4)本题考查利润总额的计算。利润总额=息税前利润280-利息(20+360÷120×100×5%)=245(万元)。

3. (1)B;(2)D;(3)C;(4)C。

【解析】

(1)本题考查每股收益无差别点息税前利润的计算。如果两个方案的每股收益相等,则:($EBIT$-500×8%-200×5%)×(1-25%)÷(50+20)=($EBIT$-500×8%-200×5%-500×6%)×(1-25%)÷50,解得 $EBIT$ 为155万元。

(2)本题考查普通股资本成本的计算。甲公司2019年的息税前利润为200万元,大于每股收益无差别点的息税前利润,因此选择财务杠杆效应较大的筹资方案,即方案二。普通股的资本成本=2÷28+3%=10.14%。

(3)本题考查加权资本成本的计算。长期借款的资本成本=8%×(1-25%)=6%;原应付债券的资本成本=5%×(1-25%)=3.75%;新发行债券的资本成本=6%×(1-25%)=4.5%。因此,加权资本成本=6%×500÷(1 500+500)+3.75%×200÷(1 500+500)+4.5%×500÷(1 500+500)+10.14%×(50+750)÷(1 500+500)=7.06%。

(4)本题考查财务杠杆系数的计算。2020年的财务杠杆系数=200÷(200-500×8%-200×5%-500×6%)=1.67。

4. (1)C;(2)B;(3)D;(4)A。

【解析】

(1)本题考查每股收益无差别点息税前利润的计算。假设每股收益无差别点的息税前利润为 EBIT，则：[(EBIT-300×8%)×(1-25%)]÷(300+100)=[(EBIT-300×8%-400×10%)×(1-25%)]÷300，解得 EBIT 为 184 万元。

(2)本题考查预测实现目标必须达到的经济指标。单价=单位变动成本÷变动成本率=30÷60%=50(元)，A 产品的销售量=550÷50=11(万件)。

(3)本题考查每股收益的计算。预计息税前利润=550×(1-60%)-100=120(万元)，小于每股收益无差别点的息税前利润 184 万元，因此应选择方案一。每股收益=(120-300×8%)×(1-25%)÷(300+100)=0.18(元)。

(4)本题考查安全边际率的计算。盈亏临界点的销售额=固定成本总额÷边际贡献率=100÷(1-60%)=250(万元)。安全边际=正常销售额-盈亏临界点销售额=550-250=300(万元)，安全边际率=安全边际÷正常销售额×100%=300÷550×100%=54.55%。

亲爱的读者，你已完成本章5个考点的学习，本书知识点的学习进度已达16%。

第四章 投资管理

重要程度：次重点章节　　分值：7分左右

考试风向

▰▰▰ 考情速递

本章重点内容为投资项目现金流量的估计、固定资产投资决策方法、公司并购方式等。常以单选题、多选题、计算题的形式考核，需要理解并掌握。

▰▰▰ 2025年考试变化

本章内容无实质性变化。

▰▰▰ 脉络梳理

```
                    ┌─ 投资项目现金流量估计★★★ ─┬─ 投资项目现金流量
                    │                              └─ 估计现金流量应考虑的因素
                    │
                    ├─ 固定资产投资决策方法★★★ ─┬─ 非贴现法
第四章               │                              └─ 贴现法
投资管理             │
                    ├─ 有价证券投资管理★ ─────┬─ 股票估价模型
                    │                            └─ 债券估价模型
                    │
                    └─ 公司并购与收缩★ ───────┬─ 公司并购支付方式
                                                 └─ 公司收缩
```

考点详解及精选例题

考点一 投资项目现金流量估计 ★★★ 一学多考|中注

(一)投资项目现金流量(2020年、2021年、2023年单选;2024年计算)

现金流入量,指由于投资项目实施而引起的现金收入的增加或现金支出的减少。现金流出量,指由于投资项目实施而引起的现金支出的增加或现金收入的减少。投资项目现金流量,见表4-1。

表4-1 投资项目现金流量

建设期	投资项目的原始投资,包括在长期资产上的投资和垫支的营运资金。建设期投资可以一次投入,也可以分期投入。营运资金一般在经营期的期初投入。 本年流动资金投资额=本年流动资金需用额−上年流动资金需用额=本年(流动资产需用额−流动负债需用额)−上年(流动资产需用额−流动负债需用额)❶
经营期	经营期现金净流量=销售收入−付现成本−所得税=净利润+折旧等非付现成本=(销售收入−付现成本)×(1−所得税税率)+折旧等非付现成本×所得税税率❷
终结期	(1)固定资产变价净收入(出售价款−清理费用)。 (2)垫支营运资金的收回。 (3)固定资产变现净损益对现金净流量的影响(即交税或抵税)=−(变价净收入−账面价值)×所得税税率。 固定资产账面价值=固定资产原值−按税法规定计提的折旧

> 记忆密码 ❶
> 资金投资额=资金需用额之差。

> 记忆密码 ❷
> 口诀:收现所、净折、收现1所和折旧所。

【例题1·单选题】(2020年)甲公司计划进行一项固定资产投资,总投资额600万元,预计该固定资产投产后第一年的流动资产需用额为50万元,流动负债需用额为10万元。预计该固定资产投产后第二年的流动资产需用额为80万元,流动负债需用额为25万元。该固定资产投产后第二年流动资金投资额为( )万元。

A. 25   B. 15   C. 55   D. 40

解析 第一年流动资金需用额=50−10=40(万元),第二年流动资金需用额=80−25=55(万元),第二年流动资金投资额=55−40=15(万元)。

【例题2·单选题】甲公司拟购买一台价值40万元的设备,预计使用年限为5年,采用年限平均法计提折旧,预计净残值为零。该设备预计每年为公司实现销售收入50万元,相应付现成本22万元,适用的企业所得税税率为25%。假设不考虑其他相关税费,会计折旧与税法规定一致,则该设备经

> 答案
> 例题1|B

营期每年现金净流量为( )万元。

A. 50　　　　B. 28　　　　C. 115　　　　D. 23

解析 该设备经营期每年计提折旧=40÷5=8(万元),经营期每年现金净流量=50-22-(50-22-8)×25%=23(万元)。

或:经营期每年现金净流量=(50-22-8)×(1-25%)+8=23(万元)。

或:经营期每年现金净流量=(50-22)×(1-25%)+8×25%=23(万元)。

【例题3·单选题】(2021年)甲公司2012年12月以120万元购入一台新设备,并于当月投入使用,预计可使用年限为10年,采用年限平均法计提折旧,预计净残值为零。甲公司于2020年12月31日将其处置并取得变价净收入20万元。假定税法规定的折旧方法及预计净残值与会计规定相同,适用的企业所得税税率为25%,则该设备终结时对甲公司当期现金流量的影响额为( )万元。

A. 16　　　　B. 21　　　　C. 34　　　　D. 36

解析 该设备终结时对当期现金流量的影响额=20-[20-(120-120÷10×8)]×25%=21(万元)。

(二)估计现金流量应考虑的因素(2021年多选)

基本原则:只有增量现金流量才是与项目相关的现金流量。

估计现金流量应考虑的因素,见表4-2。

表4-2 估计现金流量应考虑的因素

两项成本	相关成本:与特定决策有关的、在分析评价时必须考虑的成本,如差额成本、未来成本、重置成本、机会成本。 **提示** 机会成本:放弃其他方案的收益,即选择本方案的代价
	非相关成本:与特定决策无关的、在分析评价时不必加以考虑的成本,如过去成本、账面成本、沉没成本
两项影响	投资方案对其他项目的影响(有利或不利)
	投资方案对营运资金的影响(增加的经营性流动资产与经营性流动负债的差额)

【例题4·多选题】(2021年)在估计投资项目现金流量时,应考虑的因素有( )。

A. 因采纳该项目而增加的应付账款
B. 无论是否采纳该项目均会发生的成本
C. 因采纳该项目需占用一宗土地,放弃该宗土地用于其他用途实现的收益
D. 因采纳该项目对现有竞争性项目的销售额产生冲击
E. 因采纳该项目引起的现金支出增加额

答案
例题2 | D
例题3 | B
例题4 | ACDE

解析 ↘ 在确定投资方案相关的现金流量时，应遵循最基本的原则是：只有增量现金流量才是与项目相关的现金流量。选项 B，不是增量现金流量，不考虑。

考点二 固定资产投资决策方法 ★★★　　一学多考｜中注

（一）非贴现法（2021 单选）

非贴现法指标的计算，见表 4-3。

表 4-3　非贴现法指标的计算

投资回收期	各年的现金净流量相等	投资回收期（年）= 原始投资额÷年现金净流量
	各年的现金净流量不相等	投资回收期（年）= $n+\dfrac{\text{第 }n\text{ 年年末尚未收回的投资额}}{\text{第 }n+1\text{ 年的现金净流量}}$
	投资回收期一般不能超过固定资产使用期限的一半，多个投资方案中投资回收期最短的为优	
投资回报率	投资回报率=年均现金净流量÷原始投资额 投资回报率的高低以相对数的形式反映投资回报水平的高低，投资回报率越高，则方案越好	

提示 投资回报率法与投资回收期法得出的结论可能不一致。

【例题 5·单选题】A 企业有甲、乙两个投资方案：甲方案需要投资 4 500 万元，设备使用 6 年，每年现金净流量为 2 500 万元；乙方案需要投资 4 000 万元，设备使用 6 年，每年现金净流量为 1 600 万元。根据投资回收期法选择投资方案，下列表述不正确的是（　　）。

A．甲方案的投资回收期是 1.8 年

B．乙方案的投资回收期是 2.5 年

C．应选择甲方案

D．应选择乙方案

解析 ↘ 甲方案的投资回收期 = 4 500÷2 500 = 1.8（年），乙方案的投资回收期 = 4 000÷1 600 = 2.5（年），甲方案的投资回收期小于乙方案，故应选择甲方案。

【例题 6·单选题】（2021 年）甲公司一次性投入 100 万元引进一条生产线，建设期为零，经营期 5 年，采用年限平均法计提折旧，预计净残值为零。该条生产线投产后每年带来销售收入 60 万元，付现成本 16 万元。假定税法规定的固定资产折旧方法、预计净残值均与会计相同，适用的企业所得税税率为 25%，该生产线投资回报率为（　　）。

答案 ↘
例题 5｜D

A. 36%　　　　B. 38%　　　　C. 31%　　　　D. 44%

解析 每年折旧额=100÷5=20(万元)，每年的经营现金净流量=(60-16)×(1-25%)+20×25%=38(万元)，投资回报率=38÷100=38%。

(二) 贴现法(2020年、2022—2024年单选；2021年、2022年多选；2024年计算)

1. 指标计算与应用

贴现法指标的计算与评价，见表4-4。

表4-4　贴现法指标的计算与评价

指标	计算公式	单方案评价	多方案评价
净现值	净现值=现金流入现值-现金流出现值	大于0可行	指标越大，方案越好
年金净流量	年金净流量=$\dfrac{净现值}{年金现值系数}$	大于0可行	
现值指数	现值指数=$\dfrac{现金流入现值}{现金流出现值}$	大于1可行	
内含报酬率	使投资方案净现值为0时的贴现率；即，$A×(P/A, r, n)-$流出现值=0	内含报酬率大于基准收益率，可行	

【知识点拨】(1)同一投资项目，净现值>0，则年金净流量>0、现值指数>1、内含报酬率大于基准收益率。贴现法下，同一项目四种方法<u>结论一致</u>。非贴现法与贴现法的两类方法的指标之间无法进行比较、没有联系。

(2)年金净流量法是净现值法的辅助方法，在各方案寿命期相同时，实质上就是净现值法。现值指数法是净现值法的辅助方法，在各方案原始投资额现值相同时，实质上就是净现值法。

【例题7·单选题】(2023年)甲公司计划投资一项目，建设期为3年，经营期为8年，建设期期初一次性投资220万元，经营期每年将产生现金净流量80万元。若当期实际年利率为6%，则该项投资的净现值为(　　)万元。[已知$(P/A, 6\%, 8)=6.2098$，$(P/F, 6\%, 3)=0.8396$，计算结果保留两位小数]

A. 197.10　　B. 276.78　　C. 187.56　　D. 217.63

解析 净现值=80×$(P/A, 6\%, 8)$×$(P/F, 6\%, 3)$-220=80×6.2098×0.8396-220=197.10(万元)。(2017年、2022年考题问法相同)

【例题8·单选题】(2024年)甲公司计划投资一项项目，一次性总投资为100万元，建设期为零，经营期为5年。该投资项目的年金净流量为10万元。若当前市场利率为8%，则该项投资项目的现值指数为(　　)。[已知$(P/A, 8\%, 5)=3.9927$，$(F/A, 8\%, 5)=5.8666$，计算结果保留两位小数]

A. 1.59　　B. 0.40　　C. 0.59　　D. 1.40

解析 年金净流量=净现值÷$(P/A, 8\%, 5)$，因此净现值=10×

答案

例题6│B
例题7│A
例题8│D

3.992 7=39.927（万元），现值指数=(39.927+100)÷100=1.40。

【例题 9·单选题】 甲企业计划投资某项目，该项目全部投资均于建设起点一次性投入，建设期为零，经营期为10年，投产后每年产生的现金净流量相等。若该项目的投资回收期为6年，则该项目的内含报酬率为( )。[已知(P/A, 10%, 10)=6.145, (P/A, 12%, 10)=5.65]

  A. 9.38% B. 10.59% C. 11.36% D. 12.42%

解析 假设内含报酬率为 r，则：每年现金净流量×(P/A, r, 10)=原始投资额，故(P/A, r, 10)=原始投资额÷每年现金净流量=投资回收期=6。已知(P/A, 12%, 10)=5.65，(P/A, 10%, 10)=6.145，故该项目的内含报酬率=10%+(12%-10%)×[(6.145-6)÷(6.145-5.65)]=10.59%。

2. 适用范围

贴现法指标的适用范围，见表4-5。

表4-5 贴现法指标的适用范围

指标	适用范围
净现值	独立：不适用于对投资额差别较大的独立投资方案的比较决策。 互斥：能基本满足项目年限相同的互斥投资方案的决策，不能直接用于对寿命期不同的互斥投资方案决策
年金净流量	适用于期限不同投资方案决策
	不便于对原始投资额不相等的独立投资方案进行决策
现值指数	可以对原始投资额现值不同的独立投资方案进行比较和评价
内含报酬率	独立投资方案决策时，如果各方案原始投资额现值不同，可以通过计算各方案的内含报酬率，反映各独立投资方案的获利水平

【例题 10·多选题】（2022年）下列关于净现值与现值指数的表述中，正确的有( )。

  A. 两者均无法反映投资方案的实际投资报酬率

  B. 两者均适用于投资额差别较大的独立方案决策

  C. 两者均考虑了货币时间价值

  D. 两者均能反映投资效率

  E. 两者均为绝对数指标

解析 选项B，净现值不适用于对投资额差别较大的独立投资方案的比较决策。选项D，现值指数反映投资效率，净现值反映投资效果。选项E，现值指数属于相对数指标。

【例题 11·多选题】 对于同一投资项目而言，下列关于固定资产投资决策方法的表述中，错误的有( )。

  A. 如果净现值大于零，其内含报酬率一定大于设定的折现率

  B. 如果净现值大于零，其投资回收期一定短于项目经营期的1/2

答案
例题 9 | B
例题 10 | AC

C. 投资回收期和投资回报率的评价结果一致

D. 净现值、现值指数和内含报酬率的评价结果一致

E. 如果净现值大于0，其现值指数一定大于1

解析 选项B，净现值大于零，其投资回收期可能大于、也可能小于项目经营期的1/2。选项C，利用投资回报率有时可能得出与投资回收期指标评价结果不一致的情况。

【例题12·计算题】（2024年）黄河公司现有资本结构如下：股本400万元（股票面值为1元），长期债券500万元（票面年利率为6%）。黄河公司计划购入一台价值为1200万元的设备用于生产W产品，该设备预计使用年限为6年，预计净残值率为4%，按照年限平均法计提折旧（均与税法规定相同）。假设使用期限届满，实际取得残值净收入为40万元。预计投产后第1年年初流动资产需用额为25万元，流动负债需用额为15万元。投产后第2年年初流动资产需用额为55万元，流动负债需用额为25万元，以后各年保持不变。预计投产后每年增加销售收入600万元，每年增加付现成本150万元。

黄河公司为购置该设备筹集资金，现有两个方案可供选择。甲方案：按每股3元增发普通股股票400万股。乙方案：按面值增发1200万元长期债券，票面年利率为8%。

黄河公司适用的企业所得税税率为25%，假定要求的最低投资报酬率为10%，不考虑其他相关费用。已知（P/F，10%，1）=0.9091，（P/F，10%，6）=0.5645，（P/A，10%，6）=4.3553。

根据上述资料，回答下列问题。

(1) 采用每股收益无差别点分析法，黄河公司甲、乙两个方案每股收益相等的息税前利润为（ ）万元。

A. 184   B. 222   C. 174   D. 232

解析 如果两个方案的每股收益相等，则：[(EBIT-500×6%)×(1-25%)]÷(400+400)=[(EBIT-500×6%-1200×8%)×(1-25%)]÷400，解得EBIT为222万元。

(2) 新设备投产后，黄河公司第2年年初需增加的流动资金投资额为（ ）万元。

A. 30   B. 40   C. 20   D. 10

解析 第1年的流动资金投资额=25-15=10（万元）。第2年的流动资金需用额=55-25=30（万元），因此第2年的流动资金投资额=30-10=20（万元）。

(3) 黄河公司该投资项目第6年年末的现金净流量为（ ）万元。

A. 455.5   B. 447.5   C. 427.5   D. 457.5

解析 该设备年折旧额=1200×(1-4%)÷6=192（万元），经营期年现金净流量=(600-150)×(1-25%)+192×25%=385.5（万元），终结期现金净流

答案

例题11 | BC

量=40+(1 200×4%-40)×25%+(10+20)=72(万元),因此第6年年末的现金净流量=385.5+72=457.5(万元)。

(4)黄河公司该投资项目的净现值为(　　)万元。[计算结果保留两位小数]
A. 490.30　　　B. 489.61　　　C. 474.50　　　D. 491.43

解析 ▶ 净现值=385.5×(P/A,10%,6)+72×(P/F,10%,6)-(1 200+10)-20×(P/F,10%,1)=385.5×4.355 3+72×0.564 5-1 210-20×0.909 1=491.43(万元)。

考点三 有价证券投资管理 ★ 一学多考|中注

(一)股票估价模型

股票价值=各年股利的现值加总
(1)零增长模型。
普通股价值=上一期支付的固定股利÷投资者要求的报酬率
(2)固定增长模型。(2022年单选)
普通股价值=下一期预计支付的股利÷(投资者要求报酬率-股利增长率)
(3)阶段性增长模型(先高增长,后固定增长)。
股票价值=高增长阶段股利现值之和+固定增长阶段股票价值的复利现值

【例题13·单选题】(2022年)甲股票2021年支付每股股利0.5元,2022年市场认可甲股票每股价值40元,假设甲股票要求年股利增长率为10%,则长期持有该股票可获得的投资报酬率为(　　)。[计算结果保留两位小数]
A. 12.38%　　　B. 10.00%　　　C. 11.25%　　　D. 11.38%

解析 ▶ 股票的价值40=预计下年股利0.5×(1+10%)÷(投资报酬率-股利增长率10%),因此长期持有该股票可获得投资报酬率=0.5×(1+10%)÷40+10%=11.38%。

(二)债券估价模型

将在债券投资上未来收取的利息和收回的本金折为现值,即可得到债券的内在价值。
(1)一年付息一次的债券估价模型。
债券价值=∑各期利息现值+债券面值现值
(2)到期一次还本付息的债券估价模型。
债券价值=债券到期值(即面值+n期利息)的现值
(3)贴现发行债券的估价模型。
债券价值=债券到期值(面值)的现值

答案 ▶
例题12|(1)B
(2)C
(3)D
(4)D
例题13|D

87

【例题14·单选题】甲公司拟购买当日发行的面值为60万元，票面年利率为6%、每半年付息一次、期限为4年的公司债券。若市场年利率为8%，则该债券价值为（　　）万元。[已知（P/A，8%，4）=3.312，（P/A，4%，8）=6.733，（P/F，8%，4）=0.735，（P/F，4%，8）=0.731，计算结果保留两位小数]

A．55.98　　　　B．56.02　　　　C．58.22　　　　D．60.00

解析 债券价值=60×6%÷2×（P/A，4%，8）+60×（P/F，4%，8）=60×6%÷2×6.733+60×0.731=55.98（万元）。

考点四　公司并购与收缩 ★

（一）公司并购支付方式（2022年多选）

并购支付方式，见表4-6。

表4-6　并购支付方式

现金支付	(1)最简捷、最快速的支付方式。 (2)大量支付现金会给并购公司造成巨大的现金压力，引起并购公司资金的流动性不足。 (3)寻求外部融资解决资金不足，受到公司融资能力限制。 (4)大额的并购交易，现金支付的比率较低
股票对价	(1)增发新股获得目标公司股权，避免集团公司大量的现金流出，减少财务风险。 (2)可能会稀释集团公司控制权结构，降低每股收益水平。 (3)股票支付处理程序复杂、可能会延误并购时机、增大并购成本
杠杆收购	(1)指集团公司通过借款的方式购买目标公司的股权，取得控制权后，再以目标公司未来创造的现金流量偿付借款。 (2)通常有两种情况：①集团公司以目标公司资产抵押取得贷款购买并购目标公司股权；②集团公司借钱购买目标公司股权，之后安排目标公司发行债务或用未来的现金流量偿还借款。 (3)条件有：①较高而稳定的盈利历史和可预见的未来现金流量；②公司的利润与现金流量有明显的增长潜力；③良好抵押价值的资产；④有经验和稳定的管理队伍。 (4)管理层收购中多采用杠杆收购方式
卖方融资	(1)指作为并购公司的集团公司先不向目标公司支付全额价款，而是承诺在未来一定时期内分期分批支付并购价款的方式，减少并购的现金负担。 (2)建立对目标公司原所有者的奖励机制，避免陷入并购前未曾预料的并购"陷阱"。 (3)使集团公司获得税收递延支付的好处。 (4)前提：集团公司有良好的资本结构和风险承受能力

【例题15·单选题】下列关于杠杆收购方式的表达中，正确的是（　　）。

A．可以保护企业利润，任何企业都可以使用

答案
例题14 | A

B. 必须保证较高比率的自有资金

C. 可以避免并购企业大量现金流出，减少财务风险

D. 常用于管理层并购

解析 选项 A，杠杆并购需要目标公司具备一些条件，并不是任何企业都可以使用。选项 B，杠杆并购需要目标公司具有良好抵押价值的固定资产和流动资产，并不要求保证较高比例的自有资金。选项 C，杠杆收购是指集团公司通过借款的方式购买目标公司的股权，取得控制权后，再以目标公司未来创造的现金流量偿付借款，是会有大量现金流出的。

(二) 公司收缩

(1) 公司收缩是指对公司的股本或资产进行重组从而缩减主营业务范围或缩小公司规模的各种资本运作方式。公司收缩的目标是通过收缩战线实现公司的最优规模。

(2) 公司收缩方式。(2020 年多选)

公司收缩方式，见表 4-7。

表 4-7　公司收缩方式

资产剥离	(1) 不会产生新的法律实体。企业将其所拥有的资产、产品线、经营部门、子公司出售给第三方。特别方式：资产置换。 (2) 资产剥离表面上看是资产的一进一出，公司资产总量并没有减少，但其对公司的收缩作用主要表现在业务的收缩上。 (3) 资产剥离的消息通常会对股票市场价值产生积极的影响
公司分立	标准式公司分立、衍生式公司分立(换股式、解散式)
分拆上市	(1) 分拆上市没有使公司资产规模变小，而使母公司控制的资产规模扩大。子公司分拆上市独立运营，母公司直接经营的业务和资产会发生收缩。 (2) 子公司管理者的报酬与子公司公开发行股票的表现相联系，有助于提高管理者的积极性。 (3) 母公司容易出售股权

【例题 16·多选题】 下列关于公司收缩的表述中，错误的有(　　)。

A. 公司收缩的目标是通过收缩战线实现公司最优规模

B. 企业收缩的主要方式包括资产剥离、公司合并、分拆上市等

C. 资产置换属于资产剥离的一种特殊方式

D. 资产剥离公告通常会对公司股票市场价值产生消极影响

E. 分拆上市使母公司控制的资产规模扩大、直接经营的业务和资产发生扩大

解析 选项 B，公司收缩的主要方式有：资产剥离、公司分立以及分拆上市。选项 D，资产剥离的消息通常会对股票市场价值产生积极的影响。选项 E，分拆上市使母公司控制的资产规模扩大、直接经营的业务和资产发生收缩。

答案
例题 15 | D
例题 16 | BDE

同步训练

考点一 投资项目现金流量估计

1. (单选题)甲公司计划投资一项目,需购买一台价值45万元的设备,预计使用年限为5年,预计净残值为5万元,采用年限平均法计提折旧。使用该设备预计每年为甲公司带来销售收入38万元,付现成本12万元。假设企业所得税税率为25%,则该项目经营期每年现金净流量为(   )万元。
   A. 24   B. 21.5   C. 16   D. 13.5

2. (单选题)甲公司2024年12月31日以20 000元价格处置一台闲置设备,该设备于2016年12月以80 000元价格购入,并于当期投入使用,预计可使用年限为10年,预计净残值为零,按年限平均法计提折旧(均与税法规定相同)。假设适用的企业所得税税率为25%,不考虑其他相关税费,则该业务对当期现金流量的影响是(   )。
   A. 增加20 000元   B. 增加19 000元
   C. 减少20 000元   D. 减少19 000元

3. (多选题)甲公司拟建一生产项目,预计投产第一年的流动资产需用额为35万元,流动负债需用额为15万元。预计第二年流动资产需用额为15万元,流动负债需用额为5万元,以后各年与此相同。下列表述中,正确的有(   )。
   A. 第一年的流动资金需用额为20万元   B. 第二年的流动资金需用额为5万元
   C. 第一年流动资金投资额为35万元   D. 第二年流动资金投资额为-10万元
   E. 第二年收回流动资金10万元

4. (多选题)下列关于投资项目现金净流量计算公式的表述中,错误的有(   )。
   A. 现金净流量=销售收入-付现成本-所得税
   B. 现金净流量=净利润+非付现成本×(1-所得税税率)
   C. 现金净流量=税前利润+非付现成本×所得税税率
   D. 现金净流量=销售收入-付现成本-非付现成本×所得税税率
   E. 现金净流量=(销售收入-付现成本)×(1-所得税税率)+非付现成本×所得税税率

5. (多选题)计算投资方案的增量现金流量时需要正确区分相关成本和非相关成本,下列各项中,属于相关成本的有(   )。
   A. 未来成本   B. 过去成本
   C. 重置成本   D. 账面成本
   E. 机会成本

考点二 固定资产投资决策方法

1. (单选题)某投资项目需在开始时一次性投资 50 000 元,其中固定资产投资 45 000元、营运资金垫支 5 000 元,没有建设期。各年营业现金净流量分别为 10 000元、12 000 元、16 000 元、20 000 元、21 600 元、14 500 元。该项目的投资回收期是(　　)年。
   A. 3.35　　　　　B. 3.4　　　　　C. 3.6　　　　　D. 4

2. (单选题)某公司购买一台新设备用于生产新产品,设备价值为 50 万元,使用寿命为 5 年,预计净残值为 5 万元,按年限平均法计提折旧(与税法规定一致)。使用该设备预计每年能为公司带来销售收入 40 万元,付现成本 15 万元,最后一年收回残值收入 5 万元。假设该公司适用的企业所得税税率为 25%,则该项投资的投资回报率为(　　)。
   A. 42%　　　　　B. 42.5%　　　　C. 43.5%　　　　D. 44%

3. (单选题·2022 年)甲公司计划投资 W 项目,需在项目开始时一次性投资 900 万元,投资建设期 3 年,经营期 10 年,经营期每年可产生现金流量 280 万元,若资本成本为 9%,该项目的净现值为(　　)万元。[已知(P/A,9%,13)= 7.486 9,(P/A,9%,3)= 2.531 3,计算结果保留两位小数]
   A. 896.96　　　　B. 487.57　　　　C. 1 387.57　　　D. 188.19

4. (单选题)某投资项目的项目期限为 5 年,原始投资额现值为 2 500 万元,现值指数为 1.6,资本成本为 10%,则该项目年金净流量为(　　)万元。[已知(P/A,10%,5)= 3.790 8]
   A. 305.09　　　　B. 1 055.19　　　C. 395.69　　　　D. 1 200

5. (单选题)甲公司拟投资 8 000 万元,经测算,该项投资的经营期为 4 年,每年年末的现金净流量均为 3 000 万元,则该投资项目的内含报酬率为(　　)。[已知(P/A,17%,4)= 2.743 2,(P/A,20%,4)= 2.588 7]
   A. 17.47%　　　　B. 18.49%　　　　C. 19.53%　　　　D. 19.88%

6. (单选题)甲企业计划投资一条新的生产线,项目一次性总投资 500 万元,建设期为 3 年,经营期为 10 年,经营期每年可产生现金净流量 130 万元。若甲企业要求的年投资报酬率为 9%,则该投资项目的现值指数为(　　)。[已知(P/A,9%,13)= 7.486 9,(P/A,9%,10)= 6.417 7,(P/A,9%,3)= 2.531 3,计算结果保留两位小数]
   A. 0.29　　　　　B. 0.67　　　　　C. 1.29　　　　　D. 1.67

7. (多选题)下列关于同一项目的固定资产投资评价方法的表述中,正确的有(　　)。
   A. 当项目净现值小于 0 时,项目的现值指数小于 1
   B. 当投资回收期小于项目周期一半时,项目的净现值大于 0
   C. 当项目净现值大于 0 时,项目的内含报酬率大于基准收益率
   D. 当项目的内含报酬率大于基准收益率时,项目的现值指数大于 1
   E. 当项目投资回报率大于基准收益率时,项目的内含报酬率大于基准收益率

8. (多选题)对同一投资项目而言,下列关于投资决策方法的表述中,错误的有(   )。
   A. 如果净现值大于0,其现值指数一定大于1
   B. 如果净现值小于0,表明该项目将减损股东价值,应予以放弃
   C. 如果净现值大于0,其内含报酬率一定大于设定的折现率
   D. 如果净现值大于0,其投资回收期一定短于项目经营期的1/2
   E. 净现值、现值指数和内含报酬率的评价结果可能不一致

9. (计算题)黄河公司因技术改造需要,2020年拟引进一条生产线,有关资料如下:
   (1)该条生产线总投资520万元,建设期1年,2020年年初投入100万元,2020年年末投入420万元。2020年年末新生产线投入使用,该条生产线采用年限平均法计提折旧,预计使用年限为5年(与税法相同),预计净残值为20万元(与税法相同)。
   (2)该条生产线预计生产使用第一年流动资产需用额为30万元,流动负债需用额10万元。预计生产使用第二年流动资产需用额为50万元,流动负债需用额为20万元。生产线使用期满后,取得残值收入20万元,并将流动资金全部收回。
   (3)该条生产线投入使用后,每年将为公司新增销售收入300万元,每年付现成本为销售收入的40%。
   (4)假设该公司适用企业所得税税率为25%,要求的最低投资报酬率为10%,不考虑其他相关费用。
   (5)相关货币时间价值参数如下表所示:

年份(n)	1	2	3	4	5	6
(P/F,10%,n)	0.909 1	0.826 4	0.751 3	0.683 0	0.620 9	0.564 5
(P/A,10%,n)	0.909 1	1.735 5	2.486 9	3.169 9	3.790 8	4.355 3

   根据上述资料,回答下列问题。
   (1)该条生产线投产后第二年流动资金的投资额为(   )万元。
   A. 10   B. 30   C. 50   D. 20
   (2)该条生产线投产后每年产生的经营期现金流量为(   )万元。
   A. 170   B. 160   C. 175   D. 165
   (3)该条生产线投产后终结期的现金流量为(   )万元。
   A. 20   B. 40   C. 50   D. 30
   (4)该投资项目的净现值为(   )万元。[计算结果保留两位小数]
   A. 71.35   B. 90.96   C. 99.22   D. 52.34

10. (计算题)甲公司2020年计划投资购入一台新设备。
    (1)该设备投资额为600万元,购入后直接使用。预计投产后每年增加销售收入300万元,每年增加付现成本85万元。
    (2)预计投产后第1年年初流动资产需用额20万元,流动负债需用额10万元,预计投产后第2年年初流动资产需用额40万元,流动负债需用额15万元。

(3)该设备预计使用年限6年，预计净残值率5%，按年限平均法计提折旧，与税法一致，预计第4年年末需支付修理费用4万元，最终报废残值收入40万元。

(4)企业所得税税率为25%，最低投资报酬率为8%。

已知：$(P/A, 8\%, 6) = 4.623$，$(P/F, 8\%, 1) = 0.926$，$(P/F, 8\%, 4) = 0.735$，$(P/F, 8\%, 6) = 0.630$。

根据上述资料，回答下列问题。

(1)该设备投产后，第2年年初需增加的流动资金投资额为(　　)万元。
A. 15　　　　　B. 10　　　　　C. 25　　　　　D. 40

(2)该项目第6年年末现金净流量为(　　)万元。
A. 257.5　　　B. 247.5　　　C. 267.5　　　D. 277.5

(3)该项目的投资回收期为(　　)年。
A. 3.12　　　　B. 3　　　　　C. 3.38　　　　D. 4

(4)该项目的净现值为(　　)万元。[计算结果保留两位小数]
A. 268.54　　　B. 251.37　　　C. 278.73　　　D. 284.86

考点三　有价证券投资管理

1. (单选题)乙公司普通股股票上年每股分配股利1.2元，公司每年股利的增长率为3%，投资者要求的报酬率为8%，根据固定增长股票的估价模型，计算该公司的股票价值为(　　)元。
A. 24　　　　　B. 24.72　　　C. 15.45　　　D. 41.2

2. (单选题)甲公司拟购买当日发行的票面金额为10 000万元，期限为3年的贴现债券。若市场年利率为10%，则该债券的价值为(　　)万元。
A. 7 000　　　B. 7 513.15　　C. 8 108.46　　D. 8 264.46

3. (单选题)甲公司于2024年1月1日购买乙公司于2022年1月1日发行的5年期的债券，债券面值为100元，票面利率8%，每年年末付息一次，到期还本，市场利率为10%，则投资者购入债券时该债券的价值为(　　)元。[已知$(P/A, 10\%, 3) = 2.4869$，$(P/F, 10\%, 3) = 0.7513$，$(P/A, 10\%, 5) = 3.7908$，$(P/F, 10\%, 5) = 0.6209$，计算结果保留两位小数]
A. 95.03　　　B. 102.00　　　C. 97.27　　　D. 98.98

考点四　公司并购与收缩

1. (单选题)下列并购支付方式中，能使集团公司获得税收递延支付好处的是(　　)。
A. 现金支付方式　　　　　　B. 杠杆收购方式
C. 卖方融资方式　　　　　　D. 股票对价方式

2. (多选题)下列关于并购支付方式的相关说法中，正确的有(　　)。
A. 现金支付方式最受那些现金拮据的目标公司欢迎
B. 股票对价方式可能会延误并购时机，增加并购成本
C. 采用卖方融资方式的前提是集团公司有着良好的资本结构和风险承受能力

D. 对于巨额的并购交易，现金支付的比率一般都比较高

E. 股票对价方式可以避免集团公司现金的大量流出

3.（多选题）下列各项中，属于公司收缩主要方式的有（　　）。

A. 吸收合并　　　　　　　　　B. 分拆上市

C. 公司分立　　　　　　　　　D. 新设合并

E. 资产剥离

综合拓展

（计算题）甲公司是一家上市公司，适用的企业所得税税率为25%，基准折现率为8%，相关资料如下：

（1）为扩大生产经营准备购置一条新生产线，计划于2021年年初一次性投入资金600万元，甲公司将该生产线作为固定资产核算并立即投入使用，使用年限为6年，预计净残值率为10%，与税法一致。新生产线每年可产生经营期现金净流量180万元，项目结束时处置该固定资产可获得现金流入量60万元。新生产线开始投产时需垫支营运资金30万元，在项目终结时一次性收回。已知$(P/A, 8\%, 6) = 4.6229$，$(P/F, 8\%, 6) = 0.6302$。

（2）为满足购置新生产线的资金需求，甲公司设计了两个筹资方案。

方案一：按面值发行公司债券600万元，期限为3年，年利率为10%。

方案二：按每股6元增发普通股100万股。

（3）已知筹资方案实施前，甲公司发行在外的普通股股数为400万股，年利息费用为240万元。经测算，追加筹资后预计年息税前利润可达到800万元。

根据上述资料，回答下列问题。

（1）若不考虑筹资费用，采用每股收益无差别点分析法计算，方案一和方案二的每股收益无差别点的息税前利润为（　　）万元。

A. 600　　　B. 440　　　C. 450　　　D. 540

（2）甲公司若选择发行债券筹集资金，其新发行公司债券的资本成本为（　　）。

A. 10%　　　B. 7.5%　　　C. 30%　　　D. 22.5%

（3）该生产线投资项目的投资回报率为（　　）。

A. 28.57%　　　B. 30.95%　　　C. 30.16%　　　D. 31.67%

（4）该投资项目的年金净流量为（　　）万元。

A. 51.9　　　B. 58.39　　　C. 55.99　　　D. 50.21

参考答案及解析

考点一　投资项目现金流量估计

1. B　【解析】本题考查经营期现金流量的计算。该设备每年计提的折旧额 =（45 − 5）÷ 5 = 8（万元），经营期现金净流量 = 38 − 12 −（38 − 12 − 8）× 25% = 21.5（万元）。

2. B　【解析】本题考查终结期现金流量的计算。设备的年折旧额 = 80 000 ÷ 10 =

8 000(元),目前设备的账面价值=80 000-8 000×8=16 000(元),该业务对当期现金流量的影响=20 000-(20 000-16 000)×25%=19 000(元)。

3. ADE 【解析】本题考查建设期现金流量的计算。选项B,第二年的流动资金需用额=15-5=10(万元)。选项C,第一年流动资金投资额为20万元。

4. BCD 【解析】本题考查经营期现金流量的计算公式。

经营期现金净流量

=销售收入−付现成本−所得税

=销售收入−付现成本−(销售收入−付现成本−非付现成本)×所得税税率

=(销售收入−付现成本)×(1−所得税税率)+非付现成本×所得税税率

=净利润+非付现成本。

5. ACE 【解析】本题考查现金流量估计需要注意的问题。相关成本是指与特定决策有关的、在分析评价时必须加以考虑的成本。例如,差额成本、未来成本、重置成本、机会成本等都属于相关成本。与特定决策无关的、在分析评价时不必加以考虑的成本是非相关成本如沉没成本、过去成本、账面成本等。

考点二 固定资产投资决策方法

1. C 【解析】本题考查投资回收期的计算。投资回收期=3+(50 000-10 000-12 000-16 000)÷20 000=3.6(年)。

【思路点拨】

每年现金净流量不等时,投资回收期=原始投资额与累计回收流量的正值差额(即未回收的投资)由正值变为负值(即多收回的投资)时对应的年数−1+未回收的投资÷正值变为负值当年净现金流量。

2. D 【解析】本题考查投资回报率的计算。设备年折旧额=(50-5)÷5=9(万元),前四年的年现金净流量=(40-15)×(1-25%)+9×25%=21(万元),最后一年的现金净流量=(40-15)×(1-25%)+9×25%+5=26(万元),年均现金净流量=(21×4+26)÷5=22(万元),该项投资的投资回报率=22÷50=44%。

3. B 【解析】本题考查净现值的计算。净现值=280×[(P/A,9%,13)-(P/A,9%,3)]-900=280×(7.486 9-2.531 3)-900=487.57(万元)。

4. C 【解析】本题考查年金净流量的计算。净现值=2 500×1.6-2 500=1 500(万元)。年金净流量=1 500÷(P/A,10%,5)=1 500÷3.790 8=395.69(万元)。

5. B 【解析】本题考查内含报酬率的计算。内含报酬率对应的4年期现值系数=8 000÷3 000=2.666 7。(20%−内含报酬率)÷(20%−17%)=(2.588 7−2.666 7)÷(2.588 7−2.743 2),解得内含报酬率为18.49%。

6. C 【解析】本题考查现值指数的计算。未来现金净流量现值=130×(7.486 9-2.531 3)=644.23(万元),该投资项目的现值指数=644.23÷500=1.29。

7. ACD 【解析】本题考查固定资产投资决策方法。投资回收期和投资回报率都属于非贴现法指标,没有考虑货币时间价值,而净现值、内含报酬率属于贴现法指标,考虑了货币时间价值,投资回收期、投资回报率与净现值以及内含报酬率之间无法直接比较。

8. DE 【解析】本题考查固定资产投资决策方法。选项D，投资回收期属于非贴现法指标，没有考虑时间价值，而净现值属于贴现法指标，考虑了时间价值，所以投资回收期与净现值之间没有对应关系。选项E，净现值、现值指数和内含报酬率的评价结果一定一致。

9. （1）A；（2）B；（3）C；（4）A。

【解析】

（1）本题考查流动资金投资额的计算。投产后第一年流动资金需用额=投资额=30-10=20（万元），投产后第二年流动资金需用额=50-20=30（万元），因此投产后第二年的流动资金投资额=30-20=10（万元）。

（2）本题考查经营期现金流量的计算。每年的折旧额=（520-20）÷5=100（万元），每年的经营期现金流量=（300-300×40%）×（1-25%）+100×25%=160（万元）。

（3）本题考查终结期现金流量的计算。终结期的现金流量=收回的流动资金30+残值收入20=50（万元）。

（4）本题考查净现值的计算。净现值=160×（P/A，10%，5）×（P/F，10%，1）+50×（P/F，10%，6）-[100+（420+20）×（P/F，10%，1）+10×（P/F，10%，2）]=160×3.7908×0.9091+50×0.5645-[100+（420+20）×0.9091+10×0.8264]=71.35（万元）。

10. （1）A；（2）B；（3）C；（4）A。

【解析】

（1）本题考查流动资金投资额的计算。第1年资金需用额=流动资产需用额20-流动负债需用额10=10（万元），第2年流动资金需用额=40-15=25（万元），第2年流动资金投资额=25-10=15（万元）。

（2）本题考查经营期和终结期现金流量的计算。每年计提折旧额=600×（1-5%）÷6=95（万元），第6年经营现金净流量=（300-85）×（1-25%）+95×25%=185（万元），第6年终结期现金净流量=40-（40-600×5%）×25%+（10+15）=62.5（万元），因此，第6年年末现金净流量=185+62.5=247.5（万元）。

（3）本题考查投资回收期的计算。原始投资额=-600-10-15=-625（万元）。

$NCF_{1\sim3}$=（300-85）×（1-25%）+95×25%=185（万元）。

NCF_4=（300-85）×（1-25%）+95×25%-4×（1-25%）=185-3=182（万元）。

NCF_5=（300-85）×（1-25%）+95×25%=185（万元）。

NCF_6为247.5万元。

投资回收期=3+（625-185×3）÷182=3.38（年）。

（4）本题考查净现值的计算。净现值=185×（P/A，8%，6）-3×（P/F，8%，4）+62.5×（P/F，8%，6）-[600+10+15×（P/F，8%，1）]=185×4.623-3×0.735+62.5×0.630-610-15×0.926=268.54（万元）。

考点三 有价证券投资管理

1. B 【解析】本题考查股票的估价模型。股票价值=1.2×（1+3%）÷（8%-3%）=

24.72(元)。

2. B 【解析】本题考查债券的估价模型。贴现债券是指在票面上不规定利率，发行时以低于票面金额的价格发行，到期时仍按面额偿还本金的债券。其价值 = $10\,000 \div (1+10\%)^3 = 7\,513.15$(万元)。

3. A 【解析】本题考查债券的估价模型。距离债券到期还有 3 年的时间，债券价值 = $100 \times 8\% \times (P/A, 10\%, 3) + 100 \times (P/F, 10\%, 3) = 8 \times 2.486\,9 + 100 \times 0.751\,3 = 95.03$(元)。

考点四 公司并购与收缩

1. C 【解析】本题考查并购支付方式。卖方融资方式可以使集团公司获得税收递延支付的好处。

2. ABCE 【解析】本题考查并购支付方式。一些国家规定，如果目标公司接受的是现金价款，必须缴纳所得税，所以，对于巨额的并购交易，现金支付的比率一般都比较低。

3. BCE 【解析】本题考查公司收缩。公司收缩的主要方式有：资产剥离、公司分立、分拆上市。

综合拓展

(1)D；(2)B；(3)B；(4)C。

【解析】

(1)本题考查每股收益无差别点息税前利润的计算。假设每股收益无差别点的息税前利润为 $EBIT$，则：$(EBIT-240) \times (1-25\%) \div (400+100) = (EBIT-240-600 \times 10\%) \times (1-25\%) \div 400$，解得 $EBIT$ 为 540 万元。

(2)本题考查公司债券资本成本的计算。公司债券的资本成本 = $600 \times 10\% \times (1-25\%) \div 600 = 7.5\%$。

(3)本题考查投资回报率的计算。年均现金净流量 = $(180 \times 6 + 60 + 30) \div 6 = 195$(万元)，原始投资额 = $600 + 30 = 630$(万元)，投资回报率 = 年均现金净流量÷原始投资额 = $195 \div 630 \times 100\% = 30.95\%$。

(4)本题考查年金净流量的计算。该项目的净现值 = $-600 - 30 + 180 \times (P/A, 8\%, 6) + (60+30) \times (P/F, 8\%, 6) = -630 + 180 \times 4.622\,9 + 90 \times 0.630\,2 = 258.84$(万元)，年金净流量 = 净现值÷年金现值系数 = $258.84 \div (P/A, 8\%, 6) = 258.84 \div 4.622\,9 = 55.99$(万元)。

亲爱的读者，你已完成本章4个考点的学习，本书知识点的学习进度已达20%。

第五章 营运资金管理

重要程度：次重点章节　分值：5分左右

考试风向

▰▰▰ 考情速递

本章重点内容为 2 种投资策略、3 种融资策略、最佳现金持有量、应收账款成本与信用政策选择、存货的经济订货批量、短期借款实际利率等。常以单选题、多选题的形式考核，需要理解并熟悉。

▰▰▰ 2025 年考试变化

本章内容无实质性变化。

▰▰▰ 脉络梳理

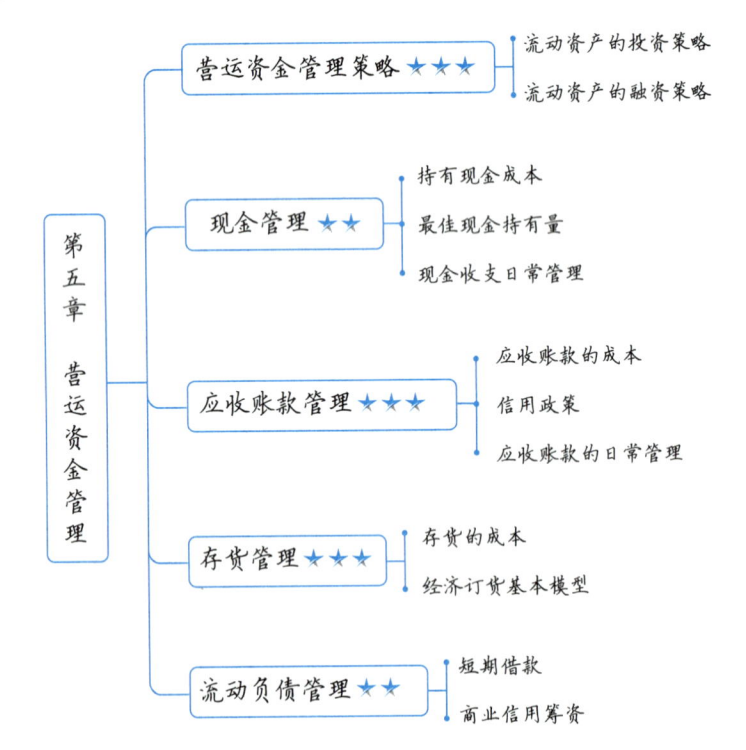

第五章 营运资金管理
- 营运资金管理策略 ★★★
  - 流动资产的投资策略
  - 流动资产的融资策略
- 现金管理 ★★
  - 持有现金成本
  - 最佳现金持有量
  - 现金收支日常管理
- 应收账款管理 ★★★
  - 应收账款的成本
  - 信用政策
  - 应收账款的日常管理
- 存货管理 ★★★
  - 存货的成本
  - 经济订货基本模型
- 流动负债管理 ★★
  - 短期借款
  - 商业信用筹资

考点详解及精选例题

考点一 营运资金管理策略 ★★★ 一学多考|中注

> **得分高手**
>
> 2025年考核概率较高,应重点掌握。

(一)流动资产的投资策略(2022年单选)

两种流动资产投资策略的比较,见表5-1。

表5-1 两种流动资产投资策略的比较

策略类型	资产水平	成本风险
宽松的流动资产投资策略	维持**高水平**的流动资产与销售收入的比率	持有成本高、降低收益、减少短缺成本、财务与经营风险低
紧缩的流动资产投资策略	维持**低水平**的流动资产与销售收入的比率	持有成本低、提高收益、增加短缺成本、风险高

记忆密码:资产多、成本高、利润低、风险低。

提示
(1)制定流动资产投资策略时,需要权衡资产的**收益性与风险性**。
(2)**最优**流动资产投资应是使流动资产的**持有成本与短缺成本之和最低**。

【例题1·单选题】 下列关于流动资产投资策略的表述中,错误的是( )。
A. 采用紧缩的流动资产投资策略,可以节约流动资产的持有成本
B. 在紧缩的流动资产投资策略下,流动资产与销售收入比率较低
C. 在宽松的流动资产投资策略下,企业的财务和经营风险较小
D. 制定流动资产投资策略时,不需要权衡资产的收益性和风险性

解析 选项D,制定流动资产投资策略时,需要权衡资产的收益性与风险性。

(二)流动资产的融资策略(2020—2021年单选;2022年多选)

1. 流动资产与流动负债的分类
流动资产与流动负债的分类,见表5-2。

答案
例题1 | D

表 5-2　流动资产与流动负债的分类

类型		内容
流动资产	永久性流动资产	满足企业长期最低需求的流动资产、占用量相对稳定（即长期占用的资产）
	波动性流动资产	季节性、临时性原因形成的流动资产（即短期占用的资产）
流动负债	自发性负债（经营性）	持续经营中产生的负债，如应付账款（即长期使用的资金来源）
	临时性负债（筹资性）	为满足临时性流动资金需要产生的负债，如短期借款（即短期使用的资金来源）

【知识点拨】

（1）长期资金占用＝非流动资产＋永久性流动资产
（2）长期资金来源＝权益资本＋长期负债＋自发性负债

2. 流动资产融资策略的类型

流动资产的融资策略，见表5-3。

表 5-3　流动资产的融资策略

类型划分	非流动资产	永久性流动资产	波动性流动资产
期限匹配融资策略	长期来源		短期来源
保守融资策略	长期来源		短期来源
激进融资策略	长期来源		短期来源

流动资产融资策略分析，见表5-4。

表 5-4　流动资产融资策略分析

融资策略	资金来源	特点
期限匹配	永久性流动资产和非流动资产以长期融资融通。波动性流动资产用短期来源融通	资金来源的有效期与资产的有效期的匹配，只是一种战略性的观念匹配，而不要求实际金额完全匹配
保守	长期融资支持非流动资产、永久性流动资产和部分波动性流动资产。短期融资仅用于融通剩余的波动性流动资产	保守策略通常最小限度地使用短期融资，融资风险较低。由于长期负债成本高于短期负债成本，就会导致融资成本较高、收益较低
激进	长期融资支持非流动资产和部分永久性流动资产。短期融资支持剩下的永久性流动资产和所有的波动性流动资产	这种策略观念下，通常使用更多的短期融资。过多地使用短期融资会导致较低的流动比率和较高的流动性风险。短期融资方式通常比长期融资方式具有更低的成本

【例题2·单选题】(2021年)甲公司为一家饮料生产企业，淡季需占用货币资金为200万元，应收账款为100万元，存货为700万元，同时还需占用1 200万元固定资产，假设无其他资产。旺季需额外增加季节性存货200万元。长期负债和股东权益始终保持在1 800万元，其余通过短期借款筹集资金。不考虑其他因素，则甲公司采取的流动资产的融资策略是(　　)。

A. 期限匹配融资策略　　B. 保守融资策略
C. 温和融资策略　　　　D. 激进融资策略

解析 甲公司的非流动资产和永久性流动资产的合计数=1 200+200+100+700=2 200(万元)，大于长期负债和股东权益的筹资额1 800万元，说明甲公司长期来源的资金不足，使用更多短期融资，属于激进融资策略。

【例题3·多选题】(2022年)下列关于流动资产融资策略的表述中，正确的有(　　)。

A. 采用激进融资策略，往往会导致较高的流动性风险
B. 采用期限匹配融资策略，可以做到资金来源的有效期与资产有效期在实际金额上的完全匹配
C. 采用保守融资策略，往往会导致企业的融资成本较高
D. 在保守融资策略中，企业仅对一部分永久性流动资产使用长期融资方式融资
E. 在激进融资策略中，企业通常使用更多的短期融资

解析 选项B，采用期限匹配融资策略，资金来源的有效期与资产的有效期的匹配，只是一种战略性的观念匹配，而不要求实际金额完全匹配。选项D，在保守融资策略中，企业对非流动资产、所有的永久性流动资产和部分波动性流动资产使用长期融资方式融资。

考点二　现金管理 ★★　　一学多考｜中注

(一)持有现金成本

持有现金总成本=机会成本+转换成本=$Q\div 2\times R+T\div Q\times F$=$Q\div 2\times$持有现金的机会成本率+全年现金需求总量$\div Q\times$每次转换成本

提示

(1)机会成本与现金持有量成正比。
(2)转换成本与转换次数成正比、与现金的持有量成反比。

【例题4·单选题】假设某企业2025年需要现金84 000 000元，已知持有现金的机会成本率为7%，将有价证券转换为现金的转换成本为150元，利用存货模式计算的最佳现金持有量为600 000元，则持有现金总成本为(　　)元。

答案
例题2｜D
例题3｜ACE

A. 21 000　　　　B. 42 000　　　　C. 84 000　　　　D. 84 000 000

解析 总成本 = 600 000 ÷ 2 × 7% + 84 000 000 ÷ 600 000 × 150 = 21 000 + 21 000 = 42 000(元)。

【例题 5 · 多选题】 企业在利用存货模式计算持有现金总成本时，应考虑( )。

A. 持有现金的机会成本　　　　B. 全年现金需求总量

C. 现金持有量　　　　　　　　D. 一次转换成本

E. 现金周转期

解析 持有现金总成本 = 机会成本 + 转换成本 = 现金持有量 ÷ 2 × 持有现金的机会成本率 + 全年现金需求总量 ÷ 现金持有量 × 每次转换成本。

(二) 最佳现金持有量

最佳现金持有量是使持有现金<u>总成本最低</u>的现金持有量。

最佳现金持有量 $Q = \sqrt{\dfrac{2 \times 年现金需求量 \times 每次转换成本}{持有现金的机会成本率}}$

记忆密码
口诀：全年需要 2 次转换、1 次持有。

【例题 6 · 单选题】 (2024 年) 甲公司采用存货模式计算最佳现金持有量，假设全年总需求量不变的情况下，将有价证券转换为现金的交易费用由每次 200 元降至 100 元，持有现金机会成本率由 5% 提高至 10%，全年按 360 天计算，则最佳现金持有量的变化情况是( )。

A. 提高 100%　　　　　　　　B. 提高 50%

C. 保持不变　　　　　　　　　D. 降低 50%

解析 $\dfrac{修改后的最佳现金持有量}{原来的最佳现金持有量} = \dfrac{\sqrt{2 \times 全年现金需求总量 \times 100 \div 10\%}}{\sqrt{2 \times 全年现金需求总量 \times 200 \div 5\%}} = \sqrt{\dfrac{1}{4}} = 0.5$，因此最佳现金持有量降低 50%。

(三) 现金收支日常管理 (2020 年单选)

1. 持有现金的动机

(1) 交易性动机。企业持有现金是为了满足日常生产经营的需要。如企业在生产经营过程中需要购买原材料，支付各种成本费用而持有一定数量的现金。

(2) 预防性动机。企业在现金管理时，要考虑到可能出现的意外情况，应准备一定的预防性现金。确定预防性现金数额时需考虑因素：①企业愿冒现金短缺风险的程度；②企业预测现金收支可靠的程度；③企业临时融资的能力。

(3) 投机性动机。企业进行投机性的资本运作通常都是临时性的。其持有量的大小往往与金融市场的投资机会和企业管理层的风险偏好有关。

答案
例题 4 | B
例题 5 | ABCD
例题 6 | D

2. 现金周转期

现金周转期示意图，见图 5-1。

```
1.10取得          1.15付款              1.20销售              1.30收款
    |                |                    |                    |
    |                |    存货周转期10    |   应收账款周转期10  |
    |  应付账款周转期5 |           现金周转期15                   |
```

图 5-1 现金周转期示意图

现金周转期 = 存货周转期 + 应收账款周转期 - 应付账款周转期

减少现金周转期方法：**减少**存货周转期（加快制造产品、加快销售产品）、**减少**应收账款周转期（加速应收账款回收）、**延长**应付账款周转期（减缓支付应付账款）。

3. 收付款管理

（1）管理目标。

现金是获利能力最弱的一项资产，过多地持有现金会降低资产的获利能力。其管理目标为：①在满足需要的基础上尽量减少现金的持有量；②加快现金的周转速度。

（2）收款管理。

收款管理主要包括：①降低收款成本，如银行手续费；②缩短收款浮动期（从支付开始到收回货款的时间间隔、包括邮寄、处理、结算浮动期）。

（3）付款管理。

现金支出管理的主要任务是尽可能延缓现金的支出时间。付款管理主要包括：①使用现金浮游量；②推迟应付款的支付；③改进员工工资支付模式；④争取现金流出与现金流入同步；⑤使用零余额账户。

【例题 7·单选题】（2020 年）甲公司 2019 年度存货周转期为 85 天，应收账款周转期为 65 天，应付账款周转期为 80 天，则甲公司 2019 年度的现金周转期为（　　）天。

A. 45　　　　B. 70　　　　C. 50　　　　D. 65

解析 现金周转期 = 存货周转期 + 应收账款周转期 - 应付账款周转期 = 85 + 65 - 80 = 70（天）。

> **得分高手**
>
> 现金收支的日常管理属于非高频考点，但 2025 年有可能考核。

答案
例题 7 | B

考点三 应收账款管理 ★★★ 一学多考|中注

(一) 应收账款的成本(2020年、2022年单选)

应收账款的成本类型及公式,见表5-5。

表5-5 应收账款的成本类型及公式

成本类型	公式
管理成本	赊销额×管理成本率
收账成本	赊销额×收账成本率
坏账成本	赊销额×预计坏账损失率
机会成本	因投放于应收账款而放弃其他投资所带来的收益 应收账款占用资金的应计利息(即机会成本) = 应收账款占用资金×资本成本 = 应收账款平均余额×变动成本率×资本成本 = 日销售额×平均收现期×变动成本率×资本成本 **提示** 平均收现期指的是应收账款的平均收账天数

【例题8·单选题】(2020年)甲公司2019年度实现销售收入7 200万元,变动成本率为60%。确定的信用条件为"2/10,1/20,$n/30$",其中有70%的客户选择10天付款,20%的客户选择20天付款,10%的客户选择30天付款。假设甲公司资金的资本成本率为10%,全年按360天计算,则2019年甲公司应收账款的机会成本为(   )万元。

A. 16.8   B. 18   C. 26.8   D. 28

解析 应收账款的平均收现期=70%×10+20%×20+10%×30=14(天),应收账款的机会成本=7 200÷360×14×60%×10%=16.8(万元)。

(二) 信用政策(2021年单选)

1. 信用政策构成

信用政策构成,见表5-6。

表5-6 信用政策构成

项目	内容
信用标准	衡量客户是否有资格享受商业信用所具备的基本条件。 5C评价:品质(顾客信誉)、能力(偿债能力)、资本(财务状况)、抵押(能用作抵押的资产)、条件(影响顾客付款能力的经济环境)
信用条件	鼓励客户尽快付款而给客户提出的付款要求。信用条件包括信用期间、折扣期间、现金折扣,如"1/10,$n/30$"

答案
例题8 | A

(续表)

项目	内容
收账政策	积极型：加大收账成本、加快周转速度、减少坏账损失。 消极型：减少收账成本、减缓周转速度、加大坏账损失

【例题9·多选题】 下列各项中，属于企业信用政策组成内容的有(　　)。

A．信用条件　　　　　　　B．销售政策
C．收账政策　　　　　　　D．周转信用协议
E．最佳现金余额

解析 企业的信用政策包括信用标准、信用条件和收账政策。

2．信用政策的决策

(1)计算原政策的销售利润。

(2)计算新政策发生信用成本后销售利润。

【例题10·单选题】 甲公司2020年度产品销售量为100万台，每台单价8 000元，销售利润率(销售利润÷销售收入)为20%，变动成本率为10%。为扩大销售，2021年度甲公司实行新的信用政策，信用条件为"2/20，n/60"，预计销售量可增加50万台。根据测算，有20%的销售额将享受现金折扣，其余享受商业信用。商业信用管理成本、坏账损失和收账成本分别占赊销收入的2%、8%和7%。如果2021年度销售利润率保持不变，资金的机会成本率为8%，一年按360天计算，则甲公司2021年度可实现利润总额为(　　)万元。

A．16 505　　B．16 980　　C．17 333　　D．29 813.33

解析 计算利润总额时，不仅需要减去应收账款成本，还需减去现金折扣冲减的收入，现金折扣金额=赊销额×现金折扣率。

2021年应收账款(即销售收入)的金额=(100+50)×8 000=1 200 000(万元)，应收账款的机会成本=1 200 000÷360×(20%×20+80%×60)×10%×8%=1 386.67(万元)。利润总额=1 200 000×20%-1 200 000×(2%+8%+7%)-1 386.67-1 200 000×20%×2%=29 813.33(万元)。

(三)应收账款的日常管理

1．应收账款追踪分析

应收账款实施追踪分析的重点是赊销商品的销售与变现能力。

2．应收账款账龄分析

账龄越长，收账的难度及发生坏账损失的可能性越大。应收账款账龄分析主要是考查研究应收账款的账龄结构(各账龄应收账款的余额占应收账款总计余额的比重)。

3．建立应收账款坏账准备制度

对坏账损失的可能性预先估计，并建立弥补坏账损失的准备制度。

答案
例题9 | AC
例题10 | D

4. 应收账款保理

(1)减轻企业应收账款的管理负担、减少坏账损失、降低经营风险。

(2)改善企业的财务结构(出售：增强资产的流动性，提高债务清偿能力)。

(3)融资功能(实质抵押：未到期应收款向银行融资)。

可见，保理是一项综合性的金融服务方式，其同单纯的融资或收账管理有本质区别。

考点四 存货管理 ★★★   一学多考|中注

(一)存货的成本

存货的成本构成，见表5-7。

表5-7 存货的成本构成

项目		内容
取得成本	购置成本	=年需要量×单价
	订货成本	=订货固定成本+每次订货变动成本×(年需要量÷每次进货量Q)
储存成本		=固定储存成本+单位变动储存成本×($Q÷2$)
缺货成本		停工损失、拖欠发货损失、丧失销售机会的损失等

(二)经济订货基本模型(2022年、2023年单选)

经济订货批量=$(2×存货年需求总量×每次订货变动成本÷单位变动储存成本)^{1/2}$

经济订货批量总成本=$(2×存货年需求总量×每次订货变动成本×单位变动储存成本)^{1/2}$

【例题11·单选题】(2023年)甲公司某零件年需要量为16 000件，每次订货变动成本为30元，订货固定成本为2 000元，单位变动储存成本为6元。甲公司按经济订货批量进货，则下列表述中错误的是(　　)。

A. 相关总成本为2 400元　　B. 年订货变动成本为3 200元
C. 经济订货批量为400件　　D. 年变动储存成本为1 200元

解析　经济订货批量=$(2×16\,000×30÷6)^{1/2}=400$(件)。相关总成本=$(2×16\,000×30×6)^{1/2}=2\,400$(元)。年订货变动成本=$30×16\,000÷400=1\,200$(元)，年订货成本=$2\,000+1\,200=3\,200$(元)。年变动储存成本=$6×400÷2=1\,200$(元)。

【例题12·多选题】在建立经济订货批量模型时，下列成本因素中没有

答案
例题11 | B

考虑在内的有( )。

A. 购置成本　　　　　　B. 固定储存成本
C. 订货变动成本　　　　D. 转换成本
E. 单位变动储存成本

解析 经济订货批量=(2×存货年需求总量×每次订货变动成本÷单位变动储存成本)$^{1/2}$，由此可知应当考虑的成本因素为订货变动成本和单位变动储存成本。

考点五　流动负债管理★★　　一学多考|中注

(一)短期借款(2021年、2023年单选；2020年、2024年多选)

1. 短期借款的信用条件

(1)信用额度。

金融机构对借款企业提供的无抵押、无担保借款的最高限额。借款方在信用额度内可随时使用借款，但金融机构并不承担必须提供全部信用额度的义务。

(2)周转信用协议。

在协议有效期内，只要企业的借款总额未超过协议规定的最高限额，金融机构必须满足企业任何时候提出的借款要求，而借款企业则必须按借款限额未使用部分的一定比例向金融机构支付承诺费。

承诺费=(周转信贷额度−实际借款)×承诺费率

实际利率=(实际借款利息+承诺费)÷实际借款金额

(3)补偿性余额。

金融机构要求借款企业按实际借款的一定比例(通常为10%~20%)计算的保留在其存款账户上的存款余额。对借款企业而言，补偿性余额提高了借款的实际利率。

实际利率=(名义借款金额×名义利率)÷[名义借款金额×(1−补偿性余额比例)]

(4)偿还条件。

企业不希望采用定期等额偿还方式，这会提高借款的实际年利率。银行不希望采用到期一次偿还方式，这会加重企业的财务负担，增加企业的拒付风险，同时会降低实际贷款利率。

【例题13·单选题】(2021年)甲公司与乙银行签订一份周转信用协议，协议约定：2021年度信贷最高限额为800万元，借款利率为6%，承诺费率为0.5%。同时乙银行要求保留15%的补偿性余额。甲公司2021年度实际借款500万元，则该笔借款的实际利率为( )。

答案
例题12 | ABD

A. 7.41%　　　　　　　　B. 7.06%

C. 6.2%　　　　　　　　D. 6.3%

解析 支付的承诺费=(800-500)×0.5%=1.5(万元),公司可动用的借款额=500-500×15%=425(万元),借款实际利率=(1.5+500×6%)÷425=7.41%。

【例题14·单选题】(2023年)甲公司与乙银行签订一份周转信用协议,协议约定:2022年度信贷最高限额为800万元,借款利率为6%,承诺费率为0.5%。同时乙银行要求保留15%的补偿性余额。若甲公司2022年度实际可以动用的借款为510万元,则该笔借款的实际利率为( )。

A. 6.23%　　　　　　　　B. 7.39%

C. 6.16%　　　　　　　　D. 7.25%

解析 甲公司实际取得的借款=510÷(1-15%)=600(万元),向乙银行支付的承诺费=(800-600)×0.5%=1(万元),因此该笔借款的实际利率=(1+600×6%)÷510=7.25%。

2. 短期借款的成本

短期借款成本包括利息和手续费等,成本的高低主要取决于借款利率的高低和利息的支付方式。

短期借款利息的支付方式及实际利率,见表5-8。

表5-8 短期借款利息的支付方式及实际利率

利息支付方式		实际利率
收款法	在借款到期时向银行支付利息的方法	实际利率等于名义利率
贴现法	银行向企业发放贷款时,先从本金中扣除利息部分,到期时借款企业偿还全部贷款本金的一种利息支付方法。 实际利率=名义利率÷(1-名义利率)	实际利率高于名义利率
加息法	银行发放分期等额偿还贷款时采用的利息收取方法。由于贷款本金分期均衡偿还,借款企业实际只平均使用了贷款本金的一半,却支付了全额利息。 实际利率=2×名义利率	实际利率高于名义利率大约1倍

【例题15·单选题】甲企业从银行取得借款400万元,期限为1年,利率为6%。按贴现法付息,甲企业借款的实际利率为( )。

A. 5.66%　　　　　　　　B. 6%

C. 6.38%　　　　　　　　D. 12%

解析 借款实际利率=(400×6%)÷[400×(1-6%)]=6.38%。或者:借款实际利率=6%÷(1-6%)=6.38%。

答案

例题13 | A

例题14 | D

例题15 | C

（二）商业信用筹资

1. 商业信用的形式（2021年多选）

包括：应付账款、应付票据、预收货款、应计未付款（应付职工薪酬、应交税费、应付股利）等。

2. 放弃现金折扣的信用成本率

放弃现金折扣的信用成本率＝[折扣率÷(1－折扣率)]×[360÷(付款期－折扣期)]

（1）放弃现金折扣的信用成本率与折扣百分比大小、折扣期长短和付款期长短有关系，与货款金额和折扣金额没有关系。

（2）如果企业将应付账款额用于短期投资，所获得的投资报酬率高于放弃现金折扣的信用成本率，则应当放弃现金折扣。

【例题16·单选题】某企业按"2/10，n/30"的付款条件购入货物100万元。如果企业在10天以后付款，放弃现金折扣的信用成本率为(   )。

A. 2%　　　　　　　　　　B. 36.73%
C. 36%　　　　　　　　　 D. 2.04%

解析 ↘ 放弃现金折扣的信用成本率＝2%÷(1－2%)÷(30－10)×360＝36.73%。

答案 ↘
例题 16｜B

同步训练

考点一 营运资金管理策略

1. （单选题）关于宽松的流动资产投资策略，下列说法中错误的是(   )。
   A. 企业维持较高的流动资产与销售收入比率
   B. 资金成本较高
   C. 投资收益率较高
   D. 财务与经营风险较小

2. （单选题·2020年）下列各项中，属于流动资产保守融资策略特点的是(   )。
   A. 最大限度地使用短期融资
   B. 短期融资支持部分永久性流动资产和所有的波动性流动资产
   C. 长期融资支持非流动资产、永久性流动资产和部分波动性流动资产
   D. 长期融资仅支持所有的非流动资产和一部分永久性流动资产

3. （多选题）下列关于流动资产融资策略的表述中，正确的有(   )。
   A. 在期限匹配融资策略中，永久性流动资产和非流动资产以长期融资融通
   B. 保守融资策略通常最小限度的使用短期融资，融资风险和收益最低

C. 激进融资策略中，流动资产用短期来源融通

D. 期限匹配融资策略，可以做到资金来源的有效期与资产有效期在实际金额上的完全匹配

E. 融资决策主要取决于管理者的风险导向

4.（多选题）企业在制定流动资产融资策略时，下列各项中，被视为长期资金来源的有（　　）。

A. 自发性流动负债　　　　　　B. 股东权益资本

C. 长期负债　　　　　　　　　D. 临时性流动负债

E. 筹资性流动负债

考点二　现金管理

1.（单选题）企业在利用存货模式计算持有现金总成本时，下列表述中正确的是（　　）。

A. 机会成本是由于持有现金损失了其他投资机会而发生损失，它与现金持有量成反比

B. 转换成本是将有价证券转换成现金发生的手续费等开支，它与现金持有量成正比，与转换次数成反比

C. 持有现金总成本包括机会成本和短缺成本

D. 最佳现金持有量是使持有现金总成本最低的现金持有量

2.（单选题）乙公司2021年度存货周转期为45天，应收账款周转期为60天，应付账款周转期为40天，则乙公司2021年度现金周转期为（　　）天。

A. 45　　　　B. 50　　　　C. 60　　　　D. 65

3.（单选题）某公司现金收支平稳，预计全年（按360天计算）现金需要量为250 000元，有价证券转换成现金的成本为每次500元，持有现金的机会成本率为10%。采用存货模式确定最佳现金持有量，则该公司的最佳现金持有量为（　　）元。

A. 10 000　　B. 25 000　　C. 50 000　　D. 100 000

4.（多选题）下列各项措施中，能够缩短现金周转期的有（　　）。

A. 加快制造和销售产成品　　　B. 延迟支付货款

C. 加速应收账款的回收　　　　D. 延缓产品的生产和销售

E. 延迟应收账款的回收

考点三　应收账款管理

1.（单选题）甲公司2025年度销售收入900万元，确定的信用条件为"2/10，1/20，n/30"，其中占销售收入50%的客户选择10天内付款，40%的客户选择10天后20天内付款，10%的客户选择20天后30天内付款。假设甲公司的变动成本率为60%，资本成本率为10%，全年天数按360天计算，则甲公司2025年应收账款的机会成本为（　　）万元。

A. 2.4　　　　B. 3.2　　　　C. 3.4　　　　D. 4.2

2.（单选题·2024年）甲公司本年度的赊销收入为1 080万元，平均收现期为50天，坏账损失率为赊销额的10%，年收账成本为10万元，变动成本率为50%，资金的

机会成本率为6%。甲公司预测下一年度通过加大催收账款力度，可以使平均收现期降至40天，坏账损失率降至赊销额的8%。假定全年按360天计算，在其他条件不变的情况下，为使应收总成本降低，则甲公司下一年度新增的收账成本应低于（　　）万元。

A．7.3　　　　　B．22.5　　　　　C．32.5　　　　　D．26.6

3．(单选题)某公司2023年的信用条件为"$n/30$"，平均收现期为30天，销售收入为3500万元，变动成本率为60%，资金的机会成本率为10%。在其他条件不变的情况下，为使2024年销售收入比上年增加10%，拟将信用条件改变为"2/10，1/20，$n/30$"，预计有60%的客户会在10天内付款，30%的客户会在20天内付款，其余10%的客户在信用期付款。假设一年按360天计算，该公司2024年因信用政策改变使应收账款的机会成本比上一年减少（　　）万元。[计算结果保留两位小数]

A．7.87　　　　　B．8.75　　　　　C．13.13　　　　　D．14.58

4．(单选题)"5C"系统作为衡量客户信用标准的重要方法，其中"能力"指标指客户的（　　）。

A．盈利能力　　　B．偿债能力　　　C．管理能力　　　D．营运能力

5．(多选题)下列各项中，属于企业信用条件组成内容的有（　　）。

A．折扣期间　　　　　　　　　　B．顾客信誉
C．现金折扣　　　　　　　　　　D．偿债能力
E．信用期间

6．(多选题)下列关于应收账款机会成本的计算公式中，正确的有（　　）。

A．应收账款占用资金＝应收账款平均余额×变动成本率
B．应收账款平均余额＝全年销售额÷360×平均收现期
C．应收账款机会成本＝应收账款占用资金×变动成本率×资本成本
D．应收账款占用资金的应计利息＝应收账款平均余额×资本成本
E．应收账款机会成本＝日销售额×平均收现期×变动成本率×资本成本

7．(计算题)甲公司生产某种产品，该产品单位售价160元，单位变动成本120元，销售利润率（税前利润÷销售收入）为25%，2021年度销售360万件。甲公司2021年度采用"$n/30$"的信用政策，其平均收现期为50天，40%的销售额在信用期内未付款，逾期应收账款的坏账损失占逾期账款金额的4.5%，收账费用占逾期账款金额的3%。

2022年为扩大销售量、缩短平均收现期，甲公司拟实行"5/10、2/30、$n/50$"新的信用政策。采用该政策后，经测算：产品销售量将增加15%，占销售额40%的客户会在10天内付款、占销售额30%的客户会在30天内付款、占销售额20%的客户会在50天内付款、剩余10%客户的平均收现期为80天，逾期应收账款的收回需支出的收账费用及坏账损失占逾期账款金额的10%。假设资金的机会成本率为8%，一年按360天计算，其他条件不变。

根据上述资料，回答下列问题。

(1)在新的信用政策下，甲公司应收账款平均收现期为（　　）天。

A. 23　　　　　　B. 26　　　　　　C. 30　　　　　　D. 31

(2)在新的信用政策下,甲公司应收账款机会成本为(　　)万元。

A. 382.72　　　　B. 396.8　　　　C. 342.24　　　　D. 588.8

(3)在新的信用政策下,甲公司现金折扣成本为(　　)万元。

A. 1 324.8　　　　B. 1 497.5　　　　C. 1 684.48　　　　D. 1 722.24

(4)不考虑其他因素,甲公司实行新的信用政策能增加利润总额为(　　)万元。

A. 1 588.68　　　　B. 1 687.04　　　　C. 1 641.12　　　　D. 16 560

考点四　存货管理

1. (单选题·2022年)甲公司对某零件的年需要量为15 000件,每次订货变动成本为12元,单位变动储存成本为1元,按照经济订货基本模型,下列指标计算正确的是(　　)。

   A. 年订货次数为25次　　　　　　B. 变动订货成本为216元
   C. 存货的相关总成本为212元　　　D. 经济订货批量为424件

2. (多选题)根据存货经济订货基本模型,下列各项中,会导致存货经济订货批量增加的情况有(　　)。

   A. 单位变动储存成本增加　　　　B. 订货固定成本增加
   C. 存货年需求量增加　　　　　　D. 单位订货变动成本增加
   E. 缺货成本增加

考点五　流动负债管理

1. (单选题)某公司按照"2/20,n/60"的条件从另一公司购入价值1 000万元的货物,由于资金调度的限制,该公司放弃了获取2%现金折扣的机会,公司为此承担的放弃现金折扣的信用成本率为(　　)。

   A. 2%　　　　　　B. 12%　　　　　　C. 12.24%　　　　　　D. 18.37%

2. (多选题)商业信用作为企业短期筹资的方式,具体表现形式包括(　　)。

   A. 应付股利　　　　　　　　　　B. 含信用条件的应收账款
   C. 应付职工薪酬　　　　　　　　D. 商业承兑汇票
   E. 短期借款

3. (多选题)下列有关短期借款的信用条件和利率中,会使短期借款名义利率低于实际利率的有(　　)。

   A. 周转信用协议　　　　　　　　B. 补偿性余额
   C. 信用额度　　　　　　　　　　D. 贴现利率
   E. 加息法利率

4. (多选题·2024年)下列关于甲公司短期借款信用条件及成本的表述中,正确的有(　　)。

   A. 向银行短期借款200万元,名义利率为5%,期限为一年,若采用贴现法支付利息,则该借款的实际利率为5.26%
   B. 向银行短期借款200万元,名义利率为5%,若采用收款法支付利息,则该借款的实际利率为5.12%

C. 向银行短期借款200万元，名义利率为5%，若分12个月等额偿还本息，则该借款的实际利率为7.5%

D. 向银行短期借款200万元，名义利率为5%，若银行要求保留5%的补偿性余额，则该借款的实际利率为5.26%

E. 与银行签订的周转信贷额度为8 000万元，若年度内实际使用5 000万元，承诺费率0.5%，则甲公司应向银行支付承诺费15万元

参考答案及解析

考点一　营运资金管理策略

1. C　【解析】本题考查流动资产的投资策略。在宽松的流动资产投资策略下，企业通常会维持高水平的流动资产与销售收入比率，在这种策略下，由于较高的流动性，企业的财务与经营风险较小，但是，过多的流动资产投资，无疑会承担较大的流动资产持有成本，提高企业的资金成本，降低企业的收益水平。

2. C　【解析】本题考查流动资产的融资策略。在保守融资策略中，长期融资支持非流动资产、永久性流动资产和部分波动性流动资产。企业通常以长期融资为波动性流动资产的平均水平融资，短期融资仅用于融通剩余的波动性流动资产，融资风险较低。这种策略通常最小限度地使用短期融资。选项A、B、D，是激进融资策略的特点。

3. ABE　【解析】本题考查流动资产的融资策略。选项C，在激进融资策略中，一部分永久性流动资产使用长期融资方式融资，短期融资方式支持剩下的永久性流动资产和所有的波动性流动资产。选项D，采用期限匹配融资策略，资金来源的有效期与资产的有效期的匹配，只是一种战略性的观念匹配，而不要求实际金额完全匹配。

4. ABC　【解析】本题考查流动资产的融资策略。在流动资产融资策略中，长期资金来源包括长期负债、自发性流动负债和股东权益资本。

考点二　现金管理

1. D　【解析】本题考查最佳现金持有量。选项A，机会成本与现金持有量成正比。选项B，转换成本与现金持有量成反比，与转换次数成正比。选项C，持有现金总成本=机会成本+转换成本。

2. D　【解析】本题考查现金周转期的计算。现金周转期=存货周转期+应收账款周转期-应付账款周转期=45+60-40=65（天）。

3. C　【解析】本题考查最佳现金持有量的计算。最佳现金持有量=$(2\times 250\,000\times 500\div 10\%)^{1/2}$=50 000（元）。

4. ABC　【解析】本题考查现金收支日常管理。缩短现金周转期，可以从以下方面着手：加快制造与销售产成品来缩短存货周转期，加速应收账款的回收来缩短应收账款周转期，减缓支付应付账款来延长应付账款周转期。

考点三 应收账款管理

1. A 【解析】本题考查应收账款机会成本的计算。应收账款的平均收现期=50%×10+40%×20+10%×30=16(天)，应收账款的机会成本=900÷360×16×60%×10%=2.4(万元)。

2. B 【解析】本题考查应收账款成本的计算。本年度，应收账款的机会成本=1 080÷360×50×50%×6%=4.5(万元)，坏账成本=1 080×10%=108(万元)，总成本=4.5+108+10=122.5(万元)。下年度，应收账款的机会成本=1 080÷360×40×50%×6%=3.6(万元)，坏账成本=1 080×8%=86.4(万元)，总成本=3.6+86.4+(10+新增年收账成本)，其小于122.5万元。因此下一年度新增年收账成本应低于22.5万元。

3. A 【解析】本题考查应收账款机会成本的计算。2023年应收账款的机会成本=3 500÷360×30×60%×10%=17.5(万元)，2024年应收账款的机会成本=3 500×(1+10%)÷360×(60%×10+30%×20+10%×30)×60%×10%=9.63(万元)，2024年因信用政策改变使应收账款的机会成本比上一年减少=17.5-9.63=7.87(万元)。

4. B 【解析】本题考查信用标准。能力指顾客的偿债能力，即其流动资产的数量和质量以及与流动负债的比例。

5. ACE 【解析】本题考查信用条件。信用条件是企业为了鼓励客户尽快付款而给客户提出的付款要求，包括信用期间、现金折扣和折扣期间。

6. ABE 【解析】本题考查应收账款机会成本的计算公式。应收账款占用资金的应计利息(即机会成本)=应收账款占用资金×资本成本=应收账款平均余额×变动成本率×资本成本。

7. (1)D；(2)C；(3)D；(4)C。

【解析】

(1)本题考查应收账款的平均收现期。在新的信用政策下，应收账款平均收现期=10×40%+30×30%+50×20%+80×10%=31(天)。

(2)本题考查应收账款的机会成本。在新的信用政策下，应收账款占用资金=160×360×(1+15%)÷360×31×(120÷160)=4 278(万元)，应收账款机会成本=4 278×8%=342.24(万元)。

(3)本题考查信用政策决策。在新的信用政策下，应收账款现金折扣金额=160×360×(1+15%)×40%×5%+160×360×(1+15%)×30%×2%=1 722.24(万元)。

(4)本题考查信用政策决策。采用旧信用政策：

变动成本率=120÷160×100%=75%；

收账费用=160×360×40%×3%=691.2(万元)；

坏账损失=160×360×40%×4.5%=1 036.8(万元)；

机会成本=160×360÷360×50×75%×8%=480(万元)；

利润总额=160×360×25%-480-1 036.8-691.2=12 192(万元)。

采用新信用政策：

坏账损失、收账费用 = 160×360×(1+15%)×10%×10% = 662.4(万元);

利润总额 = 160×360×(1+15%)×25%-机会成本 342.24-现金折扣额 1 722.24-坏账损失和收账费用 662.4 = 13 833.12(万元);

能增加的利润总额 = 13 833.12-12 192 = 1 641.12(万元)。

考点四 存货管理

1. A 【解析】本题考查存货的经济订货基本模型。选项 A、D,经济订货批量 = (2×15 000×12÷1)$^{1/2}$ = 600(件),年订货次数 = 15 000÷600 = 25(次)。选项 B,变动订货成本 = 12×25 = 300(元)。选项 C,存货的相关总成本 = (2×15 000×12×1)$^{1/2}$ = 600(元)。

2. CD 【解析】本题考查存货的经济订货基本模型。经济订货批量 = (2×年需求量×单位订货变动成本÷单位变动储存成本)$^{1/2}$。选项 A,单位变动储存成本增加导致经济订货批量减少。选项 B、E,订货固定成本、缺货成本不影响经济订货批量。

考点五 流动负债管理

1. D 【解析】本题考查放弃现金折扣信用成本率的计算。放弃现金折扣的信用成本率 = 2%÷(1-2%)×360÷(60-20)×100% = 18.37%。

2. ACD 【解析】本题考查商业信用的形式。商业信用的形式有应付账款、应付票据(商业承兑汇票和银行承兑汇票)、预收货款与应计未付款(应付职工薪酬、应交税费、应付利润或应付股利等)。

3. ABDE 【解析】本题考查短期借款的信用条件。选项 A,借款企业若未使用借款,未使用部分需向金融机构支付承诺费,借款企业的负担加重,故实际利率高于名义利率。选项 B,补偿性余额使得实际可使用资金小于名义借款额,会导致实际利率高于名义利率。选项 C,信用额度是指金融机构对借款企业规定的无抵押、无担保借款的最高限额,并不导致名义利率低于实际利率。选项 D,道理同选项 B。选项 E,由于借款分期等额偿还,企业实际上只使用了借款的一部分,但要支付全部金额的利息,故企业负担的实际利率要高于名义利率。

4. ADE 【解析】本题考查短期借款的信用条件和成本。选项 A,借款的实际利率 = 5%÷(1-5%) = 5.26%。选项 B,采用收款法时,短期借款的实际利率就是名义利率。选项 C,加息法下,实际利率 = (200×5%)÷(200÷2) = 10%。选项 D,借款的实际利率 = 5%÷(1-5%) = 5.26%。选项 E,甲公司应向银行支付承诺费 = (8 000-5 000)×0.5% = 15(万元)。

亲爱的读者,你已完成本章5个考点的学习,本书知识点的学习进度已达26%。

第六章　财务分析与评价

重要程度：次重点章节　　分值：4分左右

考试风向

◾ 考情速递

本章重点内容为不同类别指标的构成和计算、每股收益的计算、杜邦分析法的计算公式、综合绩效评价基本指标等。常以单选题、多选题、计算题的形式考核，需要理解并熟悉。

◾ 2025年考试变化

调整：财务绩效评价盈利能力状况修正指标"利润现金保障倍数"改为"盈余现金保障倍数"。

◾ 脉络梳理

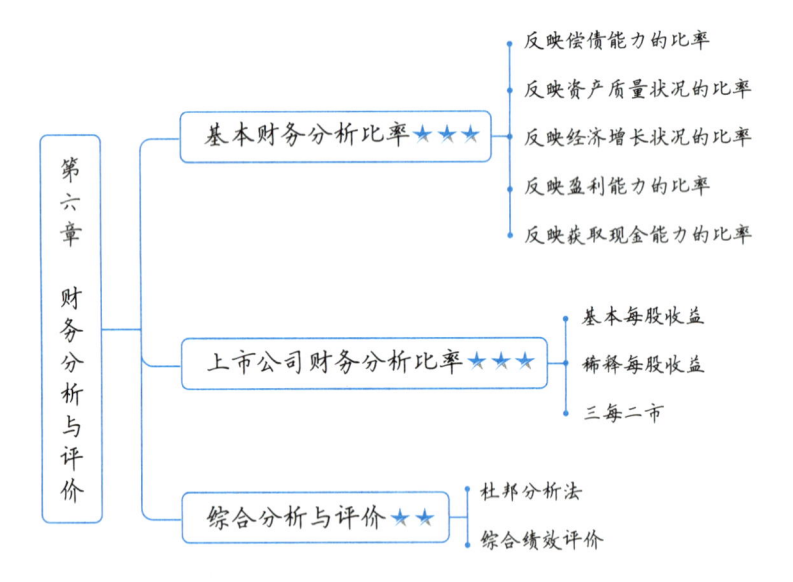

第六章 财务分析与评价
- 基本财务分析比率 ★★★
  - 反映偿债能力的比率
  - 反映资产质量状况的比率
  - 反映经济增长状况的比率
  - 反映盈利能力的比率
  - 反映获取现金能力的比率
- 上市公司财务分析比率 ★★★
  - 基本每股收益
  - 稀释每股收益
  - 三每二市
- 综合分析与评价 ★★
  - 杜邦分析法
  - 综合绩效评价

考点详解及精选例题

考点一 基本财务分析比率 ★★★　　一学多考|中注

(一) 反映偿债能力的比率(2024年单选)

反映偿债能力的比率，见表6-1。

表6-1　反映偿债能力的比率

项目		计算公式	指标分析
短期偿债能力	流动比率	=流动资产÷流动负债	比率越高、资产流动性越强、偿债能力越强
	速动比率	=速动资产÷流动负债	
	现金比率	=现金及现金等价物÷流动负债	
	现金流动负债比率	=年经营现金净流量÷年末流动负债	
长期偿债能力	资产负债率	=负债总额÷资产总额	比率越高、偿债能力越弱
	产权比率	=负债总额÷所有者权益总额	
	权益乘数	=资产总额÷所有者权益总额	
	已获利息倍数	=息税前利润÷利息总额 =(利润总额+利息费用)÷(利息费用+资本化利息)	比率越高、支付利息能力越强，一般来说至少应等于1
带息负债比率		=带息负债总额÷负债总额	

> 记忆密码：反映短期偿债能力的比率，分母都是流动负债。

提示 考试中常见数据指标构成：
流动资产=货币资金+交易性金融资产+应收款项+存货
速动资产=货币资金+交易性金融资产+应收款项=流动资产-存货
现金及现金等价物=货币资金+交易性金融资产

【例题1·分析题】甲公司2021年年末部分资产负债项目数据如下：

单位：万元

资产项目		金额	负债权益项目	金额	相关数据
流动资产	货币资金	100	流动负债	500	利润总额400 费用化利息200 资本化利息100 年经营活动现金净流量750 带息负债400
	交易性金融资产	200	非流动负债	500	
	应收款项	300			
	存货	400	负债总额	1 000	
非流动资产		1 000			
资产总额		2 000	所有者权益总额	1 000	

117

要求：根据上述资料计算各项反映偿债能力的比率。

解析

短期偿债能力	流动比率	=(100+200+300+400)÷500=2
	速动比率	=(100+200+300)÷500=1.2
	现金比率	=(100+200)÷500=0.6
	现金流动负债比率	=750÷500=1.5
长期偿债能力	资产负债率	=1 000÷2 000=0.5
	产权比率	=1 000÷1 000=1
	权益乘数	=2 000÷1 000=2
	已获利息倍数	=(400+200)÷(200+100)=2
带息负债比率		=400÷1 000=0.4

【例题2·单选题】甲公司2024年度实现利润总额800万元，利息发生额150万元，其中符合资本化条件的为50万元，其余的费用化。甲公司2024年度已获利息倍数为(　　)。

A. 6　　　B. 5.33　　　C. 8.5　　　D. 9

解析 费用化利息金额=150−50=100(万元)，已获利息倍数=(利润总额+利息费用)÷(利息费用+资本化利息)=(800+100)÷150=6。

【例题3·单选题】甲公司2020年度经营活动现金净流量为1 200万元，计提的减值准备110万元，固定资产折旧400万元，公允价值变动收益50万元，存货增加600万元，经营性应收项目减少800万元，经营性应付项目增加100万元，发生财务费用160万元(其中利息费用150万元)。该公司适用企业所得税税率为25%，不存在纳税调整项目。若不考虑其他事项，则该公司2020年已获利息倍数为(　　)。

A. 1.86　　　B. 2.04　　　C. 3.12　　　D. 3.49

解析 经营活动现金净流量1 200=净利润+110+400−50−600+800+100+160，解得净利润为280万元，息税前利润=280÷(1−25%)+150=523.33(万元)，已获利息倍数=息税前利润523.33÷利息费用150=3.49。

【例题4·多选题】下列各项财务指标中，能够反映企业偿债能力的有(　　)。

A. 产权比率　　　　　　　B. 权益乘数
C. 现金比率　　　　　　　D. 市净率
E. 每股营业现金净流量

解析 选项D，是反映上市公司特殊财务分析的比率。选项E，是反映获取现金能力的比率。

答案
例题2 | A
例题3 | D
例题4 | ABC

(二)反映资产质量状况的比率

反映资产质量状况的比率,见表6-2。

表6-2 反映资产质量状况的比率

项目		计算公式
应收账款周转率	应收账款周转次数	=营业收入净额÷应收账款平均余额
	应收账款周转天数	=360÷周转次数
存货周转率	存货周转次数	=营业成本÷存货平均余额
	存货周转天数	=360÷周转次数
流动资产周转率		=营业收入净额÷平均流动资产总额
总资产周转率		=营业收入净额÷平均资产总额

记忆密码:只有存货周转次数分子是营业成本。

提示 应收账款周转天数越少,应收账款周转次数越多,说明应收账款的变现能力越强,应收账款的管理水平越高。存货周转天数越少,存货周转次数越多,说明存货周转越快,企业实现的利润会相应增加,存货管理水平越高。

【例题5·单选题】 某企业2020年度营业收入净额为12 000万元,营业成本为8 000万元。2020年年末流动比率为1.6,速动比率为1。假定该企业年末流动资产只有货币资金,应收账款和存货三项,共计1 600万元,期初存货为1 000万元,则该企业2020年存货周转次数为(　　)次。

A. 8　　　　B. 10　　　　C. 12　　　　D. 15

解析 流动比率1.6=流动资产1 600÷流动负债,解得流动负债=1 600÷1.6=1 000(万元)。速动比率1=(流动资产1 600-存货)÷流动负债1 000,所以,存货为600万元。2020年存货周转次数=8 000÷[(1 000+600)÷2]=10(次)。

(三)反映经济增长状况的比率(2021年多选)

反映经济增长状况的比率,见表6-3。

表6-3 反映经济增长状况的比率

项目	计算公式
营业收入增长率	=本年营业收入增长额÷上年营业收入×100%
营业利润增长率	=本年营业利润增长额÷上年营业利润总额×100%
总资产增长率	=本年资产增长额÷年初资产总额×100%
资本积累率	=本年所有者权益增长额÷年初所有者权益×100%
资本保值增值率	=期末所有者权益÷期初所有者权益×100%
技术投入比率	=本年度科技支出合计÷本年度营业收入净额×100%

答案 例题5 | B

【例题6·多选题】(2021年)下列属于反映经济增长状况的财务指标有(   )。

A. 技术投入比率
B. 资本收益率
C. 资本积累率
D. 总资产周转率
E. 资本保值增值率

解析 选项B,属于反映盈利能力的比率。选项D,属于反映资产质量状况的比率。

(四)反映盈利能力的比率(2019年多选)

反映盈利能力的比率,见表6-4。

表6-4 反映盈利能力的比率

项目	计算公式
营业利润率	=营业利润÷营业收入净额×100%
成本费用利润率	=利润总额÷成本费用总额×100% 成本费用:营业成本及附加、期间费用
总资产收益率	=净利润÷平均资产总额×100%
净资产收益率	=净利润÷平均净资产×100%
资本收益率	=净利润÷平均资本×100% 资本:资本性投入和资本溢价
盈余现金保障倍数	=经营活动现金流量净额÷净利润×100%

【例题7·分析题】甲公司2021年年末部分数据如下:

单位:万元

年损益		相关指标	年初	年末	平均
营业成本	40	总资产	100	300	200
营业收入	100	净资产	50	130	90
营业利润	60	资本 (实收资本+资本公积)	40	50	45
利润总额	60				
净利润	45	经营活动现金流量净额		22.5	

要求:根据上述资料计算各项反映盈利能力的比率。

解析

项目	计算
营业利润率	=60÷100×100%=60%
成本费用利润率	=60÷40×100%=150%

答案
例题6 | ACE

(续表)

项目	计算
总资产收益率	=45÷200×100%=22.5%
净资产收益率	=45÷90×100%=50%
资本收益率	=45÷45×100%=100%
盈余现金保障倍数	=22.5÷45×100%=50%

【例题8·多选题】 下列属于反映企业盈利能力的财务指标有(　　)。

A. 总资产收益率　　　　B. 产权比率
C. 营业利润率　　　　　D. 现金比率
E. 总资产周转率

解析 选项B、D，属于反映偿债能力的财务指标。选项E，属于反映资产质量状况的财务指标。

(五)反映获取现金能力的比率(2022年单选)

反映获取现金能力的比率，见表6-5。

表6-5　反映获取现金能力的比率

项目	计算公式
销售现金比率	=经营活动现金流量净额÷销售收入
每股营业现金净流量	=经营活动现金流量净额÷普通股股数
全部资产现金回收率	=经营活动现金流量净额÷平均总资产×100%

【例题9·单选题】(2022年)甲公司2022年实现销售收入1 000万元，净利润220万元，固定资产减值增加20万元，应收账款增加55万元，公允价值变动损失35万元，应付职工薪酬减少80万元。不考虑其他因素，则甲公司2022年的销售现金比率为(　　)。

A. 25%　　　B. 41%　　　C. 30%　　　D. 14%

解析 经营活动现金流量净额=220+20-55+35-80=140(万元)。销售现金比率=经营活动现金流量净额÷销售收入×100%=140÷1 000×100%=14%。

考点二　上市公司财务分析比率★★★

(一)基本每股收益(2021年单选；2023年计算；2024年多选)

基本每股收益=归属于普通股股东的当期净利润÷发行在外的普通股加权平均数

提示1 归属于普通股股东的净利润=净利润-优先股股利。

答案
例题8 | AC
例题9 | D

发行在外的普通股加权平均数＝期初发行在外普通股股数＋当期新发行普通股股数×已发行时间÷报告期时间－当期回购普通股股数×已回购时间÷报告期时间。

提示2 派发股票股利、公积金转增资本、拆股、并股、配股会增加或减少其发行在外普通股或潜在普通股的数量，影响基本每股收益。

【例题10·单选题】（2021年）甲公司2020年年初发行在外的普通股30 000万股。2020年3月1日，甲公司按平均市价增发普通股25 260万股。10月1日回购4 200万股，以备将来奖励职工之用。该公司2020年度归属于普通股股东的净利润为87 500万元。按月计算每股收益的时间权数。不考虑其他因素，则该公司2020年度基本每股收益为（　　）元。

A. 2.45　　　　B. 1.75　　　　C. 1.83　　　　D. 2.64

解析 基本每股收益＝87 500÷(30 000＋25 260×10÷12－4 200×3÷12)＝1.75(元)。

【例题11·多选题】 下列各项中，影响上市公司计算报告年度基本每股收益的有（　　）。

A. 已分拆的股票　　　　　　　　B. 已派发的股票股利
C. 已发行的认股权证　　　　　　D. 已发行的可转换公司债券
E. 当期回购的普通股

解析 选项C、D，影响稀释每股收益的计算。

(二) 稀释每股收益(2020年多选；2023年计算)

稀释性潜在普通股是指假设当期转换为普通股会减少每股收益的潜在普通股。主要包括可转换公司债券、认股权证和股份期权等。（不影响基本每股收益）

1. 可转换公司债券

调整基本每股收益分子：归属于普通股股东的净利润＋负债成分公允价值×实际利率×(1－所得税税率)×已发行时间÷报告期时间

调整基本每股收益分母：发行在外的普通股加权平均数＋增加的潜在普通股(即转换为普通股)的加权平均数

2. 认股权证和股份期权

行权价格低于当期普通股平均市场价格时，应当考虑稀释性。

分子：归属于普通股股东的净利润金额不变。

分母：考虑可以转换的普通股股数的加权平均数与按照当期普通股平均市场价格能够发行的普通股股数的加权平均数的差额。

【例题12·多选题】 A上市公司2021年归属于普通股股东的净利润为25 500万元，期初发行在外普通股股数10 000万股，年内普通股股数未发生

答案
例题10｜B
例题11｜ABE

变化。2021年1月1日,该公司按面值发行40 000万元的3年期可转换公司债券,债券每张面值100元,票面固定年利率为2%,利息自发行之日起每年支付一次,即每年12月31日为付息日。该批可转换公司债券自发行结束后12个月以后即可转换为公司股票,即转股期为发行12个月后至债券到期日止的期间。转股价格为每股10元,即每100元债券可转换为10股面值为1元的普通股。债券利息不符合资本化条件,直接计入当期损益,企业所得税税率为25%。假设不具备转股权的类似债券的市场利率为3%。2021年下列相关指标计算正确的有(　　)。

A. 可转换公司债券不属于潜在普通股
B. 负债成分公允价值38 868.56万元
C. 基本每股收益2.55元
D. 增量每股收益0.22元
E. 稀释每股收益1.88元

解析 (1)基本每股收益=25 500÷10 000=2.55(元)。
(2)增量每股收益:
a. 每年支付利息=40 000×2%=800(万元)
负债成分公允价值=800÷(1+3%)+800÷(1+3%)^2+40 800÷(1+3%)^3=38 868.56(万元)
假设转换增加的净利润=38 868.56×3%×(1−25%)=874.54(万元)
假设转换所增加的普通股股数=40 000÷10=4 000(万股)。
b. 增量每股收益=874.54÷4 000=0.22(元),具有稀释作用。
(3)稀释每股收益=(25 500+874.54)÷(10 000+4 000)=1.88(元)。

【**例题13·单选题**】甲公司2021年度归属于普通股股东的净利润为800万元,发行在外的普通股加权平均数为2 000万股,该普通股平均每股市价为6元。2021年1月1日,该公司对外发行300万股认股权证,行权日为2022年3月1日,每份认股权证可以在行权日以5.2元的价格认购本公司1股新发行的普通股,则甲公司2021年稀释每股收益为(　　)元。

A. 0.3　　　　B. 0.35　　　　C. 0.39　　　　D. 0.4

解析 具有稀释性的股数=300−300×5.2÷6=40(万股),稀释每股收益=800÷(2 000+40)=0.39(元)。

【**例题14·多选题**】(2020年)下列因素中,影响企业稀释每股收益的有(　　)。

A. 每股股利　　　　　　B. 净利润
C. 可转换公司债券　　　D. 每股市价
E. 发行在外的普通股加权平均数

解析 每股收益=归属于普通股股东的当期净利润÷发行在外普通股的加权平均数。选项C,可转换公司债券在转股时会导致发行在外普通股股数的增

答案
例题12 | BCDE
例题13 | C
例题14 | BCE

加，同时因转股不再需要支付利息，导致净利润增加，进而影响稀释每股收益。

(三) 三每二市 (2020年、2022年单选)

三每二市，见表6-6。

表6-6 三每二市

项目	内容
每股收益	(1)反映企业普通股股东持有每一股份所能享有企业利润或承担企业亏损的业绩评价指标。 (2)每股收益越高，说明获利能力越强，投资者的回报越多
每股股利	=现金股利总额÷期末发行在外的普通股股数
每股净资产	=期末净资产÷期末发行在外的普通股股数 显示了发行在外每一普通股股份所能分配的企业账面净资产的价值，是理论上股票的最低价值
市盈率	=每股市价÷每股收益 反映普通股股东为获取1元净利润所愿意支付的股票价格。指标的高低反映市场上投资者对股票投资收益和投资风险的预期，市盈率越高，意味着投资者对股票的收益预期越看好，投资价值越大，也说明投资于该股票的风险也越大
市净率	=每股市价÷每股净资产

考点三 综合分析与评价 ★★   一学多考│中注

(一) 杜邦分析法 (2023年单选)

杜邦分析法，见图6-1。

净资产收益率(核心指标)

(1) = 净利润÷平均净资产

(2) = 总资产收益率×权益乘数

$$= \frac{净利润}{平均资产总额} \times \frac{平均资产总额}{平均净资产}$$

(3) = 销售净利润率×总资产周转率×权益乘数

$$= \frac{净利润}{销售收入} \times \frac{销售收入}{平均资产总额} \times \frac{平均资产总额}{平均净资产}$$

图6-1 杜邦分析法

提示 权益乘数=资产总额÷所有者权益总额=1÷(1-资产负债率)。

【例题15·单选题】（2023年）甲公司2021年和2022年销售净利润率分别为12%和15%，总资产周转率分别为7.5和6，假定产权比率保持不变，则与2021年相比，甲公司2022年净资产收益率变动趋势是（　　）。

A. 上升 B. 不变
C. 下降 D. 无法判断

解析 根据杜邦财务分析法，净资产收益率=销售净利润率×总资产周转率×权益乘数。2022年净资产收益率=15%×6×权益乘数=0.9×权益乘数。2021年净资产收益率=12%×7.5×权益乘数=0.9×权益乘数。产权比率不变，则权益乘数不变。所以2022年净资产收益率也不变。

【例题16·单选题】 某公司2024年与上年度相比，营业收入增长10.9%，净利润增长8.8%，平均资产总额增加12.6%，平均负债总额增加10.5%。该公司2024年的净资产收益率与上一年相比应是（　　）。

A. 下降的 B. 不变的
C. 上升的 D. 不确定的

解析 总资产收益率为上年的96.63%[（1+8.8%）÷（1+12.6%）]，即降低。资产负债率为上一年的98.13%[（1+10.5%）÷（1+12.6%）]，即降低，由于权益乘数=1÷(1-资产负债率)，所以权益乘数也是降低的。净资产收益率=总资产收益率×权益乘数，因此与上一年相比是下降的。

【例题17·单选题】（2022年）甲公司2021年每股净资产为30元，负债总额为6 000万元。2021年每股收益为4元，每股发放现金股利1元，当年留存收益增加1 200万元。假设甲公司无优先股，则甲公司2021年年末的权益乘数为（　　）。

A. 1.5 B. 1.65
C. 1.15 D. 1.85

解析 股数×（每股收益-每股股利）=留存收益，股数=1 200÷(4-1)=400（万股），期末所有者权益的金额=400×30=12 000（万元）。权益乘数=资产总额÷所有者权益总额=（12 000+6 000）÷12 000=1.5。

【例题18·单选题】 甲公司2023年实现净利润500万元，年末资产总额为8 000万元，平均净资产为3 200万元。若该公司2024年的资产规模和净利润水平与上年一致，而净资产收益率比上一年度提高两个百分点，则甲公司2024年的权益乘数为（　　）。[计算结果保留两位小数]

A. 2.63 B. 2.75
C. 2.82 D. 2.96

解析 2024年度的净资产收益率=500÷3 200×100%+2%=17.63%，2024年度的净利润与2023年度一致，2024年度的平均净资产=500÷17.63%=2 836.07（万元），2024年的权益乘数=8 000÷2 836.07=2.82。

答案
例题15 | B
例题16 | A
例题17 | A
例题18 | C

(二) 综合绩效评价 (2022年多选)

综合绩效评价，见表6-7。

表6-7 综合绩效评价

评价内容	财务绩效定量评价70%		管理绩效定性评价30%
	基本指标	修正指标	
盈利能力	总资产报酬率 净资产收益率	销售利润率、成本费用利润率 盈余现金保障倍数、资本收益率	战略管理 发展创新 经营决策 风险控制 基础管理 人力资源 行业影响 社会贡献
资产质量	总资产周转率 应收账款周转率	不良资产比率、资产现金回收率 流动资产周转率	
债务风险	资产负债率 已获利息倍数	速动比率、现金流动负债比率 带息负债比率、或有负债比率	
经营增长	销售增长率 资本保值增值率	销售利润增长率 总资产增长率、技术投入比率	

● **得分高手**

记住4类评价的基本指标采用排除法更易作答。

【例题19·多选题】(2022年)下列属于《中央企业综合绩效评价实施细则》中规定的财务绩效基本指标的有(　　)。

A. 总资产周转率　　　　　B. 净资产收益率
C. 已获利息倍数　　　　　D. 资本保值增值率
E. 成本费用利润率

解析 ⇨ 财务绩效的基本指标有：净资产收益率、总资产报酬率、总资产周转率、应收账款周转率、资产负债率、已获利息倍数、销售(营业)增长率和资本保值增值率。选项E，属于评价盈利能力状况的修正指标。

【例题20·多选题】下列属于企业综合绩效评价中管理绩效评价指标的有(　　)。

A. 经营增长评价　　　　　B. 风险控制评价
C. 资产质量评价　　　　　D. 经营决策评价
E. 人力资源评价

解析 ⇨ 管理绩效评价指标包括战略管理、经营决策、发展创新、风险控制、基础管理、人力资源、行业影响、社会贡献8个方面的指标。

答案 ⇨
例题19 | ABCD
例题20 | BDE

同步训练

考点一 基本财务分析比率

1. (单选题)既不影响现金比率,又不影响速动比率的是( )。
   A. 存货
   B. 交易性金融资产
   C. 应收票据
   D. 短期借款

2. (单选题)某公司2020年发生利息费用50万元,实现净利润120万元。2021年发生利息费用80万元,实现净利润150万元。假设不涉及资本化利息。若该公司适用企业所得税税率为25%,则该公司2021年已获利息倍数比2020年( )。
   A. 减少0.525   B. 减少0.7   C. 增加1.33   D. 增加2.33

3. (单选题)甲公司2022年度应交所得税为75万元。2022年度纳税调整项包括计提的存货跌价准备50万元、行政罚款支出32万元、确认的国债利息收入10万元。2022年度发生的债务利息费用为30万元(不存在资本化利息)。甲公司适用的企业所得税税率25%。假定不考虑其他因素,2022年该公司已获利息倍数为( )。
   A. 11   B. 10   C. 8.6   D. 7.6

4. (单选题)甲公司2022年年末的资产总额为28 000万元,每股净资产为20元,每股收益为6元,每股发放现金股利3元。当年留存收益增加2 400万元。假设甲公司一直无对外发行的优先股,则甲公司2022年年末的资产负债率为( )。
   A. 63.64%   B. 57.14%   C. 36.36%   D. 42.86%

5. (单选题)某公司2023年度营业收入为9 000万元,营业成本为7 000万元,年初存货为2 000万元,年末存货为1 500万元,则该公司2023年的存货周转次数为( )次。
   A. 3.5   B. 4.5   C. 5.14   D. 4

6. (单选题)甲公司2022年年初存货为68万元,年末有关财务数据为:流动负债50万元,流动比率为2.8,速动比率为1.6,全年营业成本为640万元。假设该公司2022年年末流动资产中除速动资产外仅有存货一项,则该公司2022年度存货周转次数为( )次。
   A. 6.4   B. 8   C. 10   D. 12

7. (单选题)下列各项财务分析比率中,能反映企业经济增长状况的是( )。
   A. 权益乘数
   B. 资本保值增值率
   C. 全部资产现金回收率
   D. 净资产收益率

8. (单选题)下列不属于反映盈利能力的比率是( )。
   A. 营业利润率
   B. 总资产收益率
   C. 净资产收益率
   D. 已获利息倍数

9. (单选题)某企业2022年平均资产总额为4 000万元,实现营业收入净额为1 400万元,实现净利润为224万元,平均资产负债率为60%,则该企业净资产收益率为( )。

   A. 5.6%   B. 9.3%   C. 16%   D. 14%

10. (单选题)某公司年初产权比率为60%,所有者权益为4 000万元。当年资本积累率为4%,产权比率上升4个百分点。假如该公司当年实现净利润500万元,则当年度的总资产收益率为( )。

    A. 7.81%   B. 7.56%   C. 7.5%   D. 7.58%

11. (单选题)乙公司2022年平均负债总额为2 000万元,平均权益乘数为4,经营活动现金流量净额为1 000万元,则2022年乙公司的全部资产现金回收率为( )。

    A. 37.5%   B. 34.5%   C. 31.5%   D. 42.5%

12. (多选题)下列各项财务指标中,能反映企业短期偿债能力的有( )。

    A. 流动比率   B. 产权比率
    C. 现金比率   D. 速动比率
    E. 资产负债率

13. (多选题)下列关于财务指标的表述中,正确的有( )。

    A. 较高的流动比率可能降低企业的获利能力
    B. 一般来说,流动比率越高,说明短期偿债能力越强
    C. 已获利息倍数越大,说明支付债务利息的能力越低
    D. 资产负债率反映债权人发放贷款的安全程度
    E. 现金比率过高可能会使企业获利能力降低

14. (多选题)下列关于应收账款周转率的表述中,正确的有( )。

    A. 应收账款周转率中分母应该是应收账款的账面价值
    B. 应收账款周转率计算时,分母的金额应该是未扣除坏账准备前的金额
    C. 应收账款周转天数越长,说明应收账款的变现能力越强
    D. 应收账款的周转天数与应收账款平均余额成正比
    E. 应收账款的周转次数与应收账款平均余额成反比

15. (多选题)下列各项中,属于反映企业获取现金能力的比率有( )。

    A. 现金比率   B. 销售现金比率
    C. 全部资产现金回收率   D. 每股营业现金净流量
    E. 现金流动负债比率

考点二 上市公司财务分析比率

1. (单选题)乙公司2023年1月1日发行在外普通股30 000万股,2023年7月1日以2023年1月1日总股本30 000万股为基础,每10股送2股。2023年11月1日,回购普通股2 400万股。若2023年乙公司归属于普通股股东的净利润为59 808万元,则2023年基本每股收益为( )元。

A. 1.68　　　　　B. 1.48　　　　　C. 1.78　　　　　D. 1.84

2. （单选题）2022 年 1 月 1 日，甲上市公司对外发行 20 000 万份认股权证，行权日为 2023 年 7 月 1 日，行权价格 4 元/股，每份认股权证可认购本公司 1 股新发行的普通股。甲上市公司 2022 年度实现归属于普通股股东的净利润为 30 000 万元，发行在外普通股加权平均数为 60 000 万股。甲上市公司普通股平均市场价格为 5 元，则甲上市公司 2022 年稀释每股收益为（　　）元。

A. 0.38　　　　　B. 0.5　　　　　C. 0.47　　　　　D. 0.46

3. （单选题）东大公司 2021 年年末股东权益总额为 1 000 万元（每股净资产 10 元）。2022 年年初决定投资一新项目，需筹集资金 500 万元，股东大会决定通过发行新股的方式筹集资金，发行价格为每股 10 元。2022 年利润留存 100 万元，无其他影响股东权益的事项，则 2022 年年末该公司的每股净资产为（　　）元。

A. 2.5　　　　　B. 6.67　　　　　C. 10.67　　　　　D. 5

4. （单选题）甲公司 2022 年实现净利润 350 万元，流通在外的普通股加权平均数为 500 万股，优先股 100 万股，优先股股利为 1 元/股，若 2022 年年末普通股每股市价 20 元。甲公司 2022 年的市盈率为（　　）。

A. 40　　　　　B. 35　　　　　C. 50　　　　　D. 55

5. （单选题）下列关于市盈率财务指标的表述中，错误的是（　　）。

A. 市盈率是股票每股市价与每股收益的比率
B. 该指标的高低反映市场上投资者对股票投资收益和投资风险的预期
C. 该指标越高，反映投资者对股票的预期越看好，投资价值越大，投资风险越小
D. 该指标越高，说明投资者为获得一定的预期利润需要支付更高的价格

6. （单选题）某上市公司股票每股市价为 20 元，普通股数量 100 万股，净利润 400 万元，净资产 500 万元，则市净率为（　　）。

A. 4　　　　　B. 5　　　　　C. 10　　　　　D. 20

7. （多选题）下列各项中，影响上市公司计算报告年度稀释每股收益的有（　　）。

A. 已发行的认股权证
B. 已发行的可转换公司债券
C. 拟回购的普通股
D. 已派发的股票股利
E. 已分拆的股票

8. （计算题·2023 年）长江公司 2022 年归属于普通股股东的净利润为 3 700 万元，普通股平均每股市价为 6 元，2022 年度有关财务资料如下：

（1）2022 年年初发行在外的普通股股数为 6 000 万股。

（2）2022 年 1 月 1 日，长江公司按面值发行 5 000 万元的 3 年期可转换公司债券，债券面值 100 元，票面固定年利率 2%，利息每年年末计息一次。该债券发行 12 个月后可转换为普通股。转股价格每股 10 元，即 100 元的债券可转化为 10 股每股 1 元的普通股，假定该债券利息不符合资本化条件，直接计入当期损益。长江公司根据有关规定在初始确认时对该可转换公司债券进行了负债和权益的分拆。假设发行时二级市场上与之类似的无转股权的债券市场利率为 3%。已知（P/A，3%，3）= 2.828 6，（P/F，3%，3）= 0.915 1。

（3）2022年1月1日，长江公司发行1 200万份认股权证，2023年3月1日行权，每份认股权证可在行权日以每股5元的价格认购本公司新发行的1股普通股。

（4）2022年4月1日新发行普通股股票2 000万股，发行价格为每股7元。2022年11月1日长江公司以每股5元回购600万股普通股以备激励员工。长江公司按月计算每股收益的时间权数，企业所得税税率25%。

根据上述资料，回答下列问题。

（1）长江公司2022年基本每股收益为(　　)元。
A. 0.4　　　　B. 0.45　　　　C. 0.5　　　　D. 0.55

（2）长江公司2022年发行可转换公司债券产生的增量股的每股收益为(　　)元。
A. 0.38　　　　B. 0.36　　　　C. 0.22　　　　D. 0.46

（3）长江公司2022年因发行认股权证而增加的普通股股数为(　　)万股。
A. 200　　　　B. 1 200　　　　C. 800　　　　D. 1 000

（4）长江公司2022年稀释每股收益为(　　)元。
A. 0.47　　　　B. 0.48　　　　C. 0.49　　　　D. 0.5

考点三 综合分析与评价

1. (单选题)在其他因素不变的情况下，下列因素变动能够提高净资产收益率的是(　　)。
   A. 产品成本上升
   B. 存货增加
   C. 收账期延长
   D. 资产负债率提高

2. (单选题)2024年销售净利润率为19.03%，净资产收益率为11.76%，总资产周转率为30.89%。不考虑其他因素，2024年资产负债率为(　　)。
   A. 50%
   B. 38.2%
   C. 61.93%
   D. 69.9%

3. (多选题)下列关于杜邦分析体系各项指标的表述中，正确的有(　　)。
   A. 净资产收益率是核心指标，是所有者利润最大化的基本保证
   B. 净资产收益率＝销售净利润率×总资产周转率，提高销售净利润率是提高企业盈利能力的关键所在
   C. 总资产周转率体现了企业经营期间全部资产从投入到产出的流转速度，往往企业销售能力越强，总资产周转效率越高
   D. 权益乘数主要受资产负债率影响，与资产负债率同方向变化
   E. 净资产收益率与企业的销售规模、成本水平、资产运营、资本结构等构成一个相互依存的系统

4. (多选题)下列各项中，属于企业综合绩效评价指标中基本指标的有(　　)。
   A. 净资产收益率
   B. 现金流动负债比率
   C. 资本保值增值率
   D. 应收账款周转率
   E. 营业利润率

5. (多选题)企业综合绩效评价指标中，属于评价企业经营增长状况的修正指标

有（　　）。

A. 销售（营业）增长率
B. 销售利润增长率
C. 资本保值增值率
D. 总资产增长率
E. 技术投入比率

参考答案及解析

考点一 基本财务分析比率

1. A 【解析】本题考查反映短期偿债能力的比率。现金比率=（货币资金+交易性金融资产）÷流动负债，速动比率=（货币资金+交易性金融资产+应收款项）÷流动负债。选项A，不影响现金比率和速动比率。选项B、D，同时影响现金比率和速动比率。选项C，不影响现金比率，但影响速动比率。

2. B 【解析】本题考查已获利息倍数的计算。2020年已获利息倍数=[120÷(1-25%)+50]÷50=4.2，2021年已获利息倍数=[150÷(1-25%)+80]÷80=3.5，2021年已获利息倍数比2020年减少额=4.2-3.5=0.7。

3. C 【解析】本题考查已获利息倍数的计算。应纳税所得额=75÷25%=300（万元），利润总额=300-50-32+10=228（万元），息税前利润=228+30=258（万元），已获利息倍数=息税前利润÷利息=258÷30=8.6。

4. D 【解析】本题考查每股净资产和资产负债率的计算。股数×（每股收益-每股股利）=留存收益，因此，股数=2 400÷(6-3)=800（万股）。期末所有者权益=800×20=16 000（万元），资产负债率=(28 000-16 000)÷28 000×100%=42.86%。

5. D 【解析】本题考查存货周转次数的计算。存货平均余额=(2 000+1 500)÷2=1 750（万元），该公司2023年的存货周转次数=7 000÷1 750=4（次）。
【拓展】假设一年按360天计算，则存货周转天数=360÷4=90（天）。

6. C 【解析】本题考查存货周转次数的计算。2022年末流动比率=流动资产÷50=2.8，推出2022年末流动资产=2.8×50=140（万元）。速动比率=(140-期末存货)÷50=1.6，得出期末存货为60万元。2022年度存货周转次数=营业成本÷存货平均余额=640÷[(68+60)÷2]=10（次）。

7. B 【解析】本题考查反映经济增长状况的比率。衡量企业经济增长状况的指标主要有营业收入增长率、总资产增长率、营业利润增长率、资本保值增值率、资本积累率和技术投入比率等。选项A，属于反映偿债能力的比率。选项C，属于反映获取现金能力的比率。选项D，属于反映盈利能力的比率。

8. D 【解析】本题考查反映盈利能力的比率。选项D，属于反映偿债能力的指标。

9. D 【解析】本题考查净资产收益率的计算。平均净资产=平均资产总额×(1-平均资产负债率)=4 000×(1-60%)=1 600（万元），净资产收益率=净利润÷平均净资产×100%=224÷1 600×100%=14%。

10. B 【解析】本题考查总资产收益率的计算。年初负债总额=4 000×60%=2 400

（万元），所以年初资产总额＝2 400＋4 000＝6 400（万元）。年末所有者权益＝4 000×(1＋4%)＝4 160（万元），年末负债总额＝4 160×(60%＋4%)＝2 662.4（万元），所以年末资产总额＝4 160＋2 662.4＝6 822.4（万元）。总资产收益率＝500÷[(6 400＋6 822.4)÷2]×100%＝7.56%。

11. A 【解析】本题考查全部资产现金回收率的计算。权益乘数＝平均资产总额÷平均所有者权益＝1÷(1－资产负债率)＝4，因此资产负债率为75%。平均资产总额＝2 000÷75%＝2 666.67（万元），全部资产现金回收率＝经营活动现金流量净额÷平均资产总额＝1 000÷2 666.67×100%＝37.5%。

12. ACD 【解析】本题考查反映短期偿债能力的比率。选项B、E，反映企业的长期偿债能力。

13. ABDE 【解析】本题考查反映偿债能力的比率。选项C，已获利息倍数越大，说明支付债务利息的能力越强。

14. BDE 【解析】本题考查应收账款周转率。选项A，应收账款周转率中分母应该是应收账款的科目余额，也就是没有扣除坏账准备的金额。选项C，应收账款周转天数越长，其周转次数就越少，说明应收账款的变现能力越弱。

15. BCD 【解析】本题考查反映获取现金能力的比率。选项A、E，属于反映偿债能力的比率。

考点二 上市公司财务分析比率

1. A 【解析】本题考查基本每股收益的计算。基本每股收益＝59 808÷(30 000＋30 000÷10×2－2 400×2÷12)＝1.68（元）。送股不需要按增发时间加权。

2. C 【解析】本题考查稀释每股收益的计算。调整增加的普通股股数＝20 000－20 000×4÷5＝4 000（万股），稀释每股收益＝30 000÷(60 000＋4 000)＝0.47（元）。

3. C 【解析】本题考查每股净资产的计算。每股净资产＝股东权益总额÷发行在外的普通股股数＝(1 000＋500＋100)÷(1 000÷10＋500÷10)＝1 600÷150＝10.67（元）。

4. A 【解析】本题考查市盈率的计算。每股收益＝归属于普通股股东的净利润(350－100×1)÷普通股加权平均数 500＝0.5（元），市盈率＝每股市价÷每股收益＝20÷0.5＝40。

5. C 【解析】本题考查市盈率。选项C，市盈率越高，说明获得一定的预期利润投资者需要支付更高的价格，因此，投资于该股票的风险也越大。

6. A 【解析】本题考查市净率的计算。每股净资产＝500÷100＝5（元），市净率＝20÷5＝4。

7. ABDE 【解析】本题考查稀释每股收益。影响基本每股收益的因素同样会影响稀释每股收益。选项C，不属于当期新发行或回购的股票。

8. (1)C；(2)C；(3)A；(4)A。

【解析】
(1)本题考查基本每股收益的计算。发行在外的普通股的加权平均数＝6 000＋2 000×9÷12－600×2÷12＝7 400（万股），基本每股收益＝3 700÷7 400＝0.5（元）。

(2)本题考查增量股每股收益的计算。可转换公司债券负债成分公允价值=5 000×2%×(P/A,3%,3)+5 000×(P/F,3%,3)=100×2.828 6+5 000×0.915 1=4 858.36(万元),假设转换所增加的净利润=4 858.36×3%×(1-25%)=109.31(万元),假设转换所增加的普通股股数=5 000÷10=500(万股),2022年可转换公司债券产生的增量股的每股收益=109.31÷500=0.22(元)。

(3)本题考查稀释每股收益的计算。因发行认股权证而增加的普通股股数=1 200-1 200×5÷6=200(万股)。

(4)本题考查稀释每股收益的计算。稀释每股收益=(3 700+109.31)÷(7 400+500+200)=0.47(元)。

【思路点拨】

可转债的稀释作用:

因为可转换公司债券的存在,计算稀释每股收益时,在基本每股收益计算的基础上对分子和分母都要进行调整。分子调整时要加上用负债成分计算的利息支出,并且是税后的利息支出。分母调整时要注意转换的股数,一般都是按照债券的面值和转股价格进行转股。

考点三 综合分析与评价

1. D 【解析】本题考查杜邦分析法。净资产收益率=销售净利润率×总资产周转率×权益乘数。选项A,产品成本上升,会导致销售净利润率下降,因此净资产收益率会降低。选项B、C,存货增加和收账期延长会导致总资产周转率下降,因此净资产收益率会降低。选项D,资产负债率提高,权益乘数会提高,会提高净资产收益率。

2. A 【解析】本题考查杜邦分析法。净资产收益率11.76%=销售净利润率19.03%×总资产周转率30.89%×权益乘数,解得权益乘数=11.76%÷(19.03%×30.89%)=2。权益乘数2=1÷(1-资产负债率),解得资产负债率=1-1÷2=50%。

3. ACDE 【解析】本题考查杜邦分析法。净资产收益率=总资产收益率×权益乘数=销售净利润率×总资产周转率×权益乘数。

4. ACD 【解析】本题考查综合绩效评价。企业综合绩效评价指标中基本指标有:净资产收益率、总资产报酬率、总资产周转率、应收账款周转率、资产负债率、已获利息倍数、销售(营业)增长率和资本保值增值率。选项B、E,属于修正指标。

5. BDE 【解析】本题考查综合绩效评价。反映企业经济增长状况的基本指标有:销售(营业)增长率、资本保值增值率,修正指标有:销售(营业)利润增长率、总资产增长率和技术投入比率。

第七章 财务会计概论

重要程度：非重点章节　分值：3.5分左右

考试风向

▰▱▱▱ 考情速递

本章重点内容为货币计量假设、会计要素确认、会计计量属性识别、会计信息质量要求识别等。常以单选题、多选题的形式考核，需要理解并熟悉。

▰▱▱▱ 2025年考试变化

新增：(1) 财务报告目标体现决策有用观和受托责任观的解释。
　　　(2)《会计法》第四次修订的相关表述。

▰▱▱▱ 脉络梳理

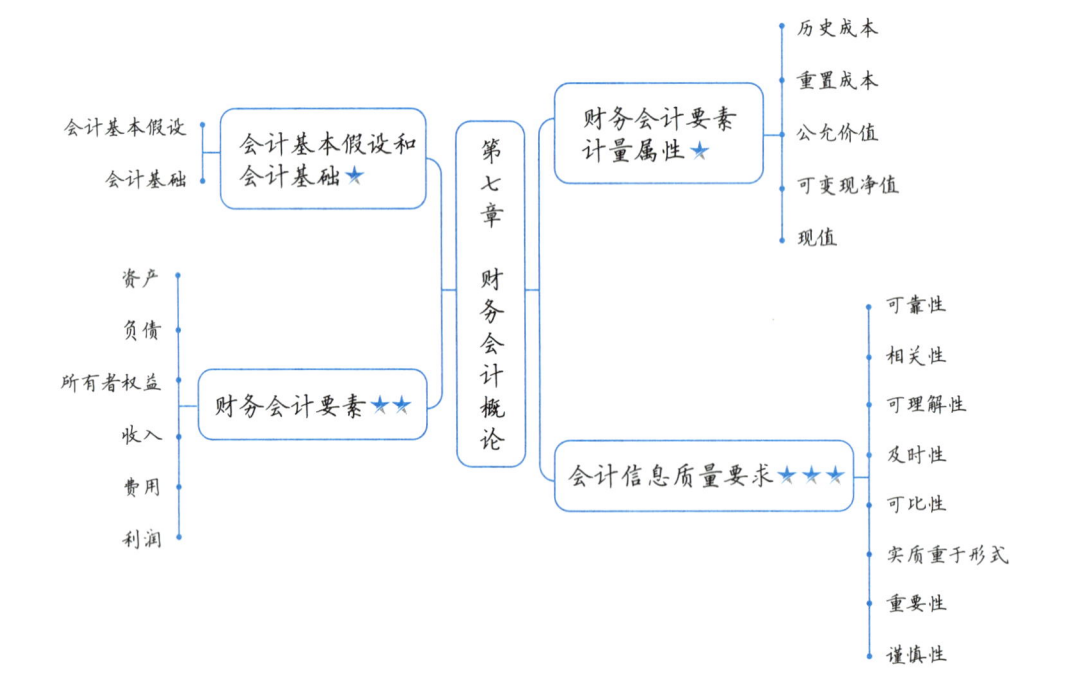

```
                 ┌─ 会计基本假设
会计基本假设和 ──┤
会计基础 ★       └─ 会计基础

                 ┌─ 历史成本
                 ├─ 重置成本
财务会计要素     ├─ 公允价值
计量属性 ★       ├─ 可变现净值
                 └─ 现值

                 ┌─ 资产
                 ├─ 负债
                 ├─ 所有者权益
财务会计要素 ★★ ┤
                 ├─ 收入
                 ├─ 费用
                 └─ 利润

                 ┌─ 可靠性
                 ├─ 相关性
                 ├─ 可理解性
                 ├─ 及时性
会计信息质量要求 ★★★ ┤
                 ├─ 可比性
                 ├─ 实质重于形式
                 ├─ 重要性
                 └─ 谨慎性
```

第七章 财务会计概论

考点详解及精选例题

考点一 会计基本假设和会计基础 ★ 〔一学多考|注〕

（一）会计基本假设（2022年单选）

会计基本假设，见表7-1。

表7-1 会计基本假设

项目	内容
会计主体	会计主体是指会计为之服务的特定单位，会计主体规定了会计核算的空间范围。会计主体可以是一个独立的法律主体，如企业法人；也可以不是一个独立的法律主体，如企业内部相对独立的核算单位，由多个企业法人组成的企业集团，由企业管理的证券投资基金、企业年金基金等
持续经营	有了持续经营前提，会计信息的可比性等会计信息质量要求才能得到满足，企业在信息的收集和处理上所采用的会计方法才能保持稳定，会计核算才能正常进行
会计分期	划分会计期间，是企业分期反映经营活动和总结经营成果的前提。会计分期规定了会计核算的时间范围
货币计量	货币计量是指企业会计核算采用货币作为计量单位（注意：作为主要计量单位，而不是唯一计量单位），记录、反映企业的经济活动，并假设币值基本保持不变（即使有所变动，也应不足以影响会计计量和会计信息的正确性） 记账本位币： (1)我国企业通常应选择人民币作为记账本位币，业务收支以外币为主的企业，也可以选择某种外币作为记账本位币，但编制的财务会计报告应当折算为人民币反映。 (2)记账本位币指企业经营所处的主要经济环境中的货币。企业记账本位币一经确定，不得随意变更，除非企业经营所处的主要经济环境发生重大变化。确需变更的，应当采用变更当日的即期汇率将所有项目折算为变更后的记账本位币

> 记忆密码
>
> 区分空间范围与时间范围。

(续表)

项目	内容
货币计量	选定记账本位币时应当考虑的因素： (1) 该货币主要影响商品和劳务的销售价格，通常以该货币进行商品和劳务的计价和结算——销售。 (2) 该货币主要影响商品和劳务所需人工、材料和其他费用，通常以该货币进行上述费用的计价和结算——采购。 (3) 融资活动获得的货币以及保存从经营活动中收取款项所使用的货币
	境外经营选定记账本位币时还应考虑的因素： (1) 境外经营对其所从事的活动是否拥有很强的自主性。 (2) 境外经营活动中与企业的交易是否在境外经营活动中占有较大的比重。 (3) 境外经营活动产生的现金流量是否直接影响企业的现金流量、是否可以随时汇回。 (4) 境外经营活动产生的现金流量是否足以偿还其现有债务和可预期的债务

记忆密码
口诀：自大汇影债。

【知识点拨】记账本位币变更的错误依据：
(1) 根据当年每种货币的使用情况决定。
(2) 根据境外经营缴纳税金的货币。
(3) 根据境外会计政策。

【例题1·单选题】下列关于会计基本假设的表述中，正确的是(　　)。

A. 持续经营明确的是会计核算的空间范围

B. 会计主体是指会计为之服务的特定单位，必须是企业法人

C. 货币是会计核算的唯一计量单位

D. 会计分期是费用跨期摊销、固定资产折旧计提的前提

解析 选项A，会计主体明确了会计核算的空间范围。选项B，会计主体可以是一个独立的法律主体，如企业法人；也可以不是一个独立的法律主体，如企业内部相对独立的核算单位，由多个企业法人组成的企业集团，由企业管理的证券投资基金、企业年金基金等。选项C，会计核算除了使用货币计量，还可以使用非货币计量单位，如实物数量等。

【例题2·单选题】下列关于记账本位币的表述中，错误的是(　　)。

A. 业务收支以人民币以外的货币为主的企业，可以选定其中的一种外币作为记账本位币

B. 以人民币以外的货币作为记账本位币的企业，向国内有关部门报送的财务报表应当折算为人民币

答案
例题1 | D

C. 企业应在每个资产负债表日，根据当年每种货币的使用情况决定是否需要变更记账本位币

D. 变更记账本位币时应采用变更当日的即期汇率将所有项目折算为变更后的记账本位币

解析 选项 C，只有在有确凿证据表明企业经营所处的主要经济环境发生重大变化时，企业才可以变更记账本位币。

【例题 3·多选题】如果企业存在境外业务，在选定境外经营的记账本位币时，应当考虑的因素有(   )。

A. 境外经营对其所从事的活动是否拥有很强的自主性
B. 境外经营活动所采用的会计政策与国内会计政策的趋同性
C. 境外经营活动中与企业的交易是否在境外经营活动中占有较大比重
D. 境外经营活动产生的现金流量是否直接影响企业的现金流量、是否可以随时汇回
E. 境外经营活动产生的现金流量是否足以偿还其现有的债务和可预期的债务

解析 选项 B，不属于除考虑一般因素外，还应当考虑的四因素。

(二) 会计基础

企业财务会计应当以<u>权责发生制</u>为基础进行确认、计量和报告。

考点二 财务会计要素 ★★ 一学多考|中注

(一) 资产(2022 年多选)

资产的相关知识点，见表 7-2。

表 7-2 资产的相关知识点

项目	内容
定义	资产是由企业<u>过去</u>的交易或者事项形成的、企业<u>拥有或控制</u>的、<u>预期</u>会给企业带来经济利益的资源。 (1) 计划购买的资产不形成购买企业的资产。 (2) 企业享有某项资源的<u>所有权</u>，或虽然不享有某项资源的所有权，但该资源能被企业所<u>控制</u>
条件	符合资产定义的资源，在同时满足以下条件时，应确认为资产： (1) 与该资源有关的经济利益<u>很可能</u>流入企业。 (2) 该资源的<u>成本或价值</u>能够可靠地计量

记忆密码
熟练掌握对资产和所有者权益总额产生影响的业务。

答案
例题 2 | C
例题 3 | ACDE

(续表)

项目	内容	
分类	流动资产	主要包括货币资金、交易性金融资产、应收账款、预付账款和存货等
	非流动资产	流动资产以外的资产应当归类为非流动资产，包括长期股权投资、固定资产、无形资产等
	资产满足下列条件之一的，应当归类为流动资产： (1)自资产负债表日起 1 年内(含 1 年，下同)，交换其他资产或清偿负债的能力不受限制的现金或现金等价物。 (2)预计在资产负债表日起 1 年内变现。 (3)预计在一个正常营业周期中变现、出售或耗用。 (4)主要为交易目的而持有	

【例题 4·多选题】（2022 年）下列交易或事项中，能够引起资产总额增加的有(   )。

A. 采用权益法核算的长期股权投资实际收到现金股利
B. 确实无法收回的应收账款核销
C. 计提债权投资的利息
D. 以高于账面价值的金额出售交易性金融资产
E. 转回存货跌价准备

解析 选项 A，借记"银行存款"科目，贷记"应收股利"科目，资产内部一增一减，资产总额不变。选项 B，借记"坏账准备"科目，贷记"应收账款"科目，资产内部一增一减，资产总额不变。选项 C，借记"应收利息"等科目，贷记"投资收益"等科目，资产总额增加。选项 D，借记"银行存款"等科目，贷记"交易性金融资产""投资收益"科目，资产总额增加。选项 E，借记"存货跌价准备"科目，贷记"资产减值损失"科目，存货减值额减少，存货账面价值增加，资产总额增加。

(二) 负债

负债的相关知识点，见表 7-3。

表 7-3　负债的相关知识点

项目	内容
定义	负债是由企业过去的交易或事项形成的、预期会导致经济利益流出企业的现时义务。 现时义务指现行条件下已承担的义务；包括法定义务和推定义务(如售出商品很可能发生的保修费)，不包括或有义务(潜在义务)

答案
例题 4 | CDE

(续表)

项目	内容
条件	符合负债定义的义务，在同时满足以下条件时，确认为负债： (1)与该义务有关的经济利益很可能流出企业。 (2)未来流出的经济利益的金额能够可靠地计量
分类	流动负债：主要包括短期借款、应付账款、预收账款、应付职工薪酬、应交税费等 非流动负债：流动负债以外的负债应当归类为非流动负债，包括长期借款、长期应付款等 负债满足下列条件之一的，应当归类为流动负债： (1)自资产负债表日起1年内到期应予以清偿。 (2)企业无权自主地将清偿推迟至资产负债表日后1年以上。 (3)预计在一个正常营业周期内清偿。 (4)主要为交易目的而持有

提示 上述所称"一个正常营业周期"，指企业从购买用于加工的资产起至实现现金或现金等价物的期间。正常营业周期通常短于1年，但也存在长于1年的情况，正常营业周期不能确定时，应以1年(即12个月)作为划分标准。

如造船企业制造的对外出售的大型舰船，即使超过1年才变现、出售或耗用，仍应划分为流动资产。应付账款等经营性项目，是企业正常营业周期中使用的营运资金的一部分，即使在资产负债表日后超过1年才到期清偿，也应划分为流动负债。

(三)所有者权益

所有者权益的相关知识点，见表7-4。

表7-4 所有者权益的相关知识点

项目	内容
定义	所有者权益是指企业资产扣除负债后由所有者享有的剩余权益
计量	所有者权益的确认和计量取决于资产和负债的确认和计量
来源	所有者权益的来源包括所有者投入的资本(实收资本、资本公积)、其他权益工具、直接计入所有者权益的利得或损失(即其他综合收益)、留存收益(盈余公积、未分配利润)等

【例题5·多选题】下列交易事项中，能够引起资产和所有者权益同时发生增减变动的有( )。
A. 分配股票股利
B. 接受现金捐赠
C. 财产清查中固定资产盘盈
D. 以银行存款支付原材料采购价款

E. 具有融资性质的分期收款销售商品，扣除融资因素的影响确认收入

解析 ↘ 选项 A，属于所有者权益内部项目结转，不影响资产。选项 D，属于资产内部项目的增减变动，不影响所有者权益。选项 B、C、E，会同时增加企业的资产和所有者权益。

(四) 收入

收入是指企业在日常活动中形成的、会导致所有者权益增加的、与所有者投入资本无关的经济利益的总流入。

收入的特征包括：①收入是企业在日常活动中形成的经济利益的总流入，而不是从偶发的交易或事项中产生的；②收入是与所有者投入资本无关的经济利益的总流入，因所有者投入资本产生的经济利益流入不属于收入；③收入的取得可能表现为企业资产的增加或负债的减少，或者资产增加和负债减少两者兼而有之，最终将导致企业所有者权益的增加。

提 示 利得是指企业非日常活动所形成的、会导致所有者权益增加、与所有者投入资本无关的经济利益的流入。

收入与利得的区分，见图 7-1。

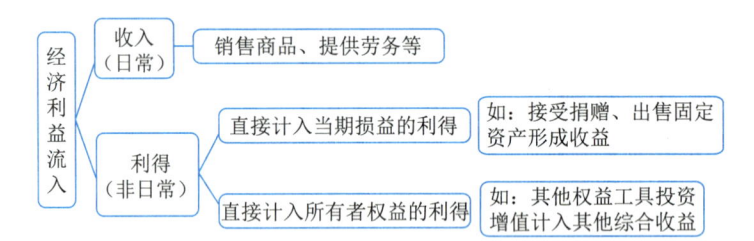

```
                   ┌─ 收入(日常) ─── 销售商品、提供劳务等
经济利益流入 ──────┤
                   │                ┌─ 直接计入当期损益的利得 ── 如：接受捐赠、出售固定资产形成收益
                   └─ 利得(非日常) ─┤
                                    └─ 直接计入所有者权益的利得 ── 如：其他权益工具投资增值计入其他综合收益
```

图 7-1 收入与利得的区分

【知识点拨】直接计入当期损益的利得或损失：
(1) 投资收益、公允价值变动损益、资产处置损益、其他收益。
(2) 资产减值损失、信用减值损失。
(3) 营业外收入、营业外支出。

(五) 费用

费用的相关知识点，见表 7-5。

表 7-5 费用的相关知识点

项目	内容
定义	费用指企业在日常活动中发生的、会导致所有者权益减少的、与向所有者分配利润无关的经济利益的总流出

答案 ↘
例题 5 | BCE

(续表)

项目	内容
定义	(1)费用是企业在销售商品、提供劳务等日常活动中发生的。 非日常：固定资产毁损清理损失=损失。 (2)费用最终会减少企业的所有者权益。 (3)费用是与向所有者分配利润无关的经济利益的总流出，与向所有者分配利润相关的经济利益流出不属于费用
条件	费用只有在经济利益很可能流出企业从而导致资产减少或者负债增加(或者资产减少和负债增加两者兼而有之)，且经济利益流出额能够可靠计量时才能予以确认
应用	企业为生产产品、提供劳务等发生的可归属于产品成本、劳务成本等的费用，应当在确认收入时，将已销售产品、已提供劳务的成本等计入当期损益。 企业发生的支出不产生经济利益的，或者即使能够产生经济利益但不符合或者不再符合资产确认条件的，应当在发生时确认为费用，计入当期损益。 企业发生的交易或者事项导致其承担了一项负债而又不确认为一项资产的，应当在发生时确认为费用，计入当期损益

提示 损失是指企业非日常活动所发生的、会导致所有者权益减少的、与向所有者分配利润无关的经济利益的流出。

费用与损失的区分，见图7-2。

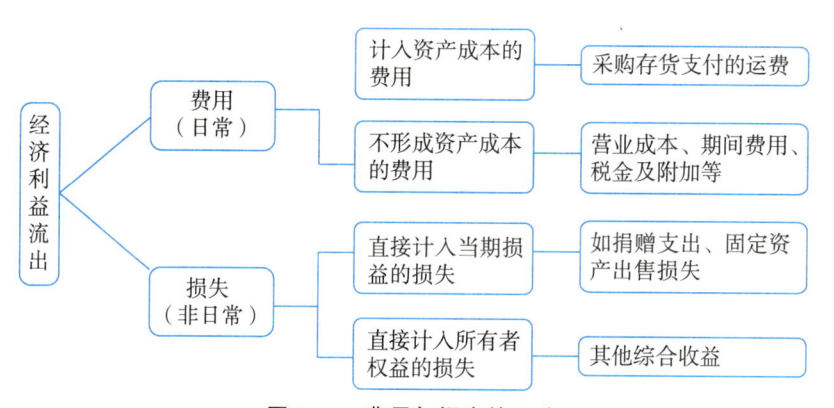

图7-2 费用与损失的区分

记忆密码
熟练区分影响直接计入当期损益的利得或损失的业务。

【例题6·多选题】根据《企业会计准则》的规定，下列关于费用的表述中，正确的有(　　)。

A. 企业为生产产品、提供劳务等发生的可归属于产品成本、劳务成本等费用，应当在确认产品收入、劳务收入等时，将已销售产品、已提供劳务的成本等计入当期损益

B. 企业发生的支出不产生经济利益的，或者即使能够产生经济利益但不符合或者不再符合资产确认条件的，应当在发生时确认为费用，计入

当期损益

C. 费用只有在经济利益很可能流出从而导致企业资产减少或者负债增加（或两者兼而有之），且经济利益的流出额能够可靠计量时才能予以确认

D. 如果一项支出在会计上不能确认为费用，一定应将其确认为损失

E. 企业经营活动中发生的、会导致所有者权益减少的经济利益的总流出均属于费用

解析 选项D，企业发生的支出若可以带来经济利益，且符合资产的确认条件，则应确认为一项资产，并不一定确认为费用或损失。选项E，向所有者分配利润所引起的经济利益的流出，虽然会导致所有者权益减少，但不属于费用。

（六）利润

利润包括收入减去费用后的净额、直接计入当期利润（当期损益）的利得和损失。

【例题7·单选题】（2021年）某软件公司发生的下列交易或事项中，应计入当期损益的利得是（　　）。

A. 采用权益法核算长期股权投资，被投资单位除净损益、其他综合收益和利润分配以外的所有者权益的其他变动，按持股比例计算应享有的份额
B. 为客户开发软件取得价款
C. 接受非关联方的现金捐赠
D. 将自用房地产转换为以公允价值模式计量的投资性房地产，转换日公允价值大于其账面价值的差额

解析 选项A，计入资本公积——其他资本公积。选项B，计入主营业务收入。选项C，计入营业外收入。选项D，计入其他综合收益。

考点三 财务会计要素计量属性 ★ 一学多考｜注

会计计量属性的定义，见表7-6。

表7-6 会计计量属性的定义

计量属性	定义
历史成本 （2015年单选）	资产按照购买时支付的现金或者现金等价物的金额，或者按照购买资产时所付出的对价的公允价值计量
	负债按照因承担现时义务而实际收到的款项或者资产的金额，或者承担现时义务的合同金额，或者按照日常活动中为偿还负债预期需要支付的现金或者现金等价物的金额计量

记忆密码
重点掌握历史成本的应用。

答案
例题6｜ABC
例题7｜C

(续表)

计量属性	定义
重置成本	资产按照现在购买相同或者相似资产所需支付的现金或者现金等价物的金额计量
	负债按照现在偿付该项债务所需支付的现金或者现金等价物的金额计量
公允价值	在公允价值计量下，资产和负债按照市场参与者在计量日发生的有序交易中，出售一项资产所能收到或者转移一项负债所需支付的价格计量（如：交易性金融资产）
可变现净值	资产按照其正常对外销售所能收到现金或者现金等价物的金额扣减该资产至完工时估计将要发生的成本、估计的销售费用以及相关税费后的金额计量
现值	资产按照预计从其持续使用和最终处置中所产生的未来净现金流入量的折现金额计量
	负债按照预计期限内需要偿还的未来净现金流出量的折现金额计量

【例题 8·单选题】企业资产按购买时付出对价的公允价值计量，负债按照承担现时义务的合同金额计量，则所采用的计量属性为(　　)。

A. 可变现净值　　　　　　B. 公允价值
C. 历史成本　　　　　　　D. 重置成本

解析 ↘ 在历史成本计量下，资产按照购买时支付的现金或者现金等价物的金额，或者按照购买资产时所付出的对价的公允价值计量；负债按照因承担现时义务而实际收到的款项或者资产的金额，或者承担现时义务的合同金额，或者按照日常活动中为偿还负债预期需要支付的现金或者现金等价物的金额计量。

【例题 9·单选题】负债按现在偿付该项债务所需支付的现金或者现金等价物的金额计量，其采用的会计计量属性是(　　)。

A. 重置成本　　　　　　　B. 可变现净值
C. 历史成本　　　　　　　D. 现值

解析 ↘ 在重置成本计量下，资产按照现在购买相同或者相似资产所需支付的现金或者现金等价物的金额计量；负债按照现在偿付该项债务所需支付的现金或者现金等价物的金额计量。

考点四　会计信息质量要求 ★★★　一学多考 | 中注

会计信息质量要求，见表 7-7。

答案 ↘
例题 8 | C
例题 9 | A

表 7-7　会计信息质量要求

项目	内容
可靠性	企业应当以实际发生的交易或者事项为依据进行会计核算，如实反映会计要素及其他相关信息，保证会计信息真实可靠、内容完整。 【拓展】职业判断不偏不倚，不受会计人员主观意志左右
相关性	企业提供的会计信息应当与财务报告使用者的经济决策需要相关，有助于财务报告使用者对企业过去、现在的情况作出评价，对未来的情况作出预测（如，区分流动资产、流动负债与非流动资产、非流动负债，区分收入与利得、费用和损失）
可理解性	企业提供的会计信息应当清晰明了，便于财务报告使用者理解和使用（如，主表合并列示、附注披露说明）
及时性	企业对于已经发生的交易或者事项，应当及时进行会计确认、计量和报告，不得提前或者延后
可比性	（1）同一企业不同时期：发生的相同或者相似的交易或者事项，应当采用一致的会计政策，不得随意变更。如需变更，应当在附注中说明。 【应用】符合会计规定的会计政策变更，符合可比性要求。存货的计价方法在会计准则允许的范围内选择使用，符合可比性要求。 （2）不同企业相同会计期间：发生的相同或者相似的交易或者事项，应当采用相同或相似的会计政策，确保会计信息口径一致、相互可比
实质重于形式	企业应当按照交易或者事项的经济实质进行会计确认、计量和报告，不应仅以交易或者事项的法律形式为依据。 【应用】融资性售后回购不确认收入、使用权资产的确认、将发行的附有强制付息义务的优先股确认为负债、将附有追索权的商业承兑汇票出售确认为质押贷款
重要性	（1）对重要的会计事项，必须按照规定的会计方法和程序进行处理，并在财务报告中予以充分、准确的披露；对次要的会计事项，在不影响会计信息真实性和不至于误导财务报告使用者作出正确判断的前提下，可适当简化处理。 （2）会计核算中遵循重要性原则的同时要考虑提供会计信息的成本与效益问题，使得提供会计信息的收益大于成本，避免出现提供会计信息的成本大于收益的情况
谨慎性 （2024年多选）	（1）在面临经济活动中的不确定因素的情况下作出职业判断时，应当保持必要的谨慎，充分估计风险和损失，不高估资产或收益，也不低估负债或费用。 （2）对预计发生的损失应计算入账，对于可能发生的收益则不预计入账。 （3）遵循谨慎性要求，并不意味着企业可以任意设置秘密准备。 【应用】对发生减值的资产计提减值准备、对售出商品很可能发生的保修义务确认预计负债、对固定资产采用加速折旧法计提折旧、递延所得税资产的确认

记忆密码

全面掌握每个要求的识别与应用。

> **得分高手**（2020年多选、2022年单选、2023年多选、2024年多选）
>
> 主要考核各项业务处理对应的要求，所以需要熟练掌握讲义中归纳的要求应用。

【例题10·多选题】（2020年）下列会计核算中体现了谨慎性会计信息质量要求的有(   )。

　　A. 应低估资产或收益
　　B. 不高估资产或收益
　　C. 计提特殊准备项目以平滑利润
　　D. 应确认预计可能发生的损失
　　E. 不确认可能发生的收益

　　解析 选项A，谨慎性要求企业不应高估资产或者收益、也不应低估负债或者费用。选项C，遵循谨慎性并不意味着企业可以任意设置各种秘密准备，否则，就属于滥用谨慎性原则。

【例题11·多选题】下列各项交易或事项中，不属于体现会计信息质量谨慎性要求的有(   )。

　　A. 资产负债表日对发生减值的固定资产计提减值准备
　　B. 融资性售后回购方式销售商品取得的价款不确认为收入
　　C. 期末存货按照成本与可变现净值孰低法计量
　　D. 对固定资产采用加速折旧法计提折旧
　　E. 投资性房地产由成本模式转为公允价值模式，采用追溯调整法进行计量

　　解析 选项B，属于体现会计信息质量实质重于形式的要求。选项E，属于体现会计信息质量可比性的要求。投资性房地产由成本计量模式转为公允价值计量模式，确认和计量的方法变了，属于会计政策变更，应进行追溯调整，保证同一企业不同时期会计信息具有可比性。

【例题12·单选题】下列各项会计处理方法中，体现财务会计信息可比性要求的是(   )。

　　A. 分期收款发出商品未按应收合同或协议价款确认为当期收入
　　B. 发出存货的计价方法一经确定，不得随意变更，如需变更应在财务报表附注披露
　　C. 避免企业出现提供会计信息的成本大于收益的情况
　　D. 对个别资产采用现值计量

　　解析 选项B，符合可比性要求。可比性要求同一企业不同时期发生的相同或者相似的交易或者事项，应当采用一致的会计政策，不得随意变更。确需变更的，应当在附注中说明。选项A、D，符合实质重于形式要求。选项C，体现了重要性的要求。

答案
例题10 | BDE
例题11 | BE
例题12 | B

同步训练

考点一 会计基本假设和会计基础

1. (多选题)下列各项中,关于会计基本假设表述正确的有( )。
   A. 会计主体规定了会计核算的空间范围
   B. 会计主体可以是一个独立的法律主体,也可以不是一个独立的法律主体
   C. 有了持续经营假设,会计核算方法才能保持稳定,可比性要求才能满足
   D. 持续经营是企业分期反映经营活动和总结经营成果的前提
   E. 业务收支以外币为主的企业,也可以选择某种外币作为记账本位币,但编制的财务报告应当折算为人民币反映

2. (多选题)下列各项中,属于企业在选择记账本位币时应当考虑的因素有( )。
   A. 融资活动获得的币种
   B. 销售商品和提供劳务时计价和结算的币种
   C. 商品和劳务所需人工、材料和其他费用计价和结算的币种
   D. 投资活动使用的币种
   E. 保存从经营活动中收取款项所使用的币种

考点二 财务会计要素

1. (多选题)下列各项中,导致企业负债总额发生增减变动的有( )。
   A. 发行可转换公司债券　　B. 转销已到期但无力支付的应付票据
   C. 转销无法偿付的应付账款　　D. 总额法下收到与资产相关的政府补助
   E. 宣告发放股票股利

2. (多选题)资产要归类为流动资产,应满足下列之一的条件有( )。
   A. 预计在一个正常营业周期中变现、出售或耗用
   B. 预计在资产负债表日起1年内变现
   C. 自资产负债表日起1年内,交换其他资产或清偿负债的能力不受限制的现金或现金等价物
   D. 主要为交易目的而持有
   E. 与该资源有关的经济利益很可能流入企业

3. (多选题)下列关于费用和损失的表述中,正确的有( )。
   A. 费用是企业日常活动中形成的会导致所有者权益减少的经济利益总流出
   B. 费用和损失都是经济利益的流出并最终导致所有者权益的减少
   C. 费用和损失的主要区别在于是否计入企业的当期损益
   D. 企业发生的损失在会计上应计入营业外支出

E. 损失是由企业非日常活动所发生的、会导致所有者权益减少的、与向所有者分配利润无关的经济利益的流出

考点三 财务会计要素计量属性

(单选题)在历史成本计量下,下列表述中错误的是( )。

A. 负债按预期需要偿还的现金或现金等价物的折现金额计量

B. 负债按因承担现时义务的合同金额计量

C. 资产按购买时支付的现金或现金等价物的金额计量

D. 资产按购置资产时所付出的对价的公允价值计量

考点四 会计信息质量要求

1. (单选题)下列各项关于企业应遵循的会计信息质量要求的表述中,正确的是( )。

   A. 企业应当以实际发生的交易或事项为依据进行确认、计量和报告

   B. 企业对不重要的会计差错无须进行差错更正

   C. 企业对不同会计期间发生的相同交易或事项可以采用不同的会计政策

   D. 企业在资产负债表日对尚未获得全部信息的交易或事项不应进行会计处理

2. (单选题)甲公司在编制2025年度财务报表时,发现2024年度某项管理用无形资产未摊销,应摊销金额20万元,甲公司将该20万元补记的摊销额计入2025年度的管理费用,甲公司2024年和2025年实现的净利润分别为20 000万元和15 000万元。不考虑其他因素,甲公司上述会计处理体现的会计信息质量要求是( )。

   A. 重要性 B. 相关性 C. 可比性 D. 及时性

3. (单选题)下列各项交易事项的会计处理中,不体现实质重于形式要求的是( )。

   A. 将发行的附有强制付息义务的优先股确认为负债

   B. 未经法院最终判决的诉讼事项因资产负债表日未获得全部信息而需要进行会计处理

   C. 将附有追索权的商业承兑汇票出售确认为质押贷款

   D. 承租人将租入固定资产确认为使用权资产

4. (多选题)下列关于会计信息质量要求的表述中,正确的有( )。

   A. 在物价上涨期间,采用先进先出法计量发出存货的成本体现了谨慎性的要求

   B. 避免企业出现提供会计信息的成本大于收益的情况体现了重要性的要求

   C. 企业会计政策不得随意变更体现了可比性的要求

   D. 企业提供的会计信息应简明地反映其财务状况和经营成果体现了相关性的要求

   E. 融资性售后回购在会计上一般不确认为收入体现了实质重于形式的要求

5. (多选题·2024年)下列各项中,体现谨慎性会计信息质量要求的有( )。

   A. 资产负债表中的负债按流动负债和非流动负债分别列报

   B. 企业对售出商品很可能发生的保修义务确认预计负债

   C. 企业进行所得税会计处理时,只有存在确凿证据表明未来期间很可能获得足够的应纳税所得额用于抵扣可抵扣暂时性差异,才确认相关的递延所得税资产

D. 融资性售后回购销售商品取得的价款不确认收入

E. 企业将资本公积转增股本，对各列报期间的每股收益重新计算

6. (多选题)下列经济业务和事项中，不违背可比性要求的有( )。

A. 固定资产所含经济利益的预期实现方式发生了重大改变，企业相应改变固定资产折旧方法

B. 鉴于开始执行新规定，将发出存货计价方法由后进先出法改为先进先出法

C. 由于固定资产购建完成并达到预定可使用状态，将借款费用由资本化改为费用化核算

D. 某项专利权已经丧失使用价值和转让价值，将其账面价值一次性转入当期损益

E. 因预计本年度发生亏损，将以前年度计提的存货跌价准备全部予以转回

参考答案及解析

考点一 会计基本假设和会计基础

1. ABCE 【解析】本题考查会计基本假设。选项 D，会计分期是企业分期反映经营活动和总结经营成果的前提。

2. ABCE 【解析】本题考查选定记账本位币时考虑的因素。企业选定记账本位币时，应当考虑的因素有：①该货币主要影响商品和劳务的销售价格，通常以该货币进行商品和劳务的计价和结算；②该货币主要影响商品和劳务所需人工、材料和其他费用，通常以该货币进行上述费用的计价和结算；③融资活动获得的货币以及保存从经营活动中收取款项所使用的货币。

考点二 财务会计要素

1. ACD 【解析】本题考查会计要素——负债。选项 A，借记"银行存款"科目，贷记"应付债券""其他权益工具"科目，负债总额增加。选项 B，借记"应付票据"科目，贷记"应付账款"或"短期借款"科目，负债一增一减，总额无变化。选项 C，借记"应付账款"科目，贷记"营业外收入"科目，负债总额减少。选项 D，借记"银行存款"等科目，贷记"递延收益"科目，负债总额增加。选项 E，宣告发放股票股利时不进行账务处理，负债总额不变。

2. ABCD 【解析】本题考查流动资产的划分条件。选项 E，是确认资产的条件。

3. BE 【解析】本题考查会计要素——费用。选项 A，费用是企业在日常活动中发生的、会导致所有者权益减少的、与向所有者分配利润无关的经济利益总流出。选项 C，费用和损失都可以计入当期损益，两者的主要区别在于是否日常活动中发生。选项 D，企业发生的损失在会计上并不全部计入营业外支出。

考点三 财务会计要素计量属性

A 【解析】本题考查会计计量属性。在历史成本计量下，负债按照因承担现时义务而实际收到的款项或者资产的金额，或者承担现时义务的合同金额，或者按照日常活动中为偿还负债预期需要支付的现金或现金等价物的金额计量。

考点四 会计信息质量要求

1. A 【解析】本题考查会计信息质量要求。选项 B，重要性要求对于次要的会计事项可适当简化处理，因此对不重要的会计差错也应进行差错更正。选项 C，可比性要求企业对不同会计期间发生的相同交易或事项应当采用相同的会计政策。选项 D，如果企业等到与交易或者事项有关的全部信息获得之后再进行会计处理，这样的信息披露虽然提高了信息的可靠性，但可能违背了会计信息质量要求中的及时性要求。

2. A 【解析】本题考查会计信息质量要求——重要性。甲公司将补提以前年度的摊销额直接计入当期报表，没有追溯调整以前年度报表，说明该金额不具有重要性，体现重要性要求。

3. B 【解析】本题考查会计信息质量要求——实质重于形式。选项 B，体现了谨慎性要求。

4. BCE 【解析】本题考查会计信息质量要求。选项 A，在物价上涨时对发出存货采用先进先出法计价，会导致期末存货和当期利润虚增，不能体现谨慎性要求。选项 D，体现了可理解性要求。

5. BC 【解析】本题考查会计信息质量要求——谨慎性。选项 A，体现了相关性会计信息质量要求。选项 D，体现实质重于形式会计信息质量要求。选项 E，体现了可比性会计信息质量要求。

6. ABCD 【解析】本题考查会计信息质量要求——可比性。选项 A、B、C、D，属于符合国家规定情况下的方法改变，符合可比性要求。选项 E，属于出于操纵损益目的所作的变更，违背会计核算规定，不符合会计信息质量要求中的可比性要求。

亲爱的读者，你已完成本章4个考点的学习，本书知识点的学习进度已达33%。

第八章 流动资产（一）

重要程度：次重点章节　　分值：6分左右

考试风向

▶▶▶ 考情速递

本章重点内容为银行存款余额调节表、其他货币资金构成、票据贴现、其他应收款核算内容、应收款项减值、交易性金融资产损益计算、外币货币性项目期末汇兑损益计算等。常以单选题、多选题的形式考核，需要准确记忆考点并熟练练习计算考题。

▶▶▶ 2025年考试变化

本章内容无实质性变化。

▶▶▶ 脉络梳理

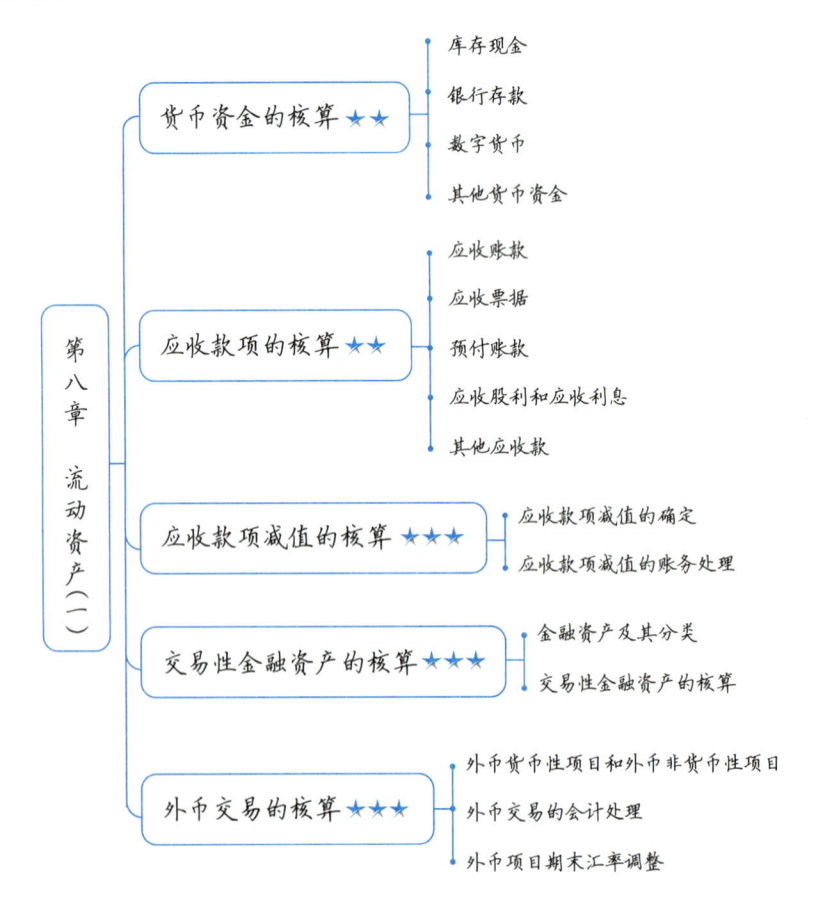

```
                    ┌── 库存现金
                    ├── 银行存款
         货币资金的核算★★
                    ├── 数字货币
                    └── 其他货币资金

                    ┌── 应收账款
                    ├── 应收票据
         应收款项的核算★★ ── 预付账款
                    ├── 应收股利和应收利息
第                  └── 其他应收款
八
章                               ┌── 应收款项减值的确定
流       应收款项减值的核算★★★
动                               └── 应收款项减值的账务处理
资
产                                 ┌── 金融资产及其分类
（       交易性金融资产的核算★★★
一）                               └── 交易性金融资产的核算

                                 ┌── 外币货币性项目和外币非货币性项目
         外币交易的核算★★★ ── 外币交易的会计处理
                                 └── 外币项目期末汇率调整
```

考点详解及精选例题

考点一 货币资金的核算 ★★

(一)库存现金

企业应设置"现金日记账",由出纳人员根据收、付款凭证,按照业务的发生顺序逐笔登记。每日终了,应计算当日的现金收入合计数、现金支出合计数和结余数,并将结余数与实际库存数核对,做到账款相符。

(二)银行存款

1. 未达账项

"银行存款日记账"应定期与"银行对账单"核对,至少每月核对一次。银行存款日记账余额与银行对账单余额如有不符,一方面是记账错误,另一方面是存在未达账项。

未达账项,是指银行与企业之间,由于<u>凭证传递上的时间差</u>,一方已登记入账,另一方尚未入账的收支项目。

2. 银行存款余额调节表的编制

数据资料:

银行存款日记账(企业)	银行对账单(银行)
期初余额 1 000 万元	期初余额 1 000 万元
+100 万元	
-200 万元	
	+300 万元
	-500 万元
期末余额 900 万元	期末余额 800 万元

银行存款日记账金额	900 万元	银行对账单金额	800 万元
加:银行已收、企业未收	+300 万元	加:企业已收、银行未收	+100 万元
减:银行已付、企业未付	-500 万元	减:企业已付、银行未付	-200 万元
调节后的存款余额	700 万元	调节后的存款余额	700 万元

3. 银行存款余额调节表的应用(2022 年多选)

银行存款余额调节表的应用,见表 8-1。

表 8-1 银行存款余额调节表的应用

项目	内容
调节后余额	反映<u>企业可以动用的</u>银行存款实有数额

(续表)

项目	内容
调节后结果	若无记账差错，双方调整后的银行存款余额应该相等；调节后双方余额若不相符，则说明记账有差错，须进一步查对，更正错误记录
调节表用途	银行存款余额调节表用来核对企业和银行的记账有无错误，不能作为记账依据；对于未达账项，无须进行账面调整，待结算凭证收到后再进行账务处理

● **得分高手**（2022 年多选）

本考点在 2019 年以前频繁考核，2025 年重点关注调节表的应用。

【例题 1·单选题】甲公司 2024 年 5 月 31 日银行存款日记账余额为 85 000 元，银行对账单余额为 108 500 元。经核对，未达账项有：①银行计提甲公司存款利息 1 800 元，甲公司尚未收到通知；②甲公司开出转账支票支付货款 21 750 元，银行尚未办理入账手续；③甲公司收到转账支票一张，金额为 1 050 元，甲公司已入账，银行尚未入账；④银行在甲公司存款账户错误存入 1 000 元，甲公司尚未收到通知；⑤甲公司将商业汇票交付银行委托收款 30 000 元，银行未将款项收回。不考虑其他因素，则甲公司 5 月 31 日可动用的银行存款实有数额为(　　)元。

A. 85 750　　B. 86 800　　C. 85 000　　D. 94 300

解析 可动用的银行存款实有数额 = 85 000 + 1 800 = 86 800(元)。或者：108 500 − 21 750 + 1 050 − 1 000 = 86 800(元)。

【例题 2·单选题】下列关于银行存款余额调节表的表述中，正确的是(　　)。

A. 银行对账单余额反映企业可以动用的银行存款实有数额
B. 银行存款日记账余额反映企业可以动用的银行存款实有数额
C. 银行存款余额调节表用于核对企业银行的记账有无错误，并作为原始凭证记账
D. 未达账项无须进行账务处理，取得相关凭证后作为原始凭证

解析 选项 A、B，调节后的银行存款余额，反映企业可以动用的银行存款实有数额。选项 C，银行存款余额调节表不能作为原始凭证。

【例题 3·单选题】下列未达账项在编制"银行存款余额调节表"时，应调增企业银行存款日记账账面余额的是(　　)。

A. 企业已开出支票，持有人尚未到银行办理结算
B. 企业已收到银行汇票存入银行，但银行尚未收到
C. 银行已为企业支付电费，企业尚未收到付款通知
D. 银行已为企业收取货款，企业尚未收到收款通知

答案
例题 1 | B
例题 2 | D
例题 3 | D

解析 应调增企业银行存款日记账账面余额的是银行已收企业未收的款项。

(三) 数字货币

数字人民币是由中国人民银行发行的数字形式的法定货币,由指定运营机构参与运营并向公众兑换。企业持有数字人民币的,可以增设"数字货币——人民币"科目进行核算。

(四) 其他货币资金

1. 其他货币资金的构成(2021 年多选)

其他货币资金的构成,见表 8-2。

表 8-2 其他货币资金的构成

种类	含义
银行汇票存款	指企业为取得银行汇票按规定存入银行的款项
银行本票存款	指企业为取得银行本票按规定存入银行的款项
信用卡存款	指企业为取得信用卡按规定存入银行的款项
信用证保证金存款	指企业为取得信用证按规定存入银行的保证金
外埠存款	指企业到外地进行临时和零星采购时,汇往采购地银行开立采购专户存款的款项
存出投资款	指企业已存入证券公司但尚未进行交易性投资的现金

口诀:两银两信一外一存,仅付款方涉及。

提示 不属于其他货币资金的款项:①支付的备用金(其他应收款);②临时账户存款、定期存款(银行存款);③商业汇票(收款方是应收票据、付款方是应付票据);④用存出投资款购买的股票(股票是投资形成的资产)。

2. 其他货币资金的核算

其他货币资金(银行汇票存款)的结算流程,见图 8-1。

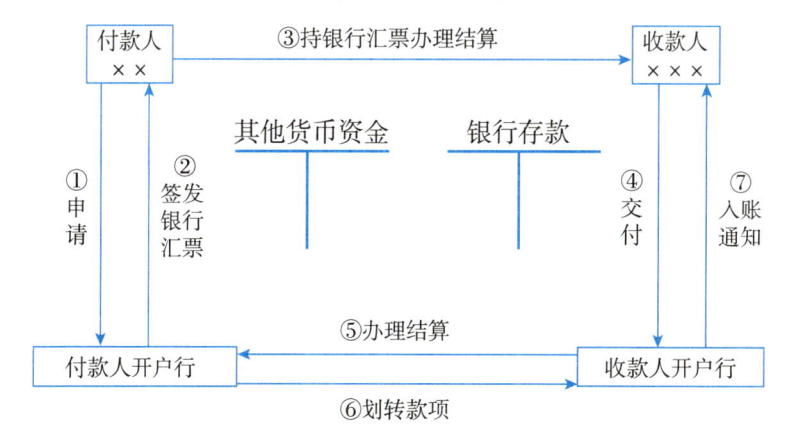

图 8-1 其他货币资金(银行汇票存款)的结算流程

其他货币资金的核算，见表8-3。

表8-3 其他货币资金的核算

付款方(银行汇票为例)		收款方
办理其他货币资金	借：其他货币资金 贷：银行存款	—
交付其他货币资金	借：原材料 应交税费——应交增值税(进项税额) 贷：其他货币资金	借：银行存款[并非其他货币资金] 贷：主营业务收入 应交税费——应交增值税(销项税额) 借：主营业务成本 贷：库存商品
余款退回	借：银行存款 贷：其他货币资金	—

【例题4·多选题】(2021年)下列各项应在"其他货币资金"科目中核算的有(　　)。

A．信用证保证金存款　　B．一年期以上的定期存款

C．三个月到期的国库券　　D．信用卡存款

E．向单位内部各职能部门拨付的备用金

解析 选项B，应在"银行存款"科目核算。选项C，一般作为金融资产核算。选项E，应在"其他应收款"科目核算。

【例题5·多选题】下列各项中，不通过"其他货币资金"科目核算的有(　　)。

A．采购商品开给销货方的商业汇票

B．存放在证券公司账户的投资款

C．存放在企业其他部门的备用金

D．租入设备支付的保证金

E．持有的3个月内到期的债券投资

解析 选项A，通过"应付票据"科目核算。选项C、D，通过"其他应收款"科目核算。选项E，一般通过金融资产核算。

考点二 应收款项的核算 ★★

(一)应收账款

应收账款与应付账款的核算，见表8-4。

答案
例题4 | AD
例题5 | ACDE

表8-4 应收账款与应付账款的核算

	销售方		购买方
赊销	借：应收账款 　　贷：主营业务收入 　　　　应交税费——应交增值税（销项税额） 借：主营业务成本 　　贷：库存商品 借：应收账款[代垫运费+增值税] 　　贷：银行存款	赊购	借：原材料[买价+销售方代垫运费] 　　应交税费——应交增值税（进项税额） 　　贷：应付账款
收款	借：银行存款 　　贷：应收账款	付款	借：应付账款 　　贷：银行存款

（二）应收票据（2024年单选）

应收票据的核算，见表8-5。

表8-5 应收票据的核算

项目	内容		
收到商业汇票	借：应收票据[商业汇票=商业承兑汇票+银行承兑汇票] 　　贷：主营业务收入 　　　　应交税费——应交增值税（销项税额）		
商业汇票到期	收取票据款	借：银行存款 　　贷：应收票据	
	付款人无力支付	商业承兑汇票	借：应收账款 　　贷：应收票据
		银行承兑汇票	借：银行存款[付款人银行垫付] 　　贷：应收票据
背书转让	借：原材料等 　　应交税费——应交增值税（进项税额） 　　贷：应收票据 借或贷：银行存款[票据与含税价款差额]		
票据贴现	到期值	到期值=票据面值+票据面值×票面利率×票据期限 按月计息：次月对日 按日计息：算尾不算头（计算更方便）	
	贴现息	贴现息=票据到期值×贴现率×贴现期	
	贴现额	贴现额=票据到期值-贴现息	

(续表)

项目		内容		
票据贴现	贴现处理	借：银行存款 　　财务费用 　贷：应收票据［满足终止确认条件］ 　　　短期借款［不满足终止确认条件，产生或有债务］		
	不满足金融资产终止确认条件的贴现汇票到期或有债务处理	债务人付款	债务人不付款	
		借：短期借款 　贷：应收票据	借：短期借款 　贷：银行存款	借：应收账款 　贷：应收票据

【例题 6·单选题】甲公司 2024 年 6 月 20 日销售一批价值 5 000 元(含增值税)的商品给乙公司，乙公司开具一张面值 5 000 元、年利率 8%、期限 3 个月的商业承兑汇票。甲公司因资金周转需要，于 2024 年 8 月 20 日持该票据到银行贴现(符合终止确认条件)，贴现率为 12%，则甲公司该票据的贴现额为(　　)元。

A. 5 100　　　　　　　　　B. 5 099
C. 5 049　　　　　　　　　D. 4 999

解析 ↘ 票据到期值 = 5 000 + 5 000×8%×3÷12 = 5 100(元)，贴现息 = 5 100×12%×1÷12 = 51(元)，贴现额 = 5 100−51 = 5 049(元)。

【例题 7·单选题】(2021 年)甲公司 2021 年 2 月 20 日向乙公司销售一批商品，不含税货款 50 000 元，适用的增值税税率为 13%。乙公司开来一张出票日为 2 月 22 日，面值为 56 500 元、票面年利率为 6%、期限为 60 天的商业承兑汇票。次月 18 日甲公司因急需资金，持该票据到银行贴现，贴现率为 10%。若该项贴现业务符合金融资产终止确认条件，一年按 360 天计算，则甲公司取得的贴现额为(　　)元。

A. 58 477.74　　　　　　　B. 56 494.35
C. 58 510.56　　　　　　　D. 59 085

解析 ↘ 到期值 = 56 500 + 56 500×6%×60÷360 = 57 065(元)。2 月 22 日至 2 月 28 日是 7 天，3 月 1 日至 3 月 18 日是 18 天，算头不算尾，持有天数 = 7 + 18 − 1 = 24(天)，贴现期 = 60 − 24 = 36(天)。贴现息 = 57 065×10%×36÷360 = 570.65(元)。贴现额 = 57 065 − 570.65 = 56 494.35(元)。

(三) 预付账款

预付账款的核算，见表 8-6。

答案 ↘
例题 6 | C
例题 7 | B

第八章 | 流动资产（一）

表 8-6 预付账款的核算

项目		内容
核算	预付	借：预付账款[将来收到货物的债权] 贷：银行存款
	收货	借：原材料等 　　应交税费——应交增值税(进项税额) 贷：预付账款[按应付金额冲减预付款]
	补付	补付与预付分录相同、退回与预付分录相反
预付账款期末余额		借方余额：预付的货款；贷方余额：应补付的货款
未设预付账款账户		预付款项情况不多的企业，可以不设置"预付账款"科目，而直接通过"应付账款"科目核算。但编制报表时，应根据相关明细科目，将预付和应付的金额分别列报

（四）应收股利和应收利息

应收股利和应收利息的核算，见表 8-7。

表 8-7 应收股利和应收利息的核算

项目	内容	
核算内容	应收股利：企业应收取的现金股利和应收取其他单位分配的利润。 应收利息：核算短期的应收未收的利息债权	
分录	(1)确认收益，未收到股息时： 借：应收股利/应收利息 　　贷：投资收益	(2)其后收到股息时： 借：银行存款 　　贷：应收股利/应收利息

（五）其他应收款（2020 年多选）

其他应收款的核算，见表 8-8。

表 8-8 其他应收款的核算

项目	内容	
核算的款项	(1)应向职工收取的垫付款项，如应收为职工垫付的医药费； (2)存出保证金，如租入包装物支付的押金； (3)备用金(向企业科室拨付的备用金)	借：其他应收款 　　贷：银行存款等
	(4)应收的出租包装物租金； (5)应收的各种罚款、赔款	借：其他应收款 　　贷：其他业务收入[租金] 　　　　营业外收入[罚款、赔款]

口诀：支付垫保备、应收租罚赔。

(续表)

项目	内容
不核算的款项	企业拨出用于投资、购买物资的各种款项

【知识点拨】其他应收款的核算内容近几年考核的频率低，但2025年应作为重点备考。

【例题8·多选题】(2020年)下列各项中，应通过"其他应收款"科目核算的有( )。

A. 用于外地采购物资拨付的款项
B. 销售商品代垫的运输费用
C. 出租包装物应收的租金
D. 租入包装物支付的押金
E. 向企业各职能部门拨付的备用金

解析 选项A，通过"其他货币资金——外埠存款"科目核算。选项B，通过"应收账款"科目核算。

考点三 应收款项减值的核算 ★★★

(一) 应收款项减值的确定 (2023年多选)

应收款项减值的确定，见表8-9。

表8-9 应收款项减值的确定

项目	内容
金融资产减值证据	(1) 发行方或债务人发生重大财务困难。 (2) 债务人违反合同条款，如偿付利息或本金违约或逾期等。 (3) 债权人出于与债务人财务困难有关的经济或合同考虑，给予债务人在任何其他情况下都不会作出的让步。 (4) 债务人很可能破产或进行其他财务重组。 (5) 因发行方或债务人发生重大财务困难，导致该金融资产的活跃市场消失。 (6) 以大幅折扣购买或源生一项金融资产，该折扣反映了发生信用损失的事实
确定减值	对应收款项进行减值测试，应根据企业的实际情况分为单项金额重大和非重大的应收款项，分别进行减值测试，计算确定减值损失
	单项金额重大的应收款项，应单独进行减值测试，有客观证据表明其发生了减值的，应当根据其未来现金流量现值低于其账面价值的差额确认减值损失
	单项金额非重大的应收款项以及单独测试后未发生减值的单项金额重大的应收款项，应当采用组合方式进行减值测试，分析判断是否发生减值

记忆密码
单项重大分开测，重大未减再组合。

答案
例题8 | CDE

【例题9·多选题】(2023年)下列关于应收账款减值的会计处理中，表述正确的有(　　)。

A．对于单项金额重大的应收款项，应单独进行减值测试
B．对于经单独测试后未发生减值的单项金额重大的应收款项，无须再分析判断是否发生减值
C．应收款项发生减值而计提的坏账准备金额，记入"资产减值损失"科目
D．对于单项金额非重大的应收款项，应采用组合方式进行减值测试分析判断是否发生减值
E．单项金额重大的应收款项减值测试时，应采用即期折现率计算未来现金流量现值

解析 选项B，应采用组合方式进行减值测试，分析判断是否发生减值。选项C，应记入"信用减值损失"科目。选项E，应采用应收账款发生时的初始折现率计算未来现金流量的现值。

(二) 应收款项减值的账务处理(2020年、2022年、2024年单选)

企业应当按照应收款项整个存续期内预期信用损失的金额计量其损失准备。应收款项减值的账务处理，见表8-10。

表8-10　应收款项减值的账务处理

情形	账务处理	
计提坏账准备	借：信用减值损失 　贷：坏账准备	
实际发生坏账（转销坏账）	借：坏账准备 　贷：应收账款 **提示** 应收账款：代表各种应收款项账户	
已确认的坏账又收回	冲销已发生坏账： 借：应收账款 　贷：坏账准备	收回应收款项： 借：银行存款 　贷：应收账款
再次计提坏账准备	当期应计提坏账准备=期末应有准备-已提准备（即计提准备前坏账准备账户的贷方余额）	
	期末应有准备>已提准备，按差额计提坏账准备： 借：信用减值损失 　贷：坏账准备	期末应有准备<已提准备，按差额冲减坏账准备： 借：坏账准备 　贷：信用减值损失
	如果期末应有准备金额为0，应将"坏账准备"科目的余额全部冲回。 如果计提坏账准备前"坏账准备"科目是借方余额，应按期末应有准备和计提坏账准备前坏账准备的借方余额的合计金额提取准备	

答案
例题9｜AD

> **得分高手**（2020年单选、2022年单选、2024年单选）
>
> 本考点近几年频繁考核，主要考核一年业务或多年业务减值损失的计算。

【例题10·单选题】（2020年）甲公司采用备抵法核算应收款项的坏账准备，期末按应收款项余额的5%计提坏账准备。2018年年末应收款项期末余额为5 600万元，2019年发生坏账损失300万元，收回上一年已核销的坏账50万元，2019年年末应收款项期末余额为8 000万元。不考虑其他因素，则甲公司2019年应收款项减值对当期利润总额的影响金额为(　　)万元。

  A. -420   B. -120

  C. -170   D. -370

解析 2019年应计提坏账准备=8 000×5%-(5 600×5%-300+50)=370(万元)，因此减少当年的利润总额370万元。

【例题11·单选题】 甲公司坏账准备采用备抵法核算，按期末应收款项余额的5%计提坏账准备。2021年年初"坏账准备"账户的贷方余额为4 800元；2021年因乙公司宣告破产，应收11 700元货款无法收回，全部确认为坏账；2021年应收款项借方全部发生额为324 000元、贷方全部发生额为340 000元。2022年收回已核销的乙公司的欠款5 000元；2022年应收款项借方全部发生额为226 000元、贷方全部发生额为206 000元。甲公司2022年年末应计提坏账准备(　　)元。

  A. -5 000   B. -4 000

  C. 4 000   D. 5 000

解析 2021年年末应收账款余额=4 800÷5%+324 000-340 000=80 000(元)，2021年年末坏账准备余额=80 000×5%=4 000(元)。2022年年末应收账款余额=80 000+226 000-206 000=100 000(元)，2022年年末应计提坏账准备=100 000×5%-(4 000+5 000)=-4 000(元)。

【例题12·多选题】 下列各项中，会引起应收账款账面价值发生变化的有(　　)。

  A. 结转到期不能收回的应收票据   B. 计提应收账款坏账准备

  C. 应收账款发生坏账   D. 收回已转销的应收账款

  E. 转回多提的坏账准备

解析 应收账款账面价值=应收账款账面余额-坏账准备账面余额。选项A，应借记"应收账款"科目，贷记"应收票据"科目，应收账款的账面价值增加。选项B，应借记"信用减值损失"科目，贷记"坏账准备"科目，坏账准备增加，应收账款账面价值减少。选项C，应借记"坏账准备"科目，贷记"应收账款"科目，不影响应收账款的账面价值。选项D，应借记"应收账款"科目，贷记"坏账准备"科目，同时借记"银行存款"科目，贷记"应收账款"科目，最终坏账准备金额增加，应收账款账面价值减少。选项E，应借记"坏

答案

例题10 | D
例题11 | B
例题12 | ABDE

账准备"科目，贷记"信用减值损失"科目，坏账准备减少，应收账款的账面价值增加。

考点四 交易性金融资产的核算 ★★★   一学多考|中注

（一）金融资产及其分类

1. 金融资产

金融资产，指企业持有的现金、其他方的权益工具以及符合下列条件之一的资产：

（1）从其他方收取现金或其他金融资产的合同权利。

（2）在潜在有利条件下，与其他方交换金融资产或金融负债的合同权利。

（3）将来须用或可用企业自身权益工具进行结算的非衍生工具合同，且企业根据该合同将收到可变数量的自身权益工具。

（4）将来须用或可用企业自身权益工具进行结算的衍生工具合同，但以固定数量的自身权益工具交换固定金额的现金或其他金融资产的衍生工具合同除外。

2. 金融资产分类（2018年多选）

企业应当根据管理金融资产的业务模式和金融资产的合同现金流量特征，将金融资产分为以下三类：

（1）以摊余成本计量的金融资产，如各种应收款项、债权投资（金1）。

（2）以公允价值计量且其变动计入其他综合收益的金融资产，如其他债权投资、其他权益工具投资（在初始确认时，企业可以将非交易性权益工具投资指定为以公允价值计量且其变动计入其他综合收益的金融资产，即其他权益工具投资，该指定一经作出，不得撤销）（金2）。

（3）以公允价值计量且其变动计入当期损益的金融资产，如交易性金融资产（金3）。

提示1 非同一控制下的企业合并中确认的或有对价构成金融资产的，该金融资产应当分类为以公允价值计量且其变动计入当期损益的金融资产，不得指定为以公允价值计量且其变动计入其他综合收益的金融资产。

提示2 风险投资机构、共同基金以及类似主体可以将其持有的对联营企业或合营企业投资，确认为以公允价值计量且其变动计入当期损益的金融资产，不能指定为以公允价值计量且其变动计入其他综合收益的金融资产。

（二）交易性金融资产的核算（2020年、2022年、2024年单选）

交易性金融资产的核算，见表8-11。

表 8-11 交易性金融资产的核算

时点	内容	会计分录
取得投资	初始入账金额按照金融资产取得时的公允价值计量。 支付的交易费用计入当期损益（投资收益）。 支付价款中包含的已宣告但尚未发放的现金股利或已到付息期而尚未领取的利息，应单独确认为应收项目，不构成交易性金融资产的初始入账金额	借：交易性金融资产——成本 　　应收股利/应收利息 　　投资收益 　贷：银行存款 借：银行存款 　贷：应收股利/应收利息
持有期间宣告和收到现金股利或利息	持有期间被投资单位宣告发放的现金股利或已到付息期但尚未领取的利息，应当确认为应收项目，并计入投资收益	(1)宣告现金股利（期末计息）： 借：应收股利/应收利息 　贷：投资收益 (2)收到现金股利/利息： 借：银行存款 　贷：应收股利/应收利息
持有期间公允价值变动	公允价值高于账面余额	借：交易性金融资产——公允价值变动 　贷：公允价值变动损益
	公允价值低于账面余额	借：公允价值变动损益 　贷：交易性金融资产——公允价值变动
出售投资	收到价款与投资账面价值差额计入投资收益	借：银行存款 　贷：交易性金融资产——成本 　　　　　　　　　　——公允价值变动[或借方] 　　投资收益[倒挤，或借方]

● **得分高手**（2020—2022 年单选、2024 年单选）

本考点近几年频繁考核，主要考核 4 个时间点投资损益的计算。

【例题 13·单选题】（2020 年）2020 年 3 月 20 日，甲公司从二级市场购入乙公司发行在外的普通股股票 20 万股，每股 10 元（包括已宣告但尚未发放的现金股利 0.5 元/股），另支付交易税费 5 万元，将其划分为以公允价值计量且其变动计入当期损益的金融资产。2020 年 3 月 31 日，收到现金股利 10 万元。2020 年 6 月 30 日，该金融资产公允价值为 218 万元。2020 年 8 月 24 日，甲公司将持有的乙公司股票全部出售，取得价款 226 万元。不考虑其他因素，则该交易性金融资产对甲公司 2020 年度利润总额的影响金额为（　　）万元。

A. 31　　　　B. 36　　　　C. 23　　　　D. 28

解析 该交易性金融资产对甲公司 2020 年度利润总额的影响金额 =-5+[218-20×(10-0.5)]+(226-218)=31（万元）。

2020 年 3 月 20 日：

借：交易性金融资产——成本 （200 000×10-200 000×0.5）1 900 000
　　应收股利　　　　　　　　　　　（200 000×0.5）100 000
　　投资收益　　　　　　　　　　　　　　　　　　50 000
　　贷：银行存款　　　　　　　　　　　　　　　2 050 000

2020 年 3 月 31 日：

借：银行存款　　　　　　　　　　　　　　　　　100 000
　　贷：应收股利　　　　　　　　　　　　　　　　100 000

2020 年 6 月 30 日：

借：交易性金融资产——公允价值变动 （2 180 000-1 900 000）280 000
　　贷：公允价值变动损益　　　　　　　　　　　　280 000

2020 年 8 月 24 日：

借：银行存款　　　　　　　　　　　　　　　　2 260 000
　　贷：交易性金融资产——成本　　　　　　　　1 900 000
　　　　　　　　　　　　——公允价值变动　　　　280 000
　　　　投资收益　　　　　　　　　　　　　　　　80 000

【例题 14·单选题】 2023 年 1 月 1 日，甲公司购入乙公司于上年 1 月 1 日发行的面值为 500 万元、期限 4 年、票面年利率 8%、每年年末支付利息的债券，并将其划分为交易性金融资产，实际支付购买价款 580 万元（包括债券利息 40 万元，交易费用 5 万元）。2023 年 1 月 4 日，收到乙公司支付的债券利息 40 万元存入银行。2023 年 12 月 31 日，甲公司持有的该债券的公允价值为 600 万元。2024 年 1 月 5 日，收到乙公司支付的 2023 年度的债券利息 40 万元存入银行。2024 年 10 月 8 日，甲公司以 590 万元的价格将该债券全部出售。甲公司购买、持有和出售该债券过程中累计确认投资收益为（　　）万元。

A. 40　　　　B. 25　　　　C. 90　　　　D. 95

解析 2023 年 1 月 1 日：

借：交易性金融资产——成本 （5 800 000-400 000-50 000）5 350 000
　　应收利息　　　　　　　　　　　　　　　　　400 000
　　投资收益　　　　　　　　　　　　　　　　　　50 000
　　贷：银行存款　　　　　　　　　　　　　　　5 800 000

2023 年 1 月 4 日，收到利息 40 万元：

借：银行存款　　　　　　　　　　　　　　　　　400 000
　　贷：应收利息　　　　　　　　　　　　　　　　400 000

答案
例题 13 | A
例题 14 | B

2023 年 12 月 31 日：

借：交易性金融资产——公允价值变动　　　　　　　　650 000

　　贷：公允价值变动损益　　　　（6 000 000－5 350 000）650 000

借：应收利息　　　　　　　　　　　　　　　　　　　400 000

　　贷：投资收益　　　　　　　　　　　　　　　　　　400 000

2024 年 1 月 5 日：

借：银行存款　　　　　　　　　　　　　　　　　　　400 000

　　贷：应收利息　　　　　　　　　　　　　　　　　　400 000

2024 年 10 月 8 日：

借：银行存款　　　　　　　　　　　　　　　　　　5 900 000

　　投资收益　　　　　　　　　　　　　　　　　　　100 000

　　贷：交易性金融资产——成本　　　　　　　　　　5 350 000

　　　　　　　　　　——公允价值变动　　　　　　　　650 000

甲公司购买、持有和出售该债券过程中累计确认投资收益＝－5＋40－10＝25（万元）。

【拓展】　影响 2023—2024 年度利润总额的金额＝－5＋65＋40－10＝90（万元）。影响 2024 年度利润总额的金额为 10 万元。

考点五　外币交易的核算 ★★★　　　　　一学多考｜中注

（一）外币货币性项目和外币非货币性项目

外币涉及的相关概念，见表 8-12。

表 8-12　外币涉及的相关概念

项目		内容
外币		外币就是指<u>记账本位币以外</u>的货币计量单位（即外币不等同于外国货币）
外币货币性项目		指企业持有的<u>货币资金</u>和将以<u>固定或可确定的金额</u>收取的资产或者偿付的负债
	货币性资产	包括：现金、银行存款、应收账款、其他应收款、长期应收款、<u>债权投资</u>等
	货币性负债	包括：短期借款、应付账款、其他应付款、长期借款、应付债券、长期应付款等
外币非货币性项目	以<u>历史成本</u>计量	包括：存货、<u>长期股权投资</u>、固定资产、无形资产、实收资本、资本公积、<u>预付账款</u>、<u>预收账款</u>、合同资产、合同负债等
	以<u>公允价值</u>计量	包括：交易性金融资产、其他权益工具投资等

【记忆密码】区分预收与预付账款、合同资产与合同负债；长期股权投资与其他权益工具投资。

【知识点拨】 货币性项目的识别很容易考核，但近几年未考核，所以2025年应重点掌握货币性与非货币性项目的区分。

（二）外币交易的会计处理（2020年单选）

外币交易的会计处理，见表8-13。

表8-13 外币交易的会计处理

外币交易		会计处理
外币投入资本		借：银行存款(外币户)——交易日即期汇率 　　贷：实收资本——交易日即期汇率
		企业收到投资者以外币投入的资本，应采用交易日即期汇率折算，不得采用合同约定汇率和即期汇率的近似汇率折算，外币投入资本与相应的货币性项目的记账本位币金额之间不产生外币资本折算差额
借入外币资金		借：银行存款(外币户)——选定的折算汇率 　　贷：短期借款(外币户)——选定的折算汇率
		企业借入外币资金时，按照借入外币时的选定的折算汇率折算为记账本位币，同时按借入外币的金额登记相关的外币账户
外币兑换业务	把外币卖给银行	银行按买入价将人民币兑付给企业： 借：银行存款(本币户)——实收金额[外币金额×买入价] 　　财务费用 　　贷：银行存款(外币户)——选定的折算汇率
	向银行购汇	银行按卖出价向企业收取人民币： 借：银行存款(外币户)——选定的折算汇率 　　财务费用 　　贷：银行存款(本币户)——实付金额[外币金额×卖出价]
买入或卖出以外币计价的商品或者劳务		企业发生买入或者卖出以外币计价的商品或劳务时，应按企业选定的折算汇率将外币金额折合为记账本位币入账
	买入商品	例如，国内甲公司的记账本位币为人民币。以30 000港元购入商品，当日汇率为1港元=1.2元人民币，款项已付。 借：库存商品　　　　　　　　　　　　　　　36 000 　　贷：银行存款(港元户)　　　(30 000×1.2)36 000
	卖出商品	例如，国内甲公司的记账本位币为人民币。出售产品价款25 000美元，款项已收。当日汇率为1美元=7.1元人民币。 借：银行存款(美元户)　　　　(25 000×7.1)177 500 　　贷：主营业务收入　　　　　　　　　　　177 500

【例题15·单选题】关于外币交易业务会计核算，下列各项表述中不正确的是(　　)。

A. 长期股权投资、其他权益工具投资、合同资产、合同负债属于外币非货币性项目
B. 外币交易应当在初始确认时，采用交易发生日的即期汇率将外币金额折算为记账本位币金额，也可以采用按照系统合理的方法确定的，与交易发生日即期汇率近似的汇率折算
C. 企业收到投资者以外币投入的资本时，应当以合同约定汇率作为折算汇率，外币投入资本与相应的货币性项目的记账本位币金额之间不产生外币资本折算差额
D. 企业发生买入或者卖出以外币计价的商品或劳务时，应按企业选定的折算汇率将外币金额折合为记账本位币入账

解析 ↘ 企业收到投资者以外币投入的资本，应当采用交易日即期汇率折算，不得采用合同约定汇率和即期汇率的近似汇率折算，外币投入资本与相应的货币性项目的记账本位币金额之间不产生外币资本折算差额。

（三）外币项目期末汇率调整（2022年、2023年单选）

外币货币性项目期末汇兑损益=期末外币余额×期末即期汇率-期末本位币余额

对资产而言，汇兑损益金额大于零表示汇兑收益，小于零表示汇兑损失；负债项目相反。

外币项目的期末汇率调整，见表8-14。

表8-14 外币项目的期末汇率调整

项目	内容
外币货币性项目	期末应当采用资产负债表日的即期汇率折算，因汇率波动而产生的汇兑差额作为财务费用，计入当期损益，同时调增或调减外币货币性项目的记账本位币金额；需要计提减值准备的，应当按资产负债表日的即期汇率折算后，再计提减值准备
外币非货币性项目	(1)以历史成本计量的外币非货币性项目，除其外币价值发生变动外，已在交易发生日按当日即期汇率折算，资产负债表日不应改变其原记账本位币金额，不产生汇兑差额； (2)交易性金融资产等外币非货币性项目，其公允价值变动计入当期损益的，相应的汇率变动的影响也应计入当期损益；以公允价值计量且其变动计入其他综合收益的外币非货币性金融资产形成的汇兑差额应计入其他综合收益

● **得分高手**（2021—2023年单选）
本考点近几年频繁考核，熟练掌握货币性项目汇兑损益的计算。

答案 ↘
例题15 | C

【例题 16 · 单选题】 下列关于外币交易会计处理的表述中，错误的是(   )。
A. 外币交易在初始确认时，可以采用按照系统合理的方法确定的，与交易日即期汇率近似的汇率折算
B. 资产负债表日，对于外币货币性项目应当根据汇率变动计算汇兑差额作为财务费用，无须再计提减值准备
C. 外币交易应当在初始确认时，采用交易发生日的即期汇率或近似汇率将外币金额折算为记账本位币
D. 资产负债表日，对以历史成本计量的外币非货币性项目，仍采用交易发生日的即期汇率折算，不改变记账本位币金额

解析 ⬇ 资产负债表日，对于外币货币性项目应当根据汇率变动计算汇兑差额作为财务费用；若是发生减值，需要计提减值准备。

【例题 17 · 多选题】 下列以外币计价的项目中，期末因汇率波动产生的汇兑差额应计入当期损益的有(   )。
A. 长期股权投资　　　　　B. 无形资产
C. 长期应付款　　　　　　D. 债权投资
E. 交易性金融资产

解析 ⬇ 选项 A、B，均属于外币非货币性项目，期末不产生汇兑损益。选项 C、D，长期应付款、债权投资是外币货币性项目，产生的汇兑差额计入财务费用。选项 E，相应的汇率变动的影响计入公允价值变动损益。

【例题 18 · 单选题】 (2022 年)甲公司以人民币为记账本位币，对外币业务采用业务发生时的即期汇率折算，按月结算汇兑损益。2021 年 5 月 12 日，甲公司向银行购入 240 万美元，银行当日的美元卖出价为 1 美元 = 6.4 元人民币，当日即期汇率为 1 美元 = 6.37 元人民币。2021 年 5 月 31 日美元存款没有发生变化，当日即期汇率为 1 美元 = 6.38 元人民币，则甲公司 2021 年 5 月因该 240 万美元所产生的汇兑损失为(   )万元人民币。
A. 9.6　　　B. 4.8　　　C. 2.4　　　D. 7.2

解析 ⬇ 该 240 万美元所产生的汇兑损益 = 240×(6.37-6.4)+240×(6.38-6.37) = -4.8(万元)，即汇兑损失为 4.8 万元人民币。

借：银行存款——美元　　　　　(2 400 000×6.37)15 288 000
　　财务费用　　　　　　　　　　　　　　　　　　　72 000
　　贷：银行存款——人民币　　　　(2 400 000×6.4)15 360 000
借：银行存款——美元　　(2 400 000×6.38-15 288 000)24 000
　　贷：财务费用　　　　　　　　　　　　　　　　　　24 000

【例题 19 · 单选题】 (2023 年)甲公司记账本位币为人民币，外币业务采用交易发生日的即期汇率折算，按月计算汇兑损益。2022 年 9 月 30 日应收账款余额 1 000 万美元，当日的即期汇率为 1 美元 = 7.099 8 元人民币。10 月

答案 ⬇
例题 16 | B
例题 17 | CDE
例题 18 | B

10日增加应收账款400万美元,当日的即期汇率为1美元=7.0992元人民币。10月20日应收账款收回200万美元,当日的即期汇率为1美元=7.1188元人民币。10月31日的即期汇率为1美元=7.1768元人民币。假设不考虑相关税费,则甲公司2022年10月应收账款产生的汇兑损益为( )万元人民币。

A. 92.4 B. 69.4 C. 96.44 D. 26.84

解析 2022年10月应收账款产生的汇兑损益=(1 000+400-200)×7.176 8-(1 000×7.099 8+400×7.099 2-200×7.118 8)=96.44(万元)。

【例题20·单选题】甲公司以人民币作为记账本位币,对外币业务采用当月月初的即期汇率作为即期汇率的近似汇率进行核算,并按月计算汇兑损益。某年9月1日的即期汇率为1美元=6.2元人民币(假定与上月月末即期汇率相同),各外币账户9月1日期初余额分别为银行存款100 000美元、应收账款10 000美元、应付账款10 000美元、短期借款15 000美元。该公司当年9月外币收支业务如下:5日收回应收账款8 000美元;8日支付应付账款5 000美元;20日偿还短期借款10 000美元;23日销售一批价值为25 000美元的货物,货物已发出、款项尚未收到。假设不考虑相关税费,当年9月30日的即期汇率为1美元=6.15元人民币,则9月末各外币账户调整的会计处理中,正确的是( )。

A. 借记"银行存款(美元户)"科目4 650元
B. 借记"应收账款(美元户)"科目1 350元
C. 借记"应付账款(美元户)"科目250元
D. 借记"短期借款(美元户)"科目350元

解析 银行存款调整金额=(100 000+8 000-5 000-10 000)×(6.15-6.2)=-4 650(元),应贷记"银行存款"科目4 650元。应收账款调整金额=(10 000-8 000+25 000)×(6.15-6.2)=-1 350(元),应贷记"应收账款"科目1 350元。应付账款调整金额=(10 000-5 000)×(6.15-6.2)=-250(元),应借记"应付账款"科目250元。短期借款调整金额=(15 000-10 000)×(6.15-6.2)=-250(元),应借记"短期借款"科目250元。

【例题21·单选题】甲公司记账本位币为人民币。2021年12月1日,甲公司以每股6港元价格购入H股股票10万股,另支付相关税费1万港元,作为以公允价值计量且其变动计入当期损益的金融资产核算,当日汇率为1港元=1.1元人民币。由于市价变动,月末该H股股票的价格为每股6.5港元,当日汇率为1港元=1.2元人民币,则该交易性金融资产对甲公司该年度营业利润的影响额是( )万元人民币。

A. 12.9 B. 11.9 C. 10.9 D. 9.9

解析 交易性金融资产对该年度营业利润的影响额=-1×1.1+(6.5×10×1.2-6×10×1.1)=10.9(万元)。

答案
例题19 | C
例题20 | C
例题21 | C

2021年12月1日会计处理：

借：交易性金融资产　　　　　　　　　　　　　(6×100 000×1.1) 660 000
　　投资收益　　　　　　　　　　　　　　　　(10 000×1.1) 11 000
　　贷：银行存款(港元户)　　　　　　　　　　　(610 000×1.1) 671 000

2021年12月31日会计处理(考虑港币市价的变动，还应一并考虑汇率变动的影响)：

借：交易性金融资产　　　　　　(6.5×100 000×1.2-660 000) 120 000
　　贷：公允价值变动损益　　　　　　　　　　　　　　　　120 000

同步训练

考点一　货币资金的核算

1. (单选题)甲公司2024年6月30日银行存款日记账余额为7 500万元，银行对账单余额为9 750万元。经核对存在下列未达账项：①银行计提公司存款利息180万元，公司尚未收到通知；②公司开出转账支票支付购料款2 175万元，银行尚未办理结算；③公司收到转账支票一张，金额为105万元，公司已入账，银行尚未入账；④公司财务部门收到销售部门月末上缴的现金销售款1万元，尚未缴存银行。甲公司6月30日可动用的银行存款实有金额为(　　)万元。

   A. 7 690　　　　　B. 7 860　　　　　C. 7 680　　　　　D. 7 670

2. (单选题)下列各项中，会导致企业银行存款日记账余额大于银行对账单余额的是(　　)。

   A. 企业开具支票，对方未到银行兑现
   B. 银行误将其他公司的存款计入本企业银行存款账户
   C. 银行代收货款，企业尚未接到收款通知
   D. 企业收到购货方转账支票一张，送存银行，银行尚未入账

3. (多选题)下列关于编制银行存款余额调节表的表述中，正确的有(　　)。

   A. 调节后银行存款日记账余额与银行对账单余额一定相等
   B. 调节未达账项应通过编制银行存款余额调节表进行
   C. 银行存款余额调节表用来核对企业和银行的记账有无错误，并作为记账依据
   D. 调节后的银行存款余额，反映了企业可以动用的银行存款实有数额
   E. 对于未达账项，需要进行账务处理

4. (多选题)下列各项存款中，应在"其他货币资金"科目中核算的有(　　)。

   A. 一年期以上的定期存款
   B. 信用卡存款
   C. 信用证保证金存款

D. 为购买三年期债券而存入证券公司的款项

E. 银行汇票存款

考点二 应收款项的核算

1. (单选题)甲公司4月30日以117 000元(含税)出售一批产品给乙公司,并收到乙公司交来的出票日为5月1日、面值为117 000元、期限为3个月的商业承兑无息票据。甲公司于6月1日持该票据到银行贴现,年贴现率为12%。如果本项贴现业务不满足金融资产终止确认条件,甲公司收到银行贴现款时贷记(   )元。

   A. 应收票据114 660
   B. 应收票据117 000
   C. 短期借款114 660
   D. 短期借款117 000

2. (单选题)甲公司2023年11月20日向乙公司销售一批商品,乙公司开来一张出票日为11月20日、面值为60 000元、票面年利率为3%、期限为60天的商业承兑汇票。12月18日甲公司因急需资金,持该票据到银行贴现,年贴现率为5%。若该项贴现业务符合金融资产终止确认条件,全年按360天计算,则甲公司该票据的贴现额为(   )元。

   A. 60 023.62
   B. 60 032
   C. 60 040.37
   D. 60 033.33

3. (多选题)下列各项中,不应通过"其他应收款"科目核算的有(   )。

   A. 经营租出固定资产应收的租金
   B. 租出周转材料收到的押金
   C. 拨出的用于购买国库券的存款
   D. 代扣的个人养老保险金
   E. 支付的工程投标保证金

考点三 应收款项减值的核算

1. (单选题)甲公司按应收账款余额的5%计提坏账准备,2021年12月31日应收账款余额1 800万元,2022年度发生坏账38万元,上一年已核销的坏账准备收回15万元,2022年12月31日应收账款余额1 200万元,则甲公司2022年度因应收账款计提坏账准备对利润总额的影响为(   )万元。

   A. -7
   B. 7
   C. -10
   D. 10

2. (单选题)甲公司自2021年起计提坏账准备,计提比例为应收款项余额的5%。2021年年末应收款项余额3 800万元;2022年发生坏账损失320万元,年末应收款项余额5 200万元;2023年收回已核销的坏账160万元,年末应收款项余额4 100万元。甲公司2021年至2023年因计提坏账准备而确认的信用减值损失的累计金额为(   )万元。

   A. 195
   B. 235
   C. 365
   D. 550

3. (单选题)甲公司采用备抵法核算应收账款的坏账准备,按应收款项余额的5%计提坏账准备。2023年度发生坏账56万元,收回上一年已核销的坏账20万元。2023年末应收款项余额比2022年末增加1 200万元,则甲公司2023年年末应计提坏账准备金额为(   )万元。

   A. 24
   B. 96
   C. 60
   D. 136

4. (单选题)甲公司2021年5月10日因销售产品应收乙公司账款1 000万元,该应收账款的未来现金流量现值在 2021 年 6 月 30 日、2021 年 12 月 31 日、2022 年 6 月 30 日、2022 年 12 月 31 日分别为 900 万元、920 万元、880 万元、890 万元。2022 年度甲公司因计提该应收账款坏账准备而记入"信用减值损失"科目的金额为（　　）万元。

A. 30　　　　　　　B. 10　　　　　　　C. 40　　　　　　　D. -10

5. （多选题）下列各项中，通过"坏账准备"科目借方核算的有（　　）。

   A. 计提的坏账准备　　　　　　　　B. 收回前期已核销的应收账款
   C. 冲减多提的坏账准备　　　　　　D. 核销实际发生的坏账损失
   E. 按期收回应收款项

考点四　交易性金融资产的核算

1. （单选题）下列各项中，属于金融资产的是（　　）。

   A. 从其他方支付现金或其他金融资产的合同权利
   B. 在潜在不利条件下，与其他方交换金融资产或金融负债的合同权利
   C. 将来须用或可用企业自身权益工具进行结算的非衍生工具合同，且企业根据该合同将收到固定数量的自身权益工具
   D. 将来须用或可用企业自身权益工具进行结算的衍生工具合同，但以固定数量的自身权益工具交换固定金额的现金或其他金融资产的衍生工具合同除外

2. （单选题）2023 年 5 月 13 日，甲公司以存出投资款从二级市场购入乙公司发行的股票 100 000 股，每股价格 10.6 元（含已宣告但尚未发放的现金股利 0.6 元），另支付交易费用 1 000 元。甲公司将持有的乙公司股票划分为以公允价值计量且其变动计入当期损益的金融资产。甲公司取得乙公司股票时的会计处理为（　　）。

   A. 借：交易性金融资产——成本　　　　　　　　　　1 000 000
   　　　　应收股利　　　　　　　　　　　　　　　　　　60 000
   　　　　投资收益　　　　　　　　　　　　　　　　　　 1 000
   　　　　　贷：其他货币资金　　　　　　　　　　　　1 061 000
   B. 借：交易性金融资产——成本　　　　　　　　　　1 060 000
   　　　　投资收益　　　　　　　　　　　　　　　　　　 1 000
   　　　　　贷：其他货币资金　　　　　　　　　　　　1 061 000
   C. 借：交易性金融资产——成本　　　　　　　　　　1 061 000
   　　　　　贷：其他货币资金　　　　　　　　　　　　1 061 000
   D. 借：交易性金融资产——成本　　　　　　　　　　1 001 000
   　　　　应收股利　　　　　　　　　　　　　　　　　　60 000
   　　　　　贷：银行存款　　　　　　　　　　　　　　1 061 000

3. （单选题）2024 年 12 月 10 日，甲公司购入乙公司股票 10 万股，作为交易性金融资产核算，支付价款 260 万元（含已宣告但尚未发放的现金股利 2 万元），另支付交易费用 0.6 万元。12 月 31 日，该金融资产公允价值为 249 万元。不考虑其他因素，2024 年甲公司利润表中"公允价值变动收益"项目本年金额为（　　）万元。

A. 9　　　　　B. -9　　　　　C. -8.4　　　　　D. 0.6

4. (单选题)甲公司2022年5月10日以每股25元的价格购入乙公司股票100 000股,作为以公允价值计量且其变动计入当期损益的金融资产,另支付相关税费4 000元。2022年12月31日乙公司股票收盘价为每股30元。2023年4月8日收到乙公司2023年3月18日宣告发放的现金股利80 000元。2023年8月28日,甲公司以每股32元价格全部出售乙公司股票并收讫款项。甲公司该交易性金融资产自购入至出售累计影响利润总额为(　　)元。

   A. 776 000　　　B. 276 000　　　C. 280 000　　　D. 696 000

5. (单选题)2022年1月1日,甲公司购入乙公司于2021年1月1日发行的面值1 000万元、期限4年、票面年利率为8%、每年年末支付利息的债券,并将其划分为交易性金融资产,实际支付购买价款1 100万元(包括债券利息80万元),另支付交易费用2万元。2022年1月5日,收到乙公司支付的上述债券利息。2022年12月31日,甲公司持有的该债券的公允价值为1 060万元。不考虑其他因素,该交易性金融资产对甲公司2022年度利润总额的影响金额为(　　)万元。

   A. 40　　　　　B. 120　　　　　C. 38　　　　　D. 118

考点五 外币交易的核算

1. (单选题)甲公司记账本位币为人民币,外币业务采用交易发生日的即期汇率折算,按月计算汇兑损益。3月11日出口一批价值10万美元的商品,收款期限30天。当日即期汇率1美元=6.28元人民币。3月31日的即期汇率1美元=6.3元人民币。4月10日如期收到上述货款并存入银行,当日的即期汇率1美元=6.32元人民币。假设不考虑相关税费,则上述业务对甲公司4月利润总额影响为(　　)元。

   A. 4 000　　　B. 2 000　　　C. 0　　　D. -4 000

2. (单选题)甲公司外币交易核算采用当月月初的即期汇率作为即期汇率的近似汇率,并作为当月外币交易业务的折算汇率,按月计算汇兑损益。甲公司2020年6月30日银行存款外币账户余额为100万美元。2020年7月外币收支业务如下:6日收回乙公司货款8万美元;10日支付丙公司货款50万美元;20日归还短期借款10万美元。2020年6月30日的即期汇率为1美元=7.06元人民币、2020年7月1日的即期汇率为1美元=7.07元人民币、2020年7月31日的即期汇率为1美元=6.98元人民币。2020年7月甲公司银行存款外币账户应确认汇兑损失(　　)元人民币。

   A. 42 200　　　B. 58 200　　　C. 33 200　　　D. 0

3. (单选题)某企业外币业务核算采用交易发生日的即期汇率,按月计算汇兑损益。月初持有30 000美元,市场汇率为1美元=7.3元人民币。10日将其中的10 000美元售给银行,当日银行美元买入价为1美元=7.2元人民币,市场汇率为1美元=7.24元人民币。不考虑其他因素的影响,则该企业售出该笔美元时应确认的汇兑损失为(　　)元。

A. 1 000　　　　　　B. 600　　　　　　C. 400　　　　　　D. 0
4. (多选题)下列各项中,不属于外币货币性项目的有(　　)。
　　A. 外币预付账款　　　　　　　　　B. 外币债权投资
　　C. 外币长期应收款　　　　　　　　D. 外币合同资产
　　E. 外币交易性金融资产
5. (多选题)企业发生的下列交易或事项产生的汇兑差额应计入当期损益的有(　　)。
　　A. 买入外汇　　　　　　　　　　　B. 接受外币资本投资
　　C. 外币计价的交易性金融资产公允价值变动　　D. 卖出外汇
　　E. 外币计价的其他权益工具投资的汇兑差额
6. (多选题)下列对于外币交易会计处理的表述中,错误的有(　　)。
　　A. 外币预收账款应当采用资产负债表日的即期汇率折算,汇兑差额计入当期损益
　　B. 对外币货币性项目应当根据汇率变动计算汇兑差额,无须再计提减值准备
　　C. 企业把持有的外币卖给银行,应按照买入价计算企业实得人民币金额
　　D. 企业借入外币资金时,按照借入外币时选定的折算汇率折算为记账本位币入账
　　E. 企业收到投资者以外币投入的资本,可采用交易日即期汇率的近似汇率折算

● 参考答案及解析

考点一 货币资金的核算

1. C 【解析】本题考查银行存款余额调节表的编制。可动用的银行存款实有金额 = 7 500+180 = 7 680(万元),或者:9 750+105-2 175 = 7 680(万元)。

2. D 【解析】本题考查影响银行存款余额调节表的编制。选项 A、B、C,会导致企业银行存款日记账余额小于银行对账单余额。

3. BD 【解析】本题考查银行存款余额调节表的表述。选项 A,调节后银行存款日记账余额与银行对账单余额不一定相等,双方记录不一致还有可能是存在其他错误。选项 C,银行存款余额调节表<u>不能作为记账依据</u>,只用来调节未达账项。选项 E,未达账项不需要进行账务处理。

4. BCDE 【解析】本题考查其他货币资金的核算范围。其他货币资金包括<u>外埠存款</u>、银行汇票存款、银行本票存款、信用卡存款、信用证保证金存款、<u>存出投资款</u>等。

考点二 应收款项的核算

1. D 【解析】本题考查应收票据贴现。贴现业务<u>不满足</u>金融资产终止确认条件,因此不应终止确认应收票据,贴现时贷记"<u>短期借款</u>"科目。相关分录为:
　　借:银行存款　　　　　　　　　　　　　　　　　　　　　114 660
　　　　财务费用　　　　　　　　　(117 000×12%×2÷12)2 340
　　　　贷:短期借款　　　　　　　　　　　　　　　　　　　117 000

2. B 【解析】本题考查应收票据贴现。<u>算头不算尾</u>,11 月 20 日出票,12 月 18 日贴现,因此持有天数 = 11(11 月)+17(12 月) = 28(天),贴现期 = 60-28 = 32(天)。

票据到期值 = 60 000×(1+3%÷360×60) = 60 300(元)，贴现息 = 60 300×5%×32÷360 = 268(元)，贴现额 = 60 300-268 = 60 032(元)。

3. BCD 【解析】本题考查其他应收款的核算范围。选项 B、D，计入其他应付款。选项 C，计入其他货币资金。

考点三 应收款项减值的核算

1. B 【解析】本题考查应收款项减值额的计算。2022 年应计提坏账准备的金额 = 1 200×5%-(1 800×5%-38+15) = -7(万元)，即冲减信用减值损失 7 万元，导致利润总额增加 7 万元。

2. C 【解析】本题考查应收款项减值额的计算。方法一：信用减值损失累计金额 = 3 800×5%+[5 200×5%-(3 800×5%-320)]+[4 100×5%-(5 200×5%+160)] = 365(万元)。
   方法二：信用减值损失累计金额 = 应有准备 4 100×5%-已有准备(0-320+160) = 365(万元)。

3. B 【解析】本题考查应收款项减值额的计算。2023 年应计提的坏账准备 = (2022 年年末应收款项余额+1 200)×5%-(2022 年年末应收款项余额×5%-56+20) = 96(万元)。

4. A 【解析】本题考查坏账准备金额的计算。2022 年应有准备 = (1 000-890) = 110(万元)，2021 年已有准备 = (1 000-920) = 80(万元)，2022 年应提准备 = 110-80 = 30(万元)。

5. CD 【解析】本题考查坏账准备的账务处理。选项 A，借记"信用减值损失"科目，贷记"坏账准备"科目。选项 B，借记"应收账款"科目，贷记"坏账准备"科目，然后借记"银行存款"科目，贷记"应收账款"科目。选项 C，借记"坏账准备"科目，贷记"信用减值损失"科目。选项 D，借记"坏账准备"科目，贷记"应收账款"科目。选项 E，借记"银行存款"科目，贷记"应收账款"科目。

考点四 交易性金融资产的核算

1. D 【解析】本题考查金融资产的定义。选项 A，从其他方收取现金或其他金融资产的合同权利。选项 B，在潜在有利条件下，与其他方交换金融资产或金融负债的合同权利。选项 C，将来须用或可用企业自身权益工具进行结算的非衍生工具合同，且企业根据该合同将收到可变数量的自身权益工具。

2. A 【解析】本题考查交易性金融资产取得时的账务处理。取得以公允价值计量且其变动计入当期损益的金融资产，应当按照取得时的公允价值作为初始确认金额，相关的交易费用在发生时计入当期损益(投资收益)。取得时所支付价款中包含的已宣告但尚未发放的现金股利或债券利息，应当作为应收款项单独列示。

3. B 【解析】本题考查交易性金融资产持有期间的账务处理。"公允价值变动收益"项目本年金额 = 249-(260-2) = -9(万元)。

   提示 影响当期损益的金额 = (-9)+(-0.6) = -9.6(万元)。

4. A 【解析】本题考查交易性金融资产。累计影响利润总额 = -4 000+(30-25)×

100 000+80 000+(32-30)×100 000=776 000(元)。

5. D 【解析】本题考查交易性金融资产的取得和持有。对甲公司2022年度利润总额的影响金额=取得时的交易费用(-2)+年末的公允价值变动收益[1 060-(1 100-80)]+当年的利息收入(1 000×8%)=118(万元)。

考点五 外币交易的核算

1. B 【解析】本题考查外币交易业务。该业务对甲公司4月利润总额影响金额=100 000×6.32-100 000×6.3=2 000(元)。

2. C 【解析】本题考查外币交易业务。2020年7月甲公司银行外币账户应确认的汇兑损益=期末外币余额×期末即期汇率-期末本币余额=(100+8-50-10)×6.98-(100×7.06+8×7.07-50×7.07-10×7.07)=-3.32(万元)=-33 200(元)。

3. C 【解析】本题考查外币兑换业务汇兑损益的计算。企业将美元卖给银行，对于银行来说是买入美元，因此使用买入价。本题财务费用增加表示汇兑损失，售出该笔美元时应确认的汇兑损失=10 000×(7.24-7.2)=400(元)。

4. ADE 【解析】本题考查外币货币性项目。选项A，预收账款和预付账款通常是以企业对外出售资产或者取得资产的方式进行结算，不属于企业持有的货币资金或者将以固定或可确定金额收取的资产或者偿付的负债，因此不是外币货币性项目。选项D，不是货币性项目。选项E，外币交易性金融资产的回收金额不固定，所以不是货币性项目。

5. ACD 【解析】本题考查外币货币性项目。选项B，接受外币资本投资时，企业收到的以外币投入的资本，应采用交易发生日的即期汇率折算，不产生外币资本折算差额。选项E，外币计价的其他权益工具投资汇兑差额与公允价值变动计入其他综合收益。

6. ABE 【解析】本题考查外币交易会计处理。选项A，预收账款是非货币性项目，期末不需要折算，不产生汇兑差额。选项B，外币货币性项目需要计提减值准备的，应当按资产负债表日的即期汇率折算后，再计提减值准备。选项E，企业收到投资者以外币投入的资本，应当采用交易日即期汇率折算，不得采用合同约定汇率和即期汇率的近似汇率折算。

亲爱的读者，你已完成本章5个考点的学习，本书知识点的学习进度已达39%。

第九章　流动资产（二）

重要程度：重点章节　　分值：8分左右

考试风向

▶ 考情速递

本章重点内容为不同方式取得存货的成本计量、实际成本法与计划成本法下发出存货的成本计量、存货减值的计量、存货的清查、非货币性资产交换等。常以单选题、多选题、综合分析题的形式考核，需要理解并掌握。

▶ 2025年考试变化

本章内容无实质性变化。

▶ 脉络梳理

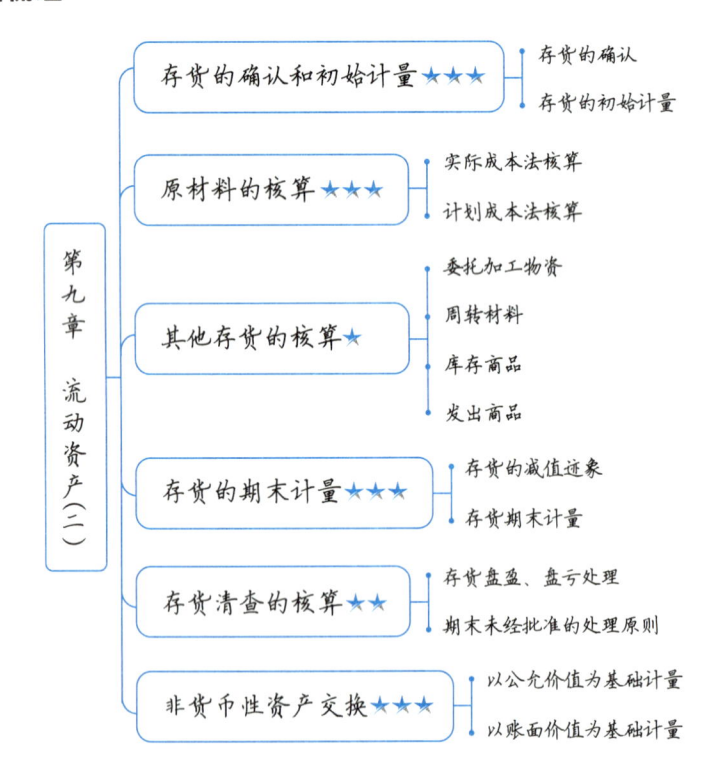

- 第九章 流动资产（二）
  - 存货的确认和初始计量★★★
    - 存货的确认
    - 存货的初始计量
  - 原材料的核算★★★
    - 实际成本法核算
    - 计划成本法核算
  - 其他存货的核算★
    - 委托加工物资
    - 周转材料
    - 库存商品
    - 发出商品
  - 存货的期末计量★★★
    - 存货的减值迹象
    - 存货期末计量
  - 存货清查的核算★★
    - 存货盘盈、盘亏处理
    - 期末未经批准的处理原则
  - 非货币性资产交换★★★
    - 以公允价值为基础计量
    - 以账面价值为基础计量

考点详解及精选例题

考点一 存货的确认和初始计量 ★★★ 一学多考｜中注

（一）存货的确认

两类用途的存货，见表9-1。

表9-1 两类用途的存货

项目	内容
耗用	原材料（主料、辅料、外购半成品、修理用备件、包装材料等）、在途物资、周转材料（包装物、低值易耗品）
出售	产成品、库存商品、发出商品、委托代销商品、数据资源； 在产品（含已加工完毕但尚未检验或已检验但尚未办理入库手续的产品）、半成品

提示 企业委托其他单位代销的商品，在售出前，所有权属于委托方，应作为委托方的存货处理。工程物资不属于存货。对于企业日常活动中持有的、最终目的用于出售的数据资源，应确认为企业的存货。

【例题1·多选题】下列各项中，期末应在企业资产负债表"存货"项目列示的有（　　）。

A. 已验收入库但尚未取得发票的原材料
B. 企业日常活动中持有的、最终目的用于出售的数据资源
C. 为外单位加工修理完成验收入库的代修品
D. 周转使用材料
E. 工程储备的材料

解析 选项E，工程储备的材料属于工程物资，不在资产负债表"存货"项目列示，不属于企业的存货。

（二）存货的初始计量（2020年、2022年、2024年单选；2024年多选）

1. 存货采购成本

存货应当按成本（即存货取得时的实际成本）进行初始计量。

原材料、商品、周转材料等通过购买而取得的存货的成本由采购成本构成。

存货采购成本，见表9-2。

答案
例题1｜ABCD

表 9-2 存货采购成本

成本构成	要点	
购买价款	可以抵扣的增值税不计入存货成本	非正常消耗的直接材料、直接人工和制造费用不计入存货成本。(运输途中的合理损耗要计入存货成本)
采购费用	运输费、装卸费、保险费、入库前挑选整理费	
相关税费	进口关税、进口消费税	

企业通过外购方式取得确认为存货的数据资源,其采购成本包括购买价款、相关税费、保险费,以及数据权属鉴证、质量评估、登记结算、安全管理等所发生的其他可归属于存货采购成本的费用。

【例题 2·多选题】(2024 年)下列各项税费支出中,应计入存货成本的有(　　)。

A. 非正常消耗的直接材料
B. 确认为存货的数据资源在其加工过程中发生的数据脱敏、整合等支出
C. 委托外单位加工完成一批物资支付的由受托单位代收代缴的消费税(收回后继续用于加工应税消费品)
D. 在生产过程中为达到下一生产阶段所必需的仓储费用
E. 为特定客户设计产品的设计费用

解析 ▶ 选项 A,计入当期损益。选项 C,记入"应交税费——应交消费税"科目的借方。

【例题 3·单选题】甲公司系增值税一般纳税人,适用的增值税税率为 13%。本月购入原材料 200 千克,收到的增值税专用发票上注明的价款 100 万元,增值税税额 13 万元(符合抵扣条件)。另发生运杂费 5 万元,途中保险费用 5 万元。原材料运抵公司后,验收时发现运输途中发生合理损耗 5 千克,实际入库 195 千克,则该原材料入账价值和单位成本分别为(　　)。

A. 110 万元;0.56 万元/千克　　B. 107.25 万元;0.56 万元/千克
C. 110 万元;0.55 万元/千克　　D. 107.25 万元;0.55 万元/千克

解析 ▶ 原材料入账价值 = 100+5+5 = 110(万元),单位成本 = 110÷195 = 0.56(万元/千克)。

【例题 4·单选题】甲企业系增值税一般纳税人,2022 年 8 月购入丙材料 100 吨,取得的增值税专用发票上注明的金额为 500 万元,增值税税额为 65 万元。因外地发生运输费用和装卸费 10 万元,后验收入库,入库实际为 97 吨,其中 1 吨为合理损耗,2 吨为非正常损失。不考虑其他因素,则甲企业对丙材料的入账成本为(　　)万元。

A. 494.8　　　B. 499.8　　　C. 448.8　　　D. 537.8

解析 ▶ 丙材料的入账成本 = (500+10)÷100×(97+1) = 499.8(万元)。

答案 ▶
例题 2 | BDE
例题 3 | A
例题 4 | B

【例题 5·单选题】（2024 年）甲公司系增值税一般纳税人，2023 年 5 月 1 日外购原材料，价款 5 000 万元，增值税税额 650 万元，运输途中发生保险费 100 万元，增值税税额 6 万元，运输费 10 万元，增值税税额 0.9 万元，材料整理费 20 万元，材料入库后发生仓储管理费 4 万元，入库后因不可抗力因素产生损失，损失金额占存货成本的 10%，保险公司同意就上述全部损失赔偿。假设上述增值税均取得增值税专用发票，则甲公司采购该批原材料的成本为（　　）万元。

A. 5 134　　　B. 4 617　　　C. 5 130　　　D. 4 621

解析 ↘ 采购该批原材料的成本 = 5 000+100+10+20 = 5 130（万元）。

● **得分高手**（2020 年单选；2022 年单选；2024 年单选、多选）

本考点近几年频繁考核。主要考核有损耗情况下外购存货成本的计算，要注意区分是合理损耗还是非合理损耗。

2. 存货产品成本及其他成本

产成品、在产品、半成品、委托加工物资等通过进一步加工而取得的存货，其成本构成包括采购成本、加工成本以及使存货达到目前场所和状态所发生的其他成本。

存货产品成本及其他成本，见表 9-3。

表 9-3　存货产品成本及其他成本

项目	构成	要点
产品成本	直接材料成本	生产产品消耗的材料费用
	直接人工成本	生产工人的职工薪酬支出
	制造费用	生产车间发生的除直接材料、直接人工以外的间接生产费用：①机物料消耗、车间管理者工资；②折旧费、水电费、劳动保护费；③季节性和修理期间的停工损失
其他成本	产品设计费	为特定客户设计产品所发生的设计费用应计入存货的成本
	借款费用	经过相当长时间的生产活动才能达到销售状态的存货，占用借款而发生的借款费用（符合资本化条件的）计入存货成本
	仓储费	存货采购入库前：计入存货采购成本。 存货采购入库后生产前：不计入存货成本。 生产过程中：为达到下一个生产阶段所必需的仓储费用应计入存货成本

提示 企业通过数据加工取得确认为存货的数据资源，其成本包括采购成本，数据采集、脱敏、清洗、标注、整合、分析、可视化等加工成本和使

答案 ↘
例题 5｜C

存货达到目前场所和状态所发生的其他支出。

3. 特定方式取得的存货成本

特定方式取得的存货成本，见表9-4。

表9-4　特定方式取得的存货成本

特定方式	存货成本的确定
接受投资	按照投资合同或协议约定的价值确定。当投资合同或协议约定价值不公允时，以存货的公允价值作为入账价值
债务重组	按放弃债权的公允价值以及使该资产达到当前位置和状态所发生的可直接归属于该资产的税金、运输费、装卸费、保险费等其他成本确定
非货币性资产交换	以换出资产的公允价值或账面价值为基础确定

考点二　原材料的核算 ★★★

(一) **实际成本法核算**(2020年、2021年单选)

1. 原材料采购

(1) 采购的基本分录(钱货两清)：

借：原材料
　　应交税费——应交增值税(进项税额)
　　贷：银行存款

a. 借方变化：

货款已付，而材料未入库，借方科目应使用在途物资。

b. 贷方变化：

材料入库，货款尚未支付——应付账款；

材料入库，开出商业汇票——应付票据；

材料入库，银行汇票支付——其他货币资金；

材料入库，款已预付——预付账款。

c. 货到票未到——月末暂估入账，下月初红字冲回：

借：原材料
　　贷：应付账款——暂估应付账款

提示　不用暂估进项税额。

(2) 原材料采购过程中的短缺和毁损。

a. 定额内合理的途中损耗，计入材料的采购成本；

b. 凡尚待查明原因和需要报经批准才能转销处理的损失：

借：待处理财产损溢
　　贷：在途物资

c. 查明原因后的处理，见表 9-5。

表 9-5　查明原因后的处理

原因	账务处理
自然灾害	借：原材料/银行存款［残料入库/残料出售］ 　　其他应收款［供应单位、运输单位、保险公司或其他过失人赔偿］ 　　营业外支出 　贷：待处理财产损溢
其他原因	借：原材料/银行存款［残料入库/残料出售］ 　　其他应收款［供应单位、运输单位、保险公司或其他过失人赔偿］ 　　管理费用［无法收回的其他净损失］ 　　应付账款［尚未付款］ 　贷：待处理财产损溢

【例题 6·单选题】(2020 年)下列关于原材料采购过程中的短缺和毁损的处理中，错误的是(　　)。

A. 定额内合理的途中损耗，应计入材料的采购成本
B. 属于保险公司负责赔偿的损失，应记入"其他应收款"科目
C. 属于自然灾害造成的损失，应记入"营业外支出"科目
D. 属于无法收回的其他损失，应记入"营业外支出"科目

解析　选项 D，属于无法收回的其他损失，报经批准后，将其从"待处理财产损溢"科目转入"管理费用"科目。

2. 原材料发出
(1)原材料发出的核算，见表 9-6。

表 9-6　原材料发出的核算

业务	相关核算	
生产经营耗用	借：生产成本［生产车间生产产品领用］ 　　制造费用［生产车间管理部门一般耗用］ 　　管理费用［行政管理部门耗用］ 　　销售费用［销售部门耗用］ 　　委托加工物资［委托加工物资领用］ 　　在建工程［工程领用］ 　贷：原材料	
集体福利	借：应付职工薪酬 　贷：原材料 　　　应交税费——应交增值税(进项税额转出)	
出售材料	借：银行存款/应收账款等 　贷：其他业务收入 　　　应交税费——应交增值税(销项税额)	借：其他业务成本 　贷：原材料

答案
例题 6｜D

(2)存货发出成本的计价方法。

存货发出成本的计价方法，见表9-7。

表9-7 存货发出成本的计价方法

计价方法	要点提示
先进先出法	假定"先入库的存货先发出"，并根据这种假定的成本流转次序确定发出存货成本
月末一次加权平均法	$$\text{存货的加权平均单位成本} = \frac{\text{月初存货的实际成本} + \sum(\text{本月各批进货的实际单位成本} \times \text{本月各批进货的数量})}{\text{月初存货数量} + \sum \text{本月各批进货数量}}$$
移动加权平均法	$$\text{存货的移动平均单位成本} = \frac{\text{本次进货之前存货的实际成本} + \text{本次进货的实际成本}}{\text{本次进货之前存货数量} + \text{本次进货的数量}}$$
个别计价法	对于不能替代使用的存货、为特定项目专门购入或制造的存货以及提供的劳务，通常采用个别计价法确定发出存货的成本
毛利率法	销售净额=商品销售收入－销售退回与折让 销售成本=销售净额×(1－毛利率) 期末存货成本=期初存货成本+本期购货成本－本期销售成本
零售价法	成本率=(期初存货成本+本期购货成本)÷(期初存货售价+本期购货售价)×100%
售价金额计价法	公式一：进销差价率=(期初库存商品进销差价+当期发生的商品进销差价)÷(期初库存商品售价+当期发生的商品售价)×100% 公式二：进销差价率=月末分摊前"商品进销差价"科目余额÷("库存商品"科目月末余额+"委托代销商品"科目月末余额+"发出商品"科目月末余额+本月"主营业务收入"科目贷方发生额)×100% 本期销售商品的实际成本=本期商品销售收入×(1－进销差价率)

记忆密码
因为考核频率高，所以2025年各种发出存货的计价方法都需要熟练掌握。

提示

(1)不允许采用后进先出法确定发出存货的成本。

(2)物价上涨、发出成本比较：先进先出法<移动加权平均法<月末一次加权平均法。

(3)企业在物价持续上涨时将存货的计价方法由加权平均法改为先进先出法，将低估发出存货的成本，高估期末存货价值和当期利润。

【例题7·单选题】(2021年)甲公司采用先进先出法核算W材料的发出成本。2020年年初库存W原材料200件的账面余额为1 200万元。1月8日购入W原材料250件，支付价款1 500万元，运输费用50万元，非正常消耗的直接人工费12万元。1月4日、18日、26日分别领用W原材料180件、200件和25件。不考虑其他因素，甲公司2020年1月末库存W原材料的成本为(　　)万元。

A．276.36　　　　B．281.16　　　　C．279　　　　D．270.18

答案
例题7|C

解析 2020年1月8日购入W原材料250件，购入材料的单位成本＝(1 500+50)÷250＝6.2(万元/件)。期末库存W原材料数量＝200－180+250－200－25＝45(件)。甲公司2020年1月末库存W原材料成本＝6.2×45＝279(万元)。

【例题8·单选题】长江公司对存货发出计价采用月末一次加权平均法，2024年1月甲存货的收发存情况为：1月1日，结存40 000件，单价为5元；1月17日，售出35 000件；1月28日，购入20 000件，单价为8元。假设不考虑增值税等税费，长江公司2024年1月31日甲存货的账面金额为(　　)元。

A. 185 000　　B. 162 500　　C. 150 000　　D. 200 000

解析 甲存货月末一次加权平均单位成本＝(5×40 000+8×20 000)÷(40 000+20 000)＝6(元/件)，2024年1月31日甲存货的账面金额＝(40 000－35 000+20 000)×6＝150 000(元)。

【例题9·单选题】(2024年)甲公司采用移动加权平均法核算发出产品的实际成本。2023年12月初产成品账面数量150件，账面余额6 000元，本月10日、20日分别完工入库产成品250件和500件，单位成本分别为45元和42元，本月15日、26日分别销售300件和400件。不考虑其他因素，甲公司2023年12月末该产成品的账面余额为(　　)元。

A. 8 500　　B. 8 437.5　　C. 8 625.5　　D. 8 400

解析 12月10日存货的移动平均单位成本＝(6 000+250×45)÷(150+250)＝43.125(元)。12月15日发出存货后，剩余存货数量＝150+250－300＝100(件)。12月20日存货的移动平均单位成本＝(100×43.125+500×42)÷(100+500)＝42.187 5(元)。12月26日发出存货后剩余存货数量＝100+500－400＝200(件)，12月末该产成品的账面余额＝200×42.187 5＝8 437.5(元)。

【例题10·单选题】甲公司采用毛利率法核算乙商品的发出成本。乙商品期初成本48 000元，本期购货成本15 000元，本期商品销售收入总额为35 000元，其中发生销售折让2 000元。根据以往经验估计，乙商品的销售毛利率为20%，则乙商品本期期末成本为(　　)元。

A. 30 000　　B. 35 000　　C. 36 600　　D. 26 400

解析 销售净额＝35 000－2 000＝33 000(元)，销售成本＝33 000×(1－20%)＝26 400(元)，期末存货成本＝48 000+15 000－26 400＝36 600(元)。

【例题11·单选题】(2020年)某商品零售企业对存货采用售价金额计价法核算。2020年6月30日分摊前"商品进销差价"科目余额为300万元、"库存商品"科目余额为380万元、"委托代销商品"科目余额为50万元、"发出商品"科目余额为120万元，本月"主营业务收入"科目贷方发生额为650万元。不考虑其他因素，则该企业6月的商品进销差价率为(　　)。

答案
例题8 | C
例题9 | B
例题10 | C

A. 25%　　　　B. 28%　　　　C. 29%　　　　D. 30%

解析 进销差价率=月末分摊前"商品进销差价"科目余额÷("库存商品"科目月末余额+"委托代销商品"科目月末余额+"发出商品"科目月末余额+本月"主营业务收入"科目贷方发生额)×100%=300÷(380+50+120+650)×100%=25%。

【例题12·单选题】在物价持续上涨的情况下，下列各种计价方法确定发出存货的成本顺序为由小到大的是(　　)。

A. 先进先出法、月末一次加权平均法、移动加权平均法
B. 先进先出法、移动加权平均法、月末一次加权平均法
C. 移动加权平均法、月末一次加权平均法、先进先出法
D. 月末一次加权平均法、移动加权平均法、先进先出法

解析 在物价持续上涨的情况下，先进先出法是先结转最早入库的存货成本，所以结转的成本最低；移动加权平均法是根据最低和较高价格平均计算发出存货成本，月末一次加权平均法是根据最低、较高、最高价格平均计算发出存货成本，移动加权平均法下结转的存货成本小于月末一次加权平均法下结转的存货成本。

(二) 计划成本法核算(2021年、2022年单选；2020年多选)

1. 材料成本差异账户

材料成本差异账户，见图9-1。

借	材料成本差异	贷
(1)入库：材料实际成本大于计划成本的差异(超支额)。 (2)出库：结转的材料实际成本小于计划成本的差异。 (3)调整库存材料计划成本时调整减少的计划成本		(1)入库：材料实际成本小于计划成本的差异(节约额)。 (2)出库：结转的材料实际成本大于计划成本的差异。 (3)调整库存材料计划成本时调整增加的计划成本
库存材料实际成本大于计划成本的差异(超支额)		库存材料实际成本小于计划成本的差异(节约额)

图9-1　材料成本差异账户

2. 材料成本差异率(不含暂估入库材料的计划成本)

本期材料成本差异率=(期初结存材料的成本差异+本期验收入库材料的成本差异)÷(期初结存材料的计划成本+本期验收入库材料的计划成本)×100%

发出材料的实际成本=发出材料的计划成本×(1±材料成本差异率)

库存材料的实际成本=库存材料的计划成本×(1±材料成本差异率)

记忆密码
口诀：借超贷节、借方超节减。

答案
例题11 | A
例题12 | B

提示

（1）企业应按照存货的类别或品种，如原材料、包装物、低值易耗品等，对材料成本差异进行明细核算，不能使用一个综合差异率来分摊发出存货和库存存货应负担的材料成本差异。

（2）发出存货应负担的成本差异，必须按月分摊，不得在季末或年末一次计算。

（3）发出存货应负担的成本差异，除委托外部加工发出存货可以按月初成本差异率计算外，都应使用当月的实际成本差异率；如果月初的成本差异率与本月成本差异率相差不大，也可按月初的成本差异率计算。

3. 原材料采购和发出的核算

原材料采购和发出的核算，见表9-8。

表9-8 原材料采购和发出的核算

业务	相关核算
采购	借：材料采购[实际成本] 　　应交税费——应交增值税（进项税额） 　贷：银行存款等
入库	借：原材料[计划成本] 　贷：材料采购[实际成本] 借或贷：材料成本差异[入库差异，借超贷节]
发出	借：生产成本等[实际成本=计划成本×(1±差异率)] 　贷：原材料[计划成本] 借或贷：材料成本差异[差额，出库转出的差异]

提示 采用计划成本核算的原材料采购业务，不管结算方式如何，一律通过"材料采购"科目核算，反映企业所购材料的实际成本，从而与"原材料"科目相比较，计算确定材料成本差异。

【例题13·多选题】（2020年）原材料采用计划成本计价时，通过"材料成本差异"账户借方核算的有(　　)。

A. 入库材料的实际成本大于计划成本的差异
B. 入库材料的实际成本小于计划成本的差异
C. 出库结转的材料的实际成本大于计划成本的差异
D. 出库结转的材料的实际成本小于计划成本的差异
E. 调整库存材料计划成本时调整减少的计划成本

解析 选项B、C，在"材料成本差异"账户的贷方核算。

【例题14·单选题】企业用计划成本法对材料核算。2021年12月初结存材料计划成本2 000万元，材料成本差异贷方余额为30万元，本月入库材料计划成本10 000万元（不含暂估入库的金额），材料成本差异借方发生额

答案
例题13｜ADE

60万元，月末按计划成本暂估入账材料200万元，本月发出材料计划成本800万元，则本月发出材料实际成本为（　　）万元。

A. 800　　　　B. 802　　　　C. 798　　　　D. 804

解析 材料成本差异率 =（-30+60）÷（2 000+10 000）×100% = 0.25%，本月发出材料的实际成本 = 800×（1+0.25%）= 802（万元）。

考点三 其他存货的核算 ★

(一) 委托加工物资（2022年多选）

企业核算委托加工物资的实际成本，应设置"委托加工物资"科目。
委托加工物资成本，见图9-2。

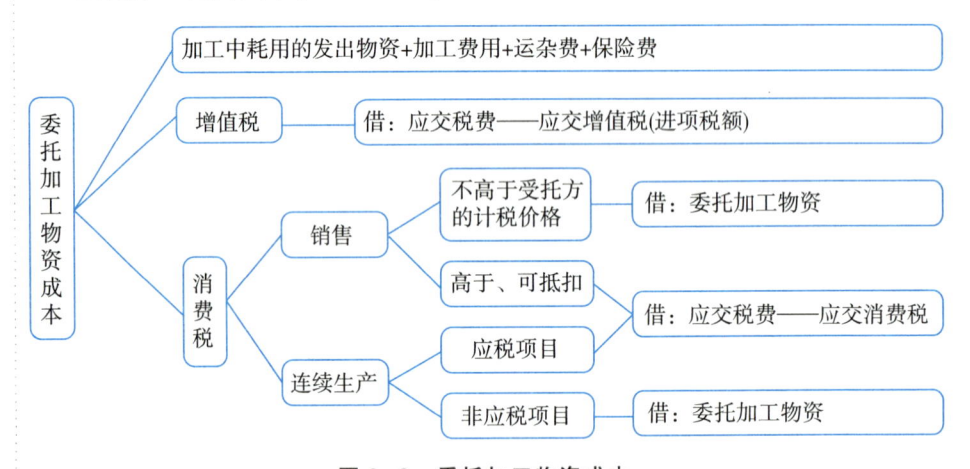

图9-2 委托加工物资成本

【知识点拨】 委托加工环节支付的消费税能否计入应交税费的借方，取决于收回物资在使用时，是否产生应交税费的贷方，如果在使用时会有贷方金额，那么加工环节支付的消费税就计入应交税费的借方。

【例题15·单选题】 甲公司系增值税一般纳税人，适用的增值税税率为13%。委托外单位加工材料（非金银首饰）一批，原材料价款为4 000元，支付加工费2 000元和增值税税额为260元（已取得增值税专用发票），由受托方代收代缴消费税300元，税费已支付。材料已验收入库，甲公司准备将该批材料继续用于生产应税消费品，该批材料收回后的入账价值为（　　）元。

A. 6 430　　　　B. 6 300　　　　C. 6 000　　　　D. 6 640

解析 材料收回后的入账价值 = 4 000+2 000 = 6 000（元）。

(二) 周转材料（2021年单选）

1. 包装物

包装物的判断及相关核算，见表9-9。

答案
例题14 | B
例题15 | C

表 9-9 包装物的判断及相关核算

是否属于包装物	相关核算
属于	生产过程中用于包装产品作为产品组成部分的包装物——生产成本
	随同商品出售不单独计价的包装物——销售费用； 随同商品出售单独计价的包装物——其他业务成本
	出借给购买单位使用的包装物——销售费用； 出租给购买单位使用的包装物——其他业务成本
不属于	各种包装材料，如纸、绳、铁丝、铁皮等，在"原材料"科目核算
	作为保管和储存材料、产品而不对外出售的包装物，作为固定资产或周转材料（低值易耗品）处理
	列作企业商品产品的自制包装物，作为库存商品处理

2．低值易耗品

低值易耗品是指不能作为固定资产的各种用具物品，如工具、管理用具、劳动保护用品以及在经营过程中周转使用的容器等。

3．周转材料的摊销方法

（1）周转材料金额较小的，可在领用时一次计入成本费用，以简化核算，领用时按其账面价值，借记"管理费用""生产成本""销售费用"等科目，贷记"周转材料"科目。为加强实物管理，应当在备查簿上登记。

（2）周转材料应当按照使用次数分次计入成本费用，分别在周转材料"在库""在用""摊销"明细科目进行明细核算。

周转材料两次摊销的核算，见表 9-10。

表 9-10 周转材料两次摊销的核算

项目	业务	账务处理
领用	在库转为在用	借：周转材料——在用 　贷：周转材料——在库
	摊销一半（50%）	借：管理费用等 　贷：周转材料——摊销
报废	摊销一半（50%）	借：管理费用等 　贷：周转材料——摊销
	在用对冲摊销	借：周转材料——摊销 　贷：周转材料——在用
	收到残料	借：原材料 　贷：管理费用等

【例题 16·单选题】（2021 年）下列各项中，不属于周转材料的是（　　）。

A．随同产品出售单独计价的包装物

B．用于产品包装的各种包装材料

C．随同产品出售不单独计价的包装物

D. 出借给购买单位使用的包装物

解析 ↘ 选项B，用于产品包装的各种包装材料通过"原材料"科目核算。

（三）库存商品

库存商品的构成，见表9-11。

表9-11 库存商品的构成

是否属于库存商品	内容
属于	库存的外购商品、产成品、存放在门市部准备出售的商品、发出展览的商品、销售退回的以及寄存在外的商品
	工业企业接受外来原材料加工制造的代制品和为外单位加工修理的代修品，制造和修理完成验收入库后，应视同企业的产成品
	可以降价出售的不合格品，也属于库存商品，但应当与合格商品分开记账；已发出尚未办理托收手续的商品
不属于	委托外单位加工的商品，作为"委托加工物资"核算
	已经完成销售手续并确认销售收入，但购买单位在月末未提取的商品，应作为代管商品处理，单独设置"代管商品"备查簿进行登记，不属于库存商品

（四）发出商品

（1）对外销售但不满足收入准则规定的确认条件，已发出商品不能确认销售收入：

借：发出商品
　　贷：库存商品

（2）发出商品满足收入确认条件时，应结转销售成本：

借：主营业务成本
　　贷：发出商品

（3）企业委托其他单位代销的商品：

借：发出商品
　　贷：库存商品

考点四 存货的期末计量 ★★★　　一学多考｜中注

（一）存货的减值迹象

存货的减值迹象，见表9-12。

答案 ↘
例题 16｜B

表 9-12 存货的减值迹象

项目	内容
存货可变现净值低于成本的情况❶	(1) 该存货的市场价格持续下跌，并且在可预见的未来无回升的希望； (2) 因企业所提供的商品或劳务过时或消费者偏好改变而使市场的需求发生变化，导致市场价格逐渐下跌； (3) 企业使用该项原材料生产的产品的成本大于产品的销售价格； (4) 企业因产品更新换代，原有库存原材料已不适应新产品的需要，而该原材料的市场价格又低于其账面成本； (5) 其他足以证明该项存货实质上已经发生减值的情形
存货可变现净值为零的情形❷	(1) 已霉烂变质的存货； (2) 已过期且无转让价值的存货； (3) 生产中已不再需要，并且已无使用价值和转让价值的存货； (4) 其他足以证明已无使用价值和转让价值的存货

记忆密码❶ 情况(1)(2)属于商品减值，情况(3)(4)属于材料减值。

记忆密码❷ 口诀：霉烂过期不需要。

【例题 17·单选题】下列情形中，表明存货可变现净值为零的是( )。

A. 存货市价持续下降，但预计次年将会回升

B. 存货在生产中已不再需要，并且已无使用价值和转让价值

C. 因产品更新换代，使原有库存原材料市价低于其账面成本

D. 存货已过期，但可降价销售

解析 选项 A、C、D，不属于可变现净值为零的情形。

(二) 存货期末计量(2020 年、2022 年、2023 年、2024 年单选)

1. 计量原则

期末存货应当按照成本与可变现净值孰低计量。存货成本低于可变现净值时，存货按成本计量；存货成本高于可变现净值时，存货按可变现净值计量。

2. 可变现净值(预计未来的净现金流量，不是售价)

可变现净值是指在日常活动中，以存货的估计售价减去至完工时估计将要发生的成本、估计的销售费用以及相关税费后的金额。存货可变现净值的确定，见表 9-13。

表 9-13 存货可变现净值的确定

项目		可变现净值的确定
产品	有合同	产品的估计售价(合同价格)-估计的销售费用和相关税费
	无合同	产品的估计售价(市场价格)-估计的销售费用和相关税费
材料	销售用材料	材料的估计售价(合同价格或者市场价格)-估计的销售费用和相关税费
	生产用材料	生产的产成品的估计售价(合同价格或者市场价格)-至完工时估计将要发生的成本-估计的销售费用和相关税费

答案 例题 17 | B

企业在确定存货的可变现净值时,应当以<u>资产负债表日</u>取得的确凿证据为基础,并且考虑持有存货的目的、<u>资产负债表日后事项的影响</u>等因素。资产负债表日至财务报告批准报出日之间<u>存货售价发生波动</u>的,如有确凿证据表明其对资产负债表日存货已经存在的情况提供了<u>新的或进一步的证据</u>,则在确定存货可变现净值时应当<u>予以考虑</u>,否则不应予以考虑。例如,对于存在活跃市场的大宗商品,资产负债表日至财务报告批准报出日之间的市场价格波动属于资产负债表日后非调整事项,不应予以考虑。

【知识点拨】库存存货中部分有合同价格约定、部分不存在合同价格的,应当分别确定其可变现净值,并分别与其成本进行比较,分别确定存货跌价准备的计提或转回的金额。

【例题18·单选题】乙公司期末存货采用成本与可变现净值孰低法计量。期末原材料的账面余额为1 200万元,数量为120吨,该原材料专门用于生产与丙公司所签合同约定的Y产品。该合同约定:乙公司为丙公司提供Y产品240台,每台售价10.5万元(不含增值税,下同)。将该原材料加工成240台Y产品尚需发生加工成本总额1 100万元,估计销售每台Y产品尚需发生相关税费1万元。期末该原材料市场上每吨售价9万元,估计销售每吨原材料需发生相关税费0.1万元。期末该原材料的账面价值为(　　)万元。

A. 1 068　　　B. 1 180　　　C. 1 080　　　D. 1 200

解析↘ 材料可变现净值=240×10.5−1 100−240×1=1 180(万元),材料成本为1 200万元,成本高于可变现净值,按可变现净值计量,所以账面价值为1 180万元。

【例题19·单选题】甲公司期末存货采用成本与可变现净值孰低法计量。2023年11月18日,甲公司与华山公司签订销售合同,约定于2024年2月1日向华山公司销售某类机器1 000台,每台售价1.5万元(不含增值税)。2023年12月31日,公司库存该类机器1 300台,每台成本1.4万元。2023年资产负债表日该机器的市场销售价格为每台1.3万元(不含增值税),向其他客户销售的预计销售税费为每台0.05万元。2023年12月31日,甲公司该批机器在资产负债表"存货"项目中应列示的金额为(　　)万元。

A. 1 625　　　B. 1 775　　　C. 1 820　　　D. 1 885

解析↘ 有合同部分:存货的成本=1 000×1.4=1 400(万元),可变现净值=1 000×1.5=1 500(万元),未发生减值。

无合同部分:存货的成本=300×1.4=420(万元),可变现净值=300×1.3−300×0.05=375(万元)。

2023年12月31日,甲公司该批机器在资产负债表"存货"项目中列示的金额=1 400+375=1 775(万元)。

3. 存货减值的比较方法

(1)比较成本与可变现净值时,有<u>三种</u>计算方法可供选择(单项比较法、

答案↘
例题18 | B
例题19 | B

分类比较法、综合比较法），存货跌价准备通常应当按**单个存货项目**计提。存货价值(期末成本)顺序：单项<分类<综合。

（2）与在同一地区生产和销售的产品系列相关、具有相同或类似最终用途或目的，且难以与其他项目分开计量的存货，可以**合并计提**存货跌价准备；对于数量繁多、单价较低的存货，可以按**存货类别**计提存货跌价准备。

4. 期末存货减值的账务处理

存货成本**高于**可变现净值，应按可变现净值低于成本的差额，计提存货跌价准备，计入**当期损益**，但**不得计提秘密准备**，在资产负债表中，存货项目按减去存货跌价准备的**净额**填列。

期末存货减值的账务处理，见表 9-14。

表 9-14　期末存货减值的账务处理

项目	内容	
减值	应提准备=应有准备-已提准备(准备不足就补提，准备多了就冲减)	借：资产减值损失 　　贷：存货跌价准备 冲减相反
恢复	如果以前减记存货价值的影响因素已经消失，则减记的金额应当予以恢复，并在**原已计提的存货跌价准备金额内**转回，**转回的金额计入当期损益**	借：存货跌价准备 　　贷：资产减值损失
转出	已经计提跌价准备的存货中，已经**销售的部分、用于债务重组和非货币性资产交换等方式转出**的部分，应在结转销售成本时，结转其已计提的跌价准备	

> **得分高手**（2021—2024 年单选）
>
> 存货期末计量存在每年必考的可能，应注意掌握期末存货列示金额及期末存货跌价准备的计算。

【例题20·单选题】（2022 年）华山公司 2021 年年末库存甲材料 50 吨，每吨成本 10 万元。该批甲材料专门用于生产一批乙商品，预计需发生生产费用和相关税费共计 180 万元。华山公司已就该批乙商品签订 600 万元的销售合同。若年末甲材料市场价为每吨 9 万元，则华山公司对甲材料应计提的跌价准备为(　　)万元。

A. 100　　　B. 260　　　C. 80　　　D. 50

解析 甲材料应计提的跌价准备=50×10-(600-180)=80(万元)。

【例题21·单选题】（2024 年）甲公司 2023 年 11 月 20 日与乙公司签订产品销售协议，约定 2024 年 1 月 20 日向乙公司销售 W 产品 20 000 台，每台售价 3.2 万元。2023 年年末，W 产品存货 23 000 台，单位成本 3 万元，当日市场售价每台 3.1 万元，预计每台 W 产品销售税费 0.2 万元。已知 2023 年

例题 20 | C

11月甲公司对W产品已计提跌价准备160万元。不考虑其他因素,甲公司2023年年末应对W产品补提的存货跌价准备为(　　)万元。

A. 740　　B. 0　　C. 140　　D. 300

解析↘ 有合同部分W产品成本=20 000×3=60 000(万元),可变现净值=20 000×(3.2-0.2)=60 000(万元),未发生减值;无合同部分W产品成本=(23 000-20 000)×3=9 000(万元),可变现净值=(23 000-20 000)×(3.1-0.2)=8 700(万元),存货跌价准备应有余额=9 000-8 700=300(万元),因此甲公司年末应对W产品补提的存货跌价准备=300-160=140(万元)。

【例题22·单选题】下列交易或事项会引起存货账面价值发生增减变动的是(　　)。

A. 月末将完工产品验收入库
B. 商品已发出但尚不符合收入确认条件
C. 发出物资委托外单位加工
D. 转回已计提的存货跌价准备

解析↘ 选项D,应借记"存货跌价准备"科目,贷记"资产减值损失"科目,会增加存货的账面价值。

【例题23·计算题】长江公司属于增值税一般纳税人,适用增值税税率为13%。原材料采用计划成本法进行日常核算,甲材料主要用于生产H产品。2020年5月1日,甲材料单位计划成本为120元/千克,计划成本总额为240 000元,材料成本差异为4 800元(超支)。5月发生以下经济业务:

(1)2日,从外地采购一批甲材料共计1 000千克,增值税专用发票注明价款120 000元、增值税15 600元;发生运费5 000元、增值税450元。上述款项以银行存款支付,但材料尚未到达。

(2)8日,发出甲材料600千克委托长城公司(增值税一般纳税人)代为加工一批应税消费品(非金银首饰)。假定委托加工物资发出材料的材料成本差异按月初材料成本差异率结转。

(3)12日,收到2日从外地购入的甲材料,验收入库的实际数量为800千克,短缺200千克。经查明,其中180千克是由于对方少发货原因,对方同意退还已付款项,20千克系运输途中的合理损耗。假设运费由实收材料全部负担。

(4)16日,生产车间为生产H产品领用甲材料1 500千克。

(5)24日,以银行存款支付长城公司加工费15 000元(不含增值税)和代收代缴的消费税3 000元。委托加工收回后的物资,准备继续用于生产应税消费品。

(6)31日,库存的甲材料计划全部用于生产与X公司签订不可撤销的销售合同的H产品。该合同约定:长江公司为X公司提供H产品10台,每台售价12 000元。将甲材料加工成10台H产品尚需加工成本总额35 000元,估计销售每台H产品尚需发生相关税费1 200元。5月末,市场上甲材料的售

答案↘
例题21 | C
例题22 | D

价为110元/千克,H产品的市场价格为11 500元/台。

根据上述资料,回答下列问题。

(1)长江公司2020年5月12日验收入库甲材料的实际成本为(　　)元。

A. 100 100　　B. 98 400　　C. 103 400　　D. 102 500

解析 验收入库的甲材料的实际成本等于800千克实际成本(120 000÷1 000×800)基础上,再加上两部分成本:一是应负担的合理损耗损失(120 000÷1 000×20),二是应负担的全部运费(题目要求运费由实际入库成本负担)。验收入库甲材料的实际成本=120 000÷1 000×800+120 000÷1 000×20+5 000=103 400(元)。

(2)长江公司2020年5月24日验收入库的委托加工物资的实际成本为(　　)元。

A. 88 440　　B. 89 837　　C. 91 440　　D. 92 837

解析 委托加工物资的实际成本有两部分构成:一是消耗材料的实际成本=120×600×(1+2%),2%是月初甲材料的超支差异率(4 800÷240 000×100%);二是支付的加工费15 000元,由于收回的物资用于连续生产应税消费品,所以支付的消费税不计入物资成本。即:实际成本=120×600×(1+2%)+15 000=88 440(元)。

(3)长江公司2020年5月甲材料的成本差异率为(　　)。

A. 4.05%　　B. 3.25%　　C. 3.53%　　D. 4.08%

解析 由于题目要求委托加工物资发出材料的材料成本差异按月初材料成本差异率结转,即不参与本月差异率计算,所以分子中的差异应扣减发出委托加工物资应转出的差异。5月甲材料的成本差异率=[月初超支差异4 800+购入超支差异(103 400-120×800)-委托转出差异120×600×2%]÷(240 000+120×800-120×600)=4.08%。

(4)长江公司2020年5月31日的库存甲材料应计提存货跌价准备(　　)元。

A. 0　　B. 13 965.2　　C. 14 416　　D. 15 670.5

解析 应提准备=应有准备-已提准备,题目中已提存货跌价准备为0,则应提准备等于应有准备。5月31日库存甲材料加工成H产品的成本=240 000+4 800+103 400-120×600×(1+2%)-1 500×120×(1+4.08%)+35 000=122 416(元),H产品的可变现净值=12 000×10-1 200×10=108 000(元),H产品的可变现净值低于成本,故甲材料应按成本与可变现净值孰低计量。甲材料实际成本=月初实际成本-委托加工发出材料实际成本+购入材料实际成本-生产领用发出材料实际成本=(240 000+4 800)-120×600×(1+2%)+103 400-1 500×120×(1+4.08%)=87 416(元),可变现净值=12 000×10-35 000-1 200×10=73 000(元),甲材料应有存货跌价准备=87 416-73 000=14 416(元)。

答案
例题23 | (1)C
(2)A
(3)D
(4)C

考点五 存货清查的核算 ★★ 一学多考|注

(一)存货盘盈、盘亏处理

存货盘盈、盘亏处理,见表9-15。

表9-15 存货盘盈、盘亏处理

项目	批准前	批准后
盘盈	借:原材料等 　　贷:待处理财产损溢	借:待处理财产损溢 　　贷:管理费用
盘亏	借:待处理财产损溢 　　贷:原材料等 　　　　应交税费——应交增值税(进项税额转出) **提示** 管理不善造成的存货盘亏的进项税额要转出;已计提存货跌价准备的,还应同时结转存货跌价准备	借:其他应收款[保险赔款或责任人赔款] 　　管理费用[管理原因净损失] 　　营业外支出[自然灾害等非常损失] 　　贷:待处理财产损溢

(二)期末未经批准的处理原则

企业存货应当<u>定期盘点</u>,盘点结果如果<u>与账面记录不符</u>,应于期末前查明原因,并根据企业的管理权限,经股东大会或董事会,或经理(厂长)会议或类似机构批准后,<u>在期末结账前处理完毕</u>。

盘盈或盘亏的存货,如在期末结账前<u>尚未经批准</u>,应在对外提供财务报告时<u>先按规定进行处理</u>,并在财务报表<u>附注中作出说明</u>,如果期后批准处理的金额与已处理的金额不一致,应按其差额<u>调整会计报表相关项目的年初数</u>。

【例题24·单选题】某公司采用实际成本法对存货进行核算,2019年年末盘点存货时发现因管理不善导致原材料盘亏,原材料账面成本为100万元,已抵扣的增值税进项税额为13万元,已计提20万元存货跌价准备。根据盘点结果,公司应作的会计分录为( )。

A. 借:待处理财产损溢——待处理流动资产损溢　　1 000 000
　　贷:原材料　　　　　　　　　　　　　　　　　　1 000 000

B. 借:待处理财产损溢——待处理流动资产损溢　　1 130 000
　　贷:原材料　　　　　　　　　　　　　　　　　　1 000 000
　　　　应交税费——应交增值税(进项税额转出)　　　130 000

C. 借:待处理财产损溢——待处理流动资产损溢　　　930 000
　　　　存货跌价准备　　　　　　　　　　　　　　　200 000
　　贷:原材料　　　　　　　　　　　　　　　　　　1 000 000

　　　　　应交税费——应交增值税(进项税额转出)　　　　130 000
　　D.借:待处理财产损溢——待处理流动资产损溢　　　904 000
　　　　　存货跌价准备　　　　　　　　　　　　　　　200 000
　　　　　　贷:原材料　　　　　　　　　　　　　　　　　 1 000 000
　　　　　　　　应交税费——应交增值税(进项税额转出)　　　104 000

解析 ↘ 存货盘亏时,若存货已计提存货跌价准备,应当同时结转存货跌价准备。

【例题25·多选题】(2023年)下列关于存货的会计处理中,表述正确的有(　　)。

A. 因管理不善造成的存货净损失,记入"营业外支出"科目
B. 盘盈存货属于前期差错,通过"以前年度损益调整"科目核算
C. 存货跌价准备的转回将增加存货账面价值
D. 存货加工成本包括加工过程中实际发生的人工成本和按一定方法分配的制造费用
E. 季节性停工损失不计入存货成本

解析 ↘ 选项A,应记入"管理费用"科目。选项B,盘盈的各种存货,虽然属于前期差错范畴,但由于涉及金额通常较小,不用追溯,应通过"待处理财产损溢"科目核算。选项E,季节性停工损失,属于制造费用的核算内容,计入存货成本。

考点六　非货币性资产交换 ★★★　　一学多考|中注

货币性资产,是指企业持有的货币资金和收取固定或可确定金额的货币资金的权利。

非货币性资产,是指货币性资产以外的资产。

非货币性资产交换,是指企业主要以固定资产、无形资产、投资性房地产和长期股权投资等非货币性资产进行的交换。该交换不涉及或只涉及少量的货币性资产(即补价)。

(一)以公允价值为基础计量(2020年、2022年、2024年单选;2022年综合分析)

非货币性资产交换同时满足下列条件的,应当以公允价值为基础计量:①该项交换具有商业实质;②换入资产或换出资产的公允价值能够可靠地计量。

　　1. 单项资产交换

换入资产和换出资产的公允价值均能够可靠计量的,应当以换出资产的公允价值为基础计量,但有确凿证据表明换入资产的公允价值更加可靠的

答案 ↘
例题24 | C
例题25 | CD

除外。

（1）换入资产和换出资产的公允价值均能够可靠计量的非货币性资产交换，见表9-16。

表9-16　换入资产和换出资产的公允价值均能够可靠计量的非货币性资产交换

项目		内容
换入资产成本	无补价	换入资产应当以换出资产的公允价值和应支付的相关税费作为换入资产的成本进行初始计量
	有补价	支付补价方，以换出资产的公允价值，加上支付补价的公允价值和应支付的相关税费作为换入资产成本
		收到补价方，以换出资产的公允价值，减去收到补价的公允价值，加上应支付的相关税费，作为换入资产的成本
	换入资产的成本=换出资产公允价值+支付补价-收到补价+加销减进+支付的相关税费	
换出资产损益	换出资产公允价值与账面价值之间差额计入当期损益	

● **得分高手**

以公允价值为基础计算换入资产的入账价值的简便算法：直接根据资料中的换入资产公允价值和为换入资产而支付的费用相加。

提示　非货币性资产交换的分录：
借：换入资产［倒挤］
　　应交税费——应交增值税(进项税额)［换入资产公允价值×税率］
　贷：换出资产［换出资产账面价值］
　　　资产处置损益等［换出资产损益］
　　　应交税费——应交增值税(销项税额)［换出资产公允价值×税率］
　　　银行存款［支付补价和税差、支付换入资产相关税费］

（2）换入资产公允价值更可靠。

换入资产成本=换入资产公允价值+支付的相关税费
换出资产公允价值=换入资产公允价值+收到的补价-支付的补价
换出资产公允价值与账面价值之间差额计入当期损益

2. 多项资产交换

（1）同时换入的多项资产，按照换入的金融资产以外的各项换入资产公允价值相对比例，将换出资产公允价值总额(涉及补价的，加上支付补价的公允价值或减去收到补价的公允价值)扣除换入金融资产公允价值后的净额进行分摊，以分摊至各项换入资产的金额，加上应支付的相关税费，作为各项换入资产的成本进行初始计量。

（2）同时换出的多项资产，将各项换出资产的公允价值与其账面价值之间的差额,在各项换出资产终止确认时计入当期损益。

【例题 26·单选题】(2021 年)甲公司和乙公司均为增值税一般纳税人。甲公司用库存商品换入乙公司特许使用权。交换日,甲公司库存商品账面价值为 520 万元,不含税公允价值为 650 万元,增值税税额为 84.5 万元。乙公司特许使用权账面价值为 500 万元,不含税公允价值为 800 万元,增值税税额为 48 万元。在交换中甲公司支付给乙公司银行存款 113.5 万元,支付特许使用权相关税费 1 万元。假定该交换具有商业实质且换出商品满足收入的确认条件。不考虑其他税费,则甲公司换入特许使用权的入账价值总额为( )万元。

A. 801　　　　B. 800　　　　C. 914.5　　　　D. 764.5

解析 具有商业实质的非货币性资产交换,如果换出资产为存货,适用收入准则,属于收入准则中非现金对价的情形,因此甲公司换入该项特许经营权的入账金额=800+1=801(万元)。

甲公司的会计处理:
借:无形资产　　　　　　　　　　　　　　　　　　　8 010 000
　　应交税费——应交增值税(进项税额)　　　　　　　480 000
　　贷:主营业务收入　　　　　　　　　　　　　　　6 500 000
　　　　应交税费——应交增值税(销项税额)　　　　　845 000
　　　　银行存款　　　　　　　(1 135 000+10 000)1 145 000
借:主营业务成本　　　　　　　　　　　　　　　　　5 200 000
　　贷:库存商品　　　　　　　　　　　　　　　　　5 200 000

乙公司的会计处理:
借:库存商品　　　　　　　　　　　　　　　　　　　6 500 000
　　应交税费——应交增值税(进项税额)　　　　　　　845 000
　　银行存款　　　　　　　　　　　　　　　　　　　1 135 000
　　贷:无形资产　　　　　　　　　　　　　　　　　5 000 000
　　　　应交税费——应交增值税(销项税额)　　　　　480 000
　　　　资产处置损益　　　　　(8 000 000-5 000 000)3 000 000

【例题 27·单选题】(2020 年)以公允价值为基础计量的非货币性资产交换中,涉及补价且没有确凿证据表明换入资产的公允价值更加可靠的情况下,下列会计处理错误的是( )。

A. 收到补价的,换出资产的公允价值与其账面价值的差额计入当期损益
B. 收到补价的,以换入资产的公允价值减去收到补价的公允价值,加上应支付的相关税费,作为换入资产的成本
C. 支付补价的,换出资产的公允价值与其账面价值的差额计入当期损益
D. 支付补价的,以换出资产的公允价值加上支付补价的公允价值和应支付的相关税费,作为换入资产的成本

答案
例题 26 | A
例题 27 | B

解析 ▶ 选项 B，收到补价的，以换出资产的公允价值，减去收到补价的公允价值，加上应支付的相关税费，作为换入资产的成本，换出资产的公允价值与其账面价值之间的差额计入当期损益。有确凿证据表明换入资产的公允价值更加可靠的，以换入资产的公允价值和应支付的相关税费作为换入资产的初始计量金额，换入资产的公允价值加上收到补价的公允价值，与换出资产账面价值之间的差额计入当期损益。

(二) 以账面价值为基础计量(2016年多选)

不满足公允价值为基础规定条件的非货币性资产交换，应当以账面价值为基础计量。

账面价值计量的非货币性资产交换，见表9-17。

表9-17 账面价值计量的非货币性资产交换

项目		内容
换入资产	不涉及补价	对于换入资产，企业应当以换出资产的账面价值和应支付的相关税费作为换入资产的初始计量金额
	涉及补价	支付补价的，以换出资产的账面价值，加上支付补价的账面价值和应支付的相关税费，作为换入资产的初始计量金额
		收到补价的，以换出资产的账面价值，减去收到补价的公允价值，加上应支付的相关税费，作为换入资产的初始计量金额
换出资产		换出资产终止确认时不确认损益

【例题28·多选题】甲、乙公司均系增值税一般纳税人，适用的增值税税率为13%。甲公司以一批产品换取乙公司闲置未用的设备，产品的成本为350万元，公允价值为400万元(等于计税价格)；乙公司设备的原价为420万元，已计提折旧70万元(不考虑与固定资产相关的增值税税额)，无法取得其公允价值。乙公司需支付给甲公司60万元，另承担换入产品的运费5万元。假设该交换不具有商业实质，则下列表述中正确的有(　　)。

A. 乙公司应确认非货币性资产交换损失10万元

B. 甲公司应确认非货币性资产交换损失10万元

C. 乙公司应确认固定资产处置损失15万元

D. 乙公司换入产品的入账价值为363万元

E. 甲公司换入设备的入账价值为342万元

解析 ▶ 因为该交换不具有商业实质，采用账面价值为基础计量，不确认非货币性资产交换损益。

甲公司的会计处理：

换入设备的入账价值＝350＋400×13%－60＝342(万元)。

借：固定资产　　　　　　　　　　　　　　　　　　3 420 000
　　银行存款　　　　　　　　　　　　　　　　　　　600 000

答案 ▶
例题 28 | DE

贷：库存商品 3 500 000
　　应交税费——应交增值税(销项税额) (4 000 000×13%) 520 000

乙公司的会计处理：

换入产品的入账价值=420-70+60+5-400×13%=363(万元)。

借：固定资产清理 3 500 000
　　累计折旧 700 000
　　贷：固定资产 4 200 000
借：库存商品 3 630 000
　　应交税费——应交增值税(进项税额) 520 000
　　贷：固定资产清理 3 500 000
　　　　银行存款 (600 000+50 000)650 000

同步训练

考点一 存货的确认和初始计量

1. (单选题)下列各项不应计入存货成本的是(　　)。
   A. 存货加工过程中的制造费用
   B. 存货在生产过程中为达到下一个生产阶段所必需的仓储费用
   C. 为使存货达到可销售状态所发生的符合资本化条件的借款费用
   D. 非正常消耗的直接材料

2. (单选题·2022年)甲公司2021年12月购入一批原材料，支付材料价款为80万元，发生装卸费0.8万元，挑选整理费0.2万元，运输途中发生材料合理损耗0.3万元。假设不考虑增值税等因素，甲公司该批原材料的入账成本为(　　)万元。
   A. 81.3　　　B. 80　　　C. 80.7　　　D. 81

3. (单选题)甲公司为增值税一般纳税人，2022年12月21日购入原材料200吨，收到的增值税专用发票上注明的售价为400 000元，增值税为52 000元，另发生运费，取得运输业增值税专用发票，发票上注明不含税价款为3 000元(增值税税率为9%)，途中保险费为800元。途中货物一共损失40%，经查明原因，其中5%属于途中的合理损耗，剩余的35%属于非正常损失，则该原材料的入库单价为(　　)元。
   A. 1 312.35　　B. 2 019.00　　C. 2 187.25　　D. 2 195.38

4. (多选题)下列各项中，属于企业存货的有(　　)。
   A. 尚未完工的在产品
   B. 委托代销的商品

C. 接受外来原材料加工制造的代制品

D. 为建造生产设备而储备的各种材料

E. 企业日常活动中持有的、最终用于出售的数据资源

5. (多选题)存货初始计量时,下列费用应在发生时确认为当期损益,不计入存货成本的有( )。

A. 为特定客户设计产品的设计费用　　B. 非正常消耗的制造费用

C. 生产产品正常发生的水电费　　　　D. 采购原材料发生的运输费用

E. 超定额的废品损失

考点二　原材料的核算

1. (单选题)甲公司为增值税一般纳税人,采用先进先出法计量 A 原材料的成本。2024 年年初,甲公司库存 200 件 A 原材料的账面余额为 2 000 万元,未计提跌价准备。6 月 1 日购入 A 原材料 250 件,采购价款 2 375 万元,运输费用 80 万元,保险费用 20 万元(采购价款、采购费用不含增值税)。1 月 31 日、6 月 6 日、11 月 12 日分别发出 A 原材料 150 件、200 件和 30 件。甲公司 2024 年 12 月 31 日库存 A 原材料成本为( )万元。

A. 665　　　　　B. 686　　　　　C. 693　　　　　D. 700

2. (单选题)甲公司只生产一种产品,月初库存产品 2 000 台,单位成本 3 万元,在产品成本 8 550 万元,本月直接材料、直接人工、制造费用共计 11 550 万元,当月完工产品 8 000 台,月末在产品成本 2 500 万元,销售产品 7 000 台。甲公司采用月末一次加权平均法计算当月发出产品成本,则月末库存产品的单位成本为( )万元。

A. 3　　　　　B. 2.73　　　　　C. 2.2　　　　　D. 2.36

3. (单选题)甲商场采用售价金额核算法对库存商品进行核算。3 月初库存商品的进价成本为 21 万元,售价总额为 30 万元;本月购进商品的进价成本为 31 万元,售价总额为 50 万元;本月销售商品的售价总额为 60 万元。假定不考虑增值税及其他因素,甲商场 3 月末结存商品的实际成本为( )万元。

A. 7　　　　　B. 13　　　　　C. 27　　　　　D. 33

4. (单选题)甲公司原材料按计划成本法核算。2024 年 6 月初"原材料"借方余额为 40 000 元、"材料成本差异"科目贷方余额为 300 元,期初的"原材料"科目余额中含有 5 月末暂估入账的原材料计划成本 10 000 元。2024 年 6 月入库原材料的计划成本为 50 000 元,实际成本为 49 500 元。2024 年 6 月发出原材料的计划成本为 45 000 元。假设 6 月末暂估入账原材料为零,不考虑相关税费,则甲公司 6 月末库存原材料的实际成本为( )元。

A. 44 550　　　　B. 45 450　　　　C. 25 250　　　　D. 34 650

5. (多选题)计划成本法下,属于"材料成本差异"科目借方核算的有( )。

A. 结转发出材料应分担的材料成本差异超支额

B. 结转发出材料应分担的材料成本差异节约额

C. 材料采购的实际成本小于计划成本的节约额

D. 购入材料的实际成本大于库存同类型材料计划成本的差额

E. 调整库存材料计划成本时，调整增加的计划成本

考点三 其他存货的核算

1. （单选题）甲公司为增值税一般纳税人，采用实际成本法核算原材料。2021年12月委托黄河公司（增值税一般纳税人）加工应税消费品一批，收回后以不高于受托方的计税价格对外销售。甲公司发出原材料成本为100 000元，支付的加工费为35 000元（不含增值税），黄河公司代收代缴的消费税为15 000元，该批应税消费品已经加工完成并验收入库。假定甲公司、黄河公司均适用增值税税率13%，则甲公司将委托加工消费品收回时，其入账成本为（　　）元。

   A. 135 000　　　　B. 150 000　　　　C. 139 550　　　　D. 154 550

2. （多选题）下列各项中，应计入一般纳税人的委托加工物资成本的有（　　）。

   A. 支付的加工费
   B. 支付的收回后以不高于受托方的计税价格对外销售的委托加工物资的消费税
   C. 支付的收回后继续生产应税消费品的委托加工物资的消费税
   D. 支付的收回后继续生产非应税消费品的委托加工物资的消费税
   E. 支付的按加工费计算的增值税

3. （多选题）甲公司周转材料采用"五五摊销法"核算。2025年8月，公司行政管理部门领用一批新的周转材料，实际成本9 000元。12月末，该批周转材料全部报废，并收回价值为500元的残料，作为原材料入库。该批周转材料报废时，下列会计分录中，正确的有（　　）。

   A. 借：管理费用　　　　　　　　　　　　　　　　　　4 000
       　　贷：周转材料——在库　　　　　　　　　　　　　　　4 000
   B. 借：管理费用　　　　　　　　　　　　　　　　　　4 500
       　　贷：周转材料——摊销　　　　　　　　　　　　　　　4 500
   C. 借：管理费用　　　　　　　　　　　　　　　　　　4 000
       　　贷：周转材料——在用　　　　　　　　　　　　　　　4 000
   D. 借：周转材料——摊销　　　　　　　　　　　　　　9 000
       　　贷：周转材料——在用　　　　　　　　　　　　　　　9 000
   E. 借：原材料　　　　　　　　　　　　　　　　　　　　500
       　　贷：周转材料——摊销　　　　　　　　　　　　　　　　500

考点四 存货的期末计量

1. （单选题·2023年）长江公司期末存货采用成本与可变现净值孰低法计量，甲材料期末账面余额为800万元，数量为200吨。甲材料专门用于生产与黄河公司签订的不可撤销合同约定的乙产品300台，合同约定：乙产品每台售价为4.1万元，将甲材料加工成300台乙产品尚需加工费360万元，估计销售每台乙产品尚需发生相关税费0.4万元。期末甲材料市场上每吨售价为3.9万元，估计销售每吨甲材料尚需发生相关税费0.2万元。不考虑增值税等其他因素，则长江公司甲材料期末的账面价值为（　　）万元。

A. 750　　　　　　B. 740　　　　　　C. 650　　　　　　D. 800

2. (单选题·2020年)企业按成本与可变现净值孰低法对期末存货计价时,下列表述中错误的是(　　)。

    A. 单项比较法确定的期末存货成本最低
    B. 分类比较法确定的期末存货成本介于单项比较法和总额比较法之间
    C. 总额比较法确定的期末存货成本最高
    D. 存货跌价准备通常应当按单个存货项目计提,不得采用分类比较法计提

3. (单选题·2019年)长江公司期末存货采用成本与可变现净值孰低法计量。2023年12月31日,库存甲材料的账面价值(成本)为90万元,市场销售价格为85万元。该批甲材料可用于生产2台乙产品,每台市场销售价格为75万元,单位成本为70万元,预计销售费用每台为2万元。假设不考虑相关税费,甲材料之前未计提过减值准备,2023年年末长江公司对甲材料应计提存货跌价准备的金额为(　　)万元。

    A. 5　　　　　　B. 10　　　　　　C. 0　　　　　　D. 6

4. (单选题·2021年)甲商品零售企业系增值税一般纳税人,对存货采用售价金额计价法核算。2020年12月初X库存商品的成本为100万元,售价为120万元(不含增值税,下同),本月购入X商品的成本为85万元,售价为80万元,本月X商品销售收入为160万元。2020年12月31日X商品的可变现净值为34万元,此前X商品未计提过跌价准备,则该企业2020年12月31日应计提存货跌价准备(　　)万元。

    A. 18　　　　　　B. 3　　　　　　C. 11　　　　　　D. 0

5. (单选题)下列关于存货跌价准备的表述,错误的是(　　)。

    A. 存货跌价准备通常应当按单个存货项目计提
    B. 当存货的可变现净值大于其账面成本时,可按可变现净值调整存货的账面价值
    C. 企业应当合理地计提存货跌价准备,不得计提秘密准备
    D. 结转出售存货的成本时,应相应结转其已计提的存货跌价准备

6. (多选题)下列属于应该计提存货跌价准备的情形有(　　)。

    A. 该存货的市价持续下跌
    B. 使用该项原材料生产的产品成本大于产品的销售价格
    C. 存货已过期且无转让价值
    D. 生产中不再需要,且该原材料的市场价格又低于其账面价值
    E. 因消费者偏好改变而使市场的需求发生变化,导致存货的市场价格逐渐下跌,低于生产成本

考点五 存货清查的核算

1. (单选题)长江公司系增值税一般纳税人,2023年年末盘亏一批原材料,该批原材料购入成本为120万元,购入时确认进项税额为15.6万元,经查,盘亏系管理不善被盗所致,确认由相关责任人赔偿20万元。假定不考虑其他因素,确认的盘亏净损失对2023年度利润总额的影响金额为(　　)万元。

A. 100.8　　　　B. 115.6　　　　C. 135.6　　　　D. 155.6

2. (多选题)下列关于财产清查结果会计处理的表述中,错误的有(　　)。

　A. 属于无法查明原因的现金短缺,经批准后计入管理费用

　B. 属于无法查明原因的现金溢余,经批准后计入营业外收入

　C. 对于盘盈的存货,按管理权限报经批准后计入营业外收入

　D. 属于管理不善造成的存货短缺净损失,应计入管理费用

　E. 对于盘盈的固定资产,按管理权限报经批准后计入营业外收入

考点六 非货币性资产交换

1. (单选题)2022年10月1日,甲公司以一栋办公楼与乙公司交换一批库存商品,办公楼的原值为300万元,累计折旧为80万元,固定资产减值准备为10万元,公允价值为250万元。换出该办公楼应缴纳的增值税为22.5万元(适用增值税税率为9%)。乙公司库存商品的账面价值为160万元,公允价值(计税价格)为200万元,适用的增值税税率为13%,并支付甲公司银行存款46.5万元。假定不考虑除增值税以外的其他相关税费,该交换具有商业实质且公允价值能够可靠计量。甲公司换入资产的入账价值为(　　)万元。

　A. 232　　　　B. 200　　　　C. 250　　　　D. 300

2. (单选题)以公允价值为基础计量的非货币性资产交换中,涉及补价且有确凿证据表明换入资产的公允价值更加可靠的情况下,下列会计处理正确的是(　　)。

　A. 以换入资产的公允价值和应支付的相关税费作为换入资产的初始计量金额

　B. 以换入资产的公允价值加上支付的补价的公允价值和应支付的相关税费作为换入资产的初始计量金额

　C. 换入资产的公允价值减去收到补价的公允价值与换出资产账面价值之间的差额计入当期损益

　D. 换入资产的公允价值加上支付补价的公允价值与换出资产账面价值之间的差额计入当期损益

3. (多选题)甲企业以办公楼换入乙企业的库存商品A和B。已知办公楼的账面余额为300 000元,已提固定资产累计折旧5 000元,其公允价值为330 000元(不考虑其增值税)。库存商品A的账面成本为40 000元,公允价值为50 000元;库存商品B的账面成本为200 000元,公允价值为200 000元;增值税税率为13%,计税价格等于公允价值;假设未计提存货跌价准备,甲企业将换入的库存商品作为存货管理。在交换中乙企业支付给甲企业银行存款47 500元,该交换不具有商业实质且不考虑其他税费。下列关于甲企业会计处理表述正确的有(　　)。

　A. 库存商品的总入账价值为215 000元　　B. 库存商品A的入账价值为43 000元

　C. 库存商品B的入账价值为172 000元　　D. 确认资产处置损益35 000元

　E. 确认资产处置损益30 000元

4. (多选题)非货币性资产交换具有商业实质且换入资产和换出资产的公允价值均能够可靠计量的,下列各项换出资产在终止确认时,其公允价值与账面价值差额的会计处理正确的有(　　)。

A. 换出资产为长期股权投资的，差额记入"投资收益"科目

B. 换出资产为投资性房地产的，差额记入"投资收益"科目

C. 换出资产为固定资产的，差额记入"资产处置损益"科目

D. 换出资产为无形资产的，差额记入"营业外收入"科目

E. 换出资产为在建工程的，差额记入"资产处置损益"科目

5．（多选题）下列关于以账面价值为基础计量的非货币性资产交换的会计处理表述中，正确的有（　　）。

A. 企业为换入资产发生的相关税费通常计入换入资产的成本

B. 涉及多项非货币性资产交换时，应当按照各项换入资产的原值占换入资产的原值总额的比例，对换入资产总成本进行分配，确定各项换入资产成本

C. 换入资产的入账价值以换出资产的账面价值为基础确定

D. 换出资产终止确认时不确认相应的处置损益

E. 收到补价的，以换出资产的账面价值减去收到补价的公允价值，加上应支付的相关税费，作为换入资产的初始计量金额

综合拓展

（计算题）甲企业为增值税一般纳税人，适用的增值税税率为13%，原材料按实际成本核算，发出材料采用月末一次加权平均法计价。2022年8月初结存W材料成本总额为174 000元，数量为200千克，单位成本为870元。甲企业8月发生的有关经济业务如下：

（1）1日，购入W材料500千克，增值税专用发票上注明的价款为420 000元，增值税税额为54 600元，另支付该批材料的运费4 500元，增值税税额405元，已取得增值税专用发票。上述款项均以转账支票付讫，材料尚未运抵企业。

（2）5日，收到1日购入的W材料，验收入库490千克，短缺的10千克为运输途中合理损耗。以银行存款支付入库前的挑选整理费1 800元。

（3）10日，领用W材料350千克，用于产品生产。

（4）15日，发出W材料50千克，委托乙企业加工成M商品，收回入库后的M商品将用于非消费税项目，以银行存款支付加工费2 000元，增值税税额260元、消费税税额1 500元，已取得增值税专用发票。截至8月31日，M商品尚未被领用。

（5）25日，因自然灾害导致W材料毁损100千克，根据保险合同规定，应由保险公司赔偿20 000元，其余损失由甲企业承担。

根据上述资料，回答下列问题。

(1)甲企业8月1日购入W材料的入库成本为（　　）元。

A. 426 300　　　　B. 424 500　　　　C. 417 900　　　　D. 416 100

(2)根据资料(3)和(4)，下列关于甲企业相关会计处理表述中，不正确的是（　　）。

A. 产品生产领用的W材料成本计入生产成本304 500元

B. 委托加工发出W材料成本计入委托加工物资43 500元

C. 委托加工支付的增值税应计入税金及附加 260 元

D. 因加工费计入委托加工物资成本 2 000 元

(3) 根据期初资料、资料(1)至(5),下列各项中,关于甲企业的会计处理正确的是( )。

A. 批准前:

借:待处理财产损溢　　　　　　　　　　　　　　　　　　　98 310
　　贷:原材料　　　　　　　　　　　　　　　　　　　　　　87 000
　　　　应交税费——应交增值税(进项税额)　　　　　　　　11 310

B. 批准后:

借:其他应收款　　　　　　　　　　　　　　　　　　　　　20 000
　　管理费用　　　　　　　　　　　　　　　　　　　　　　78 310
　　贷:待处理财产损溢　　　　　　　　　　　　　　　　　　98 310

C. 批准前:

借:营业外支出　　　　　　　　　　　　　　　　　　　　　87 000
　　贷:原材料　　　　　　　　　　　　　　　　　　　　　　87 000

D. 批准后:

借:其他应收款　　　　　　　　　　　　　　　　　　　　　20 000
　　营业外支出　　　　　　　　　　　　　　　　　　　　　67 000
　　贷:待处理财产损溢　　　　　　　　　　　　　　　　　　87 000

(4) 根据期初资料、资料(1)至(5),甲企业8月31日的资产负债表"存货"项目填列正确的是( )。

A. 295 800　　　　B. 47 000　　　　C. 304 500　　　　D. 516 800

参考答案及解析

考点一 存货的确认和初始计量

1. D 【解析】本题考查计入存货成本的费用。下列费用应当在发生时确认为当期损益,不计入存货成本:①非正常消耗的直接材料、直接人工和制造费用;②仓储费用(不包括在生产过程中为达到下一个生产阶段所必需的费用);③不能归属于使存货达到目前场所和状态的其他支出。

2. D 【解析】本题考查存货初始入账金额的计算。运输途中发生的合理损耗计入材料的入账价值,其包含在购买价款中,不需要再额外加上,所以甲公司该批原材料入账价值 = 80+0.8+0.2 = 81(万元)。

3. C 【解析】本题考查存货初始入账金额的计算。原材料的入账价值 = (400 000+3 000+800)×(1−35%) = 262 470(元);原材料的入库单价 = 262 470÷[200×(1−40%)] = 2 187.25(元)。

4. ABCE 【解析】本题考查存货的确认。选项 D,属于工程物资,在资产负债表"在建工程"项目中填列,不属于存货。

5. BE 【解析】本题考查计入存货成本的费用。选项 B、E，均应计入当期损益。选项 A、C，应计入产品存货成本。选项 D，应计入材料存货成本。

考点二 原材料的核算

1. C 【解析】本题考查存货后续计量——先进先出法。
   6月1日，购入 A 原材料 250 件，成本 2 475 万元（2 375+80+20），购入单位成本 = 2 475÷250＝9.9（万元）。
   12月31日，库存 A 原材料 70 件（250－150－30），库存 A 原材料成本 = 70×9.9 = 693（万元）。

2. D 【解析】本题考查存货后续计量——月末一次加权平均法。库存产品的单位成本 =（2 000×3＋8 550＋11 550－2 500）÷（2 000＋8 000）＝ 2.36（万元）。

3. B 【解析】本题考查存货后续计量——售价金额法。进销差价率 =（期初存货进销差价+本期购入存货进销差价）÷（期初存货售价+本期购货售价）×100%＝（30－21＋50－31）÷（30＋50）×100%＝35%，期末存货成本 = 21＋31－60×（1－35%）= 13（万元）。

4. D 【解析】本题考查按计划成本计价的原材料核算。材料成本差异率 =［－300＋（49 500－50 000）］÷［（40 000－10 000）+50 000］=－1%，月末库存原材料的实际成本 =［（40 000－10 000）+50 000－45 000］×（1－1%）= 34 650（元）。

5. BD 【解析】本题考查材料成本差异借方核算内容。选项 A、C、E，在"材料成本差异"科目贷方核算。

考点三 其他存货的核算

1. B 【解析】本题考查委托加工物资的核算。委托加工物资收回后以不高于受托方的计税价格出售的，应将受托方代收代缴的消费税计入委托加工物资成本。甲公司将委托加工消费品收回后的入账成本 = 100 000＋35 000＋15 000 = 150 000（元）。

2. ABD 【解析】本题考查委托加工物资的核算。选项 C，消费税可以抵扣，应记入"应交税费——应交消费税"科目的借方。选项 E，增值税可以抵扣，不计入委托加工物资的成本。

3. BD 【解析】本题考查周转材料的核算。报废时的会计处理为：
   借：管理费用 4 500
     贷：周转材料——摊销 4 500
   借：原材料 500
     贷：管理费用 500
   借：周转材料——摊销 9 000
     贷：周转材料——在用 9 000

考点四 存货的期末计量

1. A 【解析】本题考查存货减值的计算。甲材料的可变现净值 = 4.1×300－360－0.4×300＝750（万元），期末甲材料成本 800 万元大于可变现净值 750 万元，发生减值，所以甲材料期末的账面价值为 750 万元。

2. D 【解析】本题考查存货减值的方法。选项 D，对于数量繁多、单价较低的存货，可以按存货类别计提存货跌价准备。

3. C 【解析】本题考查存货减值的计算。每台乙产品的可变现净值＝75－2＝73（万元），大于产品单位成本 70 万元，可判断乙产品未发生减值，因此，甲材料未发生减值，不需要计提存货跌价准备。

4. B 【解析】本题考查存货减值的计算。进销差价率＝（期初库存商品进销差价＋当期发生的商品进销差价）÷（期初库存商品售价＋当期发生的商品售价）×100%＝［（120－100）＋（80－85）］÷（120＋80）×100%＝7.5%，本期销售商品实际成本＝160－160×7.5%＝148（万元），12 月 31 日库存商品成本＝100＋85－148＝37（万元），12 月 31 日应计提存货跌价准备＝37－34＝3（万元）。

5. B 【解析】本题考查存货跌价准备的表述。选项 B，存货期末应该采用成本与可变现净值孰低计量，当可变现净值大于账面成本时，不需要进行调整。

6. BCDE 【解析】本题考查计提存货跌价准备的情形。选项 A，该存货的市价持续下跌，并且在可预见的未来无回升的希望，表明存货的可变现净值低于成本。

考点五 存货清查的核算

1. B 【解析】本题考查存货清查。管理不善造成存货盘亏，需要进项税额转出，盘亏净损失计入管理费用，其金额＝120＋15.6－20＝115.6（万元）。

2. CE 【解析】本题考查资产清查。选项 C，对于盘盈的存货，按管理权限报经批准后冲减管理费用。选项 E，固定资产盘盈做前期差错处理，通过"以前年度损益调整"科目核算。

考点六 非货币性资产交换

1. B 【解析】本题考查以公允价值为基础计量的非货币性资产交换。甲公司换入资产的入账价值＝换出资产的公允价值 250＋应支付的增值税销项税额 22.5－收到的银行存款 46.5－可抵扣的增值税进项税额 200×13%＝200（万元）。

2. A 【解析】本题考查以公允价值为基础计量的非货币性资产交换。选项 B，支付补价的，以换出资产的公允价值，加上支付补价的公允价值和应支付的相关税费，作为换入资产的成本；有确凿证据表明换入资产的公允价值更加可靠的，以换入资产的公允价值和应支付的相关税费作为换入资产的初始计量金额。选项 C，换入资产的公允价值加上收到补价的公允价值与换出资产账面价值之间的差额计入当期损益。选项 D，换入资产的公允价值减去支付补价的公允价值与换出资产账面价值之间的差额计入当期损益。

3. ABC 【解析】本题考查以账面价值为基础计量的非货币性资产交换。库存商品总的入账价值＝（300 000－5 000）－（50 000＋200 000）×13%－47 500＝215 000（元），库存商品 A 的入账价值＝215 000×50 000÷（50 000＋200 000）＝43 000（元），库存商品 B 的入账价值＝215 000×200 000÷（50 000＋200 000）＝172 000（元）。由于不具有商业实质，按账面价值结转固定资产，不确认损益。

4. ACE 【解析】本题考查以公允价值为基础计量的非货币性资产交换。选项 B，换

出资产为投资性房地产的,通过"其他业务收入""其他业务成本"科目核算。选项D,换出资产为无形资产的,差额记入"资产处置损益"科目。

5. ACDE 【解析】本题考查以账面价值为基础计量的非货币性资产交换。选项B,对于同时换入的多项资产,应当按照各项换入资产的公允价值的相对比例,将换出资产的账面价值总额(涉及补价的,加上支付补价的账面价值或减去收到补价的公允价值)分摊至各项换入资产,加上应支付的相关税费,作为各项换入资产的初始计量金额。换入资产的公允价值不能够可靠计量的,可以按照各项换入资产的原账面价值的相对比例或其他合理的比例对换出资产的账面价值总额进行分摊。

综合拓展

(1)A;(2)C;(3)D;(4)D。

【解析】

(1)本题考查存货初始计量的计算。甲企业8月1日购入W材料的入库成本=(420 000+4 500)+1 800=426 300(元)。

(2)本题考查委托加工物资。W材料的加权平均单位成本=(174 000+426 300)÷(200+490)=870(元),甲企业生产产品领用的W材料成本计入生产成本=870×350=304 500(元),委托加工发出W材料成本计入委托加工物资=870×50=43 500(元)。

(3)本题考查存货毁损的会计处理。

批准处理前:

借:待处理财产损溢　　　　　　　　　　　　　　　　　　(100×870)87 000

　　贷:原材料——W材料　　　　　　　　　　　　　　　　　　　　87 000

批准处理后:

借:营业外支出　　　　　　　　　　　　　　　　　　　　　　　　67 000

　　其他应收款　　　　　　　　　　　　　　　　　　　　　　　　20 000

　　贷:待处理财产损溢　　　　　　　　　　　　　　　　　　　　87 000

(4)本题考查存货后续计量—月末一次加权平均法。结存材料数量=200+490−350−50−100=190(千克),结存材料的成本=870×190=165 300(元)。库存商品(M商品)为47 000元,生产成本为304 500元,该企业8月31日的资产负债表"存货"项目金额=165 300+47 000+304 500=516 800(元)。

亲爱的读者,你已完成本章6个考点的学习,本书知识点的学习进度已达45%。

第十章　非流动资产（一）

> 重要程度：重点章节　　分值：12分左右

考试风向

▶ 考情速递

本章重点内容为不同方式下固定资产取得的计量、固定资产的折旧、固定资产的后续计量、无形资产的取得、无形资产的摊销、无形资产的处置、投资性房地产的范围和后续计量▲、投资性房地产的转换、固定资产与无形资产的减值、持有待售条件及计量等。常以单选题、多选题的形式考核，需要理解并掌握。

▶ 2025年考试变化

新增：确定固定资产计提折旧的范围时，增加"企业因正常停工停产而停用的固定资产，应当继续计提折旧"的相关表述。

删除：固定资产使用寿命的定义。

▶ 脉络梳理

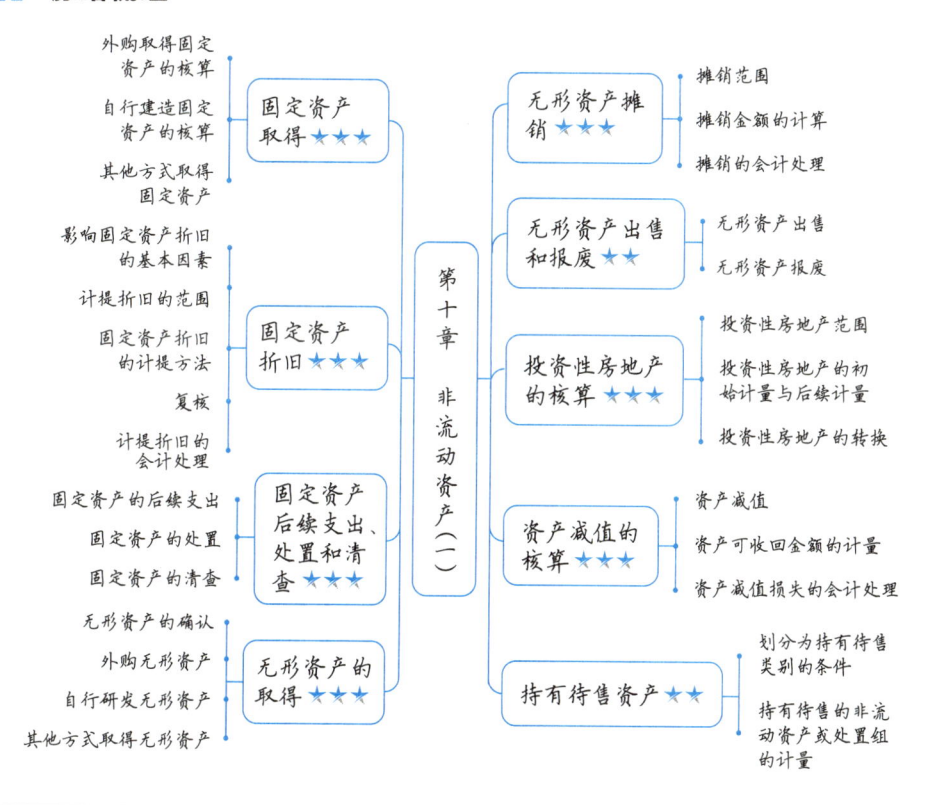

```
                    ┌─ 外购取得固定资产的核算
                    │
        固定资产    ├─ 自行建造固定资产的核算
        取得★★★   │
                    └─ 其他方式取得固定资产

                    ┌─ 影响固定资产折旧的基本因素
                    │
                    ├─ 计提折旧的范围
        固定资产    │
        折旧★★★   ├─ 固定资产折旧的计提方法
                    │
                    ├─ 复核
                    │
                    └─ 计提折旧的会计处理

        固定资产    ┌─ 固定资产的后续支出
        后续支出、  │
  第十  处置和清    ├─ 固定资产的处置
  章    查★★★     │
  非                └─ 固定资产的清查
  流
  动    无形资产    ┌─ 无形资产的确认
  资    的取得      ├─ 外购无形资产
  产    ★★★       ├─ 自行研发无形资产
  （                └─ 其他方式取得无形资产
  一
  ）    无形资产    ┌─ 摊销范围
        摊销★★★   ├─ 摊销金额的计算
                    └─ 摊销的会计处理

        无形资产    ┌─ 无形资产出售
        出售和报废  │
        ★★         └─ 无形资产报废

                    ┌─ 投资性房地产范围
        投资性房    │
        地产的核算  ├─ 投资性房地产的初始计量与后续计量
        ★★★       │
                    └─ 投资性房地产的转换

                    ┌─ 资产减值
        资产减值的  │
        核算★★★   ├─ 资产可收回金额的计量
                    │
                    └─ 资产减值损失的会计处理

        持有待售    ┌─ 划分为持有待售类别的条件
        资产★★     │
                    └─ 持有待售的非流动资产或处置组的计量
```

▲投资性房地产为教材第十一章第四节的内容，将其调至本章讲解。

考点详解及精选例题

考点一 固定资产取得 ★★★   一学多考|中注

(一) 外购取得固定资产的核算

(1) 外购固定资产的成本，包括购买价款、相关税费(指可抵扣增值税以外的税费)、使固定资产达到预定可使用状态前所发生的可归属于该项资产的运输费、装卸费、安装费和专业人员服务费等。

借：固定资产[不需安装]
　　在建工程[需要安装]
　　应交税费——应交增值税(进项税额)
　贷：银行存款等

(2) 以一笔款项购入多项没有单独标价的固定资产，应将各项资产单独确认为固定资产，并按各项固定资产公允价值的比例对总成本进行分配，分别确定各项固定资产的成本。

固定资产的各个组成部分具有不同的使用寿命或者以不同方式为企业提供经济利益，从而适用不同的折旧率或折旧方法，应单独确认为固定资产。

(3) 购买固定资产的价款超过正常信用条件延期支付，实质上具有融资性质的，固定资产的成本以购买价款的现值为基础确定。实际支付的价款与购买价款的现值之间的差额，除按规定应予资本化外，应当在信用期间内计入当期损益。

购买时：
借：固定资产/在建工程[购买价款的现值]
　　未确认融资费用[倒挤差额]
　贷：长期应付款[购买价款]

未确认融资费用摊销：
借：在建工程/财务费用等
　贷：未确认融资费用[按照实际利率法摊销]

【例题1·单选题】 某企业为增值税一般纳税人，适用的增值税税率为13%。2023年5月购入一台需要安装的设备，支付买价1 800万元和增值税234万元。安装该设备期间领用原材料一批，账面价值300万元。计提安装人员工资180万元，支付设备操作员工培训费30万元。假定该设备已达到预定可使用状态，不考虑除增值税外的其他税费，则该设备的入账价值为(　　)万元。

A. 2 231　　　B. 2 280　　　C. 2 586　　　D. 2 667

答案
例题1 | B

解析 设备的入账价值=1 800+300+180=2 280(万元)。员工培训费不属于与购买固定资产直接相关的费用,不计入固定资产成本。

(二)自行建造固定资产的核算(2020年、2024年单选;2021年多选)

自行建造固定资产的成本,包括工程用物资成本、人工成本、缴纳的相关税费等建造该项资产达到预定可使用状态前所发生的必要支出。

1. 发包工程

发包的在建工程,按合同规定向承包企业预付工程款、备料款时,借记"在建工程"科目,贷记"银行存款"等科目。

与承包企业办理工程价款结算时,按补付的工程款,借记"在建工程"科目,贷记"银行存款"等科目。

2. 自营工程

自营工程的会计处理,见表10-1。

表10-1 自营工程的会计处理

项目		内容	
建造成本		工程物资+人工成本+相关税费+领用存货成本	借:在建工程 贷:银行存款 　　原材料/库存商品/ 　　工程物资 　　应付职工薪酬 　　应付利息等
		建设期间发生的由所建造固定资产共同负担的:管理费、监理费、公证费、可行性研究费、临时设施费	
		资本化的借款费用、资本化的外币借款汇兑差额	
试运行		达到预定可使用状态前产出的产品或副产品对外销售时,应将试运行销售相关的收入和成本分别进行会计处理,计入当期损益,不应将试运行销售相关收入抵销相关成本后的净额冲减固定资产成本。试运行产出的有关产品或副产品在对外销售前,应将其确认为存货或其他资产	
工程物资损益	盘盈	盘盈工程物资或处置净收益,冲减工程成本	借:工程物资 　　贷:在建工程
	盘亏、毁损、报废	工程物资成本减去残料价值以及保险公司、过失人等赔款后的净损失,计入工程的成本	借:在建工程 　　贷:工程物资
	减值	没有计入工程成本	借:资产减值损失 　　贷:工程物资减值准备
工程毁损		自然灾害原因造成的在建工程报废毁损,减去残料价值和过失人或保险公司赔偿后的净损失	借:营业外支出 　　贷:在建工程

> **得分高手**（2020年单选、2021年多选、2024年单选）
>
> 本考点近几年频繁考核。主要考核资产入账价值的计算，识别计入资产价值的各项支出，2025年应重点掌握。

【例题2·单选题】（2020年）甲公司2020年3月1日开始自营建造一条生产线，购进工程物资总额60万元，领用工程物资50万元、库存商品10万元，工程负担职工薪酬15万元，建设期间发生工程物资盘亏2万元，达到预定可使用状态前产出的产品对外销售确认的销售收入4.5万元。不考虑增值税等影响，该生产线的总成本为（　　）万元。

A. 72.5　　　　　　　　　　B. 77
C. 73.5　　　　　　　　　　D. 78.5

解析 该生产线的总成本=50+10+15+2=77（万元）。

【例题3·多选题】（2021年）企业自行建造固定资产时，下列事项应借记"在建工程"科目的有（　　）。

A. 在建工程完工后已领出的剩余物资退库
B. 在建工程试车形成的对外销售产品的成本
C. 在建工程领用工程物资
D. 补付承包企业的工程款
E. 因自然灾害原因造成在建工程毁损

解析 选项A，应借记"工程物资"等科目，贷记"在建工程"科目。选项B，计入当期损益，不计入固定资产成本。选项E，应借记"营业外支出"科目，贷记"在建工程"科目。

3. 存在弃置义务的固定资产

（1）对存在弃置义务的固定资产，在确定固定资产成本时，应当考虑预计弃置费用。企业应当按照预计弃置费用的现值计算确定应计入固定资产成本的金额和相应的预计负债。存在弃置义务的固定资产的处理，见表10-2。

表10-2　存在弃置义务的固定资产的处理

项目	会计处理
取得固定资产时，按照预计弃置费用的现值	借：固定资产 　　贷：预计负债
使用寿命内，按照弃置费用计算确定各期应负担的利息	借：财务费用 　　贷：预计负债

提示 不属于弃置义务的固定资产报废清理费，应当在发生时作为固定资产的处置费用处理。（弃置不等于处置）

（2）固定资产的弃置义务在后续期间可能会出现支出金额、预计弃置时

答案
例题2｜B
例题3｜CD

点、折现率等方面的变动，从而导致预计负债发生变动。预计弃置费用变动的处理原则，见表10-3。

表10-3 预计弃置费用变动的处理原则

情形	处理原则
固定资产继续使用	(1)需调减预计负债的，以该固定资产账面价值为限扣减固定资产成本。如果预计负债的减少额超过该固定资产账面价值，超出部分计入当期损益。 (2)需调增预计负债的，增加该固定资产的成本。 按照上述原则调整的固定资产，在资产剩余使用年限内计提折旧
固定资产使用寿命结束	预计负债的所有后续变动应在发生时计入损益

【例题4·单选题】 下列关于固定资产弃置费用的处理中，正确的是(　　)。

A. 取得固定资产时，按预计弃置费用的现值借记"预计负债"科目
B. 取得固定资产时，按预计弃置费用的终值贷记"预计负债"科目
C. 在固定资产使用寿命内，各期按实际利率法摊销的弃置费用借记"管理费用"科目
D. 在固定资产使用寿命内，各期按实际利率法摊销的弃置费用借记"财务费用"科目

解析 选项A、B，取得固定资产时，按预计弃置费用的现值贷记"预计负债"科目。选项C，在固定资产使用寿命内，各期按实际利率法摊销的弃置费用借记"财务费用"科目。

【例题5·单选题】 (2024年)2021年12月31日，甲公司开始购建一座水电站，购建成本为100 000万元，该水电站预计使用年限为20年，采用年限平均法计提折旧。因为环境保护需要，预计未来水电站废弃需要支付弃置费10 000万元，适用的折现率为6%，已知$(P/F,6\%,20)=0.311\,8$，$(F/P,6\%,20)=3.207\,1$，则2023年12月31日该预计负债的期末余额为(　　)万元。[计算结果保留整数]

A. 3 118　　　　　　　　　　B. 3 305
C. 3 503　　　　　　　　　　D. 3 207

解析 预计负债的初始入账金额 = $10\,000\times(P/F,6\%,20)=3\,118$(万元)，2023年年末该预计负债的期末余额 = $3\,118\times(1+6\%)^2=3\,503$(万元)。

(三)其他方式取得固定资产

1. 非货币性资产交换取得

非货币性资产交换取得固定资产的处理，见表10-4。

答案
例题4 | D
例题5 | C

表 10-4　非货币性资产交换取得固定资产的处理

计量基础	核算
以公允价值为基础	换入资产成本=换出资产公允价值+支付的相关税费+支付补价公允价值(-收到补价公允价值)
	换出资产终止确认时，换出资产公允价值与账面价值之间的差额计入当期损益
以账面价值为基础	换入资产成本=换出资产账面价值+支付的相关税费+支付补价的账面价值(-收到补价的公允价值)
	换出资产终止确认时，不确认损益

2. 投、盘、重形成的固定资产

投、盘、重形成的固定资产，见表 10-5。

表 10-5　投、盘、重形成的固定资产

取得方式	入账价值的确定
投资者投入	按照投资合同或协议约定的价值确定，如果投资合同或协议约定价值不公允，则以固定资产的公允价值作为入账价值
盘盈	按重置成本计量，应作为前期会计差错进行更正，通过"以前年度损益调整"科目核算
债务重组	放弃债权的公允价值+相关税费等其他必要支出

【例题 6·单选题】(2022 年)甲公司用一辆汽车换入乙公司一台机床，汽车的账面原值为 35 万元，已计提折旧 12 万元，公允价值为 25 万元；机床的账面原值为 25 万元，已计提折旧 6 万元，公允价值为 22 万元。在资产交换的过程中，甲公司支付机床搬运费 1 万元，收到乙公司支付的补价 3 万元。假设该交换具有商业实质，不考虑增值税等因素，甲公司因该非货币性资产交换影响当期损益的金额为(　　)万元。

A. 2　　　　　B. 5　　　　　C. 3　　　　　D. 6

解析 ▶ 甲公司因该非货币性资产交换影响当期损益的金额=25-(35-12)=2(万元)。

借：固定资产清理　　　　　　　　　　　　　　　　　230 000
　　累计折旧　　　　　　　　　　　　　　　　　　　120 000
　　贷：固定资产——汽车　　　　　　　　　　　　　　350 000
借：固定资产——机床　　(250 000-30 000+10 000)230 000
　　银行存款　　　　　　　　　(30 000-10 000)20 000
　　贷：固定资产清理　　　　　　　　　　　　　　　　230 000
　　　　资产处置损益　　　　　　　　　　　　　　　　 20 000

答案 ▶
例题 6 | A

考点二 固定资产折旧 ★★★   一学多考｜中注

(一)影响固定资产折旧的基本因素(2020年多选)

影响固定资产折旧的基本因素包括：①固定资产的原值(取得时的入账价值)；②固定资产的预计净残值(预计残值收入-预计处置费用)；③固定资产的使用寿命。

提示 固定资产折旧的基本因素中没有"固定资产减值准备"和固定资产折旧方法。

(二)计提折旧的范围

1. 不计提折旧的固定资产
(1)按规定单独计价作为固定资产入账的土地。
(2)已提足折旧仍继续使用的固定资产。
(3)提前报废的固定资产不补提折旧。
(4)持有待售的固定资产。

提示1 闲置未用的固定资产仍然要计提折旧。

提示2 计提折旧特殊事项：
(1)固定资产装修费用若符合固定资产确认条件，应当在固定资产剩余使用寿命与两次装修期间两者中较短的期间内计提折旧。
(2)处于更新改造过程而停止使用的固定资产，符合固定资产确认条件的，应转入在建工程，停止计提折旧；不符合固定资产确认条件的，不转入在建工程，继续计提折旧。因正常停工停产或进行大修理而停用的固定资产，应当继续计提折旧，计提的折旧应计入相关的成本费用。**新增**
(3)已达到预定可使用状态但尚未办理竣工决算的固定资产，无论是否交付使用，均应按照暂估价值确定其成本，并计提折旧；待办理竣工决算手续后，再按实际成本调整原来的暂估价值，但不调整原已计提的折旧额。
(4)承租人取得的使用权资产，承租人能够合理确定租赁期届满时取得租赁资产所有权的，应当在租赁资产剩余使用寿命内计提折旧；承租人无法合理确定租赁期届满时能够取得租赁资产所有权的，应当在租赁期与租赁资产剩余使用寿命两者孰短的期间内计提折旧。

2. 计提折旧的起止时间
固定资产应当按月计提折旧。
当月增加的固定资产，当月不计提折旧，从下月起计提折旧。
当月减少的固定资产，当月仍计提折旧，从下月起不计提折旧。

【例题7·多选题】下列固定资产中,企业应计提折旧的有( )。

A. 无偿提供给职工使用的固定资产

B. 按规定单独估价作为固定资产入账的土地

C. 闲置的厂房

D. 经营租赁方式出租的固定资产

E. 已达到预定可使用状态但尚未交付使用的自建固定资产

解析 选项B,单独估价作为固定资产入账的土地不需要计提折旧。

(三) 固定资产折旧的计提方法(2021年、2022年单选)

固定资产年折旧额的计算,见表10-6。

表10-6 固定资产年折旧额的计算

折旧方法	年折旧额
年限平均法	=(固定资产原值-预计净残值)÷预计使用年限 =固定资产原值×年限平均法年折旧率
工作量法	=(固定资产原值-预计净残值)÷预计总工作量×本期实际工作量
双倍余额递减法	前$n-2$年: =折旧年度每期期初固定资产账面净值×(2÷预计使用年限) 最后2年: =(剩余账面净值-预计净残值)÷2
年数总和法	=(固定资产原值-预计净残值)×(尚可使用年限÷预计使用年限的逐年数字总和)

【知识点拨】计算当年折旧额时,应注意题目的计算要求,是计算一整年的折旧额,还是计算不足一年的折旧额。

【例题8·单选题】某公司于2018年12月购入一台设备,成本为50 000元,预计使用年限为5年,预计净残值为2 000元。该公司采用双倍余额递减法计提折旧,则在2021年12月31日,该设备累计计提的折旧额为( )元。

A. 30 000　　　B. 38 000　　　C. 39 200　　　D. 40 000

解析 2019年折旧=50 000÷5×2=20 000(元);2020年折旧=(50 000-20 000)÷5×2=12 000(元);2021年折旧=(50 000-20 000-12 000)÷5×2=7 200(元);因此,累计计提的折旧额=20 000+12 000+7 200=39 200(元)。

【拓展1】年限平均法:

各年折旧额=(50 000-2 000)÷5=9 600(元)

2021年12月31日,该设备累计计提的折旧额=9 600×3=28 800(元)。

【拓展2】年数总和法:

答案
例题7 | ACDE
例题8 | C

预计使用年限的逐年数字总和=5+4+3+2+1=15(年)

折旧第一年：(50 000-2 000)÷15×5=16 000(元)

折旧第二年：(50 000-2 000)÷15×4=12 800(元)

折旧第三年：(50 000-2 000)÷15×3=9 600(元)

折旧第四年：(50 000-2 000)÷15×2=6 400(元)

折旧第五年：(50 000-2 000)÷15×1=3 200(元)

2021年12月31日，该设备累计计提的折旧额=16 000+12 800+9 600=38 400(元)。

【例题9·单选题】2020年6月5日甲公司以804万元购入X、Y和Z三台不需要安装的设备(均没有单独标价)，其公允价值分别为280万元、360万元和260万元；同日甲公司支付可归属于X、Y和Z设备的运输费分别为1.8万元、2.4万元和2.8万元，并于当日将三台设备投入使用。甲公司对Y设备采用双倍余额递减法计提折旧，预计净残值为4万元，预计可使用年限为10年。至2021年年末公司累计计提Y设备的折旧额为(　　)万元。

A. 51.84　　　　　　　　B. 64.8

C. 90.72　　　　　　　　D. 116.64

解析 ↘ Y设备入账价值=360÷(280+360+260)×804+2.4=324(万元)。2020年计提的折旧额=324×2÷10÷12×6=32.4(万元)，2021年计提的折旧额=324×2÷10÷12×6+(324-324×2÷10)×2÷10÷12×6=58.32(万元)。因此，至2021年年末Y设备累计计提的折旧额=32.4+58.32=90.72(万元)。

【拓展1】采用年限平均法计提折旧，则至2021年年末Y设备累计计提折旧额=(324-4)÷10÷12×(6+12)=48(万元)。

【拓展2】采用年数总和法计提折旧，预计使用年限的逐年数字总和=10+9+8+7+6+5+4+3+2+1=55(年)，2020年计提的折旧额=(324-4)÷55×10÷12×6=29.09(万元)，2021年计提的折旧额=(324-4)÷55×10÷12×6+(324-4)÷55×9÷12×6=55.27(万元)。因此，至2021年年末Y设备累计计提的折旧额=29.09+55.27=84.36(万元)。

(四)复核

企业至少应当于每年年度终了，对固定资产的使用寿命、预计净残值和折旧方法进行复核。

使用寿命预计数与原先估计数有差异的，应当调整固定资产使用寿命。预计净残值预计数与原先估计数有差异的，应当调整预计净残值。

固定资产使用寿命、预计净残值和折旧方法的改变应当作为会计估计变更。

(五)计提折旧的会计处理

计提的固定资产折旧，应根据固定资产的用途和所处的特定状态计入相

答案 ↘
例题9 | C

关资产的成本或者当期损益。

借：制造费用［生产车间使用］
　　管理费用［行政管理部门使用］
　　销售费用［销售部门使用］
　　其他业务成本［经营出租］
　　在建工程［建造其他固定资产使用］
　　研发支出［研发部门使用］
　贷：累计折旧

考点三 固定资产后续支出、处置和清查 ★★★ 一学多考｜中注

（一）固定资产的后续支出（2022年单选）

固定资产发生的后续支出处理原则：

（1）符合固定资产确认条件的，应当计入固定资产成本，如有被替换部分，应扣除被替换部分的账面价值；

（2）不符合固定资产确认条件的，应当在发生时按受益对象计入当期损益或相关资产的成本。

【知识点拨】与存货的生产和加工相关的固定资产日常修理费用计入制造费用；行政管理部门、专设销售机构发生的固定资产日常修理费用分别计入管理费用和销售费用。

【例题10·单选题】（2022年）2021年5月31日，甲公司对一项固定资产进行更新改造。该固定资产原值为6 000万元，已计提折旧2 400万元，未计提减值准备。更新过程中发生人工费112万元，领用工程物资888万元，被替换部分原值为800万元。2021年9月完成该固定资产的更新改造。改造完成后的固定资产预计使用年限为10年，预计净残值率为4%，采用双倍余额递减法计提折旧。不考虑其他因素，2021年甲公司该固定资产更新改造后应计提的折旧额为（　　）万元。

　　A. 190　　　　　　　　　　　　B. 182.4
　　C. 206　　　　　　　　　　　　D. 197.76

解析　更新改造后该固定资产的成本＝6 000－2 400＋112＋888－（800－2 400÷6 000×800）＝4 120（万元）。更新改造后应计提的折旧额＝4 120×2÷10×3÷12＝206（万元）。

【例题11·多选题】下列关于固定资产后续支出的表述中，正确的有（　　）。

A. 发生的更新改造支出符合固定资产确认条件的应当资本化
B. 发生的装修费用支出应当费用化

答案
例题10｜C

C. 发生的日常修理费用通常应当费用化
D. 发生的大修理支出应当费用化
E. 发生的后续支出，符合固定资产确认条件的，应当计入固定资产成本，同时将被替换部分的账面价值扣除

解析 ↘ 选项 B，对房屋装修若是出于延长其使用寿命的目的，符合资本化条件，其支出增加固定资产的账面价值；若是不能延长寿命，应该在发生时计入当期损益。选项 D，企业发生的大修理支出如果满足资本化条件，则应予以资本化；如果不满足资本化条件，则应予以费用化。

(二) 固定资产的处置（2022 年单选）

固定资产的处置包括固定资产的出售、报废和毁损、对外投资、非货币性资产交换、债务重组等。处置通过"固定资产清理"科目核算。固定资产处置的核算，见表 10-7。

表 10-7　固定资产处置的核算

业务	账务处理	
固定资产账面价值转入清理	借：固定资产清理 　　累计折旧 　　固定资产减值准备 　贷：固定资产	
支付清理费用	借：固定资产清理 　　应交税费——应交增值税（进项税额） 　贷：银行存款	
计算清理相关税金	借：固定资产清理 　贷：应交税费——应交土地增值税	
收到残料、残料变价收入、应收责任人赔偿	借：原材料/银行存款/其他应收款 　贷：固定资产清理 　　　应交税费——应交增值税（销项税额）	
结转清理净损益	结转清理净损失： 借：资产处置损益[出售、交换] 　　营业外支出[报废毁损] 　　其他收益[债务重组] 　贷：固定资产清理	结转清理净收益： 借：固定资产清理 　贷：资产处置损益[出售、交换] 　　　营业外收入[报废毁损] 　　　其他收益[债务重组]

记忆密码 注意识记清理净损益计入的账户。

(三) 固定资产的清查

固定资产清查的处理，见表 10-8。

答案 ↘
例题 11 | ACE

表 10-8 固定资产清查的处理

项目	处理	
盘盈	作为重要前期差错处理，按管理权限报经批准处理前，应先通过"以前年度损益调整"科目核算	
盘盈	批准前 借：固定资产 　　贷：以前年度损益调整	批准后 借：以前年度损益调整 　　贷：盈余公积 　　　　利润分配——未分配利润
盘亏	批准前 借：待处理财产损溢 　　累计折旧 　　固定资产减值准备 　　贷：固定资产	批准后 借：营业外支出 　　其他应收款[应收保险公司或过失人赔偿] 　　贷：待处理财产损溢

【例题 12·单选题】下列交易或事项中，不需要通过"固定资产清理"科目核算的是(　　)。

A. 固定资产损毁

B. 固定资产盘亏

C. 以固定资产抵偿债务

D. 以固定资产换入股权

解析 ↘ 选项 B，盘亏的固定资产应通过"待处理财产损溢"科目核算。

【例题 13·多选题】在固定资产清理过程中，下列各项影响固定资产清理净损益的有(　　)。

A. 毁损固定资产取得的赔款

B. 固定资产的弃置费用

C. 盘盈的固定资产重置成本

D. 报废固定资产的原值和已计提的累计折旧

E. 转让厂房应缴纳的土地增值税

解析 ↘ 选项 B，固定资产清理过程中，实际发生的弃置费用，应借记"预计负债"科目，贷记"银行存款"等科目。选项 C，盘盈固定资产，应按照其重置成本，借记"固定资产"科目，贷记"以前年度损益调整"科目。选项 B、C 都不通过"固定资产清理"科目核算，所以不影响固定资产清理损益。

【例题 14·多选题】(2023 年)下列各项费用对固定资产账面价值产生影响的有(　　)。

A. 购入设备时支付的包装费用

B. 用于产品生产的设备发生的日常修理费用

C. 符合固定资产确认条件的更新改造费用

答案 ↘
例题 12 | B
例题 13 | ADE

D. 核电站设施交付使用时预计发生的弃置费用

E. 在固定资产使用年限内,按弃置费用计算确定各期应负担的利息费用

解析 选项 B,应计入产品成本。选项 E,应计入财务费用。

考点四 无形资产的取得 ★★★   一学多考|中注

(一)无形资产的确认

(1)无形资产是指企业拥有或控制的没有实物形态的可辨认非货币性资产。

无形资产包括专利权、非专利技术、商标权、著作权、土地使用权、特许权、确认为无形资产的数据资源等。

提示 不属于无形资产的内容:

客户基础、市场份额——不具有可控制性

合并商誉、自创商誉——不具有可辨认性

为新产品进行宣传的广告费——不计入无形资产成本

(2)土地使用权的不同处理。

土地使用权的不同处理,见表 10-9。

表 10-9 土地使用权的不同处理

土地使用权用途			核算科目
以缴纳土地出让金等方式外购的土地使用权、投资者投入等方式取得			无形资产
出租或增值目的的土地使用权			投资性房地产
建造建筑物而取得土地使用权	房地产企业		房地产企业取得的用于建造对外出售房屋建筑物的土地使用权	开发成本(所建造的房屋建筑物成本)
	非房地产企业	买地建房	用于自行开发建造厂房等自用地上建筑物时外购的土地使用权。**提示** 土地使用权的账面价值不与地上建筑物合并,其与地上建筑物分别进行摊销和提取折旧	无形资产
		买房含地	外购房屋建筑物支付的价款,应当在地上建筑物和土地使用权之间进行分配;难以分配的,应当全部作为固定资产	无形资产或固定资产

(二)外购无形资产

外购无形资产的处理,见表 10-10。

答案
例题 14 | ACD

表 10-10　外购无形资产的处理

情形	处理原则	会计分录
正常购买	外购无形资产的成本，包括购买价款、相关税费，以及直接归属于使该项资产达到预定用途所发生的其他支出。 包括：使无形资产达到预定用途所发生的专业服务费、测试无形资产是否能正常发挥作用的费用等。 **提示** 数据资源中符合无形资产定义和确认条件的可直接归属于使该项无形资产达到预定用途所发生的数据脱敏、清洗、标注、整合、分析、可视化等加工过程所发生的有关支出，以及数据权属鉴证、质量评估、登记结算、安全管理等费用也属于外购无形资产的成本。 不包括：无形资产已经达到预定用途以后发生的费用	借：无形资产 　　应交税费——应交增值税（进项税额） 　贷：银行存款等
具有融资性质的延期付款购买	购买无形资产的价款超过正常信用条件延期支付（即长期的应付款），实质上具有融资性质的，无形资产的成本以购买价款的现值为基础确定。 实际支付的价款与购买价款的现值之间的差额，除按规定应予资本化的以外，应当在信用期间内计入当期损益	（1）购买时： 借：无形资产[购买价款的现值] 　　未确认融资费用[倒挤差额] 　贷：长期应付款[购买价款] （2）未确认融资费用摊销： 借：在建工程/财务费用等 　贷：未确认融资费用[按实际利率法摊销]

(三) 自行研发无形资产（2020 年单选）

企业自行研究开发项目（包括企业内部数据资源的研究开发），应当区分研究阶段与开发阶段，并分别进行会计核算。自行研发无形资产的处理，见表 10-11。

表 10-11　自行研发无形资产的处理

项目	账务处理	
研究阶段	研究阶段的支出全部费用化，计入当期损益（管理费用）	
	借：研发支出——费用化支出 　　应交税费——应交增值税（进项税额） 　贷：银行存款等	月末转出： 借：管理费用 　贷：研发支出——费用化支出

(续表)

项目	账务处理	
开发阶段	开发阶段的支出**符合资本化条件**的，才能确认为无形资产；不符合资本化条件的计入当期损益(管理费用)	
	不符合资本化条件支出： 借：研发支出——费用化支出 　　应交税费——应交增值税(进项税额) 　　贷：银行存款等	月末转出： 借：管理费用 　　贷：研发支出——费用化支出
	符合资本化条件支出： 借：研发支出——资本化支出 　　应交税费——应交增值税(进项税额) 　　贷：银行存款等	达到预定用途时转出： 借：无形资产 　　贷：研发支出——资本化支出

提示

(1)无法区分研究阶段支出和开发阶段支出的，应当将其所发生的研发支出**全部费用化**，计入当期损益(管理费用)。

(2)无形资产在开发过程中达到预定用途前已经费用化的支出不再进行调整。

【例题15·单选题】 2022年1月1日，某企业开始自行研究开发一套软件，研究阶段发生支出30万元，开发阶段发生支出125万元(满足资本化条件的支出为100万元)。4月15日，该软件开发成功并依法申请了专利，支付相关手续费1万元。不考虑其他因素，该项无形资产的入账价值为( )万元。

A. 126　　　　B. 155　　　　C. 101　　　　D. 156

解析 无形资产的入账价值 = 100 + 1 = 101(万元)。

【例题16·多选题】(2024年)下列关于内部研究开发无形资产的会计处理的表述中，正确的有( )。

A. 企业发生的符合资本化条件的开发阶段支出，借记"研发支出——资本化支出"科目，期末结转至无形资产

B. 企业期末将研发支出科目归集的费用化支出金额转入"管理费用"科目

C. "研发支出——资本化支出"科目的期末余额在资产负债表中"无形资产"项目列报

D. 企业发生的费用化研发支出，应在利润表"研发费用"项目列报

答案
例题15 | C

E. 企业开发阶段发生的借款利息支出，借记"研发支出——资本化支出"科目

解析 选项 A，应在开发完成后转入无形资产。选项 C，"研发支出——资本化支出"科目的期末余额在资产负债表中"开发支出"项目列报。选项 E，企业开发阶段发生的借款利息支出，符合资本化条件的记入"研发支出——资本化支出"科目。

(四) 其他方式取得无形资产

其他方式取得无形资产入账成本的确定，见表 10-12。

表 10-12 其他方式取得无形资产入账成本的确定

取得方式	入账成本的确定
投资者投入	投资者投入无形资产的成本，应当按照投资合同或协议约定的价值确定，但合同或协议约定价值不公允的除外
政府补助	通过政府补助取得的无形资产，应当按照该无形资产的公允价值入账；若公允价值不能可靠取得，则按照名义金额入账
非货币性资产交换	以换出资产的公允价值或账面价值为基础确定
债务重组	放弃债权的公允价值+相关税费等其他必要支出

【例题 17·单选题】下列关于无形资产初始计量的表述中，错误的是（　　）。

A. 通过政府补助取得的无形资产，应当按照公允价值入账，公允价值不能可靠取得的，按照名义金额入账

B. 外购无形资产超过正常信用条件延期支付价款，实质上具有融资性质的，应按支付购买总价款入账

C. 投资者投入的无形资产，应当按照投资合同或协议约定的价值入账，但投资合同或协议约定价值不公允的，应按无形资产的公允价值入账

D. 通过债务重组取得的无形资产，应当以其放弃债权的公允价值为基础入账

解析 选项 B，购买无形资产的价款超过正常信用条件延期支付，实质上具有融资性质的，无形资产的成本以购买价款的现值为基础确定。

考点五 无形资产摊销 ★★★ 一学多考｜中注

(一) 摊销范围

无形资产的摊销范围，见表 10-13。

答案
例题 16｜BD
例题 17｜B

表 10-13　无形资产的摊销范围

项目	内容
使用寿命有限的无形资产	应当在使用寿命内系统合理摊销 （1）来源于合同性权利或其他法定权利的无形资产，其使用寿命不应超过合同性权利或其他法定权利的期限； （2）合同性权利或其他法定权利能够在到期时因续约等延续，且有证据表明续约不需要付出大额成本，则使用寿命应包括续约期。 **提示**　属于无形资产的数据资源，在对其使用寿命进行估计时，应当考虑无形资产准则应用指南规定的因素，并重点关注数据资源相关业务模式、权利限制、更新频率和时效性、有关产品或技术迭代、同类竞品等因素
使用寿命不确定的无形资产	不应摊销

（二）摊销金额的计算（2020 年单选；2021 年多选）

无形资产摊销金额的计算，见表 10-14。

表 10-14　无形资产摊销金额的计算

项目	内容
摊销金额	应摊销金额为无形资产的成本扣除预计残值后的金额。已计提减值准备的无形资产，还应扣除已计提的无形资产减值准备累计金额。 使用寿命有限的无形资产，其残值应当视为零，但特殊情况除外
期限	自无形资产可供使用时起，至不再作为无形资产确认时为止，即：当月增加的无形资产，当月开始摊销；当月减少的无形资产，当月不再摊销
方法	企业选择的无形资产摊销方法，应当反映与该项无形资产有关的经济利益的预期实现方式。无法可靠确定预期实现方式的，应当采用直线法摊销
复核	企业至少应当在每年年度终了，对使用寿命有限的无形资产的使用寿命及摊销方法进行复核，无形资产的使用寿命及摊销方法与以前估计不同的，应当改变摊销期限和摊销方法。企业应当在每个会计期间对使用寿命不确定的无形资产的使用寿命进行复核，如果有证据表明无形资产的使用寿命是有限的，应当估计其使用寿命，并按使用寿命有限的无形资产进行处理

> **记忆密码**
> 一句话的要点：每年年度终了，方法、寿命要复核。

（三）摊销的会计处理

（1）无形资产的摊销金额一般应计入当期损益（管理费用）；
（2）经营出租的无形资产，其摊销金额应计入其他业务成本；

(3) 无形资产通过所生产的产品或其他资产实现经济利益，其摊销金额计入产品或其他资产成本。

【例题18·多选题】(2021年)下列关于无形资产后续计量的表述中，正确的有(　　)。

A. 使用寿命不确定的无形资产不应摊销，也无须进行减值测试
B. 至少应于每年年度终了，对使用寿命有限的无形资产的使用寿命及摊销方法进行复核
C. 已计提减值准备的需要摊销的无形资产，应按该项资产的账面价值以及尚可使用寿命重新计算摊销额
D. 应在每个会计期间对使用寿命不确定的无形资产的使用寿命进行复核
E. 无形资产的摊销金额均应记入"管理费用"科目

解析 选项A，使用寿命不确定的无形资产不摊销，但需每年年末进行减值测试。选项E，无形资产包含的经济利益通过所生产的产品或其他资产实现的，无形资产的摊销金额可以计入产品或其他资产成本。

考点六 无形资产出售和报废 ★★ 一学多考｜中注

(一) 无形资产出售(2021年单选)

出售无形资产时，应将实际收到的含税价款与该无形资产的账面价值和应交税费的差额计入资产处置损益。会计分录为：

借：银行存款
　　累计摊销
　　无形资产减值准备
　贷：无形资产
　　　应交税费——应交增值税(销项税额)
　　　资产处置损益[倒挤差额，或借记]

(二) 无形资产报废

预期不能为企业带来经济利益的无形资产，应当将其账面价值予以转销。会计分录为：

借：营业外支出
　　累计摊销
　　无形资产减值准备
　贷：无形资产

【例题19·单选题】乙公司拥有一项账面原价为90万元、已使用2年、累计已摊销32万元、累计已确认减值损失16万元的专利权。现乙公司将其

答案
例题18｜BCD

对外转让,取得转让价款(含税)74.2万元,适用的增值税税率为6%。不考虑其他相关税费,则乙公司转让该项专利权能使其利润总额增加(　　)万元。

A. -7.5　　　　B. 24.5　　　　C. 23.5　　　　D. 28

解析 ↓ 乙公司转让该项专利权能使其利润总额增加的金额=74.2÷(1+6%)-(90-32-16)=28(万元)。会计分录为:

借:银行存款　　　　　　　　　　　　　　　　742 000
　　累计摊销　　　　　　　　　　　　　　　　320 000
　　无形资产减值准备　　　　　　　　　　　　160 000
　　贷:无形资产　　　　　　　　　　　　　　900 000
　　　　应交税费——应交增值税(销项税额)
　　　　　　　　　　　　[742 000÷(1+6%)×6%]42 000
　　　　资产处置损益　　　　　　　　　　　　280 000

考点七 投资性房地产的核算 ★★★　　一学多考|中注

(一)投资性房地产范围

投资性房地产是指为赚取租金或资本增值,或者两者兼有而持有的房地产。投资性房地产的范围,见表10-15。

表10-15　投资性房地产的范围

项目	属于	不属于
出租	已出租的土地使用权	租入再转租、自用、销售的
	已出租的建筑物(或建造中将用于出租)	
增值	持有并准备增值后转让的土地使用权	持有并准备增值后转让的建筑物

提示

(1)企业持有以备经营出租的空置建筑物或在建建筑物,如董事会或类似机构作出书面决议,明确表明将其用于经营出租且持有意图短期内不会发生变化的,即使未签订租赁协议,也应视为投资性房地产。(闲置土地不属于投资性房地产)

(2)将建筑物出租,按租赁协议向承租人提供的相关辅助服务在整个协议中不重大的,应当将该建筑物确认为投资性房地产。(办公楼出租+提供维护、保安等辅助服务)

(3)一房三产:一项房地产,部分用于赚取租金或资本增值,部分用于生产商品、提供劳务或经营管理或者作为存货出售,用于赚取租金或资本增值的部分能够单独计量和出售的,可以确认为投资性房地产。

答案 ↓
例题19|D

【例题20·多选题】下列各项资产可划分为投资性房地产核算的有(   )。
A. 已出租的生产厂房
B. 按国家有关规定认定的闲置土地
C. 出租和自用共存的办公楼，能够单独计量的出租部分
D. 持有并准备增值后转让的土地使用权
E. 作为存货管理的商品房

解析 选项B，按照国家有关规定认定的闲置土地，不属于持有并准备增值后转让的土地使用权，不作为投资性房地产核算。选项E，作为存货管理的商品房属于企业的存货，不作为投资性房地产核算。

(二) 投资性房地产的初始计量与后续计量

1. 初始计量

投资性房地产应当按照成本进行初始计量。
(1)外购：包括购买价款、相关税费和可直接归属于资产的其他支出。
(2)自行建造：建造资产达到预定可使用状态前所发生的必要支出。

2. 后续计量(2022年、2023年单选；2021年多选)

投资性房地产的后续计量，见表10-16。

表10-16 投资性房地产的后续计量

项目	成本模式	公允价值模式
租金收入	其他业务收入	
折旧、摊销、减值	投资性房地产累计折旧、投资性房地产累计摊销(其他业务成本)	不折旧(不摊销)、不减值
	投资性房地产减值准备[不得转回]	
价值变动	不处理	借：投资性房地产——公允价值变动 　　贷：公允价值变动损益[假定升值，下跌时相反]
处置	借：银行存款 　　贷：其他业务收入 借：其他业务成本 　　投资性房地产累计折旧/摊销 　　投资性房地产减值准备 　　贷：投资性房地产	借：银行存款 　　贷：其他业务收入 借：其他业务成本 　　贷：投资性房地产——成本 　　　　　　　　　　——公允价值变动[或借记] 借：公允价值变动损益 　　贷：其他业务成本[或相反分录] 借：其他综合收益 　　贷：其他业务成本

答案
例题20 | ACD

(续表)

项目	成本模式	公允价值模式
模式变更	(1)企业选择公允价值模式计量投资性房地产，应当对其所有投资性房地产采用公允价值模式进行后续计量，不得对一部分投资性房地产采用成本模式进行后续计量，对另一部分投资性房地产采用公允价值模式进行后续计量。 (2)企业对投资性房地产的计量模式一经确定，不得随意变更：①成本模式转为公允价值模式的，应当作为会计政策变更处理，并按计量模式变更时公允价值与账面价值的差额调整期初留存收益；②已采用公允价值模式计量的投资性房地产，不得从公允价值模式转为成本模式	
后续支出	与投资性房地产有关的后续支出，满足投资性房地产确认条件的，应当计入投资性房地产成本，即后续支出资本化；不满足确认条件的，应当在发生时计入当期损益，即后续支出费用化。企业对某项投资性房地产进行改扩建等再开发且将来仍作为投资性房地产的，在再开发期间应继续将其作为投资性房地产，再开发期间不计提折旧或摊销	

【例题21·单选题】 2022年12月31日，甲公司购入一幢建筑物，于次年1月1日出租给乙公司2年，取得时实际支付的价款为1 500 000元。假定该建筑物的预计净残值率为4%，预计使用年限为50年，采用年限平均法计提折旧。每月租金10 000元，不考虑相关税收问题，后续核算采用成本模式计量。2023年12月31日，该建筑物的可收回金额为1 350 000元。2024年12月31日，甲公司将该建筑物出售给乙公司，累计折旧55 249元，出售合同价款为1 000 000元，乙公司已用银行存款付清。假定不考虑税费等因素，下列各项中，关于投资性房地产会计处理的表述不正确的是(　　)。

A. 2022年12月31日，投资性房地产成本为1 500 000元
B. 2023年，投资性房地产影响利润的金额为-30 000元
C. 2024年12月31日，出售投资性房地产影响资产处置损益的金额为-323 551元
D. 2024年12月31日，出售投资性房地产影响其他业务成本的金额为1 323 551元

解析 (1)购入建筑物时：

借：投资性房地产　　　　　　　　　　　　　　　　　1 500 000
　　贷：银行存款　　　　　　　　　　　　　　　　　　1 500 000

(2)2023年每月末，出租期间确认收入和折旧。
月末确认租金收入：

借：银行存款　　　　　　　　　　　　　　　　　　　10 000
　　贷：其他业务收入　　　　　　　　　　　　　　　　10 000

月末应计提折旧：月折旧=[1 500 000×(1-4%)]÷50÷12=2 400(元)。

借：其他业务成本　　　　　　　　　　　　　　　　　2 400

答案 例题21｜C

贷：投资性房地产累计折旧 2 400

（3）2023年底，该建筑物的可收回金额为1 350 000元，账面净额为1 471 200元（1 500 000-2 400×12），应计提减值准备：

借：资产减值损失 121 200
　　贷：投资性房地产减值准备 121 200

2023年，投资性房地产影响利润的金额=10 000×12-2 400×12-121 200=-30 000（元）。

（4）出售建筑物，收取处置收入：

借：银行存款 1 000 000
　　贷：其他业务收入 1 000 000

结转处置成本：

借：其他业务成本 1 323 551
　　投资性房地产累计折旧 55 249
　　投资性房地产减值准备 121 200
　　贷：投资性房地产 1 500 000

【例题22·单选题】(2022年)甲公司2021年7月1日购入一栋写字楼，实际取得成本为12 500万元，并于当日将该写字楼出租给乙公司使用，租赁期为3年，每年租金为350万元。甲公司对该投资性房地产采用公允价值模式计量。2021年12月31日，该写字楼的公允价值为12 800万元。假设不考虑相关税费，该投资性房地产对甲公司2021年度利润总额的影响金额为(　　)万元。

A. 475　　　B. 650　　　C. 300　　　D. 350

解析 对甲公司2021年度利润总额的影响金额=租金收入(350÷2)+公允价值变动收益(12 800-12 500)=475(万元)。

【例题23·单选题】甲公司于2022年12月25日出售一项投资性房地产。甲公司对该项投资性房地产采用公允价值模式进行后续计量，出售时"投资性房地产——成本"科目借方余额为2 000万元，"投资性房地产——公允价值变动"科目借方余额为400万元，因该项投资性房地产曾确认其他综合收益100万元，出售价款3 000万元。不考虑其他因素，甲公司因处置该项投资性房地产形成的损益金额为(　　)万元。

A. 600　　　B. 500　　　C. 1 000　　　D. 700

解析 处置该项投资性房地产形成的损益=出售价款3 000-账面价值(2 000+400)+结转其他综合收益100=700(万元)。

提示 公允价值变动损益转入其他业务成本损益科目一增一减，不影响损益总额。

答案
例题22 | A
例题23 | D

第十章 | 非流动资产（一）

（三）投资性房地产的转换（2023 年、2024 年单选；2020 年、2023 年多选）

1. 成本模式计量的投资性房地产与非投资性房地产的转换

成本模式计量的投资性房地产与非投资性房地产的转换，见表 10-17。

表 10-17 成本模式计量的投资性房地产与非投资性房地产的转换

项目	成本模式下转换的处理	
转换类别	非转投	投转非
账务处理	借：投资性房地产 　　累计折旧 　　固定资产减值准备 　贷：固定资产 　　投资性房地产累计折旧 　　投资性房地产减值准备	借：固定资产 　　投资性房地产累计折旧 　　投资性房地产减值准备 　贷：投资性房地产 　　累计折旧 　　固定资产减值准备
	不产生转换损益	

提示 以固定资产转换为例，无形资产、存货转换参照处理。

2. 公允价值模式计量的投资性房地产与非投资性房地产的转换

公允价值模式计量的投资性房地产与非投资性房地产的转换，见表 10-18。

表 10-18 公允价值模式计量的投资性房地产与非投资性房地产的转换

项目	公允价值模式下转换的处理	
转换类别	非转投	投转非
账务处理	借：投资性房地产——成本 　　累计折旧 　　固定资产减值准备 　　公允价值变动损益［转换贬值］ 　贷：固定资产 　　其他综合收益［转换升值］	借：固定资产 　　公允价值变动损益［转换贬值］ 　贷：投资性房地产——成本 　　　　　　——公允价值变动［或借记］ 　　公允价值变动损益［转换升值］

【例题 24·单选题】（2023 年）2022 年 1 月 1 日，甲公司将一栋办公楼出租给乙公司，租期为 3 年，月租金为 200 万元，于每季度初收取。出租时，该办公楼的原值为 18 000 万元，累计折旧 3 500 万元，公允价值为 17 000 万元。甲公司将该办公楼作为以公允价值模式计量的投资性房地产核算。2022 年 12 月 31 日，该栋办公楼的公允价值为 16 800 万元。2023 年 4 月 1 日，甲公司将该办公楼以 17 500 万元的价格转让，并支付租赁违约金 500 万元。不考虑其他因素，则甲公司 2023 年因该投资性房地产对利润总额的影响额为（　　）万元。

A. 600 B. 3 300 C. 800 D. 3 100

解析 转换日计入其他综合收益的金额=17 000-(18 000-3 500)=2 500(万元),2023年度影响利润总额的金额=17 500-16 800+2 500-违约金500+租金收入200×3=3 300(万元)。

【例题25·多选题】下列关于投资性房地产与非投资性房地产转换的会计处理的表述中,正确的有(   )。

A. 采用成本模式计量的投资性房地产转换为自用房地产时,其账面价值与公允价值的差额计入公允价值变动损益

B. 采用成本模式计量的投资性房地产转换为存货时,其账面价值大于公允价值的差额计入公允价值变动损益

C. 自用房地产转换为采用公允价值模式计量的投资性房地产时,其账面价值大于公允价值的差额计入公允价值变动损益

D. 采用公允价值模式计量的投资性房地产转换为存货时,其账面价值与公允价值的差额计入其他综合收益

E. 存货转换为采用公允价值模式计量的投资性房地产时,其账面价值小于公允价值的差额计入其他综合收益

解析 选项A、B,采用成本模式计量的投资性房地产转换成自用房地产或者存货时,直接按照账面价值结转,不需要考虑公允价值。选项D,采用公允价值模式计量的投资性房地产转为存货时,其差额应计入公允价值变动损益。

考点八 资产减值的核算 ★★★ 一学多考｜中注

(一)资产减值

1. 资产减值的迹象

(1)企业经营所处的经济、技术或者法律等环境以及资产所处的市场在当期或者将在近期发生重大变化,从而对企业产生不利影响。

(2)资产的市价当期大幅度下跌,其跌幅明显高于因时间的推移或者正常使用而预计的下跌。

(3)有证据表明资产已经陈旧过时或者其实体已经损坏。

(4)资产已经或者将被闲置、终止使用或者计划提前处置。

(5)市场利率或者其他市场投资报酬率在当期已经提高,从而影响企业计算资产预计未来现金流量现值的折现率,导致资产可收回金额大幅度降低。

(6)企业内部报告的证据表明资产的经济绩效已经低于或者将低于预期,如资产所创造的净现金流量或者实现的营业利润(或者亏损)远远低于(或者高于)预计金额等。

答案
例题24｜B
例题25｜CE

2. 资产减值的测试(2020 年、2022 年多选)

资产减值的测试,见表 10-19。

表 10-19 资产减值的测试

项目	内容
没有减值迹象也测试	企业合并形成的商誉和使用寿命不确定的无形资产,无论是否存在减值迹象,都应当至少于每年年度终了进行减值测试。 尚未达到预定可使用状态的无形资产,由于其价值具有不确定性,也需要定期进行减值测试
有减值迹象也不测试	在估计资产可收回金额时,应当遵循重要性原则,即:①以前报告期间的计算结果表明,资产可收回金额显著高于其账面价值,之后又没有消除这一差异的交易或者事项,资产负债表日可以不重新估计该资产的可收回金额。②以前报告期间的计算与分析表明,资产可收回金额相对于某种减值迹象反应不敏感,在本报告期间又发生了该减值迹象的,可以不因该减值迹象的出现而重新估计该资产的可收回金额

(二) 资产可收回金额的计量

1. 资产可收回金额的计算

资产的可收回金额应当根据资产的公允价值减去处置费用后的净额与资产预计未来现金流量的现值两者之间的较高者确定。

> 记忆密码
> 使用与出售相比,二者选其高。

(1)公允价值减去处置费用(即:卖)。

a. 对于存在资产销售协议的,应当根据公平交易中销售协议价格减去可直接归属于该资产处置费用的金额确定。

b. 对于不存在销售协议但存在资产活跃市场的,应当按照该资产的市场价格减去处置费用后的金额确定。资产的市场价格通常应当根据资产的买方出价确定。

c. 在销售协议和资产活跃市场均不存在的情况下,应当以可获取的最佳信息为基础,估计资产的公允价值减去处置费用后的净额,该净额可以参考同行业类似资产的最近交易价格或者结果进行估计。

(2)预计未来现金流量的现值(即:使用)。

应当按照资产在持续使用过程中和最终处置时所产生的预计未来现金流量,选择恰当的折现率对其进行折现后的金额加以确定。

a. 预计资产的未来现金流量以资产的当前状况为基础,不应当包括与将来可能会发生的、尚未作出承诺的重组事项或者与资产改良有关的预计未来现金流量;也不应当包括筹资活动和所得税收付产生的现金流量。企业已经承诺重组的,在确定资产的未来现金流量的现值时,预计的未来现金流入和流出数,应当反映重组所能节约的费用和由重组所带来的其他利益,以及因重组所导致的估计未来现金流出数。

b. 预计资产未来现金流量时，应以经企业管理层批准的最近财务预算或者预测数据，以及该预算或者预测期之后年份稳定的或者递减的增长率为基础。建立在该预算或者预测基础上的预计现金流量最多涵盖5年。

c. 预计资产未来现金流量，通常应当根据资产未来每期最有可能产生的现金流量进行预测。采用期望现金流量法更为合理的，应当采用期望现金流量法预计资产未来现金流量。

d. 预计未来现金流量和折现率，应当在一致的基础上考虑因一般通货膨胀而导致物价上涨因素的影响。（均考虑或均不考虑）

e. 折现率是反映当前市场货币时间价值和资产特定风险的税前利率。估计资产未来现金流量现值，通常应当使用单一的折现率。如果资产未来现金流量的现值对未来不同期间的风险差异或者利率的期间结构反应敏感的，应当在未来各不同期间采用不同的折现率。折现率的确定通常应当以该资产的市场利率为依据。在预计资产的未来现金流量时已经对资产特定风险的影响作了调整的，估计折现率不需要考虑这些特定风险。

f. 预计资产的未来现金流量涉及外币的，应当以该资产所产生的未来现金流量的结算货币为基础，按照该货币适用的折现率计算资产的现值；然后将该外币现值按照计算资产未来现金流量现值当日的即期汇率进行折算。

2. 资产可收回金额的比较方法

（1）有迹象表明一项资产可能发生减值的，应当以单项资产为基础估计其可收回金额。

（2）企业难以对单项资产的可收回金额进行估计的，应当以该资产所属的资产组为基础确定资产组的可收回金额。

（3）有迹象表明某项总部资产可能发生减值的，应当计算确定该总部资产所归属的资产组或者资产组组合的可收回金额，然后将其与相应的账面价值相比较，据以判断是否需要确认减值损失。

【例题26·单选题】下列关于资产的可收回金额的表述中，正确的是（　　）。

A. 当资产的可收回金额大于该项资产的账面价值时，原计提的资产减值准备应当转回

B. 资产的可收回金额应当根据资产的公允价值减去处置费用后的净额与资产预计未来现金流量现值两者之间较高者确定

C. 资产的可收回金额估计时无须遵循重要性原则

D. 对资产未来现金流量的预计应以经企业管理层批准的最近财务预算或者预测数据为基础，时间至少5年

解析　选项A，固定资产、无形资产等资产一经计提减值，已计提的减值金额不可以转回。选项C，在估计资产可收回金额时，应当遵循重要性原则。选项D，建立在预算或者预测基础上的预计现金流量最多涵盖5年，企

答案
例题26 | B

业管理层如能证明更长的期间是合理的，可以涵盖更长的期间。

(三) 资产减值损失的会计处理（2020 年、2022 年、2024 年单选）

资产减值损失的会计核算，见表 10-20。

表 10-20 资产减值损失的会计核算

项目	内容	
减值损失	资产的可收回金额低于其账面价值，则应当将资产的账面价值减记至可收回金额，减记的金额确认为资产减值损失，同时计提相应的资产减值准备 借：资产减值损失 　　贷：固定资产(无形资产)减值准备	
减值恢复	资产减值损失一经确认，在以后会计期间不得转回	
减值结转	处置资产时，应同时结转已计提的资产减值准备	
减值对折旧的影响	已计提减值准备的固定资产，应当按照该项资产的账面价值以及尚可使用寿命重新计算确定折旧率和折旧额(无形资产相同)	
减值准备转回	可以转回	应收款项的坏账准备、债权投资减值准备、存货跌价准备、计入其他综合收益的其他债权投资减值、持有待售资产减值准备、合同履约(取得)成本减值准备
	不可以转回	固定资产减值准备、无形资产减值准备、长期股权投资减值准备、商誉减值准备、投资性房地产减值准备、使用权资产减值准备

● **得分高手**

本考点近几年频繁考核。主要考核减值时资产的账面价值(简便计算就是当时的可收回金额)，或者考核减值以后年度的折旧额或摊销额的计算。

【例题 27·单选题】（2024 年）下列资产已经计提的减值准备，可以在以后会计期间转回的是(　　)。

A. 分类为持有待售类别前的非流动资产
B. 因企业合并产生的商誉
C. 以摊余成本计量的金融资产
D. 对联营企业的长期股权投资

解析　选项 A、B、D，减值准备一经计提，以后会计期间不得转回。

【例题 28·单选题】甲公司 2019 年 12 月 1 日购入一台设备，原值为 200 万元，预计可用 5 年，预计净残值率为 4%，采用年数总和法计提折旧。2021 年 12 月 31 日，甲公司对该设备账面价值进行检查时，发现存在减值迹象。根据当日市场情况判断，如果将该设备予以出售，预计市场价格为 85 万

答案
例题 27 | C

元,清理费用为3万元;如果继续使用该设备,预计未来3年现金流量现值为80万元。假设不考虑相关税费,则2021年年末该设备应计提减值准备为(　　)万元。

A. 35.6　　　　B. 4.8　　　　C. 2.8　　　　D. 0

解析 预计使用年限的逐年数字总和=5+4+3+2+1=15(年),计提减值准备前该设备的账面价值=200-200×(1-4%)÷15×5-200×(1-4%)÷15×4=84.8(万元)。可收回金额按照公允价值(即预计市场价格)减去处置费用后的净额82万元(85-3)与未来现金流量现值80万元两者中较高者确定,即可收回金额为82万元,应计提减值准备=84.8-82=2.8(万元)。

【例题29·单选题】2022年度甲公司自行研发一项管理用无形资产,满足资本化条件的研发支出80万元,不满足资本化条件的研发支出20万元。2022年7月1日该项无形资产投入使用,预计使用寿命为10年,预计净残值为0,采用直线法按月摊销。2022年年末甲公司预计该项无形资产的可收回金额为70万元。假定不考虑其他因素,则2022年度甲公司研发、使用该项无形资产使当期利润总额减少(　　)万元。

A. 28　　　　B. 26　　　　C. 30　　　　D. 10

解析 不满足资本化条件的研发支出20万元计入管理费用,2019年满足资本化条件的研发支出摊销=80÷10×6÷12=4(万元),2019年年末无形资产计提的减值=80-4-70=6(万元)。减少当期利润总额=20+4+6=30(万元)。

考点九 持有待售资产 ★★　　一学多考|中注

(一)划分为持有待售类别的条件

1. 划分为持有待售类别的前提

企业主要通过出售(包括具有商业实质的非货币性资产交换)而非持续使用一项非流动资产或处置组收回其账面价值的,应当将其划分为持有待售类别。

提示 拟结束使用而非出售的非流动资产或处置组,不能划分为持有待售类别。

2. 划分为持有待售类别的确认条件(2022年单选)

非流动资产或处置组划分为持有待售类别,应当同时满足下列条件:

(1)根据类似交易中出售此类资产或处置组的惯例,在当前状况下可立即出售。

(2)出售极可能发生,即企业已经就一项出售计划作出决议且获得确定的购买承诺,预计出售将在一年内完成。有关规定要求企业相关权力机构或者监管部门批准后方可出售的,应当已经获得批准。

答案
例题28｜C
例题29｜C

企业专为转售而取得的非流动资产或处置组,在取得日满足"预计出售将在一年内完成"的规定条件,且短期(通常为3个月)内很可能满足持有待售类别的其他划分条件的,企业应当在取得日将其划分为持有待售类别。

【例题30·多选题】企业将非流动资产或处置组划分为持有待售类别时,应满足的条件有( )。

A. 非流动资产或处置组拟结束使用
B. 出售极可能发生,预计将在一年内完成
C. 根据类似交易出售此类资产或处置组的惯例,在当前状况下即可立即出售
D. 非流动资产或处置组已发生减值
E. 出售该资产应具有商业实质

解析 非流动资产或处置组划分为持有待售类别时,应当同时满足下列条件:①根据类似交易中出售此类资产或处置组的惯例,在当前状况下即可立即出售;②出售极可能发生,即企业已经就一项出售计划作出决议且获得确定的购买承诺,预计出售将在一年内完成。

【例题31·单选题】(2022年)下列各项业务在达成意向、签订协议或作出协议时应将固定资产划分为持有待售资产的是( )。

A. 乙公司2020年12月10日与黄河公司签订不可撤销的转让协议约定于2022年2月20日将一台生产设备转让给黄河公司
B. 甲公司2021年3月与长江公司达成初步意向,计划于本年6月将一台管理用设备转让给长江公司,但未签订书面协议
C. 丙公司与泰山公司签订一项转让协议,约定于次月5日将一条生产线出售给泰山公司,双方管理层均已通过决议
D. 丁公司管理层作出决议,计划将一辆汽车于本月底出售给华山公司,但双方尚未签订转让协议

解析 非流动资产或处置组划分为持有待售类别,应同时满足下列条件:①根据类似交易中出售此类资产或处置组的惯例,在当前状况下即可立即出售;②出售极可能发生,即企业已经就一项出售计划作出决议且获得确定的购买承诺,预计出售将在一年内完成。选项A、B、D,不满足"出售极可能发生"。

(二)持有待售的非流动资产或处置组的计量

1. 初始计量(2024年单选)

对于取得日划分为持有待售类别的非流动资产或处置组,企业应当在初始计量时比较假定其不划分为持有待售类别情况下的初始计量金额和公允价值减去出售费用后的净额,以两者孰低计量。除企业合并中取得的非流动资产或处置组外,由非流动资产以公允价值减去出售费用后的净额作为初始计

记忆密码
应全面掌握计量的核算原则。

答案
例题30 | BC
例题31 | C

量金额而产生的差额,计入当期损益。

【例题32•单选题】(2024年)2023年12月31日,甲公司将一组资产划分为持有待售处置组,该处置组包含一条生产线、一栋厂房和一台设备。首次将该处置组划分为持有待售类别前资料如下:生产线的原价为300万元,已计提折旧100万元;厂房的原价为1 000万元,已计提折旧300万元;设备的原价为150万元,已计提折旧50万元。该处置组的公允价值为900万元,相关处置费用为45万元。不考虑其他因素,则甲公司在2023年12月31日对该组资产中的生产线计提的资产减值损失金额为( )万元。

A. 0　　　　B. 29　　　　C. 20　　　　D. 27.5

解析 该处置组的账面价值=(300-100)+(1 000-300)+(150-50)=1 000(万元),公允价值减去出售费用后的净额=900-45=855(万元),该处置组应计提的资产减值损失=1 000-855=145(万元)。因此,该处置组中的生产线应计提的资产减值损失=145÷1 000×(300-100)=29(万元)。

2. 后续计量

(1)企业初始计量或在资产负债表日重新计量持有待售的非流动资产时,其账面价值**高于**公允价值减去出售费用后的净额的,应当将账面价值减记至公允价值减去出售费用后的净额,**减记的金额确认为资产减值损失**,同时计提持有待售资产减值准备。会计分录为:

借:资产减值损失
　　贷:持有待售资产减值准备

对于持有待售的处置组确认的**资产减值损失**金额,应当**先抵减**处置组中**商誉**的账面价值,再根据处置组中适用第42号准则计量规定的各项**非流动资产账面价值所占比重**,按比例抵减其账面价值。

(2)后续资产负债表日持有待售的非流动资产公允价值减去出售费用后的净额增加的,**以前减记的金额应当予以恢复**,并在**划分为持有待售类别后**确认的资产减值损失金额内转回,转回金额计入当期损益。

已抵减的商誉账面价值,以及适用第42号准则计量规定的非流动资产在**划分为持有待售类别前**确认的资产减值损失**不得转回**。

(3)持有待售的非流动资产或持有待售处置组中的非流动资产**不应计提折旧或摊销**。持有待售处置组中负债的**利息和其他费用应当继续予以确认**。

3. 终止确认与移除(2020年单选)

(1)非流动资产或处置组因**不再满足持有待售类别的划分条件**而不再继续划分为持有待售类别或非流动资产从持有待售的处置组中**移除时**,应当按照以下**两者孰低**计量:①划分为持有待售类别前的账面价值,按照假定不划分为持有待售类别情况下本应确认的折旧、摊销或减值等进行调整后的金额;②可收回金额。

(2)企业终止确认持有待售的非流动资产或处置组时,应当将尚未确认

答案
例题32 | B

的利得或损失计入当期损益。

【例题 33·单选题】(2020 年)甲公司 2020 年 1 月 31 日决定将账面原值为 70 万元，已计提累计折旧 20 万元(采用年限平均法计提折旧、每月计提折旧额 1 万元)的乙设备对外出售，划分为持有待售的非流动资产。随着国内经济形势好转，甲公司 2020 年 5 月 31 日决定不再出售该设备，此时该设备的可收回金额为 50 万元。假设该设备一直没有计提减值准备，则 2020 年 5 月 31 日该设备作为固定资产的入账价值为( )万元。

A. 44　　　　B. 46　　　　C. 48　　　　D. 50

解析 乙设备按假设不划分为持有待售类别情况下本应确认的折旧、减值等进行调整后的金额＝70－20－1×4＝46(万元)，小于此时的可收回金额 50 万元，因此固定资产的入账价值为 46 万元。

答案 例题 33 | B

同步训练

考点一　固定资产取得

1. (单选题)甲公司为增值税一般纳税人，采用自营方式建造一条生产线，下列各项应计入该生产线成本的是(   )。
   A. 生产线已达到预定可使用状态但尚未办妥竣工决算期间发生的借款费用
   B. 生产线建设过程中领用的原材料支付的增值税
   C. 在建工程发生的临时设施费
   D. 为建造生产线购买的工程物资发生的减值

2. (单选题)2022 年某企业接受投资者投入需要安装的生产用设备一台。双方在协议中约定的价值为 500 000 元，设备的公允价值为 450 000 元。安装过程中领用生产用材料一批，实际成本为 5 000 元；领用自产的产成品一批，实际成本为 10 000 元，售价为 24 000 元，该产品为应税消费品，适用的消费税税率为 10%。该企业为增值税一般纳税人，适用的增值税税率为 13%。安装完毕投入生产使用的该设备入账成本为(   )元。
   A. 467 400　　　B. 472 330　　　C. 486 330　　　D. 483 930

3. (单选题)长江公司以其拥有的专利权与华山公司交换生产设备一台，该交换具有商业实质。专利权的账面原值为 400 万元、累计摊销 100 万元，未计提减值准备，公允价值和计税价格均为 420 万元，适用的增值税税率 6%。设备的账面原价为 600 万元，已计提折旧 170 万元，已计提减值准备 30 万元，公允价值和计税价格均为 400 万元，适用增值税税率 13%。在资产交换过程中，华山公司收到长江公司支付的银行存款 6.8 万元。假设华山公司和长江公司分别向对方开具增值税专用发票，则长江公司换入生产设备的入账价值为(   )万元。

A. 400　　　　　B. 426.8　　　　　C. 280　　　　　D. 306.8

4. (单选题)特定固定资产的履行弃置义务可能发生支出金额等变动而引起预计负债变动时,下列处理错误的是(　　)。

   A. 对于预计负债的减少,以固定资产账面余额为限扣减固定资产成本
   B. 对于预计负债的增加,增加该固定资产的成本
   C. 调整后的固定资产,在资产剩余使用年限内计提折旧
   D. 一旦该固定资产的使用寿命结束,预计负债的所有后续变动应在发生时确认为损益

5. (多选题)下列有关固定资产初始计量的表述中,正确的有(　　)。

   A. 在确定固定资产成本时,无须考虑预计弃置费用
   B. 固定资产按照成本进行初始计量
   C. 投资者投入的固定资产的成本按照投资合同或协议约定的价值确认,但合同或协议约定价值不公允的除外
   D. 分期付款购买固定资产,实质上具有融资性质的,其成本以购买价款的现值为基础确定
   E. 以一笔款项购入多项没有单独标价的固定资产,应按照各项固定资产的账面价值比例对总成本进行分配,确认各项固定资产成本

6. (多选题)下列各项中,可能影响固定资产成本的有(　　)。

   A. 工程物资期末计提的减值准备
   B. 按净额法核算的在建工程项目取得的财政专项补贴
   C. 建设期间发生的工程的监理费、公证费、可行性研究费
   D. 建设期间发生的工程物资盘亏的净损失
   E. 在建工程试运行对外销售产品的收入

考点二　固定资产折旧

1. (单选题)下列固定资产中,应计提折旧的是(　　)。

   A. 未交付使用但已达到预定可使用状态的固定资产
   B. 持有待售的固定资产
   C. 按规定单独估价作为固定资产入账的土地
   D. 未提足折旧提前报废的设备

2. (单选题)丁公司自行建造生产用设备,建造过程中发生外购材料和设备成本183万元,人工费用45万元,资本化的借款费用48万元,安装费用28.5万元,外聘专业人员服务费9万元。2022年12月31日,该设备达到预定可使用状态前试生产产出的产品成本18万元,该产品对外销售实现收入20万元。该设备预计使用年限为10年,预计净残值为零,采用年限平均法计提折旧。不考虑增值税等因素,则该设备2024年应计提折旧额为(　　)万元。

   A. 30.45　　　　B. 31.65　　　　C. 31.35　　　　D. 31.15

3. (单选题)甲公司为增值税一般纳税人,2021年6月8日购入需安装设备一台,价款为500万元,可抵扣增值税进项税额为65万元。为购买该设备发生运输途中保

险费10万元。设备安装过程中,领用材料30万元,相关增值税进项税额为3.9万元;支付安装工人工资15万元。设备于2021年12月30日达到预定可使用状态,采用年数总和法计提折旧,预计使用10年,预计净残值为5万元。不考虑其他因素,2022年该设备应计提的折旧额为( )万元。
   A. 100.47   B. 100.91   C. 100   D. 111

4. (单选题)某套设备由X、Y、Z三个可独立使用的部件组成,已知X、Y、Z三个部件各自的入账价值和相应的预计使用年限,同时已知该设备的整体预计使用年限和税法规定的折旧年限,则下列表述中正确的是( )。
   A. 按照X、Y、Z各部件的预计使用年限分别作为相应的折旧年限
   B. 按照整体预计使用年限和X、Y、Z各部件的预计使用年限四者孰低作为设备的折旧年限
   C. 按照整体预计使用年限作为设备的折旧年限
   D. 按照整体预计使用年限与税法规定的折旧年限两者孰低作为设备的折旧年限

5. (多选题)下列关于固定资产折旧的表述中,正确的有( )。
   A. 季节性停用的固定资产应当计提折旧
   B. 日常修理停用的固定资产应当计提折旧
   C. 符合固定资产确认条件的固定资产装修费用,应在固定资产剩余使用寿命期间内计提折旧
   D. 固定资产按实际成本调整原暂估价的,应同时调整已提折旧额
   E. 已提足折旧仍继续使用的固定资产不再计提折旧

考点三 固定资产后续支出、处置和清查

1. (单选题)2021年1月,甲公司购建一条生产线共计发生成本1 000万元。根据历史经验,该生产线使用5年后将进行一次改造,预计将发生改造支出100万元(符合资本化条件)。改造期间停止生产,时间通常为2个月。不考虑其他因素,则有关固定资产会计处理的表述中,正确的是( )。
   A. 固定资产初始确认金额为1 100万元
   B. 更新改造支出100万元在实际发生时计入固定资产成本
   C. 5年内每年计提20万元更新改造支出并计入固定资产成本
   D. 更新改造期间固定资产继续计提折旧

2. (单选题)甲公司某项固定资产原值为500万元,预计使用年限为10年,已计提折旧200万元。现对该固定资产的某一主要部件进行更换,发生支出合计55万元,符合会计准则规定的固定资产确认条件,被更换部分的原值为80万元。不考虑其他因素,则该固定资产更换部件后的入账价值为( )万元。
   A. 320   B. 310   C. 317   D. 307

3. (单选题)甲公司2021年8月对某生产线进行更新改造,该生产线的账面原值为380万元,已计提折旧50万元,已计提减值准备10万元。改良时发生相关支出共计180万元,被替换部分的账面价值为20万元。2021年10月工程达到预定可使用状态并交付使用,改良后该生产线预计使用年限为5年,预计净残值为零,按年数

总和法计提折旧。甲公司2021年对该改良后生产线应计提的折旧为(　　)万元。

A．20　　　　　B．26.67　　　　　C．27.78　　　　　D．28.33

4．(单选题)某企业2019年12月购入一项固定资产,该固定资产原值为40万元,预计净残值率为3%,预计使用年限为5年,采用双倍余额递减法计提折旧。2021年4月该项固定资产报废,收到保险公司理赔款5万元,取得报废残值变价收入3万元。不考虑其他因素,则该项固定资产报废净损失为(　　)万元。

A．13.6　　　　B．21.65　　　　C．12.8　　　　D．6.4

5．(单选题)下列各项关于甲公司处置固定资产的会计处理表述中,错误的是(　　)。

A．因台风毁损的厂房的净损失160万元计入营业外支出

B．报废生产用设备的净收益20万元计入营业外收入

C．出售办公楼的净收益800万元计入资产处置损益

D．报废行政管理用汽车的净损失12万元计入管理费用

6．(多选题)下列关于固定资产后续支出的表述中,正确的有(　　)。

A．固定资产发生的不符合资本化条件的更新改造支出应当在发生时计入当期管理费用、销售费用或制造费用

B．固定资产正常出售、转让产生的利得或损失计入营业外收入或营业外支出

C．固定资产发生的后续支出,符合固定资产确认条件的,应当计入固定资产成本,同时将被替换部分的原值扣除

D．固定资产的日常修理费用,通常不符合固定资产确认条件,应当在发生时计入当期损益或相关资产的成本

E．固定资产更新改造后,应按更新改造后的账面价值和预计的使用年限计提折旧

考点四　无形资产的取得

1．(单选题)下列各项中,制造企业应当确认为无形资产的是(　　)。

A．自创的商誉

B．企业合并产生的商誉

C．以缴纳土地出让金方式取得的用于自用的土地使用权

D．企业拥有的客户基础和市场份额

2．(单选题)下列关于内部研发无形资产会计处理的表述中,错误的是(　　)。

A．研究阶段发生的支出应全部费用化

B．研究阶段发生的符合资本化条件的支出应计入无形资产成本

C．开发阶段发生的符合资本化条件的支出应计入无形资产成本

D．开发阶段发生的未满足资本化条件的支出应计入当期损益

3．(多选题)下列各项关于土地使用权会计处理的表述中,正确的有(　　)。

A．非房地产企业为建造自用固定资产购入的土地使用权确认为无形资产

B．房地产开发企业为建造对外出售的房屋建筑物而购入的土地使用权应当计入所建造的房屋建筑物成本

C．用于出租的土地使用权及其地上建筑物一并确认为投资性房地产

D．用于建造厂房的土地使用权摊销金额在厂房建造期间计入在建工程成本

E. 土地使用权在自用建筑物达到预定可使用状态时与地上建筑物一并确认为固定资产

4. (多选题)下列关于无形资产的会计处理,正确的有( )。
   A. 超过正常信用期分期付款且具有融资性质的购入无形资产,应按购买价款的现值确定其成本
   B. 使用寿命不确定的无形资产,在持有期间不需要摊销,但至少应于每年年末进行减值测试
   C. 外购土地使用权及建筑物的价款难以在两者之间进行分配时,应全部作为无形资产入账
   D. 无形资产只能在其使用年限内采用直线法计提摊销
   E. 企业合并中形成的商誉应确认为无形资产

考点五 无形资产摊销

1. (多选题)下列关于无形资产摊销的表述中,正确的有( )。
   A. 不能为企业带来经济利益的无形资产,应将其账面价值全部摊销计入管理费用
   B. 企业无形资产摊销应当自无形资产可供使用时起至不再作为无形资产确认时止
   C. 使用寿命不确定的无形资产不应摊销
   D. 企业内部研究开发项目研究阶段的支出应当资本化,并在使用寿命内摊销
   E. 只要能为企业带来经济利益的无形资产就应当摊销

2. (多选题)下列关于无形资产的表述中,正确的有( )。
   A. 企业为引进新技术、新产品进行宣传的广告费应计入无形资产的成本
   B. 无法预见为企业带来经济利益期限的无形资产,应当视为其使用寿命不确定,按最高摊销期限摊销
   C. 使用寿命有限的无形资产,其应摊销金额为成本扣除预计净残值和已计提的减值准备后的金额
   D. 企业选择的无形资产摊销方法,应当反映与该项无形资产有关的经济利益的预期实现方式,无法可靠确定预期实现方式的,应当采用直线法摊销
   E. 确认为无形资产的数据资源,在对其使用寿命进行估计时,不需重点关注数据资源相关业务模式、权利限制、更新频率和时效性、有关产品或技术迭代、同类竞品等因素

3. (多选题)下列关于无形资产后续计量的表述中,正确的有( )。
   A. 无法可靠确定经济利益预期实现方式的无形资产,不应进行摊销
   B. 使用寿命有限的无形资产,其摊销金额一般应当计入当期损益
   C. 应在每个会计期间对使用寿命不确定的无形资产的使用寿命进行复核
   D. 使用寿命不确定的无形资产不应摊销,但需要每年年末进行减值测试
   E. 无形资产摊销方法的变更应作为会计政策变更进行会计处理

考点六 无形资产出售和报废

(单选题)甲公司系增值税一般纳税人,2017年1月1日购入一项管理用专利权,取得的增值税专用发票上注明的价款为180 000元,进项税额为10 800元,作为无

形资产核算。该项专利权的使用寿命为10年，预计净残值为零，按直线法摊销。2021年11月2日，因政策原因使得该项专利权无法再为公司带来经济利益，甲公司决定将其报废。不考虑其他因素，则该专利权使甲公司2021年度利润总额减少（　　）元。

A. 108 000　　　　B. 109 500　　　　C. 93 000　　　　D. 94 500

考点七 投资性房地产的核算

1. (单选题)2021年12月31日甲公司以2 100万元的价格购入一栋办公楼，当日即对外出租，租赁期为2022年至2026年，年租金为100万元于每年年末收取。该办公楼的预计尚可使用年限为30年，预计净残值为0，甲公司对其采用成本模式进行后续计量，并采用年限平均法计提折旧。2022年年末该办公楼的未来现金流量现值为1 700万元，无法可靠取得其公允价值。甲公司因持有该投资性房地产而影响2022年营业利润的金额为（　　）万元。

    A. 30　　　　B. -400　　　　C. -300　　　　D. 500

2. (单选题)下列关于投资性房地产后续计量的表述中，不正确的是（　　）。

    A. 投资性房地产采用公允价值模式进行后续计量的，不计提折旧和摊销
    B. 投资性房地产采用公允价值模式进行后续计量的，不允许再采用成本模式计量
    C. 投资性房地产采用成本模式进行后续计量的，应当按月计提折旧或摊销
    D. 如果已计提减值准备的投资性房地产的价值又得以恢复，应当在原计提范围内转回

3. (单选题·2021年)甲公司2018年12月1日购入一栋管理用写字楼作为固定资产核算，入账价值为3 520万元，采用年限平均法计提折旧，预计可使用年限为8年，预计净残值率为4%。2020年6月30日，甲公司与乙公司签订经营租赁协议，即日起该写字楼出租给乙公司，年租金为400万元，每半年支付一次，租赁期为5年。甲公司将其作为投资性房地产核算，并采用公允价值模式计量。当日该写字楼的公允价值为2 000万元。该写字楼2020年12月31日的公允价值为2 550万元。上述业务对甲公司2020年度营业利润的影响金额为（　　）万元。

    A. -686.4　　　　B. -897.6　　　　C. -347.6　　　　D. -547.6

4. (单选题)下列各项有关投资性房地产会计处理的表述中，正确的是（　　）。

    A. 以成本模式进行后续计量的投资性房地产转换为存货，存货应按转换日的公允价值计量，公允价值大于原账面价值的差额确认为其他综合收益
    B. 以成本模式进行后续计量的投资性房地产转换为自用固定资产，自用固定资产应按转换日的公允价值计量，公允价值小于原账面价值的差额确认为当期损益
    C. 以存货转换为以公允价值模式进行后续计量的投资性房地产，投资性房地产应按转换日的公允价值计量，公允价值小于存货账面价值的差额确认为当期损益
    D. 以公允价值模式进行后续计量的投资性房地产转换为自用固定资产，自用固定资产应按转换日的公允价值计量，公允价值大于账面价值的差额确认为其他综合收益

5. (多选题)下列各项中，应作为投资性房地产核算的有（　　）。

A. 已出租的土地使用权

B. 已出租给子公司的建筑物

C. 已出租的房屋租赁期届满,收回后继续用于经营出租但暂时空置

D. 出租给本企业职工居住的自建宿舍楼

E. 房地产企业持有并准备增值后转让的土地使用权

6. (多选题)将作为存货的房产转换为采用公允价值模式计量的投资性房地产,该项房产在转换日的公允价值与其账面价值的差额应记入的会计科目可能有( )。

A. 公允价值变动损益   B. 投资收益

C. 其他综合收益   D. 资本公积

E. 其他业务成本

7. (多选题)甲房地产公司2024年11月将其作为存货核算的商铺转换为采用公允价值模式计量的投资性房地产核算,转换日商铺的账面余额为1 300万元,已计提减值准备120万元,当日公允价值为1 580万元。不考虑其他因素,下列说法正确的有( )。

A. 增加"投资性房地产——公允价值变动"账户余额400万元

B. 减少"存货跌价准备"账户余额120万元

C. 增加"公允价值变动损益"账户余额400万元

D. 转出存货账面价值1 180万元

E. 增加"投资性房地产——成本"账户余额1 580万元

考点八 资产减值的核算

1. (单选题)甲公司2020年1月购入一项无形资产并投入使用,初始入账价值为80万元,预计摊销期限为10年,预计净残值为0,采用直线法摊销。2020年12月31日和2021年12月31日,对该无形资产进行减值测试,预计可收回金额分别为67.5万元和52万元。假设该无形资产在计提减值准备后原预计摊销期限、预计净残值和摊销方法不变,则2022年6月30日该项无形资产的账面价值为( )万元。

A. 45.5   B. 48.75   C. 52   D. 56.5

2. (单选题)2023年7月1日,甲公司用银行存款180万元购入一项专利权并交付给管理部门使用。该专利权估计可使用年限为12年,而法律上规定有效期为10年,采用直线法摊销,预计净残值为零。2023年12月31日,甲公司估计其可收回金额为150万元。不考虑其他因素,则该项无形资产使甲公司2023年度利润总额减少( )万元。

A. 9   B. 18   C. 21   D. 30

3. (单选题)2024年12月31日,甲公司对一项账面原值为100万元、已计提折旧20万元、已计提减值准备10万元的固定资产进行减值测试,确定其公允价值为60万元、处置费用为3万元,预计其未来现金流量的现值为55万元。不考虑其他因素,则2024年12月31日,甲公司对该固定资产应计提的减值准备为( )万元。

A. 3 　　　　　　B. 5 　　　　　　C. 13 　　　　　　D. 15

4. (单选题)甲公司2023年1月1日以银行存款400万元从乙公司购入一项特许权，并作为无形资产核算。合同规定该特许权的使用年限为8年。合同期满甲公司支付少量续约成本后，可以再使用2年。甲公司预计合同期满时将支付续约成本。甲公司2023年年末预计该项无形资产的可收回金额为340万元。假设不考虑其他因素，该项无形资产2023年年末应计提减值准备为(　　)万元。

A. 10 　　　　　　B. 20 　　　　　　C. 0 　　　　　　D. 30

5. (单选题·2022年)甲公司2021年8月自行研发的一项非专利技术已达到预定用途，累计发生研究支出45万元、开发支出250万元(其中不符合资本化条件的支出为25万元)。该项非专利技术的使用寿命难以合理确定。2021年12月31日，预计该项非专利技术的可收回金额为180万元。假设不考虑其他相关因素，则该项非专利技术应计提的减值为(　　)万元。

A. 70 　　　　　　B. 90 　　　　　　C. 45 　　　　　　D. 0

6. (多选题)下列各项资产中，即使没有出现减值迹象，也应当至少每年年末进行减值测试的有(　　)。

A. 使用寿命不确定的非专利技术　　B. 企业合并形成的商誉
C. 在建工程　　　　　　　　　　　D. 持有待售的处置组
E. 土地使用权

7. (多选题)下列关于资产可收回金额的表述中，正确的有(　　)。

A. 有迹象表明一项资产可能发生减值的，企业应当以单项资产为基础估计其可收回金额

B. 预计资产的未来现金流量时，应考虑筹资活动产生的现金净流量

C. 估计资产未来现金流量现值时通常应当使用单一的折现率

D. 当固定资产的可收回金额大于该项资产的账面价值时，原计提的固定资产减值准备应当转回

E. 资产可收回金额应当根据资产的公允价值减去处置费用后的净额与资产预计未来现金流量的现值两者之间较高者确定

8. (多选题)下列关于资产减值的表述中，正确的有(　　)。

A. 资产的可收回金额应当根据资产的公允价值与资产预计未来现金流量的现值两者之间的较高者确定

B. 因企业合并形成的商誉无论是否存在减值迹象，每年年末都应进行减值测试

C. 进行资产减值测试，难以对单项资产的可收回金额进行估计的，应当以该资产所属的资产组为基础确定资产组的可收回金额

D. 各类非金融资产减值损失除特别规定外，均应在利润表的资产减值损失项目中予以反映

E. 有迹象表明某些总部资产可能发生减值的，应当计算确定该总部资产所归属的资产组或资产组组合的可收回金额，然后将其与相应的账面价值相比较，据以判断是否需要确认减值损失

考点九 持有待售资产

1. （单选题）2020 年甲公司发生了如下交易或事项：①5 月 10 日，甲公司将一条生产线关停，准备等市场进一步拓展后再启用，但目前无法确定再次启用时间。②6 月 5 日，甲公司董事会决议处置一项以成本模式计量的投资性房地产，并于当日与乙公司就该项房地产签订了转让协议，协议约定售价为 1 000 万元，该协议将在 1 年内履行完毕，如一方违约，需向另一方支付违约金 200 万元。③7 月 2 日，甲公司的一台生产设备使用寿命届满，甲公司董事会作出决议，拟将其拆除，并将拆解下来的零部件作为废旧物资变卖。假定不考虑其他因素，针对上述事项，下列说法中正确的是（　　）。
   A. 甲公司应将关停的生产线作为持有待售资产核算
   B. 甲公司不应将投资性房地产作为持有待售资产核算
   C. 甲公司不应将生产设备作为持有待售资产核算
   D. 甲公司关停的生产线应暂停折旧

2. （单选题）甲公司计划出售一项固定资产，该固定资产于 2022 年 6 月 30 日被划分为持有待售固定资产，公允价值为 320 万元，预计出售费用为 5 万元。该固定资产购买于 2015 年 12 月 11 日，原值为 1 000 万元，预计净残值为零，预计使用寿命为 10 年，采用年限平均法计提折旧，取得时已达到预定可使用状态。不考虑其他因素，该持有待售资产 2022 年 6 月 30 日应予列报的金额为（　　）万元。
   A. 315　　　　　B. 320　　　　　C. 345　　　　　D. 350

3. （单选题）A 有限公司为增值税一般纳税人，2020 年 3 月初从 B 公司购入设备一台，实际支付买价 300 万元，增值税税额为 39 万元，支付运杂费 10 万元，途中保险费 29 万元（假定不考虑运杂费、保险费的增值税因素）。该设备预计可使用 4 年，采用年数总和法计提折旧，预计无残值。2020 年年末，由于市场需求变动，A 公司董事会决议于 2021 年 6 月末以 200 万元的价格将该设备出售给红旗有限公司，并已在 2020 年年末与其签订了不可撤销的协议，假定交易过程中不发生相关税费，下列关于 A 公司 2020 年年末账务处理的表述中，不正确的是（　　）。
   A. 累计计提折旧 101.7 万元
   B. 2020 年年末计提减值准备 37.3 万元
   C. 确认资产处置损益 37.3 万元
   D. 该设备在资产负债表中列示的金额为 200 万元

4. （多选题）下列关于持有待售的非流动资产、处置组和终止经营的相关描述正确的有（　　）。
   A. 企业将非流动资产或处置组首次划分为持有待售类别前，应当按照相关会计准则规定计量非流动资产或处置组中各项资产和负债的账面价值
   B. 后续资产负债表日如果持有待售非流动资产公允价值减去出售费用后的净额增加，在转为持有待售资产后确认的资产减值损失金额内转回以前减记的金额
   C. 对于持有待售的处置组确认的资产减值损失金额，如果该处置组包含商誉，应当先根据处置组中各项非流动资产账面价值所占比重，分摊应计提的减值准备，

最后抵减商誉的账面价值

D. 持有待售的非流动资产或处置组中的非流动资产不应计提折旧或摊销，持有待售的处置组中负债的利息和其他费用应当继续予以确认

E. 企业终止确认持有待售的非流动资产或处置组时，应当将尚未确认的利得或损失计入当期损益

◉ 参考答案及解析

考点一 固定资产取得

1. C 【解析】本题考查自行建造固定资产。选项A，生产线已达到预定可使用状态，应停止资本化，所发生借款费用应计入财务费用。选项B，生产线建设过程中领用原材料的进项税额可以抵扣，不计入生产线成本。选项D，工程物资减值应借记"资产减值损失"科目，贷记"工程物资减值准备"科目，不计入生产线成本。

2. A 【解析】本题考查固定资产入账成本的计算。该设备的入账成本 = 450 000 + 5 000 + 10 000 + 24 000 × 10% = 467 400（元）。

3. A 【解析】本题考查非货币性资产交换方式取得固定资产。长江公司换入生产设备的入账价值 = 420 + 420 × 6% + 6.8 − 400 × 13% = 400（万元）。

   【拓展】 华山公司换入专利权的入账价值 = 400 + 400 × 13% − 6.8 − 420 × 6% = 420（万元）。

4. A 【解析】本题考查存在弃置费用的固定资产。选项A，对于预计负债的减少，以该固定资产账面价值为限扣减固定资产成本。如果预计负债的减少额超过该固定资产账面价值，超出部分确认为当期损益。

5. BCD 【解析】本题考查固定资产的初始计量。选项A，在确定固定资产成本时，应考虑预计弃置费用因素。选项E，以一笔款项购入多项没有单独标价的固定资产，应按各项固定资产公允价值的比例对总成本进行分配，分别确定各项固定资产的成本。

6. BCD 【解析】本题考查自行建造的固定资产。选项A，工程物资减值应借记"资产减值损失"科目，贷记"工程物资减值准备"科目，不影响固定资产成本。选项E，达到预定可使用状态前产出的产品或副产品应当确认为存货或其他相关资产，将其对外销售，相关的收入和成本分别进行会计处理，计入当期损益，不应将试运行销售相关收入抵销相关成本后的净额冲减固定资产成本。

考点二 固定资产折旧

1. A 【解析】本题考查固定资产折旧的范围。对已达到预定可使用状态的固定资产，无论是否交付使用，均应当计提折旧。

2. C 【解析】本题考查自行建造的固定资产计提折旧。生产设备成本 = 183 + 45 + 48 + 28.5 + 9 = 313.5（万元），每年应计提折旧额 = 313.5 ÷ 10 = 31.35（万元）。

3. C 【解析】本题考查年数总和法。该设备的入账价值 = 500 + 10 + 30 + 15 = 555（万元），预计使用年限的逐年数字总和 = 10 + 9 + 8 + 7 + 6 + 5 + 4 + 3 + 2 + 1 = 55（年），

2022年应计提的折旧额=(555-5)×10÷55=100(万元)。

4. A 【解析】本题考查固定资产折旧的影响因素。由于各个设备可以独立使用,所以应按照X、Y、Z各部件的预计使用年限分别作为相应的折旧年限。

5. ABE 【解析】本题考查固定资产折旧的表述。选项C,符合固定资产确认条件的固定资产装修费用,应当在两次装修期间与固定资产剩余使用寿命两者中<u>较短</u>的期间内计提折旧。选项D,按照实际成本调整暂估价的,不需要调整以前计提的折旧。

考点三 固定资产后续支出、处置和清查

1. B 【解析】本题考查固定资产的后续支出。选项A,固定资产初始确认金额为1 000万元。选项C,更新改造支出在实际发生时计入固定资产成本。选项D,更新改造期间固定资产停止计提折旧。

2. D 【解析】本题考查固定资产的后续支出。该固定资产更换部件后的入账价值=(500-200)+55-(80-200×80÷500)=307(万元)。

3. B 【解析】本题考查改良后固定资产折旧额(年数总和法)的计算。更新改造后生产线的入账价值=380-50-10-20+180=480(万元),预计使用年限的逐年数字总和=5+4+3+2+1=15(年),2021年改良后生产线应计提的折旧额=480×5÷15×2÷12=26.67(万元)。

4. C 【解析】本题考查固定资产报废净损失的计算。2020年该固定资产的折旧额=40×2÷5=16(万元),2021年该固定资产的折旧额=(40-16)×2÷5×4÷12=3.2(万元),报废时该固定资产账面价值=40-16-3.2=20.8(万元),报废净损失=20.8-5-3=12.8(万元)。

5. D 【解析】本题考查固定资产的处置。选项D,报废行政管理用汽车的净损失计入营业外支出。

6. DE 【解析】本题考查固定资产的后续支出。选项A,固定资产发生的不符合资本化条件的更新改造支出,应在发生时计入当期损益,<u>不包括制造费用</u>。选项B,固定资产正常出售、转让产生的利得或损失计入"<u>资产处置损益</u>"科目。选项C,应将被替换部分的<u>账面价值</u>扣除,而非原值。

考点四 无形资产的取得

1. C 【解析】本题考查无形资产的范围。选项A,自创的商誉是不确认的。选项B,合并产生的商誉记入"商誉"账户,不计入无形资产。选项D,由于企业无法控制,通常不能作为无形资产核算。

2. B 【解析】本题考查内部研发无形资产的会计处理。企业内部研究开发项目发生的支出,按下列规定处理:①企业研究阶段的支出全部费用化,计入当期损益(管理费用)。②开发阶段的支出符合资本化条件的,才能确认为无形资产;不符合资本化条件的计入当期损益(管理费用)。③无法区分研究阶段支出和开发阶段支出的,应当将其所发生的研发支出全部费用化,计入当期损益(管理费用)。

3. ABCD 【解析】本题考查土地使用权的核算。选项E,土地使用权应单独作为无形资产核算。

4. AB 【解析】本题考查无形资产的核算。选项 C，无法合理分配的，应作为固定资产核算。选项 D，无形资产可以采用合理的方法摊销。选项 E，商誉的存在无法与企业自身分离，不具有可辨认性，不能作为企业的无形资产。

考点五 无形资产摊销

1. BC 【解析】本题考查无形资产摊销。选项 A，不能为企业带来经济利益的无形资产，应按照其账面价值予以转销，将账面价值转入营业外支出。选项 D，研究阶段支出应当全部费用化，计入当期损益(管理费用)。选项 E，使用寿命不确定的无形资产不应进行摊销。

2. CD 【解析】本题考查无形资产摊销。选项 A，外购无形资产成本不包括为引入新产品进行宣传发生的广告费、管理费用及其他间接费用。选项 B，无法预见为企业带来经济利益期限的无形资产，应当视为使用寿命不确定的无形资产，不进行摊销。选项 E，确认为无形资产的数据资源，在对其使用寿命进行估计时，应当考虑无形资产准则应用指南规定的因素，并重点关注数据资源相关业务模式、权利限制、更新频率和时效性、有关产品或技术迭代、同类竞品等因素。

3. BCD 【解析】本题考查无形资产摊销。选项 A，无法可靠确定经济利益预期实现方式的，应采用直线法进行摊销。选项 E，应作为会计估计变更进行会计处理。

考点六 无形资产出售和报废

A 【解析】本题考查无形资产摊销及报废对利润影响额的计算。2021 年度利润总额减少额 = 180 000÷10×10÷12+[180 000-(180 000÷10×4+180 000÷10×10÷12)] = 108 000(元)。

计提当年的摊销额：
借：管理费用　　　　　　　　　　　　　　　　(180 000÷10×10÷12)15 000
　　贷：累计摊销　　　　　　　　　　　　　　　　　　　　　　　　15 000
无形资产报废：
借：营业外支出　　　　　　　　　　　　　　　　　　　　　　　　93 000
　　累计摊销　　　　　　　　(180 000÷10×4+180 000÷10×10÷12)87 000
　　贷：无形资产　　　　　　　　　　　　　　　　　　　　　　　180 000

考点七 投资性房地产的核算

1. C 【解析】本题考查成本模式计量的投资性房地产对利润的影响。2022 年应计提的减值金额 = (2 100-2 100÷30)-1 700 = 330(万元)，所以对 2022 年营业利润的影响金额 = 租金收入 100-折旧额 2 100÷30-330 = -300(万元)。

2. D 【解析】本题考查投资性房地产的减值。投资性房地产计提的减值不可以恢复。

3. C 【解析】本题考查投资性房地产的转换以及转换后对利润的影响。截至 2020 年 6 月 30 日该固定资产的账面价值 = 3 520-[3 520×(1-4%)]÷8÷12×(12+6) = 2 886.4(万元)，2020 年度营业利润的影响金额 = -[3 520×(1-4%)]÷8÷12×6-转换损失(2886.4-2 000)+租金收入(400÷2)+价值变动(2 550-2 000) = -211.2-886.4+200+550 = -347.6(万元)。

4. C 【解析】本题考查投资性房地产的转换。选项 A、B，采用成本模式进行后续计量的投资性房地产转为非投资性房地产的，应当将该房地产转换前的账面价值作为转换后的入账价值，故不存在公允价值和账面价值的差额。选项 D，采用公允价值模式进行后续计量的投资性房地产转换为自用固定资产时，应当以其转换当日的公允价值作为自用固定资产的入账价值，公允价值与原账面价值的差额计入当期损益（公允价值变动损益）。

5. ABC 【解析】本题考查投资性房地产的核算范围。选项 D，出租给职工的自建宿舍楼，是间接为企业生产经营服务的，应作为自有固定资产核算，不属于投资性房地产。选项 E，房地产企业持有并准备增值后处置的建筑物和土地使用权，不属于投资性房地产，应作为存货处理。

6. AC 【解析】本题考核投资性房地产的转换。将作为存货的房产转换为采用公允价值模式计量的投资性房地产，应按该项房产在转换日的公允价值，借记"投资性房地产——成本"科目，按其账面余额，贷记"开发产品"等科目，按其差额，贷记"其他综合收益"科目或借记"公允价值变动损益"科目。

7. BDE 【解析】本题考核投资性房地产的转换。选项 A，转换日不确认"投资性房地产——公允价值变动"。选项 C，转换日公允价值大于账面价值的差额，计入其他综合收益，不计入公允价值变动损益。会计分录为：

借：投资性房地产——成本　　　　　　　　　　　　　15 800 000
　　存货跌价准备　　　　　　　　　　　　　　　　　 1 200 000
　　贷：开发产品　　　　　　　　　　　　　　　　　13 000 000
　　　　其他综合收益　　　　　　　　　　　　　　　 4 000 000

考点八　资产减值的核算

1. B 【解析】本题考查无形资产的后续计量。2020 年 12 月 31 日计提减值前无形资产的账面价值 = 80 - 80÷10 = 72（万元），可收回金额为 67.5 万元，应计提减值 4.5 万元（72-67.5）。2021 年 12 月 31 日计提减值前无形资产的账面价值 = 67.5 - 67.5÷(10-1) = 60（万元），可收回金额为 52 万元，应计提减值 8 万元（60-52）。2022 年 6 月 30 日无形资产的账面价值 = 52 - 52÷(10-2)×6÷12 = 48.75（万元）。

2. D 【解析】本题考查无形资产的后续计量。2023 年无形资产摊销金额（管理费用）= 180÷10×6÷12 = 9（万元），2023 年 12 月 31 日计提减值前无形资产账面价值 = 180 - 9 = 171（万元），应计提减值准备 = 171 - 150 = 21（万元），因此该项无形资产使甲公司 2023 年度利润总额减少 = 21 + 9 = 30（万元）。

3. C 【解析】本题考查固定资产的减值金额。固定资产公允价值减去处置费用后的净额 = 60 - 3 = 57（万元），预计未来现金流量的现值为 55 万元，可收回金额为两者孰高者，即 57 万元。因此固定资产应计提的减值金额 = （100 - 20 - 10）- 57 = 13（万元）。

4. B 【解析】本题考查资产减值的计算。2023 年该项无形资产的摊销额 = 400÷(8+2) = 40（万元），减值前的账面价值 = 400 - 40 = 360（万元），因此应计提减值准备额 = 360 - 340 = 20（万元）。

5. C 【解析】本题考查资产减值的计算。该项非专利技术应计提的减值额=(250-25)-180=45(万元)。

6. AB 【解析】本题考查资产减值的判断。因企业合并所形成的商誉、使用寿命不确定的无形资产以及尚未达到预定可使用状态的无形资产，无论是否存在减值迹象，至少每年年末都应当进行减值测试。

7. ACE 【解析】本题考查资产可收回金额的表述。选项B，预计资产未来现金流量不应当包括筹资活动产生的现金流量。选项D，固定资产计提的减值准备未来期间不得转回。

8. BCDE 【解析】本题考查资产减值的表述。选项A，资产的可收回金额应当根据资产的公允价值减去处置费用后的净额与资产预计未来现金流量的现值两者中的较高者确定。

考点九 持有待售资产

1. C 【解析】本题考查持有待售资产的确认。选项A、D，甲公司关停的生产线，属于暂时闲置的固定资产，不应作为持有待售资产核算，暂时闲置期间应继续计提折旧。选项B，符合持有待售资产确认条件，应将成本模式计量的投资性房地产作为持有待售资产核算。

2. A 【解析】本题考查持有待售资产的计量。划分为持有待售类别前固定资产的账面价值=1 000-1 000÷10×6.5=350(万元)，公允价值减去出售费用后的净额=320-5=315(万元)，按较低者初始计量，列示金额应为315万元。

3. C 【解析】本题考查持有待售资产的计量。选项A，设备原入账价值=300+10+29=339(万元)，预计使用年限的逐年数字总和=4+3+2+1=10(年)，2020年年末累计计提折旧=339×4÷10×9÷12=101.7(万元)。选项B、C、D，将固定资产划分为持有待售资产时，应按照该项固定资产的原账面价值237.3万元(339-101.7)计入持有待售资产，同时对于原账面价值高于公允价值减出售费用后的净额的差额37.3万元(237.3-200)，应作为资产减值损失计入当期损益。

4. ABDE 【解析】本题考查持有待售资产的核算。选项C，应当先抵减商誉的账面价值，再根据处置组中适用准则计量规定的各项非流动资产账面价值所占比重，按比例抵减其账面价值。

亲爱的读者，你已完成本章9个考点的学习，本书知识点的学习进度已达55%。

第十一章　非流动资产（二）

重要程度：重点章节　　分值：13分左右

考试风向

▸ 考情速递

本章重点内容为债权投资摊余成本和投资收益的计算、其他债权投资的后续计量、其他权益工具投资的初始计量与后续计量、金融资产重分类、长期股权投资成本法与权益法的核算等。常以单选题、多选题、计算题、综合分析题的形式考核，需要理解并掌握。

▸ 2025 年考试变化

新增：债权投资和其他债权投资出售时，应重新计算剩余存续期预期信用损失。

▸ 脉络梳理

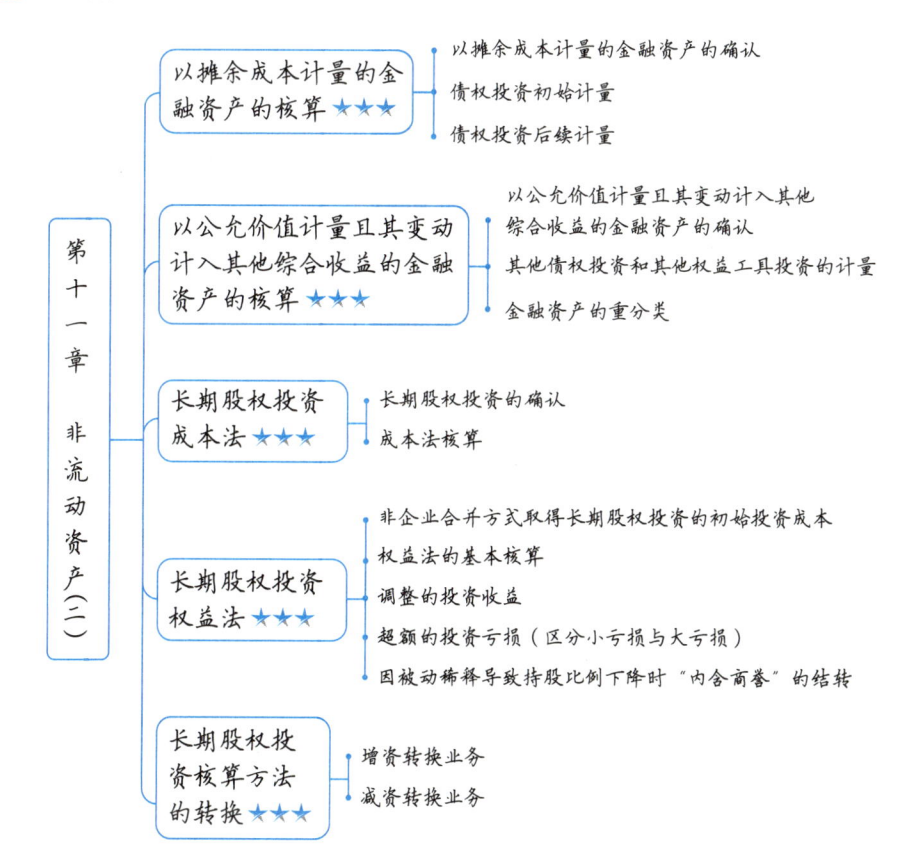

第十一章 非流动资产（二）
- 以摊余成本计量的金融资产的核算 ★★★
  - 以摊余成本计量的金融资产的确认
  - 债权投资初始计量
  - 债权投资后续计量
- 以公允价值计量且其变动计入其他综合收益的金融资产的核算 ★★★
  - 以公允价值计量且其变动计入其他综合收益的金融资产的确认
  - 其他债权投资和其他权益工具投资的计量
  - 金融资产的重分类
- 长期股权投资成本法 ★★★
  - 长期股权投资的确认
  - 成本法核算
- 长期股权投资权益法 ★★★
  - 非企业合并方式取得长期股权投资的初始投资成本
  - 权益法的基本核算
  - 调整的投资收益
  - 超额的投资亏损（区分小亏损与大亏损）
  - 因被动稀释导致持股比例下降时"内含商誉"的结转
- 长期股权投资核算方法的转换 ★★★
  - 增资转换业务
  - 减资转换业务

考点详解及精选例题

考点一 以摊余成本计量的金融资产的核算 ★★★ 一学多考|中注

(一) 以摊余成本计量的金融资产的确认

以摊余成本计量的金融资产可分为货币资金、应收款项、贷款、债权投资。

金融资产类别的确认条件，见表11-1。

表 11-1　金融资产类别的确认条件

类别	确认条件
金1	(1)企业管理该金融资产的业务模式是以收取合同现金流量为目标； (2)该金融资产的合同条款规定，在特定日期产生的现金流量，仅为对本金和以未偿付本金金额为基础的利息的支付
金2	(1)企业管理该金融资产的业务模式既以收取合同现金流量为目标又以出售该金融资产为目标； (2)该金融资产的合同条款规定，在特定日期产生的现金流量，仅为对本金和以未偿付本金金额为基础的利息的支付 在初始确认时，企业可以将非交易性权益工具投资指定为以公允价值计量且其变动计入其他综合收益的金融资产，并按照准则规定确认股利收入，指定一经作出，不得撤销。 **提示**　对于发行方而言不满足权益工具的定义，对于投资方而言也不属于权益工具投资(开放基金、理财产品)，投资方不能将其指定为以公允价值计量且其变动计入其他综合收益的金融资产
金3	除上述金1、金2之外的金融资产

(二) 债权投资初始计量

债权投资初始计量，见表11-2。

表 11-2　债权投资初始计量

初始计量原则	债权投资应当按取得时的公允价值(不含已到付息期但尚未领取的利息)和相关交易费用之和作为初始确认金额。 **提示**　企业取得金融资产所支付的价款中包含的已到付息期但尚未领取的利息，应当单独确认为应收项目处理

记忆密码
速算：债权投资初始入账价值＝全部支出－已到期但尚未领取的利息。

(续表)

账务处理	溢价购入： 借：债权投资——成本 　　　　　　——利息调整 　　应收利息 　　贷：银行存款	折价购入： 借：债权投资——成本 　　应收利息 　　贷：银行存款 　　　　债权投资——利息调整

（三）债权投资后续计量

1. 摊余成本及债权投资利息收益的计算(2021年、2022年单选)

（1）摊余成本。

以摊余成本计量的金融资产的摊余成本，指以摊余成本计量的金融资产的初始确认金额经下列调整后的结果：

a. 扣除已偿还的本金。

b. 加上或减去采用实际利率法将该初始确认金额与到期日金额之间的差额进行摊销形成的累计摊销额。

c. 扣除累计计提的损失准备。

提示 债权投资的摊余成本=债权投资账面余额-债权投资减值准备。

（2）债权投资利息收益的计算。

a. 如果债券是溢折价购入的，则债券票面应计利息不等于当期的利息收益。

b. 企业应当按照实际利率法确认利息收入。即按照各期期初摊余成本和实际利率计算确认利息收入，并计入投资收益。

借：应收利息[债券面值×票面利率，分期付息]
　　贷：投资收益[各期期初摊余成本×实际利率]
　　　　债权投资——利息调整[倒挤，或借记]

c. 应在持有期内对债券的溢价或折价进行分期摊销，以调整各期的实际利息收入。即以当期的票面应计利息减去当期应分摊的溢价额（或加上当期应分摊的折价额）作为当期利息收入。

● **得分高手**

期末摊余成本和投资收益的计算，近几年考核的频率较低，但2025年应作为重点备考。分期付息债权投资的期末摊余成本=期初摊余成本×（1+实际利率）-面值×票面利率。

【例题1·单选题】（2021年）丙公司2020年1月3日从证券市场按每张1 050元（含交易费用）购入甲公司于2020年1月1日发行的期限为5年、面值为1 000元、票面年利率为12%的债券800张，款项以银行存款付讫。该债券每年付息一次、到期还本并支付最后一期利息。丙公司将其划分为以摊

余成本计量的金融资产核算,假设实际年利率为10.66%,则丙公司2020年年末持有的该批债券的摊余成本为( )元。

A. 839 200　　　　　　　　　　B. 828 480
C. 832 659　　　　　　　　　　D. 833 544

解析 2020年年末债券的摊余成本=期初摊余成本×(1+实际利率)-应收利息=1 050×800×(1+10.66%)-1 000×800×12%=833 544(元)。

2020年1月3日:
借:债权投资——成本　　　　　　　　　　　　　　　800 000
　　　　　　——利息调整　　　　　　　　　　　　　 40 000
　　贷:银行存款　　　　　　　　　　　(1 050×800)840 000

2020年年末:
借:应收利息　　　　　　　　　　　　(800 000×12%)96 000
　　贷:投资收益　　　　　　　　　　(840 000×10.66%)89 544
　　　　债权投资——利息调整　　　　　　　　　　　　6 456

2020年年末,丙公司持有的该债券摊余成本=840 000-6 456=833 544(元)。

【拓展】如果利息到期一次性支付,则2020年年末的会计分录为:
借:债权投资——应计利息　　　　　　　　　　　　　96 000
　　贷:投资收益　　　　　　　　　　　　　　　　　89 544
　　　　债权投资——利息调整　　　　　　　　　　　　6 456

2020年年末,丙公司持有的该债券摊余成本=840 000+96 000-6 456=929 544(元)。

【简便计算】利息到期一次性支付的,期末摊余成本=期初摊余成本×(1+实际利率)=1 050×800×(1+10.66%)=929 544(元)。

【例题2·单选题】(2022年)甲公司2020年1月1日购入面值为2 000万元的债券,实际支付价款2 078.98万元,另支付交易费用10万元。该债券的票面期限为5年,票面年利率为5%,实际年利率为4%,每年12月31日支付利息,到期一次还本,甲公司将其作为以摊余成本计量的金融资产核算。不考虑其他因素,则2021年甲公司应确认的投资收益为( )万元。[计算结果保留两位小数]

A. 82.90　　　　　　　　　　B. 83.56
C. 100.00　　　　　　　　　 D. 82.49

解析 债权投资的初始入账金额=2 078.98+10=2 088.98(万元),2020年年末债权投资的账面价值=2 088.98+2 088.98×4%-2 000×5%=2 072.54(万元),2021年甲公司应确认的投资收益=2 072.54×4%=82.90(万元)。

【拓展】2021年年末债权投资的摊余成本=2 072.54+2 072.54×4%-2 000×5%=2 055.44(万元)。

答案
例题1│D
例题2│A

【例题 3·单选题】 甲公司 2024 年 1 月 1 日以银行存款 84 万元购入乙公司于当日发行的 5 年期固定利率债券，作为以摊余成本计量的金融资产核算。该债券面值 80 万元，每年付息一次、到期还本，票面年利率 12%，实际年利率 10.66%。甲公司采用实际利率法对其利息调整进行摊销，则甲公司 2024 年 12 月 31 日该金融资产"债权投资——利息调整"科目的余额为（　　）元。

A. 32 536　　　　　　　　　　B. 31 884
C. 46 456　　　　　　　　　　D. 33 544

解析 "债权投资——利息调整"科目的余额 =（84－80）－（80×12%－84×10.66%）= 3.354 4（万元），即 33 544 元。

1 月 1 日：

借：债权投资——成本　　　　　　　　　　　　　800 000
　　　　　　——利息调整　　　　　　　　　　　 40 000
　　贷：银行存款　　　　　　　　　　　　　　　840 000

12 月 31 日：

借：应收利息　　　　　　　　　　（800 000×12%）96 000
　　贷：投资收益　　　　　　　（840 000×10.66%）89 544
　　　　债权投资——利息调整　　　　　　　　　　6 456

2. 债权投资减值

以摊余成本计量的金融资产发生减值的，按应减记的金额：

借：<u>信用减值损失</u>
　　贷：债权投资减值准备

已计提减值准备的以摊余成本计量的金融资产的价值以后又得以恢复的，应<u>在原已计提的减值准备金额内</u>，按照恢复增加的金额：

借：债权投资减值准备
　　贷：信用减值损失

3. 债权投资的处置

出售时，应重新计算剩余存续期预期信用损失，并做计提或转回信用减值损失的处理。**新增**

处置债权投资时，应将所取得对价的公允价值与该投资账面价值之间的差额确认为<u>投资收益</u>。

借：银行存款[收到的金额]
　　债权投资减值准备[已计提的损失准备]
　　贷：债权投资——成本
　　　　　　　　——利息调整[或借记]
　　　　　　　　——应计利息
　　　　投资收益[差额，或借记]

答案
例题 3 | D

考点二 以公允价值计量且其变动计入其他综合收益的金融资产的核算 ★★★   一学多考 | 中注

(一) 以公允价值计量且其变动计入其他综合收益的金融资产的确认

包括其他债权投资和其他权益工具投资，参见考点一中的金融资产类别的确认条件(见表11-1)。

(二) 其他债权投资和其他权益工具投资的计量(2020年、2024年单选)

其他债权投资和其他权益工具投资的计量，见表11-3。

表 11-3　其他债权投资和其他权益工具投资的计量

项目	其他债权投资	其他权益工具投资
取得	初始计量=公允价值-公允价值中包含的已到付息期但尚未领取的利息+另支付的交易费用 借：其他债权投资——成本 　　　　　　——利息调整[或贷记] 　　应收利息 　贷：银行存款	初始计量=公允价值-公允价值中包含的已宣告但尚未发放的现金股利+另支付的交易费用 借：其他权益工具投资——成本 　　应收股利 　贷：银行存款
收益	借：应收利息/其他债权投资——应计利息 　贷：投资收益 　　　其他债权投资——利息调整[差额，或借记]	借：应收股利 　贷：投资收益
价值变动	初始确认后，企业应当对该金融资产以公允价值进行后续计量，且公允价值的变动应计入其他综合收益	
	借：其他债权投资——公允价值变动 　贷：其他综合收益[升值] 价值下降编制相反分录	借：其他权益工具投资——公允价值变动 　贷：其他综合收益[升值] 价值下降编制相反分录
减值	借：信用减值损失 　贷：其他综合收益 对分类为以公允价值计量且其变动计入其他综合收益的金融资产进行减值会计处理，并在其他综合收益中确认减值准备，同时将减值损失或减值利得计入当期损益，且不应减少该金融资产在资产负债表中列示的账面价值	被指定为以公允价值计量且其变动计入其他综合收益的非交易性权益工具投资的公允价值的后续变动计入其他综合收益，不需计提减值准备

(续表)

项目	其他债权投资	其他权益工具投资

处置	出售其他债权投资时，应重新计算剩余存续期预期信用损失，并做计提或转回信用减值损失的处理。**新增**
	当该金融资产终止确认时，之前计入其他综合收益的累计利得或损失应当从其他综合收益中转出，计入当期损益（投资收益）
	
	借：银行存款
	  贷：其他债权投资
	    投资收益[差额，或借记]
	
	借：其他综合收益
	  贷：投资收益
	或编制相反分录
		当该金融资产终止确认时，之前计入其他综合收益的累计利得或损失应当从其他综合收益中转出，计入留存收益
		
		借：银行存款
		  贷：其他权益工具投资
		    盈余公积、利润分配[差额，或借记]
		
		借：其他综合收益[原持有升值]
		  贷：盈余公积、利润分配
		原持有贬值编制相反分录

● 得分高手

重点掌握价值变动处理，以及金2资产处置时价值变动的结转处理。

【例题4·单选题】 甲公司从二级市场购入乙公司发行在外的普通股股票15万股，将其指定为以公允价值计量且其变动计入其他综合收益的金融资产，支付的价款为235万元（其中包括已宣告但尚未发放的现金股利1元/股），另支付交易税费5万元。不考虑其他因素，则甲公司取得该金融资产的入账价值为（　　）万元。

  A. 225   B. 220   C. 240   D. 215

  解析 该金融资产的入账价值=235-1×15+5=225（万元）。

【例题5·单选题】 2020年1月1日，甲公司从股票二级市场以每股30元（含已宣告但尚未发放的现金股利0.4元）的价格购入乙公司发行的股票100万股，将其指定为以公允价值计量且其变动计入其他综合收益的金融资产。2020年5月10日，甲公司收到乙公司发放的上述现金股利。2020年12月31日，该股票的市场价格为每股27元，则甲公司2020年12月31日此项其他权益工具投资的账面价值为（　　）万元。

  A. 2 700   B. 2 960   C. 2 740   D. 3 000

  解析 2020年12月31日此项其他权益工具投资账面价值=27×100=2 700（万元）。

  1月1日，甲公司购入乙公司发行的股票：

  借：其他权益工具投资——成本　[(30-0.4)×1 000 000] 29 600 000

答案
例题4丨A
例题5丨A

应收股利　　　　　　　　　　　　　　　（0.4×1 000 000）400 000
　　　　贷：银行存款　　　　　　　　　　　　　　　　　　　30 000 000
5月10日，甲公司收到乙公司发放的上述现金股利：
　　借：银行存款　　　　　　　　　　　　　　　　　　　　400 000
　　　　贷：应收股利　　　　　　　　　　　　　　　　　　　　400 000
12月31日，该股票的市场价格为每股27元：
　　借：其他综合收益　　　　　　　　　（29 600 000-27×1 000 000）2 600 000
　　　　贷：其他权益工具投资——公允价值变动　　　　　　　2 600 000

【例题6·单选题】（2024年）2023年1月1日，甲公司支付银行存款1 995万元购入乙公司当日发行的5年期债券，另支付手续费5万元，购入后将该债券分类为以公允价值计量及其变动计入其他综合收益的金融资产。该债券的面值为2 100万元，每年年末付息一次，到期一次还本，票面年利率为5%，实际利率为6%。2023年12月31日，持有该债券的公允价值为1 999万元。不考虑其他因素，则2023年12月31日，该债券投资的公允价值变动的影响金额为（　　）万元。

　　A. 14　　　　　B. 19.3　　　　　C. -16　　　　　D. -10.7

解析　该金融资产的初始入账金额=1 995+5=2 000（万元），年末其摊余成本=2 000×(1+6%)-2 100×5%=2 015（万元），年末该债券的公允价值变动额=1 999-2 015=-16（万元）。

1月1日：
　　借：其他债权投资——成本　　　　　　　　　　　　　　21 000 000
　　　　贷：银行存款　　　　　　　　　　　（19 950 000+50 000）20 000 000
　　　　　　其他债权投资——利息调整　　　　　　　　　　　1 000 000
12月31日：
　　借：应收利息　　　　　　　　　　　　　　（21 000 000×5%）1 050 000
　　　　其他债权投资——利息调整　　　　　　　　　　　　　150 000
　　　　贷：投资收益　　　　　　　　　　　　（20 000 000×6%）1 200 000
　　借：其他综合收益　　　　　　　　　　　　　　　　　　160 000
　　　　贷：其他债权投资——公允价值变动　　　　　　　　　　160 000

(三)金融资产的重分类

金①：以摊余成本计量的金融资产。
金②：以公允价值计量且其变动计入其他综合收益的金融资产。
金③：以公允价值计量且其变动计入当期损益的金融资产。
金融资产的重分类，见表11-4。

答案
例题6｜C

表 11-4 金融资产的重分类

项目	内容	
债权投资的重分类	金①→金②：（嫁鸡随鸡） 借：其他债权投资[公允价值] 　　贷：债权投资[账面价值] 　　　其他综合收益[差额，或借记] 金①重分类为金②，应当按照该金融资产在重分类日的公允价值进行计量，原账面价值与重分类日公允价值之间的差额计入其他综合收益，且该金融资产重分类不影响其实际利率和预期信用损失的计量	金①→金③：（嫁狗随狗） 借：交易性金融资产[公允价值] 　　贷：债权投资[账面价值] 　　　公允价值变动损益[差额，或借记] 金①重分类为金③，应当按照该金融资产在重分类日的公允价值进行计量，原账面价值与重分类日公允价值之间的差额计入当期损益（公允价值变动损益）
其他债权投资的重分类	金②→金①：（一直摊余成本） 借：债权投资 　　贷：其他债权投资 借：其他综合收益 　　贷：其他债权投资——公允价值变动[或相反处理] 金②重分类为金①，应当将该金融资产之前计入其他综合收益的累计利得或损失转出，调整该金融资产在重分类日的公允价值，并以调整后的金额作为以摊余成本计量的金融资产的初始确认金额，即视同该金融资产一直以摊余成本计量，且该金融资产重分类不影响其实际利率和预期信用损失的计量	金②→金③：（一直公允转损益） 借：交易性金融资产 　　贷：其他债权投资 借：公允价值变动损益 　　贷：其他综合收益[或相反处理] 金②重分类为金③，应当继续以公允价值计量该金融资产。同时，企业应当将之前计入其他综合收益的累计利得或损失从其他综合收益转入当期损益（公允价值变动损益）
交易性金融资产的重分类	金③→金①：以交易性金融资产在重分类日的公允价值作为以摊余成本计量的金融资产的初始确认金额	金③→金②：金②继续以公允价值计量，原公允价值变动损益不用转入其他综合收益

● **得分高手**

重点掌握债权投资和其他债权投资的重分类。

【例题 7·单选题】下列关于金融资产重分类的表述中，正确的是(　　)。
A. 以摊余成本计量的金融资产重分类为以公允价值计量且其变动计入当期损益的金融资产的，应当按照该资产在重分类日的原账面价值进行

261

计量

B. 以摊余成本计量的金融资产重分类为以公允价值计量且其变动计入当期损益的金融资产的，原账面价值与公允价值之间的差额计入其他综合收益

C. 以摊余成本计量的金融资产重分类为以公允价值计量且其变动计入其他综合收益的金融资产的，应当按照该金融资产在重分类日的公允价值进行计量

D. 以摊余成本计量的金融资产重分类为以公允价值计量且其变动计入其他综合收益的金融资产的，原账面价值与公允价值之间的差额计入公允价值变动损益，且该资产重分类不影响其实际利率和预期信用损失的计量

解析 债权投资重分类为以公允价值计量的金融资产，应当以公允价值进行计量；债权投资重分类为交易性金融资产的价值变动计入公允价值变动损益，债权投资重分类为其他债权投资的价值变动计入其他综合收益。

考点三 长期股权投资成本法 ★★★ 一学多考|中注

(一) 长期股权投资的确认(2020年多选)

1. 长期股权投资的核算范围

长期股权投资，指投资方对被投资单位实施<u>控制</u>、<u>重大影响</u>的权益性投资，以及对其<u>合营企业</u>的权益性投资。股权投资核算的分类，见图11-1。

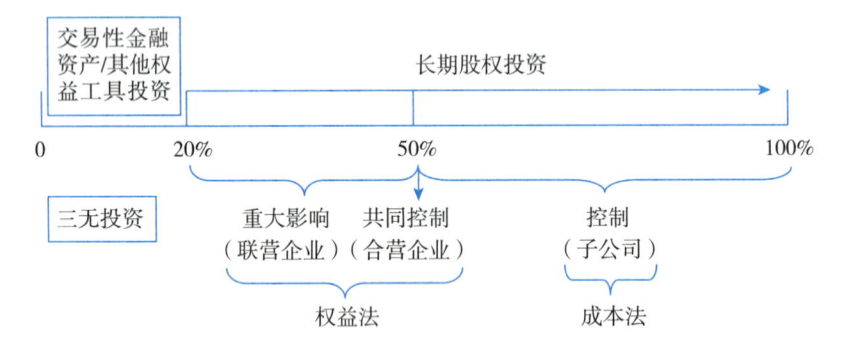

图 11-1 股权投资核算的分类

提示 投资的数字比例只是做题的参照，具体还需根据投资的影响程度判别核算方法。

2. 投资影响程度

投资影响程度，见表11-5。

答案
例题 7 | C

表 11-5　投资影响程度

项目		内容
控制	定义	控制是指投资方拥有对被投资方的权力，通过参与被投资方的相关活动而享有可变回报，并且有能力运用对被投资方的权力影响其回报金额
	具体情形	(1)投资企业直接或通过子公司间接拥有被投资单位半数以上的表决权。(投资方进行成本法核算时，应仅考虑直接持有的股权份额) (2)投资企业拥有被投资单位半数或以下的表决权，但能满足下列条件之一的，也视为投资企业能够控制被投资单位： a. 通过与被投资单位其他投资者之间的协议，拥有被投资单位半数以上的表决权。 b. 根据公司章程或协议，有权决定被投资单位的财务和经营政策。 c. 在被投资单位的董事会或类似机构占多数表决权。 d. 有权任免被投资单位的董事会或类似机构的多数成员
共同控制		共同控制是指按照相关约定对某项安排所共有的控制，并且该安排的相关活动必须经过分享控制权的参与方一致同意后才能决策
重大影响	定义	重大影响是指投资方对被投资单位的财务和经营政策有参与决策的权力，但并不能够控制或者与其他方一起共同控制这些政策的制定。 **提示**　在以持有股权来判断投资方对被投资单位的影响程度时，应综合考虑投资方自身持有的股权、通过子公司间接持有的股权以及投资方或其他方持有的可转换为对被投资单位股权的其他潜在因素影响
	具体情形	企业通常可以通过以下一种或几种情形来判断： (1)在被投资单位的董事会或类似权力机构中派有代表。 (2)参与被投资单位财务和经营政策制定过程，包括股利分配政策等的制定。 (3)向被投资单位派出管理人员。 (4)向被投资单位提供关键技术资料。 (5)与被投资单位之间发生重要交易。 **提示**　在判断对被投资单位是否具有重大影响时，企业应当严格遵循会计准则的规定，综合考虑所有事实和情况，对其是否对被投资单位的财务和经营政策有参与决策的权力作出恰当的判断

(二) 成本法核算

1. 核算特点

(1)初始投资时，长期股权投资按照初始投资成本计量，除追加投资和收回投资外，不得调整长期股权投资的账面价值。对子公司的投资，购买方

(或合并方)应于购买日(或合并日)确认对子公司的长期股权投资。

(2)被投资方实现净利润、其他综合收益变动时,投资方不做账务处理。

(3)除取得投资时实际支付的价款或对价中包含的已宣告但尚未发放的现金股利或利润外,投资方应将按照享有被投资方宣告分派的现金股利或利润,确认为当期投资收益。账务处理:

借:应收股利
　　贷:投资收益

(4)被投资方宣告分配股票股利时,投资方无须做账务处理,只需对增加的股数做备查登记。子公司将未分配利润或盈余公积转增股本(实收资本),且未向投资方提供等值现金股利或利润的选择权时,投资方并没有获得收取现金股利或利润的权力,该项交易通常属于子公司自身权益结构的重分类,投资方不应确认相应的投资收益。

【例题8·多选题】2021年6月20日,甲公司以银行存款1 500万元(含已宣告但尚未发放的现金股利100万元)从非关联方购入乙公司80%的股权。甲公司取得该部分股权后,能够有权力主导乙公司的相关活动并获得可变回报。2021年6月30日,甲公司收到支付价款中的股利100万元。2021年下半年,乙公司实现净利润300万元。2022年4月30日,乙公司宣告分派股利,甲公司按照其持有比例确定分回现金股利20万元、股票股利30万元。下列各项中,甲公司账务处理表述不正确的有(　　)。

A. 2021年6月20日,应确认长期股权投资初始投资成本1 500万元
B. 2021年6月30日,甲公司收到股利时应确认投资收益100万元
C. 2021年下半年甲公司根据应享有乙公司净利润确认投资收益240万元
D. 2022年4月30日,甲公司应确认投资收益50万元
E. 2022年4月30日,长期股权投资的账面价值为1 400万元

解析　甲公司账务处理如下:

2021年6月20日:

借:长期股权投资　　　　　　　　　　　　　　　　14 000 000
　　应收股利　　　　　　　　　　　　　　　　　　 1 000 000
　　贷:银行存款　　　　　　　　　　　　　　　　　　　　15 000 000

2021年6月30日:

借:银行存款　　　　　　　　　　　　　　　　　　 1 000 000
　　贷:应收股利　　　　　　　　　　　　　　　　　　　　 1 000 000

2021年下半年乙公司实现净利润300万元,甲公司不进行账务处理。

2022年4月30日:(只确认现金股利收益)

借:应收股利　　　　　　　　　　　　　　　　　　　 200 000
　　贷:投资收益　　　　　　　　　　　　　　　　　　　　　 200 000

2. 企业合并方式取得长期股权投资的初始计量

(1)同一控制下企业合并。

答案
例题8 | ABCD

同一控制下企业合并的账务处理,见表11-6。

表11-6 同一控制下企业合并的账务处理

合并类别	账务处理	
同一控制下企业合并	借：长期股权投资	按照所取得的被合并方所有者权益(在最终控制方合并财务报表中)的账面价值的份额作为初始投资成本
	借差	借记"资本公积(资本溢价或股本溢价)"科目,资本公积余额不足冲减的,调整留存收益(盈余公积、利润分配——未分配利润)
	贷：资产类科目	支付现金、转让非现金资产账面价值,不确认资产转让损益——转让资产
	负债类科目	承担债务账面价值——承担负债
	股本	发行权益性证券面值总额——发行股票
	贷差	贷记"资本公积(资本溢价或股本溢价)"科目

【例题9·多选题】甲公司于2022年4月1日自其母公司(P公司)取得B公司100%股权并能够对B公司实施控制,B公司所有者权益在最终控制方合并财务报表的账面价值为9.2亿元。甲公司用以支付购买B公司股权的对价为其持有的一项土地使用权,成本为7亿元,已摊销1.5亿元,公允价值为10亿元,同时该项交易中甲公司另支付现金1亿元给母公司。下列各项中,甲公司取得B公司股权账务处理表述正确的有(   )。

A. 长期股权投资初始投资成本为11亿元
B. 长期股权投资初始投资成本为9.2亿元
C. 影响投资当期的营业利润为1.5亿元
D. 影响投资当期的资本公积为1.5亿元
E. 影响投资当期的资本公积为2.7亿元

解析 ↘ 甲公司取得长期股权投资的会计分录：
借：长期股权投资   920 000 000
　　累计摊销   150 000 000
　贷：无形资产   700 000 000
　　　银行存款   100 000 000
　　　资本公积   (倒挤) 270 000 000

(2)非同一控制下企业合并。
非同一控制下企业合并的账务处理,见表11-7。

答案 ↘
例题9 | BE

记忆密码

重点掌握非同一控制下企业合并的初始投资成本计量以及取得代价的核算。

表11-7 非同一控制下企业合并的账务处理

合并类别	账务处理			
非同一控制下企业合并	借：长期股权投资	将合并成本作为长期股权投资的初始投资成本；合并成本包括购买方付出的资产、发生或承担的负债、发行的权益性工具或债务性工具的公允价值之和		
	贷：	资产类科目	支付现金、转让非现金资产账面价值——转让资产	
			在购买日的公允价值与其账面价值之间的差额，作为资产的处置损益，计入合并当期损益	
		负债类科目	承担的负债、发行的债务性工具的公允价值——承担负债	
		股本 资本公积	面值	发行的权益性工具的公允价值——发行股票
			溢价	
	投资费用	购买方为进行企业合并发生的各项直接相关费用，包括为进行企业合并而支付的审计、法律服务、评估咨询等中介费用以及其他相关管理费用，发生时计入当期损益（管理费用）		
	筹资费用	购买方作为合并对价发行的权益性工具或债务性工具的交易费用，应当计入权益性工具或债务性工具的初始确认金额。 a. 与发行权益性工具作为合并对价直接相关的交易费用，应当冲减资本公积，资本公积不足冲减的，依次冲减盈余公积和未分配利润： 借：资本公积 　　盈余公积 　　利润分配——未分配利润 　　贷：银行存款 b. 与发行债务性工具作为合并对价直接相关的交易费用，应当计入债务性工具的初始确认金额： 借：应付债券——利息调整 　　贷：银行存款		

提示1 同一控制下企业合并和非同一控制下企业合并关于投资费用和筹资费用的处理，是完全一致的。

提示2 购买方对于被购买方自身的财务报表中因政府补助确认的递延收益，如果相关政府补助款项不存在需要返还的现时义务，则购买方不应将该递延收益单独识别为一项可辨认负债。

【例题10·单选题】甲公司和乙公司为两个互不关联的独立企业，合并之前不存在投资关系。2020年3月1日，甲公司和乙公司达成合并协议，约定甲公司以固定资产作为合并对价，取得乙公司80%的股权。合并日，甲公司固定资产的账面原价为1 680万元,已计提折旧320万元,已提取减值准备80万元,公允价值为1 100万元;乙公司所有者权益账面价值为1 200万元。在甲公司和乙公司的合并中,甲公司支付审计费等费用共计15万元。甲公司取得该项长期股权投资时的初始投资成本为( )万元。

A. 1 100 B. 1 115
C. 1 200 D. 1 215

解析 非同一控制下的企业合并,长期股权投资的初始投资成本就是其付出对价的公允价值,发生的审计费等应计入管理费用。因此,甲公司取得该项长期股权投资的初始投资成本为付出资产的公允价值1 100万元。

借:管理费用 150 000
　　贷:银行存款 150 000
借:固定资产清理 12 800 000
　　累计折旧 3 200 000
　　固定资产减值准备 800 000
　　贷:固定资产 16 800 000
借:长期股权投资 11 000 000
　　资产处置损益 1 800 000
　　贷:固定资产清理 12 800 000

【例题11·单选题】 甲公司和乙公司为非关联企业。2020年5月1日,甲公司按每股4.5元增发每股面值1元的普通股股票2 000万股,并以此为对价取得乙公司70%的股权;甲公司另以银行存款支付审计费、评估费等共计30万元。乙公司2020年5月1日可辨认净资产公允价值为12 000万元。甲公司取得乙公司70%股权时的初始投资成本为( )万元。

A. 8 400 B. 8 430
C. 9 000 D. 9 030

解析 非同一控制下企业合并取得的长期股权投资的初始投资成本=4.5×2 000=9 000(万元)。支付的审计费、评估费计入管理费用,不计入长期股权投资的成本。

借:管理费用 300 000
　　贷:银行存款 300 000
借:长期股权投资 90 000 000
　　贷:股本 20 000 000
　　　　资本公积 70 000 000

【例题12·多选题】 下列关于取得长期股权投资相关处理的表述中,正确的有( )。

A. 企业合并时,与发行债券相关的交易费用,计入债券初始入账金额

答案
例题10 | A
例题11 | C

B. 非同一控制下一次性交易实现的企业合并，长期股权投资初始投资成本以付出合并对价的公允价值为基础确定

C. 同一控制下企业合并，合并方支付的评估咨询费计入管理费用

D. 企业合并时，与发行权益性证券相关的交易费用，在权益性证券发行溢价不足以抵减时，应冲减合并方资本公积

E. 以发行权益性证券直接取得的长期股权投资，按发行的权益性证券公允价值作为其初始投资成本

解析 选项 D，为发行权益性证券支付的手续费、佣金等与权益性证券发行直接相关的费用，应自权益性证券的溢价发行收入中扣除，溢价收入不足冲减的，应冲减留存收益。选项 E，以发行权益性证券直接取得的长期股权投资，形成同一控制下企业合并的，则初始投资成本为被合并方所有者权益在最终控制方合并财务报表中的账面价值的份额，并不是发行权益性证券的公允价值；如果形成非同一控制下的企业合并，则按发行的权益性证券的公允价值作为长期股权投资的初始投资成本。

考点四 长期股权投资权益法 ★★★   一学多考｜中注

（一）非企业合并方式取得长期股权投资的初始投资成本

(1) 以支付现金、非货币性资产交换等取得股权，按照实际支付的价款或付出的公允对价和相关税费作为初始投资成本（对联营企业、合营企业的投资，应于有关股权投资属于投资方的资产时确认）。

(2) 以发行权益性证券取得股权，按照发行权益性证券的公允价值计算确定初始投资成本。

(3) 投资者投入取得股权，应当按照投资合同或协议约定的价值作为初始投资成本，但合同或协议约定价值不公允的除外。

(4) 认缴制下尚未出资的股权投资，投资方在未实际出资前是否应确认与所认缴出资相关的股权投资，应结合法律规定与具体合同协议确定：对于投资的初始确认，若合同明确约定认缴出资的时间和金额，且投资方按认缴比例享有股东权利，则投资方应确认一项金融负债及相应的资产；若合同没有明确约定，则属于一项未来的出资承诺，不确认金融负债及相应的资产。

提示 无论以何种方式取得长期股权投资，实际支付的价款或对价中包含的已宣告但尚未发放的现金股利或利润，均应作为应收项目单独核算，不作为取得的长期股权投资的成本。

答案
例题 12｜ABC

（二）权益法的基本核算(2023年多选)

长期股权投资取得、持有、减值、出售的核算，见表11-8。

表11-8 长期股权投资取得、持有、减值、出售的核算

项目		成本法	权益法
取得投资		借：长期股权投资 　　贷：银行存款	借：长期股权投资——投资成本[含交易费用] 　　贷：银行存款 比较初始投资成本与投资时应享有被投资单位可辨认净资产公允价值的份额： a. 大于，不调整已确认的长期股权投资； b. 小于，按照差额调整长期股权投资账面价值。 借：长期股权投资——投资成本 　　贷：营业外收入
持有期间被投资单位权益变动	被投资方实现净利润或发生净亏损	不用处理	借：长期股权投资——损益调整 　　贷：投资收益 发生净亏损编制相反分录
	被投资方其他综合收益增加或减少		借：长期股权投资——其他综合收益 　　贷：其他综合收益[增加] 减少编制相反分录
	被投资方其他因素导致净资产增加或减少		借：长期股权投资——其他权益变动 　　贷：资本公积——其他资本公积[增加] 减少编制相反分录
	被投资方宣告发放现金股利	借：应收股利 　　贷：投资收益	借：应收股利 　　贷：长期股权投资——损益调整
	收到现金股利	借：银行存款 　　贷：应收股利 **提示** 被投资方宣告发放股票股利和实际发放股票股利时，投资方在成本法和权益法下都不进行账务处理	
减值		借：资产减值损失 　　贷：长期股权投资减值准备[不得转回]	

(续表)

项目	成本法	权益法
出售	借：银行存款 　　长期股权投资减值准备 　贷：长期股权投资 　　投资收益[差额，或借记]	借：银行存款 　　长期股权投资减值准备 　贷：长期股权投资——投资成本 　　　　　　　　　——损益调整[或借记] 　　　　　　　　　——其他权益变动[或借记] 　　　　　　　　　——其他综合收益[或借记] 　　投资收益[差额，或借记] 借：资本公积——其他资本公积 　　其他综合收益[能转损益部分] 　贷：投资收益 或相反分录

● **得分高手**

权益法4个时点的会计处理是综合题考核的基础，需从会计处理影响的账户和账户金额计量来掌握。

【例题13·单选题】2023年6月1日，甲公司以银行存款150万元投资乙公司，持有乙公司有表决权股份的40%，能够对乙公司经营和财务施加重大影响。乙公司2023年6月1日经确认可辨认净资产的账面价值为360万元、公允价值为400万元，则甲公司的下列会计处理中正确的是(　　)。

A．确认投资收益10万元
B．确认长期股权投资初始投资成本144万元
C．确认投资收益6万元
D．确认营业外收入10万元

解析 ▶ 甲公司取得长期股权投资的初始投资成本为150万元，应享有可辨认净资产公允价值的份额160万元(400×40%)，前者小于后者，因此应确认长期股权投资入账价值160万元，确认营业外收入10万元(160-150)。

借：长期股权投资——投资成本　　　　　　　　　　1 500 000
　贷：银行存款　　　　　　　　　　　　　　　　　1 500 000
借：长期股权投资——投资成本　　　　　　　　　　　100 000
　贷：营业外收入　　　　　　　　　　　　　　　　　100 000

【例题14·多选题】2021年6月30日，甲公司以280万元的价格从非关联方购入乙公司40%的股权，当日乙公司可辨认净资产的账面价值为750万

答案
例题13 | D

元(与公允价值相同)。甲公司取得该部分股权后,能够对乙公司施加重大影响。2021年下半年,乙公司实现净利润325万元、其他综合收益增加50万元;2022年4月20日,乙公司宣告分派股利,甲公司按照其持有比例确定应分回现金股利30万元、股票股利10万元。下列各项中,甲公司账务处理表述不正确的有(　　)。

A. 2021年6月30日,长期股权投资的初始投资成本为300万元
B. 2021年6月30日,甲公司确认投资收益20万元
C. 2021年下半年,甲公司根据应享有乙公司实现净利润的份额确认投资收益150万元
D. 2022年4月20日,甲公司应确认投资收益40万元
E. 2022年4月20日,长期股权投资的账面价值为420万元

解析 ▶ 甲公司2021年6月30日:
借:长期股权投资——投资成本　　　　　　　　　　　2 800 000
　　贷:银行存款　　　　　　　　　　　　　　　　　2 800 000
借:长期股权投资——投资成本　(7 500 000×40%－2 800 000) 200 000
　　贷:营业外收入　　　　　　　　　　　　　　　　　200 000
2021年下半年,乙公司实现净利润325万元、其他综合收益增加50万元:
借:长期股权投资——损益调整　　　(3 250 000×40%) 1 300 000
　　贷:投资收益　　　　　　　　　　　　　　　　　1 300 000
借:长期股权投资——其他综合收益　(500 000×40%) 200 000
　　贷:其他综合收益　　　　　　　　　　　　　　　　200 000
2022年4月20日:(只核算现金股利)
借:应收股利　　　　　　　　　　　　　　　　　　　300 000
　　贷:长期股权投资——损益调整　　　　　　　　　　300 000
2022年4月20日,长期股权投资的账面价值＝280+20+130+20－30＝420(万元)。

(三) 调整的投资收益

1. <u>取得投资</u>时被投资方可辨认净资产账面价值与公允价值的差额
取得投资时被投资单位资产、负债的账面价值与公允价值<u>不等</u>。✦
考试一般情形:资产公允价值＞账面价值。
调整后的净利润(存货)＝净利润－存货(投资日公允价值－账面价值)×当期<u>出售</u>比例
调整后的净利润(固定资产)＝净利润－固定资产(投资日公允价值－账面价值)÷尚可使用年限×(当期折旧月份÷12)

【例题15·单选题】甲公司于2023年1月1日购入乙公司30%的股份,购买价款为3 300万元,并自取得投资之日起派人参与乙公司的财务和生产

记忆密码 ✦
取得投资时:只有补费用的处理。
内部交易时:先减去全部未实现损益,再加上本期已实现损益。

答案 ▶
例题14 | ABCD

经营决策。取得投资当日，乙公司可辨认净资产公允价值为9 000万元、账面价值为7 380万元，其中存货公允价值为1 050万元、账面价值为750万元，固定资产公允价值为2 400万元、原值1 800万元、累计折旧360万元、尚可使用16年，无形资产公允价值为1 200万元、原值1 050万元、累计摊销210万元、尚可使用8年。假定乙公司于2023年实现净利润900万元，其中在甲公司取得投资时的账面存货有80%对外出售。甲公司与乙公司采用的会计政策、会计期间相同。固定资产、无形资产均按直线法提取折旧或摊销，预计净残值均为0。假定不考虑所得税影响，甲公司2023年该长期股权投资应确认投资收益为(　　)万元。

A. 270　　　　B. 166.5　　　　C. 148.5　　　　D. 198

解析 出售部分存货账面价值与公允价值的差额应调减的净利润=(1 050-750)×80%=240(万元)，固定资产公允价值与账面价值的差额应调整增加的折旧额=[2 400-(1 800-360)]÷16=60(万元)，无形资产公允价值与账面价值的差额应调整增加的摊销额=[1 200-(1 050-210)]÷8=45(万元)。调整后的净利润=900-240-60-45=555(万元)，甲公司应确认的投资收益=555×30%=166.5(万元)。

2. 投资期间未实现内部交易损益

【思路点拨】调整后的净利润=净利润-当期内部交易损益+当期已实现内部交易损益；未实现内部交易损益在以后期间实现的，应在以后实现当期确认投资收益时予以追加确认。

调整后的净利润(交易形成存货)=净利润-(存货内部交易价格-账面价值)+(存货内部交易价格-账面价值)×当期出售比例

调整后的净利润(交易形成固定资产，假设按照年限平均法计提折旧)=净利润-(固定资产内部交易价格-账面价值)+(固定资产内部交易价格-账面价值)÷预计使用年限×(当期折旧月份÷12)

提示1 形成无形资产的调整方法参照形成固定资产的处理。

提示2 对于投资方与联营企业、合营企业之间发生顺流交易产生的未实现内部交易损益，因处置或视同处置联营企业、合营企业股权导致未实现内部交易损益得以实现，投资方应作为股权处置损益计入当期投资收益，前期在投资方合并财务报表中予以抵销的未实现内部交易相关收入、成本或资产处置损益等不予恢复。

提示3 投资方与被投资单位发生的未实现内部交易损失，属于资产减值损失的，应当全额确认。

【例题16·单选题】甲公司于2020年1月1日以银行存款18 000万元购入乙公司有表决权股份的40%，能够对乙公司施加重大影响。取得该项投资时，乙公司各项可辨认资产、负债的公允价值等于账面价值，双方采用的会计政策、会计期间相同。2020年6月1日，乙公司出售一批商品给甲公司，

答案
例题15 | B

成本为800万元，售价为1 000万元，甲公司购入后作为存货管理。至2020年年末，甲公司已将从乙公司购入商品的50%出售给外部独立的第三方。乙公司2020年实现净利润1 600万元。假定不考虑所得税影响，甲公司2020年年末因对乙公司的长期股权投资应确认投资收益为( )万元。

A. 600　　　　B. 660　　　　C. 700　　　　D. 720

解析 甲公司2020年年末应确认的投资收益=[1 600-(1 000-800)+(1 000-800)×50%]×40%=600(万元)。

【例题17·单选题】甲公司持有乙公司有表决权股份的30%，能够对乙公司生产经营施加重大影响。2022年11月，甲公司将其账面价值为600万元的商品以900万元的价格出售给乙公司，乙公司将取得的商品作为管理用固定资产核算，预计其使用寿命为10年、净残值为0、采用年限平均法计提折旧。假定两者在以前期间未发生过内部交易。乙公司2022年实现净利润为1 000万元。假定不考虑所得税影响，甲公司2022年应确认的投资收益金额为( )万元。

A. 210　　　　B. 210.75　　　C. 300　　　　D. 390

解析 调整后的净利润=1 000-(900-600)+(900-600)÷10÷12=702.5(万元)，甲公司应确认的投资收益=702.5×30%=210.75(万元)。

【例题18·多选题】(2023年)甲公司于2022年1月1日以银行存款3 760万元购买乙公司40%股权，对乙公司具有重大影响，另支付相关税费20万元。当日，乙公司可辨认净资产的公允价值为10 000万元，账面价值为8 000万元，差额为管理部门的一项无形资产所致，甲公司预计该项无形资产剩余使用寿命为20年，预计净残值为零，采用直线法摊销。2022年，乙公司向甲公司销售产品产生的未实现内部交易损益为450万元，乙公司当年实现净利润1 800万元，乙公司将自用房地产转为公允价值模式计量的投资性房地产时计入其他综合收益的金额为450万元。2023年1月2日，甲公司以4 900万元的价格将持有乙公司的股权全部转让。不考虑其他因素，甲公司下列会计处理正确的有( )。

A. 2022年1月1日取得长期股权投资的初始投资成本为4 000万元

B. 2022年12月31日长期股权投资的账面价值为4 460万元

C. 2022年度因该长期股权投资确认的投资收益为540万元

D. 2023年1月2日转让长期股权投资确认的投资收益为400万元

E. 2022年度应确认的其他综合收益为180万元

解析 长期股权投资的初始投资成本是3 780万元，初始入账价值为4 000万元。

2022年1月1日：

借：长期股权投资——投资成本　　　　　　　　　　　37 800 000

　　贷：银行存款　　　　　　　　　(37 600 000+200 000)37 800 000

答案
例题16 | A
例题17 | B
例题18 | DE

初始投资成本小于享有乙公司可辨认净资产公允价值的份额 4 000 万元（10 000×40%），差额应调整长期股权投资的账面价值：

借：长期股权投资——投资成本　　　　　　　　　　　　2 200 000
　　贷：营业外收入　　　　　　　（40 000 000-37 800 000）2 200 000

2022 年 12 月 31 日：

乙公司调整后的净利润 = 1 800 -(10 000 - 8 000)÷20 - 450 = 1 250（万元），甲公司应确认的投资收益 = 1 250×40% = 500（万元）。

借：长期股权投资——损益调整　　　　　　　　　　　　5 000 000
　　贷：投资收益　　　　　　　　　　　　　　　　　　5 000 000

乙公司其他综合收益增加 450 万元，甲公司应确认的其他综合收益 = 450×40% = 180（万元）。

借：长期股权投资——其他综合收益　　　　　　　　　　1 800 000
　　贷：其他综合收益　　　　　　　　　　　　　　　　1 800 000

2022 年 12 月 31 日长期股权投资的账面价值 = 4 000 + 500 + 180 = 4 680（万元）。

2023 年 1 月 2 日，转让长期股权投资应确认的投资收益 = 4 900 - 4 680 + 180 = 400（万元）。

借：银行存款　　　　　　　　　　　　　　　　　　　　49 000 000
　　贷：长期股权投资——投资成本　　　　　　　　　　40 000 000
　　　　　　　　　　——损益调整　　　　　　　　　　 5 000 000
　　　　　　　　　　——其他综合收益　　　　　　　　 1 800 000
　　　　投资收益　　　　　　　　　　　　　　　　　　 2 200 000
借：其他综合收益　　　　　　　　　　　　　　　　　　 1 800 000
　　贷：投资收益　　　　　　　　　　　　　　　　　　 1 800 000

（四）超额的投资亏损（区分小亏损与大亏损）

(1) 在确认应分担被投资单位发生的亏损和其他综合收益减少净额时，应当按照以下顺序进行处理：

第一，冲减长期股权投资的账面价值；

第二，如果长期股权投资的账面价值不足以冲减的，应当以其他实质上构成对被投资单位净投资的长期权益账面价值为限继续确认投资损失，冲减长期应收项目等的账面价值；

第三，上述处理后，按照投资合同或协议约定企业仍需承担额外义务的，按预计承担义务确认预计负债，计入当期投资损失；

第四，仍未确认的应分担损失，应在账外备查簿登记。

提示 在长期股权投资的账面价值减记至零以后，继续确认的投资损失中，属于因顺流交易产生的未实现内部交易损益的抵销部分，确认为递延收益，待后续相关损益实现时再结转至损益。

(2)被投资单位以后实现净利润的,投资方在将其收益分享额弥补账外备查簿登记的未确认的损失分担额后,按与上述相反的顺序处理,恢复确认收益分享额,即:依次减记已确认预计负债的账面余额,恢复其他实质上构成对被投资单位净投资的长期权益,恢复长期股权投资的账面价值。

【例题19·单选题】甲公司持有乙公司30%的股权,采用权益法核算。2022年12月31日该项长期股权投资的账面价值为1 600万元。此外,甲公司还有一笔应收乙公司的长期债权500万元,该项债权没有明确的清收计划,且在可预见的未来期间不准备收回。乙公司2023年发生净亏损6 000万元。假设取得投资时被投资单位各项资产和负债的公允价值等于账面价值,双方采用的会计政策、会计期间相同,且投资双方未发生任何内部交易,乙公司无其他事项导致的所有者权益变动,则甲公司应承担的投资损失额为( )万元。

A. 1 600　　　B. 1 800　　　C. 2 100　　　D. 2 040

解析 甲公司应承担的投资损失额=6 000×30%=1 800(万元),小于长期股权投资账面价值和长期应收款的合计数2 100万元(1 600+500),因此可以确认投资损失1 800万元。其分录为:

借:投资收益　　　　　　　　　　　　　　　　　18 000 000
　　贷:长期股权投资——损益调整　　　　　　　　16 000 000
　　　　长期应收款　　　　　　　　　　　　　　 2 000 000

【拓展1】如果乙公司2023年发生净亏损8 000万元,则甲公司应承担的投资损失=8 000×30%=2 400(万元),大于长期股权投资账面价值和长期应收款的合计数2 100万元(1 600+500),因此最终甲公司应确认的投资损失额为2 100万元,未确认的损失300万元(2 400-2 100)在备查簿登记。

【拓展2】如果乙公司2023年发生净亏损8 000万元,2024年发生净利润5 000万元。

借:长期应收款　　　　　　　　　　　　　　　　5 000 000
　　长期股权投资——损益调整　　　　　　　　　7 000 000
　　贷:投资收益　　　　　　　　　　　　　　　12 000 000

(五)因被动稀释导致持股比例下降时"内含商誉"的结转

因其他投资方对被投资单位增资而导致投资方的持股比例被稀释,投资方仍对被投资单位采用权益法核算:

(1)"内含商誉"(长期股权投资的初始投资成本大于投资时享有的被投资单位可辨认净资产公允价值份额的差额)的结转应当比照处置股权,按比例结转,并将相关股权稀释影响计入资本公积(其他资本公积)。

(2)采用权益法核算的长期股权投资,若因股权被动稀释而使得投资方产生损失,投资方首先应将产生股权稀释损失作为股权投资发生减值的迹象

答案
例题19 | B

之一,对该笔股权投资进行减值测试。投资方对该笔股权投资进行减值测试后,若发生减值,应先对该笔股权投资确认减值损失并调减长期股权投资账面价值,再计算股权稀释产生的影响并进行相应会计处理。

投资方进行减值测试并确认减值损失(如有)后,应当将相关股权稀释损失计入资本公积(其他资本公积)借方,当资本公积贷方余额不够冲减时,仍应继续计入资本公积(其他资本公积)借方。

考点五 长期股权投资核算方法的转换 ★★★ 一学多考|中注

> 记忆密码
> 转换的处理是各年综合题必考的考点,重点掌握。

(一)增资转换业务

1. 公允价值计量转权益法核算(2022年计算、综合分析)

交易性金融资产或其他权益工具投资转换前按公允价值计量,由于追加投资等原因导致持股比例增加,能够对被投资单位施加重大影响或共同控制但不构成控制时,改按长期股权投资权益法核算。公允价值计量转权益法核算,见表11-9。

表11-9 公允价值计量转权益法核算

项目		处理	
转换前		交易性金融资产	其他权益工具投资
转换时	转换分录	借:长期股权投资——投资成本 　贷:交易性金融资产 　　投资收益[或借记] 　　银行存款等[公允价值]	借:长期股权投资——投资成本 　贷:其他权益工具投资 　　盈余公积、利润分配[或借记] 　　银行存款等[公允价值] 借:其他综合收益 　贷:盈余公积、利润分配 　　[或做相反分录]
	新股权	以原股权投资的公允价值加上新增投资而支付对价的公允价值,作为改按权益法核算的初始投资成本	
	原股权	金3:投资公允价值与账面价值之间处置差额计入改按权益法核算的当期损益(投资收益)。 金2:投资处置差额以及原计入其他综合收益的累计公允价值变动应当转入改按权益法核算的留存收益,不得转入当期损益	
	追加股权	追加投资支付对价的公允价值与其账面价值的差额计入当期损益	

(续表)

项目	处理
转换后	比大小：比较上述计算所得的初始投资成本，与按照追加投资后全新的持股比例计算确定的应享有被投资单位在追加投资日可辨认净资产公允价值份额之间的差额
	前者大于后者：不调整长期股权投资的账面价值
	前者小于后者：差额应调整长期股权投资的账面价值，并计入当期营业外收入

【例题20·单选题】2021年3月1日，长城公司以银行存款800万元（含相关税费5万元）自非关联方取得黄河公司10%的股权，对黄河公司不具有重大影响，将其指定为其他权益工具投资核算。2021年12月31日，该项股权的公允价值为1 000万元。2022年1月1日，长城公司再以银行存款2 000万元自另一非关联方购入黄河公司20%的股权，长城公司取得该部分股权后，按照黄河公司的章程规定，对其具有重大影响，对黄河公司的全部股权采用权益法核算。2022年1月1日，黄河公司可辨认净资产公允价值总额为11 000万元，账面价值为10 800万元，当年3月取得的10%股权的公允价值仍为1 000万元。不考虑其他因素，则增资后该项长期股权投资的账面价值为（ ）万元。

A. 3 100 B. 3 000 C. 3 300 D. 2 800

解析 长期股权投资的初始投资成本=追加投资日原股权投资的公允价值1 000+新增股权支付对价的公允价值2 000=3 000（万元）。取得投资日应享有被投资方的可辨认净资产公允价值的份额=11 000×30%=3 300（万元），因此2022年1月1日长城公司持有黄河公司30%股权确认的长期股权投资的账面价值为3 300万元。长城公司相关账务处理如下：

2021年3月1日：
借：其他权益工具投资——成本　　　　　　　　　　8 000 000
　　贷：银行存款　　　　　　　　　　　　　　　　8 000 000

2021年12月31日：
借：其他权益工具投资——公允价值变动　　　　　2 000 000
　　贷：其他综合收益　　　　　　　　　　　　　　2 000 000

2022年1月1日：
借：长期股权投资——投资成本　　　　　　　　　30 000 000
　　贷：银行存款　　　　　　　　　　　　　　　20 000 000
　　　　其他权益工具投资——成本　　　　　　　　8 000 000
　　　　　　　　　　　　——公允价值变动　　　　2 000 000
借：其他综合收益　　　　　　　　　　　　　　　2 000 000
　　贷：盈余公积　　　　　　　　　　　　　　　　200 000

例题 20 | C

　　　　利润分配——未分配利润　　　　　　　　　　　　　　1 800 000
　　借：长期股权投资——投资成本　（33 000 000－30 000 000）3 000 000
　　　　贷：营业外收入　　　　　　　　　　　　　　　　　　3 000 000

2. 公允价值计量转成本法核算(非同一控制下企业合并)

　　交易性金融资产或其他权益工具投资转换前按公允价值计量，由于追加投资等原因导致持股比例增加，能够对被投资单位构成控制时，改按长期股权投资成本法核算。

　　与第一类增资业务(公允价值计量转权益法核算)比较，除不用将长期股权投资比大小处理外，核算方法与第一类相同。

3. 权益法核算转成本法核算(非同一控制下企业合并) (2021年综合分析)

　　转换前长期股权投资按权益法核算，由于追加投资等原因导致持股比例增加，能够对被投资单位构成控制时，改按长期股权投资成本法核算。权益法核算转成本法核算，见表11-10。

表11-10　权益法核算转成本法核算

项目		转换
转换前		长期股权投资按权益法核算
转换时	转换分录	借：长期股权投资 　　贷：长期股权投资——投资成本 　　　　　　　　　　——损益调整[或借记] 　　　　　　　　　　——其他综合收益[或借记] 　　　　　　　　　　——其他权益变动[或借记] 　　　　　　　　银行存款等[公允价值]
	新股权	成本法下长期股权投资的初始投资成本：应当按照<u>原持有的股权投资的账面价值加上新增投资而支付对价的公允价值之和</u>计量(非同一控制、不属于一揽子交易企业合并)
	原股权	原持有的股权投资累计确认的其他综合收益、资本公积<u>不作处理</u>，待处置该项投资时转入当期损益或留存收益
	追加	支付对价的公允价值与其账面价值的差额计入当期损益

【例题21·单选题】甲公司2020年1月1日以银行存款200万元对乙公司进行投资，占其注册资本的20%，采用权益法核算。至2021年12月31日，甲公司对乙公司股权投资的账面价值为300万元，其中其他综合收益为100万元。2022年1月2日甲公司以银行存款600万元追加对乙公司股权投资，取得乙公司40%股权，形成非同一控制下的企业合并，改用成本法核算。下列有关甲公司追加投资时的会计处理中，错误的是(　　)。

　　A. "长期股权投资"增加600万元

　　B. "长期股权投资——其他综合收益"减少100万元

C. "银行存款"减少600万元

D. "其他综合收益"减少100万元

解析 多次交易形成非同一控制下企业合并，个别财务报表采用成本法核算，与原投资相关的其他综合收益和资本公积不进行处理。

借：长期股权投资——乙公司　　　（3 000 000+6 000 000）9 000 000
　　贷：长期股权投资——投资成本　　　　　　　　　　2 000 000
　　　　　　　　　　——其他综合收益　　　　　　　　1 000 000
　　　　银行存款　　　　　　　　　　　　　　　　　　6 000 000

（二）减资转换业务

1. 权益法核算转公允价值计量（2020年计算；2021年综合分析）

原持有的对被投资单位具有共同控制或重大影响的长期股权投资，因部分处置等原因导致持股比例下降，不再对被投资单位实施共同控制或重大影响的业务。权益法核算转公允价值计量，见表11-11。

表11-11　权益法核算转公允价值计量

项目	处理
转换前	长期股权投资权益法
出售部分股权	按处置投资比例结转长期股权投资成本，计算处置损益。 借：银行存款 　　贷：长期股权投资［长期股权投资账面价值×处置比例］ 　　　　投资收益［或借记］
剩余部分股权	a. 剩余股权投资：其在丧失共同控制或重大影响之日的公允价值与账面价值之间的差额计入当期损益。 借：交易性金融资产/其他权益工具投资 　　贷：长期股权投资［长期股权投资账面价值×剩余比例］ 　　　　投资收益［或借记］ b. 其他综合收益——全额结转计入投资收益（假定能重分类进损益）。 资本公积（其他资本公积）——全额结转计入投资收益

【例题22·单选题】 2019年1月1日，甲公司以银行存款520万元取得乙公司30%的股权，当日办妥股权变更登记手续，另支付直接相关费用20万元。甲公司能够对乙公司施加重大影响。当日，乙公司可辨认净资产公允价值为1 800万元（与账面价值相同）。2019年度乙公司实现净利润160万元，其他债权投资的累计公允价值增加20万元。2020年1月1日，甲公司将所持乙公司股权的50%对外转让，取得价款320万元，相关手续当日完成，甲公司无法再对乙公司施加重大影响。将剩余股权指定为以公允价值计量且其变动计入其他综合收益的金融资产，当日的公允价值为320万元。甲公司2020年1月1日应确认的投资收益为（　　）万元。

答案
例题21丨D

A. 23　　　　　B. 52　　　　　C. 29　　　　　D. 26

解析 处置时，长期股权投资的账面价值＝520＋20＋160×30%＋20×30%＝594(万元)，应确认的投资收益金额＝(320－594×50%)＋(20×30%)＋(320－594×50%)＝52(万元)。

甲公司的会计处理如下：

(1)确认有关股权投资的处置损益：

借：银行存款　　　　　　　　　　　　　　　　　　　3 200 000
　　贷：长期股权投资——投资成本　　　　　(5 400 000÷2)2 700 000
　　　　　　　　　　——损益调整　　　　　(480 000÷2)240 000
　　　　　　　　　　——其他综合收益　　　(60 000÷2)30 000
　　　　投资收益　　　　　　　　　　　　　　　　　　230 000

(2)由于终止采用权益法核算，将原确认的相关其他综合收益全部转入当期损益：

借：其他综合收益　　　　　　　　　　　　　　　　　　60 000
　　贷：投资收益　　　　　　　　　　　　　　　　　　60 000

(3)剩余股权转为金融资产核算：

借：其他权益工具投资——成本　　　　　　　　　　　　3 200 000
　　贷：长期股权投资——投资成本　　　　　(5 400 000÷2)2 700 000
　　　　　　　　　　——损益调整　　　　　(480 000÷2)240 000
　　　　　　　　　　——其他综合收益　　　(60 000÷2)30 000
　　　　投资收益　　　　　　　　　　　　　　　　　　230 000

2. 成本法核算转公允价值计量(2021年综合分析)

原持有的对被投资单位具有控制的长期股权投资，因部分处置等原因导致持股比例下降，不能再对被投资单位实施控制、共同控制或重大影响的，长期股权投资成本法核算转为交易性金融资产或其他权益工具投资计量。成本法核算转公允价值计量，见表11-12。

表11-12　成本法核算转公允价值计量

项目	处理
出售部分股权	按处置投资比例结转长期股权投资成本，计算处置损益。 借：银行存款 　　贷：长期股权投资[长期股权投资账面价值×处置比例] 　　　　投资收益[或借记]
剩余部分股权	对剩余股权投资进行会计处理，在丧失控制之日的公允价值与账面价值之间的差额计入当期投资收益。 借：交易性金融资产/其他权益工具投资 　　贷：长期股权投资[长期股权投资账面价值×剩余比例] 　　　　投资收益[或借记]

答案
例题22｜B

提示 若存在当初因追加投资而使核算方法从权益法转换为成本法时形成的未进行会计处理的"其他综合收益"和"资本公积——其他资本公积"的，应全额结转"其他综合收益"和"资本公积——其他资本公积"。

【例题23·单选题】甲公司持有乙公司70%有表决权股份，可以实施控制并采用成本法核算。2022年6月3日，甲公司出售该项投资的90%并取得价款6 000万元，相关手续已于当日办妥。甲公司将持有的剩余股份转为以公允价值计量且其变动计入当期损益的金融资产核算。出售时该项长期股权投资账面价值为3 000万元，剩余股权投资的公允价值为1 000万元。假设不考虑相关税费，甲公司当月应确认的投资收益为（　　）万元。

A. 4 000　　　　B. 3 300　　　　C. 3 000　　　　D. 6 000

解析 应确认的投资收益=（6 000+1 000）-3 000=4 000（万元）。

借：银行存款	60 000 000
交易性金融资产——成本	10 000 000
贷：长期股权投资	30 000 000
投资收益	40 000 000

3. 成本法核算转权益法核算（2024年综合分析）

因处置投资等原因，导致对被投资单位由能够实施控制转为具有重大影响或者与其他投资方一起实施共同控制的业务。成本法核算转权益法核算，见表11-13。

表11-13　成本法核算转权益法核算

项目	处理
处置股权	按处置投资比例结转长期股权投资成本，计算处置损益。 借：银行存款 　　贷：长期股权投资［账面余额×处置比例］ 　　　　投资收益［或借记］
剩余股权追溯——初始投资成本	剩余长期股权投资的成本与按照剩余持股比例计算原投资时应享有被投资单位可辨认净资产公允价值的份额： 前大于后：不调整长期股权投资的账面价值； 前小于后：调整长期股权投资成本，调整留存收益。（以前年度） 借：长期股权投资——投资成本 　　贷：留存收益［盈余公积、利润分配——未分配利润］
剩余股权追溯——盈亏	原取得投资时至转为权益法核算之间，被投资单位实现的净损益（扣除已宣告发放的现金股利和利润）中投资方享有的份额： a. 原取得投资时至处置投资当期期初——调整留存收益； b. 处置投资当期期初至处置投资之日——调整当期损益（投资收益）

答案
例题23｜A

(续表)

项目	处理
剩余股权追溯——盈亏	借：长期股权投资——损益调整[剩余比例] 　　贷：盈余公积 　　　　利润分配——未分配利润 　　　　投资收益
剩余股权追溯——其他综合收益、其他权益变动	借：长期股权投资——其他综合收益[剩余比例] 　　贷：其他综合收益 或相反分录
	借：长期股权投资——其他权益变动[剩余比例] 　　贷：资本公积——其他资本公积 或相反分录

【例题24•单选题】2022年1月1日，甲公司以银行存款7 700万元从非关联方取得乙公司55%的有表决权股份，达到控制，作为长期股权投资核算。当日，乙公司可辨认净资产公允价值为17 000万元，资产、负债的公允价值与账面价值相同。2022年2月25日，乙公司宣告分派上年度现金股利4 000万元，3月1日甲公司收到乙公司分派的现金股利。至2022年12月31日，乙公司2022年度实现净利润4 700万元。2023年1月1日，甲公司出售乙公司25%股权，取得银行存款3 600万元。甲公司持有的剩余30%股权对乙公司具有重大影响。不考虑其他因素，按净利润的10%提取法定盈余公积，则处置股权投资后该项长期股权投资的账面价值为（　　）万元。

A. 7 700　　　　B. 4 200　　　　C. 5 310　　　　D. 4 410

解析　(1)甲公司持有乙公司55%的股份，后续计量应该采用成本法，对于被投资单位实现的净利润以及发放的现金股利不调整长期股权投资的账面价值。

借：长期股权投资　　　　　　　　　　　　　　　　77 000 000
　　贷：银行存款　　　　　　　　　　　　　　　　77 000 000
借：应收股利　　　　　　　　　　　（40 000 000×55%）22 000 000
　　贷：投资收益　　　　　　　　　　　　　　　　22 000 000

(2)2023年1月1日，处置25%股权，按处置投资的比例结转应终止确认的长期股权投资成本并确认长期股权投资处置损益：

借：银行存款　　　　　　　　　　　　　　　　　　36 000 000
　　贷：长期股权投资　　　　　　（77 000 000×25%÷55%）35 000 000
　　　　投资收益　　　　　　　　　　　　　　　　1 000 000

(3)剩余股权投资按权益法核算，调整长期股权投资账面价值：
①剩余股权初始投资成本=7 700×30%÷55%=4 200（万元），初始投资时应享有被投资方可辨认净资产公允价值的份额=17 000×30%=5 100（万元）。

答案
例题24 | C

借：长期股权投资——投资成本　（51 000 000-42 000 000）9 000 000
　　贷：盈余公积　　　　　　　　　　　　　　　　　　　900 000
　　　　利润分配——未分配利润　　　　　　　　　　　8 100 000

②乙公司2022年净资产变动=调整后的净利润-分配的现金股利=4 700-4 000=700（万元），确认的损益进行调整：

借：长期股权投资——损益调整　　　（7 000 000×30%）2 100 000
　　贷：盈余公积　　　　　　　　　　　　　　　　　　　210 000
　　　　利润分配——未分配利润　　　　　　　　　　　1 890 000

留存收益调整金额=900+210=1 110（万元）。

2023年1月1日，追溯后长期股权投资账面价值=调整前长期股权投资4 200+追调投资成本900+追调净资产变动210=5 310（万元）。

【例题25·综合分析题】（2022年）甲公司2020—2021年对乙公司投资业务的有关资料如下：

（1）甲公司于2020年3月10日取得乙公司10%股权，成本为5 500万元，并将其指定为以公允价值计量且其变动计入其他综合收益的金融资产。2020年6月30日，其公允价值为5 400万元。

（2）2020年8月31日，甲公司以10 700万元取得乙公司20%股权，取得该部分股权后，甲公司按照规定，将该项股权投资重分类为以权益法核算的长期股权投资。当日，3月份取得的10%股权投资的公允价值为5 800万元。

2020年8月31日，乙公司可辨认净资产公允价值为58 000万元，除一批存货的公允价值与账面价值不同外，其他可辨认资产、负债的公允价值均与账面价值相同。该批存货的公允价值为2 500万元，账面价值为2 000万元。2020年9月至12月，乙公司将上述存货80%对外出售，剩余存货在2021年全部对外销售。

（3）2020年10月20日，乙公司向甲公司销售一批商品，售价为450万元，成本为250万元，未计提存货跌价准备。甲公司购入后将其作为存货核算。至2020年12月31日，甲公司将上述商品的80%对外销售，剩余20%商品在2021年全部对外销售。

（4）2020年9月至12月，乙公司实现净利润3 000万元。

（5）2021年度乙公司实现净利润1 800万元；2021年12月31日，乙公司因投资性房地产转换确认其他综合收益210万元，无其他所有者权益变动。

假设甲公司与乙公司适用的会计政策、会计期间相同，均按净利润的10%提取盈余公积，不考虑企业所得税等其他因素的影响。除上述交易或事项外，甲乙公司均未发生其他导致所有者权益变动的交易或事项。

根据上述资料，回答下列问题。

（1）甲公司2020年8月31日将原指定为以公允价值计量且其变动计入其他综合收益的金融资产重分类为长期股权投资时，下列会计处理中，正确的有(   )。

  A. 其他权益工具投资账户净减少 5 500 万元

  B. 其他综合收益账户净增加 400 万元

  C. 盈余公积账户净增加 30 万元

  D. 利润分配——未分配利润账户净增加 270 万元

  E. 营业外收入账户净增加 1 300 万元

解析 选项 A，其他权益工具投资账户净减少 5 400 万元。选项 B，其他综合收益账户净增加 100 万元。选项 E，营业外收入账户净增加 900 万元。

2020 年 3 月 10 日：

  借：其他权益工具投资——成本　　　　　　　　　　　　　　55 000 000

    贷：银行存款　　　　　　　　　　　　　　　　　　　　55 000 000

2020 年 6 月 30 日：

  借：其他综合收益　　　　　　　　　　（55 000 000－54 000 000）1 000 000

    贷：其他权益工具投资——公允价值变动　　　　　　　　1 000 000

2020 年 8 月 31 日：

  借：长期股权投资——投资成本

    　　　　　　　　　　　（107 000 000＋58 000 000）165 000 000

    其他权益工具投资——公允价值变动　　　　　　　　　　1 000 000

    贷：其他权益工具投资——成本　　　　　　　　　　　　55 000 000

      盈余公积　　　　　　[（58 000 000－54 000 000）×10%] 400 000

      利润分配——未分配利润

      　　　　　　　　　[（58 000 000－54 000 000）×90%] 3 600 000

      银行存款　　　　　　　　　　　　　　　　　　　107 000 000

  借：盈余公积　　　　　　　　　　　　　　（1 000 000×10%）100 000

    利润分配——未分配利润　　　　　　　（1 000 000×90%）900 000

    贷：其他综合收益　　　　　　　　　　　　　　　　　　1 000 000

应享有乙公司可辨认净资产公允价值的份额＝58 000×30%＝17 400（万元），长期股权投资的初始投资成本小于份额，应调整：

  借：长期股权投资——投资成本

    　　　　　　　　　　　（174 000 000－165 000 000）9 000 000

    贷：营业外收入　　　　　　　　　　　　　　　　　　　9 000 000

（2）甲公司 2020 年 8 月 31 日取得乙公司 30%股权后，该项长期股权投资的账面价值为(   )万元。

  A. 16 100　　　　B. 17 400　　　　C. 16 200　　　　D. 16 500

解析 金融资产转长期股权投资的初始投资成本＝原金融资产的公允价值＋新支付对价的公允价值＝5 800＋10 700＝16 500（万元），应享有乙公司可辨认净资产公允价值的份额＝58 000×30%＝17 400（万元），前者小于后者，因此长期股权投资的账面价值为 17 400 万元。

（3）甲公司 2020 年 12 月 31 日对乙公司的长期股权投资应确认投资收益（　　）万元。

A. 732　　　B. 768　　　C. 900　　　D. 780

解析 ↘ 2020 年 9 月至 12 月，乙公司调整后的净利润 = 3 000 - 投资初（2 500 - 2 000）×80% - 内部交易（450 - 250）+（450 - 250）×80% = 2 560（万元），甲公司应确认投资收益额 = 2 560×30% = 768（万元）。

借：长期股权投资——损益调整　　　　　　　　7 680 000
　　贷：投资收益　　　　　　　　　　　　　　　　　7 680 000

（4）甲公司 2020 年度对乙公司的长期股权投资影响当期利润总额的金额为（　　）万元。

A. 1 800　　　B. 780　　　C. 1 668　　　D. 1 968

解析 ↘ 影响当期利润总额的金额 =（2）比大小确认营业外收入 900 +（3）投资收益 768 = 1 668（万元）。

【拓展】2020 年末长期股权投资账面价值 = 17 400 + 净利润份额 768 = 18 168（万元）。

（5）甲公司 2021 年 12 月 31 日对乙公司长期股权投资应确认投资收益（　　）万元。

A. 552　　　B. 522　　　C. 540　　　D. 510

解析 ↘ 2021 年度乙公司调整后的净利润 = 1 800 -（2 500 - 2 000）×20% +（450 - 250）×20% = 1 740（万元），甲公司应确认投资收益额 = 1 740×30% = 522（万元）。

借：长期股权投资——损益调整　　　　　　　　5 220 000
　　贷：投资收益　　　　　　　　　　　　　　　　　5 220 000

（6）甲公司 2021 年 12 月 31 日对乙公司长期股权投资的账面价值为（　　）万元。

A. 17 340　　　B. 17 490　　　C. 18 753　　　D. 17 630

解析 ↘ 2021 年末长期股权投资账面价值 = 2020 年末长期股权投资账面价值 18 168 + 净利润份额 522 + 其他综合收益份额 210×30% = 18 753（万元）。

乙公司 2021 年其他综合收益发生额为 210 万元：

借：长期股权投资——其他综合收益　　（2 100 000×30%）630 000
　　贷：其他综合收益　　　　　　　　　　　　　　　　630 000

【**例题 26·综合分析题**】（2024 年）长江公司与黄河公司为非关联公司，2020—2023 年度长江公司对黄河公司有关投资业务的资料如下：

（1）2020 年 1 月 1 日，长江公司支付 4 800 万元取得黄河公司 60% 的股权，能够对黄河公司实施控制。购买日，黄河公司可辨认净资产公允价值总

答案 ↘
例题 25 | （1）CD
　　　　（2）B
　　　　（3）B
　　　　（4）C
　　　　（5）B
　　　　（6）C

额为9 000万元(等于其账面价值)。2020年1月1日至2021年12月31日,黄河公司实现的净利润为500万元,分配现金股利40万元,持有的其他债权投资因公允价值上升而计入其他综合收益的金额为200万元。

(2)2022年1月1日,长江公司转让所持有的黄河公司40%股权,取得转让价款4 000万元;长江公司持有黄河公司剩余20%股权的公允价值为2 000万元。转让后长江公司不能够对黄河公司实施控制,但能够对其施加重大影响。

(3)2022年10月20日,黄河公司以520万元的价格向长江公司销售其生产的一台成本为400万元的设备。当日,长江公司将该设备作为管理用固定资产核算并投入使用,预计使用年限为10年,预计净残值为0,采用年限平均法计提折旧。黄河公司2022年度实现的净利润为1 000万元,其他综合收益(可转损益)增加100万元,因权益性交易增加其他资本公积200万元。

(4)2023年1月1日,长江公司以1 200万元的价格将所持黄河公司10%股权对外出售,款项已存入银行。长江公司所持黄河公司剩余10%的股权指定为以公允价值计量且其变动计入其他综合收益的金融资产,当日的公允价值为1 200万元。

(5)2023年12月31日,长江公司所持黄河公司剩余股权的公允价值为1 400万元。

除上述交易或事项外,长江公司和黄河公司未发生导致其所有者权益变动的其他交易或事项,两公司采用的会计政策、会计期间均相同,且均按年度净利润的10%计提法定盈余公积,假定不考虑其他相关税费。

根据上述资料,回答下列问题。

(1)长江公司2022年1月1日处置黄河公司40%股权应确认的投资收益为(　　)万元。

A. 400　　　　B. 800　　　　C. 1 000　　　　D. 0

解析 处置黄河公司40%股权应确认的投资收益=4 000-4 800÷60%×40%=800(万元)。

借:银行存款　　　　　　　　　　　　　　　　　　　40 000 000
　　贷:长期股权投资　　　　(48 000 000÷60%×40%)32 000 000
　　　　投资收益　　　　　　　　　　　　　　　　　　8 000 000

(2)长江公司2022年1月1日持有的黄河公司20%股权,应确认的"长期股权投资——损益调整"科目金额为(　　)万元。

A. 132　　　　B. 92　　　　C. 0　　　　D. 100

解析 2022年1月1日持有的黄河公司20%股权应确认"长期股权投资——损益调整"科目金额=(500-40)×20%=92(万元)。

出售40%股权后,改按权益法后续计量,应追溯调整。

对初始投资成本的调整:初始投资成本=4 800÷60%×20%=1 600

(万元),应享有黄河公司可辨认净资产公允价值的份额 = 9 000×20% = 1 800(万元),前者小,应调增长期股权投资的账面价值。

借:长期股权投资——投资成本 (18 000 000-16 000 000) 2 000 000
　　贷:盈余公积　　　　　　　　　　　　　　　　　　200 000
　　　　利润分配——未分配利润　　　　　　　　　　 1 800 000

对净利润和分配现金股利的追溯调整:

借:长期股权投资——损益调整
　　　　　　　　　　　　　　[(5 000 000-400 000)×20%] 920 000
　　贷:盈余公积　　　　　　　　　　　　　　　　　　 92 000
　　　　利润分配——未分配利润　　　　　　　　　　　828 000

对其他综合收益的调整:

借:长期股权投资——其他综合收益　　(2 000 000×20%) 400 000
　　贷:其他综合收益　　　　　　　　　　　　　　　　400 000

(3)针对事项(3),长江公司下列会计处理的表述中,正确的有(　　)。

A. 长期股权投资账面余额增加 196.4 万元
B. 2022 年年末合计确认盈余公积和未分配利润 20 万元
C. 2022 年年末确认资本公积——其他资本公积 40 万元
D. 2022 年年末确认投资收益 176.4 万元
E. 长江公司计算确认应享有黄河公司的净损益时,不需要考虑与黄河公司发生的未实现内部交易损益

解析 选项 A,2022 年度黄河公司调整后的净利润 = 1 000-(520-400)+(520-400)÷10×2÷12 = 882(万元),长江公司按持股比例确认的金额 = 882×20% = 176.4(万元),长期股权投资账面余额增加 = 176.4+100×20%+200×20% = 236.4(万元)。选项 B,针对黄河公司 2022 年度的其他综合收益(可转损益)增加 100 万元,长江公司应确认其他综合收益 20 万元(即 100×20%),不确认盈余公积和未分配利润。选项 E,需要考虑未实现的内部交易损益。

借:长期股权投资——损益调整　　　　　　　　　　 1 764 000
　　贷:投资收益　　　　　　　　　　　　　　　　　 1 764 000
借:长期股权投资——其他综合收益　　(1 000 000×20%) 200 000
　　贷:其他综合收益　　　　　　　　　　　　　　　　200 000
借:长期股权投资——其他权益变动　　(2 000 000×20%) 400 000
　　贷:资本公积——其他资本公积　　　　　　　　　　400 000

(4)长江公司 2022 年 12 月 31 日持有的黄河公司 20% 股权的账面价值为(　　)万元。

A. 2 176.4　　B. 2 168.4　　C. 1 976.4　　D. 1 969.4

解析 长江公司 2022 年 12 月 31 日持有的黄河公司 20% 股权的账面价值 = 1 800+92+40+236.4 = 2 168.4(万元)。

(5)针对事项(4),长江公司转让黄河公司10%股权时,应确认投资收益( )万元。

A. 331.6　　　B. 431.6　　　C. 231.6　　　D. 271.6

解析 长江公司转让黄河公司10%股权时,应确认投资收益=(1 200+1 200)-2 168.4+60+40=331.6(万元)。

借:银行存款　　　　　　　　　　　　　　　　　　　　　　　12 000 000
　　其他权益工具投资——成本　　　　　　　　　　　　　　　12 000 000
　贷:长期股权投资——投资成本　　　　　　　　　　　　　　18 000 000
　　　　　　　　　——损益调整　　　(920 000+1 764 000)2 684 000
　　　　　　　　　——其他综合收益　　(400 000+200 000)600 000
　　　　　　　　　——其他权益变动　　　　　　　　　　　　　　400 000
　　　投资收益　　　　　　　　　　　　　　　　　　　　　　　2 316 000
借:其他综合收益　　　　　　　　　　　　　　　　　　　　　　　600 000
　贷:投资收益　　　　　　　　　　　　　　　　　　　　　　　　600 000
借:资本公积——其他资本公积　　　　　　　　　　　　　　　　　400 000
　贷:投资收益　　　　　　　　　　　　　　　　　　　　　　　　400 000

(6)截至2023年12月31日,上述股权投资业务对长江公司所有者权益的累计影响金额为( )万元。

A. 1 800　　　B. 1 392　　　C. 1 824　　　D. 1 600

解析 对长江公司所有者权益的累计影响金额=40×60%[事项(1)]+(800+200+92+40)[事项(2)]+(176.4+20+40)[事项(3)]+231.6[事项(4)]+200[事项(5)]=1 824(万元)。

事项(5)分录为:

借:其他权益工具投资——公允价值变动
　　　　　　　　　　　　　　　　　(14 000 000-12 000 000)2 000 000
　贷:其他综合收益　　　　　　　　　　　　　　　　　　　　2 000 000

答案
例题26|(1)B
　　　(2)B
　　　(3)CD
　　　(4)B
　　　(5)A
　　　(6)C

同步训练

考点一 以摊余成本计量的金融资产的核算

1.(单选题)2023年1月1日,甲公司购入乙公司于2022年1月1日发行的面值500 000元,期限5年,票面年利率6%,次年年初付息、到期一次还本的债券,并将其划分为债权投资核算。实际支付价款509 500元(包括已到付息期但尚未领取的债券利息30 000元,交易税费5 000元),购买债券时的市场年利率为7%。

2023年1月10日,甲公司收到购买价款中包含的债券利息30 000元。2023年12月31日该债权投资的摊余成本为( )元。

A. 475 935　　　　　B. 475 500　　　　　C. 479 500　　　　　D. 483 065

2. (单选题)2023年1月1日,甲公司购入乙公司于2022年1月1日发行的面值2 000万元、期限5年、票面年利率6%、次年年初支付利息的债券,并将其划分为债权投资,实际支付购买价款2 038万元(包括已到付息期但尚未领取的债券利息120万元,交易税费20万元),购入债券时市场年利率为7%。2023年1月10日,收到购买价款中包含的乙公司债券利息120万元。甲公司2023年应确认投资收益为( )万元。

A. 132.86　　　　　B. 134.26　　　　　C. 138.18　　　　　D. 140.00

3. (单选题)甲公司2022年1月1日购入乙公司发行的3年期公司债券作为债权投资核算。购买当日该债券公允价值520万元(不考虑交易费用),面值为500万元,每半年付息一次,到期还本,票面年利率6%,实际年利率4%,采用实际利率法摊销,则甲公司2022年6月30日"债权投资——利息调整"科目的借方余额为( )万元。

A. 10.4　　　　　B. 15.4　　　　　C. 4.6　　　　　D. 20.0

4. (多选题)债权投资的摊余成本是指债权投资的初始确认金额经有关因素调整后的结果,这些调整因素包括( )。

A. 扣除已偿还的本金
B. 加上或减去采用实际利率法将该初始确认金额与到期日金额之间的差额进行摊销形成的累计摊销额
C. 加上或减去债权投资的面值乘以票面利率得到的应收利息
D. 加上或减去债权投资的摊余成本乘以实际利率得到的利息收入
E. 扣除累计计提的损失准备

考点二 以公允价值计量且其变动计入其他综合收益的金融资产的核算

1. (单选题)2020年1月1日,甲公司购入乙公司当日发行的债券,债券总面值500万元,票面年利率8%,期限3年,分期付息到期还本。甲公司支付价款520万元,另支付交易费用6万元,取得债券后将其作为以公允价值计量且其变动计入其他综合收益的金融资产核算,实际年利率为5%。2020年12月31日,该债券的公允价值为550万元。不考虑其他因素的影响,甲公司2020年年末应确认其他综合收益的金额为( )万元。

A. 37.7　　　　　B. 24.0　　　　　C. 10.3　　　　　D. 2.3

2. (单选题)甲公司于2020年7月1日以每股25元的价格购入华山公司发行的股票100万股,并被指定为其他权益工具投资。2020年12月31日,该股票的市场价格为每股27.5元。2021年12月31日,该股票的市场价格为每股23.75元。2022年12月31日,该股票的市场价格为每股22.5元,则2022年12月31日,甲公司应作的会计处理为借记( )。

A. "资产减值损失"账户 250 万元　　　B. "公允价值变动损益"账户 125 万元

C. "其他综合收益"账户 250 万元　　　D. "其他综合收益"账户 125 万元

3. (单选题)甲公司 2023 年 1 月 1 日从证券市场中购入乙公司 300 万股普通股,每股买价 12.4 元,另支付相关手续费 60 万元,指定为以公允价值计量且其变动计入其他综合收益的金融资产核算。2023 年年末乙公司每股普通股的公允价值为 13 元,当期乙公司实际发放现金股利 0.8 元/股。2024 年 4 月甲公司对外出售 100 万股乙公司普通股股票,每股售价 15 元,发生的相关处置费用为 0.1 元/股。不考虑其他因素,则甲公司处置乙公司普通股股票影响当期损益的金额为(　　)万元。

A. 0　　　B. 190　　　C. 310　　　D. 230

4. (单选题)下列关于其他债权投资的表述中,错误的是(　　)。

A. 其他债权投资应当按照取得时的公允价值和相关交易费用之和作为初始确认金额

B. 其他债权投资持有期间取得的利息,应当计入投资收益

C. 资产负债表日,其他债权投资应当以公允价值计量,且公允价值变动计入其他综合收益

D. 其他债权投资终止确认时,之前计入其他综合收益的累计利得或损失应当从其他综合收益中转出计入留存收益

考点三　长期股权投资成本法

1. (单选题)2022 年 1 月 15 日,甲公司购买非同一控制下乙公司发行的股票 8 000 万股,拟长期持有,持有 51%的股权并达到控制,每股买价 5 元,款项已经支付。乙公司当年实现净利润 500 万元,宣告并分配现金股利 200 万元。2022 年 12 月 31 日,该长期股权投资的账面价值为(　　)万元。

A. 40 153　　　B. 40 255　　　C. 40 000　　　D. 40 102

2. (单选题)甲公司 2022 年 12 月 30 日出资 8 000 万元取得乙公司 80%的股权,作为长期股权投资核算,并按准则规定采用成本法核算。乙公司实现净利润 1 000 万元,2023 年 1 月 15 日乙公司宣告发放现金股利 500 万元,则甲公司应将其应收的现金股利记入(　　)科目。

A. 长期股权投资——投资成本　　　B. 营业外收入

C. 长期股权投资——损益调整　　　D. 投资收益

3. (单选题)2022 年 1 月 1 日,甲公司发行面值为 5 000 万元、公允价值为 30 000 万元的普通股股票,从其最终控制方取得乙公司 80%有表决权的股份,能够对乙公司实施控制,该合并属于同一控制下的企业合并。当日,乙公司所有者权益在最终控制方合并财务报表中的账面价值为 20 000 万元,乙公司个别财务报表中所有者权益的账面价值为 15 000 万元。不考虑其他因素,甲公司该长期股权投资的初始入账金额为(　　)万元。

A. 30 000　　　B. 16 000　　　C. 12 000　　　D. 5 000

4. (单选题)甲公司 2021 年 4 月 1 日对乙公司进行投资的初始投资成本为 945 万元,

占乙公司有表决权资本的90%，采用成本法核算。乙公司2021年6月3日宣告分配2020年现金股利150万元，2021年乙公司实现净利润600万元(假设每月均衡)，2022年5月6日宣告分配2021年现金股利750万元，2022年乙公司实现净利润900万元(假设每月均衡)。不考虑其他因素，甲公司2022年应确认的投资收益为( )万元。

A. 135　　　　　　B. 0　　　　　　C. 675　　　　　　D. 810

5. (单选题)非同一控制下的企业合并，购买方作为合并对价发行的权益工具发生的佣金、手续费等交易费用，应计入( )。

A. 其他综合收益　　　　　　B. 当期损益
C. 长期股权投资的初始确认成本　　　　　　D. 权益工具的初始确认金额

6. (多选题)成本法适用于投资方能够对被投资方实施控制的长期股权投资，下列属于控制基本要素的有( )。

A. 投资方拥有被投资方50%以上的股权
B. 投资方将被投资方纳入合并报表
C. 有能力运用对被投资方的权力影响其回报金额
D. 因参与被投资方的相关活动而享有可变回报
E. 投资方拥有对被投资方的权力

考点四 长期股权投资权益法

1. (单选题)2023年1月1日，A公司(适用的增值税税率为13%)以一项固定资产取得B公司30%的股权，采用权益法核算。A公司投出的该项固定资产账面原值5 000万元，已提折旧1 500万元，投出当日公允价值为3 000万元。投资当日B公司可辨认净资产的公允价值为9 500万元，B公司于2022年年末宣告分配现金股利400万元，但截至A公司取得投资时尚未实际发放。不考虑其他因素，则A公司取得该项投资的初始投资成本为( )万元。

A. 3 390　　　　　　B. 3 270　　　　　　C. 2 880　　　　　　D. 2 850

2. (单选题·2023年)2023年2月1日，甲公司发行普通股800万股(每股面值1元，公允价值8元)，取得乙公司25%的股权，能够对乙公司施加重大影响。为了发行股票，甲公司支付给证券承销机构手续费420万元。当日，乙公司可辨认净资产公允价值为27 000万元。不考虑其他因素，则甲公司取得该项长期股权投资的入账价值为( )万元。

A. 6 750　　　　　　B. 7 170　　　　　　C. 6 400　　　　　　D. 6 820

3. (单选题)甲公司持有乙公司30%的股权，能够对乙公司施加重大影响。2022年度乙公司实现净利润8 000万元，当年6月20日，甲公司将成本为600万元的商品以1 000万元的价格出售给乙公司，乙公司将其作为管理用固定资产并于当月投入使用，预计使用10年，净残值为零，采用年限平均法计提折旧。不考虑其他因素，甲公司在其2022年度的个别财务报表中应确认对乙公司投资的投资收益为( )万元。

A. 2 100　　　　　B. 2 280　　　　　C. 2 286　　　　　D. 2 400

4. (单选题)甲公司持有乙公司35%的股权,采用权益法核算。2021年12月31日该项长期股权投资的账面价值为1 260万元。此外,甲公司还有一笔金额为300万元的应收乙公司的长期债权,该项债权没有明确的清收计划,且在可预见的未来期间不准备收回。乙公司2022年发生净亏损5 000万元。假定取得投资时被投资单位各项资产和负债的公允价值等于账面价值,双方采用的会计政策、会计期间相同,且投资双方未发生任何内部交易,则甲公司2022年应确认的投资损失为(　　)万元。

A. 190　　　　　B. 1 260　　　　　C. 1 560　　　　　D. 1 750

5. (单选题)甲公司于2021年7月1日以900万元取得D公司20%的普通股股份,采用权益法核算。2021年7月1日D公司可辨认净资产的公允价值为4 000万元(与账面价值相同)。2021年D公司实现净利润600万元(假定利润均衡发生),未分配现金股利。2021年12月31日,D公司因持有的其他债权投资公允价值变动增加其他综合收益150万元。2022年4月1日,甲公司转让对D公司的全部投资,实得价款1 200万元。不考虑其他因素,甲公司转让投资时,应确认的投资收益为(　　)万元。

A. 250　　　　　B. 180　　　　　C. 240　　　　　D. 210

6. (多选题)长期股权投资权益法核算,当被投资单位发生超额亏损时,可能贷记(　　)科目。

A. 长期股权投资——投资成本　　　B. 长期股权投资——损益调整
C. 递延收益　　　　　　　　　　　D. 预计负债
E. 长期应付款

7. (单选题)甲公司于2023年1月取得乙公司20%有表决权股份,能够对乙公司施加重大影响。假定甲公司取得该项投资时,乙公司各项可辨认资产、负债的公允价值与其账面价值相同。2023年8月,乙公司将其成本为300万元的某商品以700万元的价格出售给甲公司,甲公司将取得的商品作为存货。至2023年12月31日,甲公司仍未对外出售该存货。乙公司2023年实现净利润3 000万元。不考虑所得税因素,甲公司2023年应确认投资收益的金额为(　　)万元。

A. 600　　　　　B. 680　　　　　C. 520　　　　　D. 460

考点五　长期股权投资核算方法的转换

1. (单选题)甲公司与乙公司同为某一集团下的子公司,甲公司原持有乙公司20%的表决权股份,至2020年1月1日,该股权的账面价值为2 000万元(假定在持有期间没有确认相应的损益以及其他综合收益)。2020年1月1日,甲公司以一项无形资产作为对价又取得其母公司持有的乙公司40%股权,取得该股权后,能够对乙公司实施控制,付出无形资产的账面原值为3 000万元,累计摊销800万元,公允价值2 500万元。当日乙公司在集团母公司合并报表中的净资产账面价值为8 000万元,公允价值为8 500万元。不考虑其他因素,该项业务对甲公司所有者权益的影响金额为( )万元。

A. 0　　　　　　B. 300　　　　　　C. 600　　　　　　D. 900

2. (综合分析题·2017年)长城公司2020年至2022年对黄河公司投资业务的有关资料如下:

(1)2020年3月1日,长城公司以银行存款800万元(含相关税费5万元)自非关联方取得黄河公司10%的股权,对黄河公司不具有重大影响,将其指定为其他权益工具投资核算。

(2)2020年12月31日,该项股权的公允价值为1 000万元。

(3)2021年1月1日,长城公司再以银行存款2 000万元自另一非关联方购入黄河公司20%的股权,长城公司取得该部分股权后,按照黄河公司的章程规定,对其具有重大影响,对黄河公司的全部股权采用权益法核算。

(4)2021年1月1日,黄河公司可辨认净资产公允价值总额为11 000万元,其中固定资产公允价值为600万元,账面价值为500万元,该固定资产的预计尚可使用年限为10年,预计净残值为零,按照年限平均法计提折旧。除此以外,黄河公司各项资产、负债的公允价值等于其账面价值。

(5)2021年4月,黄河公司宣告发放现金股利100万元,长城公司5月收到该股利。

(6)2021年黄河公司实现净利润200万元。

(7)2022年黄河公司发生亏损500万元,其他综合收益增加200万元。

(8)2022年12月31日,长城公司对该项长期股权投资进行减值测试,预计其可收回金额为3 000万元。

除上述交易或事项外,长城公司和黄河公司未发生导致其所有者权益变动的其他交易或事项,两公司均按净利润的10%提取盈余公积。

假设不考虑其他相关税费,根据上述资料,回答下列问题。

(1)2020年12月31日,长城公司持有以公允价值计量且其变动计入其他综合收益的金融资产的账面价值为( )万元。

A. 995　　　　　　B. 800　　　　　　C. 1 000　　　　　　D. 795

(2)2021年1月1日,长城公司持有黄河公司长期股权投资的账面价值为( )万元。

A. 3 100　　　　　　B. 3 000　　　　　　C. 3 300　　　　　　D. 2 800

(3)针对事项(5),长城公司会计处理正确的有( )。

A. 借:银行存款　　　　　　　　　　　　　　　　　　　　300 000

　　　贷:应收股利　　　　　　　　　　　　　　　　　　　　　300 000

B. 借:应收股利　　　　　　　　　　　　　　　　　　　　300 000

　　　贷:长期股权投资——损益调整　　　　　　　　　　　　300 000

C. 借:应收股利　　　　　　　　　　　　　　　　　　　　300 000

　　　贷:投资收益　　　　　　　　　　　　　　　　　　　　　300 000

D. 借:应收股利　　　　　　　　　　　　　　　　　　　　300 000

贷：长期股权投资——投资成本　　　　　　　　　　　　　　　300 000

（4）针对事项（7），长城公司应冲减该长期股权投资账面价值的金额为（　　）万元。

A. 36　　　　　　B. 93　　　　　　C. 96　　　　　　D. 153

（5）根据上述资料，长城公司"投资收益"账户的累计发生额为（　　）万元。

A. -96　　　　　　B. -140　　　　　　C. -194　　　　　　D. 104

（6）2022年12月31日，长城公司对黄河公司的长期股权投资应计提资产减值准备的金额为（　　）万元。

A. 204　　　　　　B. 234　　　　　　C. 264　　　　　　D. 294

3. （综合分析题·2018年）长江公司为上市公司，2021—2022年度发生如下业务：

（1）2021年1月1日，长江公司以发行股份的方式取得非关联公司——黄河公司40%的股权。发行的普通股数量为200万股，面值为1元/股，发行价为12元/股，另发生发行费用40万元。取得股权当日，黄河公司所有者权益账面价值为4 800万元，与其公允价值相等。

（2）黄河公司2021年度实现净利润3 200万元，提取盈余公积320万元，当年分配现金股利80万元，因以公允价值计量且其变动计入其他综合收益的金融资产公允价值变动增加其他综合收益240万元。

（3）2022年1月1日，长江公司以一批账面价值为1 400万元，公允价值为1 520万元的库存商品对黄河公司进行增资，进一步取得黄河公司20%的股权，实现了对黄河公司的控制。取得控制权当日，长江公司原持有的40%股权的公允价值为3 800万元，黄河公司所有者权益账面价值为8 160万元，公允价值为8 800万元，差额为一项存货评估增值引起。

（4）黄河公司2022年度实现净利润3 800万元，提取盈余公积380万元，当年分配现金股利120万元；除此之外，未发生其他引起所有者权益变动的事项，至年末，评估增值的存货对外出售50%。不考虑增值税等相关税费影响。

根据上述资料，回答下列问题。

（1）2021年1月1日，长江公司取得黄河公司40%股权的入账价值为（　　）万元。

A. 800　　　　　　B. 2 360　　　　　　C. 2 400　　　　　　D. 1 920

（2）2021年1月1日，长江公司发行股份对其所有者权益的影响金额为（　　）万元。

A. 40　　　　　　B. 2 360　　　　　　C. 2 400　　　　　　D. 800

（3）2021年12月31日，长江公司所持有的黄河公司40%股权的账面价值为（　　）万元。

A. 2 144　　　　　　B. 3 704　　　　　　C. 3 744　　　　　　D. 3 264

（4）长江公司取得对黄河公司的控制权之日，其对黄河公司的长期股权投资的初始投资成本为（　　）万元。

A. 4 784　　　　　　B. 5 264　　　　　　C. 5 440　　　　　　D. 5 224

（5）长江公司取得对黄河公司的控制权之日，应确认的当期损益为（　　）万元。

A. 56　　　　　　B. 120　　　　　　C. 640　　　　　　D. 760

（6）2022年度长江公司财务报表中因对黄河公司的股权投资应确认的投资收益为（　　）万元。

A. 72　　　　　　B. 2 088　　　　　C. 2 280　　　　　D. 1 896

4. (综合分析题·2021年)长江公司和黄河公司均系增值税一般纳税人，适用的增值税税率为13%，长江公司2018年至2020年对黄河公司投资业务相关资料如下：

（1）2018年10月10日，长江公司向黄河公司销售商品一批，应收黄河公司款项为1 000万元。2018年12月15日，黄河公司无力支付全部货款，与长江公司债务重组，双方约定，长江公司将该债权转为对黄河公司的股权。2019年1月1日办妥股权变更登记手续，长江公司承担了相关税费5万元，应收账款公允价值890万元，已计提坏账准备100万元，债务重组完成后长江公司持有黄河公司25%股权，能够对其施加重大影响，采用权益法核算。黄河公司2019年1月1日可辨认净资产公允价值为3 600万元，资产、负债的账面价值等于公允价值。

（2）2019年6月21日，黄河公司将账面价值450万元的商品以850万元出售给长江公司，长江公司将取得的商品作为管理用固定资产，并于当月投入使用，预计可使用10年，预计净残值为零，采用年限平均法计提折旧。

（3）2019年黄河公司实现净利润2 180万元，2019年末黄河公司其他综合收益增加100万元(60万元为黄河公司持有分类为以公允价值计量且其变动计入其他综合收益的金融资产的公允价值变动、40万元为黄河公司持有指定为以公允价值计量且其变动计入其他综合收益非交易性权益工具投资的公允价值变动)，因接受股东捐赠确认资本公积60万元，无其他所有者权益变动。

（4）2020年1月8日，长江公司以银行存款2 300万元从非关联方受让黄河公司30%股权，对黄河公司实施控制，另长江公司通过债务重组取得黄河公司25%股权和后续取得的30%股权的交易不构成一揽子交易。

（5）2020年10月14日，长江公司将其持有黄河公司股权的80%出售给非关联方，取得银行存款3 222万元。处置股权后长江公司将剩余股权分类为以公允价值计量且其变动计入当期损益的金融资产，当日剩余股权公允价值为750万元。

假定长江公司与黄河公司采用的会计政策、会计期间相同，均按净利润的10%提取盈余公积，不考虑其他因素的影响，根据上述资料，回答下列问题。

（1）长江公司2019年1月1日对黄河公司长期股权投资初始投资成本为（　　）万元。

A. 890　　　　　　B. 905　　　　　　C. 900　　　　　　D. 895

（2）长江公司2019年12月31日应根据黄河公司当期实现净利润确认投资收益（　　）万元。

A. 450　　　　　　B. 545　　　　　　C. 445　　　　　　D. 540

（3）2019年12月31日，长江公司持有黄河公司股权的账面余额为（　　）万元。

A. 1 380　　　　　B. 1 395　　　　　C. 1 390　　　　　D. 1 385

（4）针对事项（4），长江公司增持黄河公司股权的表述中，正确的有（　　）。

A. 长期股权投资的账面余额 3 685 万元

B. 长期股权投资的账面余额 3 370 万元

C. 核算方法由权益法转为成本法

D. 长期股权投资的账面余额 3 690 万元

(5) 2020 年 10 月 14 日长江公司处置黄河公司股权时，应确认的投资收益为( )万元。

A. 337　　　　　B. 300　　　　　C. 312　　　　　D. 322

(6) 上述股权业务对长江公司利润总额的累计影响金额为( )万元。

A. 745　　　　　B. 757　　　　　C. 761　　　　　D. 752

5. (综合分析题)甲公司为上市公司，甲公司、乙公司和丙公司投资前不具有关联方关系。2022 年度、2023 年度与长期股权投资业务有关的资料如下：

(1) 2022 年 1 月 1 日，甲公司以银行存款 4 700 万元和公允价值为 3 000 万元的固定资产(账面余额为 3 200 万元，累计折旧为 640 万元，固定资产减值准备为 60 万元)从乙公司控股股东丙处受让取得乙公司 55% 的有表决权股份，形成控制，作为长期股权投资核算。当日，乙公司可辨认净资产公允价值为 17 000 万元，账面价值为 16 800 万元，两者不等是库存商品导致的；其他资产、负债的公允价值与账面价值相同。

(2) 2022 年 2 月 25 日，乙公司宣告分派上年度现金股利 4 000 万元。3 月 1 日，甲公司收到乙公司分派的现金股利，款项存入银行。

(3) 至 2022 年 12 月 31 日，乙公司在 1 月 1 日持有的库存商品已有 50% 对外出售。乙公司 2022 年度实现净利润 4 700 万元。

(4) 2023 年 1 月 1 日，甲公司出售乙公司 25% 股权，取得银行存款 3 600 万元，剩余 30% 股权后，甲公司对乙公司具有重大影响。

(5) 2023 年 3 月 28 日，乙公司宣告分派上年度现金股利 3 800 万元。4 月 1 日，甲公司收到乙公司分派的现金股利，款项存入银行。

(6) 2023 年 6 月 10 日，甲公司将账面价值为 300 万元的一批库存商品 M 以 400 万元的价格出售给乙公司，乙公司作为库存商品核算，至 2023 年 12 月 31 日，乙公司对外出售 60%。

(7) 2023 年 12 月 31 日，乙公司持有的以公允价值计量且其变动计入其他综合收益的金融资产的公允价值增加 200 万元，乙公司已将其计入其他综合收益。至此，乙公司在 2022 年 1 月 1 日持有的库存商品已全部对外出售。乙公司 2023 年度实现净利润 5 000 万元。

甲公司与乙公司采用的会计期间和会计政策相同，均按净利润的 10% 提取法定盈余公积。甲公司对乙公司的长期股权投资在 2022 年年末和 2023 年年末均未出现减值迹象。不考虑所得税等其他因素。

根据上述资料，回答下列问题。

(1) 2022 年 1 月 1 日，甲公司取得对乙公司长期股权投资时，对利润总额的影响金额为( )万元。

A. 200   B. 500   C. 2 150   D. 1 650

(2) 2022年12月31日,长期股权投资的账面价值为(   )万元。

A. 8 085   B. 7 700   C. 8 564   D. 9 350

(3) 2023年1月1日,甲公司出售乙公司25%的股权,出售股权部分对投资收益的影响金额为(   )万元。

A. 3 600   B. 100   C. 3 500   D. 1 675

(4) 2023年1月1日,出售乙公司25%股权后,剩余股权投资改按权益法核算,影响期初留存收益的金额为(   )万元。

A. 90   B. 900   C. 1 080   D. 5 100

(5) 2023年甲公司持有乙公司30%股权应确认的投资收益金额为(   )万元。

A. 1 452   B. 318   C. 378   D. 1 458

(6) 2023年12月31日,长期股权投资的账面价值为(   )万元。

A. 5 280   B. 5 598   C. 5 658   D. 6 798

参考答案及解析

考点一 以摊余成本计量的金融资产的核算

1. **D** 【解析】本题考查债权投资的后续计量。2023年1月1日,该债权投资入账价值 = 509 500 - 30 000 = 479 500(元)。2023年12月31日,债权投资摊余成本 = 479 500 + 479 500×7% - 500 000×6% = 483 065(元)。

2. **B** 【解析】本题考查债权投资的后续计量。投资收益 = (2 038 - 120)×7% = 134.26(万元)。

3. **B** 【解析】本题考查债权投资的后续计量。甲公司2022年6月30日"债权投资——利息调整"科目的借方余额 = 20 - 4.6 = 15.4(万元),分录如下:

借:债权投资——成本		5 000 000
——利息调整		200 000
贷:银行存款		5 200 000
借:应收利息	(5 000 000×6%×6÷12)	150 000
贷:投资收益	(5 200 000×4%×6÷12)	104 000
债权投资——利息调整		46 000

4. **ABE** 【解析】本题考查金融资产摊余成本的概念。债权投资的摊余成本,是指债权投资的初始确认金额经下列调整后的结果:①扣除已偿还的本金;②加上或减去采用实际利率法将该初始确认金额与到期日金额之间的差额进行摊销形成的累计摊销额;③扣除累计计提的损失准备。

考点二 以公允价值计量且其变动计入其他综合收益的金融资产的核算

1. **A** 【解析】本题考查其他债权投资的后续计量。该金融资产的初始入账金额 = 520 + 6 = 526(万元),年末其摊余成本 = 526×(1 + 5%) - 500×8% = 512.3(万元),

应确认其他综合收益的金额=550-512.3=37.7(万元)。

2. D 【解析】本题考查其他权益工具投资的后续计量。该股票公允价值变动,应借记"其他综合收益"科目,其金额=(23.75-22.5)×100=125(万元)。

3. A 【解析】本题考查其他权益工具投资的处置。其他权益工具投资处置时,其售价与账面价值的差额以及持有期间累计确认的其他综合收益均应转入<u>留存收益</u>,不影响当期损益。

4. D 【解析】本题考查其他债权投资的核算。其他债权投资终止确认时,之前计入其他综合收益的累计利得或损失应当从其他综合收益中转出计入当期损益。

考点三 长期股权投资成本法

1. C 【解析】本题考查长期股权投资的成本法。成本法核算,乙公司实现净利润时甲公司不做账务处理,乙公司宣告分配现金股利时,甲公司借记"应收股利"科目,贷记"投资收益"科目。所以长期股权投资期末的账面价值=初始投资成本=8 000×5=40 000(万元)。

2. D 【解析】本题考查长期股权投资的成本法。成本法下,对于应收取的现金股利应确认为投资收益。

3. B 【解析】本题考查同一控制下企业合并取得长期股权投资的初始入账价值。同一控制下的企业合并,长期股权投资的初始入账金额=被投资方所有者权益在<u>最终控制方合并财务报表中账面价值的</u>份额=20 000×80%=16 000(万元)。

4. C 【解析】本题考查长期股权投资的成本法。应确认的投资收益=750×90%=675(万元)。

5. D 【解析】本题考查非同一控制下的企业合并的核算。购买方作为合并对价发行的权益性工具或债务性工具的交易费用(如手续费、佣金等),应当计入权益性工具或债务性工具的初始确认金额。

6. CDE 【解析】本题考查控制的基本要素。控制三要素包括:①投资方拥有对被投资方的<u>权力</u>;②因参与被投资方的相关活动而享有<u>可变回报</u>;③有能力运用对被投资方的权力<u>影响</u>其回报金额。

考点四 长期股权投资权益法

1. B 【解析】本题考查非企业合并方式取得长期股权投资。A公司取得该项投资的初始投资成本=3 000+3 000×13%-400×30%=3 270(万元)。

2. A 【解析】本题考查权益法下初始投资成本的调整。甲公司支付给证券承销机构手续费420万元应冲减资本公积(股本溢价),因此长期股权投资的初始投资成本=800×8=6 400(万元),享有乙公司可辨认净资产公允价值的份额=27 000×25%=6 750(万元),前者小于后者,所以长期股权投资的入账价值为6 750万元。

3. C 【解析】本题考查权益法下投资收益金额的计算。投资收益=[8 000-(1 000-600)+(1 000-600)÷10×6÷12]×30%=2 286(万元)。

4. C 【解析】本题考查权益法下被投资方发生超额亏损的处理。甲公司根据乙公司的亏损额应确认的损失=5 000×35%=1 750(万元),但是长期股权投资的账面价值和其他长期权益总计是 1 560 万元(即 1 260+300),因此甲公司应确认的投资损失为 1 560 万元。没有确认的损失 = 1 750 – 1 560 = 190(万元),在备查账簿中进行登记。

借:投资收益　　　　　　　　　　　　　　　　　　　　　15 600 000
　　贷:长期股权投资——损益调整　　　　　　　　　　　　12 600 000
　　　　长期应收款　　　　　　　　　　　　　　　　　　　 3 000 000

5. C　【解析】本题考查权益法核算长期股权投资的处置。应确认的投资收益 = 1 200 – (900+600×6÷12×20%+150×20%) +150×20%(确认的其他综合收益在处置时转入投资收益) = 240(万元)。

6. BCD　【解析】本题考查权益法下被投资方发生超额亏损的处理。在确认应分担被投资单位发生的净亏损时,应当按照以下顺序进行处理:第一,冲减长期股权投资的账面价值(即长期股权投资——损益调整)。第二,如果长期股权投资的账面价值不足以冲减的,应当以其他实质上构成对被投资单位净投资的长期权益账面价值为限继续确认投资损失,冲减长期应收项目等的账面价值。第三,在进行上述处理后,按照投资合同或协议约定企业仍承担额外义务的,应按预计承担的义务确认预计负债,计入当期投资损失。在长期股权投资的账面价值减记至零以后,继续确认的投资损失中,属于因顺流交易产生的未实现内部交易损益的抵销部分,确认为递延收益,待后续相关损益实现时再结转至损益。

7. C　【解析】本题考查权益法下投资收益金额的计算。2023 年乙公司调整后的净利润 = 3 000 – (700 – 300) = 2 600(万元),甲公司应确认的投资收益 = 2 600×20% = 520(万元)。

考点五　长期股权投资核算方法的转换

1. C　【解析】本题考查同一控制下企业合并对所有者权益的影响。该项业务为多次交易实现同一控制下的企业合并,初始投资成本 = 8 000×60% = 4 800(万元)。初始投资成本与其原长期股权投资账面价值加上合并日进一步取得的股份新支付对价的账面价值之和的差额,调整资本公积。

借:长期股权投资　　　　　　　　　(48 000 000 – 20 000 000)28 000 000
　　累计摊销　　　　　　　　　　　　　　　　　　　　　　8 000 000
　　贷:无形资产　　　　　　　　　　　　　　　　　　　　30 000 000
　　　　资本公积——资本溢价　　　　　　　　　　　　　　 6 000 000

2. (1)C;(2)C;(3)AB;(4)B;(5)A;(6)B。
【解析】
(1)本题考查其他权益工具投资的后续计量。该金融资产期末以公允价值计量,所以 2020 年 12 月 31 日其账面价值即公允价值 1 000 万元。
2020 年 3 月 1 日:
借:其他权益工具投资——成本　　　　　　　　　　　　　 8 000 000
　　贷:银行存款　　　　　　　　　　　　　　　　　　　　8 000 000

2020年12月31日：

借：其他权益工具投资——公允价值变动　　　　　　　　　　2 000 000
　　贷：其他综合收益　　　　　　　　　　　　　　　　　　　　　2 000 000

（2）本题考查公允价值计量转权益法。长期股权投资的初始投资成本＝追加投资日原股权投资的公允价值1 000＋新增股权支付对价的公允价值2 000＝3 000（万元）。取得投资日应享有被投资方的可辨认净资产公允价值的份额＝11 000×30%＝3 300（万元），因此2021年1月1日长城公司持有黄河公司长期股权投资的账面价值为3 300万元。

2021年1月1日：

借：长期股权投资——投资成本　　　　　　　　　　　　　　30 000 000
　　贷：银行存款　　　　　　　　　　　　　　　　　　　　　　　20 000 000
　　　　其他权益工具投资——成本　　　　　　　　　　　　　　　 8 000 000
　　　　　　　　　　　　——公允价值变动　　　　　　　　　　　　2 000 000
借：其他综合收益　　　　　　　　　　　　　　　　　　　　　2 000 000
　　贷：盈余公积　　　　　　　　　　　　　　　　　　　　　　　　 200 000
　　　　利润分配——未分配利润　　　　　　　　　　　　　　　　1 800 000
借：长期股权投资——投资成本　　（33 000 000-30 000 000）3 000 000
　　贷：营业外收入　　　　　　　　　　　　　　　　　　　　　　3 000 000

（3）本题考查长期股权投资的权益法。长城公司持有黄河公司的30%的股权采用权益法核算，所以投资方对于被投资方宣告发放的现金股利应冲减长期股权投资的账面价值。

（4）本题考查长期股权投资的权益法。2022年黄河公司调整后的净利润＝-500-（600-500）÷10＝-510（万元），长城公司应分享收益（承担的亏损额）＝-510×30%＝-153（万元）。

应享有其他综合收益的份额＝200×30%＝60（万元）。

因此，事项（7）整体冲减长期股权投资账面价值＝-153+60＝-93（万元）。

2022年年末享有净利润的份额和其他综合收益的份额：

借：投资收益　　　　　　　　　　　　　　　　　　　　　　　1 530 000
　　贷：长期股权投资——损益调整　　　　　　　　　　　　　　　1 530 000
借：长期股权投资——其他综合收益　　　　　　　　　　　　　　 600 000
　　贷：其他综合收益　　　　　　　　　　　　　　　　　　　　　　 600 000

（5）本题考核长期股权投资的权益法。2021年黄河公司调整后的净利润＝200-（600-500）÷10＝190（万元），长城公司应确认投资收益额＝190×30%＝57（万元）。2022年长城公司承担黄河公司的亏损份额为153万元。因此，长城公司"投资收益"账户的累计发生额＝57-153＝-96（万元）。

2021年应享有净利润的份额：

借：长期股权投资——损益调整　　　　　　　　　　　　　　　　 570 000
　　贷：投资收益　　　　　　　　　　　　　　　　　　　　　　　　 570 000

(6)本题考核长期股权投资的减值。2022年12月31日发生减值前的长期股权投资的账面价值=3 300−30+57−153+60=3 234(万元),可收回金额是3 000万元,应计提减值额=3 234−3 000=234(万元)。

3. (1)C;(2)B;(3)C;(4)B;(5)B;(6)A。

【解析】

(1)本题考查长期股权投资的初始投资成本。长期股权投资的初始投资成本=12×200=2 400(万元),应享有投资日被投资方可辨认净资产公允价值的份额=4 800×40%=1 920(万元),前者大,不调整。入账价值等于初始投资成本为2 400万元。

(2)本题考查所有者权益的影响额。对所有者权益的影响额=12×200−40=2 360(万元),其分录是:

借:长期股权投资——投资成本	24 000 000
贷:股本	2 000 000
资本公积——股本溢价	22 000 000
借:资本公积——股本溢价	400 000
贷:银行存款	400 000

(3)本题考查长期股权投资的权益法。2021年年末,长期股权投资的账面价值=2 400+(3 200−80+240)×40%=3 744(万元)。

借:长期股权投资——损益调整	(32 000 000×40%)12 800 000
贷:投资收益	12 800 000
借:应收股利	(800 000×40%)320 000
贷:长期股权投资——损益调整	320 000
借:长期股权投资——其他综合收益	(2 400 000×40%)960 000
贷:其他综合收益	960 000

(4)本题考查长期股权投资核算方法的转换。在购买方的个别报表中,应当按照原持有的股权投资的账面价值加上新增投资公允价值之和,作为改按成本法核算的初始投资成本。

取得对黄河公司的控制权之日,长期股权投资的初始投资成本=3 744+1 520=5 264(万元)。

(5)本题考查交易损益。以库存商品增资确认损益=1 520−1 400=120(万元)。

(6)本题考查投资收益的计算。2022年年初形成企业合并,之后长期股权投资用成本法核算,2022年应确认投资收益额=120×60%=72(万元)。

4. (1)D;(2)A;(3)C;(4)CD;(5)C;(6)B。

【解析】

(1)本题考查长期股权投资的初始投资成本。初始投资成本=890+5=895(万元)。

借:长期股权投资——投资成本	(8 900 000+50 000)8 950 000
坏账准备	1 000 000
投资收益	100 000
贷:应收账款	10 000 000

银行存款	50 000

长江公司享有净资产份额=3 600×25%=900(万元)，后者大，应调整：

借：长期股权投资——投资成本　　　　　　(9 000 000-8 950 000)50 000
　　贷：营业外收入　　　　　　　　　　　　　　　　　　　　　　50 000

(2)本题考查长期股权投资的权益法。黄河公司调整后的净利润=2 180-(850-450)+(850-450)÷10×6÷12=1 800(万元)，长江公司应确认投资收益额=1 800×25%=450(万元)。

(3)本题考查长期股权投资的权益法。长期股权投资的账面余额=初始入账价值900+分享收益450+分享其他综合收益100×25%+分享其他权益变动60×25%=1 390(万元)。

根据黄河公司当年实现的净利润、其他综合收益增加、资本公积增加应作分录：

借：长期股权投资——损益调整　　　　　　　　　　　　　　　4 500 000
　　贷：投资收益　　　　　　　　　　　　　　　　　　　　　　4 500 000

借：长期股权投资——其他综合收益　　　　　　(1 000 000×25%)250 000
　　贷：其他综合收益　　　　　　　　　　　　　　　　　　　　　250 000

借：长期股权投资——其他权益变动　　　　　　(600 000×25%)150 000
　　贷：资本公积——其他资本公积　　　　　　　　　　　　　　　150 000

(4)本题考查权益法转成本法。本题是多次交易形成非同一控制下的企业合并，长期股权投资的初始投资成本=原权益法核算的账面价值1 390+新增投资成本2 300=3 690(万元)。

借：长期股权投资　　　　　　　　　　　　　　　　　　　　36 900 000
　　贷：长期股权投资——投资成本　　　　　　　　　　　　　　9 000 000
　　　　　　　　　　——损益调整　　　　　　　　　　　　　　4 500 000
　　　　　　　　　　——其他综合收益　　　　　　　　　　　　　250 000
　　　　　　　　　　——其他权益变动　　　　　　　　　　　　　150 000
　　　　银行存款　　　　　　　　　　　　　　　　　　　　　23 000 000

【注意】权益法下原累计确认的其他综合收益、资本公积不做处理，待处置该项投资时转入当期损益或留存收益。

(5)本题考查成本法转公允价值计量。确认投资收益额=处置差额[(3 222+750)-3 690]+结转其他综合收益60×25%+结转资本公积60×25%=312(万元)。

借：银行存款　　　　　　　　　　　　　　　　　　　　　　32 220 000
　　交易性金融资产　　　　　　　　　　　　　　　　　　　　7 500 000
　　贷：长期股权投资　　　　　　　　　　　　　　　　　　36 900 000
　　　　投资收益　　　　　　　　　　　　　　　　　　　　　2 820 000

借：其他综合收益　　　　　　　　　　　　　　　(1 000 000×25%)250 000
　　贷：投资收益　　　　　　　　　　　　　　　　(600 000×25%)150 000
　　　　盈余公积　　　　　　　　　　　　　　(400 000×25%×10%)10 000
　　　　利润分配——未分配利润　　　　　　　　(400 000×25%×90%)90 000

借：资本公积——其他资本公积 150 000
　　贷：投资收益 150 000

（6）本题考查对利润总额的累计影响额。股权业务对长江公司对利润总额的累计影响额=-10[资料（1）重组损失]+(900-895)[资料（1）比大小的营业外收入]+450[资料（3）分享收益]+312[资料（5）出售损益]=757(万元)。

5. （1）B；（2）B；（3）B；（4）C；（5）D；（6）C。

【解析】

（1）本题考查长期股权投资的初始计量。对利润总额的影响额=3 000-(3 200-640-60)=500(万元)。

借：固定资产清理 25 000 000
　　累计折旧 6 400 000
　　固定资产减值准备 600 000
　　贷：固定资产 32 000 000
借：长期股权投资 (47 000 000+30 000 000)77 000 000
　　贷：固定资产清理 25 000 000
　　　　资产处置损益 (30 000 000-25 000 000)5 000 000
　　　　银行存款 47 000 000

（2）本题考查长期股权投资的成本法。甲公司持有乙公司55%的股权，后续计量应该采用成本法，对于被投资单位实现的净利润以及发放的现金股利不调整长期股权投资的账面价值。

借：应收股利 22 000 000
　　贷：投资收益 22 000 000

（3）本题考查成本法转权益法。处置25%股权：

借：银行存款 36 000 000
　　贷：长期股权投资 (77 000 000×25%÷55%)35 000 000
　　　　投资收益 1 000 000

（4）本题考查成本法转权益法。剩余股权投资改按权益法核算：

初始投资成本(剩余股权账面余额)=7 700×30%÷55%=4 200(万元)，初始投资时应享有被投资方可辨认净资产公允价值的份额=17 000×30%=5 100(万元)，后者大，应调整：

借：长期股权投资——投资成本 (51 000 000-42 000 000)9 000 000
　　贷：盈余公积 (9 000 000×10%)900 000
　　　　利润分配——未分配利润 (9 000 000×90%)8 100 000

乙公司2022年净资产变动=调整后的净利润-分配的现金股利=[4 700-(17 000-16 800)×50%]-4 000=600(万元)，甲公司应确认的损益调整：

借：长期股权投资——损益调整 (6 000 000×30%)1 800 000
　　贷：盈余公积 (1 800 000×10%)180 000
　　　　利润分配——未分配利润 (1 800 000×90%)1 620 000

留存收益调整金额＝900+180＝1 080(万元)。

(5)本题考查长期股权投资的权益法。2023年乙公司调整后的净利润金额＝5 000－(17 000－16 800)×50%－(400－300)+(400－300)×60%＝4 860(万元)，甲公司应确认投资收益＝4 860×30%＝1 458(万元)。

借：长期股权投资——损益调整　　　　　　　　　　　　　　14 580 000
　　贷：投资收益　　　　　　　　　　　　　　　　　　　　　14 580 000

(6)本题考查长期股权投资的后续计量。2023年1月1日，追溯后长期股权投资账面价值＝调整前4 200+追调投资成本900+追调净资产变动180＝5 280(万元)。

2023年3月28日，乙公司宣告分配现金股利：

借：应收股利　　　　　　　　　　　　　(38 000 000×30%)11 400 000
　　贷：长期股权投资——损益调整　　　　　　　　　　　　　11 400 000

2023年12月31日，确认乙公司其他综合收益增加的份额：

借：长期股权投资——其他综合收益　　　　(2 000 000×30%)600 000
　　贷：其他综合收益　　　　　　　　　　　　　　　　　　　　600 000

长期股权投资＝年初账面价值5 280+净利润1 458－股利1 140+其他综合收益60＝5 658(万元)。

亲爱的读者，你已完成本章5个考点的学习，本书知识点的学习进度已达60%。

财务与会计
应试指南
下册

2025年全国税务师职业资格考试

梦想成真® 1

正保会计网校
www.chinaacc.com

■ 赵玉宝 主编 ■ 正保会计网校 编

感恩25年相伴 助你梦想成真

中国税务出版社

总目录

上册 / 1

下册 / 305

目录 下册>>>

第十二章 流动负债 ······ 305
  考试风向 ······ 305
  考点详解及精选例题 ······ 306
    考点一 应付账款和应付票据 ······ 306
    考点二 应交税费——应交增值税 ······ 307
    考点三 应交税费——消费税及其他税费 ······ 315
    考点四 应付职工薪酬 ······ 319
    考点五 其他流动负债 ······ 331
  同步训练 ······ 336

第十三章 非流动负债 ······ 347
  考试风向 ······ 347
  考点详解及精选例题 ······ 348
    考点一 借款费用 ······ 348
    考点二 应付债券 ······ 354
    考点三 其他非流动负债 ······ 360
    考点四 租赁负债 ······ 363

考点五 预计负债 ································· 373
　　　考点六 债务重组 ································· 378
　同步训练 ··· 392

第十四章　所有者权益 ·································· 414
　考试风向 ··· 414
　考点详解及精选例题 ······························· 415
　　　考点一 权益工具 ································· 415
　　　考点二 实收资本和其他权益工具 ················· 416
　　　考点三 资本公积和其他综合收益 ················· 421
　　　考点四 留存收益 ································· 423
　同步训练 ··· 426

第十五章　收入、费用、利润和产品成本 ················ 432
　考试风向 ··· 432
　考点详解及精选例题 ······························· 433
　　　考点一 收入的确认与计量 ························· 433
　　　考点二 特定交易的会计处理 ····················· 441
　　　考点三 合同成本 ································· 453
　　　考点四 费用(期间费用) ·························· 457
　　　考点五 政府补助 ································· 459
　　　考点六 利润 ······································ 464
　　　考点七 产品成本 ································· 467
　同步训练 ··· 470

第十六章　所得税 ···································· 490
　考试风向 ··· 490
　考点详解及精选例题 ······························· 491
　　　考点一 资产、负债的计税基础 ··················· 491
　　　考点二 暂时性差异 ······························· 493
　　　考点三 递延所得税的确认与计量 ················· 498
　　　考点四 所得税费用的确认与计量 ················· 502
　同步训练 ··· 512

第十七章　会计调整ㅤ524

- 考试风向ㅤ524
- 考点详解及精选例题ㅤ525
  - 考点一　会计政策变更ㅤ525
  - 考点二　会计估计变更ㅤ529
  - 考点三　前期差错更正ㅤ531
  - 考点四　资产负债表日后事项ㅤ533
- 同步训练ㅤ540

第十八章　财务报告ㅤ552

- 考试风向ㅤ552
- 考点详解及精选例题ㅤ553
  - 考点一　资产负债表ㅤ553
  - 考点二　利润表ㅤ557
  - 考点三　现金流量表ㅤ558
  - 考点四　所有者权益变动表ㅤ564
  - 考点五　财务报表附注ㅤ565
- 同步训练ㅤ567

第十九章　企业破产清算会计ㅤ575

- 考试风向ㅤ575
- 考点详解及精选例题ㅤ575
  - 考点一　企业破产清算会计基础与计量属性ㅤ575
  - 考点二　破产清算会计核算ㅤ577
- 同步训练ㅤ581

第三篇　考前模拟

考前模拟2套卷ㅤ586

第十二章　流动负债

重要程度：次重点章节　分值：7分左右

考试风向

考情速递

本章重点内容为应交税费、应付职工薪酬和其他应付款、金融负债等。常以单选题、多选题和计算题的形式考核，需要理解并掌握。

2025 年考试变化

调整：（1）应付账款、应付票据的概念。
　　　（2）交易性金融负债确认利息的会计处理。

脉络梳理

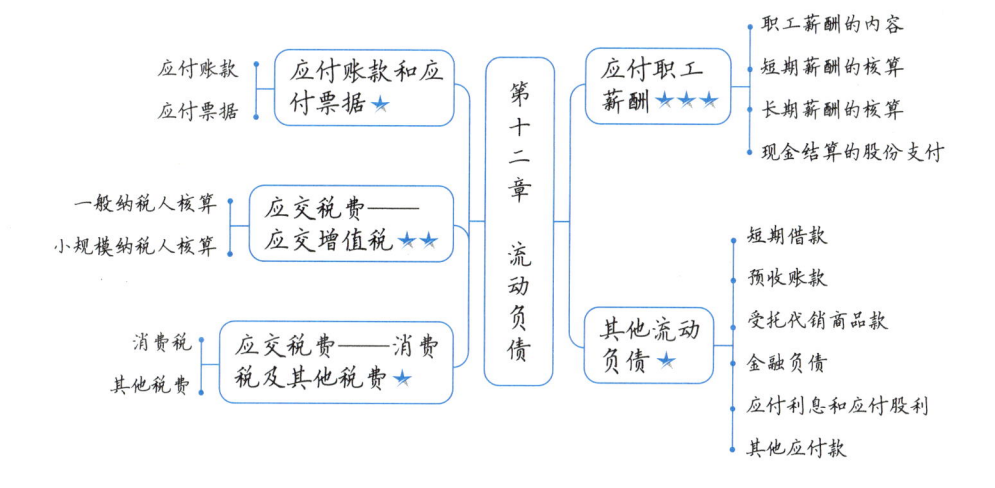

第十二章　流动负债
- 应付账款和应付票据 ★
  - 应付账款
  - 应付票据
- 应交税费——应交增值税 ★★
  - 一般纳税人核算
  - 小规模纳税人核算
- 应交税费——消费税及其他税费 ★
  - 消费税
  - 其他税费
- 应付职工薪酬 ★★★
  - 职工薪酬的内容
  - 短期薪酬的核算
  - 长期薪酬的核算
  - 现金结算的股份支付
- 其他流动负债 ★
  - 短期借款
  - 预收账款
  - 受托代销商品款
  - 金融负债
  - 应付利息和应付股利
  - 其他应付款

考点详解及精选例题

考点一 应付账款和应付票据 ★ 一学多考|注

（一）应付账款

应付账款的账务处理，见表12-1。

表12-1 应付账款的账务处理

项目		账务处理
应付账款增加	货到款未付	借：原材料[货款+采购费用]、管理费用等 　　应交税费——应交增值税(进项税额) 贷：应付账款[货款+采购费用、劳务款、增值税]
	商业折扣	扣除商业折扣后的进价作为应付账款入账价值
	现金折扣	应付账款一般按应付金额入账，而不按到期应付金额的现值入账。购入的资产在形成一笔应付账款时是带有现金折扣的，应付账款入账金额按发票上记载的应付金额的总值（即不扣除折扣）确定。现金折扣实际获得时，冲减财务费用
	货到票未到	月度终了，按照物资和应付债务（不用暂估进项税额）估计入账，待下月初作相反的会计分录予以冲回（或红字冲回）
无法支付		由于债权单位撤销或其他原因而无法支付，无法支付的款项直接转入营业外收入

（二）应付票据

应付票据的相关内容，见表12-2。

表12-2 应付票据的相关内容

项目	内容			
核算票据	商业汇票包括商业承兑汇票、财务公司承兑汇票、银行承兑汇票			
采购方开出商业汇票	借：原材料 　　应交税费——应交增值税(进项税额) 贷：应付票据		支付银行承兑手续费 借：财务费用 　　贷：银行存款	
票据到期债务人无力支付		债务人		债权人
	商业承兑汇票	借：应付票据 贷：应付账款		借：应收账款 贷：应收票据
	银行承兑汇票	借：应付票据 贷：短期借款		借：银行存款 贷：应收票据

考点二 应交税费——应交增值税 ★★ 一学多考|注

（一）一般纳税人核算（2022年、2023年单选；2020年多选）

1. 购进、转出、销售、缴纳增值税

（1）购进：进项税额，见表12-3。

表12-3 进项税额

项目		账务处理
进项税额	购买资产、接受劳务	借：原材料、固定资产、管理费用等 　　应交税费——应交增值税（进项税额） 贷：银行存款、应付账款
	购进免税农产品	借：原材料等［价款×91%，假定扣除率9%］ 　　应交税费——应交增值税（进项税额） 贷：银行存款、应付账款
	企业接受投资、捐赠、抵偿债务以及非货币性资产交换的，按取得的符合规定的增值税扣税凭证上注明的增值税额，计入进项税额	

> **提示** 购进后退回或折让。
>
> a. 企业购进后尚未入账就发生退回或折让的，无论货物是否入库，必须将取得的扣税凭证主动退还给销售方注销或重新开具，无须作任何会计处理。
>
> b. 企业购进后已作会计处理，发生退回或索取折让时，若专用发票的发票联和抵扣联无法退还，企业必须按国家税务总局的规定要求由销售方开具红字专用发票。

（2）进项税额转出，见表12-4。

表12-4 进项税额转出

项目	内容	账务处理
进项税额转出	非正常损失	指因管理不善造成的存货的被盗、丢失、霉烂变质的损失，以及被执法部门依法没收或者强令自行销毁的货物。 借：待处理财产损溢 贷：原材料 　　应交税费——应交增值税（进项税额转出） **提示** 自然灾害导致损失，进项税额不用转出
	职工福利领用材料	借：应付职工薪酬 贷：原材料 　　应交税费——应交增值税（进项税额转出）

记忆密码

增值税核算内容琐碎，但每年易考，重点掌握各项业务的会计处理。

(续表)

项目	内容	账务处理
进项税额转出	购入时不得抵扣	用于简易计税方法计税项目、免征增值税项目、集体福利或个人消费等，其进项税额按规定不得从销项税额中抵扣的：①全额借记相关成本费用、资产科目；②先记入"进项税额"专栏，再按规定转出，借记相关成本费用或资产科目

提示

a. "进项税额抵扣情况发生改变的账务处理"：因取得的增值税专用发票被列入异常凭证范围，或者被税务机关认定为接受虚开的，按税务机关通知要求，需要作进项税额转出处理的，贷记"应交税费——应交增值税(进项税额转出)"科目。

b. 原不得抵扣且未抵扣进项税额的固定资产、无形资产等，因改变用途等用于允许抵扣进项税额的应税项目的，应按允许抵扣的进项税额，借记"应交税费——应交增值税(进项税额)"科目，贷记"固定资产""无形资产"等科目。固定资产、无形资产等经上述调整后，应按调整后的账面价值在剩余尚可使用寿命内计提折旧或摊销。

(3)销售：销项税额，见表12-5。

表12-5 销项税额

项目		账务处理	
一般销售		借：银行存款等 　贷：主营业务收入 　　　应交税费——应交增值税(销项税额)	借：主营业务成本 　贷：库存商品
一般销售		发生销售退回或折让的，应根据收回的增值税专用发票或按规定开具的红字增值税专用发票作相反的会计分录	
视同销售	确认收入和销项税额	如：自产货物用于职工个人福利[结转成本略]。 借：应付职工薪酬 　贷：主营业务收入 　　　应交税费——应交增值税(销项税额)	
视同销售	只确认销项税额	如：对外捐赠。 借：营业外支出 　贷：库存商品 　　　应交税费——应交增值税(销项税额)	
确认销售时点	确认收入早于纳税义务	借：银行存款等 　贷：主营业务收入 　　　应交税费——应交增值税(待转销项税额) 待实际发生纳税义务时再转入"应交税费——应交增值税(销项税额)"科目或"应交税费——简易计税"科目	

（续表）

项目		账务处理
确认销售时点	纳税义务早于确认收入	应将应纳增值税额，借记"应收账款"等科目，贷记"应交税费——应交增值税（销项税额）"科目或"应交税费——简易计税"科目；按照国家统一的会计制度确认收入时，应按扣除增值税销项税额后的金额确认收入

（4）税收优惠，见表12-6。

表12-6　税收优惠

项目		内容
减免增值税	税控系统专用设备	支付的增值税税控系统专用设备和技术维护费用允许在应纳税额中全额抵减的： 借：固定资产、管理费用等 　　贷：银行存款 借：应交税费——应交增值税（减免税款） 　　贷：管理费用
	当期直接减免的增值税	借：应交税费——应交增值税（减免税款） 　　贷：其他收益
出口退税	实行免抵退	根据按规定计算的当期免抵退税额与当期期末留抵税额的大小计算的当期应退税额： 借：应收出口退税款 　　贷：应交税费——应交增值税（出口退税）
		对按规定计算的当期免抵税额（即按规定计算的当期抵减的内销产品应纳税额）： 借：应交税费——应交增值税（出口抵减内销产品应纳税额） 　　贷：应交税费——应交增值税（出口退税）
		在货物劳务服务出口销售后结转销售成本时，按规定计算的当期不得免征和抵扣税额： 借：主营业务成本 　　贷：应交税费——应交增值税（进项税额转出）
		在实际收到退税款时： 借：银行存款 　　贷：应收出口退税款

（续表）

项目		内容
出口退税	不实行免抵退	一般纳税人出口货物劳务服务按规定退税的，按规定计算的应收出口退税额： 借：应收出口退税款 　　贷：应交税费——应交增值税（出口退税）
		退税额低于购进时取得的增值税专用发票上的增值税额的差额： 借：主营业务成本 　　贷：应交税费——应交增值税（进项税额转出）
		在实际收到退税款时： 借：银行存款 　　贷：应收出口退税款
差额征税	发生成本费用允许扣减销售额	发生成本费用时，按应付或实际支付的金额： 借：主营业务成本、存货等 　　贷：应付账款等
		待取得合规增值税扣税凭证且纳税义务发生时，按照允许抵扣的税额： 借：应交税费——应交增值税（销项税额抵减）（或）应交税费——简易计税 　　贷：主营业务成本、存货等
	金融商品转让按规定以盈亏相抵后的余额作为销售额	金融商品实际转让月末，如产生转让收益，则按应纳税额： 借：投资收益 　　贷：应交税费——转让金融商品应交增值税
		如产生转让损失，则可结转下月抵扣税额

（5）缴纳增值税，见表12-7。

表12-7　缴纳增值税

缴纳本月	借：应交税费——应交增值税（已交税金） 　　贷：银行存款
月末计算，转出未交、多交增值税	应交增值税=应交增值税贷方专栏合计-借方专栏合计 借：应交税费——应交增值税（转出未交增值税） 　　贷：应交税费——未交增值税 借：应交税费——未交增值税 　　贷：应交税费——应交增值税（转出多交增值税）
缴纳上月未交	借：应交税费——未交增值税 　　贷：银行存款

(续表)

用加计抵减额抵减应纳税额的	借：应交税费——未交增值税（或）应交税费——应交增值税（已交税金） 贷：银行存款 其他收益[加计抵减]

【例题1·单选题】（2024年）甲公司系增值税一般纳税人，出口退税适用"免、抵、退"方法。甲公司2024年7月出口自产产品不含税价款为500万元（增值税税率为13%，退税率为10%），同期采购原材料取得增值税专用发票上注明的增值税税额为10万元，上期留抵税额为30万元。不考虑其他因素，则甲公司下列出口退税会计处理错误的是（   ）。

A. 贷记"应交税费——应交增值税（进项税额转出）"科目15万元

B. 贷记"应交税费——应交增值税（出口退税）"科目50万元

C. 借记"应收出口退税款"科目50万元

D. 借记"应交税费——应交增值税（出口抵减内销产品应纳税额）"科目10万元

解析 应纳税额=0-10-30=-40（万元），与50万元（500×10%）相比，较小的一方为退税款，因此分录为：

借：应收出口退税款　　　　　　　　　　　　　　　　400 000
　　应交税费——应交增值税（出口抵减内销产品应纳税额）
　　　　　　　　　　　　　　　　　（倒挤差额）100 000
　　贷：应交税费——应交增值税（出口退税）（5 000 000×10%）500 000

出口退税不得免抵的税额：

借：主营业务成本　　　　　　　　　　　　　　　　　150 000
　　贷：应交税费——应交增值税（进项税额转出）
　　　　　　　　　　　　　　[5 000 000×(13%-10%)]150 000

2. 增值税科目设置（2020年多选）

增值税科目设置，见表12-8。

表12-8　增值税科目设置

应交税费——应交增值税										
借方专栏						贷方专栏			
进项税额	已交税金	销项税额抵减	减免税款	出口抵减内销产品应纳税额	转出未交增值税	销项税额	进项税额转出	出口退税	转出多交增值税

答案
例题1｜C

(续表)

应交税费——应交增值税
应交税费——未交增值税、预交增值税、转让金融商品应交增值税
应交税费——待抵扣进项税额、待认证进项税额、待转销项税额、代扣代交增值税
应交税费——简易计税、增值税留抵税额

增值税相关科目核算内容，见表12-9。

表12-9 增值税相关科目核算内容

项目	内容
应交增值税	核算企业应缴纳增值税的计算、解缴、抵扣等
未交增值税	反映企业月终从"应交增值税"或"预交增值税"明细科目转入的多缴或预缴的增值税额，次月上缴的上月应缴未缴的增值税额
预交增值税	预缴的增值税额
转让金融商品应交增值税	借：投资收益［以盈亏相抵后的余额作为销售额征税］ 　　贷：应交税费——转让金融商品应交增值税
待抵扣进项税额	核算企业已取得增值税扣税凭证，按规定准予以后期间从销项税额中抵扣的进项税额。 借：应交税费——待抵扣进项税额 　　贷：银行存款等［纳税辅导期未比对］
待认证进项税额	核算企业由于未经税务机关认证而不得从当期销项税额中抵扣的进项税额（可用于尚未进行用途确认的进项税额）
待转销项税额	核算企业销售货物、加工修理修配劳务、服务、无形资产或不动产，已确认相关收入（或利得）但尚未发生增值税纳税义务而需于以后期间确认为销项税额的增值税额。 借：银行存款 　　贷：主营业务收入 　　　　应交税费——待转销项税额
代扣代交增值税	核算企业购进在境内未设经营机构的境外单位或个人在境内的应税行为代扣代缴的增值税（贷方）
简易计税	采用简易计税方法发生的增值税业务。 借：银行存款 　　贷：主营业务收入 　　　　应交税费——简易计税

(续表)

项目	内容	
增值税留抵税额	按规定不得从销售服务、无形资产或不动产的销项税额中抵扣的增值税留抵税额，同时允许退还的增值税期末留抵税额以及缴回的已退还的留抵退税款项	
	(1)纳税人在税务机关准予留抵退税时	借：应交税费——增值税留抵税额[核准允许退还的金额] 贷：应交税费——应交增值税(进项税额转出)
	(2)实际收到留抵退税款项时	借：银行存款 贷：应交税费——增值税留抵税额
	(3)纳税人将已退还的留抵退税款项缴回并继续按规定抵扣进项税额时	借：应交税费——应交增值税(进项税额)[缴回的金额] 贷：应交税费——增值税留抵税额 借：应交税费——增值税留抵税额 贷：银行存款
进项税额	购入货物、加工修理修配劳务、服务、无形资产或不动产而支付或负担的、按规定准予从当期销项税额中抵扣的增值税额	
已交税金	记录企业当月已缴纳的增值税额	
销项税额抵减	按规定因扣减销售额而减少的销项税额	
减免税款	对于当期直接减免的增值税，借记"应交税费——应交增值税(减免税款)"科目，贷记"其他收益"科目	
出口抵减内销产品应纳税额	记录企业实行"免、抵、退"办法按规定的退税率计算的出口货物进项税抵减内销产品应纳税额的数额	
销项税额	记录企业销售货物、加工修理修配劳务、服务、无形资产或不动产应收取的增值税额	
进项税额转出	发生税法规定的非正常损失以及其他原因(如取得异常增值税扣税凭证)而不得从销项税额中抵扣、按规定应予转出的进项税额	
出口退税	记录企业出口货物、加工修理修配劳务、服务和无形资产按规定计算的应收出口退税额	

【例题2·多选题】下列关于增值税会计核算的表述中，正确的有(   )。

A. "应交税费——应交增值税(转出未交增值税)"记录企业月终转出当月应缴未缴的增值税额

B. "应交税费——应交增值税(减免税款)"记录企业按照规定准予减免的增值税额

C. "应交税费——应交增值税(已交税金)"记录企业当月已缴纳的增值税额

D. "应交税费——预交增值税"核算企业转让不动产、提供不动产经营租赁服务、提供建筑服务、采用预收款方式销售自行开发的房地产项目等，以及其他按规定应缴纳的增值税额

E. "应交税费——未交增值税"期末借方余额反映未缴的增值税额，贷方余额反映多缴的增值税额

解析 选项 E，"应交税费——未交增值税"期末借方余额为多缴增值税，贷方余额为未缴增值税。

【例题 3 · 多选题】 下列有关增值税会计处理的表述中，正确的有(　　)。

A. 企业初次购买增值税税控系统专用设备发生的技术维护费按规定抵减增值税应纳税额时，贷记"管理费用"等科目

B. "应交税费——增值税留抵税额"科目期末借方余额应在资产负债表中作为资产项目列示

C. 增值税一般纳税人购买增值税税控系统专用设备支付的费用允许在"应交税费——应交增值税(已交税金)"科目直接全额抵减

D. 增值税小规模纳税人初次购入增值税税控系统专用设备按规定抵减增值税应纳税额时，应借记"应交税费——应交增值税"科目

E. 纳税人在税务机关准予留抵退税时，按税务机关核准允许退还的留抵税额，应贷记"应交税费——增值税留抵税额"科目

解析 选项 C，增值税一般纳税人初次购买增值税税控系统专用设备支付的费用允许在增值税应纳税额中全额抵减的，应在"应交税费——应交增值税"科目下增设"减免税款"专栏，用于记录该企业按规定抵减的增值税应纳税额。选项 E，应借记"应交税费——增值税留抵税额"科目，贷记"应交税费——应交增值税(进项税额转出)"科目。

(二) 小规模纳税人核算(2021 年单选)

小规模纳税人核算，见表 12-10。

表 12-10　小规模纳税人核算

项目	内容
科目	小规模纳税人只需在"应交税费"科目下设置"应交增值税"明细科目，不需要设置除"转让金融商品应交增值税""代扣代交增值税"外的明细科目，且在"应交增值税"明细科目中不需要设置任何专栏
购进	购进货物等的增值税，直接计入相关成本费用或资产，不通过应交税费——应交增值税核算。 借：原材料等[含增值税的价款] 　　贷：银行存款、应付账款

答案
例题 2 | ABCD
例题 3 | ABD

(续表)

项目	内容
销售	借：银行存款等 　　贷：主营业务收入 　　　　应交税费——应交增值税 **提示** 差额纳税(允许抵扣)、税控设备抵减，借记"应交税费——应交增值税"科目
缴纳	借：应交税费——应交增值税 　　贷：银行存款

提示 小微企业在取得销售收入时，应当按照税法的规定计算应缴增值税，并确认为应交税费，在达到增值税制度规定的免征增值税条件时，将有关应交增值税转入"其他收益"科目(不通过减免税款核算)。

考点三 应交税费——消费税及其他税费 ★　一学多考｜注

(一) 消费税

1. 取得资产支付消费税

取得资产支付消费税的账务处理，见表12-11。

表12-11　取得资产支付消费税的账务处理

项目	业务	账务处理
委托加工环节委托方支付的代收代缴的消费税	收回后生产应税消费品	借：应交税费
	收回后生产非应税消费品	借：委托加工物资
	收回后以高于受托方的计税价格对外销售	借：应交税费
	收回后以不高于受托方的计税价格对外销售	借：委托加工物资
外购环节	生产应税消费品	借：应交税费
	直接对外销售、用于其他方面	计入外购资产成本

提示 受托方：

a. 受托方按规定计算的应扣税金额，借记"应收账款"等，贷记"应交税费——应交消费税"(受托加工或翻新改制金银首饰除外)。

b. 企业因受托加工或翻新改制金银首饰按规定应缴纳的消费税，应于企业向委托方交货时，借记"税金及附加"科目，贷记"应交税费——应交消费税"科目。

【例题4·单选题】委托方将委托加工应税消费品收回后用于非消费税项目，则委托方应将受托方代收代缴的消费税计入(　　)。

A. 其他业务成本
B. 应交税费——应交消费税
C. 收回的委托加工物资的成本
D. 管理费用

解析 委托加工物资收回后以不高于受托方的计税价格出售的,以及用于非消费税项目的,应将受托方代收代缴的消费税计入委托加工物资成本,借记"委托加工物资"科目,贷记"应付账款""银行存款"等科目。

2. 销售环节计算消费税

销售环节计算消费税的账务处理,见表12-12。

表12-12 销售环节计算消费税的账务处理

项目	业务	账务处理
销售	销售应税消费品	借:税金及附加 贷:应交税费——应交消费税
	随同产品出售单独计价的包装物	
视同销售	捐赠应税消费品、在建工程领用应税消费品	借:营业外支出[捐赠] 　　在建工程[工程领用] 贷:库存商品 　　应交税费——应交消费税
收取押金	企业逾期未收回包装物不再退还的包装物押金和已收取1年以上的包装物押金	借:税金及附加 贷:应交税费——应交消费税
	收取的除啤酒、黄酒以外酒类产品的包装物押金	借:<u>其他应付款</u> 贷:应交税费——应交消费税

【例题5·多选题】(2024年)下列按税法规定应缴纳的消费税,记入"税金及附加"科目的有( )。

A. 已收取1年以上的包装物押金
B. 逾期未收回包装物不再退还的包装物押金
C. 随同金银首饰出售但单独计价的包装物
D. 收取的除啤酒、黄酒以外酒类产品的包装物押金
E. 因受托加工或翻新改制金银首饰

解析 选项A、B,企业逾期未收回包装物不再退还的包装物押金和已收取1年以上的包装物押金,按规定应缴纳的消费税,借记"税金及附加"等科目,贷记"应交税费——应交消费税"科目。选项C,随同金银首饰出售但单独计价的包装物,按规定应缴纳的消费税,借记"税金及附加"科目,贷记"应交税费——应交消费税"科目。选项D,企业收取的除啤酒、黄酒以外酒类产品的包装物押金,按规定应缴纳的消费税,借记"其他应付款"科目,贷记"应交税费——应交消费税"科目。选项E,因受托加工或翻新改制金银首

答案
例题4 | C
例题5 | ABCE

饰按规定应缴纳的消费税，应于企业向委托方交货时，借记"税金及附加"科目，贷记"应交税费——应交消费税"科目。

3. 出口环节消费品

（1）有出口经营权的生产企业自营出口或委托外贸企业代理出口应税消费品，按规定直接予以免税的，可不计算应缴消费税。

出口后退关或退货的，经相关部门批准，可暂不补税，待其转为内销时再计缴消费税。

（2）有出口经营权的外贸企业购进应税消费品直接出口或外贸企业受其他外贸企业委托代理出口应税消费品的，生产企业缴纳的消费税视同一般销售业务处理，外贸企业应在报关出口后申请出口退税时作如下处理：

借：应收出口退税款
　　贷：主营业务成本等

实际收到出口应税消费品退回的税金时：

借：银行存款
　　贷：应收出口退税款

发生退关或退货的，编制相反分录。

（3）非生产性的一般商贸企业委托外贸企业代理出口应税消费品一律不予退（免）税。

4. 金银首饰消费税

（1）按应缴消费税额，借记"税金及附加"科目，贷记"应交税费——应交消费税"科目。

（2）将金银首饰用于馈赠、赞助、广告等方面的，应于移送时，按应缴纳的消费税，借记"营业外支出""销售费用"等科目，贷记"应交税费——应交消费税"科目。

（3）纳税人用委托加工收回的或外购的已税珠宝玉石生产的改在零售环节征收消费税的金银首饰，在计税时一律不得扣除在委托加工或外购环节已缴纳的税款。

（二）其他税费

1. 资源税

资源税的会计处理，见表12-13。

表12-13　资源税的会计处理

情形	会计处理
销售应税产品	借：税金及附加 　　贷：应交税费——应交资源税
自产自用应税产品	借：生产成本等 　　贷：应交税费——应交资源税

(续表)

情形	会计处理
收购未税矿产品	借：原材料等 　　贷：银行存款[实付金额] 　　　　应交税费——应交资源税[代扣代缴]
外购液体盐加工固体盐后销售	借：原材料等 　　应交税费——应交资源税[外购液体盐允许抵扣] 　　贷：银行存款等[含税价款]
	借：税金及附加 　　贷：应交税费——应交资源税[固体盐销售]

2. 土地增值税

土地增值税的会计处理，见表12-14。

表12-14　土地增值税的会计处理

情形		会计处理
主营(兼营)房地产业务的企业		借：税金及附加 　　贷：应交税费——应交土地增值税
非房地产企业	转让作为固定资产或在建工程核算的土地使用权	借：固定资产清理/在建工程 　　贷：应交税费——应交土地增值税
	转让作为无形资产核算的土地使用权	借：银行存款 　　累计摊销 　　贷：无形资产 　　　　应交税费——应交土地增值税 借或贷：资产处置损益

3. 其他9种税费(2022年单选)

其他9种税费的会计处理，见表12-15。

表12-15　其他9种税费的会计处理

税种	会计处理
房产税、城镇土地使用税、车船税、环境保护税、城市维护建设税和教育费附加	借：税金及附加 　　贷：应交税费
印花税	借：税金及附加 　　贷：银行存款
耕地占用税	借：在建工程 　　贷：银行存款
车辆购置税	借：固定资产 　　贷：银行存款

第十二章 流动负债

提示 企业缴纳的印花税、耕地占用税、车辆购置税等不需要预计应缴的税金,不通过"应交税费"科目核算。

【例题6·单选题】(2022年)企业购置的免税车辆改制后用途发生变化的,按规定应补缴的车辆购置税应计入(   )。

A. 管理费用　　　　　　　B. 其他收益

C. 固定资产　　　　　　　D. 税金及附加

解析 企业购置应税车辆,按规定缴纳的车辆购置税;以及购置的减税、免税车辆改制后用途发生变化的,按规定应补缴的车辆购置税,借记"固定资产"科目,贷记"银行存款"科目。

【例题7·多选题】企业缴纳的下列税金中,不需要通过"应交税费"科目核算的有(   )。

A. 车辆购置税　　　　　　B. 耕地占用税

C. 房产税　　　　　　　　D. 车船税

E. 城市维护建设税

解析 不通过"应交税费"科目核算的税金有印花税、耕地占用税、车辆购置税等。

考点四　应付职工薪酬 ★★★

(一)职工薪酬的内容

1. 职工

三类职工,见表12-16。

表12-16　三类职工

项目	内容
三类职工	与企业订立劳动合同的所有人员,含全职、兼职和临时职工
	虽未与企业订立劳动合同、但由企业正式任命的人员,如董事会成员、监事会成员等
	在企业的计划和控制下,虽未与企业订立劳动合同或未由企业正式任命,但向企业所提供服务与职工所提供服务类似的人员,包括通过企业与劳务中介公司签订用工合同而向企业提供服务的人员

2. 四类职工薪酬

职工薪酬,是指企业为获得职工提供的服务或解除劳动关系而给予的各种形式的报酬或补偿。

四类职工薪酬,见表12-17。

答案
例题6丨C
例题7丨AB

表 12-17　四类职工薪酬

项目		内容
短期薪酬		企业在职工提供相关服务的年度报告期间结束后 12 个月内需要全部予以支付的职工薪酬，因解除与职工的劳动关系给予的补偿除外
	工资、奖金、津贴和补贴	计时工资、计件工资、奖金、津贴、物价补贴、加班工资
	职工福利费	生活困难补助、防暑降温费、抚恤费、异地安家费
	非货币性福利	实物福利、服务性福利、优惠性福利：将自产产品或外购商品作为福利发放给职工，提供住房、租赁资产供职工无偿使用、无偿提供医疗保健服务，提供支付补贴的商品和服务
	两险	医疗保险费、工伤保险费等社会保险费（包括商业保险）（养老、失业保险是离职后福利）
	一金	住房公积金
	两费	工会经费和职工教育经费
	短期带薪缺勤	年休假、病假、婚假、产假等
	短期利润分享计划	基于利润或经营成果提供薪酬的协议
离职后福利		指企业为获得职工提供的服务而在职工退休或与企业解除劳动关系后，提供的各种形式的报酬和福利；离职后福利包括退休福利(如养老保险和一次性的退休支付)及其他离职后福利(如离职后失业保险和离职后医疗保障)
辞退福利		指企业在职工劳动合同到期之前解除与职工的劳动关系，或者为鼓励职工自愿接受裁减而给予职工的补偿
其他长期职工福利		包括长期带薪缺勤、长期残疾福利、长期利润分享计划等

提示1　企业提供给职工配偶、子女、受赡养人、已故员工遗属及其他受益人等的福利，也属于职工薪酬。

提示2　对企业按国家规定需要缴纳的残疾人就业保障金，不通过"应付职工薪酬"科目核算，缴纳时直接记入"管理费用"科目。企业超比例安排残疾人就业或者为安排残疾人就业做出显著成绩，按规定收到的奖励，记入"其他收益"科目；企业未按规定缴纳残疾人就业保障金，按规定缴纳的滞纳金，记入"营业外支出"科目。

提示3　代扣代缴个人所得税、支付给外聘大学教授因提供培训而发生的讲课费、无偿向车间生产工人发放的劳保用品不属于职工薪酬。

【例题8·多选题】下列各项会计处理中,应在"应付职工薪酬"科目核算的有( )。

A. 按股东大会批准的以现金结算的股份支付协议确定的应支付股份在可行权日后发生的公允价值变动金额
B. 无偿向职工提供的租赁房每期应支付的租金
C. 无偿向车间生产工人发放的劳保用品
D. 根据已经确定的自愿接受裁减建议和预计的将会接受裁减建议的职工数量,估计的即将给予的经济补偿
E. 外商投资企业从净利润中提取的职工奖励及福利基金

解析 选项C,向车间生产工人发放的劳保用品应通过"制造费用"科目核算。

(二)短期薪酬的核算(2020年单选;2021年、2022年计算)

1. 工资及以工资为基数计提的薪酬费用

企业应当在职工为其提供服务的会计期间,将实际发生的短期薪酬确认为负债,并计入当期损益,其他《企业会计准则》要求或允许计入资产成本的除外。工资及以工资为基数计提的薪酬费用,见表12-18。

> 2025年重点掌握应付职工薪酬的核算,易考计算题。

表12-18 工资及以工资为基数计提的薪酬费用

项目	工资支出	医疗保险、工伤保险、住房公积金、工会经费、职工教育经费、职工福利
计提	借:生产成本[车间生产] 制造费用[车间管理] 管理费用[行政管理] 销售费用[销售人员] 在建工程[工程人员] 研发支出[研发人员] 贷:应付职工薪酬——工资	借:生产成本[车间生产] 制造费用[车间管理] 管理费用[行政管理] 销售费用[销售人员] 在建工程[工程人员] 研发支出[研发人员] 贷:应付职工薪酬——社会保险费等
代扣款项	借:应付职工薪酬——工资 贷:其他应收款[扣回代垫] 其他应付款[代扣个人医疗保险费、住房公积金等] 应交税费——应交个人所得税[代扣个税]	—

答案
例题8 | ABDE

(续表)

项目	工资支出	医疗保险、工伤保险、住房公积金、工会经费、职工教育经费、职工福利
支付	借：应付职工薪酬——工资 　　贷：银行存款	借：应付职工薪酬——社会保险费等 　　贷：银行存款

【例题9·单选题】甲公司2020年11月应发工资总额为840万元，其中：生产部门直接生产人员工资为350万元，生产部门管理人员工资为180万元，管理部门人员工资为100万元，销售部门人员工资为210万元。甲公司分别按照职工工资总额的10%、8%、2%和8%计提医疗保险费、住房公积金、工会经费、职工教育经费。其中，甲公司代扣代缴职工个人应负担的住房公积金84万元、个人所得税116万元。次月初以银行存款支付职工薪酬。不考虑其他因素，上述业务对甲公司2020年11月期间费用的影响金额为（　　）万元。

A. 230.4　　　B. 448　　　C. 627.2　　　D. 396.8

解析 对甲公司2020年11月期间费用的影响金额=(100+210)+(100+210)×(10%+8%+2%+8%)=396.8(万元)。

2. 职工福利费

(1)企业以外购商品或自产产品作为福利发放给职工。

企业以外购商品作为福利发放给职工，应当按照该商品的购进价格和相关税费，计量应计入成本费用的职工薪酬金额。(外购商品的进项税额全额计入成本费用)

企业以自产产品作为福利发放给职工，应当按照该产品的公允价值和相关税费计入职工薪酬和相应的成本费用中，并确认主营业务收入，同时结转成本(即视同销售)。企业以外购商品或自产产品作为福利发放给职工，见表12-19。

表12-19　企业以外购商品或自产产品作为福利发放给职工

项目	账务处理	
外购商品福利	外购： 借：库存商品[含税进价] 　　贷：银行存款等 计提： 借：生产费用等 　　贷：应付职工薪酬[含税]	发放： 借：应付职工薪酬 　　贷：库存商品

答案
例题9|D

(续表)

项目	账务处理	
自产产品福利	计提： 借：成本费用等 　　贷：应付职工薪酬[含税售价]	发放： 借：应付职工薪酬 　　贷：主营业务收入 　　　　应交税费——应交增值税(销项税额) 借：主营业务成本 　　贷：库存商品

【例题 10·单选题】（2020 年）甲公司为增值税一般纳税人，适用的增值税税率为 13%。2020 年 6 月 1 日，甲公司为 50 名员工(假定生产工人 30 人、行政管理人员 20 人)每人发放一台自产的商品和一件礼品作为福利。自产的商品每台成本为 800 元、市场售价为 1 000 元(不含增值税)，外购礼品每件价格为 500 元、增值税税额为 65 元，已取得增值税专用发票。不考虑其他因素，则甲公司发放该福利时，应记入"应付职工薪酬"科目的金额为（　）元。

A. 78 250　　　B. 81 500　　　C. 75 000　　　D. 84 750

解析 企业以自产产品作为福利发放给职工，应当按照该产品的公允价值和相关税费计入职工薪酬和相应的成本费用中，并确认主营业务收入，同时结转成本。企业以外购商品作为福利发放给职工，应当按照该商品的购进价格和相关税费计量应计入成本费用的职工薪酬金额。因此应计入职工薪酬的金额 = 50×1 000×(1+13%) + 50×(500+65) = 84 750(元)。

（2）企业将拥有或租赁的房屋等资产无偿提供给职工使用。

企业应当根据受益对象，将自有房屋等资产的每期折旧额或租赁房屋等资产的每期应支付的租金确认为应付职工薪酬，并计入相关的成本费用。企业将拥有或租赁的房屋等资产无偿提供给职工使用，见表 12-20。

表 12-20　企业将拥有或租赁的房屋等资产无偿提供给职工使用

项目	会计处理	
自有住房	每期计提折旧： 借：应付职工薪酬 　　贷：累计折旧	同时，按受益对象： 借：生产成本、管理费用等 　　贷：应付职工薪酬
租赁住房	每期应付租金： 借：应付职工薪酬 　　贷：其他应付款	同时，按受益对象： 借：生产成本、管理费用等 　　贷：应付职工薪酬

提示 难以认定受益对象的非货币性福利，全部直接计入当期管理费用和应付职工薪酬。

答案
例题 10｜D

【例题 11·单选题】黄河公司 2022 年 1 月 1 日为 10 名高级管理人员每人租赁(短期)住房一套并提供轿车一辆供其个人免费使用；每套住房年租金为 6 万元(年初已支付)，每辆轿车年折旧额为 4.8 万元。不考虑其他因素，黄河公司 2022 年"应付职工薪酬"账户的贷方发生额为(　　)万元。

A. 10.8　　　　B. 6　　　　C. 4.8　　　　D. 108

解析 ⬇ 2022 年应付职工薪酬贷方发生额 = 10×(6+4.8) = 108(万元)。

(3)向职工提供企业支付了补贴的商品或服务(以出售住房为例)。

企业按照低于成本的价格向职工出售住房，应当分情况处理：

a. 合同规定了职工获得住房后至少应提供服务的年限，且若提前离职需退回差价：按照售价低于房屋取得成本的差额，借记"长期待摊费用"科目，在服务期限内平均摊销，按照受益对象计入当期损益或相关资产成本。

b. 合同中未规定职工必须提供服务的年限：将售价与房屋取得成本的差额，直接计入当期损益或相关资产成本。

【例题 12·单选题】甲公司为非房地产开发企业。2022 年 1 月甲公司董事会决定将本公司外购的 20 套商品房低价出售给公司管理人员，所出售的商品房实际买价为每套 30 万元，公司向管理人员的出售价格为每套 20 万元，但要求相关员工购得房屋后需为公司服务 10 年。不考虑其他因素，2022 年甲公司因该项业务计入管理费用的金额为(　　)万元。

A. 20　　　　B. 80　　　　C. 200　　　　D. 400

解析 ⬇ 计入管理费用的金额 = (30-20)×20÷10 = 20(万元)。

(1)甲公司出售住房时：

借：银行存款　　　　　　　　　　　　　(20×200 000)4 000 000
　　长期待摊费用　　　　　　　　　　　　　　　　2 000 000
　　贷：固定资产　　　　　　　　　　　　(20×300 000)6 000 000

(2)出售住房后，甲公司按照直线法在 10 年内摊销长期待摊费用：

借：管理费用　　　　　　　　　　　　　　　　　　200 000
　　贷：应付职工薪酬——非货币性福利　　(2 000 000÷10)200 000
借：应付职工薪酬——非货币性福利　　　　　　　　200 000
　　贷：长期待摊费用　　　　　　　　　　　　　　200 000

3. 带薪缺勤的核算

(1)累积带薪缺勤。

累积带薪缺勤指带薪权利<u>可以结转下期</u>的带薪缺勤，本期<u>尚未用完</u>的带薪缺勤权利可以在未来期间使用。

企业应当在<u>职工提供服务</u>从而增加了其未来享有的带薪缺勤权利时，确认与累积带薪缺勤相关的职工薪酬，并以累积未行使权利而增加的<u>预期支付金额</u>计量。

累积带薪缺勤的计提和行权，见表 12-21。

答案 ⬇
例题 11 | D
例题 12 | A

表 12-21 累积带薪缺勤的计提和行权

项目	内容	账务处理
计提	计提职工未行使权利	借：管理费用等 　　贷：应付职工薪酬
行权	将来行使权利	借：应付职工薪酬 　　贷：管理费用等
	将来未行使权利以现金支付	借：应付职工薪酬 　　贷：银行存款

如果职工在离开企业时能够获得现金支付，则应当确认企业必须支付的职工全部累积未使用权利的金额。

（2）非累积带薪缺勤。

非累积带薪缺勤指带薪缺勤权利不能结转下期的带薪缺勤，本期尚未用完的带薪缺勤权利将予以取消，并且职工离开企业时也无权获得现金支付。

企业应当在职工实际发生缺勤的会计期间确认与非累积带薪缺勤相关的职工薪酬。由于企业确认的职工享有的与非累积带薪缺勤权利相关的职工薪酬，通常已经包括在企业每期向职工发放的工资等薪酬中，因此，不必额外作相应的计量。

4. 短期利润分享计划

短期利润分享计划指按照企业净利润的一定比例计算的奖金。

企业应当将短期利润分享计划作为费用处理（按受益对象进行分担，或根据相关《企业会计准则》，作为资产成本的一部分），不能作为净利润的分配。

借：管理费用等
　　贷：应付职工薪酬——利润分享计划

【例题 13·单选题】长江公司于 2023 年年初为公司管理层制订和实施了一项短期利润分享计划，公司全年的净利润指标为 7 000 万元。如果净利润超过 7 000 万元，公司管理层可以获得超过 7 000 万元净利润部分的 10% 作为额外报酬。假定长江公司 2023 年实现净利润 8 000 万元。不考虑其他因素，长江公司 2023 年实施该项短期利润分享计划时应作的会计处理是（　　）。

A. 借：管理费用　　　　　　　　　　　　　　1 000 000
　　　贷：应付职工薪酬　　　　　　　　　　　　　1 000 000
B. 借：营业外支出　　　　　　　　　　　　　1 000 000
　　　贷：应付职工薪酬　　　　　　　　　　　　　1 000 000
C. 借：利润分配　　　　　　　　　　　　　　1 000 000
　　　贷：应付职工薪酬　　　　　　　　　　　　　1 000 000
D. 借：本年利润　　　　　　　　　　　　　　1 000 000
　　　贷：应付职工薪酬　　　　　　　　　　　　　1 000 000

答案 ⬇
例题 13 | A

解析 企业应当将短期利润分享计划作为费用处理（按受益对象进行分担，或根据相关《企业会计准则》，作为资产成本的一部分），不能作为净利润的分配。

（三）长期薪酬的核算

1. 离职后福利的核算

离职后福利包括设定提存计划和设定受益计划。

（1）设定提存计划指企业向独立基金缴存固定费用后，不再承担进一步支付义务的离职后福利计划。（养老保险与失业保险）

（2）企业应当在职工为其提供服务的会计期间，将根据设定提存计划计算的应缴存金额确认为负债，并计入当期损益或相关资产成本。

借：生产成本、管理费用等
　　贷：应付职工薪酬——离职后福利

2. 辞退福利的核算（2021年、2022年计算）

（1）企业应当按照辞退计划条款的规定，合理预计并确认辞退福利产生的职工薪酬。对于辞退福利预期在其确认的年度报告期间期末后12个月内完全支付的辞退福利，企业应当适用短期薪酬的相关规定。

借：管理费用
　　贷：应付职工薪酬——辞退福利

（2）对于辞退福利预期在年度报告期间期末后12个月内不能完全支付的辞退福利，企业应当适用其他长期职工福利的相关规定，即实质性辞退工作在1年内实施完毕但补偿款项超过1年支付的辞退计划，企业应当选择恰当的折现率，以折现后的金额计量应计入当期损益的辞退福利金额。

辞退福利的账务处理，见表12-22。

表12-22　辞退福利的账务处理

项目		确认因辞退福利产生的预计负债	支付辞退福利
辞退福利	短期	借：管理费用[不区分辞退对象] 　　贷：应付职工薪酬[应付金额]	借：应付职工薪酬 　　贷：银行存款
	长期	借：管理费用[折现后的金额] 　　未确认融资费用[差额] 　　贷：应付职工薪酬[应付金额]	借：应付职工薪酬 　　贷：银行存款 同时： 借：财务费用 　　贷：未确认融资费用

（3）实施职工内部退休计划的，企业应当比照辞退福利处理。自职工停止提供服务日至正常退休日期间，企业应将拟支付的内退职工工资和为其缴

纳的社会保险费等,确认为应付职工薪酬,一次性计入当期损益,不能在职工内退后各期分期确认因支付内退职工工资和为其缴纳社会保险费等产生的义务。

3. 其他长期职工福利

长期残疾福利水平取决于职工提供服务期间长短的,企业应当在职工提供服务的期间确认应付长期残疾福利义务,计量时应当考虑长期残疾福利支付的可能性和预期支付的期限;长期残疾福利与职工提供服务期间长短无关的,企业应当在导致职工长期残疾的事件发生的当期确认应付长期残疾福利义务。

(四)现金结算的股份支付(2021年、2022年计算)

以现金结算的股份支付,应当按照企业承担的以股份或其他权益工具为基础计算确定的负债的公允价值计量。

1. 授予后立即可行权

应当在授予日以企业承担负债的公允价值计入相关成本或费用,相应增加负债。

2. 完成等待期的服务或达到规定业绩条件后才可行权

完成等待期的服务或达到规定业绩条件后才可行权,见表12-23。

表12-23 完成等待期的服务或达到规定业绩条件后才可行权

项目	会计处理
授予日	不进行账务处理
等待期内的每个资产负债表日	应当以对可行权情况的最佳估计为基础,按照企业承担负债的公允价值金额,将当期取得的服务计入成本或费用和相应的负债(假定三年等待期): 借:管理费用等 　　贷:应付职工薪酬 第1年年末,预计行权股份×公允价值×1÷3; 第2年年末,预计行权股份×公允价值×2÷3-第1年年末负债余额; 第3年年末,[(可行权股份-行权股份)×公允价值+支付行权金额]-第2年年末负债余额
在可行权日之后	不再确认由换入服务引起的成本费用增加,但应当在相关负债结算前的每个资产负债表日以及结算日,对负债的公允价值重新计量,其变动计入公允价值变动损益: 借:公允价值变动损益 　　贷:应付职工薪酬[或相反分录]

【知识点拨】 行权前计算费用的思路:当年确认费用(应付职工薪酬)=累计费用-已确认费用=本年末负债余额-上年末负债余额。

【例题14·单选题】2020年12月12日，甲公司董事会批准一项股份支付协议。协议规定：2021年1月1日，公司为其200名中层以上管理人员每人授予100份现金股票增值权，条件是这些人员必须为公司连续服务3年，即可自2023年12月31日起根据股价的增长幅度行权获取现金。预计2021年、2022年和2023年年末现金股票增值权的公允价值分别为每股10元、12元和15元。2021年有20名管理人员离开，预计未来两年还将有15名管理人员离开；2022年实际有10名管理人员离开，预计2023年还将有10名管理人员离开。甲公司在2022年12月31日应确认的应付职工薪酬为（　　）元。

　　A．55 000　　　　B．73 000　　　　C．128 000　　　　D．136 000

解析　2021年确认的应付职工薪酬的金额＝（200－20－15）×100×10×1÷3＝55 000（元）；2022年应付职工薪酬的余额＝（200－20－10－10）×100×12×2÷3＝128 000（元）；2022年12月31日应确认的应付职工薪酬的金额＝128 000－55 000＝73 000（元）。

借：管理费用　　　　　　　　　　　　　　　　　　　　　73 000
　　贷：应付职工薪酬　　　　　　　　　　　　　　　　　　73 000

【拓展】假设2023年有15人离开，2023年12月31日有70人行使了股票增值权、企业每股支付14元，剩余85人预计在2025年年末行权，2024年年末现金股票增值权的公允价值为每股18元，该股票增值权应在2025年12月31日之前行使完毕。

至2023年年末预计的累计费用金额＝（200－20－10－15－70）×100×15＝127 500（元）。

2023年行权支付的现金金额＝70×100×14＝98 000（元）。

2023年应确认的费用金额＝127 500＋98 000－128 000＝97 500（元）。

借：应付职工薪酬　　　　　　　　　　　　　　　　　　　98 000
　　贷：银行存款　　　　　　　　　　　　　　　　　　　98 000
借：管理费用　　　　　　　　　　　　　　　　　　　　　97 500
　　贷：应付职工薪酬　　　　　　　　　　　　　　　　　97 500

2024年年末确认的公允价值变动金额＝（200－20－10－15－70）×100×18－127 500＝25 500（元）。

借：公允价值变动损益　　　　　　　　　　　　　　　　　25 500
　　贷：应付职工薪酬　　　　　　　　　　　　　　　　　25 500

3．将以现金结算的股份支付修改为以权益结算的股份支付的会计处理

企业修改以现金结算的股份支付协议中的条款和条件，使其成为以权益结算的股份支付的，应当以所授予权益工具的修改日公允价值为基础计算以权益结算的股份支付，并计入资本公积，同时终止确认之前确认的应付职工薪酬，差额计入当期损益。

答案
例题14｜B

【例题 15·单选题】B 公司 2021 年 1 月 1 日为其 200 名中层以上管理人员，每人授予 100 份现金股票增值权，2021 年 12 月 31 日已确认应付职工薪酬 77 000 元，至 2022 年 12 月 31 日已离职 30 名，原等待期为 3 年。2022 年 12 月 31 日 B 公司将向中层以上管理人员授予的每人 100 份现金股票增值权修改为授予 100 股股票期权，这些管理人员从 2023 年 1 月 1 日起若在公司连续服务 2 年，即可以每股 5 元购买 100 股公司股票。每份期权在 2022 年 12 月 31 日的公允价值为 16 元。假定不考虑其他因素，尚未离职的管理人员都在 2024 年 12 月 31 日行权，股份面值为 1 元。B 公司修改股份支付所作的会计处理表述不正确的是（　　）。

A. 2022 年 12 月 31 日，贷记"资本公积——其他资本公积"136 000 元

B. 2022 年，借记"管理费用"68 000 元

C. 2023 年，借记"管理费用"68 000 元

D. 2024 年 12 月 31 日，贷记"资本公积——股本溢价"340 000 元

解析 2022 年确认管理费用 =（200-30）×100×16×2÷4 - 77 000 = 59 000（元）。

（1）2022 年 12 月 31 日，公司应作会计处理：

借：应付职工薪酬——股份支付　　　　　　　　　77 000
　　管理费用　　　　　　　　　　　　　　　　　59 000
　　贷：资本公积——其他资本公积　　　　　　　　　136 000

（2）2023 年 12 月 31 日和 2024 年 12 月 31 日，公司应分别确认管理费用和资本公积——其他资本公积的金额 =（200-30）×100×16×1÷4 = 68 000（元）。

（3）2024 年 12 月 31 日，管理人员行权时：

借：银行存款　　　　　　　　　[（200-30）×100×5] 85 000
　　资本公积——其他资本公积　　[（200-30）×100×16] 272 000
　　贷：股本　　　　　　　　　　　　　　　　　　　17 000
　　　　资本公积——股本溢价　　　　　　　　　　　340 000

【例题 16·计算题】黄河公司系上市公司，为增值税一般纳税人，适用增值税税率 13%，黄河公司共有职工 520 人，其中生产工人 380 人，车间管理人员 60 人，行政管理人员 50 人，销售机构人员 30 人，2023 年 12 月发生与职工薪酬有关的事项如下：

（1）本月应付职工工资总额 500 万元，其中，生产工人工资为 350 万元，车间管理人员工资 60 万元，行政管理人员工资 60 万元，销售机构人员工资 30 万元。

（2）分别按照当月工资总额的 2% 和 8% 计提工会经费和职工教育经费，根据当地政府规定，按照工资总额的 10% 计提并缴存"五险一金"。

（3）公司为 10 名高级管理人员每人租赁（短期）住房一套并提供轿车一辆供其个人免费使用；每套住房年租金为 6 万元（年初已支付），每辆轿车年折

答案
例题 15 | B

旧额为4.8万元。

(4)公司为每名职工发放1件生产用材料作为集体福利,每件材料成本0.5万元、支付的增值税为0.065万元。

(5)2022年1月1日,公司向100名核心管理人员每人授予1万份现金股票增值权,根据股份支付协议规定,这些人员从2022年1月1日起必须在公司连续服务满4年,即可按照当时股价的增长幅度获得现金,该现金股票增值权应在2026年12月31日前行使完毕。

2022年12月31日,该股份支付确认的"应付职工薪酬"科目贷方余额为200万元。

2023年12月31日每份现金股票增值权的公允价值10元,至2023年年末有20名核心管理人员离开公司,估计未来两年还将有10名核心管理人员离开。假设不考虑其他业务和相关税费。

根据上述资料,回答下列问题。

(1)针对上述事项(4),2023年12月黄河公司应确认的"生产成本"为(　　)万元。

A. 220　　　　B. 248.6　　　　C. 214.7　　　　D. 0

解析 公司用生产用材料发放给职工作为福利,将材料成本和进项税额计入生产成本。计入生产成本科目的金额=0.5×(1+13%)×380=214.7(万元)。

事项(4)的会计分录:

借:生产成本　　　　　　　　　　　　[5 000×(1+13%)×380] 2 147 000
　　制造费用　　　　　　　　　　　　[5 000×(1+13%)×60] 339 000
　　管理费用　　　　　　　　　　　　[5 000×(1+13%)×50] 282 500
　　销售费用　　　　　　　　　　　　[5 000×(1+13%)×30] 169 500
　　贷:应付职工薪酬　　　　　　　　[5 000×(1+13%)×520] 2 938 000
借:应付职工薪酬　　　　　　　　　　　　　　　　　　　　　2 938 000
　　贷:原材料　　　　　　　　　　　　　　　　　　　　　　2 600 000
　　　　应交税费——应交增值税(进项税额转出)　　　　　　　338 000

(2)针对上述事项(5),2023年12月31日黄河公司因该项股份支付确认的"应付职工薪酬"贷方发生额为(　　)万元。

A. 280　　　　B. 200　　　　C. 350　　　　D. 150

解析 2022年12月31日,该股份支付确认的"应付职工薪酬"科目贷方余额为200万元。2023年12月31日黄河公司因该项股份支付确认的"应付职工薪酬"贷方发生额=(100-20-10)×1×10×2÷4-200=150(万元)。

借:管理费用　　　　　　　　　　　　　　　　　　　　　　1 500 000
　　贷:应付职工薪酬　　　　　　　　　　　　　　　　　　1 500 000

(3)根据职工提供服务的受益对象,黄河公司2023年12月发生的应付职工薪酬应记入"管理费用"科目的金额为( )万元。

　　A. 252.15　　B. 142.15　　C. 259.25　　D. 102.15

解析 事项(1)计提工资费用的会计分录：

借：生产成本	3 500 000
制造费用	600 000
管理费用	600 000
销售费用	300 000
贷：应付职工薪酬	5 000 000

事项(2)计提工会、教育、社保费用的会计分录：

借：生产成本	[3 500 000×(2%+8%+10%)]700 000
制造费用	[600 000×(2%+8%+10%)]120 000
管理费用	[600 000×(2%+8%+10%)]120 000
销售费用	[300 000×(2%+8%+10%)]60 000
贷：应付职工薪酬	1 000 000

事项(3)提供住房、租赁汽车福利的会计分录：

借：应付职工薪酬	40 000
贷：累计折旧	40 000
借：管理费用	(48 000÷12×10)40 000
贷：应付职工薪酬	40 000
借：应付职工薪酬	50 000
贷：预付账款	50 000
借：管理费用	(60 000÷12×10)50 000
贷：应付职工薪酬	50 000

事项(4)管理费用=0.5×(1+13%)×50=28.25(万元)

2023年12月计入管理费用的金额=60+12+9+(4)28.25+(5)150=259.25(万元)。

(4)黄河公司2023年12月"应付职工薪酬"账户的贷方发生额为( )万元。

　　A. 1 055.1　　B. 905.1　　C. 1 052.8　　D. 860.9

解析 2023年12月应付职工薪酬贷方发生额=500+500×(2%+8%+10%)+10×(6÷12+4.8÷12)+0.5×520×(1+13%)+150=1 052.8(万元)。

考点五　其他流动负债　★　 一学多考 注

(一)短期借款

短期借款的会计处理，见表12-24。

答案

例题16 | (1) C
　　　　(2) D
　　　　(3) C
　　　　(4) C

表 12-24　短期借款的会计处理

情形	会计处理
取得借款时（本金债务）	借：银行存款 　贷：短期借款
计提利息时（利息债务）	借：财务费用 　贷：应付利息、银行存款

（二）预收账款

预收账款的会计处理，见表 12-25。

表 12-25　预收账款的会计处理

情形	会计处理
预收账款时	借：银行存款 　贷：预收账款
确认收入时	借：预收账款 　贷：主营业务收入 　　应交税费——应交增值税（销项税额）
账户余额	贷方余额：预收款项；借方余额：应收款项
科目设置	如果企业的预收账款业务不多，也可以不设"预收账款"科目，而是将预收的款项直接记入"应收账款"科目的贷方

（三）受托代销商品款

受托方收到代销商品（手续费方式）：
借：受托代销商品
　贷：受托代销商品款

（四）金融负债（2020 年、2024 年单选；2022 年多选）

1. 金融负债的确认和计量

金融负债的确认和计量，见表 12-26。

表 12-26　金融负债的确认和计量

项目		内容
分类	金融负债	短期借款、应付票据、应付账款、应付债券、长期借款等（即：需还钱的债务）
	非金融负债	预收账款、预计负债、专项应付款、递延收益、递延所得税负债等

第十二章 | 流动负债

(续表)

项目	内容
确认条件	金融负债是指企业符合下列条件之一的负债： (1)向其他方交付现金或其他金融资产的合同义务； (2)在潜在不利条件下，与其他方交换金融资产或金融负债的合同义务； (3)将来须用或可用企业自身权益工具进行结算的非衍生工具合同，且企业根据该合同将交付可变数量的自身权益工具； (4)将来须用或可用企业自身权益工具进行结算的衍生工具合同，但以固定数量的自身权益工具交换固定金额的现金或其他金融资产的衍生工具合同除外
初始计量	企业初始确认金融负债应当按照公允价值计量
	对于以公允价值计量且其变动计入当期损益的金融负债，相关交易费用应当直接计入当期损益； 对于其他类别的金融负债，相关交易费用应当计入初始确认金额
后续计量	初始确认后，企业应当对不同类别的金融负债，分别以摊余成本、公允价值计量且其变动计入当期损益或以准则规定的其他适当方法进行后续计量
	企业对所有金融负债均不得进行重分类
终止确认	金融负债(或其一部分)终止确认的，企业应当将其账面价值与支付的对价之间的差额，计入当期损益。 金融负债终止确认时，之前计入其他综合收益的累计利得或损失应当从其他综合收益中转出，计入留存收益

【例题17·单选题】(2024年)下列关于金融负债的表述错误的是(   )。

A. 企业处置交易性金融负债时，之前已经按规定计入其他综合收益的累计利得或损失，应当从其他综合收益转入留存收益

B. 企业初始确认金融负债时，应按公允价值计量

C. 金融负债包括短期借款、应付账款、预收账款及长期借款等

D. 所有金融负债均不得进行重分类

解析↘ 金融负债主要包括短期借款、应付票据、应付账款、应付债券、长期借款等；预收账款属于非金融负债。

2. 交易性金融负债 *调整*

交易性金融负债，见表12-27。

表12-27 交易性金融负债

项目	会计处理
初始计量	借：银行存款[实际收到的金额] 　　投资收益[发生的交易费用] 　　贷：交易性金融负债——本金[公允价值]

答案↘
例题17 | C

(续表)

项目		会计处理
后续计量	利息支出	借：投资收益、财务费用等 　　贷：交易性金融负债——应计利息 **提示** 企业也可以不单独确认上述利息，而通过"交易性金融负债——公允价值变动"科目汇总反映包含利息的交易性金融负债的公允价值变化
	价值变动	交易性金融负债的公允价值高于其账面余额： 借：公允价值变动损益 　　贷：交易性金融负债——公允价值变动 公允价值低于其账面余额的，作相反会计分录。 **提示** 指定为以公允价值计量且其变动计入当期损益的金融负债，由于企业自身信用风险变动引起的公允价值变动金额，计入其他综合收益
出售		借：交易性金融负债——本金 　　　　　　　　　　——公允价值变动[或贷记] 　　　　　　　　　　——应计利息 　　贷：银行存款[实际支付的金额] 　　　　投资收益[差额，或借记]
		之前的"公允价值变动损益"科目转入"投资收益"科目 / 之前的"其他综合收益"转入留存收益

(五) 应付利息和应付股利

1. 应付利息

企业为核算其按照合同约定应支付的各类利息，如分期付息到期还本的长期借款、企业债券等应支付的利息。

2. 应付股利

企业根据股东大会或类似机构审议批准的利润分配方案确定分配给投资者的现金股利或利润，借记"利润分配"科目，贷记"应付股利"科目；企业董事会或类似机构通过的利润分配方案中拟分配的现金股利或利润，不作账务处理，不作为应付股利核算，但应在附注中披露。

(六) 其他应付款

1. 其他应付款核算内容 (2024年多选)

其他应付款核算内容包括：存入保证金 (如收取的包装物押金、收取的租赁保证金等)、应付租入包装物租金 (含预付租金)、售后回购 (约定的售后回购金额与原售价的差额) 等。

企业代扣代缴的应由职工个人负担的医疗保险费、养老保险费、住房公积金，通过"其他应付款"科目核算。

【例题18·多选题】(2024年) 下列各项中，应在"其他应付款"科目核算的有( )。

A. 按租赁准则简化处理的短期租入无形资产应支付的租金
B. 代扣的应由职工个人负担的养老保险费
C. 收到的电费发票上载明的应支付电费
D. 收取的包装物押金
E. 以公允价值计量且其变动计入当期损益的金融负债应付的利息

解析 选项C,应记入"应付账款"科目。选项E,应记入"交易性金融负债——应计利息"科目或并入"交易性金融负债——公允价值变动"科目汇总核算。

2. 售后回购

售后回购方式融资,见表12-28。

表12-28 售后回购方式融资

项目	销售方(债务方)	购买方(债权方)
销售	借:银行存款 　　贷:其他应付款 　　　　应交税费——应交增值税(销项税额) 借:发出商品 　　贷:库存商品	借:其他应收款 　　应交税费——应交增值税(进项税额) 　　贷:银行存款 借:库存商品 　　贷:合同负债
计息	借:财务费用 　　贷:其他应付款	借:其他应收款 　　贷:财务费用
回购	借:其他应付款 　　应交税费——应交增值税(进项税额) 　　贷:银行存款 借:库存商品 　　贷:发出商品	借:银行存款 　　贷:其他应收款 　　　　应交税费——应交增值税(销项税额) 借:合同负债 　　贷:库存商品

● **得分高手**

售后回购重点掌握其他应付款的计量和利息的计提,尽管近几年考题较少,但2025年易考。

【**例题19·单选题**】甲公司2023年6月1日采用售后回购方式向乙公司销售一批商品,销售价格为100万元,回购价格为115万元,回购日期为2023年10月31日,贷款已实际收付。假定不考虑增值税等相关税费,则2023年8月31日甲公司因此项售后回购业务确认的"其他应付款"科目余额为( )万元。

A. 100　　　　B. 109　　　　C. 115　　　　D. 106

解析 确认"其他应付款"科目的金额 = 100 + (115 - 100) ÷ 5 × 3 = 109(万元)。

答案
例题18 | ABD
例题19 | B

初始销售时：

借：银行存款　　　　　　　　　　　　　　　　　　　　　1 000 000
　　贷：其他应付款　　　　　　　　　　　　　　　　　　　　1 000 000

2023 年 6—8 月平均确认的财务费用：

借：财务费用　　　　　　　　　　　　　　　　　　　　　　　30 000
　　贷：其他应付款　　　　　　　　　　　　　　　　　　　　　30 000

【例题 20·多选题】 甲企业为增值税一般纳税人，适用增值税税率为 13%。2020 年 1 月 1 日，甲企业与乙企业签订协议，向乙企业销售一批成本为 80 万元的商品，甲企业开具的增值税专用发票上注明，价款为 90 万元，增值税税额为 11.7 万元，同时协议约定，甲企业应在 2020 年 6 月 30 日将所售商品购回，回购价为 100 万元，另向乙企业支付增值税税额 13 万元。1 月 1 日，甲企业货款已实际收到。不考虑其他相关税费，甲企业在发出商品时，下列会计分录正确的有(　　)。

A. 借：银行存款　　　　　　　　　　　　　　　　　　　　　1 017 000
　　贷：库存商品　　　　　　　　　　　　　　　　　　　　　　800 000
　　　　应交税费——应交增值税(销项税额)　　　　　　　　　117 000
　　　　未确认融资费用　　　　　　　　　　　　　　　　　　100 000

B. 借：银行存款　　　　　　　　　　　　　　　　　　　　　1 017 000
　　贷：应交税费——应交增值税(销项税额)　　　　　　　　　117 000
　　　　其他应付款　　　　　　　　　　　　　　　　　　　　900 000

C. 借：主营业务成本　　　　　　　　　　　　　　　　　　　　800 000
　　贷：库存商品　　　　　　　　　　　　　　　　　　　　　　800 000

D. 借：银行存款　　　　　　　　　　　　　　　　　　　　　1 017 000
　　　　财务费用　　　　　　　　　　　　　　　　　　　　　100 000
　　贷：应交税费——应交增值税(销项税额)　　　　　　　　　117 000
　　　　其他应付款　　　　　　　　　　　　　　　　　　　1 000 000

E. 借：发出商品　　　　　　　　　　　　　　　　　　　　　　800 000
　　贷：库存商品　　　　　　　　　　　　　　　　　　　　　　800 000

答案
例题 20｜BE

同步训练

考点一　应付账款和应付票据

(单选题)下列关于应付票据和应付账款处理的说法中，错误的是(　　)。

A. 企业到期无力支付的商业承兑汇票，应按账面余额转入"短期借款"科目

B. 企业支付的银行承兑汇票手续费，记入"财务费用"科目

C. 企业到期无力支付的银行承兑汇票,应按账面余额转入"短期借款"科目

D. 应付账款一般按应付金额入账,而不按到期应付金额的现值入账

考点二 应交税费——应交增值税

1. (单选题·2022年)甲食品加工厂系增值税一般纳税人,从乙农业开发基地购进一批玉米全部用于加工生产增值税税率为13%的食品,适用的扣除率为10%,支付货款为11 000元,并支付不含税运费1 300元(已取得增值税专用发票,税率为9%),该批玉米已验收入库。不考虑其他因素,则该批玉米入账金额为(   )元。
   A. 11 200   B. 12 417   C. 9 900   D. 12 300

2. (单选题·2021年)企业确认收入或利得的时点早于按照增值税制度确认增值税纳税义务发生时点的,应将相关销项税额记入(   )。
   A. 应交税费——未交增值税
   B. 应交税费——简易计税
   C. 应交税费——待转销项税额
   D. 应交税费——应交增值税(销项税额)

3. (单选题)下列企业缴纳增值税的账务处理中,表述错误的是(   )。
   A. 企业缴纳当月应缴的增值税,借记"应交税费——应交增值税(已交税金)"科目
   B. 企业缴纳以前期间未缴的增值税,借记"应交税费——未交增值税"科目
   C. 企业预缴增值税时,借记"应交税费——预交增值税"科目
   D. 对于当期直接减免的增值税,借记"应交税费——应交增值税(销项税额抵减)"科目

4. (单选题·2021年)下列关于小规模纳税人增值税业务的账务处理中,正确的是(   )。
   A. 缴纳增值税时,应通过"应交税费——已交税金"科目核算
   B. 购买物资时取得的增值税专用发票上注明的增值税税额,应通过"应交税费——应交增值税"科目核算
   C. 发生视同销售业务应纳的增值税额,应通过"应交税费——应交增值税"科目核算
   D. 初次购买增值税税控系统专用设备支付的费用允许在应纳税额中全额抵减的,应将抵减的增值税应纳税额通过"应交税费——应交增值税(减免税款)"科目核算

5. (单选题·2023年)属于增值税一般纳税人的小微企业,符合增值税规定的免征条件,则免征的增值税应记入的会计科目是(   )。
   A. 其他收益   B. 主营业务收入
   C. 营业外收入   D. 税金及附加

6. (多选题)为详细核算企业应缴纳增值税的计算、解缴和抵扣等情况,下列各项中属于企业应在"应交增值税"明细科目下设置的专栏有(   )。
   A. 进项税额   B. 已交税金
   C. 未交增值税   D. 出口退税
   E. 增值税检查调整

7. (多选题·2020年)下列一般纳税人应通过"应交税费——应交增值税(减免税款)"

科目核算的有( )。
A. 当期收到的出口退税额 B. 当期直接减免的增值税额
C. 用加计抵减额抵减的应纳增值税额 D. 税务机关核准允许退还的留抵税额
E. 初次购买增值税税控发票专用设备支付的费用，按规定抵减的应纳增值税额

8. (多选题)一般纳税人核算的应缴纳的增值税，应在"应交税费"的会计科目下设置的明细科目有( )。
A. 简易计税 B. 出口退税
C. 预交增值税 D. 待转销项税额
E. 转出未交增值税

考点三 应交税费——消费税及其他税费

1. (单选题)企业因受托加工或翻新改制金银首饰按规定应缴纳的消费税，应于企业向委托方交货时，借记的会计科目为( )。
A. 其他应付款 B. 税金及附加
C. 营业外支出 D. 销售费用

2. (单选题)某企业本期应交房产税税额6万元、土地使用税税额6万元、印花税税额3万元、耕地占用税税额30万元、车辆购置税税额2.4万元。不考虑其他因素，则本期影响"应交税费"科目的金额为( )万元。
A. 62.4 B. 59.4 C. 12 D. 29.4

3. (多选题)下列有关消费税的处理方法，正确的有( )。
A. 不具有商业实质的非货币性资产交换，企业用应税消费品换取库存商品缴纳的消费税计入存货成本
B. 纳税人用外购的已税珠宝玉石生产的改在零售环节征收消费税的金银首饰，在计税时可以扣除在外购环节已缴纳的税款
C. 以收取手续费方式代销金银首饰的，其应缴的消费税，借记"税金及附加"等科目，贷记"应交税费——应交消费税"科目
D. 有出口经营权的生产企业委托外贸企业代理出口应税消费品，按规定直接予以免税的，可不计算应缴消费税
E. 随同产品出售但单独计价的包装物，如需缴纳消费税，应将消费税计入税金及附加

4. (多选题)下列有关土地增值税的账务处理中，表述正确的有( )。
A. 兼营房地产业务的工业企业，当期营业收入负担的土地增值税，应借记"税金及附加"科目
B. 企业在项目交付使用前转让房地产取得收入，预缴的土地增值税，应借记"应交税费——应交土地增值税"科目
C. 企业在项目全部交付使用后进行清算，收到退回多缴的土地增值税，应贷记"应交税费——应交土地增值税"科目
D. 企业转让的土地使用权连同地上建筑物及其附着物一并在"固定资产"科目核算的，转让时应缴的土地增值税，借记"税金及附加"科目

E. 企业转让作为无形资产核算的土地使用权，其应缴的土地增值税，应借记"营业外支出"科目

5. (多选题)下列各项税金中，应计入相关资产成本的有( )。
   A. 一般纳税企业因购进原材料而支付的增值税
   B. 外购用于生产固体盐的液体盐应缴纳的资源税
   C. 收购未税矿产品代扣代缴的资源税
   D. 进口商品支付的关税
   E. 购建厂房缴纳的耕地占用税

考点四 应付职工薪酬

1. (单选题)下列各项中，不属于职工薪酬核算范围的是( )。
   A. 支付给外聘大学教授因提供培训而发生的讲课费
   B. 支付给退休职工的养老保险
   C. 支付给未与企业签订劳务合同的董事相应薪酬
   D. 支付给与劳务中介公司签订用工合同为企业提供劳务的人员相应福利

2. (单选题)乙公司适用的增值税税率为13%。2020年2月，以其生产成本每台10 000元的液晶彩电和外购的电暖气作为春节福利发放给公司每名职工。该型号液晶彩电的售价为每台14 000元，已开具了增值税专用发票；乙公司原购入电暖气200台的总价款为100 000元，增值税进项税额为13 000元，现此电暖气的公允价值为120 000元。假定有200名职工，其中100名为生产工人，70名为生产车间管理人员，30名为管理人员。此非货币性福利在当月已全部发放，下列说法中错误的是( )。
   A. 确认主营业务收入2 920 000元
   B. 确认生产成本1 638 500元
   C. 确认进项税额转出13 000元
   D. 对当期应付职工薪酬的影响为0元

3. (单选题)甲公司是一家工业制造业企业，2021年5月1日该公司因引进了一条自动化生产线而制订一项辞退计划。拟辞退车间管理人员3名，共补偿500 000元；辞退生产工人15名，共补偿100 000元，该计划已获董事会批准，并已通知相关职工本人。不考虑其他因素，2021年计入管理费用的金额为( )元。
   A. 0　　　　　　B. 500 000　　　　C. 100 000　　　　D. 600 000

4. (单选题)2023年初，甲公司向10名管理人员每人授予1万份现金股票增值权，这些管理人员从2023年1月1日起在该公司连续服务3年即可按照股价的增长幅度获得现金。甲公司估计，该增值权在2023年末的公允价值为12元/份。2024年12月31日，甲公司将向职工授予1万份现金股票增值权修改为授予1万份股票期权，这些管理人员从2025年1月1日起在该公司连续服务2年，即可以每股6元的价格购买1万股甲公司股票。该期权在2024年12月31日的公允价值为24元/份。甲公司预计上述管理人员都将在服务期限内提供服务。假定不考虑其他因素，甲公司在2024年12月31日应确认的费用为( )万元。
   A. 40　　　　　　B. 80　　　　　　C. 120　　　　　　D. 60

5. (多选题)下列各项中，应在"应付职工薪酬"科目核算的有( )。

A. 企业未按规定缴纳残疾人就业保障金而缴纳的滞纳金

B. 企业代扣代缴的应由职工个人负担的住房公积金

C. 职工出差报销的差旅费

D. 企业超比例安排残疾人就业按规定收到的奖励

E. 支付给职工超额劳动的奖金

6. (多选题)下列各项中,应作为职工薪酬计入相关资产成本的有( )。

A. 设备采购人员差旅费　　　　　B. 公司总部管理人员的工资

C. 生产职工的伙食补贴　　　　　D. 材料入库前挑选整理人员的工资

E. 工程人员的福利费

7. (多选题)下列关于职工薪酬的表述,正确的有( )。

A. 职工福利费为非货币性福利的,应当按照公允价值计量

B. 企业应当将辞退福利分类为设定提存计划和设定受益计划

C. 短期薪酬是指企业在职工提供相关服务的年度开始12个月内需要全部支付的职工薪酬

D. 如果职工在离开企业时不能获得现金支付,则企业应当根据资产负债表日因累积未使用权利而导致的预期支付的追加金额,作为累积带薪缺勤费用进行预计

E. 对于在职工提供服务的会计期末以后一年以上到期的应付职工薪酬,企业应当选择恰当的折现率,以应付职工薪酬折现后的金额计入相关资产成本或当期损益

8. (多选题)2022年7月A公司拟将购买的100套全新的公寓以优惠价格向职工出售。该公司共有100名职工,其中80名为直接生产人员,20名为公司总部管理人员。该公司拟向直接生产人员出售的住房平均每套购买价为100万元,向职工出售的价格为每套80万元;拟向管理人员出售的住房平均每套购买价为180万元,向职工出售的价格为每套150万元。假定该100名职工均在2022年7月购买了公司出售的住房,售房协议规定,职工在取得住房后必须在公司服务10年。下列有关100套全新公寓向职工出售的会计处理,正确的有( )。

A. 出售住房时计入长期待摊费用的金额为2 200万元

B. 出售住房时冲减固定资产账面价值11 600万元

C. 2022年摊销时,借记"生产成本"科目,贷记"应付职工薪酬"科目80万元

D. 2022年摊销时,借记"管理费用"科目,贷记"应付职工薪酬"科目30万元

E. 上述非货币性职工福利不通过"应付职工薪酬"科目核算

9. (多选题)下列关于企业以现金结算的股份支付形成的负债的会计处理中,正确的有( )。

A. 初始确认时按企业承担负债的公允价值计量

B. 在资产负债表日,需按当日该负债的公允价值重新计量

C. 等待期内所确认的负债金额计入相关成本或费用

D. 在行权日,将行权部分负债的公允价值转入所有者权益

E. 在可行权日之后,负债的公允价值变动计入所有者权益

10. (计算题·2021年)甲公司2020年发生与职工薪酬相关的事项如下:

(1)每月应付工资总额为840万元,其中:生产部门直接生产人员工资为350万元,生产部门管理人员工资为180万元,管理部门人员工资为100万元,销售部门人员工资为210万元。甲公司分别按照职工工资总额的10%、8%、2%和8%计提医疗保险费、住房公积金、工会经费、职工教育经费。其中,甲公司代扣代缴职工个人应负担的住房公积金84万元、个人所得税116万元。次月初以银行存款支付职工薪酬。

(2)6月30日,为奖励直接生产人员和管理部门人员,甲公司将20套普通商品房(账面价值200万元/套)以150万元/套的价格出售给20名直接生产人员;将10套湖景房(账面价值300万元/套)以240万元/套的价格出售给10名管理人员。甲公司收到购房款并于当日办妥产权过户手续,职工自7月1日起必须在公司服务10年,如果提前离职,职工应退回享受的优惠差价。

(3)12月31日,董事会作出决议,拟关闭一条生产线并遣散50名职工,计划从2021年开始连续5年每年年末支付10万元补偿给每名职工。假定折现率为6%。已知(P/A,6%,5)=4.2124,(P/F,6%,5)=0.7473。

(4)2018年12月20日,股东会批准一项股份支付协议。协议规定:自2019年1月1日起,公司为其100名中层以上管理人员每人授予5 000份现金股票增值权,这些管理人员必须为公司连续服务满3年方可行权,可行权日为2021年12月31日。该股票增值权应在2023年12月31日前行使完毕。

在等待期内,第1年有10名管理人员离开公司,预计未来2年还将有15名管理人员离开,2019年12月31日每份股票增值权公允价值为10元;第2年又有10名管理人员离开公司,预计还将有8名管理人员离开公司,2020年12月31日每份股票增值权公允价值为15元;第3年又有5名管理人员离开公司,2021年12月31日每份股票增值权公允价值为12元,第3年末有20人行使了股票增值权。

假定不考虑甲公司发生的其他经济业务以及相关税费。

根据上述资料,回答下列问题。

(1)针对事项(1),对甲公司2020年12月期间费用的影响金额为( )万元。
A. 230.4   B. 448   C. 627.2   D. 396.8

(2)针对事项(2),2020年甲公司"长期待摊费用"账户的期末余额为( )万元。
A. 1 440   B. 0   C. 1 520   D. 1 600

(3)针对事项(3),甲公司2020年因辞退福利记入"管理费用"账户的金额为( )万元。
A. 0   B. 2 500   C. 1 868.3   D. 2 106.2

(4)甲公司2020年12月"应付职工薪酬"账户的贷方发生额合计为( )万元。
A. 3 823.53   B. 3 416.4   C. 3 496.4   D. 3 621.4

考点五 其他流动负债

1. (单选题)采用属于融资交易的售后回购的方式销售商品时,回购价格与原销售价格之间的差额在售后回购期间内按期计提利息费用时,应贷记( )科目。

A. 财务费用　　　　　　　　　　B. 其他应付款

C. 其他业务收入　　　　　　　　D. 未确认融资费用

2. (单选题)下列关于金融负债的表述中,错误的是(　　)。

　A. 企业对所有金融负债均不得进行重分类

　B. 金融负债主要包括短期借款、应付账款、预收账款、应付债券等

　C. 金融负债终止确认时,其账面价值与支付对价之间的差额,应计入当期损益

　D. 企业应当在成为金融工具合同的一方并承担相应义务时确认金融负债

3. (多选题)下列各项中,属于非金融负债的科目有(　　)。

　A. 应付账款　　　　　　　　　B. 专项应付款

　C. 应付票据　　　　　　　　　D. 预收账款

　E. 递延收益

4. (多选题)下列关于交易性金融负债的说法中,正确的有(　　)。

　A. 若企业承担金融负债的目的是近期出售或回购,则应划分为交易性金融负债

　B. 因交易性金融负债发生的交易费用应贷记"投资收益"科目

　C. 交易性金融负债以公允价值进行后续计量

　D. 交易性金融负债公允价值增加额,应记入"公允价值变动损益"贷方

　E. 资产负债表日,企业可以单独确认交易性金融负债按面值和票面利率计算的利息,也可以通过"交易性金融负债——公允价值变动"科目汇总反映

5. (多选题)下列各项通过"其他应付款"核算的有(　　)。

　A. 应缴的职工养老保险　　　　B. 应付已决诉讼赔偿

　C. 应付未决诉讼赔偿　　　　　D. 应付短期租入的固定资产租金

　E. 应付医疗保险费

● 参考答案及解析

考点一　应付账款和应付票据

A　【解析】本题考查应付票据的核算。企业到期无力支付的商业承兑汇票,应按账面余额转入"应付账款"。

考点二　应交税费——应交增值税

1. **A　【解析】**本题考查一般纳税企业增值税的账务处理。该批玉米入账金额 = 11 000−11 000×10%＋1 300 = 11 200(元)。

2. **C　【解析】**本题考查一般纳税企业增值税的账务处理。按照国家统一的会计制度确认收入或利得的时点早于按照增值税制度确认增值税纳税义务发生时点的,应将相关销项税额记入"应交税费——待转销项税额"科目,待实际发生纳税义务时再转入"应交税费——应交增值税(销项税额)"或"应交税费——简易计税"科目。

3. **D　【解析】**本题考查缴纳增值税的账务处理。对于当期直接减免的增值税,借记"应交税费——应交增值税(减免税款)"科目,贷记"其他收益"科目。

4. **C　【解析】**本题考查小规模纳税人的账务处理。选项A,小规模纳税人缴纳增值

税时，应通过"应交税费——应交增值税"科目核算。选项 B，小规模纳税人购买物资时取得的增值税专用发票上注明的增值税税额，应直接计入相关成本费用或资产，不通过"应交税费——应交增值税"科目核算。选项 D，小规模纳税人初次购买增值税税控系统专用设备支付的费用允许在增值税应纳税额中全额抵减的，应将按规定抵减的增值税应纳税额通过"应交税费——应交增值税"科目核算。

5. A 【解析】本题考查一般纳税企业增值税的账务处理。小微企业在取得销售收入时，应当按照税法的规定计算应缴增值税，并确认为应交税费，在达到增值税制度规定的免征增值税条件时，将有关应缴增值税转入"其他收益"科目。

6. ABD 【解析】本题考查一般纳税人的增值税科目设置。选项 C，"未交增值税"是与"应交增值税"平行的二级明细科目。选项 E，关于增值税检查后的账户调整，应设立"应交税费——增值税检查调整"专门账户，它不属于"应交增值税"明细科目下设置的专栏。

7. BE 【解析】本题考查"应交税费——应交增值税(减免税款)"科目的核算情形。选项 A，收到出口退税款时，借记"银行存款"科目，贷记"应收出口退税款"科目。选项 C，符合规定可以用加计抵减额抵减应纳税额的，实际缴纳增值税时，借记"应交税费——未交增值税"或"应交税费——应交增值税(已交税金)"科目，贷记"银行存款""其他收益"科目。选项 D，纳税人在税务机关准予留抵退税时，借记"应交税费——增值税留抵税额"科目，贷记"应交税费——应交增值税(进项税额转出)"科目。

8. ACD 【解析】本题考查一般纳税人的增值税科目设置。一般纳税人的应缴的增值税，应在"应交税费"的会计科目下设置"应交增值税""未交增值税""预交增值税""待抵扣进项税额""待认证进项税额""待转销项税额""增值税留抵税额""简易计税""转让金融商品应交增值税""代扣代交增值税"10 个明细科目进行核算。

考点三 应交税费——消费税及其他税费

1. B 【解析】本题考查消费税的会计处理。企业因受托加工或翻新改制金银首饰按规定应缴纳的消费税，应于企业向委托方交货时，借记"税金及附加"科目，贷记"应交税费——应交消费税"科目。

2. C 【解析】本题考查"应交税费"的核算内容。印花税、耕地占用税和车辆购置税不通过"应交税费"科目核算，所以本期影响应交税费科目的金额 = 6+6 = 12(万元)。

3. ACDE 【解析】本题考查消费税的会计处理。纳税人用委托加工收回的或外购的已税珠宝玉石生产的改在零售环节征收消费税的金银首饰，在计税时一律不得扣除在委托加工或外购环节已缴纳的税款。

4. ABC 【解析】本题考查土地增值税的会计处理。选项 D，企业转让的土地使用权连同地上建筑物及其附着物一并在"固定资产"或"在建工程"核算的，土地增值税应借记"固定资产清理""在建工程"科目，贷记"应交税费——应交土地增值税"科目。选项 E，企业转让作为无形资产核算的土地使用权，应按实际收到的金额，借记"银行存款"科目，按应缴的土地增值税，贷记"应交税费——应交土地增值税"科目，同时冲销土地使用权的账面价值，贷记"无形资产"科目，按其差额，借记或贷记"资产处置损益"科目。

5. **CDE** 【解析】本题考查相关税费的会计处理。选项A,增值税进项税额可以抵扣,不计入资产成本。选项B,应缴纳的资源税在购入时可以抵扣,借记"应交税费——应交资源税"科目。

考点四 应付职工薪酬

1. **A** 【解析】本题考查职工薪酬的范围。选项A,支付外部人员的劳务费不属于职工薪酬。

2. **A** 【解析】本题考查非货币性福利的会计处理。企业以外购商品发放给职工的,在借记应付职工薪酬的同时,应结转外购商品的成本,涉及增值税进项税额转出的,应进行相应处理,<u>不应该确认收入</u>。本题分录如下:

   借:生产成本　　　　　　　　　　　　[100×14 000×(1+13%)]1 582 000
   　　制造费用　　　　　　　　　　　　[70×14 000×(1+13%)]1 107 400
   　　管理费用　　　　　　　　　　　　[30×14 000×(1+13%)]474 600
   　　　贷:应付职工薪酬——非货币性福利　　　　　　　　　3 164 000
   借:应付职工薪酬——非货币性福利　　　　　　　　　　　 3 164 000
   　　　贷:主营业务收入　　　　　　　　　　　　　　　　 2 800 000
   　　　　　应交税费——应交增值税(销项税额)　　　　　　　 364 000
   借:主营业务成本　　　　　　　　　　　　　　　　　　　 2 000 000
   　　　贷:库存商品　　　　　　　　　　　　　　　　　　 2 000 000
   借:生产成本　　　　　　　　　　　　　　　　　　　　　　 56 500
   　　制造费用　　　　　　　　　　　　　　　　　　　　　　 39 550
   　　管理费用　　　　　　　　　　　　　　　　　　　　　　 16 950
   　　　贷:应付职工薪酬——非货币性福利　　　　　　　　　　 113 000
   借:应付职工薪酬——非货币性福利　　　　　　　　　　　　 113 000
   　　　贷:库存商品　　　　　　　　　　　　　　　　　　　 100 000
   　　　　　应交税费——应交增值税(进项税额转出)　　　　　　 13 000

3. **D** 【解析】本题考查辞退福利。辞退福利不按照受益对象区分,<u>均计入当期管理费用</u>,因此2021年计入管理费用的金额=500 000+100 000=600 000(元)。

4. **B** 【解析】本题考查以现金结算的股份支付修改为以权益结算的股份支付。2024年12月31日,甲公司将以现金结算的股份支付修改为以权益结算的股份支付,等待期由3年延长至4年。甲公司应当按照权益工具在修改日的公允价值,将已取得的服务计入资本公积,金额=10×1×24×2÷4=120(万元),同时终止确认已确认的负债,金额=10×1×12×1÷3=40(万元),两者的差额80万元计入当期损益。

   借:管理费用　　　　　　　　　　　　　　　　　　　　　　 800 000
   　　应付职工薪酬——股份支付　　　　　　　　　　　　　　 400 000
   　　　贷:资本公积——其他资本公积　　　　　　　　　　　 1 200 000

5. **BE** 【解析】本题考查应付职工薪酬的核算内容。选项A,记入"<u>营业外支出</u>"科目。选项C,记入"管理费用"科目。选项D,记入"其他收益"科目。

6. **CDE** 【解析】本题考查职工薪酬的会计处理。选项A、B,应计入管理费用。选项C,应计入生产成本。选项D,应计入材料采购成本。选项E,应计入在建工程。

7. ADE 【解析】本题考查职工薪酬的表述。选项 B，企业应将离职后福利计划分类为设定提存计划和设定受益计划。选项 C，短期薪酬是指企业在职工提供相关服务的年度报告期间结束后 12 个月内需要全部支付的职工薪酬。

8. ABCD 【解析】本题考查非货币性福利的会计处理。公司出售住房时应进行如下账务处理：

借：银行存款　　　　　　　　　（80×800 000＋1 500 000×20）94 000 000
　　长期待摊费用　　　　　　　　（80×200 000＋20×300 000）22 000 000
　　贷：固定资产　　　　　　　　（80×1 000 000＋1 800 000×20）116 000 000

公司应当按照直线法在未来 10 年内摊销长期待摊费用，2022 年应进行如下账务处理：

借：生产成本　　　　　　　　　（80×200 000÷10÷2）800 000
　　管理费用　　　　　　　　　　（20×300 000÷10÷2）300 000
　　贷：应付职工薪酬——非货币性福利　　　　　　　1 100 000
借：应付职工薪酬——非货币性福利　　　　　　　　 1 100 000
　　贷：长期待摊费用　　　　　　　　　　　　　　　 1 100 000

9. ABC 【解析】本题考查以现金结算的股份支付。选项 D，行权日借记"应付职工薪酬"科目，贷记"银行存款"科目，不涉及将负债的公允价值转入所有者权益的处理。选项 E，在可行权日之后，负债的公允价值变动记入"公允价值变动损益"科目。

10. (1) D；(2) C；(3) D；(4) A。

【解析】

(1) 本题考查短期职工薪酬的核算。对甲公司 2020 年 12 月期间费用的影响金额 ＝ (100+210)＋(100+210)×(10%+8%+2%+8%)＝396.8(万元)。

会计分录：

借：生产成本　　　　　[3 500 000×(1+10%+8%+2%+8%)]4 480 000
　　制造费用　　　　　[1 800 000×(1+10%+8%+2%+8%)]2 304 000
　　管理费用　　　　　[1 000 000×(1+10%+8%+2%+8%)]1 280 000
　　销售费用　　　　　[2 100 000×(1+10%+8%+2%+8%)]2 688 000
　　贷：应付职工薪酬　　　　　　　　　　　　　　　10 752 000
借：应付职工薪酬——工资　　　　　　　　　　　　 2 000 000
　　贷：其他应付款　　　　　　　　　　　（个人公积金）840 000
　　　　应交税费　　　　　　　　　　　　（代扣个税）1 160 000
借：应付职工薪酬——工资　　　　　　　　　　　　 6 400 000
　　贷：银行存款　　　　　　　　　　　　　　　　　 6 400 000

(2) 本题考查非货币性职工薪酬的核算。2020 年因奖励直接生产人员和管理部门人员确认长期待摊费用的金额 ＝ (200－150)×20＋(300－240)×10＝1 600(万元)；当年摊销的金额 ＝ 1 600÷10×6÷12＝80(万元)，2020 年甲公司"长期待摊费用"账户期末余额 ＝ 1 600－80＝1 520(万元)。

会计分录：

6月30日：

借：银行存款　　　　　　　　　　　　　　　　　　（实收金额）54 000 000
　　长期待摊费用　　　　　　　　　　　　　　　　（补贴金额）16 000 000
　　贷：固定资产　　　　　　　　　　　　　　　　　（账面价值）70 000 000

12月末按受益对象分摊（分录简化处理）：

借：应付职工薪酬　　　　　　　　　　　　　　　　　　　　　800 000
　　贷：长期待摊费用　　　　　　　　　　　　　　　　　　　　800 000
借：生产成本　　　　　　　　　　　　　　（20×500 000÷10×1÷2）500 000
　　管理费用　　　　　　　　　　　　　　（10×600 000÷10×1÷2）300 000
　　贷：应付职工薪酬　　　　　　　　　（16 000 000÷10×1÷2）800 000

（3）本题考查辞退福利的核算。甲公司2020年因辞退福利记入"管理费用"账户的金额=50×10×（P/A，6%，5）=2 106.2（万元）。

（4）本题考查应付职工薪酬的核算。甲公司2020年12月"应付职工薪酬"账户贷方发生额合计=1 075.2+13.33+2 500+235=3 823.53（万元）。

资料（1）：工资和社保等=840+840×（10%+8%+2%+8%）=1 075.2（万元）。

资料（2）：补贴销售房产=1 600÷10×1÷12=13.33（万元）（长期待摊费用第12个月摊销额）。

资料（3）：辞退福利=50×10×5=2 500（万元）。

资料（4）：股份支付=（100-10-10-8）×5 000×15×2÷3-（100-10-15）×5 000×10×1÷3=2 350 000（元），即235万元。

考点五　其他流动负债

1. B　【解析】本题考查售后回购的会计处理。回购价格与原销售价格之间的差额，应在售后回购期间内按期计提利息费用，借记"财务费用"等科目，贷记"其他应付款"科目。

2. B　【解析】本题考查金融负债。选项B，预收账款不属于金融负债。

3. BDE　【解析】本题考查金融负债。金融负债主要包括短期借款、应付票据、应付账款、应付债券、长期借款等。而预收账款、预计负债、专项应付款、递延收益、递延所得税负债等则属于非金融负债。

4. ACE　【解析】本题考查交易性金融负债的会计处理。选项B，因交易性金融负债发生的交易费用应借记"投资收益"科目。选项D，交易性金融负债公允价值增加额，应记入"公允价值变动损益""其他综合收益"科目的借方。

5. BD　【解析】本题考查其他应付款的核算。选项A、E，应该通过"应付职工薪酬"科目核算。选项C，通过预计负债核算。

亲爱的读者，你已完成本章5个考点的学习，本书知识点的学习进度已达66%。

第十三章　非流动负债

重要程度：重点章节　　分值：15分左右

考试风向

▶ 考情速递

本章重点内容为借款费用资本化金额的计量、应付债券的核算、长期应付款、租赁负债和使用权资产、预计负债、债务重组等。常以单选题、多选题、计算题和综合分析题的形式考核，需要理解并掌握。

▶ 2025年考试变化

新增：（1）出租人不对租赁进行重分类的情形，增加"承租人按照原合同条款行使续租选择权或终止租赁选择权导致租赁期变化"。
（2）债务人以长期股权投资清偿债务的会计处理。

调整：（1）出租人收到承租人交的租赁保证金，由记入"其他应收款"科目改为记入"其他应付款"科目。
（2）因产品质量保证确认的预计负债由记入"销售费用"科目改为记入"主营业务成本"科目。
（3）债权人将受让的资产或处置组划分为持有待售类别时，记入"资产减值损失"科目的金额调整为假定不划分为持有待售类别情况下的初始计量金额大于公允价值减去出售费用后的净额的差额。

▶ 脉络梳理

```
                            ┌─ 短期租赁和低价值资产租赁
                  租赁负债 ──┼─ 使用权资产与租赁负债
                   ★★★    └─ 出租方处理

         ┌─ 资本化期间
借款费用 ─┼─ 资本化金额的计算
  ★★★   └─ 借款费用的账务处理
                            ┌─ 或有事项
                  预计负债 ──┼─ 预计负债的确认与计量
                   ★★★    └─ 预计负债的会计处理
         ┌─ 一般公司债券
应付债券 ─┤
  ★★★   └─ 可转换公司债券
                            ┌─ 债务重组的定义与方式
                            ├─ 以资产清偿债务
         ┌─ 长期借款        │
其他非流 ─┼─ 长期应付款     债务重组 ─┼─ 将债务转为权益工具
动负债★   └─ 专项应付款      ★★★   ├─ 修改其他条款
                            └─ 组合方式

第十三章 非流动负债
```

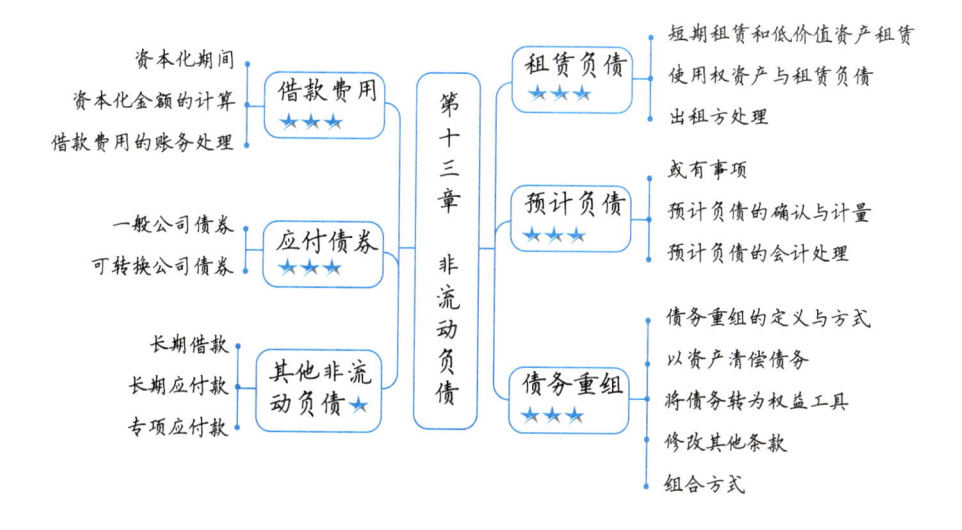

考点详解及精选例题

考点一 借款费用 ★★★ 一学多考|中注

(一)资本化期间

1. 借款费用的内容

借款费用的内容,见表13-1。

表13-1 借款费用的内容

项目	具体内容
因借款而发生的利息	借款、发行债券、带息债务的利息支出
因借款而发生的辅助费用	手续费、佣金、印刷费等
因借款而发生的溢价或折价的摊销	不是溢折价;摊销实质是对债券票面利息的调整
因外币借款而发生的汇兑差额	汇率变动对外币本金和利息的本币产生的影响金额

2. 借款费用资本化范围

借款费用资本化范围,见表13-2。

表13-2 借款费用资本化范围

项目	内容
资产范围	指需要经过相当长时间[一年以上(含一年)]的购建或者生产活动才能达到预定可使用或者可销售状态的资产
	如:固定资产、投资性房地产、存货等资产(存货主要包括房地产开发企业开发的用于对外出售的房地产开发产品、企业制造的用于对外出售的大型机器设备等)
	建造合同成本、确认为无形资产的开发支出等在符合条件的情况下,也可以认定为符合条件的资产
借款范围	包括专门借款和一般借款

提示 购入即可使用的资产,或者购入后需要安装但所需安装时间较短的资产,或者需要建造或生产但建造或生产时间较短的资产,均不属于符合资本化条件的资产,如企业取得的采矿权等。企业已单独入账的土地使用权,由于其取得时已达到预定可使用状态,没有经过长时间的购建或生产活动,所以其不属于"符合资本化条件的资产"。企业应以建造支出(包括土地使用

权在房屋建造期间计入在建工程的摊销金额)为基础,而不是以土地使用权支出为基础,确定应予资本化的借款费用金额。房地产开发企业取得的土地使用权用于建造对外出售的房屋建筑物,相关的土地使用权应当计入所建造的房屋建筑物成本,此时建造的房屋建筑物满足"符合资本化条件的资产"定义,因此应当以包括土地使用权支出的建造成本为基础,确定应予资本化的借款费用金额。

3. 借款费用资本化期间

借款费用资本化期间,指从借款费用开始资本化时点到停止资本化时点的期间,借款费用暂停资本化的期间不包括在内。

(1) 借款费用开始资本化的时点。

借款费用开始资本化应同时满足的条件,见表13-3。

表13-3 借款费用开始资本化应同时满足的条件

条件	内容
借款费用已经发生	专门借入款项或所占用一般借款的借款费用
资产支出已经发生	支付现金、转移非现金资产和承担带息债务(如带息应付票据买物资)
为使资产达到预定可使用或者可销售状态所必要的购建或者生产活动已经开始	不包括仅仅持有资产但没有发生为改变资产形态而进行实质上的建造或者生产活动的情况,如只购置了建筑用地但未发生有关房屋建造活动等

(2) 借款费用暂停资本化。(2022年单选)

a. 正常中断。

通常仅限于因购建或者生产符合资本化条件的资产达到预定可使用或者可销售状态所必要的程序,或者事先可预见的不可抗力因素导致的中断——借款费用应当继续资本化。(例:工程建造到一定阶段必须进行的质量或安全检查、冰冻季节)

b. 非正常中断。

通常是由于企业管理决策上的原因或者其他不可预见的原因等所导致的中断。(例:原料供应短缺、安全事故、劳动纠纷)

符合资本化条件的资产在购建或者生产过程中发生了非正常中断,且中断时间连续超过3个月的,应当暂停借款费用的资本化。在中断期间发生的借款费用应当确认为费用,计入当期损益。

(3) 借款费用停止资本化的时点。(2020年单选)

当购建或者生产符合资本化条件的资产达到预定可使用或者可销售状态时,应当停止其借款费用资本化。以后借款发生的费用应当在发生时根据其发生额确认为费用,计入当期损益。

提示 资产的各部分分别完工,且每部分在其他部分继续建造过程中可供使用或者可对外销售,且为使该部分资产达到预定可使用或可销售状态所

必要的购建或者生产活动实质上已经完成的，应当停止与该部分资产相关的借款费用的资本化。但必须等到整体完工后才可使用或者才可对外销售的，应当在该资产整体完工时停止借款费用的资本化。

【例题 1 · 单选题】（2020 年）下列关于借款费用暂停或停止资本化的表述中，正确的是( )。

A. 购建的固定资产各部分分别完工，虽该部分必须等到整体完工后才能使用，但这部分资产发生的借款费用应停止资本化

B. 购建的固定资产部分已达到预定可使用状态，且该部分可独立提供使用，应待整体完工后方可停止借款费用资本化

C. 购建固定资产过程中发生非正常中断，且中断时间连续超过 3 个月，应当暂停借款费用资本化

D. 购建固定资产过程中发生正常中断，且中断时间连续超过 3 个月，应当暂停借款费用资本化

解析 选项 A，购建或者生产的资产的各部分分别完工，但必须等到整体完工后才可使用或者才可对外销售的，应当在该资产整体完工时停止借款费用的资本化。选项 B，购建或者生产的符合资本化条件的资产的各部分分别完工，且每部分在其他部分继续建造过程中可供使用或者可对外销售，且为使该部分资产达到预定可使用或可销售状态所必要的购建或者生产活动实质上已经完成的，应当停止与该部分资产相关的借款费用的资本化。选项 D，发生正常中断，借款费用应继续资本化，不暂停资本化。

（二）资本化金额的计算

1. 专门借款利息费用资本化金额的计算

资本化金额=资本化期间专门借款当期实际发生的利息费用－资本化期间闲置资金收益(尚未动用的借款资金存入银行取得的利息收入或进行暂时性投资取得的投资收益后的金额)

专门借款利息费用的资本化金额，在资本化期间，应当全部计入符合资本化条件的资产的成本。

> **得分高手**
>
> 专门借款与一般借款的资本化金额的计算是每年易考的考点，且经常考查计算题，要求熟练掌握计算方法。

【例题 2 · 单选题】 某公司于 2020 年 7 月 1 日从银行取得专门借款 5 000 万元用于新建一座厂房，年利率为 5%，利息分季支付，借款期限 2 年。2020 年 10 月 1 日正式开始建设厂房，预计工期 15 个月，采用出包方式建设。该公司于开始建设日、2020 年 12 月 31 日和 2021 年 5 月 1 日分别向承包方付款 1 200 万元、1 000 万元和 1 500 万元。由于可预见的冰冻气候，工程在 2021 年

答案
例题 1 | C

1月12日到3月12日期间暂停。2021年12月31日工程达到预定可使用状态,并向承包方支付了剩余工程款800万元,该公司从取得专门借款开始,将闲置的借款资金投资于月收益率为0.4%的固定收益债券。若不考虑其他因素,该公司在2021年应予资本化的上述专门借款费用为( )万元。

A. 121.93　　　B. 163.6　　　C. 205.2　　　D. 250

解析↘(1)2020年:

非资本化期间[7.1-9.30]的利息金额=5 000×5%×3÷12=62.5(万元),闲置资金收益=5 000×0.4%×3=60(万元)。

资本化期间[10.1-12.31]的利息金额=5 000×5%×3÷12=62.5(万元),闲置资金收益=(5 000-1 200)×0.4%×3=45.6(万元),利息资本化金额=62.5-45.6=16.9(万元)。

借:财务费用　　　　　　　　　　(625 000-600 000)25 000
　　在建工程　　　　　　　　　　(625 000-456 000)169 000
　　应收利息　　　　　　　　　　(600 000+456 000)1 056 000
　　贷:应付利息　　　　　　　　(625 000+625 000)1 250 000

(2)2021年:全年资本化期间的利息金额=5 000×5%=250(万元),闲置资金收益=(5 000-1 200-1 000)×0.4%×4+(5 000-1 200-1 000-1 500)×0.4%×8=86.4(万元),利息资本化金额=250-86.4=163.6(万元)。

借:在建工程　　　　　　　　　　1 636 000
　　应收利息　　　　　　　　　　864 000
　　贷:应付利息　　　　　　　　2 500 000

2. 一般借款费用资本化金额(2020年单选)

一般借款应予资本化的利息金额=累计资产支出(对自行开发建造的,包括土地使用权在房屋建造期间计入在建工程的摊销金额)超过专门借款部分的资产支出加权平均数×所占用一般借款的资本化率

(1)资产支出加权平均数=∑(每笔资产支出×每笔支出在当期所占用的天数÷当期天数)

(2)所占用一般借款的资本化率=所占用一般借款当期实际发生的利息之和÷所占用一般借款本金加权平均数

【例题3·单选题】(2020年)甲公司2019年1月1日开始建造一栋办公楼,工期预计为2年,工程采用出包方式。该工程占用两笔一般借款:一是2019年1月1日,向乙银行取得的长期借款500万元,期限2年,年利率为6%,分期付息到期还本;二是2019年7月1日,向丙银行取得的长期借款1 000万元,期限3年,年利率为8%,分期付息到期还本。假设不考虑其他因素,则甲公司2019年该工程占用一般借款的资本化率为( )。

A. 7%　　　B. 7.3%　　　C. 7.5%　　　D. 7.8%

解析↘2019年一般借款的资本化率=(500×6%+1 000×8%×6÷12)÷

答案↘
例题2 | B
例题3 | A

$(500+1\,000×6÷12)×100\%=7\%$。

【例题 4·单选题】 2021 年 1 月 1 日,甲公司开始建造厂房,工期预计两年,该工程没有专门借款,占用两笔一般借款,一笔是 2020 年 1 月 1 日按面值发行的总额为 5 000 万元的一般公司债券,期限为 5 年,年利率为 8%;另一笔是 2020 年 10 月 20 日取得的五年期长期借款 1 000 万元,年利率为 6.5%。甲公司分别于 2021 年 1 月 1 日、9 月 1 日支付工程款 900 万元和 1 200 万元。假定这两笔一般借款除用于厂房建设外,没有其他符合资本化条件的资产购建或生产活动,则甲公司 2021 年这两笔一般借款发生的利息应予以资本化的金额为( )万元。

A. 85　　　　B. 93　　　　C. 133　　　　D. 100.75

解析 (1) 计算累计资产支出加权平均数:

2021 年累计资产支出加权平均数 = 900+1 200×4÷12 = 1 300(万元)。

2022 年累计资产支出加权平均数 = (900+1 200)×12÷12 = 2 100(万元)。

(2) 计算所占用一般借款资本化率:

一般借款资本化率(年) = (5 000×8%+1 000×6.5%)÷(5 000+1 000)×100% = 7.75%。

(3) 计算每期利息资本化金额:

2021 年利息资本化金额 = 1 300×7.75% = 100.75(万元)。

2022 年利息资本化金额 = 2 100×7.75% = 162.75(万元)。

(三)借款费用的账务处理(2022 年单选)

(1) 属于筹建期间不应计入相关资产价值的借款费用,计入管理费用。

(2) 属于经营期间不应计入相关资产价值的借款费用,计入财务费用。

(3) 属于发生的与购建或者生产符合资本化条件的资产有关的借款费用,按规定在购建或者生产的资产达到预定可使用或者可销售状态前应予以资本化的,计入相关资产的成本,视资产的不同,分别记入"在建工程""制造费用""研发支出"等科目。

(4) 汇兑差额确认:在资本化期间内,外币专门借款本金及利息的汇兑差额,应当予以资本化,计入符合资本化条件的资产的成本。而除外币专门借款之外的其他外币借款本金及利息所产生的汇兑差额应当作为财务费用,计入当期损益。

(5) 资本化金额限制:在资本化期间,每一会计期间的利息资本化金额,不应当超过当期相关借款实际发生的利息金额。计算利息时,如果所涉及的借款存在折价或者溢价的,应当按照实际利率法确定每一会计期间应摊销的折价或者溢价金额,并调整每期利息金额。

【例题 5·单选题】(2022 年)下列关于借款费用的表述中,正确的是( )。

答案

例题 4 | D

A. 为简化核算,在资本化期间内,外币借款本金及利息的汇兑差额均应予以资本化

B. 资产购建过程中发生安全事故而导致的中断,属于非正常中断,应按中断连续时间长短界定借款费用是否暂停资本化

C. 符合资本化条件的资产,在购建或生产过程中发生正常中断,且中断的时间连续超过3个月的,应当暂停借款费用的资本化

D. 在资本化期间内,尚未动用的借款进行暂时性投资取得的投资收益,应冲减资本化金额

解析 ↘ 选项A,在资本化期间内,外币专门借款本金及利息的汇兑差额,应当予以资本化,一般借款本金及利息的汇兑差额不能资本化,都应予以费用化。选项C,发生正常中断,借款费用的资本化应当继续进行,不能暂停借款费用的资本化。选项D,在资本化期间内,尚未动用的专门借款进行暂时性投资取得的投资收益,应冲减资本化金额。

【例题6·计算题】 甲股份有限公司(下称甲公司)于2023年1月1日正式动工兴建一栋办公楼,工期预计为1年,工程采用出包方式,合同约定分别于2023年1月1日、7月1日和10月1日支付工程进度款1 500万元、3 500万元和2 000万元。

甲公司为建造办公楼借入两笔专门借款:①2023年1月1日借入专门借款2 000万元,借款期限为3年,年利率为8%,利息按年支付;②2023年7月1日借入专门借款2 000万元,借款期限为5年,年利率为10%,利息按年支付。闲置的专门借款资金用于固定收益债券的短期投资,月收益率为0.5%。

甲公司为建造办公楼占用了两笔一般借款:①2021年8月1日向某商业银行借入长期借款1 000万元,期限为3年,年利率为6%,按年支付利息,到期还本;②2022年1月1日按面值发行公司债券10 000万元,期限为3年,年利率为8%,按年支付利息,到期还本。

假设甲公司该项目如期达到预定可使用状态,除了该项目外,没有其他符合借款费用资本化条件的资产购建或者生产活动,全年按360天计算应予以资本化的利息金额。

根据上述资料,回答下列问题。

(1)甲公司2023年一般借款的借款费用资本化率为(   )。
A. 7.68%　　B. 7.76%　　C. 7.82%　　D. 7.91%

解析 ↘ 甲公司一般借款的资本化率=(1 000×6%+10 000×8%)÷(1 000+10 000)×100%=7.82%。

(2)甲公司2023年一般借款利息应计入财务费用的金额为(   )万元。
A. 783.2　　B. 782.4　　C. 781.8　　D. 860

解析 ↘ 2023年甲公司累计资产支出超过专门借款部分的资产支出加权

平均数=(1 500+3 500-2 000-2 000)×6÷12+2 000×3÷12=1 000(万元),一般借款利息的资本化金额=1 000×7.82%=78.2(万元),因此一般借款利息应计入财务费用的金额=1 000×6%+10 000×8%-78.2=781.8(万元)。

(3)甲公司2023年闲置专门借款用于短期投资取得的收益应记入"投资收益"科目的金额为( )万元。

A. 0　　　　B. 2.5　　　　C. 7.5　　　　D. 15

解析　资本化期间,闲置的专门借款资金用于固定收益债券的短期投资取得的收益,应冲减在建工程,不在"投资收益"科目中反映。

(4)甲公司2023年为建造该办公楼的借款利息资本化金额为( )万元。

A. 322.6　　　B. 323.2　　　C. 347.6　　　D. 348.2

解析　2023年的专门借款利息资本化金额=2 000×8%+2 000×10%×6÷12-(2 000-1 500)×0.5%×6=245(万元),甲公司2023年为建造该办公楼的借款利息资本化金额=245+78.2=323.2(万元)。

考点二　应付债券 ★★★　一学多考|注

(一)一般公司债券

1. 债券发行的核算

债券发行的核算,见表13-4。

表13-4　债券发行的核算

发行方式		账务处理
面值发行	票面利率等于市场利率	借:银行存款 　　贷:应付债券——面值
溢价发行	票面利率高于市场利率	借:银行存款 　　贷:应付债券——面值 　　　　——利息调整
折价发行	票面利率低于市场利率	借:银行存款 　　应付债券——利息调整 　　贷:应付债券——面值
发行费用		借:应付债券——利息调整 　　贷:银行存款

提示

(1)溢价是企业以后各期多付利息而事先得到的补偿;折价是企业以后各期少付利息而预先给予投资者的补偿;溢价或折价是债券发行企业在债券

答案
例题6|(1)C
　　　(2)C
　　　(3)A
　　　(4)B

存续期间内对利息费用的一种调整。

（2）无论是按面值发行，还是溢价发行或折价发行，均按债券面值记入"应付债券"科目的"面值"明细科目，实际收到的款项与面值的差额，记入"利息调整"明细科目。

2. 债券利息的核算（2023年单选）

期末计提利息：

借：在建工程、财务费用等［期初摊余成本×实际利率］
　　应付债券——利息调整［差额，或贷记］
　贷：应付利息（分期付息债券）［票面面值×票面利率］

提示 对于到期一次还本付息的债券，"应付利息"换为"应付债券——应计利息"。

● **得分高手**

熟练掌握应付债券摊余成本和实际利率法下利息费用的计算：

本期初摊余成本＝上期末摊余成本

期末摊余成本＝期初摊余成本＋利息费用－面值×票面利率

利息费用＝期初摊余成本×实际利率

3. 应付债券到期的核算

（1）分期付息，到期还本。

借：应付债券——面值
　贷：银行存款

（2）到期一次还本付息。

借：应付债券——面值
　　　　　　——应计利息
　贷：银行存款

【例题7·单选题】甲公司于2021年1月1日发行4年期面值为2 500万元的公司债券，发行价格为2 182.25万元，票面利率为6%，按年付息，到期一次还本。甲公司发行债券募集的资金专门用于建造生产用设备，生产用设备从2021年1月1日开始建设，于2023年12月31日达到预定可使用状态。假设该公司债券发行时市场利率为10%，甲公司按实际利率法确认利息费用。下列各项中，甲公司会计处理不正确的是（　　）。

A. 2021年12月31日，应付债券摊余成本为2 250.48万元

B. 2022年12月31日，应付债券摊余成本为2 325.53万元

C. 2021年度该债券利息应计入在建工程218.23万元

D. 2022年度该债券利息应计入在建工程150万元

解析
（1）2021年1月1日发行债券时：

答案
例题7丨D

借：银行存款 21 822 500
　　应付债券——利息调整 3 177 500
　　贷：应付债券——面值 25 000 000

期初应付债券的摊余成本＝2 500－317.75＝2 182.25（万元）。

(2) 计算各年利息费用：

2021 年 12 月 31 日：

借：在建工程 （21 822 500×10%）2 182 300
　　贷：应付利息 （25 000 000×6%）1 500 000
　　　　应付债券——利息调整 682 300

支付利息：

借：应付利息 1 500 000
　　贷：银行存款 1 500 000

2021 年末应付债券的摊余成本＝年初 2 182.25＋68.23＝2 250.48（万元）。

2022 年 12 月 31 日：

借：在建工程 （22 504 800×10%）2 250 500
　　贷：应付利息 （25 000 000×6%）1 500 000
　　　　应付债券——利息调整 750 500

支付利息后续各年处理同 2021 年，此处略。

2022 年末应付债券的摊余成本＝年初 2 250.48＋75.05＝2 325.53（万元）。

2023 年 12 月 31 日：

借：在建工程 （23 255 300×10%）2 325 500
　　贷：应付利息 1 500 000
　　　　应付债券——利息调整 825 500

2023 年末应付债券的摊余成本＝年初 2 325.53＋82.55＝2 408.08（万元）。

2024 年 12 月 31 日：

借：财务费用 2 419 200
　　贷：应付利息 1 500 000
　　　　应付债券——利息调整
　　　　　（3 177 500－682 300－750 500－825 500）919 200

(3) 2024 年 12 月 31 日到期偿还本金：

借：应付债券——面值 25 000 000
　　贷：银行存款 25 000 000

【知识点拨】 分期付息的应付债券：应付利息金额不变，溢价摊余成本递减、折价摊余成本递增，利息调整摊销额递增。

(二) 可转换公司债券（2020 年单选）

可转换公司债券的核算，见表 13-5。

表 13-5 可转换公司债券的核算

项目	内容
发行债券分拆	(1)可转换公司债券属于复合金融工具,初始确认金融工具时将负债和权益成分进行分拆。将负债成分确认为应付债券,将权益成分确认为其他权益工具。分拆时,应当先采用未来现金流量折现法确定负债成分的初始入账价值,再按该金融工具的发行价格总额扣除负债成分初始入账价值后的金额确定权益成分的初始入账价值。 (2)发行时发生的交易费用,应当在负债成分和权益成分之间按照各自相对应的公允价值进行分摊。 借:银行存款 　　应付债券——可转换公司债券(利息调整)[或贷记] 　贷:应付债券——可转换公司债券(面值) 　　其他权益工具
持有债券	可转换公司债券在转换为股份前,其所包含的负债成分,应当比照一般长期债券处理:即按照实际利率和摊余成本确认利息费用,按面值和票面利率确认应付利息,差额计入利息调整
转换债券	借:应付债券——可转换公司债券(面值) 　　应付利息 　　其他权益工具[发行时确认的权益成分] 　贷:股本[股票面值×转换的股数] 　　应付债券——可转换公司债券(利息调整)[或借记] 　　资本公积——股本溢价

> 记忆密码
> 重点掌握负债成分与权益成分的分拆以及核算的账户。

【例题 8·单选题】长江公司 2020 年 1 月 1 日发行了 800 万份、每份面值为 100 元的可转换公司债券,发行价格为 80 000 万元,无发行费用。该债券期限为 3 年,票面年利率为 5%,利息于每年 12 月 31 日支付。债券发行 1 年后可转换为普通股。初始转股价为每股 10 元,股票面值为每股 1 元。债券持有人若在当期付息前转换股票的,应按照债券面值和应付利息之和除以转股价,计算转股股数。该公司发行债券时,二级市场上与之类似但没有转股权的债券的市场年利率为 9%。长江公司发行可转换公司债券初始确认时对所有者权益的影响金额为(　　)万元。[已知(P/A,9%,3)= 2.531 3,(P/F,9%,3)= 0.772 2]

A. 8 098.8　　B. 71 901.2　　C. 80 000　　D. 0

解析 ↘ 负债成分的公允价值 = 800×100×5%×(P/A,9%,3) + 800×100×(P/F,9%,3) = 71 901.2(万元)。权益成分的公允价值 = 80 000 - 71 901.2 = 8 098.8(万元),因此发行时影响所有者权益的金额为 8 098.8 万元。

借:银行存款　　　　　　　　　　　　　　　　　　　800 000 000
　　应付债券——可转换公司债券(利息调整)　　　　 80 988 000

答案 ↘
例题 8 | A

贷：应付债券——可转换公司债券(面值)　　　　　　800 000 000

其他权益工具　　　　　　　　　　　　　　　　80 988 000

【例题 9·单选题】甲公司 2024 年 1 月 1 日按面值发行 5 年期分期付息、一次还本的可转换公司债券 2 000 万元，款项已存入银行，债券票面利率为 6%。债券发行 1 年后可转换为普通股股票，初始转股价为每股 10 元，股票面值为每股 1 元。同期二级市场上与之类似的没有附带转股权的债券市场利率为 9%。则甲公司 2024 年 12 月 31 日因该可转换债券应确认利息费用（　　）元。[已知(P/A, 9%, 5) = 3.889 7，(P/F, 9%, 5) = 0.649 9]

A. 1 585 936.3
B. 1 589 907.6
C. 1 655 136.4
D. 1 609 636.5

解析　该可转换公司债券的负债成分公允价值 = 2 000×6%×(P/A, 9%, 5) + 2 000×(P/F, 9%, 5) = 120×3.889 7 + 2 000×0.649 9 = 1 766.564(万元)。2024 年应确认的利息费用 = 1 766.564×9% = 158.990 76(万元) = 1 589 907.6(元)。

【例题 10·多选题】下列关于可转换公司债券的表述中，正确的有（　　）。

A. 负债和权益成分分拆时应采用未来现金流量折现法计算负债成分
B. 发行时发生的交易费用应当在负债成分和权益成分之间按照各自的相应公允价值进行分摊
C. 附赎回选择权的可转换公司债券在赎回日若需支付的利息补偿金，应在债券发行日至约定赎回届满期间计提
D. 可转换公司债券属于复合金融工具，在初始确认时需将负债和权益成分进行分拆
E. 企业应在"应付债券"科目下设"可转换债券(面值、利息调整、其他综合收益)"明细科目核算

解析　选项 E，企业应在"应付债券"科目下设"可转换债券(面值、利息调整)"明细科目核算，其他综合收益不属于可转换公司债券的明细科目。

【例题 11·综合题】甲股份有限公司(下称甲公司)拟自建一条生产线，与该生产线建造相关的情况如下：

(1)2022 年 1 月 1 日，甲公司发行公司债券，专门筹集生产线建设资金。该公司债券为 3 年期分期付息、到期还本债券，面值为 3 000 万元，票面年利率为 5%，发行价格为 3 069.75 万元，另在发行过程中支付中介机构佣金 150 万元，实际募集资金净额为 2 919.75 万元。甲公司发行公司债券的实际利率为 6%。

(2)甲公司除上述所发行公司债券外，还存在两笔一般借款：一笔于 2021 年 10 月 1 日借入，本金为 2 000 万元，年利率为 6%，期限 2 年；另一笔

答案
例题 9 | B
例题 10 | ABCD

于2021年12月1日借入，本金为3 000万元，年利率为7%，期限18个月。

(3)生产线建造工程于2022年1月1日开工，采用外包方式进行，预计工期1年。有关资产支出情况如下：2022年1月1日，支付1 000万元；2022年5月1日，支付1 600万元；2022年8月1日，支付1 400万元。

(4)2022年9月1日，生产线建造工程出现人员伤亡事故，被当地安监部门责令停工整改，至2022年12月底整改完毕。工程于2023年1月1日恢复建造，当日支付资产支出1 200万元。

建造工程于2023年3月31日完成，并经有关部门验收，试生产出合格产品，达到预定可使用状态。

为帮助职工正确操作使用新建生产线，甲公司自2023年3月31日起对一线员工进行培训，至4月30日结束，共发生培训费用120万元。该生产线自2023年5月1日起实际投入使用。

甲公司将闲置专门借款资金投资固定收益理财产品，月收益率为0.5%。不考虑其他因素，根据上述资料，回答下列问题。

(1)2022年1月1日，甲公司发行公司债券时的摊余成本为(　　)万元。

A. 3 069.75
B. 2 919.75
C. 3 000
D. 80.25

解析 借：银行存款　　　　　　(30 697 500 − 1 500 000)29 197 500
　　　　应付债券——利息调整　　　　　　　　　　　802 500
　　　　　贷：应付债券——面值　　　　　　　　　　　　30 000 000

(2)甲公司2022年专门借款利息费用应予资本化的金额为(　　)万元。

A. 73.6
B. 58.39
C. 175.185
D. 116.79

解析 2022年专门借款利息资本化金额 = 2 919.75×6%×8÷12 − (2 919.75 − 1 000)×0.5%×4 − (2 919.75 − 1 000 − 1 600)×0.5%×3 = 73.6(万元)。

2022年专门借款利息费用化金额 = 2 919.75×6%×4÷12 = 58.40(万元)。(结合资料，中断期间没有专用借款的闲置资金，计算结果保留两位小数)

(3)甲公司2022年一般借款利息应予资本化的金额为(　　)万元。[计算结果保留两位小数]

A. 330.00
B. 324.06
C. 5.94
D. 0

解析 2022年一般借款资本化率 = (2 000×6% + 3 000×7%) ÷ (2 000 + 3 000)×100% = 6.6%。

2022年占用一般借款的资产支出加权平均数 = (1 000 + 1 600 + 1 400 − 2 919.75)×1÷12 = 90.02(万元)，2022年一般借款利息资本化金额 = 90.02×6.6% = 5.94(万元)。

(4)甲公司2022年一般借款利息应予费用化的金额为( )万元。

A. 330   B. 324.06
C. 5.94   D. 0

解析 ➥ 2022年一般借款利息总额=2 000×6%+3 000×7%=330(万元)。
2022年一般借款利息费用化金额=330-5.94=324.06(万元)。

(5)甲公司2023年借款利息应予资本化的金额为( )万元。[计算结果保留两位小数]

A. 44.17   B. 37.62
C. 81.79   D. 0

解析 ➥ 应付债券2023年初账面价值=2 919.75+2 919.75×6%-3 000×5%=2 944.94(万元)。

2023年专门借款利息资本化金额=2 944.94×6%×3÷12=44.17(万元)。

2023年一般借款利息资本化金额=(1 000+1 600+1 400+1 200-2 919.75)×6.6%×3÷12=37.62(万元)。

2023年借款费用资本化金额=44.17+37.62=81.79(万元)。

(6)2023年固定资产的入账成本为( )万元。

A. 5 200   B. 5 320
C. 4 079.54   D. 5 361.33

解析 ➥ 固定资产=资产支出5 200+73.6+5.94+44.17+37.62=5 361.33(万元)。

考点三 其他非流动负债 ★

(一)长期借款

长期借款的会计处理,见表13-6。

表13-6 长期借款的会计处理

项目	会计处理
取得借款	借:银行存款 　　长期借款——利息调整[差额] 贷:长期借款——本金
分期付息计提利息费用	借:在建工程、研发支出、制造费用[符合资本化条件] 　　财务费用[经营期间,且不符合资本化条件] 　　管理费用[筹建期间,且不符合资本化条件] 贷:应付利息[分期付息] 　　长期借款——利息调整[倒挤差额]

答案 ➥
例题11|(1)B
(2)A
(3)C
(4)B
(5)C
(6)D

提示 一次还本付息的长期借款,计提利息通过贷记"长期借款——应计利息"科目核算。

(二)长期应付款(2022年多选)

长期应付款,包括以**分期付款方式购入固定资产和无形资产发生的应付账款**等。长期应付款的会计处理,见表13-7。

表13-7 长期应付款的会计处理

项目	会计处理
分期付款购买固定资产	借:在建工程/固定资产[购买价款的现值] 　　未确认融资费用 　贷:长期应付款 长期应付款账面价值=长期应付款科目余额-未确认融资费用科目余额
每期付款	借:长期应付款 　贷:银行存款
摊销融资费用	借:在建工程、财务费用[期初长期应付款账面价值×实际利率] 　贷:未确认融资费用

记忆密码 重点掌握资产入账价值与长期应付款的账面价值。

【例题12·单选题】 甲公司2020年1月1日以分期付款方式购入一项固定资产,总价款为2 000 000元,双方协议约定自购买之日支付800 000元,以后每年年末支付400 000元,分3年付清,假设银行同期贷款利率为10%。不考虑其他因素,则2021年12月31日长期应付款的账面价值为( )元。[已知(P/A,10%,3)= 2.486 9]

A. 1 200 000　　　　　　　B. 994 760
C. 694 236　　　　　　　　D. 363 659.6

解析 (1)2020年1月1日购入时:

长期应付款的现值 = 400 000×(P/A,10%,3)= 400 000×2.486 9 = 994 760(元)。

未确认融资费用 = 1 200 000-994 760 = 205 240(元)。

借:固定资产　　　　　　　　　　(800 000+994 760)1 794 760
　　未确认融资费用　　　　　　　　　　　　　　　205 240
　贷:长期应付款　　　　　　　　　　　　　　　1 200 000
　　　银行存款　　　　　　　　　　　　　　　　　800 000

长期应付款账面价值=长期应付款科目余额-未确认融资费用科目余额 = 1 200 000-205 240 = 994 760(元)。

答案 例题12 | D

【知识点拨】 长期应付款账面价值的速算方法：期末长期应付款账面价值=期初长期应付款账面价值×(1+实际利率)-分期付款额。

(2) 2020年12月31日：

借：财务费用	(994 760×10%)	99 476
贷：未确认融资费用		99 476
借：长期应付款		400 000
贷：银行存款		400 000

2020年末长期应付款账面价值=长期应付款科目余额-未确认融资费用科目余额=(1 200 000-400 000)-(205 240-99 476)=694 236(元)。

2021年12月31日：

借：财务费用	(694 236×10%)	69 423.6
贷：未确认融资费用		69 423.6
借：长期应付款		400 000
贷：银行存款		400 000

2021年末长期应付款账面价值=长期应付款科目余额-未确认融资费用科目余额=(1 200 000-400 000-400 000)-(205 240-99 476-69 423.6)=363 659.6(元)。

2022年12月31日：

借：财务费用	(205 240-99 476-69 423.6)	36 340.4
贷：未确认融资费用		36 340.4
借：长期应付款		400 000
贷：银行存款		400 000

(三) 专项应付款(2021年、2022年单选)

1. 概念

专项应付款是指企业取得的国家指定为资本性投入的具有专项或特定用途的款项，如属于工程项目的资本性拨款等。专项应付款的账务处理，见表13-8。

表13-8　专项应付款的账务处理

项目	账务处理
收到资本性拨款	借：银行存款 　　贷：专项应付款
将专项或特定用途的拨款用于工程项目形成固定资产等	借：在建工程、固定资产等 　　贷：银行存款 借：专项应付款[形成固定资产部分] 　　贷：资本公积——资本溢价

(续表)

项目	账务处理
工程完工未形成资产、需要返还	借：专项应付款 　　贷：在建工程等[未形成固定资产部分] 　　　　银行存款[拨款结余需要返还]

2. 中央企业在收到中央财政按规定预拨的工业企业结构调整专项奖补资金

收到工业企业结构调整专项奖补资金的账务处理，见表13-9。

表13-9　收到工业企业结构调整专项奖补资金的账务处理

项目	内容
收到资金	借：银行存款 　　贷：专项应付款
能够合理可靠地确定因完成任务所取得的专项奖补资金金额的	借：专项应付款 　　贷：有关损益科目
不能够合理可靠地确定因完成任务所取得的专项奖补资金金额的	借：专项应付款 　　其他应收款[预拨的专项奖补资金小于企业估计应享有的金额] 　　贷：有关损益科目[按照清算的有关金额] 　　　　银行存款[未能完成有关任务而按规定向财政部缴回资金]

【例题13·单选题】(2022年)企业将收到国家指定为资本性投入具有专项用途的款项用于工程项目，待项目完工，款项对应形成固定资产的部分，在核销专项应付款时应贷记的会计科目为(　　)。

A. 其他综合收益

B. 营业外收入

C. 递延收益

D. 资本公积——资本溢价

解析 ↘ 企业将收到国家指定为资本性投入具有专项用途的款项用于工程项目，待项目完工，款项对应形成固定资产的部分，在核销专项应付款时应贷记"资本公积——资本溢价"科目。

考点四　租赁负债 ★★★　一学多考|中注

(一)短期租赁和低价值资产租赁

在租赁期开始日，承租人应当对租赁确认使用权资产和租赁负债，应用短期租赁和低价值资产租赁除外。短期租赁和低价值资产租赁，见表13-10。

答案 ↘ 例题13 | D

表 13-10 短期租赁和低价值资产租赁

情形	内容
短期租赁	在租赁期开始日,租赁期不超过 12 个月的租赁
低价值资产租赁	单项租赁资产为全新资产时价值较低的租赁

提示 对于短期租赁和低价值资产租赁,承租人可以选择不确认使用权资产和租赁负债。作出该选择的,承租人应当将短期租赁和低价值资产租赁的租赁付款额,在租赁期内各个期间按照直线法或其他系统合理的方法计入相关资产成本或当期损益。

记忆密码：并非只有直线法摊销。

(二)使用权资产与租赁负债(2021 年、2024 年单选;2020 年、2022 年多选)

1. 租赁负债

租赁负债的相关知识点,见表 13-11。

表 13-11 租赁负债的相关知识点

项目		内容
租赁付款额	未付租金	(1)固定付款额及实质固定付款额,存在租赁激励的,扣除租赁激励相关金额。 (2)取决于指数或比率的可变租赁付款额。 **提示** a. 实质固定付款额,是指在形式上可能包含变量但实质上无法避免的付款额。 b. 租赁激励,是指出租人为达成租赁向承租人提供的优惠,包括出租人向承租人支付的与租赁有关的款项、出租人为承租人偿付或承担的成本等。 c. 仅取决于指数或比率的可变租赁付款额,包括与消费者价格指数挂钩的款项、与基准利率挂钩的款项和为反映市场租金费率变化而变动的款项等,纳入租赁负债的初始计量;除此之外,其他可变租赁付款额均不纳入租赁负债的初始计量。(例如,按照租赁物当年运营收入的比例计算的可变租赁付款额不纳入租赁负债的初始计量) d. 未纳入租赁负债计量的可变租赁付款额,即并非取决于指数或比率的可变租赁付款额,应当在实际发生时计入当期损益,但按照《企业会计准则第 1 号——存货》等其他准则规定应当计入相关资产成本的,从其规定
	到期应付	(3)购买选择权的行权价格(前提:承租人合理确定将行使)。 (4)行使终止租赁选择权需支付的款项(前提:承租人合理确定将行使)。 (5)根据承租人提供的担保余值预计应支付的款项

(续表)

项目		内容
租赁负债的初始计量		租赁负债应当按照租赁期开始日<u>尚未支付的租赁付款额</u>的<u>现值</u>进行初始计量。支付的租金等款项中包含的应缴纳的<u>增值税</u>、向出租人支付的租赁保证金，不属于租赁付款额的范畴，<u>不纳入</u>租赁负债和使用权资产的计量。 承租人应当采用<u>租赁内含利率</u>作为折现率；无法确定租赁内含利率的，应当采用承租人<u>增量借款利率</u>作为折现率。 借：使用权资产[租赁付款额的现值] 　　租赁负债——未确认融资费用 　贷：租赁负债——租赁付款额
租赁负债的后续计量	支付租赁付款额	借：租赁负债——租赁付款额 　贷：银行存款
	确认租赁负债的利息	承租人按照固定的周期性利率计算租赁负债在租赁期内各期间的利息费用，并计入当期损益或相关资产成本。 借：财务费用/在建工程等[期初租赁负债账面价值×<u>固定的周期性利率</u>] 　贷：租赁负债——未确认融资费用 **提示** 通常租赁期开始日使用权资产即可供承租人使用，因此无论租赁资产本身是否达到企业计划用途，使用权资产于租赁开始日便达到预定可使用状态，租赁负债相关利息费用不应资本化计入使用权资产
发生可变租赁付款额		与比率或指数无关： 借：营业成本/销售费用等 　贷：银行存款等

【例题14·单选题】(2021年)在租赁期开始日，下列项目不属于租赁付款额范围的是(　　)。

A. 行使终止租赁选择权需支付的款项

B. 根据出租人提供的担保余值预计应付的款项

C. 取决于指数或比率的可变租赁付款额

D. 固定付款额及实质固定付款额

解析 选项B，应该是根据承租人提供的担保余值预计应支付的款项。

2. 使用权资产

使用权资产的相关知识点，见表13-12。

答案
例题14 | B

表 13-12 使用权资产的相关知识点

项目	内容	
取得	使用权资产应当按照成本进行初始计量,包括如下内容	
	租金	(1)租赁负债的初始计量金额; (2)在租赁期开始日或之前支付的租赁付款额,存在租赁激励的,扣除已享受的租赁激励相关金额
	费用	(3)承租人发生的初始直接费用(佣金、印花税); (4)承租人为拆卸及移除租赁资产、复原租赁资产所在场地或将租赁资产恢复至租赁条款约定状态预计将发生的成本
	提示 a. 承租人向出租人支付的租赁保证金,作为应收款项核算,不纳入租赁负债和使用权资产的计量; b. 租赁期开始前,承租人支付与资产建造或设计相关的成本应适用固定资产等准则规定; c. 承租人为使租赁资产达到企业计划用途所发生的运输、安装费用,与达成租赁无关,企业应按其他准则或基本准则进行处理; d. 承租人发生的租赁资产改良支出不属于使用权资产,应当计入长期待摊费用,导致的预计复原支出计入使用权资产	
计提折旧	在租赁期开始日后,承租人应当采用成本模式对使用权资产进行后续计量;承租人应当参照固定资产,对使用权资产计提折旧。 承租人能够合理确定租赁期届满时取得租赁资产所有权的,应当在租赁资产剩余使用寿命内计提折旧。无法合理确定租赁期届满时能够取得租赁资产所有权的,应当在租赁期与租赁资产剩余使用寿命两者孰短的期间内计提折旧。如果使用权资产的剩余使用寿命短于前两者,则应在使用权资产的剩余使用寿命内计提折旧。 借:在建工程/管理费用等 　　贷:使用权资产累计折旧	

【例题 15·多选题】(2020 年)根据《企业会计准则第 21 号——租赁》规定,下列影响使用权资产的成本的有(　　)。

A. 租赁负债的初始计量金额

B. 承租资产的公允价值

C. 承租人发生的初始直接费用

D. 在租赁期开始日或之前支付的租赁付款额

E. 租赁激励

解析 选项 B,承租资产的公允价值不影响使用权资产的成本。

【例题 16·单选题】2022 年 1 月 1 日,A 公司与出租人 B 公司签订了一份办公楼租赁合同,约定每年的租赁付款额为 50 000 元,于每年年末支付;不可撤销租赁期为 5 年,合同约定在第 5 年年末,A 公司有权选择以每年 50 000 元租金续租 5 年,也有权选择以 2 000 000 元的价格购买该办公楼。A

答案
例题 15 | ACDE

公司无法确定租赁内含利率，可以确定其增量借款利率为5%。A公司在租赁开始时选择续租5年，即实际租赁期为10年。A公司为获得该办公楼向前任租户支付款项15 000元，向促成此项租赁交易的房地产中介支付佣金5 000元。作为对A公司的激励，经双方协商，B公司补偿了5 000元佣金。租赁期间若A公司年销售额超过10 000 000元，当年应再支付按销售额的1‰计算的租金，于当年年底支付，2022年年末A公司的年销售额为12 000 000元。不考虑税费等相关因素，使用权资产在租赁期内采用直线法计提折旧。下列各项中，A公司会计处理错误的是(　　)。[已知(P/A，5%，10)= 7.72]

A. 2022年1月1日，租赁负债初始计量金额为386 000元
B. 2022年1月1日，使用权资产初始计量金额为401 000元
C. 2022年，确认使用权资产折旧费38 600元
D. 2024年，确认租赁负债利息支出16 153.25元

解析 (1)计算使用权资产和租赁负债。

租赁付款额=50 000×10=500 000(元)。

租赁付款额的现值=50 000×(P/A，5%，10)= 50 000×7.72=386 000(元)。

未确认融资费用=500 000－386 000=114 000(元)。

借：使用权资产　　　　　　　　　　　　　　　　386 000
　　租赁负债——未确认融资费用　　　　　　　　114 000
　　贷：租赁负债——租赁付款额　　　　　　　　　　500 000

租赁期开始日，由于可变租赁付款额与未来的销售额挂钩，而并非取决于指数或比率的，因此不应被纳入租赁负债的初始计量中。

将初始费用20 000元(15 000+5 000)计入使用权资产的初始成本。

借：使用权资产　　　　　　　　　　　　　　　　20 000
　　贷：银行存款　　　　　　　　　　　　　　　　　20 000

将收到的租赁激励从使用权资产入账价值中扣除。

借：银行存款　　　　　　　　　　　　　　　　　5 000
　　贷：使用权资产　　　　　　　　　　　　　　　　5 000

使用权资产成本=386 000+20 000－5 000=401 000(元)。

(2)按年计提折旧、计算租赁负债在租赁期内各期间的利息费用，按期支付租赁付款额。

各年末计提使用权资产的折旧额：

借：管理费用　　　　　　　　　(401 000÷10)40 100
　　贷：使用权资产累计折旧　　　　　　　　　　40 100

各年末支付租金：

借：租赁负债——租赁付款额　　　　　　　　　50 000
　　贷：银行存款　　　　　　　　　　　　　　　　50 000

2022年年末确认利息费用=(500 000－114 000)×5%=386 000×5%=19 300(元)。

借：财务费用　　　　　　　　　　　　　　　　19 300

答案 例题16 | C

　　　　贷：租赁负债——未确认融资费用　　　　　　　　　　　　　　19 300

2023 年年末确认利息费用=(386 000+19 300-50 000)×5%=355 300×5%=17 765(元)。

　　借：财务费用　　　　　　　　　　　　　　　　　　　　　　　17 765
　　　　贷：租赁负债——未确认融资费用　　　　　　　　　　　　　17 765

2024 年年末确认利息费用=(355 300+17 765-50 000)×5%=16 153.25(元)。

　　借：财务费用　　　　　　　　　　　　　　　　　　　　　　　16 153.25
　　　　贷：租赁负债——未确认融资费用　　　　　　　　　　　　　16 153.25

以后各年末计提利息费用略。

(3)发生可变租赁付款额。

2022 年年末应当支付的可变租赁付款额=12 000 000×1‰=12 000(元)。

　　借：销售费用等　　　　　　　　　　　　　　　　　　　　　　12 000
　　　　贷：银行存款　　　　　　　　　　　　　　　　　　　　　12 000

【拓展】假设每年的租赁付款额 50 000 元在每年年初支付,(P/A,5%,9)=7.107 8,不考虑其他资料:

未支付的租赁付款额=50 000×9=450 000(元)。

未支付的租赁付款额的现值=50 000×7.107 8=355 390(元)。

未确认融资费用=450 000-355 390=94 610(元)。

　　借：使用权资产　　　　　　　　　　　　　(355 390+50 000)405 390
　　　　租赁负债——未确认融资费用　　　　　　　　　　　　　　　94 610
　　　　贷：租赁负债——租赁付款额　　　　　　　　　　　　　　450 000
　　　　　　银行存款　　　　　　　　　　　　　　　　　　　　　50 000

3. 租赁负债和使用权资产的其他业务

租赁负债和使用权资产的其他业务,见表 13-13。

表 13-13　租赁负债和使用权资产的其他业务

项目	内容
重新计量	(1)在租赁期开始日后,当发生租赁付款额变动等四种情形时,承租人应当按照变动后的租赁付款额的现值重新计量租赁负债,并相应调整使用权资产的账面价值。 借:使用权资产[租赁付款现值的增加额] 　　租赁负债——未确认融资费用 　　贷:租赁负债——租赁付款额[租赁付款额增加额] 使用权资产的账面价值已调减至零,但租赁负债仍需进一步调减的,承租人应当将剩余金额计入<u>当期损益</u>。 (2)因<u>实质固定付款额</u>、<u>可变付款额的指数或比率(浮动利率除外)</u>、<u>担保余值预计支付</u>而导致的租赁负债变动,承租人采用的折现率<u>不变</u>。 因购买选择权、续租选择权或终止租赁选择权而导致的变动,承租人应采用<u>修订后的折现率</u>对变动后的租赁付款额进行折现,以重新计量租赁负债

【记忆密码】内容琐碎,一般了解。

项目	内容
租赁变更	原合同条款之外的租赁范围、租赁对价、租赁期限的变更。 (1)租赁变更未作为一项单独租赁处理。 租赁变更未作为一项单独租赁进行会计处理的,在租赁变更生效日,承租人应当按照租赁准则有关租赁分拆的规定对变更后合同的对价进行分摊;按照有关租赁期的规定确定变更后的租赁期,并采用变更后的折现率对变更后的租赁付款额进行折现,以重新计量租赁负债。 租赁变更导致租赁范围缩小或租赁期缩短的,卖方兼承租人仍应当按照准则的有关规定将部分终止或完全终止租赁的相关利得或损失计入当期损益。 (2)租赁合同变更导致租赁期缩短至1年以内的,不得按短期租赁进行简化处理或追溯调整。 **提示** 企业在租赁到期前直接购买租赁资产的,因已导致租赁终止,应将使用权资产和租赁负债的账面价值的差额调整固定资产初始确认成本
转租赁	转租情况下,原租赁合同和转租赁合同通常都是单独协商的,交易对手也是不同的企业,租赁准则要求转租出租人对原租赁合同和转租赁合同分别根据承租人和出租人会计处理要求,进行会计处理。 原租赁为短期租赁且按简化方法核算,应将转租赁分类为经营租赁;承租人转租使用权资产形成融资租赁的应终止确认使用权资产

4. 售后租回(2024年新增、2024年单选)

如果承租人在资产转移给出租人之前已经取得对标的资产的控制,则该交易属于售后租回交易。然而,如果承租人未能在资产转移给出租人之前取得对标的资产的控制,那么即便承租人在资产转移给出租人之前先获得标的资产的法定所有权,该交易也不属于售后租回交易。

企业应当按照《企业会计准则第14号——收入》的规定,评估确定售后租回交易中的资产转让是否属于销售,并区别进行会计处理。

(1)售后租回交易中的资产转让不属于销售:

卖方兼承租人不终止确认所转让的资产,而应当将收到的现金作为金融负债;

买方兼出租人不确认被转让资产,而应当将支付的现金作为金融资产。

(2)售后租回交易中的资产转让属于销售:

卖方兼承租人应当按原资产账面价值中与租回获得的使用权有关的部分,计量售后租回所形成的使用权资产,并仅就转让至买方兼出租人的权利确认相关利得或损失。

买方兼出租人根据其他适用的《企业会计准则》对资产购买进行会计处理,并根据准则对资产出租进行会计处理。

【例题17·分析题】2023年1月1日,甲公司(卖方兼承租人)以1 800 000元的价格向乙公司(买方兼出租人)转让一栋建筑物,转让前该建筑

物的账面原值为 2 100 000 元,累计折旧为 1 100 000 元,未计提减值准备。

同日,甲公司与乙公司签订合同,取得该建筑物 5 年的使用权(全部剩余使用年限为 20 年),作为其总部管理人员的办公场所,年租金包括 50 000 元的固定租赁付款额和非取决于指数或比率的可变租赁付款额,均于每年年末支付。

甲公司转让该建筑物符合销售成立的条件,该建筑物转让当日的公允价值为 1 800 000 元。甲公司无法确定租赁内含利率,在租赁期开始日,甲公司的增量借款年利率为 3%。2023 年 12 月 31 日实际支付租金 99 321 元。

假设甲公司在租赁期开始日能够合理估计上述售后租回交易租赁期内各期预期租赁付款额,2023 年至 2027 年每年末预期租赁付款额为 95 902 元、98 124 元、99 243 元、100 101 元、98 121 元,共计 491 491 元。

已知:$(P/F, 3\%, 1) = 0.970\ 87$,$(P/F, 3\%, 2) = 0.942\ 60$,$(P/F, 3\%, 3) = 0.915\ 14$,$(P/F, 3\%, 4) = 0.888\ 49$,$(P/F, 3\%, 5) = 0.862\ 61$。

甲公司采用直线法对使用权资产计提折旧。假设不考虑相关税费和其他因素。[计算结果保留整数]

要求:编制上述业务对应的会计分录。

解析 甲公司的账务处理如下。

2023 年 1 月 1 日:

第一步,计算租赁付款额的现值、未确认融资费用。

租赁付款额现值 = $95\ 902 \times (P/F, 3\%, 1) + 98\ 124 \times (P/F, 3\%, 2) + 99\ 243 \times (P/F, 3\%, 3) + 100\ 101 \times (P/F, 3\%, 4) + 98\ 121 \times (P/F, 3\%, 5)$ = 450 000(元)。

未确认融资费用 = 5 年租赁付款额 - 5 年租赁付款额的现值 = 491 491 - 450 000 = 41 491(元)。

第二步,租回所保留的权利占比。

租回所保留的权利占比 = 租赁付款额的现值÷转让当日该建筑物的公允价值 = 450 000÷1 800 000 = 25%。

第三步,确定售后租回形成的使用权资产的初始计量金额。

转让当日建筑物的账面价值 = 2 100 000 - 1 100 000 = 1 000 000(元)。

使用权资产初始计量金额 = 转让当日该建筑物的账面价值×租回所保留的权利占比 = 1 000 000×25% = 250 000(元)。

第四步,计算与转让至乙公司的权利相关的利得。

与转让至乙公司的权利相关的利得 = 转让该建筑物的全部利得 - 与该建筑物使用权相关的利得 = (1 800 000 - 1 000 000) - (1 800 000 - 1 000 000)×25% = 600 000(元)。

第五步,作会计分录。

借:固定资产清理   1 000 000

  累计折旧   1 100 000

贷：固定资产	2 100 000
借：银行存款	1 800 000
使用权资产	250 000
租赁负债——未确认融资费用	41 491
贷：固定资产清理	1 000 000
资产处置损益	600 000
租赁负债——租赁付款额	491 491

2023年12月31日：

(1) 计提使用权资产折旧：使用权资产本期折旧额=250 000÷5=50 000(元)。

借：管理费用	50 000
贷：使用权资产累计折旧	50 000

(2) 确认租赁负债的利息：租赁负债的利息=450 000×3%=13 500(元)。

借：财务费用——利息费用	13 500
贷：租赁负债——未确认融资费用	13 500

(3) 确认本期实际支付的租金，并按租赁期开始日已纳入租赁负债初始计量的当期租赁付款额减少租赁负债的账面金额，两者的差额计入当期损益。

2023年12月31日，甲公司实际支付租金99 321元，与已纳入租赁负债初始计量的当期租赁付款额(即租赁期开始日估计的当期预期租赁付款额) 95 902元的差额为3 419元，计入当期损益。

借：租赁负债——租赁付款额	95 902
管理费用	3 419
贷：银行存款	99 321

2024年1月1日以后的账务处理比照2023年进行。

【例题18·单选题】(2024年)下列关于售后租回交易中卖方兼承租人会计处理的表述中，错误的是(　　)。

A. 售后租回交易中的资产转让属于销售，仅就转让至出租人的权利确认相关利得或损失

B. 租赁变更导致租赁范围缩小或租赁期缩短的，仍应当按照准则的有关规定将部分终止或完全终止租赁的相关利得或损失计入当期损益

C. 将销售对价低于市场价格的款项作为预付租金进行会计处理

D. 应当按照租赁付款额的现值确定使用权资产的入账价值

解析 ↘ 卖方兼承租人应当按原资产账面价值中与租回获得的使用权有关的部分，计量售后租回所形成的使用权资产，即用原资产账面价值乘以租回所保留的权利占比计算。

(三) 出租方处理

1. 融资租赁

在租赁期开始日，出租人应当对融资租赁确认<u>应收融资租赁款</u>，并<u>终止</u>

答案 ↘
例题 18 | D

确认融资租赁资产。

出租人对应收融资租赁款进行初始计量时，应当以租赁投资净额作为应收融资租赁款的入账价值。

借：应收融资租赁款——租赁收款额
　　贷：融资租赁资产
　　　　资产处置损益
　　　　应收融资租赁款——未实现融资收益
借：应收融资租赁款——未实现融资收益［固定周期性利率］
　　贷：租赁收入［租赁期内各个期间的利息收入］

提示 租赁开始日后，除非发生租赁变更，出租人无须对租赁的分类进行重新评估。租赁资产预计使用寿命、预计余值等会计估计变更或发生承租人违约、承租人按照原合同条款行使续租选择权或终止租赁选择权导致租赁期变化等情况的，出租人不对租赁进行重分类。

2. 经营租赁（2021年多选）

出租人对经营租赁的会计处理，见表13-14。

表13-14　出租人对经营租赁的会计处理

项目		会计处理
租金的处理		应采用直线法或者其他系统合理的方法将经营租赁的租赁收款额确认为租金收入
对经营租赁提供激励措施	提供免租期	将租金总额在不扣除免租期的整个租赁期内按直线法或其他合理的方法进行分配，免租期内应当确认租金收入
	承担了承租人的某些费用	扣除这些费用后的租金总额在租赁期内进行分配
可变租赁付款额		如果是与指数或比率挂钩的，应在租赁期开始日计入租赁收款额；除此之外的，应当在实际发生时计入当期损益
初始直接费用		应当资本化至租赁标的资产的成本，在租赁期内按照与租金收入相同的确认基础分期计入当期损益
折旧和减值	折旧	应当计提折旧或摊销
	减值	存在减值迹象的，应计提减值准备；一经计提不得转回

● **得分高手**

近三年未考查，但2025年应关注出租人对经营租赁的核算。

【例题19·多选题】（2021年）下列关于出租人对经营租赁的会计处理表述中，正确的有(　　)。

A. 为承租人承担某些费用的激励措施时，应将该费用自租金收入总额中扣除
B. 应采用类似资产的折旧政策对租赁的固定资产计提折旧
C. 租赁期内只能采用直线法将租赁收款额确认为租金收入
D. 对已识别的减值损失应计提资产减值准备
E. 发生的与经营租赁有关的初始直接费用直接计入损益

解析 选项 C，在租赁期内各个期间，出租人应采用直线法或其他系统合理的方式将经营租赁收款额确认为收入。选项 E，出租人发生的与经营租赁有关的初始直接费用应当资本化至租赁标的资产的成本。

考点五 预计负债 ★★★ 一学多考｜中注

（一）或有事项（2023年多选）

或有事项的相关知识点，见表13-15。

表13-15 或有事项的相关知识点

项目	内容
定义	指过去的交易或者事项形成的，其结果须由某些未来事项的发生或不发生才能决定的不确定事项(是否发生不确定，预计会发生但发生多少、时间不确定)
属于	未决诉讼或仲裁、产品质量保证（含产品安全保证、不属于单项履约义务的保证类质量保证）、债务担保、承诺；环境污染整治、亏损合同、重组义务
不属于	未来可能发生的自然灾害、交通事故、经营亏损、固定资产大修理、正常维护、计提折旧、资产减值
会计处理	不应当确认或有资产和或有负债

【例题20·多选题】（2023年）下列各项中，属于或有事项的有（　　）。
A. 根据预计的使用年限和残值计提固定资产折旧
B. 已签订的待执行合同预计变为亏损合同
C. 年末存在尚未判决的诉讼案件
D. 因受市场环境影响，企业预计未来可能发生经营亏损
E. 为非关联方提供借款担保

解析 或有事项是指过去的交易或者事项形成的，其结果须由某些未来事项的发生或不发生才能决定的不确定事项。选项 A，固定资产折旧，虽然存在固定资产使用年限和残值等不确定性，但由于固定资产的原价本身是确定的，其价值最终转移到相关成本费用中也是确定的，因而固定资产折旧不是或有事项。选项 D，不是由过去的交易或事项形成的，所以不属于或有事项。

答案
例题 19 | ABD
例题 20 | BCE

(二)预计负债的确认与计量(2020年、2021年单选)

1. 预计负债的确认条件

根据或有事项准则的规定,与或有事项相关的义务同时满足下列三个条件的,应当确认为预计负债:①该义务是企业承担的现时义务(不是潜在义务);②履行该义务很可能导致经济利益流出企业(可能性超过50%);③该义务的金额能够可靠地计量。

2. 预计负债的计量

(1)初始计量。

预计负债应当按照履行相关现时义务所需支出的最佳估计数进行初始计量。

最佳估计数的确定,见表13-16。

表13-16 最佳估计数的确定

情形		确定方法
支出存在一个连续范围		支出存在一个连续范围且该范围内各种结果发生的可能性相同的,最佳估计数应当按照该范围内的中间值确定,即最佳估计数应按范围的上、下限金额的平均数确定。 例如:售出产品发生的保修费用为销售额的1%~1.5%,最佳估计数应为销售额的1.25%[即(1%+1.5%)÷2]
支出不存在连续范围	涉及单个项目	按照最可能发生金额确定。例如:胜诉的可能性有30%,败诉的可能性有70%,如果败诉将要赔偿50万元,该公司应确认的负债金额(最佳估计数)应为最可能发生金额50万元
	涉及多个项目	按照各种可能结果及相关概率计算确定

提示

(1)预计负债的金额通常等于未来应支付的金额,但未来应支付金额与其现值相差较大的,应当按照未来应支付金额的现值确定;

(2)确定预计负债的金额不应考虑预期处置相关资产形成的利得;

(3)当企业清偿预计负债所需支出全部或部分预期由第三方补偿的,补偿金额只有在基本确定能够收到时才能作为资产单独确认(而且确认的补偿金额不应当超过预计负债的账面价值,并且不能作为预计负债的扣减进行处理)。

记忆密码
补偿确认条件:基本确定。

【例题21·单选题】(2024年)甲公司2023年11月对乙公司提起诉讼,认为乙公司侵犯其知识产权,要求乙公司赔偿损失,至2023年12月31日,法院尚未对案件进行审理。乙公司经咨询律师意见,认为胜诉的可能性为40%,败诉的可能性为60%。如果败诉需要赔偿的金额为50万元至60万元,这个区间内每个金额发生的可能性相同,且需要承担对方已经支付的诉讼费用5万元。不考虑其他因素,则2023年12月31日乙公司应确认预计负债的

金额为( )万元。

A. 50　　　　B. 60　　　　C. 0　　　　D. 55

解析 乙公司应确认的预计负债金额=(50+60)÷2+5=60(万元)。

【例题22·单选题】(2021年)甲公司2020年度销售收入6 000万元，根据产品质量保证合同条款规定，产品出售1年内发生质量问题的，公司将负责免费修理，根据以往经验，出现较小质量问题发生的修理费用预计为销售收入的3%，出现较大的质量问题发生的修理费用预计为销售收入的5%。2020年度出售的产品中预计86%不会出现质量问题，10%将发生较小的质量问题，4%将发生较大的质量问题。甲公司2020年度因上述产品质量保证应确认的预计负债为( )万元。

A. 12　　　　B. 0　　　　C. 18　　　　D. 30

解析 甲公司应确认的预计负债=6 000×(3%×10%+5%×4%)=30(万元)。

(2)后续计量。

企业应当在资产负债表日对预计负债的账面价值进行复核。有确凿证据表明该账面价值不能真实反映当前最佳估计数的，应当按照当前最佳估计数对该账面价值进行调整，调整金额计入当期损益。但属于会计差错的，应当按差错更正进行处理。

(三)预计负债的会计处理

1. 产品质量保证(2021年单选)

(1)通常可以在产品售出后，根据产品质量保证条款的规定、产品的销售额以及预计质量保证费用的最佳估计数确认产品质量保证负债金额，应借记"主营业务成本"科目，贷记"预计负债——产品质量保证"科目。**调整**

(2)实际发生产品质量保证费用时，应借记"预计负债——产品质量保证"科目，贷记"银行存款"等科目。

(3)企业针对特定批次产品确认预计负债，在保修期结束时，应将"预计负债——产品质量保证"余额冲销，不留余额。已对其确认预计负债的产品，如企业不再生产，则应在相应的产品质量保证期满后，将"预计负债"余额冲销，不留余额。

2. 未决诉讼

如果未决诉讼引起的相关义务符合预计负债确认条件、预计败诉的可能性属于"很可能"、要发生的诉讼等费用也能可靠预计，则企业应将预计要发生的支出确认为预计负债：

借：营业外支出[赔偿支出]
　　管理费用[诉讼费]
　　贷：预计负债——未决诉讼

答案
例题21 | B
例题22 | D

因败诉实际支付诉讼等费用时：
借：预计负债——未决诉讼
　　贷：银行存款等

3. 对外担保事项(2020年、2022年单选)

（1）在担保涉及诉讼情况下，法院尚未判决，如果败诉的可能性大于胜诉的可能性，并且损失金额能够合理估计的，应当在资产负债表日将预计担保损失金额，确认为预计负债，并计入当期营业外支出。

如果企业已被判决败诉，则应当按照法院判决的应承担的损失金额，确认为预计负债，并计入当期营业外支出(诉讼费记入"管理费用"科目)。

如果已判决败诉，但企业正在上诉，或者经上一级法院裁定暂缓执行，或者由上一级法院发回重审等，企业应当在资产负债表日，根据已有判决结果合理估计可能产生的损失金额，确认为预计负债，并计入当期营业外支出。

（2）当期实际发生的担保诉讼损失金额与已计提的预计负债之间的差额处理，见表13-17。

表13-17　当期实际发生的担保诉讼损失金额与已计提的预计负债之间的差额处理

前期估计损失	本期实际担保损失与前期的差额处理
无法合理确认和计量因担保诉讼所产生的损失，因而未确认预计负债的	在该项损失实际发生的当期，直接计入当期营业外支出
合理预计了预计负债	直接计入当期营业外支出或营业外收入。 **提示** 准则没有计入营业外收入的规定
估计与当时的事实严重不符(如未合理预计损失或不恰当地多计或少计损失)	应当视为滥用会计估计，按照重大会计差错更正的方法进行会计处理

【例题23·单选题】企业因下列担保事项涉及诉讼情况的表述，正确的是(　　)。

A. 法院尚未判决，而且企业败诉可能性大于胜诉可能性，但如果损失金额不能合理估计，则不应确认预计负债

B. 企业已被判决败诉，但正在上诉的，不应确认预计负债

C. 法院尚未判决，但企业估计败诉的可能性大于胜诉可能性，应将对外担保额确认为预计负债

D. 因法院尚未判决，企业没有必要确认负债

解析　选项B，如果已判决败诉，但企业正在上诉，或者经上一级法院裁定暂缓执行或者由上一级法院发回重审等，企业应当在资产负债表日，根据已有判决结果合理估计可能产生的损失金额，确认为预计负债。选项C，企业应根据合理估计的损失金额确认预计负债，而不是担保额。选项D，企业要根据合理估计损失金额确认预计负债。

答案
例题23 | A

4. 待执行合同变成亏损合同(2022年单选)

待执行合同，是指合同各方尚未履行任何合同义务，或部分地履行了同

第十三章 非流动负债

等义务的合同。

亏损合同,是指履行合同义务不可避免会发生的成本超过预期经济利益的合同。

待执行合同变成亏损合同事项,见表13-18。

表13-18 待执行合同变成亏损合同事项

项目	内容
是否确认	待执行合同变成亏损合同的,该亏损合同产生的义务满足预计负债确认条件的,应当确认为预计负债。 如果与该合同相关的义务不需支付任何补偿即可撤销,通常不存在现时义务,不应确认预计负债
损失计量	"履行合同义务不可避免会发生的成本"应当反映退出该合同的最低净成本,即履行该合同的成本与未能履行该合同而发生的补偿或处罚两者之中的较低者
有无标的资产	企业没有合同标的资产的,亏损合同相关义务满足规定条件时,应当确认为预计负债。 企业拥有合同全部或部分标的资产的,应当先对标的资产进行减值测试并按规定确认减值损失,如预计亏损超过该减值损失,应将超过部分确认为预计负债

【例题24·单选题】(2022年)甲公司2021年9月15日与乙公司签订合同,合同约定甲公司应在2022年2月向乙公司交付W产品300万件,每件产品售价5元,若双方违约,则需支付违约金200万元。合同签订后,甲公司预计需购入原材料1 150万元,后续加工成本为530万元,每件产品发生销售税费0.2元,则甲公司应确认预计负债的金额为( )万元。

A. 0   B. 180   C. 200   D. 240

解析 ↘ 执行合同的损失=1 150+530-(300×5-0.2×300)=240(万元);不执行合同的损失=200(万元);故甲公司应选择不执行合同,确认预计负债200万元。

【例题25·单选题】2022年12月1日,甲公司与乙公司签订不可撤销的合同:甲公司应于2023年4月底前向乙公司交付一批不含税价格为500万元的产品,若甲公司违约需向乙公司支付违约金80万元。合同签订后甲公司立即组织生产,至2022年12月31日发生成本40万元,因材料价格持续上涨,预计产品成本为550万元。假定不考虑其他因素,甲公司2022年12月31日因该份合同需确认的预计负债为( )万元。

A. 40   B. 10   C. 50   D. 80

解析 ↘ 执行合同损失=550-500=50(万元),不执行合同损失为支付的违约金80万元,因此甲公司会选择执行合同,因为产品只有成本40万元,因此计提40万元的存货跌价准备,超额部分=50-40=10(万元),应确认为

答案 ↘
例题24 | C
例题25 | B

预计负债。

5. 重组义务（2021年多选）

(1)同时存在下列情况时，表明企业承担了重组义务：①有详细、正式的重组计划，包括重组涉及的业务、主要地点、需要补偿的职工人数及其岗位性质、预计重组支出、计划实施时间等；②该重组计划已对外公告，重组计划已开始实施，或已向受其影响的各方通告了该计划的主要内容，从而使各方形成了对该企业将实施重组的合理预期。

(2)企业应当按照与重组有关的直接支出确定预计负债金额，计入当期损益。

借：营业外支出等
　　贷：预计负债

直接支出不包括留用职工岗前培训、市场推广、新系统和营销网络投入等支出。

由于企业在计量预计负债时不应当考虑预期处置相关资产的利得或损失，在计量与重组义务相关的预计负债时，不考虑处置相关资产（厂房、店面，有时是一个事业部整体）可能形成的利得或损失，即使资产的出售构成重组的一部分也是如此。这些利得或损失应当单独确认。

【记忆密码】注意区分预计负债确认条件与重组义务确认条件的区分。（重组义务：想了，说了或做了）

【例题26·多选题】（2021年）将企业承担的重组义务确认为预计负债的条件有（　　）。

A. 该重组义务是现时义务
B. 履行重组义务可能导致经济利益流出企业
C. 履行该重组义务的金额能够可靠计量
D. 有详细、正式的重组计划，包括重组涉及的业务、主要地点、需要补偿的职工人数等
E. 重组计划已对外公告，尚未开始实施

解析　选项B，应该是履行该重组义务很可能导致经济利益流出企业。选项D、E，为企业承担了重组义务的确认条件。

考点六　债务重组 ★★★　一学多考|中注

（一）债务重组的定义与方式（2021年、2022年多选）

1. 定义

债务重组是指在不改变交易对手方的情况下，经债权人和债务人协定或法院裁定，就清偿债务的时间、金额或方式等重新达成协议的交易。

提示　原定义：债务人发生财务困难、债权人必须作出让步才可以。
现定义：无论何种原因导致债务人未按原定条件偿还债务，也无论债权

答案
例题26 | AC

人是否同意债务人以低于债务的金额偿还债务,只要债权人和债务人就债务条款重新达成了协议,就属于债务重组(例如,债权人在减免债务人部分债务本金的同时提高剩余债务的利息,或者债权人同意债务人用等值库存商品抵偿到期债务)。

2. 债务重组方式

债务重组一般包括下列方式:

(1)债务人以资产清偿债务;

(2)债务人将债务转为权益工具;

(3)修改其他条款(采用调整债务本金、改变债务利息、变更还款期限等方式修改债权和债务的其他条款,经修改其他条款后的债权和债务分别形成重组债权和重组债务);

(4)组合方式,是采用上述三种方式中一种以上方式的组合清偿债务的债务重组方式。

【例题27·多选题】(2021年)下列属于债务人以组合方式清偿债务的债务重组方式有( )。

A. 以现金偿还部分债务,同时将剩余债务展期

B. 以一项同时包含金融负债成分和权益工具成分的复合金融工具替换原债务

C. 以机器设备偿还部分债务,剩余债务转为资本

D. 破产清算期间以其厂房偿还部分债务,剩余债务于破产清算终结日豁免

E. 修改债务本金、利息及还款期限条款

解析 选项B、D,不适用债务重组准则。选项E,属于修改其他条款方式的债务重组。

(二)以资产清偿债务(2021年单选;2024年计算;2020年、2022年综合分析)

债务人用于偿债的资产分为金融资产和非金融资产,通常是已经在资产负债表中确认的资产(也可以是未确认的资产)。

● **得分高手**

> 债务重组经常考查大题,重点掌握债权方资产入账价值,债权方与债务方重组损益的计算。

1. 以金融资产清偿债务

以金融资产清偿债务的会计处理,见表13-19。

答案
例题27 | AC

表 13-19　以金融资产清偿债务的会计处理

主体	会计处理	
债权人	金融资产初始确认时应当以其<u>公允价值</u>计量。<u>金融资产确认金额</u>与<u>债权终止确认日账面价值</u>之间的差额，记入"<u>投资收益</u>"科目	借：债权投资、交易性金融资产等 　　投资收益(或贷) 　　坏账准备 　贷：应收账款
债务人	债务的账面价值与偿债金融资产账面价值的差额，记入"<u>投资收益</u>"科目 a. 债务人用于偿债的金融资产已计提<u>减值准备</u>，一并结转减值准备； b. <u>偿债资产为其他债权投资的</u>，持有期间确认的累计利得或损失转出至损益，记入"投资收益"科目；<u>偿债资产为其他权益工具投资</u>的，持有期间确认的累计利得或损失转出至<u>留存收益</u>，记入"盈余公积"和"利润分配——未分配利润"科目	借：应付账款 　贷：其他债权投资、交易性金融资产等 　　　投资收益(或借)

提 示

(1)债权人或债务人中的一方直接或间接对另一方持股且以股东身份进行债务重组的；或者债权人与债务人在债务重组前后均受同一方或相同的多方最终控制，且该债务重组的交易实质是债权人或债务人进行了权益性分配或接受了权益性投入的，债务重组构成权益性交易，适用权益性交易的有关会计处理规定，债权人和债务人不确认构成权益性交易的债务重组相关损益。

(2)在签署债务重组合同的时点，如果债务的现时义务尚未解除，债务人不能确认债务重组相关损益。

【例题28·多选题】 2022年2月10日甲公司赊销一批材料给乙公司，应收价税合计金额为58 500元，当年5月10日，乙公司发生财务困难，无法按合同规定偿还债务，经双方协议，甲公司同意减免乙公司10 000元债务，余额用银行存款立即支付，甲公司已对该债权计提了1 000元坏账准备，则下列关于该债务重组的会计处理表述中，正确的有(　　)。

A. 甲公司应确认投资损失10 000元
B. 甲公司应确认投资损失9 000元
C. 乙公司应确认投资收益10 000元
D. 乙公司应确认投资收益11 000元
E. 乙公司应确认投资收益9 000元

解析 乙公司投资收益=减免的债务=10 000(元)，甲公司投资损失=应收账款的账面价值(58 500-1 000)-应收账款的公允价值(58 500-10 000)=9 000(元)。

答案
例题28 | BC

甲公司：
借：银行存款　　　　　　　　　　　　（58 500-10 000）48 500
　　坏账准备　　　　　　　　　　　　　　　　　　　　1 000
　　投资收益　　　　　　　　　　　　　　　　　　　　9 000
　　贷：应收账款　　　　　　　　　　　　　　　　　　　　　58 500
乙公司：
借：应付账款　　　　　　　　　　　　　　　　　　　58 500
　　贷：银行存款　　　　　　　　　　　　　　　　　　　　　48 500
　　　　投资收益　　　　　　　　　　　　　　　　　　　　　10 000

2. 以非金融资产偿还债务

以非金融资产清偿债务的会计处理，见表13-20。

表13-20　以非金融资产清偿债务的会计处理

主体	会计处理	
债权人	存货、固定资产、无形资产的成本 = 放弃债权的公允价值+取得资产相关税费	借：无形资产等 　　投资收益[或贷] 　　坏账准备 　　贷：应收账款 　　　　银行存款[税费]
	放弃债权的公允价值与账面价值之间的差额，应当计入当期损益（投资收益）	
债务人 调整	债务人以单项或多项长期股权投资清偿债务的，债务的账面价值与偿债的长期股权投资账面价值的差额，记入"投资收益"科目。债务人以单项或多项其他非金融资产清偿债务，或者以包括金融资产和其他非金融资产在内的多项资产清偿债务的，不需要区分资产处置损益和债务重组损益，也不需要区分不同资产的处置损益，应将所清偿债务账面价值与转让资产账面价值之间的差额，计入当期损益（其他收益）。偿债资产已计提减值准备的，应结转已计提的减值准备	以无形资产为例： 借：应付账款 　　累计摊销 　　无形资产减值准备 　　贷：无形资产 　　　　其他收益[或借]

以金融资产和以非金融资产还债，债权人债务重组损益计算方法不同。

提示　债务人以存货清偿债务进行债务重组的，不应作为存货的销售处理，所清偿债务账面价值与存货账面价值之间的差额记入"其他收益"科目。

【例题29·多选题】2020年6月18日，甲公司向乙公司销售商品一批，应收乙公司款项的入账金额为95万元。甲公司将该应收款项分类为以摊余成本计量的金融资产，乙公司将该应付款项分类为以摊余成本计量的金融负债。2020年10月18日，双方签订债务重组合同，乙公司以一项作为无形资产核算的非专利技术偿还该欠款。该无形资产的账面余额为100万元，累计摊销额为10万元，已计提减值准备2万元。10月18日，双方办理完成该无形资产转让手续,甲公司支付评估费用4万元。当日,甲公司应收款项的公允价值为87万元,已计提坏账准备7万元,乙公司应付款项的账面价值仍为95万元。假设不考虑相关税费,下列有关债务重组表述正确的有( )。

A. 甲公司确认的无形资产金额为910 000元
B. 甲公司确认的投资收益借方金额为10 000元
C. 甲公司支付的评估费用计入管理费用为40 000元
D. 乙公司确认营业外收入70 000元
E. 乙公司确认其他收益70 000元

解析 债权人(甲公司)的会计处理:

债权人甲公司取得该无形资产的成本为债权公允价值(87万元)与评估费用(4万元)的合计(91万元)。

借:无形资产	910 000
坏账准备	70 000
投资收益	10 000
贷:应收账款	950 000
银行存款	40 000

债务人(乙公司)的会计处理:

借:应付账款	950 000
累计摊销	100 000
无形资产减值准备	20 000
贷:无形资产	1 000 000
其他收益——债务重组收益	70 000

【拓展】 假设甲公司管理层决议,受让该非专利技术满足持有待售资产确认条件,公允价值减去出售费用后的净额为86万元,则甲公司按照假定其不划分为持有待售类别情况下的初始计量金额91万元与公允价值减去出售费用后的净额86万元孰低计量。甲公司的会计处理如下 *调整*:

借:持有待售资产	860 000
坏账准备	70 000
投资收益	10 000
资产减值损失	50 000
贷:应收账款	950 000
银行存款	40 000

【例题30·单选题】 (2021年)2020年12月1日,甲公司与乙公司进行债务重组。重组日,甲公司应收乙公司账面余额为216万元,已提坏账准备28万元,应收账款公允价值为182万元,乙公司用库存商品抵偿债务,库存商品公允价值为200万元,增值税税额为26万元。甲公司为取得库存商品发生运输费用3万元。不考虑其他因素,则甲公司因该债务重组确认的投资收

答案
例题29 | ABE

益为( )万元。

A. 20 B. -6 C. 12 D. -9

解析 甲公司应确认投资收益额=182-(216-28)=-6(万元)。

甲公司会计处理：

借：库存商品　　　　　　　　(1 820 000-260 000+30 000) 1 590 000
　　应交税费——应交增值税(进项税额)　　　　　　　260 000
　　坏账准备　　　　　　　　　　　　　　　　　　　280 000
　　投资收益　　　　　　　　[(2 160 000-280 000)-1 820 000] 60 000
　　贷：应收账款　　　　　　　　　　　　　　　　　2 160 000
　　　　银行存款　　　　　　　　　　　　　　　　　　30 000

假定库存商品的账面价值为150万元(未计提存货跌价准备)，则乙公司会计处理：

借：应付账款　　　　　　　　　　　　　　　　　　2 160 000
　　贷：库存商品　　　　　　　　　　　　　　　　　1 500 000
　　　　应交税费——应交增值税(销项税额)　　　　　260 000
　　　　其他收益　　　　　　　　　　　　　　　　　400 000

3. 以金融资产和非金融资产清偿债务

债权人受让包括金融资产和非金融资产等多项资产的，应当按照《企业会计准则第22号——金融工具确认和计量》的规定确认和计量受让的金融资产，按照受让的金融资产以外的各项资产在债务重组合同生效日的公允价值比例，对放弃债权在合同生效日的公允价值扣除受让金融资产当日公允价值后的净额进行分配，并以此为基础分别确定各项资产的成本。

借：交易性金融资产等[债务重组日的公允价值]
　　固定资产、无形资产等[按照合同生效日公允价值比例分配计入]
　　坏账准备等
　　贷：应收账款等
　　　　投资收益[倒挤差额，或借]

【例题31·多选题】甲、乙公司均为增值税一般纳税人，适用的增值税税率为13%。2019年11月5日，甲公司向乙公司赊购一批材料，含税价为234万元，甲公司以摊余成本计量该项债务，乙公司以摊余成本计量该项债权。2020年9月10日，甲公司因发生财务困难，无法按合同约定偿还债务，双方协商进行债务重组。乙公司同意甲公司用其生产的商品、机器设备和一项债券投资抵偿欠款。当日，该债权的公允价值为210万元，甲公司用于抵债的商品市价(不含增值税)为90万元，用于抵债设备的公允价值为75万元，用于抵债的债券投资市价为23.55万元。2020年9月20日，甲公司用于抵债的商品成本为70万元；抵债设备的账面原价为150万元，累计折旧为40万元，已计提减值准备18万元；甲公司以摊余成本计量用于抵债的债券

答案
例题30 | B

投资，债券票面价值总额为 15 万元，票面利率与实际利率一致，按年计息，假定甲公司尚未对债券确认利息收入。当日，该项债务的账面价值仍为 234 万元。按规定，该项交易中商品和设备的计税价格分别为 90 万元和 75 万元，并开具相应的增值税专用发票。不考虑其他相关税费。抵债资产于 2020 年 9 月 20 日转让完毕，甲公司发生设备运输费用 0.65 万元，乙公司发生该设备安装费用 1.5 万元。2020 年 9 月 20 日，乙公司对该债权已计提坏账准备 19 万元。债券投资市价为 21 万元。乙公司将受让商品、设备和债券投资作为低值易耗品、固定资产和以公允价值计量且其变动计入当期损益的金融资产核算。下列有关债务重组表述正确的有(　　)。

A. 乙公司确认的固定资产金额为 76.5 万元
B. 乙公司确认的交易性金融资产为 21 万元
C. 乙公司确认的投资收益借方金额为 7.55 万元
D. 甲公司转让固定资产确认的营业外收入为 17 万元
E. 甲公司确认其他收益 34.9 万元

解析 乙公司(债权人)的账务处理：

低值易耗品可抵扣增值税=90×13%=11.7(万元)；设备可抵扣增值税=75×13%=9.75(万元)；债务重组合同生效日为 9 月 10 日，低值易耗品和固定资产的成本应当以其公允价值比例(90∶75)对放弃债权公允价值扣除受让金融资产公允价值后的净额进行分配后的金额为基础确定。

低值易耗品的成本＝90÷(90＋75)×(210－23.55－11.7－9.75)＝90(万元)；

固定资产的成本＝75÷(90＋75)×(210－23.55－11.7－9.75)＝75(万元)。

(1) 处理债务重组事项：

借：交易性金融资产	210 000
低值易耗品	900 000
在建工程——在安装设备	750 000
应交税费——应交增值税(进项税额)(117 000+97 500)	214 500
坏账准备	190 000
投资收益	75 500
贷：应收账款——甲公司	2 340 000

(2) 支付安装费用：

借：在建工程——在安装设备	15 000
贷：银行存款	15 000

(3) 安装完毕达到可使用状态：

借：固定资产	765 000
贷：在建工程——在安装设备	765 000

甲公司(债务人)的会计处理：

借：固定资产清理	920 000

答案
例题 31 | ABCE

累计折旧	400 000
固定资产减值准备	180 000
贷：固定资产	1 500 000
借：固定资产清理	6 500
贷：银行存款	6 500
借：应付账款	2 340 000
贷：固定资产清理	926 500
库存商品	700 000
应交税费——应交增值税(销项税额)	214 500
债权投资——成本	150 000
其他收益——债务重组收益	349 000

(三) 将债务转为权益工具

权益工具，是指根据《企业会计准则第37号——金融工具列报》分类为"权益工具"的金融工具，会计处理上体现为股本、实收资本、资本公积等。

将债务转为权益工具的会计处理，见表13-21。

表13-21　将债务转为权益工具的会计处理

主体	会计处理	
债权人	对联营企业或合营企业投资的成本，包括放弃债权的公允价值和可直接归属于该资产的税金等其他成本	借：长期股权投资 　　投资收益[或贷] 　　坏账准备 　贷：应收账款
债务人	债务人初始确认权益工具时应当按照权益工具的公允价值计量，权益工具的公允价值不能可靠计量的，应当按照所清偿债务的公允价值计量。所清偿债务账面价值与权益工具确认金额之间的差额，应当记入当期损益"投资收益"科目	借：应付账款 　贷：股本、实收资本 　　　资本公积 　　　投资收益[或借]

【例题32·单选题】2020年2月10日，甲公司(债务人)从乙公司购买一批材料，约定6个月后甲公司应结清款项100万元(假定无重大融资成分)。乙公司将该应收款项分类为以公允价值计量且其变动计入当期损益的金融资产；甲公司将该应付款项分类为以摊余成本计量的金融负债。2020年8月12日，甲公司因无法支付货款与乙公司协商进行债务重组，双方商定乙公司将该债权转为对甲公司的股权投资。2020年10月20日，乙公司办结了对甲公司的增资手续，甲公司和乙公司分别支付手续费等相关费用1.5万元和1.2万元。债转股后甲公司总股本为100万元，乙公司持有的抵债股权占甲公司总股本的25%，对甲公司具有重大影响，甲公司股权公允价值不能可靠计量。甲公司应付款项的账面价值仍为100万元。2020年3月31日，应

收款项和应付款项的公允价值均为 100 万元。2020 年 8 月 12 日,应收款项和应付款项的公允价值均为 76 万元。2020 年 10 月 20 日,应收款项和应付款项的公允价值均为 76 万元。假定不考虑其他相关税费。下列有关债务重组表述不正确的是(   )。

A. 乙公司确认的长期股权投资金额为 77.2 万元
B. 乙公司确认的投资收益为 0 元
C. 甲公司确认的资本公积金额为 53 万元
D. 甲公司确认的投资收益为 24 万元

解析 (1)乙公司(债权人)的会计处理如下。

8月12日(100 变 76):

借:公允价值变动损益　　　　　　　　　　　　　　240 000
　　贷:交易性金融资产——公允价值变动　　　　　　240 000

10 月 20 日:

借:长期股权投资——甲公司
　　　　　　(应收公允 760 000+税费 12 000) 772 000
　　交易性金融资产——公允价值变动　　　　　　240 000
　　贷:交易性金融资产——成本　　　　　　　　1 000 000
　　　　银行存款　　　　　　　　　　　　　　　　12 000

(2)10 月 20 日甲公司(债务人)的会计处理如下。

借:应付账款　　　　　　　　　　　　　　　　　1 000 000
　　贷:股本　　　　　　　　　　　　　　　　　　250 000
　　　　资本公积——股本溢价　　　　　　　　　　510 000
　　　　投资收益　　　　　　　　　　　　　　　　240 000
借:资本公积——股本溢价　　　　　　　　　　　　15 000
　　贷:银行存款　　　　　　　　　　　　　　　　15 000

由于甲公司股权的公允价值不能可靠计量,初始确认权益工具公允价值时应当按照所清偿债务的公允价值 76 万元计量;因发行权益工具支出的相关税费 1.5 万元冲减资本公积。

(四)修改其他条款(2020 年单选)

1. 终止确认

对于债权人,应当整体考虑是否对全部债权的合同条款作出了实质性修改。如果作出实质性修改,或者债权人与债务人之间签订协议,以获取实质上不同的新金融资产方式替换债权,应当终止确认原债权,并按照修改后的条款或新协议确认新金融资产。

对于债务人,如果对债务或部分债务的合同条款作出实质性修改形成重组债务,或者债权人与债务人之间签订协议,以承担实质上不同的重组债务方式替换债务,债务人应当终止确认原债务,同时按照修改后的条款确认一

答案
例题 32 | C

项新金融负债。

其中，如果重组债务未来现金流量(包括支付和收取的某些费用)现值与原债务的剩余期间现金流量现值之间的差异超过10%，则意味着新的合同条款进行了实质性修改或者重组债务是实质上不同的，有关现值的计算均采用原债务的实际利率。

2. 重新计量

如果修改其他条款未导致债权终止确认，债权人应当根据其分类，继续以摊余成本、以公允价值计量且其变动计入其他综合收益，或者以公允价值计量且其变动计入当期损益进行后续计量。

对于以摊余成本计量的债权，债权人应当根据重新议定合同的现金流量变化情况，重新计算该重组债权的账面余额，并将相关利得或损失记入"投资收益"科目。

重新计算的该重组债权的账面余额，应当根据将重新议定或修改的合同现金流量按债权原实际利率折现的现值确定，购买或源生的已发生信用减值的重组债权，应按经信用调整的实际利率折现。

提示 对于修改或重新议定合同所产生的成本或费用，债权人应当调整修改后的重组债权的账面价值，并在修改后重组债权的剩余期限内摊销。

修改其他条款的会计处理，见表13-22。

表13-22 修改其他条款的会计处理

项目	主体	会计处理	
终止确认	债权人	如果修改其他条款导致全部债权终止确认，债权人应当按照修改后的条款以公允价值初始计量重组债权，重组债权的确认金额与债权终止确认日账面价值之间的差额，记入"投资收益"科目	借：应收账款——重组债权 投资收益[或贷] 坏账准备 贷：应收账款
	债务人	如果修改其他条款导致债务终止确认，债务人应当按照公允价值计量重组债务，终止确认的债务账面价值与重组债务确认金额之间的差额，记入"投资收益"科目	借：应付账款 贷：应付账款——重组债务 投资收益[或借]
未终止确认	债权人	对于以摊余成本计量的债权，债权人应当根据重新议定合同的现金流量变化情况，重新计算该重组债权的账面余额，并将相关利得或损失记入"投资收益"科目	
	债务人	对于以摊余成本计量的债务，债务人应当根据重新议定合同的现金流量变化情况，重新计算该重组债务的账面余额，并将相关利得或损失记入"投资收益"科目	

【例题 33·单选题】 2020 年 12 月 31 日甲公司 (债务人) 应付乙公司票据的账面余额为 208 000 元,其中,8 000 元为累计未付的利息,票面年利率为 8%。由于甲公司连年亏损,资金困难,不能偿付应于 2020 年 12 月 31 日前支付的应付票据。经双方协商,于 2021 年 1 月 1 日进行债务重组。乙公司同意将债务本金减至 160 000 元,免去债务人 2020 年 12 月 31 日前所欠的全部利息;将利率从 8% 降低到 5%,并将债务到期日延长至 2022 年 12 月 31 日,利息按年支付。假设乙公司已对该项债权计提坏账准备 52 000 元,现行类似债权资产市场折现率为 5%。根据上述资料,债务重组后债务公允价值为 160 000 元。乙公司 2021 年确认的损益为 ( ) 元。

A. 4 000
B. 1 000
C. 12 000
D. 48 000

解析 乙公司 (债权人) 应作如下账务处理。

2021 年 1 月 1 日,债务重组日原债权应终止确认:

借:应收账款——甲公司 (重组债权)　　　　　　　　　　　160 000
　　坏账准备　　　　　　　　　　　　　　　　　　　　　　 52 000
　　贷:应收票据　　　　　　　　　　　　　　　　　　　　　208 000
　　　　投资收益　　　　　　　　　　　　　　　　　　　　　　4 000

2021 年 12 月 31 日收到利息 8 000 元:

借:银行存款　　　　　　　　　　　　　　　　　　　　　　　8 000
　　贷:财务费用　　　　　　　　　　　　　　　　　　　　　　8 000

2022 年 12 月 31 日收回本金和最后一年利息:

借:银行存款　　　　　　　　　　　　　　　　　　　　　　168 000
　　贷:应收账款——甲公司 (重组债权)　　　　　　　　　　160 000
　　　　财务费用　　　　　　　　　　　　　　　　　　　　　　8 000

【拓展】 甲公司 (债务人) 应作如下账务处理。

2021 年 1 月 1 日,债务重组日原债务应终止确认:

借:应付票据　　　　　　　　　　　　　　　　　　　　　　208 000
　　贷:应付账款——乙公司 (重组债务)　　　　　　　　　　160 000
　　　　投资收益　　　　　　　　　　　　　　　　　　　　　48 000

2021 年 12 月 31 日支付利息 8 000 元:

借:财务费用　　　　　　　　　　　　　　　　　　　　　　　8 000
　　贷:银行存款　　　　　　　　　　　　　　　　　　　　　　8 000

2022 年 12 月 31 日支付本金和最后一年利息:

借:应付账款—乙公司 (重组债权)　　　　　　　　　　　　160 000
　　财务费用　　　　　　　　　　　　　　　　　　　　　　　8 000
　　贷:银行存款　　　　　　　　　　　　　　　　　　　　　168 000

答案
例题 33 | C

（五）组合方式（2020年综合分析）

组合方式的会计处理，见表13-23。

表13-23　组合方式的会计处理

主体	会计处理
债权人	债权人应当按照修改后的条款，以公允价值初始计量重组债权和受让的新金融资产；按照受让的金融资产以外的各项资产在债务重组合同生效日的公允价值比例，对放弃债权在合同生效日的公允价值扣除重组债权和受让金融资产当日公允价值后的净额进行分配，并以此为基础分别确定各项资产的成本
债务人	所清偿债务的账面价值与转让资产的账面价值以及权益工具和重组债务的确认金额之和的差额，记入"其他收益——债务重组收益"或"投资收益"（仅涉及金融工具、长期股权投资时）科目

【知识点拨】由于金融资产公允价值变动，债权人重组损益需根据分录倒挤计算，或根据放弃债权公允价值与账面价值差额加减金融资产公允价值变动损益计算。

【例题34·多选题】甲公司为上市公司，2017年1月1日，甲公司取得乙银行贷款5 000万元，约定贷款期限为4年（即2020年12月31日到期），年利率6%，按年付息，甲公司以摊余成本计量该贷款，已按时支付所有利息。2021年1月1日，甲公司无法偿还贷款本金，乙银行同意与甲公司就该项贷款重新达成协议，新协议约定：

（1）甲公司将一项作为固定资产核算的房产转让给乙银行，用于抵偿债务本金1 000万元。

（2）甲公司向乙银行增发股票500万股，面值1元/股，占甲公司股份总额的1%，用于抵偿债务本金2 000万元，甲公司股票于2021年1月1日的收盘价为4元/股。

（3）在甲公司履行上述偿债义务后，乙银行免除甲公司500万元债务本金，并将尚未偿还的债务本金1 500万元展期至2021年12月31日，年利率8%；如果甲公司未能履行（1）（2）所述偿债义务，乙银行有权终止债务重组协议，尚未履行的债权调整承诺随之失效，予以展期的贷款的公允价值为1 500万元。

乙银行以摊余成本计量该贷款，已计提贷款损失准备300万元。该贷款于2021年1月1日的公允价值为4 600万元。

2021年3月2日，乙银行办理完成房产转让手续，将该房产作为投资性房地产核算，该房产账面原值1 200万元，累计折旧400万元，未计提减值准备。2021年3月31日，乙银行对该笔贷款补提了100万元的贷款损失准备。2021年5月9日，双方办理完成股权转让手续，乙银行将该股权投资分类为以公允价值计量且其变动计入当期损益的金融资产，甲公司股票当日收盘价为4.02元/股。不考虑相关税费，下列有关债务重组表述正确的有( )。

A．3月2日，乙银行确认投资性房地产的金额为1 100万元
B．3月2日，乙银行确认的投资收益金额为100万元
C．5月9日，乙银行确认交易性金融资产2 010万元
D．5月9日，乙银行确认的投资收益为10万元
E．5月9日，甲公司确认的投资收益为661.7万元

解析

(1)乙银行的会计处理如下。

3月2日，完成房产转让手续：

投资性房地产成本＝合同生效日放弃债权公允价值4 600－受让股权公允价值2 000－重组债权公允价值1 500＝1 100(万元)。

借：投资性房地产		11 000 000
贷：贷款——本金		11 000 000

3月31日，补提贷款损失准备：

借：信用减值损失		1 000 000
贷：贷款损失准备		1 000 000

5月9日，完成股权转让手续：

债权人在收取债权现金流量的合同权利终止时应当终止确认全部债权，即在2021年5月9日该债务重组协议的执行过程和结果不确定性消除时，可以确认债务重组相关损益，并按照修改后的条款确认新金融资产。

借：交易性金融资产	(4.02×5 000 000)	20 100 000
贷款——本金(重组债权)		15 000 000
贷款损失准备	(3 000 000＋1 000 000)	4 000 000
贷：贷款——本金	(50 000 000－11 000 000)	39 000 000
投资收益		100 000

(2)甲公司的会计处理如下。

3月2日，完成房产转让手续：

借：固定资产清理		8 000 000
累计折旧		4 000 000
贷：固定资产		12 000 000
借：长期借款——本金		8 000 000
贷：固定资产清理		8 000 000

5月9日，完成股权转让手续：

展期借款现金流量现值＝1 500×(1＋8%)÷(1＋6%)＝1 528.30(万元)。

现金流量变化＝(1 528.3－1 500)÷1 500＝1.89%＜10%，因此，针对1 500万元本金部分的合同条款的修改不构成实质性修改，不终止确认该部分

答案

例题34 | ACD

负债。

借：长期借款——本金　　　　　　（50 000 000-8 000 000）42 000 000
　　贷：股本　　　　　　　　　　　　　　　　　　　　　　　5 000 000
　　　　资本公积　　　　　　　　（4.02×5 000 000-5 000 000）15 100 000
　　　　长期借款——本金　　　　　　　　　　　　　　　　　15 283 000
　　　　其他收益——债务重组收益　　　　　　　　　　　　　 6 617 000

【例题35·计算题】(2023年)甲公司和乙公司为增值税一般纳税人，不动产转让适用增值税税率为9%，2021—2022年甲公司和乙公司发生以下业务：

(1)甲公司2021年8月21日就应收乙公司账款5 000万元与乙公司签订合同，合同约定：乙公司以在建的一栋写字楼偿还该项债务，在乙公司开具增值税专用发票，并将写字楼的所有权转移给甲公司之后，该项债权债务结清。2021年8月31日，甲公司和乙公司完成上述债务重组。甲公司对应收乙公司账款已计提坏账准备560万元，公允价值为4 360万元；乙公司用于抵偿债务的在建写字楼账面余额为3 000万元，未计提减值准备，公允价值与计税价格均为4 000万元。

(2)甲公司于2021年6月1日从银行借入3年期、年利率为8%的一般借款3 000万元。

(3)甲公司于2021年8月31日取得写字楼的所有权之后，继续用上述借款进行建造，建造过程中发生下列支出：2021年9月1日支出500万元；11月1日支出300万元；2022年1月1日支出600万元；2022年4月1日至9月30日非正常停工；2022年10月1日支出600万元；2022年12月31日，该写字楼达到预定可使用状态。

不考虑其他因素，根据上述资料，回答下列问题。

(1)债务重组日，甲公司因该项债务重组确认的投资收益为(　　)万元。
A.-400　　　　B.-640　　　　C.0　　　　D.-80

解析　甲公司(债权人)因该项债务重组应确认投资收益金额=放弃债权公允价值4 360-债权账面价值(5 000-560)=-80(万元)。

借：在建工程　　　　　　　　　　（43 600 000-3 600 000）40 000 000
　　应交税费——应交增值税(进项税额)
　　　　　　　　　　　　　　　　　　（40 000 000×9%）3 600 000
　　坏账准备　　　　　　　　　　　　　　　　　　　　　　5 600 000
　　投资收益　　　　　　　　　　　　　　　　　　　　　　　 800 000
　　贷：应收账款　　　　　　　　　　　　　　　　　　　　50 000 000

(2)债务重组日，乙公司因该项债务重组影响当期损益的金额为(　　)万元。

A. 1 640　　　　B. 1 000　　　　C. 640　　　　D. 2 000

解析 乙公司(债务人)因该项债务重组影响当期损益的金额＝应付账款的账面价值 5 000－抵债资产账面价值 3 000－销项税额 4 000×9％＝1 640(万元)。

借：应付账款　　　　　　　　　　　　　　　　　　50 000 000
　　贷：在建工程　　　　　　　　　　　　　　　　30 000 000
　　　　应交税费——应交增值税(销项税额)　　　　 3 600 000
　　　　其他收益　　　　　　　　　　　　　　　　16 400 000

(3)甲公司 2022 年一般借款的利息费用化金额为(　　)万元。

A. 172　　　　B. 240　　　　C. 155　　　　D. 116

解析 2022 年一般借款利息总额＝3 000×8％＝240(万元)，2022 年一般借款费用的资本化金额＝[(500＋300＋600)×6÷12＋600×3÷12]×8％＝68(万元)，因此 2022 年一般借款利息费用化金额＝240－68＝172(万元)。

(4)甲公司在 2022 年 12 月 31 日该写字楼达到预定可使用状态时的账面成本为(　　)万元。

A. 6 445.33　　　B. 6 085.33　　　C. 6 053.33　　　D. 6 141.33

解析 甲公司 2021 年 8 月 31 日取得在建工程的入账价值＝4 360－4 000×9％＝4 000(万元)。2021 年一般借款利息资本化金额＝(500×4÷12＋300×2÷12)×8％＝17.33(万元)。2022 年 12 月 31 日该写字楼达到预定可使用状态时的账面成本＝4 000＋500＋300＋600＋600＋17.33＋68＝6 085.33(万元)。

答案

例题 35 | (1) D
　　　　(2) A
　　　　(3) A
　　　　(4) B

同步训练

考点一　借款费用

1. (单选题)根据《企业会计准则第 17 号——借款费用》规定，下列借款费用在资本化时需要与资产支出额相挂钩的是(　　)。
   A. 专门借款的溢折价摊销　　　　　　　B. 一般借款的利息
   C. 专门借款的利息　　　　　　　　　　D. 外币专门借款汇兑差额

2. (单选题)甲公司 2023 年 1 月 1 日动工建造某项自用房产，发生支出如下：2023 年 1 月 1 日支出 500 万元，2023 年 5 月 1 日支出 300 万元，2023 年 12 月 1 日支出 300 万元，工程预计于 2024 年 6 月 30 日达到预定可使用状态。甲公司该项工程无专门借款，建造过程中占用了两笔一般借款：①2022 年 1 月 1 日借入 500 万元，借款利率为 8％，期限为 4 年；②2023 年 4 月 1 日借入 1 000 万元，借款利率为 10％，期限为 3 年。不考虑其他因素，则 2023 年一般借款利息资本化金额为(　　)万元。

A. 66.7　　　B. 73.3　　　C. 67.67　　　D. 72.33

3. (单选题)甲公司为建造一栋办公楼于2022年1月1日专门从银行借入3 000万元款项,借款期限为3年,年利率为6%。2022年2月1日,甲公司支出工程款1 000万元,并于当日开工建造。2022年3月1日工程因发生施工安全事故中断施工,7月1日恢复施工并支付工程款2 000万元;该项工程预计将于2023年8月31日完工。甲公司将闲置资金收益用于短期投资,短期投资月收益率为0.2%。该项建造工程在2022年度的专门借款利息费用化金额为(　　)万元。

A. 99　　　B. 81　　　C. 53　　　D. 44

4. (多选题)下列项目中,属于借款费用的有(　　)。

A. 发行公司债券的印刷费　　B. 因借款而发生的辅助费用
C. 应付债券计提的利息　　D. 发行股票筹集资金所发生的手续费
E. 发行债券所发生的溢价

5. (多选题)下列关于借款费用的表述中,正确的有(　　)。

A. 当所购建或生产符合资本化条件的资产已经投入使用或被用于销售时,才应停止其借款费用的资本化
B. 符合资本化条件的资产在构建或生产过程中发生正常中断的,发生的借款费用应当继续资本化
C. 符合资本化条件的资产在构建或生产过程中发生非正常中断,且中断时间累计超过3个月的,应当暂停借款费用资本化
D. 资本化期间,每一个会计期间的利息资本化金额,不应当超过当期相关借款实际发生的利息金额
E. 筹建期间不应资本化的借款费用应计入管理费用

6. (多选题)下列关于暂停借款费用资本化的表述中,正确的有(　　)。

A. 在资产购建中断期间发生的借款费用应先通过"在建工程——待摊支出"账户归集,待重新开始建造时再资本化
B. 在资产购建过程中发生非正常中断,且中断时间连续超过3个月的,应当暂停借款费用资本化
C. 在资产购建过程中发生正常中断,且中断时间连续超过3个月的,应当暂停借款费用资本化
D. 如果资产购建中断过程是资产达到预定可使用状态的必要程序,借款费用应继续资本化
E. 在资产购建过程中因不可抗力的可预见因素导致中断,借款费用应继续资本化

7. (多选题)在资产负债表日,企业根据长期借款的摊余成本和实际利率计算确定的当期利息费用,可能借记的会计科目有(　　)。

A. 研发支出　　B. 制造费用
C. 财务费用　　D. 长期借款
E. 应付利息

8. (计算题)2022年1月1日甲公司正式动工兴建一栋办公楼,预计工期为1.5年,

工程采用出包方式，甲公司为建造办公楼占用了专门借款和一般借款，有关资料如下：

（1）2022年1月1日，甲公司取得专门借款800万元用于该办公楼的建造，期限为2年，年利率为6%，按年支付利息、到期还本。

（2）占用的一般借款有两笔：

一是2021年7月1日，向乙银行取得的长期借款500万元，期限5年，年利率为5%，按年支付利息、到期还本。

二是2022年7月1日，向丙银行取得的长期借款1000万元，期限3年，年利率为8%，按年支付利息、到期还本。

（3）甲公司为建造该办公楼的支出金额如下：2022年1月1日支出500万元；2022年7月1日支出600万元；2023年1月1日支出500万元；2023年7月1日支出400万元。

（4）2022年10月20日，因经济纠纷导致该办公楼停工1个月；2023年6月30日，该办公楼如期完工，并达到预定可使用状态。

（5）闲置专门借款资金用于固定收益债券短期投资，该短期投资月收益率为0.4%。占用的两笔一般借款除用于办公楼的建造外，没有用于其他符合资本化条件的资产的购建或者生产活动。全年按360天计算。

根据上述资料，回答下列问题。

(1) 甲公司2022年度专门借款利息费用的资本化金额为(　　)万元。
A. 40.8　　　　　B. 48　　　　　C. 33.6　　　　　D. 46.8

(2) 甲公司2022年度占用一般借款的资本化率为(　　)。
A. 6.5%　　　　B. 7%　　　　　C. 5%　　　　　D. 7.5%

(3) 甲公司2022年度的借款费用利息的资本化金额为(　　)万元。
A. 52.6　　　　B. 49.8　　　　C. 50.55　　　　D. 48.25

(4) 甲公司2023年度的借款费用利息的资本化金额为(　　)万元。
A. 74　　　　　B. 52　　　　　C. 82　　　　　D. 50

考点二　应付债券

1. (单选题)某公司于2023年1月1日对外发行3年期、面值总额为1000万元的公司债券，债券票面年利率为7%，分期付息，到期一次还本，实际收到发行价款1054.47万元。该公司采用实际利率法摊销债券溢折价，不考虑其他相关税费，经计算确定其实际利率为5%。2023年12月31日，该公司该项"应付债券——利息调整"科目余额为(　　)万元。[计算结果保留两位小数]
A. 54.74　　　B. 71.75　　　C. 37.19　　　D. 17.28

2. (单选题)甲公司于2021年1月1日折价发行3年期、面值为4500万元的公司债券，发行价格为4379.72万元，该债券每年年末付息、到期一次还本。票面年利率为5%，实际利率为6%。甲公司按实际利率法确认利息费用，则2022年度该债券应确认的利息费用为(　　)万元。[计算结果保留两位小数]

A. 265.05　　　　B. 233.52　　　　C. 218.69　　　　D. 262.78

3. (单选题)甲公司于2023年1月1日发行4年期、到期一次还本付息的公司债券，债券面值1 000 000元，票面年利率5%，发行价格950 520元。甲公司对利息调整采用实际利率法进行摊销，经计算该债券的实际利率为6%。该债券2024年12月31日应确认的利息费用为(　　)元。[计算结果保留两位小数]

A. 57 915.00　　B. 60 453.07　　C. 50 000.00　　D. 1 389.90

4. (单选题)甲公司经批准于2024年1月1日按面值发行3年期、票面年利率6%、分期付息一次还本的可转换公司债券5 000万元，款项已收存银行，债券发行1年后可转换为普通股股票，初始转股价为每股10元，股票面值为每股1元，甲公司发行可转换公司债券时二级市场上与之类似的没有附带转换权的债券市场年利率为9%，则发行日该可转换公司债券权益成分的初始入账价值为(　　)万元。[已知：$(P/F, 9\%, 3) = 0.7722$, $(P/F, 6\%, 3) = 0.8396$, $(P/A, 9\%, 3) = 2.5313$, $(P/A, 6\%, 3) = 2.6730$]

A. 379.61　　　　B. 853.78　　　　C. 4 146.22　　　　D. 4 620.39

5. (多选题)下列关于债券发行的表述中，正确的有(　　)。

A. 债券面值与实际收到的款项之间的差额，应记入"应付债券——应计利息"科目
B. 溢价或折价是债券发行企业在债券存续期间内对利息费用的一种调整
C. 溢价是企业以后各期少付利息而预先给予投资者的补偿
D. 折价是企业以后各期多付利息而事先得到的补偿
E. 债券无论按何种价格发行，均应按其面值记入"应付债券——面值"科目

6. (多选题)对于发行分期付息、到期一次还本的债券的企业来说，采用实际利率法摊销债券折溢价时，下列表述正确的有(　　)。

A. 随着各期债券溢价的摊销，债券的摊余成本逐期减少，利息费用则逐期增加
B. 随着各期债券溢价的摊销，债券的摊余成本逐期接近其面值
C. 随着各期债券溢价的摊销，债券的应付利息和利息费用都逐期减少
D. 随着各期债券折价的摊销，债券的摊余成本和利息费用都逐期增加
E. 随着各期债券折价的摊销，债券的应付利息和利息费用各期都保持不变

7. (多选题)下列关于分期付息的可转换公司债券(不考虑发行费用)的会计处理中，正确的有(　　)。

A. 发行时，按实际收到的款项记入"应付债券"科目
B. 发行时，按实际收到金额与该项可转换公司债券包含的负债成分的公允价值差额记入"其他权益工具"科目
C. 未转换为股票之前，按债券摊余成本和市场实际利率确认利息费用
D. 存续期间，按债券面值和票面利率计算的应付利息记入"应付利息"科目
E. 转换为股票时，按应付债券的账面价值与可转换的股票面值的差额记入"资本公积——股本溢价"科目

8. (计算题·2015年)甲公司为扩大生产规模，拟采用发行可转换公司债券方式筹集资金，新建一条生产线(包括建筑物建造、设备购买与安装两部分)，建造时间预

计为2年。

2022年1月1日,甲公司经批准发行5年期,面值为3 000万元,按年付息到期一次还本,票面利率为6%的可转换公司债券,实际收款为2 900万元,款项当月收存银行并专户存储,不考虑发行费用。发行债券2年后可转为普通股股票,初始转股价为每股10元,债券持有人在当期付息前转换股票,按转换日债券的面值与应付利息总额转股,每股面值为1元。假设2022年1月1日二级市场上与公司发行的可转换公司债券类似的没有附带转换权的债券的市场利率为9%。

2022年2月1日,新生产线的建筑物开始施工,支付一期工程款750万元和部分设备款200万元,5月1日,支付二期工程款1 000万元,9月1日,生产线设备安装工程开始施工,支付剩余设备款350万元,12月31日,支付建筑物工程款450万元。

2022年甲公司发行可转换公司债券筹集资金的专户存款实际取得利息收入为25.5万元,其中1月取得利息收入为3万元。次年1月3日支付可转换债券利息180万元。

其中:(P/F,6%,5)=0.747 3,(P/A,6%,5)=4.212 4,(P/F,9%,5)=0.649 9,(P/A,9%,5)=3.889 7。

要求:根据以上材料,回答下列问题。

(1)该批可转换公司债券的权益成分的初始入账金额为(   )万元。
A. 100   B. 250.154   C. 350.154   D. 450.154

(2)该新建生产线2022年的借款费用资本化金额为(   )万元。
A. 196.112 295   B. 215.986 14   C. 247.5   D. 225

(3)假设借款费用资本化金额按实际投入资金比例在建筑物和设备之间分配,则2022年12月末甲公司建筑物部分的入账金额为(   )万元。
A. 2 372.788 912   B. 2 356.889 836   C. 2 398   D. 2 380

(4)假设甲公司可转换公司债券持有人2024年1月1日全部转股(当日未支付2023年的应付利息),则甲公司增加的"资本公积"为(   )万元。
A. 2 722.236 032 6
B. 2 886.324 032 6
C. 2 902.236 032 6
D. 2 884.236 032 6

考点三 其他非流动负债

1. (单选题)2020年1月1日甲公司采用分期付款方式购入一台生产设备,合同约定价款为900万元,每年年末支付180万元,分期5年支付完毕。假定甲公司适用的折现率为5%。不考虑其他因素,甲公司2020年年末长期应付款的账面价值为(   )万元。[已知(P/A,5%,5)=4.329 5,计算结果保留两位小数]
A. 599.31   B. 638.28   C. 720.00   D. 779.31

2. (多选题)下列各项中,不通过"长期应付款"科目核算的有(   )。
A. 付款期限超过一年的辞退福利
B. 以分期付款方式购入无形资产的应付款项

C. 应付职工的长期福利

D. 应付三年期的借款

E. 付款期限超过一年的材料采购款

3. (多选题)下列关于专项应付款的说法中,正确的有(   )。

A. 专项应付款应按照拨入资本性投资项目的性质进行明细核算

B. 企业用专项应付款购建固定资产部分应贷记"资本公积"科目

C. 未形成固定资产需要核销的专项应付款应贷记"在建工程"科目

D. 拨款结余需要返还的部分借记"专项应付款"科目

E. 政府作为企业所有者投入具有专门用途的资金作为专项应付款核算

考点四 租赁负债

1. (单选题)甲公司租赁一项固定资产,在租赁期开始日之前支付的租赁付款额为20万元,租赁期开始日尚未支付的租赁付款额的现值为100万元,甲公司发生的初始直接费用为2万元,甲公司为将租赁资产恢复至租赁条款约定状态预计将发生成本的现值为3万元,收到的租赁激励为5万元。不考虑其他因素,甲公司该项租赁确认的使用权资产的初始成本为(   )万元。

   A. 105   B. 122   C. 120   D. 125

2. (单选题)甲公司以租赁方式租入需要安装的设备一台,该公司确认的租赁付款额为1 200 000元,租赁付款额现值为1 100 000元,发生的初始直接费用为50 000元,预计复原支出现值50 000元。该设备租赁期为10年,租赁期满后归甲公司拥有,安装后预计使用年限为12年,预计净残值为零。若采用年限平均法计提折旧,则该设备每年应计提折旧额(   )元。

   A. 100 000   B. 115 000   C. 120 000   D. 150 000

3. (单选题)2021年12月31日,长江公司从黄河公司租入一台不需要安装的设备,自2022年开始,在10年内于每年年末支付租金100 000元,期满可以取得租赁资产所有权。长江公司估计该设备的预计使用年限为15年,预计净残值为零,采用年限平均法计提折旧。假设根据出租人租赁内含利率8%确定的10年租金的现值为671 008元。不考虑其他因素,则2022年度长江公司应确认(   )。

   A. 财务费用45 681元,折旧46 667元

   B. 财务费用53 680.64元,折旧44 733.87元

   C. 财务费用45 681元,折旧67 101元

   D. 管理费用100 000元

4. (单选题)2021年7月1日,甲公司与乙公司签订了一项写字楼租赁合同,甲公司将该写字楼以经营租赁方式出租给乙公司。合同约定,租赁期为2021年7月1日至2022年6月30日,租赁期前2个月免收租金,后10个月每月收取租金15万元。此外,甲公司承担了本应由乙公司负担的电子灯牌制作安装费3万元。甲公司按直线法确认租金收入。不考虑其他因素,甲公司2021年度应确认的租金收入为(   )万元。

A. 73.5　　　　　B. 49　　　　　C. 60　　　　　D. 75

5. (多选题)对于承租人拥有购买选择权的租赁业务来说,在对租赁负债进行初始计量时,如果承租人不能合理确定将行使该选择权,则承租人的租赁付款额应包括(　　)。

   A. 每期支付的租金中包含的应缴纳的增值税
   B. 根据承租人提供的担保余值预计应支付的款项
   C. 固定付款额及实质固定付款额
   D. 承租人购买选择权的行权价格
   E. 基于使用该不动产取得的销售收入的一定比例确定租赁付款额

6. (多选题)2024年1月1日,甲公司以9 900万元的售价(当日公允价值)向乙公司出售一栋建筑物,与此同时,双方在合同中约定,甲公司取得了该建筑物10年的使用权,每年的租金包含两部分,一部分为固定租金350万元,另一部分为甲公司每年销售额的1%,相关租金均于每年年末支付。在该项交易发生前,该建筑物的账面原值为8 000万元,累计折旧为3 000万元,尚可使用年限为30年。根据交易的条款和条件,甲公司转让建筑物符合关于销售成立的条件。甲公司在租赁期开始日能够合理估计上述售后租回交易在租赁期内各期的预期租赁付款额,并在此基础上合理估计租回所保留的权利占比为30%。不考虑其他因素,则下列说法中正确的有(　　)。

   A. 由于甲公司出售该项建造物后,仍拥有其实际使用权,因此甲公司在2024年1月1日不应确认资产处置损益
   B. 甲公司应按实际收到价款全额确认为收入
   C. 甲公司不应确认与其所保留的建筑物使用权相关的利得或损失
   D. 甲公司在租赁期开始日应确认的损益为3 430万元
   E. 甲公司应确认的使用权资产为1 500万元

7. (综合分析题)2020年1月1日,甲公司与乙公司签订商业用房租赁合同,从乙公司租入某大楼的某一层用于零售经营。根据租赁合同的约定,有关资料如下:

   (1)商业用房的租赁期为10年,并拥有3年的续租选择权。租赁期内每年租金为30万元,续租期间每年租金25万元,均于每年年初支付。

   (2)租赁期间如果甲公司每年销售收入超过1 000万元,当年还需支付按销售额的2‰计算的租金,于当年年底支付。

   (3)为获得该项租赁,甲公司发生的初始直接费用为5万元,其中3万元为向该楼层前任租户支付的款项,2万元为向促成此租赁交易的房地产中介支付的佣金。作为对甲公司的激励,乙公司同意补偿甲公司2.5万元的佣金。

   (4)在租赁期开始日,甲公司评估后认为,可以合理确定将行使续租选择权。甲公司对租入的使用权资产采用年限平均法自租赁期开始日计提折旧,预计净残值为零。

   (5)甲公司无法确定租赁内含利率,其增量借款利率为每年6%。[已知:$(P/A, 6\%, 10) = 7.360\ 1$,$(P/A, 6\%, 9) = 6.801\ 7$,$(P/A, 6\%, 3) = 2.673\ 0$;

(P/F,6%,10)=0.5584,(P/F,6%,9)=0.5919,(P/F,6%,3)=0.8396,(P/F,6%,2)=0.8900]

根据上述资料,回答下列问题。

(1)甲公司租赁期开始日应确认租赁负债的金额为(　　)万元。[计算结果保留两位小数]

A. 258.12　　　　B. 243.60　　　　C. 260.36　　　　D. 220.80

(2)甲公司取得使用权资产的入账价值为(　　)万元。

A. 206.55　　　　B. 262.86　　　　C. 276.1　　　　D. 225.8

(3)2020年甲公司因该租赁业务确认利息费用的金额为(　　)万元。[计算结果保留两位小数]

A. 15.62　　　　B. 14.62　　　　C. 13.25　　　　D. 15.49

(4)甲公司2020年度使用权资产的折旧额为(　　)万元。

A. 27.36　　　　B. 22.08　　　　C. 27.61　　　　D. 21.24

(5)甲公司2021年的年销售额为1 200万元,则下列处理正确的是(　　)。

A. 确认营业成本0.4万元　　　　B. 确认营业成本2.4万元
C. 计入使用权资产成本2.4万元　　　　D. 冲减租赁负债2.4万元

(6)2021年12月31日,甲公司该租赁负债的账面价值为(　　)万元。[计算结果保留两位小数]

A. 241.91　　　　B. 258.22　　　　C. 243.71　　　　D. 228.22

考点五 预计负债

1. (单选题)2022年12月因丙公司破产倒闭,乙公司起诉甲公司,要求甲公司偿还为丙公司担保的借款200万元。2022年年末,根据法律诉讼的进展情况以及律师的意见,甲公司予以赔偿的可能性在50%以上,最可能发生的赔偿金额为200万元。同时,由于丙公司破产程序已经启动,甲公司从丙公司获得补偿基本确定可以收到,金额为50万元。根据上述情况,甲公司在2022年年末应确认的资产和负债的金额分别为(　　)。

A. 0;150万元　　　　B. 0;200万元
C. 50万元;100万元　　　　D. 50万元;200万元

2. (单选题)2021年度长江公司销售甲产品和乙产品分别为1万件和2万件,销售单价分别为每件200元和50元,长江公司向购买者承诺提供产品售后2年内免费保修服务,预计保修期内将发生的保修费在销售额的1%~5%。2022年度实际发生产品保修费4万元。假设无其他或有事项,则长江公司"预计负债"账户2022年期末余额为(　　)万元。

A. 5　　　　B. 3.5　　　　C. 2　　　　D. 9

3. (单选题)某公司2021年实现销售收入5 000万元。公司产品质量保证合同条款规定,在产品售出后一年内公司负责免费保修。根据以往的产品维修经验,小质量问题导致的修理费用预计为销售收入的1%;大质量问题导致的维修费用预计为销售

收入的2%。2021年度出售的产品中估计80%不会出现质量问题,15%将发生小质量问题,5%将发生大质量问题。该公司在2021年度因上述产品质量保证应确认的预计负债为(　　)万元。

　　A. 5　　　　　　　B. 7.5　　　　　　C. 12.5　　　　　　D. 150

4. (单选题)2023年12月1日,甲公司与乙公司签订一份销售合同:2024年1月12日向乙公司提供产品100台,每台不含税销售价格为800元。2023年12月31日,由于原材料市场价格上涨,甲公司已生产出的100台产品,每台成本为810元。如果甲公司继续履行该合同,考虑销售费用和相关税费后预计亏损2 000元,则甲公司因该亏损合同应确认预计负债(　　)元。

　　A. 1 000　　　　B. 2 000　　　　C. 3 000　　　　D. 0

5. (多选题)下列关于预计负债的会计处理中,正确的有(　　)。

　　A. 针对特定批次产品确认的预计负债,在保修期结束时应将"预计负债——产品质量保证"账户余额冲销

　　B. 企业当期实际发生的担保诉讼损失金额与上期合理预计的相关预计负债之间的差额,直接计入当期营业外收入或营业外支出

　　C. 企业承担的重组义务满足预计负债确认条件的,应将留用职工岗前培训、市场推广等与重组相关的支出确认为预计负债

　　D. 因某产品质量保证而确认的预计负债,当企业不再生产该产品时,应在产品质量保证期内将"预计负债——产品质量保证"账户余额予以冲销

　　E. 待执行合同变成了亏损合同,产生的义务满足预计负债确认条件的,应按履行该合同的成本与未能履行该合同而产生的处罚,两者较高者计量预计负债

考点六 债务重组

1. (单选题)债务重组中债务人以存货清偿债务的,所清偿债务的账面价值与存货账面价值之间的差额应记入的会计科目是(　　)。

　　A. 其他收益　　　　　　　　　　B. 投资收益
　　C. 主营业务收入　　　　　　　　D. 其他业务收入

2. (单选题)2020年1月10日,乙公司销售一批商品给甲公司,应收货款共计450万元。甲公司将该应付款项分类为以摊余成本计量的金融负债。2020年4月20日,甲公司与乙公司就其所欠乙公司购货款450万元进行债务重组。根据协议,甲公司以其专利技术抵偿全部债务。甲公司用于抵债的专利技术的账面余额为300万元,累计摊销50万元,减值准备30万元,公允价值为350万元。不考虑其他因素,甲公司对该债务重组应确认的当期损益为(　　)万元。

　　A. 280　　　　　B. 150　　　　　C. 130　　　　　D. 230

3. (多选题)债务重组采用组合方式进行的,债务人和债权人进行的下列账务处理,说法正确的有(　　)。

　　A. 债务人应当对权益工具以公允价值计量,公允价值不能可靠计量的除外

　　B. 债权人应当按照修改后的条款,以公允价值初始计量重组债权和受让的新金融

资产

C. 清偿债务的资产为存货的，债务人应当将存货按照公允价值确认收入，并结转成本

D. 清偿债务的资产为固定资产的，债务人应当将固定资产在债务重组合同生效日的公允价值与账面价值的差额记入"资产处置损益"科目

E. 债权人应当将放弃债权的公允价值与账面价值之间的差额，计入投资收益

4. (多选题)下列债务重组中，属于债务人以组合方式清偿债务的有(　　)。

A. 以一项包含金融负债成分和权益工具成分的复合金融工具偿还债务

B. 修改债务本金、利息及偿还期限条款

C. 以货币资金、房屋建筑物偿还债务

D. 以机器设备偿还部分债务，剩余债务转为资本

E. 以现金偿还部分债务，同时将剩余债务展期

5. (多选题)2024年1月1日，甲公司以摊余成本计量的"应收账款——乙公司"账户余额为1 000万元，已计提坏账准备100万元。2024年4月1日，该应收账款的公允价值为850万元，甲公司与乙公司签订债务重组合同，合同约定，乙公司以一项其他债权投资和一台设备清偿债务，该两项资产的公允价值分别为200万元和600万元。当日双方办理完成相关资产的转让手续，甲公司受让两项资产后均不改变资产原用途。不考虑其他因素，下列关于甲公司会计处理的表述中，正确的有(　　)。

A. 确认投资收益减少50万元　　　　B. 确认其他债权投资增加200万元

C. 确认固定资产增加637.5万元　　　D. 确认固定资产增加650万元

E. 确认其他债权投资增加212.5万元

6. (多选题)甲公司因无法偿还泰山公司4 000万元货款，于2023年8月1日与泰山公司签订债务重组协议。协议规定甲公司增发1 700万股普通股(每股面值1元)抵偿上述债务，股票公允价值为2 800万元。泰山公司已对该应收账款计提了360万元坏账准备，取得的股权作为其他权益工具投资核算。甲公司在2023年11月1日已经办理完股票增发等相关的手续，支付手续费10万元，当日股票公允价值2 900万元，当日清偿债务的公允价值仍为4 000万元。下列表述中正确的有(　　)。

A. 泰山公司计入投资收益的借方金额为740万元

B. 甲公司计入资本公积——股本溢价的金额为1 200万元

C. 甲公司计入股本的金额为1 700万元

D. 泰山公司计入营业外支出的金额为1 200万元

E. 甲公司计入投资收益的贷方金额为1 100万元

7. (计算题)甲公司和乙公司均为增值税一般纳税人，商品和设备适用的增值税税率为13%。2021年和2022年发生的经济业务如下：

(1)2021年9月10日，甲公司向乙公司销售一批产品，含税价款为1 130万元。2021年12月31日，甲公司对该笔应收账款计提坏账准备50万元。

(2)2022年1月15日，甲公司与乙公司达成债务重组协议，约定乙公司用其

生产的商品、管理用设备和一项股票投资抵偿欠款,当日该笔债权的公允价值为1 000万元。

(3)2022年1月15日,乙公司抵债资产的情况如下:

①抵债商品的成本为200万元,未计提存货跌价准备,不含税市价为280万元(等于计税价格);

②抵债设备的账面原价为500万元,累计折旧为80万元,计提固定资产减值准备30万元,公允价值为360万元(与计税价格相同);

③抵债的股票投资作为交易性金融资产核算,账面价值为100万元,公允价值为120万元。

(4)2022年1月20日,甲公司与乙公司办理股权划转和产权转移手续,并开具增值税专用发票。当日股票投资的公允价值为140万元,甲公司为取得股票投资发生手续费5万元,取得后将其作为交易性金融资产核算。甲公司发生设备运输安装等费用2.5万元,并将取得的乙公司设备作为固定资产核算。甲公司将取得的乙公司商品作为库存商品核算。

不考虑其他因素,根据上述资料,回答下列问题。

(1)甲公司债务重组中受让交易性金融资产的入账价值为(　　)万元。
A. 120　　　B. 125　　　C. 140　　　D. 100

(2)甲公司债务重组中受让库存商品的入账价值为(　　)万元。
A. 376.25　　B. 385　　　C. 348.6　　D. 339.85

(3)该项债务重组业务对甲公司当年利润总额的影响金额为(　　)万元。
A. −65　　　B. −85　　　C. −80　　　D. −60

(4)该项债务重组业务对乙公司当年利润总额的影响金额为(　　)万元。
A. 316.8　　B. 356.8　　C. 430　　　D. 440

8. (综合分析题)甲、乙、丙、丁、戊公司均为增值税一般纳税人,适用的增值税税率为13%。债权方将应收款项分类为以摊余成本计量的金融资产,债务方将应付款项分类为以摊余成本计量的金融负债。甲公司2020年发生债务重组业务如下:

(1)2020年1月10日,戊公司无法按合同规定偿还甲公司的债务23.4万元,经双方协议,甲公司同意减免戊公司4万元债务,余额用银行存款立即偿清。甲公司已对该债权计提了0.1万元坏账准备。

(2)2020年2月15日,丁公司因无法支付货款100万元与甲公司协商进行债务重组,双方商定甲公司将该债权转为对丁公司的股权投资。5月20日,甲公司办理完成了对丁公司的增资手续,丁公司和甲公司分别支付手续费等相关费用1.5万元和1.2万元。债转股后丁公司总股本为100万元,甲公司持有的抵债股权占丁公司总股本的25%,对丁公司具有重大影响,持有丁公司股权的公允价值为76万元,甲公司应收账款的公允价值为76万元。甲公司对该应收账款计提坏账准备20万元。

(3)2019年12月31日,丙公司应付甲公司票据的账面余额为20.8万元,其中0.8万元为累计未付的利息,票面年利率为8%。由于丙公司连年亏损,资金困难,不能偿付应于 2019 年 12 月 31 日前支付的应付票据。经双方协商,于 2020 年 1 月 1 日进行债务重组。甲公司同意将债务本金减至 16 万元,免去丙公司 2019 年 12 月 31 日前所欠的全部利息;将利率从 8%降低到 5%,并将债务到期日延长至 2021 年 12 月 31 日,利息按年支付。假设甲公司已对该项债权计提坏账准备 5.2 万元,债务重组后债务的公允价值为 16 万元。

(4)2019 年 12 月 10 日,甲公司向乙公司销售一批产品,形成应收账款 1 000 万元。2020 年 3 月 10 日,债务到期,乙公司经与甲公司协商进行债务重组,乙公司以其生产的产品、一项无形资产和一项债券投资清偿欠款。甲公司受让上述资产后,分别确认为库存商品、无形资产和债权投资。

2020 年 3 月 10 日,乙公司上述三项资产的公允价值分别为 200 万元、400 万元和 280 万元。当日,甲公司应收款项的公允价值 930 万元。甲公司对该应收款项已计提坏账准备 50 万元。

2020 年 3 月 26 日,双方办理完毕资产转让手续。甲公司为取得产品发生运输费 2 万元(不考虑增值税),为取得债券投资发生手续费 5 万元。

2020 年 3 月 26 日,乙公司用于抵债的产品成本为 140 万元,未计提存货跌价准备;用于抵债的无形资产原值为 300 万元,已计提摊销 60 万元,已计提减值准备 12 万元,适用的增值税税率为 6%;乙公司该债券投资原作为交易性金融资产核算,账面价值为 310 万元,公允价值为 325 万元。

经税务机关核定,上述库存商品和无形资产的计税价格分别为 200 万元和 400 万元。

不考虑其他因素,根据上述资料,回答下列问题。

(1)甲公司与戊公司债务重组中,甲公司会计处理正确的是(　　)。

A. 借:银行存款　　　　　　　　　　　　　　　　194 000
　　　投资收益　　　　　　　　　　　　　　　　 40 000
　　　　贷:应收账款　　　　　　　　　　　　　　　　234 000
B. 借:银行存款　　　　　　　　　　　　　　　　194 000
　　　投资收益　　　　　　　　　　　　　　　　 39 000
　　　坏账准备　　　　　　　　　　　　　　　　 1 000
　　　　贷:应收账款　　　　　　　　　　　　　　　　234 000
C. 借:银行存款　　　　　　　　　　　　　　　　194 000
　　　资产减值损失　　　　　　　　　　　　　　 39 000
　　　坏账准备　　　　　　　　　　　　　　　　 1 000
　　　　贷:应收账款　　　　　　　　　　　　　　　　234 000
D. 借:银行存款　　　　　　　　　　　　　　　　194 000
　　　营业外支出　　　　　　　　　　　　　　　 39 000
　　　坏账准备　　　　　　　　　　　　　　　　 1 000
　　　　贷:应收账款　　　　　　　　　　　　　　　　234 000

(2)甲公司与丁公司债务重组中,甲公司、丁公司会计处理正确的有(　　)。

A. 甲公司确认的长期股权投资为 77.2 万元

B. 甲公司确认的投资收益借方金额为 1.2 万元

C. 丁公司确认的资本公积为 51 万元

D. 丁公司确认投资收益 24 万元

(3)甲公司与丙公司债务重组中，双方会计处理不正确的是(　　)。

A. 甲公司确认的重组债权为 17.6 万元

B. 甲公司确认的投资收益为 0.4 万元

C. 丙公司确认的重组债务为 16 万元

D. 丙公司确认的投资收益为 4.8 万元

(4)甲公司与乙公司的债务重组中，受让库存商品、债权投资的入账价值分别为( )万元。

A. 200；314　　　B. 217；309　　　C. 202；330　　　D. 200；325

(5)甲公司因与乙公司进行债务重组，影响损益的金额为( )万元。

A. 25　　　B. 27　　　C. 70　　　D. 77

(6)甲公司与乙公司的债务重组中，乙公司确认的投资收益为( )万元。

A. 222　　　B. 272　　　C. 0　　　D. 240.12

参考答案及解析

考点一　借款费用

1. B 【解析】本题考查一般借款的利息资本化。一般借款，在借款费用资本化期间内，为购建或者生产符合资本化条件的资产而占用了一般借款的，应当根据累计资产支出超过专门借款部分的资产支出加权平均数乘以所占用一般借款的资本化率，计算确定一般借款应予资本化的利息金额。

2. A 【解析】本题考查一般借款的利息资本化。2023 年一般借款的加权资本化率 = (500×8%+1 000×10%×9÷12)÷(500+1 000×9÷12)×100% = 9.2%，资产支出加权平均数 = 500×12÷12+300×8÷12+300×1÷12 = 725(万元)，因此资本化利息 = 725×9.2% = 66.7(万元)。

3. C 【解析】本题考查专门借款的利息资本化。本题发生非正常中断且连续超过 3 个月，因此 3 月 1 日至 6 月 30 日应暂停资本化。2022 年的费用化期间为 1 月、3 月至 6 月，共 5 个月。2022 年度的专门借款利息费用化金额 = 3 000×6%×5÷12 - 3 000×0.2%×1 - (3 000 - 1 000)×0.2%×4 = 53(万元)。

【拓展】2022 年的资本化期间为 2 月、7 月至 12 月，共 7 个月。因此，2022 年度的专门借款利息资本化金额 = 3 000×6%×7÷12 - (3 000 - 1 000)×0.2%×1 = 101(万元)。

4. ABC 【解析】本题考查借款费用的范围。选项 D，发行股票筹集资金不属于借款，所以其发生的手续费、佣金也就不属于借款费用。选项 E，借款费用不包括发行债券发生的溢价和折价，包括的是<u>溢价和折价的摊销</u>。

5. BDE 【解析】本题考查借款费用的计量。选项 A，当所购建或生产符合资本化条件的资产达到预定可使用状态或者可销售状态时，应当停止其借款费用的资本化，不考虑其是否已经投入使用或者被用于销售。选项 C，符合资本化条件的资产在构建或生产过程中发生非正常中断，而且连续 3 个月，发生的借款费用应当暂停资本化。

6. BDE 【解析】本题考查借款费用暂停资本化时点的确定。暂停资本化需要同时满足的条件：①发生<u>非正常中断</u>；②中断时间<u>连续超过 3 个月</u>。选项 A，没有区分中断的原因，满足暂停资本化条件的借款费用计入当期损益，不计入资产成本。选项 C，正常中断不符合暂停资本化的条件。

7. ABC 【解析】本题考查借款费用的账务处理。企业发生的借款费用应计入的科目：①属于<u>筹建期间</u>不应计入相关资产价值的借款费用，计入<u>管理费用</u>；②属于经营期间不应计入相关资产价值的借款费用，计入<u>财务费用</u>；③属于发生的与购建或生产符合资本化条件的借款费用，应计入相关资产的成本，根据资产的不同，分别<u>记入"在建工程""制造费用""研发支出"</u>等科目。

8. （1）A；（2）A；（3）C；（4）B。

【解析】
（1）本题考查专门借款利息资本化金额的计算。专门借款利息资本化金额=资本化期间的实际利息费用-资本化期间闲置资金的投资收益=800×6%-（800-500）×0.4%×6=40.8（万元）。
（2）本题考查一般借款加权资本化率的计算。2022 年度占用一般借款的资本化率=（500×5%+1 000×8%×6÷12）÷（500+1 000×6÷12）=6.5%。
（3）本题考查一般借款利息资本化金额的计算。2022 年度一般借款利息费用资本化金额=（500+600-800）×6÷12×6.5%=9.75（万元）。2022 年度的借款费用利息的资本化金额=40.8+9.75=50.55（万元）。
（4）本题考查专门借款与一般借款混合占用的核算。2023 年度专门借款利息费用的资本化金额=800×6%×6÷12=24（万元）。2023 年度一般借款利息费用资本化率=（500×5%×6÷12+1 000×8%×6÷12）÷（500×6÷12+1 000×6÷12）=7%。
2023 年度一般借款利息费用资本化金额=（300+500）×6÷12×7%=28（万元）；
2023 年度的借款费用利息资本化金额=24+28=52（万元）。

考点二 应付债券

1. C 【解析】本题考查一般应付债券利息费用的处理。2023 年年末该债券"利息调整"明细科目余额=（1 054.47-1 000）-（1 000×7%-1 054.47×5%）=37.19（万元）。

2023 年 1 月 1 日：
借：银行存款　　　　　　　　　　　　　　　　　　　　　　　10 544 700
　　贷：应付债券——面值　　　　　　　　　　　　　　　　　　　　10 000 000

——利息调整　　　　　　　　　　　　　　　　　　　　　　　　　544 700
2023 年 12 月 31 日：
借：财务费用等　　　　　　　　　　　　　　　　　（10 544 700×5%）527 200
　　应付债券——利息调整　　　　　　　　　　　　　　　　　　　　 172 800
　　　贷：应付利息　　　　　　　　　　　　　　　　　　　　　　　　 700 000

2. A　【解析】本题考查一般应付债券利息费用的处理。2021 年 12 月 31 日应付债券的摊余成本 = 4 379.72×(1+6%) - 4 500×5% = 4 417.50(万元)，2022 年该债券应确认的利息费用 = 4 417.5×6% = 265.05(万元)。

3. B　【解析】本题考查一般应付债券利息费用的处理。2023 年 12 月 31 日应确认的利息费用 = 950 520×6% = 57 031.2(元)，期末摊余成本 = 950 520 + 57 031.2 = 1 007 551.2(元)。2024 年 12 月 31 日应确认的利息费用 = 1 007 551.2×6% = 60 453.07(元)。

4. A　【解析】本题考查可转换公司债券的发行。可转换公司债券负债成分的公允价值 = 5 000×6%×(P/A，9%，3) + 5 000×(P/F，9%，3) = 300×2.531 3 + 5 000×0.772 2 = 4 620.39(万元)。权益成分的公允价值 = 5 000 - 4 620.39 = 379.61(万元)。

5. BE　【解析】本题考查一般应付债券的发行。选项 A，债券面值与实际收到的款项之间的差额记入"应付债券——利息调整"科目。选项 C，溢价是企业以后各期多付利息而事先得到的补偿。选项 D，折价是企业以后各期少付利息而预先给投资者的补偿。

6. BD　【解析】本题考查一般应付债券利息费用的处理。随着各期债券折溢价的摊销，摊余成本逐期接近面值。债券溢价的情况下，摊余成本逐期减少，利息费用逐期减少，但是应付利息(即面值乘以票面利率)保持不变。债券折价的情况下，摊余成本逐期增加，利息费用逐期增加，应付利息保持不变。

7. BCD　【解析】本题考查可转换公司债券的核算。选项 A，按实际收到的款项记入"银行存款"科目，按负债成分的公允价值记入"应付债券"科目，实际收到的款项扣除负债成分的公允价值后记入"其他权益工具"科目。选项 E，转股时，应结转应付债券的账面价值和其他权益工具，扣除可转换的股票面值的差额记入"资本公积——股本溢价"科目。

8. (1)B；(2)A；(3)B；(4)D。
【解析】
(1)负债成分公允价值 = 3 000×6%×(P/A，9%，5) + 3 000×(P/F，9%，5) = 180×3.889 7 + 3 000×0.649 9 = 2 649.846(万元)。
权益成分公允价值 = 发行价款 2 900 - 负债成分公允价值 2 649.846 = 250.154(万元)。
2022 年 1 月 1 日：
借：银行存款　　　　　　　　　　　　　　　　　　　　　　　　　 29 000 000
　　应付债券——可转换公司债券(利息调整)　　　　　　　　　　　　 3 501 540

贷：应付债券——可转换公司债券（面值）　　　　　　　　30 000 000
　　　　　其他权益工具　　　　　　　　　　　　　　　　　　 2 501 540

（2）资本化期间是2022年2月1日至2022年12月31日，专门借款利息资本化金额=2 649.846×9%×11÷12-(25.5-3)=196.112 295（万元）。

（3）建筑物投入资金=750+1 000+450=2 200（万元）。

设备投入的资金=200+350=550（万元）。

分摊借款费用后的建筑物的入账价值=2 200+196.112 295×[2 200÷(2 200+550)]=2 356.889 836（万元）。

（4）2024年1月1日全部转股（当日未支付2023年的应付利息）：

　　借：应付债券——可转换公司债券（面值）　　　　　　　　30 000 000
　　　　应付利息　　　　　　　　　　　　　　　　　　　　　 1 800 000
　　　　其他权益工具　　　　　　　　　　　　　　　　　　　 2 501 540
　　　贷：应付债券——可转换公司债券（利息调整）　　　　　 2 279 179.674
　　　　　股本　　　　　　　　　　　　　　　　　　　　　　 3 180 000
　　　　　资本公积——股本溢价　　　　　　　　　　　　　　28 842 360.326

提示 股本=(3 000+180)÷10×1=318（万元）。

2022年摊销额=2022年实际利息费用（年初负债2 649.846×9%）-票面利息3 000×6%=58.486 14（万元）。

2022年12月31日应付债券的账面价值=2 649.846+2 649.846×9%-3 000×6%=2 708.332 14（万元）。

2023年摊销额=2023年实际利息费用（年初负债2 708.33 214×9%）-票面利息3 000×6%=63.749 8 926（万元）。

2024年1月1日转股前，应付债券——可转换公司债券（利息调整）=350.154-58.486 14-63.749 8 926=227.917 9 674（万元）。

2023年12月31日转股前应付债券的账面价值=2 708.332 14+2 708.332 14×9%-3 000×6%=2 772.082 033（万元）。

考点三 其他非流动负债

1. B 【解析】本题考查长期应付款的期末账面价值。购买价款的现值=180×4.329 5=779.31（万元），未确认融资费用期初余额=900-779.31=120.69（万元），长期应付款期末账面价值=(900-180)-(120.69-779.31×5%)=638.28（万元）。

2. ACDE 【解析】本题考查长期应付款。选项A、C，辞退福利、职工的长期福利通过应付职工薪酬科目核算。选项D，在长期借款科目核算。选项E，在应付账款科目核算。

3. BCDE 【解析】本题考查专项应付款的核算。选项A，专项应付款应按照拨入资本性投资项目的种类进行明细核算。

考点四 租赁负债

1. C 【解析】本题考查承租人对租赁的初始计量。该项使用权资产的初始成本=20+

100+2+3-5=120(万元)。在租赁期开始日,承租人应当按照成本对使用权资产进行初始计量。该成本包括:①租赁负债的初始计量金额;②在租赁期开始日或之前支付的租赁付款额,存在租赁激励的,<u>扣除已享受的租赁激励</u>相关金额;③承租人发生的<u>初始直接费用</u>;④承租人为拆卸及移除租赁资产、复原租赁资产所在场地或将租赁资产恢复至租赁条款约定状态<u>预计将发生的成本</u>。

2. A 【解析】本题考查使用权资产的折旧。每年折旧额=(1 100 000+50 000+50 000)÷12=100 000(元)。

3. B 【解析】本题考查承租人对租赁的后续计量。在租赁期开始日,使用权资产按成本进行计量,因此使用权资产入账价值为671 008元。2022年应计提折旧额=671 008÷15=44 733.87(元);分摊未确认融资费用计入财务费用的金额=671 008×8%=53 680.64(元)。

4. A 【解析】本题考查出租人对经营租赁的会计处理。出租人提供免租期的,出租人应收租金总额在<u>不扣除免租期的整个租赁期</u>内,按直线法或其他合理的方法进行分配,免租期内应当确认租金收入。出租人承担了承租人某些费用的,出租人应将该<u>费用自租金收入总额中扣除</u>,按扣除后的租金收入余额在租赁期内进行分配。甲公司2021年度应确认的租金收入=(15×10-3)÷12×6=73.5(万元)。

5. BC 【解析】本题考查租赁付款额包括的内容。选项A,支付的租金等款项中包含的应缴纳的增值税不属于租赁付款额的范畴,不纳入租赁负债和使用权资产的计量。选项D,购买选择权的行权价格计入承租人租赁付款额的前提条件是承租人合理确定将行使该选择权。选项E,不属于取决于指数或比率的可变租赁付款额不应在初始计量租赁负债时计入承租人的租赁付款额。

6. CDE 【解析】本题考查售后租回交易的会计处理。甲公司应就转让至乙公司的权利确认相关利得或损失;甲公司应确认的使用权资产=(8 000-3 000)×30%=1 500(万元),与甲公司所保留的建筑物使用权相关的利得=[9 900-(8 000-3 000)]×30%=1 470(万元),与转让至乙公司的权利相关的利得=[9 900-(8 000-3 000)]-1 470=3 430(万元),对于与甲公司所保留的建筑物使用权相关的利得,甲公司不应予以确认,对于与转让至乙公司的权利相关的利得,甲公司应计入当期损益。

7. (1)B;(2)C;(3)B;(4)D;(5)B;(6)A。
【解析】
(1)本题考查承租人对租赁的初始计量。在租赁期开始日,甲公司(承租人)评估后认为可以合理确定将行使续租选择权,因此,租赁期确定为13年。在租赁期开始日,由于每年年初支付租金,所以在支付第1年的租金30万元以后,剩余年租金按6%的年利率折现后的现值计量租赁负债。租赁负债=30×(P/A,6%,9)+25×(P/A,6%,3)×(P/F,6%,9)=30×6.801 7+25×2.673 0×0.591 9=243.60(万元)。
(2)本题考查承租人对租赁的初始计量。使用权资产的入账价值=租赁负债243.60+支付第1年租金30+初始直接费用5-已收的租赁激励2.5=276.1(万元)。
借:使用权资产　　　　　　　　　　　　　　　(2 436 000+300 000)2 736 000

租赁负债——未确认融资费用	1 014 000
贷：租赁负债——租赁付款额	（300 000×9+250 000×3）3 450 000
银行存款	（第1年的租赁付款额）300 000

将初始直接费用计入使用权资产的初始成本。

借：使用权资产　　　　　　　　　　　　　　　　　　　　　　　50 000
　　贷：银行存款　　　　　　　　　　　　　　　　　　　　　　50 000

将已收的租赁激励相关金额从使用权资产入账价值中扣除。

借：银行存款　　　　　　　　　　　　　　　　　　　　　　　　25 000
　　贷：使用权资产　　　　　　　　　　　　　　　　　　　　　25 000

（3）本题考查承租人对租赁的后续计量。2020年应确认利息费用金额＝243.60×6%＝14.62（万元）。

借：财务费用——利息费用　　　　　　　　　　　　　　　　　146 200
　　贷：租赁负债——未确认融资费用　　　　　　　　　　　　146 200

（4）本题考查承租人对租赁的后续计量。在租赁期开始日，甲公司（承租人）评估后认为可以合理确定将行使续租选择权，租赁期确定为13年，因此年折旧额＝276.1÷13＝21.24（万元）。

（5）本题考查承租人对租赁的后续计量。当年应当支付的可变租赁付款额＝1 200×2‰＝2.4（万元）：

借：营业成本（或销售费用）　　　　　　　　　　　　　　　　24 000
　　贷：银行存款等　　　　　　　　　　　　　　　　　　　　24 000

（6）本题考查承租人对租赁的后续计量。2021年应确认的利息费用额＝（243.60+14.62-30）×6%＝13.69（万元）；年末租赁负债的账面价值＝243.60+14.62-30+13.69＝241.91（万元）。

2021年年初：

借：租赁负债——租赁付款额　　　　　　　　　　　　　　　　300 000
　　贷：银行存款　　　　　　　　　　　　　　　　　　　　　300 000

2021年年末确认租赁负债的利息费用：

借：财务费用——利息费用　　　　　　　　　　　　　　　　　136 900
　　贷：租赁负债——未确认融资费用　　　　　　　　　　　　136 900

考点五　预计负债

1. D　【解析】本题考查预计负债的计量。很可能发生的概率指在50%以上95%以下，满足<u>很可能</u>的赔偿条件时，应确认预计负债200万元；满足<u>基本确定</u>可以收到的赔款，应确认为资产（其他应收款）50万元。

2. A　【解析】本题考查预计负债的计量。2022年预计负债期末余额＝(200×1+50×2)×[(1%+5%)÷2]-4＝5（万元）。确认产品质量保证负债金额：

借：主营业务成本　　　　　　　　　　　　　　　　　　　　　90 000
　　贷：预计负债——产品质量保证　　　　　　　　　　　　　90 000

实际发生保修费：

借：预计负债——产品质量保证　　　　　　　　　　　　　　　40 000

贷：银行存款　　　　　　　　　　　　　　　　　　　　　　　　　　　40 000

3. C　【解析】本题考查产品质量保证的处理。应确认的预计负债＝5 000×(1%×15%+2%×5%)＝12.5(万元)。

4. D　【解析】本题考查待执行合同变为亏损合同的处理。继续履行合同，该销售合同发生损失2 000元，标的资产的成本＝810×100＝81 000(元)，则对标的资产计提减值2 000元，不确认预计负债。

5. AB　【解析】本题考查预计负债的会计处理。选项C，留用职工岗前培训、市场推广不属于与重组义务直接相关的支出，不确认预计负债。选项D，已确认预计负债的产品，如企业不再生产，则应在相应的产品质量保证期满后，将"预计负债——产品质量保证"余额冲销，不留余额。选项E，应在履行该合同的成本与未能履行该合同而发生的补偿或处罚两者之中的较低者计量预计负债。

考点六　债务重组

1. A　【解析】本题考查债务人以非金融资产清偿债务。债务人以存货清偿债务，应将所清偿债务账面价值与转让存货账面价值之间的差额，记入"其他收益——债务重组收益"科目。

2. D　【解析】本题考查债务人以非金融资产清偿债务。甲公司对该债务重组应确认的当期损益＝清偿债务账面价值450－抵债资产的账面价值(300－50－30)＝230(万元)。

　　借：应付账款　　　　　　　　　　　　　　　　　　　　　　　　4 500 000
　　　　累计摊销　　　　　　　　　　　　　　　　　　　　　　　　　 500 000
　　　　无形资产减值准备　　　　　　　　　　　　　　　　　　　　　 300 000
　　　　贷：无形资产　　　　　　　　　　　　　　　　　　　　　　　3 000 000
　　　　　　其他收益　　　　　　　　　　　　　　　　　　　　　　　2 300 000

3. ABE　【解析】本题考查以组合方式进行债务重组的债务人与债权人的账务处理。选项C、D，清偿债务的资产为长期股权投资以外的非金融资产，<u>不需要区分资产处置损益和债务重组损益</u>，统一将清偿债务的账面价值与转让资产的账面价值、权益工具以及重组债务的初始确认金额之和的差额记入"<u>其他收益——债务重组收益</u>"科目。

4. DE　【解析】本题考查债务重组方式。选项A，不适用债务重组准则。选项B，属于修改其他条款方式。选项C，属于以资产清偿债务方式。

5. ABD　【解析】本题考查以资产清偿债务。甲公司确认其他债权投资200万元，确认固定资产＝850－200＝650(万元)，确认投资收益＝850－(1 000－100)＝－50(万元)。

　　借：其他债权投资　　　　　　　　　　　　　　　　　　　　　　 2 000 000
　　　　固定资产　　　　　　　　　　　　　　　　　　　　　　　　 6 500 000
　　　　坏账准备　　　　　　　　　　　　　　　　　　　　　　　　 1 000 000
　　　　投资收益　　　　　　　　　　　　　　　　　　　　　　　　　 500 000
　　　　贷：应收账款　　　　　　　　　　　　　　　　　　　　　　10 000 000

6. ACE　【解析】本题考查将债务转为权益工具的会计处理。选项A、D，泰山公司计入投资收益的借方金额＝4 000－360－2 900＝740(万元)。选项 B，甲公司计入资本公积——股本溢价的金额＝2 900－1 700－10＝1 190(万元)。选项 E，甲公司计入投资收益的金额＝4 000－2 900＝1 100(万元)。

甲公司(债务人)：

借：应付账款 40 000 000
  贷：股本 17 000 000
    资本公积——股本溢价 11 900 000
    投资收益 11 000 000
    银行存款 100 000

泰山公司(债权人)：

借：其他权益工具投资 29 000 000
  坏账准备 3 600 000
  投资收益 7 400 000
  贷：应收账款 40 000 000

7．(1) C；(2) C；(3) A；(4) B。

【解析】

(1)本题考查以资产清偿债务。债权人受让包括金融资产、非金融资产在内的多项资产的，应当按照《企业会计准则第 22 号——金融工具确认和计量》的规定确认和计量受让的金融资产。因此，交易性金融资产的入账价值为取得当日的公允价值 140 万元，为取得交易性金融资产发生的手续费 5 万元借记"投资收益"科目。

(2)本题考查以资产清偿债务。债权人受让包括金融资产、非金融资产在内的多项资产的，应当按照受让的金融资产以外的各项资产<u>在债务重组合同生效日的公允价值比例</u>，对放弃债权在<u>合同生效日的公允价值扣除受让金融资产当日公允价值后的净额</u>进行分配，并以此为基础分别确定各项资产的成本。因此，受让库存商品的入账价值＝280÷(280+360)×(1 000－120－280×13％－360×13％)＝348.6(万元)。

【拓展】 固定资产的入账价值＝360÷(280+360)×(1 000－120－280×13％－360×13％)+2.5＝450.7(万元)。

(3)本题考查以资产清偿债务。债务重组业务对甲公司利润总额的影响金额＝[1 000－(1 130－50)]+(140－120)－5＝－65(万元)。

借：库存商品 3 486 000
  固定资产 4 507 000
  应交税费——应交增值税(进项税额)
    (2 800 000×13％+3 600 000×13％)832 000
  交易性金融资产 1 400 000
  坏账准备 500 000
  投资收益 650 000
  贷：应收账款 11 300 000
    银行存款 (50 000+25 000)75 000

(4)本题考查以资产清偿债务。债务重组业务对乙公司当年利润总额的影响金额＝

1 130-[200+280×13%+(500-80-30)+360×13%+100]=356.8(万元)。

借：固定资产清理		3 900 000
累计折旧		800 000
固定资产减值准备		300 000
贷：固定资产		5 000 000
借：应付账款		11 300 000
贷：固定资产清理		3 900 000
库存商品		2 000 000
应交税费——应交增值税(销项税额)		
	(2 800 000×13%+3 600 000×13%)	832 000
交易性金融资产		1 000 000
其他收益——债务重组收益		3 568 000

8. (1)B；(2)AD；(3)A；(4)C；(5)A；(6)C。

【解析】

(1)本题考查债务人以金融资产清偿债务。甲公司(债权人)的账务处理：

借：银行存款	194 000
投资收益	39 000
坏账准备	1 000
贷：应收账款	234 000

乙公司(债务人)的账务处理：

借：应付账款	234 000
贷：银行存款	194 000
投资收益	40 000

(2)本题考查债务人将债务转为权益工具。甲公司(债权人)的账务处理：

借：长期股权投资——丁公司	(760 000+12 000)	772 000
坏账准备		200 000
投资收益		40 000
贷：应收账款		1 000 000
银行存款		12 000

丁公司(债务人)的账务处理：

借：应付账款		1 000 000
贷：股本	(1 000 000×25%)	250 000
资本公积——股本溢价	(760 000-250 000-15 000)	495 000
银行存款		15 000
投资收益		240 000

(3)本题考查修改其他条款方式的债务重组。甲公司(债权人)的账务处理：

借：应收账款——重组债权	160 000
坏账准备	52 000
贷：应收票据	208 000

投资收益	4 000

丙公司(债务人)的账务处理:

借:应付票据　　　　　　　　　　　　　　　　　　　　208 000
　　贷:应付账款——重组债务　　　　　　　　　　　　160 000
　　　　投资收益　　　　　　　　　　　　　　　　　　48 000

(4)本题考查债务人以资产清偿债务。债权投资的入账价值=325+5=330(万元)。库存商品的入账价值=200÷(200+400)×(930-280-200×13%-400×6%)+2=202(万元)。

(5)本题考查债务人以资产清偿债务。甲公司(债权人)的账务处理:

借:债权投资　　　　　　　　　　　　　　　　　　　　3 300 000
　　库存商品　　　　　　　　　　　　　　　　　　　　2 020 000
　　无形资产　　　　　　　　　　　　　　　　　　　　4 000 000
　　应交税费——应交增值税(进项税额)
　　　　　　　　(2 000 000×13%+4 000 000×6%)500 000
　　坏账准备　　　　　　　　　　　　　　　　　　　　500 000
　　贷:应收账款　　　　　　　　　　　　　　　　　　10 000 000
　　　　银行存款　　　　　　　　　　　　　　　　　　70 000
　　　　投资收益　　　　　　　　　　　　　　　　　　250 000

(6)本题考查债务人以资产清偿债务。乙公司抵债资产中有长期股权投资以外的非金融资产,因此不确认投资收益,应确认其他收益,确认其他收益的金额=1 000-[140+200×13%+(300-60-12)+400×6%+310]=272(万元)。

借:应付账款　　　　　　　　　　　　　　　　　　　　10 000 000
　　累计摊销　　　　　　　　　　　　　　　　　　　　600 000
　　无形资产减值准备　　　　　　　　　　　　　　　　120 000
　　贷:库存商品　　　　　　　　　　　　　　　　　　1 400 000
　　　　无形资产　　　　　　　　　　　　　　　　　　3 000 000
　　　　交易性金融资产　　　　　　　　　　　　　　　3 100 000
　　　　应交税费——应交增值税(销项税额)　　　　　　500 000
　　　　其他收益　　　　　　　　　　　　　　　　　　2 720 000

亲爱的读者,你已完成本章6个考点的学习,本书知识点的学习进度已达72%。

第十四章 所有者权益

重要程度：非重点章节　　分值：4分左右

考试风向

▰▰▰ 考情速递

本章重点内容为实收资本和其他权益工具的核算、资本公积和其他综合收益的核算、留存收益的核算等。常以单选题、多选题的形式考核，需要理解并掌握。

▰▰▰ 2025年考试变化

本章内容无实质性变化。

▰▰▰ 脉络梳理

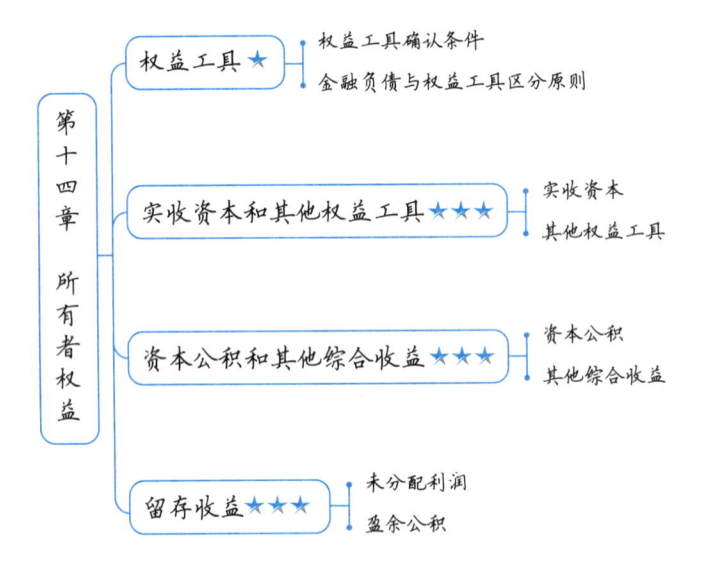

```
                    ┌─ 权益工具★ ─┬─ 权益工具确认条件
                    │              └─ 金融负债与权益工具区分原则
                    │
第              ┌─ 实收资本和其他权益工具★★★ ─┬─ 实收资本
十              │                                └─ 其他权益工具
四  所          │
章  有 ────────┤
    者          │
    权          ├─ 资本公积和其他综合收益★★★ ─┬─ 资本公积
    益          │                                 └─ 其他综合收益
                │
                └─ 留存收益★★★ ─┬─ 未分配利润
                                   └─ 盈余公积
```

考点详解及精选例题

考点一 权益工具 ★ 一学多考|注

（一）权益工具确认条件

权益工具，是指能证明拥有某个企业在扣除所有负债后的资产中的剩余权益的合同。

在同时满足下列条件的情况下，企业应将发行的金融工具分类为权益工具：

(1) 该金融工具应当不包括交付现金或其他金融资产给其他方，或在潜在不利条件下与其他方交换金融资产或金融负债的合同义务。

(2) 将来须用或可用企业自身权益工具结算该金融工具。

如为非衍生工具，该金融工具应当不包括交付可变数量的自身权益工具进行结算的合同义务。

如为衍生工具，企业只能通过以固定数量的自身权益工具交换固定金额的现金或其他金融资产结算该金融工具。

（二）金融负债与权益工具区分原则

(1) 是否存在无条件地避免交付现金或其他金融资产的合同义务。

如果企业不能无条件地避免以交付现金或其他金融资产来履行一项合同义务，则该合同义务符合金融负债的定义。（不能避免交付是金融负债，能避免交付是权益工具）

(2) 是否通过交付固定数量的自身权益工具结算。

a. 对于非衍生工具，如果发行方未来有义务交付可变数量的自身权益工具进行结算，则该非衍生工具是金融负债。

b. 对于衍生工具，如果发行方只能通过以固定数量的自身权益工具交换固定金额的现金或其他金融资产进行结算（即"固定换固定"原则），则该衍生工具是权益工具。

【应用】

(1) 如果企业的某项合同是通过固定金额的外币交换固定数量的自身权益工具进行结算，由于固定金额的外币代表的是以企业记账本位币计价的可变金额，因此不符合"固定换固定"原则——作为金融负债。

(2) 例外：企业对全部现有同类别非衍生自身权益工具的持有方同比例发行配股权、期权或认股权证，使之有权按比例以固定金额的任何货币交换固定数量的该企业自身权益工具的——该类配股权、期权或认股权证应当分类为权益工具。

（3）甲公司与乙公司签订的合同约定，甲公司以100万元等值的自身权益工具偿还所欠乙公司债务——甲公司需交付的自身权益工具的数量随着其权益工具市场价格的变动而变动。甲公司发行的该金融工具应当划分为金融负债。

（4）甲公司发行了名义金额人民币100元的优先股，合同条款规定甲公司在3年后将优先股强制转换为普通股，转股价格为转股日前一工作日的该普通股市价——转股价格是变动的，未来须交付的普通股数量是可变的，该强制可转换优先股整体是一项金融负债。

【例题1·单选题】判断一项金融工具是划分为权益工具还是金融负债，应考虑的基本原则是(　　)。

A. 未来实施分配的意向
B. 发行方对一段时期内的损益的预期
C. 发行方未分配利润等可供分配的权益的金额
D. 是否存在无条件地避免交付现金或其他金融资产的合同义务

解析 金融负债和权益工具区分的基本原则：①是否存在无条件地避免交付现金或其他金融资产的合同义务；②是否通过交付固定数量的自身权益工具结算。

考点二　实收资本和其他权益工具 ★★★　一学多考｜注

（一）实收资本

1. 接受投资

接受投资的会计处理，见表14-1。

表14-1　接受投资的会计处理

项目	会计处理	
有限公司接受资产投资	借：银行存款 　　原材料、固定资产、无形资产等[协议约定价值，约定价值不公允的除外] 　　应交税费——应交增值税（进项税额） 　贷：实收资本[注册资本份额] 　　资本公积——资本溢价[倒挤差额]	
股份公司发行股票	贷方差额： 借：银行存款[发行价款-发行费用] 　贷：股本[股票面值] 　　资本公积——股本溢价 　　[差额] 溢价发行股票的，支付股票发行费应从溢价中抵扣，冲减资本公积（股本溢价）	借方差额： 借：银行存款[发行价款-发行费用] 　　盈余公积、利润分配——未分配利润[差额] 　贷：股本[股票面值] 无溢价发行股票或溢价金额不足以抵扣的，应将不足抵扣的部分冲减盈余公积和未分配利润

答案
例题1｜D

【例题2·单选题】2024年12月1日，B股份有限公司发行普通股5 000万股，每股面值1元，每股发行价格4元。证券公司按发行收入的3%收取佣金，从发行收入中扣除。假定收到的股款已存入银行。B公司发行股票影响所有者权益的金额为（　　）万元。

A. 5 000　　　B. 14 400　　　C. 19 400　　　D. 20 000

解析 影响所有者权益的金额=5 000×4×(1-3%)=19 400(万元)，发行股票时的发行费用冲减资本公积。

借：银行存款　　　　　　　　　　　　　　　　194 000 000
　　贷：股本　　　　　　　　　　　　　　　　　50 000 000
　　　　资本公积——股本溢价　　　　　　　　144 000 000

2. 实收资本增减变动的会计处理

(1)实收资本增加的会计处理，见表14-2。

表14-2　实收资本增加的会计处理

项目	会计处理	所有者权益总额
可转换公司债券转为股票	借：应付债券、应付利息 　　其他权益工具 　贷：股本 　　　资本公积——股本溢价	变化
重组债务转为资本	借：应付账款 　贷：股本(或实收资本) 　　　资本公积——股本溢价(或资本溢价) 　　　投资收益	变化
资本公积(或盈余公积)转增资本	借：资本公积(或盈余公积) 　贷：股本(或实收资本)	不变
发放股票股利	借：利润分配——转作股本的股利 　贷：股本	不变
以权益结算的股份支付行权	借：资本公积——其他资本公积 　贷：股本 　　　资本公积——股本溢价 ［不考虑认购价格］	不变

(2)实收资本减少。(2023年多选)

股份有限公司可通过回购并注销股票的方式来减少实收资本。回购和注销股票的会计处理，见表14-3。

答案
例题2｜C

表 14-3　回购和注销股票的会计处理

项目		会计处理
回购股票		借：库存股[实际支付的金额] 　　贷：银行存款
注销股票	回购价大于面值	借：股本[面值] 　　资本公积——股本溢价 　　盈余公积 　　利润分配——未分配利润 　　贷：库存股[账面余额] 注销库存股的账面余额与所冲减股本的差额，应冲减"资本公积——股本溢价"科目，"资本公积——股本溢价"科目不足冲减的部分，应依次借记"盈余公积""利润分配——未分配利润"科目
	回购价小于面值	借：股本 　　贷：库存股 　　　　资本公积——股本溢价

【例题 3·单选题】(2024 年)甲公司于 2022 年 1 月 1 日以每股 20 元的价格发行 1 000 万股普通股股票(每股面值 1 元)，2024 年 9 月 30 日以每股 12 元的价格回购其中 300 万股并注销，假设 2022 年 1 月 1 日至 2024 年 9 月 30 日，甲公司没有发生其他权益性交易，则该回购并注销股票对甲公司 2024 年年末所有者权益项目的影响是(　　)。

A. 未分配利润减少

B. 盈余公积减少

C. 其他综合收益减少

D. 资本公积——股本溢价减少

解析　股票回购价低于发行价，所以注销回购的股票时，"资本公积——股本溢价"的余额足够冲减，不会冲减盈余公积和未分配利润。2024 年 9 月 30 日的会计分录如下：

借：库存股　　　　　　　　　　　　(12×3 000 000) 36 000 000
　　贷：银行存款　　　　　　　　　　　　　　　　36 000 000
借：股本　　　　　　　　　　　　　　　　　　　　 3 000 000
　　资本公积——股本溢价　　　　　　　　　　　　33 000 000
　　贷：库存股　　　　　　　　　　　　　　　　　36 000 000

(二)其他权益工具(2021 年、2022 年单选；2022 年多选)

1. 其他权益工具发行方的账务处理

其他权益工具发行方的账务处理，见表 14-4。

答案
例题 3 | D

表 14-4 其他权益工具发行方的账务处理

项目			会计处理
发行金融工具	发行复合金融工具（可转换公司债券）		借：银行存款[按实际收到的金额] 　　贷：应付债券[负债成分] 　　　　其他权益工具[权益成分] 发生的交易费用应当在负债成分和权益成分之间按照各自占总发行价款的比例进行分摊
	发行优先股、永续债	归类为权益工具	借：银行存款 　　贷：其他权益工具——优先股、永续债等
		归类为债务工具	借：银行存款 　　贷：应付债券——优先股、永续债等
			发行方发行金融工具的手续费、佣金等交易费用： 如分类为债务工具且以摊余成本计量的，应当计入所发行工具的初始计量金额； 如分类为权益工具的，应当从权益（其他权益工具）中扣除
股息处理	对于归类为权益工具的金融工具		无论其名称中是否包含"债"，其利息支出或股利分配都应当作为发行企业的利润分配，其回购、注销等作为权益的变动处理。 借：利润分配——应付优先股股利、永续债利息 　　贷：应付股利——优先股股利、永续债利息
	对于归类为金融负债的金融工具		无论其名称中是否包含"股"，其利息支出或股利分配原则上按照借费用进行处理，其回购或赎回产生的利得或损失等计入当期损益
重分类	其他权益工具重分类为金融负债		借：其他权益工具[账面价值] 　　资本公积——股本溢价（或资本溢价）[差额，或贷方] 　　贷：应付债券[公允价值] 资本公积不够冲减，则依次冲减盈余公积和未分配利润
	金融负债重分类为其他权益工具		借：应付债券——优先股、永续债等[账面价值] 　　贷：其他权益工具——优先股、永续债等 无差额

(续表)

项目			会计处理
回购赎回	分类为权益工具的金融工具(除普通股以外)	回购	借：库存股[赎回价格] 　　贷：银行存款
		注销	借：其他权益工具[账面价值] 　　资本公积——股本溢价(或资本溢价)[差额，或贷方] 　　贷：库存股[赎回价格] 若资本公积不够冲减，依次冲减盈余公积和未分配利润
	分类为负债的金融工具	赎回	借：应付债券[赎回日的账面价值] 　　财务费用[差额] 　　贷：银行存款[赎回价格]
转股	优先股、永续债转换为普通股		借：应付债券、其他权益工具[账面价值] 　　贷：实收资本(或股本)[普通股的面值] 　　　资本公积——资本溢价(或股本溢价)[差额]

● **得分高手**

其他权益工具与资本公积的各项业务处理是近年考核频繁的考点，需要熟练掌握。

2．其他权益工具投资方的账务处理

金融工具投资方(持有人)通常应当与发行方对金融工具的权益或负债属性的分类保持一致。例如，对于发行方归类为权益工具的非衍生金融工具，投资方通常应当将其归类为权益工具投资。

【例题4·多选题】(2022年)下列各项中，属于其他权益工具核算范围的有（　　）。

A．重新计量设定受益计划净负债或净资产所产生的变动
B．企业溢价发行股票取得的投资者认缴款大于所占股份的金额
C．企业发行的可转换公司债券的权益成分
D．企业发行的作为权益工具核算的优先股
E．以权益结算的股份支付在等待期内所确认的成本费用

解析 ↓ 选项A，计入其他综合收益。选项B，计入资本公积——股本溢价。选项E，计入资本公积——其他资本公积。

【例题5·单选题】(2022年)由于发行的金融工具原合同条款约定的条

答案 ↓
例题4｜CD

件随着经济环境的改变而发生变化，导致原归类为权益工具的金融工具重分类为金融负债，核算时不涉及的会计科目是(　　)。

A. 资本公积
B. 应付债券
C. 其他权益工具
D. 其他综合收益

解析 原归类为权益工具的金融工具重分类为金融负债的，应当于重分类日，按该工具的账面价值，借记"其他权益工具"科目，按该工具的公允价值，贷记"应付债券"等科目，按该工具的公允价值与账面价值的差额，贷记或借记"资本公积——资本溢价(或股本溢价)"科目，如资本公积不够冲减的，依次冲减盈余公积和未分配利润。

考点三　资本公积和其他综合收益 ★★★　一学多考｜注

(一) 资本公积(2020年多选)

1. 资本公积的构成

资本公积的核算情形，见表14-5。

表14-5　资本公积的核算情形

构成	核算情形	
资本(股本)溢价	发行权益性证券的溢价收入-佣金、手续费	
	注销库存股	
	可转换公司债券转股、债务转为股本	
	企业与股东之间的资本性交易(即"权益性交易")，如股东对企业的捐赠、债务豁免、代为偿债等	
	同一控制下企业合并的借贷方差额	
	使用盈余公积不能弥补的亏损可以按照规定使用资本公积金	
其他资本公积	权益结算的股份支付	借：管理费用等(等待期) 　贷：资本公积——其他资本公积
	权益法核算的长期股权投资对被投资方的其他权益变动的确认	借：长期股权投资——其他权益变动 　贷：资本公积——其他资本公积 或相反分录

2. 资本公积的用途

资本公积的用途主要是用来转增资本(或股本)以及按照规定弥补亏损。

答案　例题5｜D

但对于其他资本公积项目,在相关资产处置之前,不能用于转增资本或股本。

(1)转增资本。

借:资本公积
　　贷:股本(实收资本)

(2)弥补亏损。若使用盈余公积仍不能弥补的可以按照规定使用资本公积金。

借:资本公积
　　贷:利润分配

【例题6·多选题】下列会计事项中,可能引起资本公积金额变动的有(　　)。

A. 注销库存股

B. 处置采用权益法核算的长期股权投资

C. 将债权投资重分类为其他债权投资

D. 用盈余公积分配现金股利

E. 以权益结算的股份支付换取职工服务

解析　选项C,债权投资重分类为其他债权投资时,公允价值与账面价值的差额应该计入其他综合收益,不会引起资本公积的变动。选项D,借记"盈余公积",贷记"应付股利",不会引起资本公积的变动。

(二)其他综合收益(2020—2022年单选;2023年多选)

1. 以后会计期间**不能**重分类进损益的其他综合收益项目

(1)其他权益工具投资公允价值变动。

(2)重新计量设定受益计划净负债或净资产导致的变动(报表:重新计量设定受益计划变动额)。

(3)权益法下不能转损益的其他综合收益(因被投资单位重新计量设定受益计划净负债或净资产变动等)。

(4)指定为交易性金融负债的,由企业自身信用风险变动引起的金融负债公允价值的变动金额(报表:企业自身信用风险公允价值变动)。

2. 以后会计期间在满足规定条件时将重分类进损益的其他综合收益项目

(1)作为自用或存货的房地产转换为以公允价值模式计量的投资性房地产,在转换日公允价值大于账面价值的部分。

(2)按照权益法核算的长期股权投资在被投资单位其他综合收益(可重分类进损益)变动中所享有的份额(报表:权益法下可转损益的其他综合收益)。

(3)外币财务报表折算差额。

(4)现金流量套期工具产生的利得或损失中属于有效套期的部分(报表:现金流量套期储备)。

(5)金融资产重分类,按规定可以将原计入其他综合收益的利得或损失

答案
例题6 | ABE

转入当期损益的部分(报表:金融资产重分类计入其他综合收益的金额)。

(6)分类为以公允价值计量且其变动计入其他综合收益的金融资产公允价值变动(报表:其他债权投资公允价值变动)。

(7)<u>其他债权投资</u>信用减值准备。

> **得分高手**
>
> 近年频繁考核其他综合收益的构成,需熟练掌握两类其他综合收益。

【例题7·单选题】(2021年)下列各项中,通过"其他综合收益"科目核算的是( )。

A. 公司收到控股股东的现金捐赠
B. 以摊余成本计量的金融资产重分类为以公允价值计量且其变动计入其他综合收益的金融资产,重分类日金融资产公允价值与账面价值的差额
C. 债权人与债务人在债务重组前后均受同一方控制,且债务重组实质是债务人接受权益性投入
D. 注销库存股

解析 选项A、C、D,通过"资本公积"科目核算。

【例题8·多选题】(2023年)下列各项中,应列示在利润表"其他综合收益的税后净额"内容下的"不能重分类进损益的其他综合收益"的有( )。

A. 企业自身信用风险公允价值变动
B. 重新计量设定受益计划变动额
C. 金融资产重分类计入其他综合收益的金额
D. 外币财务报表折算差额
E. 现金流量套期储备

解析 选项C、D、E,均属于能重分类进损益的其他综合收益。

考点四 留存收益 ★★★ 一学多考|注

留存收益=盈余公积+未分配利润(即利润分配科目)(2020年单选)

(一)未分配利润

利润分配业务,见表14-6。

表14-6 利润分配业务

利润分配业务		留存收益总额
结转实现的净利润	借:本年利润 　　贷:利润分配——未分配利润	增加

答案
例题7|B
例题8|AB

(续表)

		利润分配业务	留存收益总额
利润分配	提取盈余公积	借：利润分配——提取法定盈余公积 　　　　　——提取任意盈余公积 　贷：盈余公积	不变
	现金股利	宣告发放： 借：利润分配——应付现金股利 　贷：应付股利	减少
	股票股利	宣告发放时不处理	不变
		实际发放时： 借：利润分配——转作股本的股利 　贷：股本	减少
	弥补亏损	以前年度未弥补亏损，有的亏损可以以当年实现的税前利润弥补，有的亏损则需用税后利润弥补。 税前补亏，应交所得税＝(利润总额－亏损)×25%。 税后补亏，应交所得税＝利润总额×25%。 当年实现利润弥补以前年度结转的未弥补亏损，不需要专门进行账务处理	不变
		盈余公积补亏 借：盈余公积 　贷：利润分配——盈余公积补亏	不变
利润分配明细结转		利润分配科目除"未分配利润"明细科目外，其他明细科目应无余额。 "未分配利润"明细科目余额在贷方，表示累积未分配的利润；余额在借方，则表示累积未弥补的亏损	

【例题9·多选题】企业弥补经营亏损的方式有(　　　)。

A．用盈余公积弥补

B．用以后年度税后利润弥补

C．在规定期限内用以后年度税前利润弥补

D．投资者增加实收资本后弥补

E．用资本公积金弥补

解析 企业发生经营亏损的弥补方式有四种：①用以后年度税前利润弥补，按规定企业亏损在规定期限(现行制度规定为5年)内可由税前利润弥补；②用以后年度税后利润弥补，即指超过税前利润弥补期的剩余亏损额应由税后利润弥补；③用盈余公积弥补，用盈余公积弥补亏损应当由董事会提议，股东大会批准，或者由类似的机构批准；④用资本公积金弥补，如使用盈余公积仍不能弥补的可以按照规定使用资本公积金。

答案
例题9 | ABCE

(二)盈余公积(2023年单选;2020年多选)

盈余公积业务,见表14-7。

表14-7 盈余公积业务

盈余公积业务			留存收益总额
盈余公积提取	公司制企业按照净利润(减弥补以前年度亏损)的10%提取法定盈余公积。法定盈余公积累计额达到注册资本的50%以上时,可以不再提取。如果以前年度有未弥补的亏损(即年初未分配利润余额为负数),应先弥补以前年度亏损再提取盈余公积;如果有盈余,在计算提取法定盈余公积的基数时,不应包括企业年初未分配利润		不变
盈余公积使用	转增资本	借:盈余公积 　　贷:股本(或实收资本) 转增后留存的盈余公积不得少于转增前注册资本的25%	减少
	弥补亏损	借:盈余公积 　　贷:利润分配——盈余公积补亏	不变
	派送新股(分配股票股利)	借:盈余公积 　　贷:股本 　　　　资本公积——股本溢价	减少
	扩大生产经营	无分录	不变

【知识点拨】影响留存收益变动的处理思路:会计分录中一方是留存收益,另一方不是留存收益,就会引起留存收益总额发生变化;会计分录双方都是留存收益,属于留存收益内部一增一减,总额不变。

【例题10·单选题】(2023年)下列关于盈余公积的表述,错误的是(　　)。

A. 经过股东大会或者类似机构批准,盈余公积可以用于弥补亏损
B. 盈余公积不可以用于派发新股
C. 法定盈余公积转增资本,所留存的盈余公积不得少于转增前公司注册资本的25%
D. 盈余公积可以用于扩大企业的生产经营

解析　选项B,企业经股东大会决议,可用盈余公积派发新股。

【例题11·多选题】(2021年)下列事项中,可能导致留存收益总额发生增减变动的有(　　)。

A. 用盈余公积转增资本　　　B. 向投资者实际发放股票股利

答案
例题10 | B

C. 将重组债务转为资本　　　　D. 回购股份进行职工期权激励

E. 可转换债券持有人行使转换权利，将持有的债券转换为股票

解析 选项A，用盈余公积转增资本，盈余公积减少，留存收益减少。

借：盈余公积
　　贷：实收资本/股本

选项B，向投资者实际发放股票股利，未分配利润减少，留存收益减少。

借：利润分配——转作股本的股利
　　贷：股本

选项C，将重组债务转为资本，期末投资收益转入"本年利润"，最终转入留存收益。

借：应付账款
　　贷：股本、资本公积——股本溢价
　　　　投资收益

【总结】判断下列事项是否会引起留存收益总额发生增减变动。

A. 盈余公积转增资本（√）

B. 资本公积转增资本（×）

C. 宣告分配现金股利（√）

D. 资本公积金弥补亏损（√）

E. 宣告分配股票股利（×）

F. 计提法定/任意盈余公积（×）

G. 盈余公积弥补亏损（×）

H. 税后利润弥补亏损（×）

【例题12·单选题】下列各项中，能引起所有者权益总额发生增减变动的是（　　）。

A. 盈余公积补亏　　　　　　B. 可转换公司债券转股

C. 发放股票股利　　　　　　D. 发行5年期公司债券

解析 可转换公司债券转股导致负债减少，所有者权益增加。

答案
例题11 | ABC
例题12 | B

同步训练

考点一　权益工具

1. (单选题)关于甲公司发行的下列金融工具，应当分类为权益工具的是（　　）。

A. 甲公司与乙公司签订合同约定，以1个月后500万元等值自身普通股偿还所欠乙公司500万元债务

B. 甲公司发行400万份配股权，配股权持有人可按照10元/股的价款购买甲公司发行的股票

C. 甲公司发行面值为1亿元的优先股，要求每年按6%的股息率支付优先股股息

D. 甲公司发行的一项永续债，无固定还款期限且不可赎回，每年按8%的利率强制付息

2. (单选题)甲公司发行了名义金额人民币3 000元的优先股，合同条款规定甲公司在3年后将优先股强制转换为普通股，转股价格为转股日前一工作日的该普通股市价，则该金融工具属于( )。

A. 金融负债　　　　　　　　B. 权益工具
C. 金融资产　　　　　　　　D. 复合金融工具

考点二　实收资本和其他权益工具

1. (单选题)下列事项中，不会引起实收资本或股本发生增减变动的是( )。

A. 资本公积转增资本

B. 以权益结算的股份支付行权

C. 可转换公司债券持有人行使转股权

D. 收购本公司股份

2. (单选题)发行方按合同条款的约定赎回所发行的分类为金融负债的金融工具，赎回日该工具的账面价值与赎回价格的差额应记入的会计科目是( )。

A. 财务费用　　　　　　　　B. 其他综合收益
C. 资本公积　　　　　　　　D. 公允价值变动损益

3. (单选题)下列关于将金融负债重分类为其他权益工具的会计处理的说法中，正确的是( )。

A. 在重分类日，应按金融负债的账面价值确认其他权益工具的入账价值

B. 在重分类日，应按工具的公允价值确定其他权益工具的入账价值，公允价值与金融负债账面价值的差额计入投资收益

C. 在重分类日，应按工具的公允价值确定其他权益工具的入账价值，公允价值与金融负债账面价值的差额按比例计入盈余公积和未分配利润

D. 在重分类日，应按工具的公允价值确定其他权益工具的入账价值，公允价值与金融负债账面价值之间的差额应计入资本公积(资本溢价或股本溢价)，资本公积(资本溢价或股本溢价)不足冲减的，依次冲减盈余公积和未分配利润

4. (多选题·2023年)股份有限公司因减少注册资本而回购公司股份，在注销库存股时贷方可能涉及的会计科目有( )。

A. 盈余公积　　　　　　　　B. 股本
C. 利润分配——未分配利润　　D. 库存股
E. 资本公积——股本溢价

5. (多选题)下列有关其他权益工具的表述中，正确的有( )。

A. 发行归类为权益工具的金融工具，按实际收到的金额，贷记"其他权益工具"

科目

B. 对于归类为权益工具的金融工具,无论其名称中是否包含"债",其利息支出或股利分配都应当作为发行企业的利润分配

C. 发行复合金融工具,需要分拆其权益成分和负债成分,分别作为"其他权益工具"和"应付债券"进行核算

D. 对于归类为金融负债的金融工具,无论其名称中是否包含"股",其利息支出或股利分配原则上按照借款费用进行处理

E. 对于归类为金融负债的金融工具,其回购或赎回产生的利得或损失应作为权益变动处理

考点三 资本公积和其他综合收益

1. (单选题)资产负债表日,满足运用套期会计方法条件的现金流量套期工具产生的利得或损失,属于有效套期的部分,应记入(　　)科目。

   A. 公允价值变动损益　　　　　　　B. 套期损益
   C. 其他综合收益　　　　　　　　　D. 投资收益

2. (单选题)下列各项中,属于以后期间满足条件时不能重分类进损益的其他综合收益是(　　)。

   A. 因自用房产转换为以公允价值计量的投资性房地产确认的其他综合收益
   B. 因重新计量设定受益计划净负债或净资产形成的其他综合收益
   C. 因债权投资重分类为其他债权投资形成的其他综合收益
   D. 因外币财务报表折算差额形成的其他综合收益

3. (多选题)下列各项中,会引起资本公积发生增减变动的有(　　)。

   A. 发行权益性证券的溢价收入　　　B. 可转换公司债券转股
   C. 用资本公积转增股本　　　　　　D. 股东对企业的捐赠
   E. 其他债权投资公允价值变动

4. (多选题)下列各项中,应计入其他综合收益的有(　　)。

   A. 现金流量套期工具产生的利得或损失中属于有效套期的部分
   B. 外币财务报表折算差额
   C. 采用成本法核算的长期股权投资因被投资单位的其他综合收益变动而确认的份额
   D. 其他债权投资期末公允价值变动部分
   E. 因债权投资重分类为其他债权投资确认的借贷方差额

5. (多选题)下列各项中,应将之前计入其他综合收益的累计利得或损失从其他综合收益转入当期损益的有(　　)。

   A. 出售以公允价值计量且其变动计入其他综合收益的债券投资
   B. 将以公允价值计量且其变动计入其他综合收益的债券投资重分类为以公允价值计量且其变动计入当期损益的金融资产
   C. 将以公允价值计量且其变动计入其他综合收益的债券投资重分类为以摊余成本

计量的金融资产

D. 出售指定为以公允价值计量且其变动计入其他综合收益的非交易性权益工具投资

E. 以公允价值计量且其变动计入其他综合收益的股权投资增资至长期股权投资的权益法核算

考点四 留存收益

1. (单选题)下列各项中,能够引起所有者权益总额变化的是( )。
   A. 以资本公积转增资本　　　　　　B. 增发新股
   C. 向股东支付已宣告分派的现金股利　D. 以盈余公积弥补亏损

2. (单选题)甲公司2021年年初的所有者权益总额为1 500万元,不存在以前年度未弥补的亏损。2021年度发生亏损180万元,2022年度发生亏损120万元,2023年度实现税前利润为0,2024年度实现税前利润500万元,根据公司章程规定,法定盈余公积和任意盈余公积的提取比例均为10%,公司董事会提出2024年度分配利润60万元的议案,但尚未提交股东会审议。假设甲公司2021年至2024年不存在其他纳税调整和导致所有者权益变动的事项,适用的企业所得税税率为25%(不考虑递延所得税的影响),则甲公司2024年年末所有者权益总额为( )万元。
   A. 1 590　　　B. 1 650　　　C. 1 890　　　D. 1 950

3. (多选题)下列业务中,引起企业盈余公积发生增减变动的有( )。
   A. 外商投资企业提取储备基金
   B. 外商投资企业提取职工奖励和福利基金
   C. 用盈余公积弥补亏损
   D. 按净利润的10%提取法定公积金
   E. 用盈余公积转增资本

4. (多选题)下列各项中,会引起留存收益总额变动的有( )。
   A. 用上一年度实现的净利润分配现金股利　B. 用盈余公积转增股本
   C. 用盈余公积弥补亏损　　　　　　　　　D. 实际发放股票股利
   E. 外商投资企业提取企业发展基金

5. (多选题)下列关于资本公积和盈余公积的表述中,正确的有( )。
   A. "资本公积——资本(股本)溢价"可以直接用来转增资本(股本)
   B. 资本公积金不可以用来弥补亏损
   C. 盈余公积可以用来派送新股
   D. 盈余公积转增资本(股本)时,转增后留存的法定盈余公积不得少于转增前注册资本的25%
   E. 公司计提的法定盈余公积累计额达到注册资本的50%以上时,可以不再提取

参考答案及解析

考点一 权益工具

1. B 【解析】本题考查金融负债与权益工具的区分。选项A,甲公司需偿还的负债金额500万元是固定的,但其需<u>交付的自身权益工具的数量</u>随着其权益工具市场价格的变动而<u>变动</u>,故应当划分为金融负债。选项C,甲公司承担了未来每年支付6%股息的合同义务,应当就该强制付息的合同义务确认金融负债。选项D,尽管该项工具的期限永续且不可赎回,但由于企业承担了以利息形式永续支付现金的合同义务,因此,符合金融负债的定义。

2. A 【解析】本题考查金融负债与权益工具的区分。转股价格是变动的,未来须交付的普通股数量是可变的,实质可视作甲公司将在3年后使用自身普通股并按其市价履行支付优先股每股人民币3 000元的义务。在这种情况下,该强制可转换优先股整体是一项金融负债。

考点二 实收资本和其他权益工具

1. D 【解析】本题考查实收资本(或股本)的核算。选项D,借记"<u>库存股</u>"科目,贷记"银行存款"科目,不影响实收资本或者股本的金额。

2. A 【解析】本题考查其他权益工具的核算。发行方按合同条款约定赎回所发行的分类为金融负债的金融工具,按该工具赎回日的账面价值,借记"应付债券"等科目,按赎回价格,贷记"银行存款"等科目,按其差额,借记或贷记"<u>财务费用</u>"科目。

3. A 【解析】本题考查其他权益工具的核算。将金融负债重分类为其他权益工具时,应在重分类日<u>按金融负债的账面价值</u>,借记"应付债券"等科目,贷记"其他权益工具"科目。

4. DE 【解析】本题考查库存股的核算。相关会计分录为:
   (1)回购股份时:
   借:库存股
     贷:银行存款
   (2)注销库存股时:
   借:股本
     资本公积——股本溢价 ⎫
     盈余公积   ⎬ [借方差额]
     利润分配——未分配利润 ⎭
     贷:库存股
       资本公积——股本溢价[贷方差额]
   选项A、B、C,是借方可能会涉及的会计科目。

5. ABCD 【解析】本题考查其他权益工具的核算。选项E,对于归类为金融负债的金融工具,其回购或赎回产生的利得或损失应计入当期损益。

考点三 资本公积和其他综合收益

1. C 【解析】本题考查其他综合收益的核算。现金流量套期工具产生的利得或损失中属于<u>有效套期</u>的部分，应记入"其他综合收益"科目。

2. B 【解析】本题考查其他综合收益的核算。选项 B，在后续会计期间不允许转回至损益，在原设定受益计划终止时应当在权益范围内将原计入其他综合收益的部分全部结转至未分配利润。

3. ABCD 【解析】本题考查资本公积的核算。选项 E，引起其他综合收益发生变动。

4. ABDE 【解析】本题考查其他综合收益的核算。选项 C，成本法核算的长期股权投资不需要根据被投资单位所有者权益的变动而进行调整。

5. AB 【解析】本题考查其他综合收益的核算。选项 C，重分类时，应将之前计入其他综合收益的累计利得或损失冲回，对应科目为<u>其他债权投资</u>，而不是转入当期损益。选项 D，出售指定为以公允价值计量且其变动计入其他综合收益的非交易性权益工具投资，应将确认的其他综合收益转入<u>留存收益</u>。选项 E，其他权益工具投资增资至长期股权投资的权益法核算，应将原累计计入其他综合收益的金额转入<u>留存收益</u>。

考点四 留存收益

1. B 【解析】本题考查所有者权益的核算（综合）。选项 A、D，所有者权益内部一增一减，总额不变。选项 B，增加资产和所有者权益，符合题意。选项 C，资产和负债同时减少，对所有者权益总额无影响。

2. B 【解析】本题考查所有者权益的核算（综合）。甲公司 2024 年年末所有者权益总额 = 1 500-180-120+[500-(500-180-120)×25%] = 1 650（万元）。

3. ACDE 【解析】本题考查盈余公积的核算。选项 B，外商投资企业按规定提取的职工奖励及福利基金，借记"利润分配——提取职工奖励及福利基金"科目，贷记"<u>应付职工薪酬</u>"科目，不会引起盈余公积发生增减变动。选项 C、E，会引起盈余公积减少。选项 A、D，会引起盈余公积增加。

4. ABD 【解析】本题考查留存收益的核算。选项 A，借记"利润分配——未分配利润"科目，贷记"应付股利"科目，留存收益总额减少。选项 B，借记"盈余公积"科目，贷记"股本"科目，留存收益总额减少。选项 C，借记"盈余公积"科目，贷记"利润分配——盈余公积补亏"科目，留存收益内部一增一减，总额不变。选项 D，借记"利润分配——转作股本的股利"科目，贷记"股本"科目，留存收益总额减少。选项 E，借记"利润分配——提取企业发展基金"科目，贷记"<u>盈余公积——企业发展基金</u>"科目，留存收益内部一增一减，总额不变。

5. ACDE 【解析】本题考查资本公积和盈余公积的核算。选项 B，使用盈余公积仍不能弥补的亏损可以按照规定使用资本公积金。

第十五章　收入、费用、利润和产品成本

> 重要程度：重点章节　　分值：15分左右

考试风向

▰▰▰ 考情速递

本章重点内容为收入的确认与计量、特定交易的会计处理、合同成本、期间费用、利润计算与核算、政府补助和产品成本核算等。常以单选题、多选题、计算题和综合分析题的形式考核，需要理解并能熟练计算。

▰▰▰ 2025年考试变化

本章内容无实质性变化。

▰▰▰ 脉络梳理

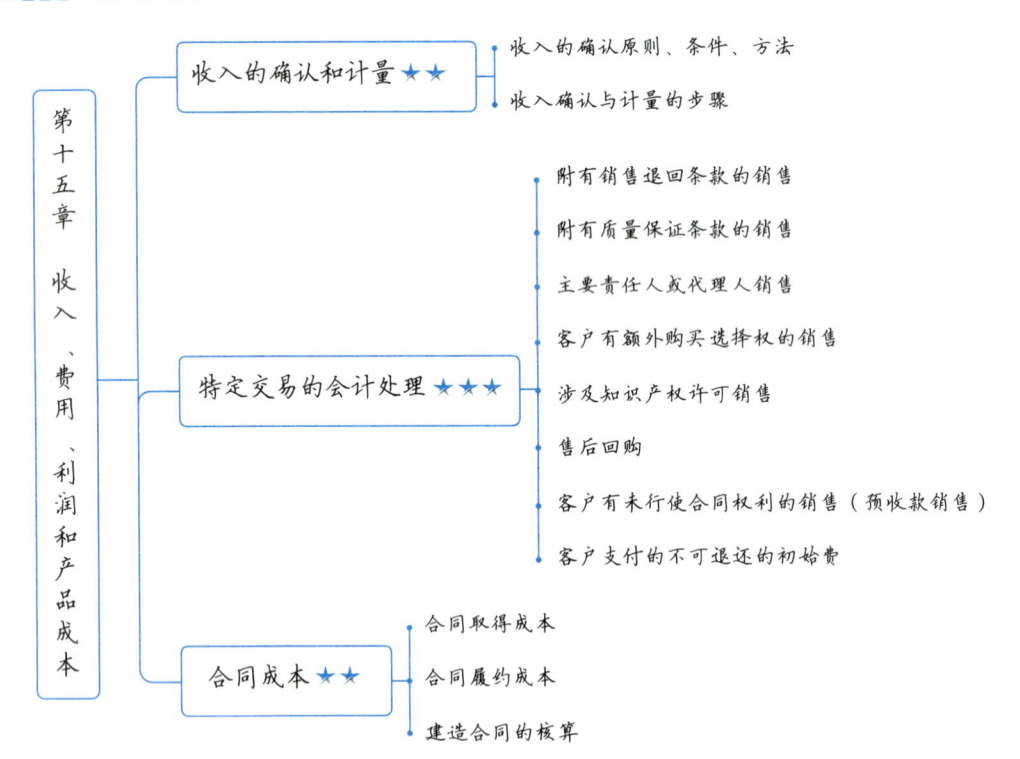

- 第十五章　收入、费用、利润和产品成本
  - 收入的确认和计量★★
    - 收入的确认原则、条件、方法
    - 收入确认与计量的步骤
  - 特定交易的会计处理★★★
    - 附有销售退回条款的销售
    - 附有质量保证条款的销售
    - 主要责任人或代理人销售
    - 客户有额外购买选择权的销售
    - 涉及知识产权许可销售
    - 售后回购
    - 客户有未行使合同权利的销售（预收款销售）
    - 客户支付的不可退还的初始费
  - 合同成本★★
    - 合同取得成本
    - 合同履约成本
    - 建造合同的核算

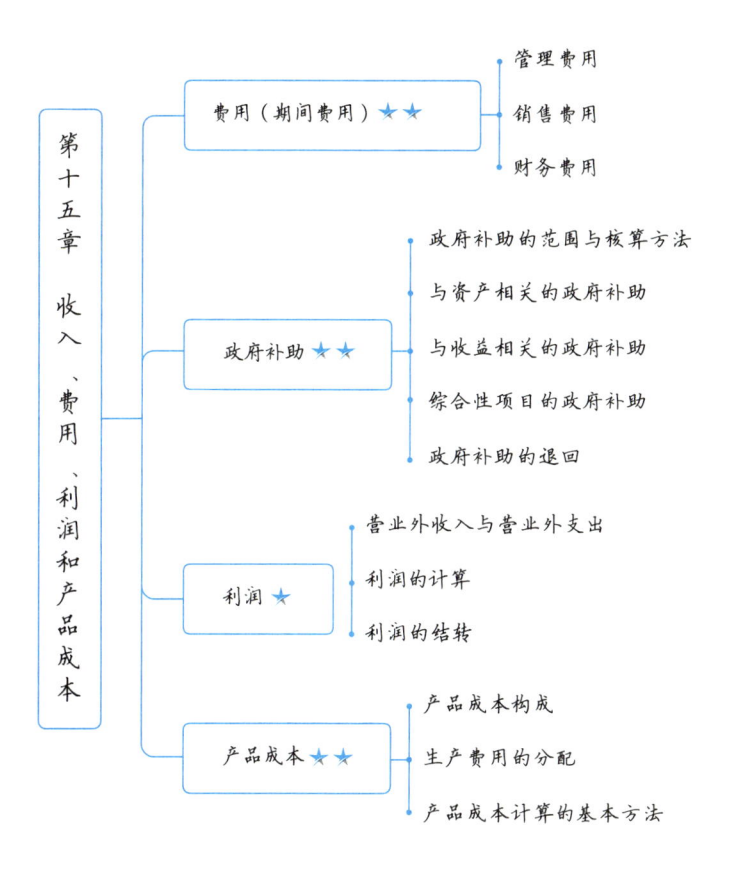

第十五章 收入、费用、利润和产品成本

- 费用（期间费用）★★
  - 管理费用
  - 销售费用
  - 财务费用
- 政府补助 ★★
  - 政府补助的范围与核算方法
  - 与资产相关的政府补助
  - 与收益相关的政府补助
  - 综合性项目的政府补助
  - 政府补助的退回
- 利润 ★
  - 营业外收入与营业外支出
  - 利润的计算
  - 利润的结转
- 产品成本 ★★
  - 产品成本构成
  - 生产费用的分配
  - 产品成本计算的基本方法

考点详解及精选例题

考点一 收入的确认与计量 ★★ 　一学多考│中注

（一）收入的确认原则、条件、方法

1. 收入的确认原则

企业应当在履行了合同中的履约义务，即在<u>客户取得相关商品控制权时</u>确认收入。

履约义务，是指合同中企业向客户转让可明确区分商品的承诺。

取得相关商品控制权，是指能够主导该商品的使用并从中获得几乎全部的经济利益。

2. 收入的确认条件

企业与客户之间的合同<u>同时满足</u>下列条件的，企业应当在客户取得相关商品控制权时确认收入：

（1）该合同明确了合同各方与所转让的商品或提供劳务（以下简称转让商品）相关的<u>权利和义务</u>。

> **记忆密码**
> 权利义务支付已批准、商业对价很可能。

（2）合同各方已批准该合同并承诺将履行各自义务。

（3）该合同有明确的与所转让商品相关的支付条款。

（4）该合同具有商业实质，即履行该合同将改变企业未来现金流量的风险、时间分布或金额。

（5）企业因向客户转让商品而有权取得的对价很可能收回。

提示 对于不符合五项条件的合同，企业只有在不再负有向客户转让商品的剩余义务（例如，合同已完成或取消），且已向客户收取的对价（包括全部或部分对价）无须退回时，才能将已收取的对价确认为收入；否则，应当将已收取的对价作为负债进行会计处理。

3. 收入的确认方法

（1）在某一时点履行的履约义务，企业应当在客户取得相关商品控制权时点确认收入。

（2）在某一时段内履行的履约义务，企业应当在该段时间内按照履约进度确认收入，履约进度不能合理确定的除外。企业应当采用产出法或投入法确定恰当的履约进度。每一项履约义务，企业只能采用一种方法来确定履约进度，并加以一贯运用，不得随意变更。当履约进度不能合理确定时，企业已经发生的成本预计能够得到补偿的，应当按照已经发生的成本金额确认收入，直到履约进度能够合理确定为止。

【例题1·单选题】2023年10月1日，甲公司与客户签订合同，为客户装修一栋办公楼并安装一部电梯，合同总金额为100万元。甲公司预计的合同总成本为80万元，其中包括电梯的采购成本30万元。2023年12月20日，甲公司将电梯运达施工现场并经过客户验收，客户已取得对电梯的控制权，但是根据装修进度，预计2024年2月才会安装该电梯。截至2023年12月31日，甲公司累计发生成本40万元，其中包括支付给电梯供应商的采购成本30万元。假定该装修服务（包括安装电梯）构成单项履约义务，并属于在某一时段内履行的履约义务，甲公司是主要责任人，但不参与电梯的设计和制造。甲公司采用成本法确定履约进度。不考虑其他因素，下列各项中，甲公司的会计处理正确的是（ ）。

A. 2023年12月31日，合同的履约进度为50%

B. 2023年应确认的收入金额为40万元

C. 2023年应确认的收入金额为44万元

D. 2023年应确认的成本金额为16万元

解析 2023年12月31日合同的履约进度=(40-30)÷(80-30)×100%=20%，2023年应确认的收入金额=(100-30)×20%+30=44(万元)，2023年应确认的成本金额=(80-30)×20%+30=40(万元)。

（3）在某一时点履行履约义务与在某一时段内履行履约义务的区分。

满足下列条件之一的，属于在某一时段内履行履约义务；否则，属于在

答案
例题1 | C

某一时点履行履约义务：①客户在企业履约的同时即取得并消耗企业履约所带来的经济利益；②客户能够控制企业履约过程中在建的商品；③企业履约过程中所产出的商品具有不可替代用途，且该企业在整个合同期间内有权就累计至今已完成的履约部分收取款项。

【例题 2·分析题】 甲企业与客户签订合同建造一项设备，有关条款如下：

(1) 在合同签订之初收取 10% 的合同价款。

(2) 50% 的合同对价在整个建造期间逐步收取。

(3) 剩余 40% 的合同对价在建造完成并且设备已通过测试后收取。

(4) 除非甲企业违约，否则已收取的合同价款不可退回。

(5) 如果客户终止合同，甲企业只能获得客户按照相应进度已支付的价款。

(6) 甲企业没有向客户要求获取合同规定以外的进一步补偿的权利。

要求：判断甲企业该项合同属于时点履约义务还是时段履约义务？

解析 从这些条款可以看出，客户在甲企业履约的同时并未获得履约所带来的经济利益；客户不能够控制甲企业履约过程中在建的商品；在任一时点，客户支付的不可返还的款项都低于当时已完工部分的设备项目的售价。因此，甲企业应将该合同的履约义务作为在某一时点履行的履约义务确认收入。

(二) 收入确认与计量的步骤 (2024 年单选；2021 年、2024 年多选；2022 年、2023 年综合分析)

1. 识别与客户订立的合同 (与收入确认有关)

合同包括书面形式、口头形式以及其他形式 (如隐含于商业惯例或企业以往的习惯做法等)。

(1) 合同合并。

企业与同一客户 (或该客户的关联方) 同时订立或在相近时间内先后订立的两份或多份合同，在满足下列条件之一时，应当合并为一份合同进行会计处理：①该两份或多份合同基于同一商业目的而订立并构成一揽子交易。②该两份或多份合同中的一份合同的对价金额取决于其他合同的定价或履行情况。③该两份或多份合同中所承诺的商品 (或每份合同中所承诺的部分商品) 构成单项履约义务。

(2) 合同变更。

a. 合同变更增加了可明确区分的商品及合同价款，且新增合同价款反映了新增商品单独售价的，应当将该合同变更部分作为一份单独的合同进行会计处理。此类合同变更不影响原合同的会计处理。

b. 合同变更不属于上述 a 情形，且在合同变更日已转让商品与未转让商

品之间可明确区分的，应当视为原合同终止，同时，将原合同未履约部分与合同变更部分合并为新合同进行会计处理。

c. 合同变更不属于上述 a 情形，且在合同变更日已转让商品与未转让商品之间不可明确区分的，应当将该合同变更部分作为原合同的组成部分，在合同变更日重新计算履约进度，并调整当期收入和相应成本等。

【例题 3·多选题】(2021 年)泰山健身房执行的会员政策为：月度会员 150 元，季度会员 400 元，年度会员 1 500 元，会员补差即可升级。张三 2020 年 1 月 1 日缴纳 150 元加入月度会员；2 月 1 日补差 250 元，升级为季度会员；4 月 1 日又补差 1 100 元，升级为年度会员。假设不考虑相关税费，收入金额的计量按月平均计算，则下列有关该健身房收入确认的表述中，正确的有(　　)。

A. 2020 年 5 月确认收入 125 元
B. 2020 年 3 月确认收入 133.33 元
C. 2020 年全年收入确认金额最高的是 4 月
D. 2020 年 2 月确认收入 116.67 元
E. 2020 年全年收入确认金额最低的是 1 月

解析　2020 年 1 月确认收入 150 元，2020 年 2 月确认收入 = 400×2÷3 - 150 = 116.67(元)(重新计算履约进度，倒挤变更当期收入和相应成本)，2020 年 3 月确认收入 = 400 - 150 - 116.67 = 133.33(元)，2020 年 4 月确认收入 = 1 500×4÷12 - 400 = 100(元)(重新计算履约进度，倒挤变更当期收入和相应成本)，2020 年 5—12 月每月确认收入 = 1 500÷12 = 125(元)。

2. 识别合同中的单项履约义务(与收入确认有关)

下列情况下，企业应当将向客户转让商品的承诺作为单项履约义务：企业向客户转让可明确区分商品的承诺；企业向客户转让一系列实质相同且转让模式相同的、可明确区分商品的承诺。

在企业向客户销售商品的同时，约定企业需要将商品运送至客户指定的地点的情况下，企业需要根据相关商品的控制权转移时点判断该运输活动是否构成单项履约义务。通常情况下，控制权转移给客户之前发生的运输活动不构成单项履约义务，而只是企业为了履行合同而从事的活动，相关成本应当作为合同履约成本；相反，控制权转移给客户之后发生的运输活动则可能表明企业向客户提供了一项运输服务，企业应当考虑该项服务是否构成单项履约义务。

3. 确定交易价格(与收入计量有关)

企业应当按分摊至各单项履约义务的交易价格计量收入。

交易价格：企业因向客户转让商品而预期有权收取的对价金额。

企业代第三方收取的款项(例如增值税)以及企业预期将退还给客户的款项(如质量保证金)，应当作为负债进行会计处理，不计入交易价格。在确定

记忆密码
重点掌握确定交易价格的四因素的计算。

答案
例题 3 | ABD

交易价格时，企业应当考虑可变对价、合同中存在的重大融资成分、非现金对价、应付客户对价等因素的影响。

确定交易价格的考虑因素，见表15-1。

表15-1 确定交易价格的考虑因素

项目	内容
可变对价	合同中存在可变对价的，企业应当按照期望值或最可能发生金额确定可变对价的最佳估计数。（期望值是按照各种可能发生的对价金额及相关概率计算确定的金额。最可能发生金额是一系列可能发生的对价金额中最可能发生的单一金额） 在销售附有现金折扣条件下，交易价格实际上属于可变对价，如果最终产生现金折扣，应当冲减当期销售收入。 每一资产负债表日，企业应当重新估计可变对价金额。可变对价金额发生变动的，应按规定重新分摊可变对价金额。对于已履行的履约义务，其分摊的可变对价后续变动额应当调整变动当期的收入
重大融资成分	合同中存在重大融资成分的，企业应当按照假定客户在取得商品控制权时即以现金支付的应付金额确定交易价格。交易价格与合同承诺的对价金额之间的差额，应当在合同期间内采用实际利率法摊销。（包括：对买方的融资、对卖方的融资） 如果在合同开始日，企业预计客户取得商品控制权与客户支付价款间隔不超过一年的，可以不考虑合同中存在的重大融资成分
非现金对价	客户支付非现金对价的，企业通常应当按照非现金对价在合同开始日的公允价值确定交易价格。 非现金对价的公允价值不能合理估计的，企业应当参照其承诺向客户转让商品的单独售价间接确定交易价格；非现金对价的公允价值因对价形式以外的原因而发生变动的，应当作为可变对价处理
应付客户对价	企业存在应付客户对价的，将该应付对价冲减交易价格，并在确认相关收入与支付（或承诺支付）客户对价二者孰晚的时点冲减当期收入，但应付客户对价是为了向客户取得其他可明确区分商品的除外。 企业应付客户对价是为了向客户取得其他可明确区分商品的，应当采用与本企业其他采购相一致的方式确认所购买的商品。企业应付客户对价超过向客户取得可明确区分商品公允价值的，超过金额应当冲减交易价格。 向客户取得的可明确区分商品公允价值不能合理估计的，企业应当将应付客户对价全额冲减交易价格

【例题4·单选题】甲公司2021年7月1日与客户签订不可撤销的合同，两年内在客户需要时为其提供保洁服务，合同价款包括两部分：一是每月3万元的固定对价；二是金额为48万元的奖金。甲公司对合同结果的估计如下：获取奖金的概率为90%，不能获取奖金的概率为10%。甲公司按照时间进度确定履约进度，假设不考虑增值税等相关因素，甲公司2021年度应确认收入（　　）万元。

A. 28　　　　B. 38　　　　C. 30　　　　D. 18

解析 2021年度应确认收入=3×6+48÷2÷12×6=30(万元)。

【例题 5·单选题】(2021年)甲公司与乙公司2020年6月签订固定造价合同,为乙公司建造一栋厂房,合同价款为600万元。合同约定,该项工程的完工日期为2020年12月31日,如果甲公司提前完工,每提前一天,合同价款将增加2万元;相反,每推迟一天,合同价款将减少2万元。甲公司预计各种结果可能发生的概率如下:提前4天的概率为40%,提前2天的概率为30%,按期完工的概率为20%,延期2天的概率为10%。假定不考虑相关税费,甲公司按照期望值估计可变对价,最终确定的该合同的交易价格为(　　)万元。

A. 484　　　　B. 608　　　　C. 604　　　　D. 600

解析 合同的交易价格=600+2×4×40%+2×2×30%+0×20%-2×2×10%=604(万元)。

【例题 6·单选题】 2021年1月1日,甲公司与乙公司签订合同,向其销售一批产品。合同约定,该批产品将于2022年12月31日交货。合同中包含两种可供选择的付款方式,即乙公司可以在2年后交付产品时支付540.8万元,或者在合同签订时支付500万元。乙公司选择在合同签订时支付货款。该批产品的控制权在交货时转移。甲公司于2021年1月1日收到乙公司支付的货款。假定按照两种付款方式计算的内含利率为4%,不考虑增值税等因素的影响。下列各项中,甲公司的会计处理错误的是(　　)。

A. 2021年1月1日确认合同负债500万元
B. 2021年12月31日确认财务费用20万元
C. 2022年12月31日未确认融资费用摊销20.8万元
D. 2022年12月31日确认收入540.8万元

解析 2021年1月1日收到货款:

借:银行存款	5 000 000
未确认融资费用	408 000
贷:合同负债	5 408 000

2021年12月31日确认融资成分的影响:

借:财务费用	(5 000 000×4%)200 000
贷:未确认融资费用	200 000

2022年12月31日确认融资成分的影响:

借:财务费用	(408 000-200 000)208 000
贷:未确认融资费用	208 000

2022年12月31日交付产品:

借:合同负债	5 408 000
贷:主营业务收入	5 408 000

答案

例题4 | C
例题5 | C
例题6 | A

【例题7·计算题】长江公司于2024年1月1日签署了一份关于向黄河公司销售一台大型加工机械设备的买卖约定,该设备的销售总价为4 800万元,采用分期收款方式分6期平均收取,合同签署日收取800万元,剩余款项分5期在每年12月31日平均收取。长江公司于2024年1月1日发出该设备,并经黄河公司检验合格,设备成本为2 400万元。假定不考虑增值税等相关税费,折现率为10%。(P/A, 10%, 5) = 3.790 8, (P/A, 10%, 6) = 4.355 3。

根据上述资料,回答下列问题。

(1) 2024年1月1日,长江公司应确认的收入金额为(　　)万元。
A. 3 032.65　　B. 3 832.64　　C. 4 800　　D. 3 484.16

解析 长江公司应确认的收入金额 = 800 + 800 × (P/A, 10%, 5) = 800 + 800 × 3.790 8 = 3 832.64(万元)。

(2) 2024年1月1日,长江公司应确认的未实现融资收益金额为(　　)万元。
A. 0　　B. 1 315.84　　C. 1 767.36　　D. 967.36

解析 应确认的未实现融资收益金额 = 4 800 - 3 832.64 = 967.36(万元)。

借:银行存款　　　　　　　　　　　　8 000 000
　　长期应收款　　　　　　　　　　40 000 000
　　贷:主营业务收入　　　　　　　　38 326 400
　　　　未实现融资收益　　　　　　　9 673 600

(3) 长江公司2024年度应摊销未实现融资收益的金额为(　　)万元。[计算结果保留两位小数]
A. 223.26　　B. 303.26　　C. 400.00　　D. 268.42

解析 应摊销未实现融资收益的金额 = (4 000 - 967.36) × 10% = 303.26(万元)。

借:未实现融资收益　　　　　　　　　3 032 600
　　贷:财务费用　　　　　　　　　　　3 032 600
借:银行存款　　　　　　　　　　　　8 000 000
　　贷:长期应收款　　　　　　　　　　8 000 000

(4) 长江公司2024年12月31日长期应收款的账面价值为(　　)万元。
A. 1 655.9　　B. 2 535.9　　C. 3 600　　D. 2 152.58

解析 2024年12月31日长期应收款的账面价值 = (4 000 - 800) - (967.36 - 303.26) = 2 535.9(万元)。

【例题8·单选题】甲公司签订一项合同,向大型连锁零售店乙公司销售商品,合同期限为1年。乙公司承诺,在合同期限内以约定价格购买至少价值1 500万元的商品。合同约定,甲公司需在合同开始时向乙公司支付150万元的不可退回款项,用于乙公司更改货架以使其适合放置甲公司产品。

答案
例题7 | (1) B
　　　　(2) D
　　　　(3) B
　　　　(4) B

不考虑其他因素,下列关于甲公司会计处理正确的是( )。

A. 甲公司按承诺购货总价1 500万元确认收入
B. 甲公司按承诺购货总价1 500万元的现值确认收入
C. 甲公司支付款项150万元应作为后续销售收入的抵减项
D. 甲公司支付款项150万元应作为费用处理

解析 ➘ 企业存在应付客户对价的,应当将该应付对价冲减交易价格。

4. 将交易价格分摊至各单项履约义务(与收入计量有关)

(1)当合同中包含两项或多项履约义务时,企业应当在合同开始日,按照各单项履约义务所承诺商品的单独售价的相对比例,将交易价格分摊至各单项履约义务。企业不得因合同开始日之后单独售价的变动而重新分摊交易价格。

【例题9·多选题】(2024年)2023年2月1日,长江公司与黄河公司签订一项合同,向其销售甲、乙两项商品,合同交易价格为540万元。其中甲商品的单独售价为320万元,乙商品的单独售价为280万元。合同约定,甲商品于合同签订日交付,乙商品在2个月后交付,只有当两项商品全部交付之后,长江公司才有权收取540万元的合同对价。假设甲、乙两项商品分别构成单项履约义务,其控制权在交付时转移给客户。不考虑增值税等因素,则长江公司在交付甲商品时的会计处理中,正确的有( )。

A. 借记"应收账款"科目540万元
B. 借记"合同资产"科目288万元
C. 贷记"预计负债"科目312万元
D. 借记"合同负债"科目312万元
E. 贷记"主营业务收入"科目288万元

解析 ➘ 甲商品应分摊的交易价格=540÷(320+280)×320=288(万元);乙商品应分摊的交易价格==540÷(320+280)×280=252(万元)。
交付甲商品时的会计分录为:
借:合同资产　　　　　　　　　　　　　　　　　　　　2 880 000
　　贷:主营业务收入　　　　　　　　　　　　　　　　　2 880 000
2个月后交付乙商品时的会计分录为:
借:应收账款　　　　　　　　　　　　　　　　　　　　5 400 000
　　贷:主营业务收入　　　　　　　　　　　　　　　　　2 520 000
　　　　合同资产　　　　　　　　　　　　　　　　　　　2 880 000

(2)合同折扣,是指合同中各单项履约义务所承诺商品的单独售价之和高于合同交易价格的金额。
有确凿证据表明合同折扣仅与合同中一项或多项(而非全部)履约义务相关的,企业应当将该合同折扣分摊至相关一项或多项履约义务。

【例题10·分析题】 甲公司与客户签订合同,向其销售 A、B、C 三种产

答案 ➘
例题8|C
例题9|BE

品，合同总价款为120万元，这三种产品构成三项履约义务。A产品的单独售价可直接观察，为50万元；B产品和C产品的单独售价不可直接观察，甲公司采用市场调整法估计的B产品单独售价为25万元，采用成本加成法估计的C产品单独售价为75万元。甲公司通常以50万元的价格单独销售A产品，并将B产品和C产品组合在一起以70万元的价格销售。上述价格均不包含增值税。

要求：计算A、B、C产品的交易价格。

解析 ↘ B产品分摊的交易价格=70×25÷(75+25)=17.5（万元），C产品分摊的交易价格=70×75÷(75+25)=52.5（万元），A产品的交易价格为50万元。

5. 履行每一单项履约义务时确认收入（与收入确认有关）

合同开始日，企业应当对合同进行评估，识别该合同所包含的各单项履约义务，并确定各单项履约义务是在某一时段内履行，还是在某一时点履行；然后，在履行了各单项履约义务时分别确认收入。

考点二 特定交易的会计处理 ★★★ 一学多考|中注

> **记忆密码**
> 熟练掌握八项业务的处理，2025年易考核综合分析题，所以需要反复训练。

（一）附有销售退回条款的销售（2022年、2023年综合分析）

1. 不附有销售退回条款的销售退回的会计处理

不附有销售退回条款的销售退回的会计处理，见表15-2。

表15-2 不附有销售退回条款的销售退回的会计处理

项目	会计处理
未确认收入	借：库存商品 　　贷：发出商品
已确认收入	借：主营业务收入 　　应交税费——应交增值税（销项税额） 　　贷：银行存款等 借：库存商品 　　贷：主营业务成本
	凡是本月发生已确认收入的销售退回，无论是属于本年度还是以前年度销售的商品，均应冲减本月的销售收入，如已经结转销售成本，同时应冲减同一月的主营业务成本
	资产负债表日及之前售出的商品在资产负债表日至财务会计报告批准报出日之间发生退回的，应当作为资产负债表日后调整事项处理

2. 附有销售退回条款销售的会计处理

附有销售退回条款销售的会计处理，见表15-3。

表 15-3　附有销售退回条款销售的会计处理

项目	会计处理	
销售	借：银行存款等 　　贷：主营业务收入［预计不退］ 　　　　预计负债——应付退货款［预计退回］ 　　　　应交税费——应交增值税（销项税额）［当期销项］ 借：主营业务成本［预计不退］ 　　应收退货成本［预计退回］ 　　贷：库存商品 **提示** (1)销售收入确认：对于附有销售退回条款的销售，企业应当在客户取得相关商品控制权时，按照因向客户转让商品而预期有权收取的对价金额（不包含预期因销售退回将退还的金额）确认收入，按照预期因销售退回将退还的金额确认负债。 (2)销售成本确认：按照预期将退回商品转让时的账面价值，扣除收回该商品预计发生的成本（包括退回商品的价值减损）后的余额，确认为一项资产，按照所转让商品转让时的账面价值，扣除上述资产成本的净额结转成本	
期末	每一资产负债表日，企业应当重新估计未来销售退回情况，如有变化，应当作为会计估计变更进行会计处理	
退货	借：预计负债［预计退回］ 　　应交税费——应交增值税（销项税额）［退回冲减］ 　　贷：银行存款［实际支付金额］ 借或贷：主营业务收入［差额］ （口诀：多退冲减、少退确认）	借：库存商品［实际退回］ 　　贷：应收退货成本［预计退回］ 借或贷：主营业务成本［差额］

● **得分高手**

附有销售退回条款的销售考核频繁，主要考核销售时点主营业务收入、主营业务成本金额的计量，销售时点和退货时点对利润的影响，2025年考核概率较高。

【例题11·单选题】甲公司为增值税一般纳税人，适用的增值税税率为13%。2024年6月5日，甲公司向乙公司赊销商品500件，单位售价为600元（不含增值税），单位成本为480元。甲公司发出商品并开具增值税专用发票。根据协议约定，商品赊销期为1个月，3个月内乙公司有权将未售出的商品退回甲公司，甲公司根据实际退货数量，给乙公司开具红字增值税专用发票并退还相应的货款。甲公司根据以往的经验，可以合理地估计退货率为10%。退货期满后，乙公司实际退回商品60件，则甲公司收到退回的商品时应冲减(　　)。

A. 主营业务收入 36 000 元

B. 主营业务成本 4 800 元

C. 预计负债 7 200 元

D. 应交税费——应交增值税(销项税额)3 900 元

解析 销售商品时：

借：应收账款　　　　　　　　　　　　　　　　　339 000
　　贷：主营业务收入　　　　　[500×(1-10%)×600] 270 000
　　　　预计负债　　　　　　　　　(500×10%×600) 30 000
　　　　应交税费——应交增值税(销项税额)　　　　39 000
借：主营业务成本　　　　　　　[480×500×(1-10%)] 216 000
　　应收退货成本　　　　　　　　(480×500×10%) 24 000
　　贷：库存商品　　　　　　　　　　(500×480) 240 000

1 个月后收到货款时：

借：银行存款　　　　　　　　　　　　　　　　　339 000
　　贷：应收账款　　　　　　　　　　　　　　　339 000

实际收到退回的商品时：

借：预计负债　　　　　　　　　　　　　　　　　30 000
　　主营业务收入　　　　　　　[(60-500×10%)×600] 6 000
　　应交税费——应交增值税(销项税额)　(60×600×13%) 4 680
　　贷：银行存款　　　　　　　　　　　　　　　40 680
借：库存商品　　　　　　　　　　　　　　　　　28 800
　　贷：应收退货成本　　　　　　　　　　　　　24 000
　　　　主营业务成本　　　　　[(60-500×10%)×480] 4 800

(二)附有质量保证条款的销售

附有质量保证条款的销售的会计处理，见表 15-4。

表 15-4　附有质量保证条款的销售的会计处理

类型	销售时	质保期
保证类质量保证 (法定质保)	确认商品销售收入(结转成本略)： 借：银行存款等 　　贷：主营业务收入 同时预计修理费： 借：主营业务成本 　　贷：预计负债	发生修理： 借：预计负债 　　贷：银行存款等

答案

例题 11 | B

(续表)

类型	销售时	质保期
服务类质量保证（提供额外服务延保）	预收额外修理服务款时： 借：银行存款 　　贷：合同负债	确认收入： 借：合同负债 　　贷：主营业务收入 发生修理： 借：主营业务成本 　　贷：银行存款
	该质量保证在向客户保证所销售的商品<u>符合既定标准之外提供了一项单独服务的</u>，也应当作为单项履约义务。作为单项履约义务的质量保证应当按收入准则规定进行会计处理，并将<u>部分交易价格分摊至该项履约义务</u>。客户能够选择单独购买质量保证的，该质量保证构成单项履约义务	

【例题12·单选题】A企业是电脑制造商和销售商，2024年8月5日，与甲公司签订了销售一批电脑的合同，合同约定：电脑销售价款360万元，同时提供"延长保修"服务，即从法定质保90天到期之后的2年内该企业将对任何损坏的部件进行保修或更换。该批电脑和"延长保修"服务各自的单独售价分别为320万元和40万元。该批电脑的成本为144万元。A企业基于其自身经验估计维修在法定型质保的90天保修期内出现损坏的部件将花费2万元。假设A企业在交付电脑时全额收取款项，不考虑相关税费。A企业下列会计处理表述中，正确的是（　　）。

A. 8月5日，A企业确认的主营业务收入金额为360万元
B. 8月5日，A企业确认的预计负债金额为40万元
C. 8月5日，A企业确认的销售费用金额为1.5万元
D. 8月5日，A企业确认的合同负债金额为40万元

解析　交付电脑时：

借：银行存款　　　　　　　　　　　　　　　　　　　　3 600 000
　　贷：主营业务收入　　　　　　　　　　　　　　　　　3 200 000
　　　　合同负债　　　　　　　　　　　　　　　　　　　　400 000
借：主营业务成本　　　　　　　　　　　　　　　　　　1 440 000
　　贷：库存商品　　　　　　　　　　　　　　　　　　　1 440 000
借：主营业务成本　　　　　　　　　　　　　　　　　　　　20 000
　　贷：预计负债——产品质量保证　　　　　　　　　　　　20 000

"延长保修"第一年确认收入时（假设采用直线法）：

借：合同负债　　　　　　　　　　　　　　　　　　　　　200 000
　　贷：主营业务收入　　　　　　　　　　　　　　　　　　200 000

答案

例题12｜D

(三)主要责任人或代理人销售

企业应当根据其在向客户转让商品前是否拥有对该商品的控制权,来判断其从事交易时的身份是主要责任人还是代理人。企业在向客户转让商品前能够控制该商品的,该企业为主要责任人,应当按照已收或应收对价总额确认收入;否则,企业为代理人,应当按照预期有权收取的佣金或手续费的金额确认收入。

提示 控制该商品的,其身份为主要责任人,用总额法确认收入;不控制该商品的,其身份为代理人,用净额法确认收入。

1. 收取手续费方式

收取手续费方式的委托代销商品的核算,见表15-5。

记忆密码 收取手续费方式的委托方核算更可能会考查。

表15-5 收取手续费方式的委托代销商品的核算

	委托方	受托方
发出商品	借:发出商品[成本] 　贷:库存商品[不符合收入确认条件]	借:受托代销商品[进价] 　贷:受托代销商品款
受托销售	—	借:银行存款 　贷:应付账款 　　应交税费——应交增值税(销项税额)
收到代销清单	借:应收账款 　贷:主营业务收入 　　应交税费——应交增值税(销项税额) 借:主营业务成本 　贷:发出商品	借:应交税费——应交增值税(进项税额) 　贷:应付账款 借:受托代销商品款 　贷:受托代销商品
收到代销清单	借:销售费用 　　应交税费——应交增值税(进项税额) 　贷:应收账款	借:应付账款 　贷:其他业务收入 　　应交税费——应交增值税(销项税额)
收款	借:银行存款 　贷:应收账款	借:应付账款 　贷:银行存款

2. 视同买断方式

(1)根据协议约定,受托方在取得代销商品后,无论是否能够卖出、是否获利,均与委托方无关,则委托方应在符合销售商品收入确认条件时,确认商品销售收入。

(2)根据协议约定,受托方可以将没有售出的商品退回给委托方,或受托方可要求委托方补偿代销商品出现的亏损,则受托方将商品销售后,按实

际售价确认销售收入,并向委托方开具代销清单;委托方在收到代销清单时确认商品的销售收入。

【例题13·分析题】2024年1月1日,甲公司委托乙商店代销A产品1 000件,单位售价800元,单位成本680元。1月31日收到乙商店转来的代销清单上列示已售出400件,甲公司在收到乙商店开来的代销清单时确认收入,并按售价向乙商店开具增值税专用发票。乙商店销售时开具的增值税专用发票上注明的售价为400 000元。假设甲公司对存货采用实际成本法计价,乙商店对代销商品采用进价核算,甲公司、乙商店为增值税一般纳税人,适用的增值税税率均为13%。

要求:编制甲、乙公司相关会计分录。

解析 甲公司(委托方)有关的会计分录如下:

(1)发出代销产品时:

借:发出商品　　　　　　　　　　　　　　　　　　　680 000
　　贷:库存商品　　　　　　　　　　　　　　　　　　680 000

(2)1月31日收到代销清单时:

借:应收账款　　　　　　　　　　[400×800×(1+13%)]361 600
　　贷:主营业务收入　　　　　　　　　　　　　　　　320 000
　　　　应交税费——应交增值税(销项税额)　　　　　　41 600

借:主营业务成本　　　　　　　　　　　　(400×680)272 000
　　贷:发出商品　　　　　　　　　　　　　　　　　　272 000

(3)收到乙商店汇来的货款时:

借:银行存款　　　　　　　　　　　　　　　　　　　361 600
　　贷:应收账款　　　　　　　　　　　　　　　　　　361 600

乙商店(受托方)有关的会计分录如下:

(1)收到代销产品时:

借:受托代销商品　　　　　　　　　　　　　　　　　800 000
　　贷:受托代销商品款　　　　　　　　　　　　　　　800 000

(2)实际销售时:

借:银行存款　　　　　　　　　　[400×1 000×(1+13%)]452 000
　　贷:主营业务收入　　　　　　　　　　　(400×1 000)400 000
　　　　应交税费——应交增值税(销项税额)　　　　　　52 000

借:主营业务成本　　　　　　　　　　　　　　　　　320 000
　　贷:受托代销商品　　　　　　　　　　　　　　　　320 000

(3)收到增值税专用发票时(开具代销清单):

借:受托代销商品款　　　　　　　　　　　　　　　　320 000
　　应交税费——应交增值税(进项税额)　　　　　　　 41 600
　　贷:应付账款　　　　　　　　　　　　　　　　　　361 600

（4）支付甲公司货款时：

借：应付账款　　　　　　　　　　　　　　　　　361 600
　　贷：银行存款　　　　　　　　　　　　　　　　361 600

（四）客户有额外购买选择权的销售（2021年多选）

企业提供了重大权利的，应当将其作为<u>单项履约义务</u>。将交易价格分摊至该履约义务，于客户未来行使该选择权<u>取得相关商品控制权时</u>或<u>该选择权失效时</u>确认收入。（客户行使该选择权购买商品时的价格反映了这些商品单独售价的，不应被视为企业向该客户提供了一项重大权利）

1. 销售商品授予积分

借：银行存款［交易价格］
　　贷：主营业务收入［收入价格分摊］
　　　　合同负债［积分价格分摊］

2. 客户购买商品积分兑现

借：合同负债
　　贷：主营业务收入［（累计兑现积分数量÷预计总兑现积分数量）×积分分摊交易价格-已兑现积分收入］

【例题14·单选题】（2021年）甲公司2020年1月1日开始实行一项奖励积分计划。根据该计划，客户在甲公司每消费10元可获得1个积分，每个积分可在未来购物时按1元的折扣兑现。自该计划实施以来，客户共消费140 000元，甲公司估计该积分的兑换率为98%。截至2020年12月31日，客户共兑换了8 800个积分。甲公司重新预计共有13 860个积分被兑换，至2021年年末客户累计兑换积分10 000个。假定不考虑增值税等相关税费，甲公司2020年积分应当确认的收入为（　　）元。[计算结果保留整数]

　　A. 8 014　　　　B. 8 800　　　　C. 8 178　　　　D. 0

解析 奖励积分单独售价 = 140 000÷10×98%×1 = 13 720（元）。

分摊至商品的交易价格 = 140 000×140 000÷（13 720+140 000）= 127 505（元）。

分摊至积分的交易价格 = 140 000×13 720÷（13 720+140 000）= 12 495（元）。

借：银行存款　　　　　　　　　　　　　　　　　140 000
　　贷：主营业务收入　　　　　　　　　　　　　127 505
　　　　合同负债　　　　　　　　　　　　　　　 12 495

2020年积分兑现的收入 = 12 495×（8 800÷13 720）= 8 014（元）。

借：合同负债　　　　　　　　　　　　　　　　　　8 014
　　贷：主营业务收入　　　　　　　　　　　　　　8 014

2021年积分兑现的收入 = 12 495×（10 000÷13 860）-8 014 = 1 001（元）。

例题14｜A

借：合同负债　　　　　　　　　　　　　　　　　　　　　　　　　1 001
　　贷：主营业务收入　　　　　　　　　　　　　　　　　　　　　1 001
合同负债的余额=12 495-8 014-1 001=3 480(元)。

【例题15·单选题】企业在销售产品的同时授予客户奖励积分，下列有关会计处理中，错误的是(　　)。

A. 应将交易价格扣除奖励积分的单独售价后确认为收入
B. 分摊至奖励积分的交易价格应确认为合同负债
C. 分摊至积分的交易价格，可以于客户未来行使购买选择权取得相关商品控制权时或该选择权失效时确认相应的收入
D. 奖励积分确认为收入的金额应当以被兑换用于换取奖励的积分数额占预期将兑换用于换取奖励的积分总数比例为基础计算确定

解析▷选项A，企业应将奖励积分作为单项履约义务，将交易价格在产品和奖励积分之间分摊，在产品控制权转移时确认产品销售收入，在积分兑换时再确认相应的收入。

(五)涉及知识产权许可销售

企业向客户授予的知识产权许可，同时满足下列条件的，应当作为在某一时段内履行的履约义务确认相关收入；否则，应当作为在某一时点履行的履约义务确认相关收入。

应同时满足的条件包括：①合同要求或客户能够合理预期企业将从事对该项知识产权有重大影响的活动；②该活动对客户将产生有利或不利影响；③该活动不会导致向客户转让某项商品。

企业向客户授予知识产权许可，并<u>约定按客户实际销售或使用情况</u>(如按照客户的销售额)<u>收取特许权使用费的</u>，应当在<u>客户后续销售或使用行为实际发生</u>与<u>企业履行相关履约义务二者孰晚的时点</u>确认收入。

【例题16·单选题】2022年1月1日，甲足球俱乐部就其名称和队徽向客户授予许可证。客户为一家设计公司，有权在一年内在各个项目上使用该俱乐部的名称和队徽。因授予许可证，俱乐部将收取固定对价240万元以及按使用队名和队徽的项目的售价5%收取特许权使用费。客户预期企业将继续参加比赛并保持队伍的竞争力。假设客户每月销售100万元，该授予合同只有一项履约义务且在一年内履行。不考虑相关税费，该项业务影响甲足球俱乐部2022年1月的损益为(　　)万元。

A. 20　　　　B. 5　　　　C. 240　　　　D. 25

解析▷合同交易价格240万元，需要分12个月平均分摊确认。与销售量对应的特许权使用费，初始无法计量，不能计入交易价格。

(1)收到合同固定对价时：

借：银行存款　　　　　　　　　　　　　　　　　　　　　　　　2 400 000

答案▽
例题15 | A
例题16 | D

贷：合同负债　　　　　　　　　　　　　　　　　　2 400 000

（2）月末，按实际发生的销售额计算确认的特许权使用费=100×5%=5（万元）。

借：合同负债　　　　　　　　　　　（2 400 000÷12）200 000
　　应收账款　　　　　　　　　　　　　　　　　　　　50 000
　　贷：主营业务收入　　　　　　　　　　　　　　　　　　250 000

（六）售后回购（2024年单选；2022年多选；2022年综合分析）

售后回购的处理原则，见表15-6。

表15-6　售后回购的处理原则

情形		处理原则
因存在与客户的远期安排而负有回购义务或享有回购权利	回购价低于原售价	应当视为租赁交易
	回购价不低于原售价	应当视为融资交易，在收到客户款项时确认金融负债，并将该款项和回购价格的差额在回购期间内确认为利息费用等
负有应客户要求回购商品的义务	客户具有行使该要求权重大经济动因	比较回购价与原售价的关系，视为租赁交易或融资交易
	客户不具有行使该要求权重大经济动因	应当将其作为附有销售退回条款的销售交易

【例题17·单选题】（2024年）2023年4月1日，甲公司向乙公司销售一批商品，合同价为500万元，该批商品的成本为450万元。同时双方约定，甲公司应于2023年8月31日将所售商品回购，回购价为550万元。假设不考虑增值税等因素，则甲公司2023年8月31日回购该商品的会计处理中，正确的是（　　）。

A. 合同资产增加500万元　　B. 财务费用增加10万元
C. 发出商品增加450万元　　D. 库存商品增加550万元

解析 4月1日，甲公司的账务处理为：

借：银行存款　　　　　　　　　　　　　　　　　　5 000 000
　　贷：其他应付款　　　　　　　　　　　　　　　　　5 000 000
借：发出商品　　　　　　　　　　　　　　　　　　4 500 000
　　贷：库存商品　　　　　　　　　　　　　　　　　　4 500 000

4月末至8月末，每月分摊原售价与回购价的差额：

借：财务费用　　　　　　[（5 500 000-5 000 000）÷5]100 000
　　贷：其他应付款　　　　　　　　　　　　　　　　　　100 000

8月31日，回购时：

例题17｜B

借：其他应付款　　　　　　　　　　　　　　　　5 500 000
　　贷：银行存款　　　　　　　　　　　　　　　　　5 500 000
借：库存商品　　　　　　　　　　　　　　　　　　4 500 000
　　贷：发出商品　　　　　　　　　　　　　　　　　4 500 000

【例题18·多选题】(2022年)下列关于售后回购交易的会计处理中，正确的有(　　)。

A. 企业到期未行使回购权利的，应当在该回购权利到期时终止确认金融负债，但不确认收入

B. 企业因存在与客户的远期安排而负有回购义务或企业享有回购权利的，当回购价格低于原售价，应视为融资交易进行会计处理

C. 企业因存在与客户的远期安排而负有回购义务或企业享有回购权利的，当回购价格不低于原售价，应视为融资交易进行会计处理

D. 企业负有应客户要求回购商品义务的，若客户不具有行使该要求权的重大经济动因，应当将其作为附有销售退回条款的销售交易

E. 企业负有应客户要求回购商品义务的，若客户具有行使该要求权的重大经济动因，应当将其作为附有销售退回条款的销售交易

解析　选项A，企业到期未行使回购权利的，应当在该回购权利到期时终止确认金融负债，同时确认收入。选项B，企业因存在与客户的远期安排而负有回购义务或企业享有回购权利的，当回购价格低于原售价的，应当视为租赁交易进行会计处理。选项E，企业负有应客户要求回购商品义务的，客户具有行使该要求权重大经济动因的，企业应当将售后回购作为租赁交易或融资交易处理。

(七) 客户有未行使合同权利的销售 (2022年、2024年单选)

企业向客户预收销售商品款项的，应当先将该款项确认为负债，待履行了相关履约义务时再转为收入。

当企业预收款项无须退回，且客户可能会放弃其全部或部分合同权利时，企业预期将有权获得与客户所放弃的合同权利相关的金额的，应当按照客户行使合同权利的模式按比例将上述金额确认为收入；否则，企业只有在客户要求其履行剩余履约义务的可能性极低时，才能将上述负债的相关余额转为收入。

【例题19·单选题】(2024年)甲公司主营软件开发业务，2023年10月初与客户签订一项定制软件开发合同，合同标的金额400万元，工期约5个月，至2023年12月31日已发生成本220万元，已经预收款项280万元，经测算软件开发进度为60%，完成软件开发尚需成本80万元。不考虑相关税费，甲公司下列处理错误的是(　　)。

答案
例题18 | CD

A. 影响"预收账款"账户 240 万元

B. 影响"合同负债"账户 40 万元

C. 影响 2023 年年末存货项目金额 40 万元

D. 影响 2023 年损益的金额为 60 万元

解析 预收的款项应计入合同负债，根据完工程度确认收入时，应冲减合同负债＝400×60%＝240(万元)，而不是"预收账款"账户。

借：银行存款	2 800 000
贷：合同负债	2 800 000
借：合同履约成本	2 200 000
贷：银行存款等	2 200 000
借：合同负债	2 400 000
贷：主营业务收入	(4 000 000×60%)2 400 000
借：主营业务成本	[(2 200 000+800 000)×60%]1 800 000
贷：合同履约成本	1 800 000

选项 B，合同负债的期末余额＝280－240＝40(万元)。选项 C，期末"合同履约成本"的余额＝220－180＝40(万元)，计入资产负债表的存货项目。选项 D，影响 2023 年损益的金额＝240－180＝60(万元)。

【例题 20·单选题】(2022 年)甲公司经营连锁面包店，系增值税一般纳税人，适用的增值税税率为 13%。2021 年甲公司向客户销售了 100 万元的储值卡，客户可在甲公司经营的任何一家门店使用储值卡进行消费。根据历史经验，甲公司预期客户购买的储值卡中将有大约相当于储值卡面值金额 5%(即 5 万元)的部分不会被消费。截至 2021 年 12 月 31 日，客户使用该储值卡消费的金额为 40 万元。在客户使用储值卡消费时发生增值税纳税义务。若上述金额均为含税价，则甲公司 2021 年度应确认的收入为( )万元。

A. 35.4　　　B. 37.26　　　C. 39.82　　　D. 46.46

解析 甲公司 2021 年度应确认的收入＝40÷(1－5%)÷(1+13%)＝37.26(万元)。

(八)客户支付的不可退还的初始费

企业在合同开始(或接近合同开始)日向客户收取的无须退回的初始费(如俱乐部的入会费等)应当计入交易价格。

若初始费与向客户转让已承诺的商品相关且该商品构成单项履约义务，应当在转让该商品时，按照分摊至该商品的交易价格确认收入。

若初始费与向客户转让已承诺的商品相关，但该商品不构成单项履约义务，应当在包含该商品的单项履约义务履行时，按照分摊至该单项履约义务的交易价格确认收入。

若初始费与向客户转让已承诺的商品不相关的，则该初始费应当作为未

答案
例题 19 | A
例题 20 | B

来将转让商品的预收款,在未来转让该商品时确认为收入。

【例题21·分析题】供电公司与客户签订2年的供电合同,合同约定:供电公司自2020年1月1日起每月向客户供电,并在月末收取电费,合同签订日向客户一次收取入网费10万元,合同期限为2年,并预期能够取得2年的全部电费收入。

客户从2020年7月起未支付电费,根据地方政府规定,不能立即停止供电,需要先履行催缴程序。经催告后仍不缴费的,则可自首次欠费后的第5个月起停止供电(即12月起停供)。

本例中的合同在合同开始日满足合同成立的5个条件,直到2020年7月出现了新情况,即客户停止缴费。但是供电公司经评估后认为仍很有可能取得对价,故此时仍满足合同成立的条件,仍可继续确认供电收入,但同时需要考虑计提应收账款坏账准备。

2020年9月,客户已持续2个月未缴费,供电公司经评估后认为不是很可能收回对价,此时已不满足合同成立的条件,不能继续确认供电收入。虽然供电公司收取的一次入网费未摊销部分无须退还,但根据地方政府规定,供电公司仍负有向客户转让商品的剩余履约义务(持续到12月),所以此时不能将未摊销的入网费确认为收入,而应继续作为负债处理。

2020年12月,供电公司已不再负有向客户转让商品的剩余履约义务,供电公司收取的一次入网费未摊销部分也无须退还,所以此时可将未摊销的入网费确认为收入。

要求:说明供电公司的相关处理并编制会计分录。

解析 ➥ 1—6月交费、7—8月欠费可收、9月收不到、12月停供。假设1—8月客户发生的电费均为10 000元。供电公司应作如下会计处理:

(1)收到一次性入网费时:

借:银行存款 100 000
　　贷:合同负债 100 000

(2)1—6月,每月末确认电费收入和分摊原入网费时:

借:银行存款 10 000
　　合同负债 (100 000÷24)4 167
　　贷:主营业务收入 14 167

(3)7—8月,每月确认电费收入和分摊的入网费时:

借:应收账款 10 000
　　合同负债 4 167
　　贷:主营业务收入 14 167

(4)9—11月不作电费收入确认和入网费收入分摊。

(5)12月末将未摊销的入网费确认为收入时:

借:合同负债 (100 000-4 167×8)66 664
　　贷:主营业务收入 66 664

同时将已确认的应收账款作坏账损失处理。

考点三 合同成本 ★★   一学多考｜中注

(一)合同取得成本

企业为取得合同发生的增量成本预期能够收回的,应当作为合同取得成本确认为一项资产。(增量成本,是指企业不取得合同就不会发生的成本,如销售佣金等)为简化实务操作,该资产摊销期限不超过一年的,可以在发生时计入当期损益。企业采用该简化处理方法的,应当对所有类似合同一致采用。

企业为取得合同发生的、除预期能够收回的增量成本之外的其他支出,例如,无论是否取得合同均会发生的差旅费、投标费、为准备投标资料发生的相关费用等,应当在发生时计入当期损益,除非这些支出明确由客户承担。

【例题22·单选题】甲公司是一家咨询公司,其通过竞标赢得一个新客户,为取得该客户的合同,甲公司发生下列支出：①聘请外部律师进行尽职调查的支出为15 000元；②因投标发生的差旅费为10 000元；③销售人员佣金为5 000元。甲公司预期这些支出未来能够收回。甲公司应当将其作为合同取得成本确认为一项资产的金额为(　　)元。

A. 30 000　　　B. 40 000　　　C. 15 000　　　D. 5 000

解析 企业为取得合同发生的增量成本(不取得合同就不会发生)预期能够收回的,应作为合同取得成本确认为一项资产。尽职调查支出和差旅费支出并不能保证甲公司一定取得该合同,应作为费用处理；销售人员佣金应予资本化,所以甲公司应确认的合同取得成本为5 000元。

(二)合同履约成本

企业为履行合同所发生的、不属于其他企业会计准则规范范围且同时满足下列条件的,应当作为合同履约成本确认为一项资产。

(1)该成本与一份当前或预期取得的合同直接相关。

与合同直接相关的成本包括直接人工、直接材料、制造费用、明确由客户承担的成本以及仅因该合同而发生的其他成本。

(2)该成本增加了企业未来用于履行(包括持续履行)履约义务的资源。

(3)该成本预期能够收回。

企业应当在下列支出发生时,将其计入当期损益：

一是管理费用,除非这些费用明确由客户承担。

二是非正常消耗的直接材料、直接人工和制造费用(或类似费用),这些支出为履行合同发生,但未反映在合同价格中。

答案
例题22 | D

三是与履约义务中已履行(包括已全部履行或部分履行)部分相关的支出,即该支出与企业过去的履约活动相关。

四是无法在尚未履行的与已履行(或已部分履行)的履约义务之间区分的相关支出。

(三) 建造合同的核算(2020年综合分析)

建造合同的账务处理,见表15-7。

表15-7 建造合同的账务处理

情形	账务处理
实际发生工程成本	借:合同履约成本 　　贷:原材料、应付职工薪酬等
期末确认收入和结转成本	借:合同结算——收入结转 　　贷:主营业务收入[总收入×履约进度-已确认收入] 借:主营业务成本 　　贷:合同履约成本
结算款项、开票收款	借:应收账款 　　贷:合同结算——价款结算 　　　　应交税费——应交增值税(销项税额) 借:银行存款 　　贷:应收账款

"合同结算"科目的余额为借方,在资产负债表中作为合同资产列示;余额为贷方,在资产负债表中作为合同负债列示。

【例题23·综合分析题】(2020年)黄河公司与兴邦公司均为增值税一般纳税人,黄河公司为建筑施工企业,适用增值税税率为9%。2019年1月1日双方签订一项大型的建造工程合同,具体与合同内容及工程进度有关资料如下:

(1)该工程的造价为4 800万元,工程期限为一年半,黄河公司负责工程的施工及全面管理。兴邦公司按照第三方工程监理公司确认的工程完工量,每半年与黄河公司结算一次。该工程预计2020年6月30日竣工,预计可能发生的总成本为3 000万元。

(2)2019年6月30日,该工程累计实际发生成本900万元,黄河公司与兴邦公司结算合同价款1 600万元,黄河公司实际收到价款1 400万元。

(3)2019年12月31日,该工程累计实际发生成本2 100万元,黄河公司与兴邦公司结算合同价款1 200万元,黄河公司实际收到价款1 500万元。

(4)2020年6月30日,该工程累计实际发生成本3 200万元,兴邦公司与黄河公司结算了合同竣工价款2 000万元,并支付工程剩余价款1 900万元。

(5)假定上述合同结算价款均不含增值税税额,黄河公司与兴邦公司结算时即发生增值税纳税义务,兴邦公司在实际支付工程价款的同时支付其对应的增值税税款。

(6)假定该建造工程整体构成单项履约义务,并属于一段时间履行的履约义务,黄河公司采用成本法确定履约进度。

不考虑其他相关税费等因素影响。根据上述资料,回答下列问题。

(1)下列各项中,属于收入确认条件的有( )。
A. 合同各方已批准该合同并承诺将履行各自义务
B. 该合同明确了合同各方与所转让商品或提供劳务相关的权利和义务
C. 该合同具有商业实质
D. 企业因向客户转让商品而有权取得的对价可能收回
E. 该合同有明确的与所转让商品相关的支付条款

解析 当企业与客户之间的合同同时满足下列条件时,企业应当在客户取得相关商品控制权时确认收入:①合同各方已批准该合同并承诺将履行各自义务;②该合同明确了合同各方与所转让商品或提供劳务相关的权利和义务;③该合同有明确的与所转让商品相关的支付条款;④该合同具有商业实质;⑤企业因向客户转让商品而有权取得的对价很可能收回。选项 D 应为"很可能"。

(2)2019 年 6 月 30 日,黄河公司应确认该工程的履约进度为( )。
A. 25%   B. 30%   C. 33%   D. 40%

解析 该工程的履约进度 = 900÷3 000×100% = 30%。

(3)2019 年 6 月 30 日,黄河公司"合同结算"科目的余额为( )万元。
A. 200   B. 180   C. 160   D. 0

解析 黄河公司确认收入金额 = 4 800×30% = 1 440(万元),合同结算价款为 1 600 万元,因此,黄河公司"合同结算"科目贷方余额 = 1 600 - 1 440 = 160(万元)。

借:合同履约成本	9 000 000
贷:原材料等	9 000 000
借:合同结算——收入结转	14 400 000
贷:主营业务收入	14 400 000
借:主营业务成本	9 000 000
贷:合同履约成本 (30 000 000×30%)	9 000 000
借:应收账款	17 440 000
贷:合同结算——价款结算	16 000 000
应交税费——应交增值税(销项税额) (16 000 000×9%)	1 440 000
借:银行存款 (14 000 000+14 000 000×9%)	15 260 000

贷：应收账款　　　　　　　　　　　　　　　　　　　　　　15 260 000

(4) 2019年12月31日，黄河公司应确认主营业务收入为(　　)万元。
A. 1 440　　　B. 1 600　　　C. 1 744　　　D. 1 920

解析 ⬇ 工程的履约进度=2 100÷3 000×100%=70%，黄河公司应确认收入金额=4 800×70%-1 440=1 920(万元)。

借：合同履约成本　　　　　　　(21 000 000-9 000 000) 12 000 000
　　贷：原材料等　　　　　　　　　　　　　　　　　　　12 000 000
借：合同结算——收入结转　　　　　　　　　　　　　　19 200 000
　　贷：主营业务收入　　　　(48 000 000×70%-14 400 000) 19 200 000
借：主营业务成本　　　　　　(30 000 000×70%-9 000 000) 12 000 000
　　贷：合同履约成本　　　　　　　　　　　　　　　　　12 000 000
借：应收账款　　　　　　　　　　　　　　　　　　　　13 080 000
　　贷：合同结算——价款结算　　　　　　　　　　　　12 000 000
　　　　应交税费——应交增值税(销项税额)
　　　　　　　　　　　　　　　　　(12 000 000×9%) 1 080 000
借：银行存款　　　　(15 000 000+15 000 000×9%) 16 350 000
　　贷：应收账款　　　　　　　　　　　　　　　　　　　16 350 000

(5) 2020年6月30日，黄河公司应确认主营业务成本为(　　)万元。
A. 1 300　　　B. 1 200　　　C. 1 100　　　D. 1 000

解析 ⬇ 2020年6月30日，黄河公司应确认主营业务成本金额=3 200-2 100=1 100(万元)。

借：合同履约成本　　　　　　　(32 000 000-21 000 000) 11 000 000
　　贷：原材料等　　　　　　　　　　　　　　　　　　　11 000 000
借：合同结算——收入结转　　　　　　　　　　　　　　14 400 000
　　贷：主营业务收入　　　　(48 000 000-48 000 000×70%) 14 400 000
借：主营业务成本　　　　　　　(32 000 000-21 000 000) 11 000 000
　　贷：合同履约成本　　　　　　　　　　　　　　　　　11 000 000
借：应收账款　　　　　　　　　　　　　　　　　　　　21 800 000
　　贷：合同结算——价款结算　　　　　　　　　　　　20 000 000
　　　　应交税费——应交增值税(销项税额)
　　　　　　　　　　　　　　　　　(20 000 000×9%) 1 800 000
借：银行存款　　　　(19 000 000+19 000 000×9%) 20 710 000
　　贷：应收账款　　　　　　　　　　　　　　　　　　　20 710 000

(6) 该工程全部完工后，上述业务对黄河公司利润总额的影响金额为(　　)万元。
A. 1 600　　　B. 1 800　　　C. 1 200　　　D. 1 400

解析 ⬇ 对黄河公司利润总额的影响金额=4 800-3 200=1 600(万元)。

答案 ⬇
例题23 | (1) ABCE
(2) B
(3) C
(4) D
(5) C
(6) A

考点四 费用（期间费用） ★★ 一学多考|注

(一)管理费用（2020年单选）

管理费用的核算内容，见表15-8。

表15-8 管理费用的核算内容

项目	内容
行政管理部门	职工薪酬、日常修理费、折旧费、差旅费
筹建期间	开办费
企业统一负担	技术转让费、研究费用、业务招待费、排污费、诉讼费、咨询费、中介机构费
	企业合并发生的直接相关费用

提示 管理费用中的研发费用，是指企业进行研究与开发过程中发生的费用化支出，以及计入管理费用的自行开发无形资产的摊销金额。应在"管理费用"科目下设置"研究费用"和"无形资产摊销"两个明细科目分别核算其当期发生额。

【例题24·多选题】下列会计事项中，应记入"管理费用"科目的有（ ）。

A. 以权益结算的股份支付换取职工服务，按照权益工具授予日的公允价值确认的金额
B. 租赁负债的融资费用摊销
C. 管理部门使用的设备发生的不符合资本化条件的日常修理费
D. 车间管理人员工资
E. 同一控制下企业合并发生的相关审计费、法律服务费

解析 选项A，以权益结算的股份支付，按照权益工具授予日的公允价值确认的金额，应根据提供服务的受益对象分别处理，不一定计入管理费用。选项B，计入财务费用。选项D，车间管理人员工资，应计入制造费用。

(二)销售费用

销售费用的核算内容，见表15-9。

表15-9 销售费用的核算内容

项目	内容
销售部门	职工薪酬、日常修理费、折旧费

答案
例题24｜CE

(续表)

项目	内容
售前	广告费、展览费
售中	运输费、保险费、不单独计价包装物的成本
售后	商品维修费
委托代销	委托方支付的手续费

【例题 25·多选题】下列各项中,在"销售费用"科目核算的有( )。

A. 因销售商品发生的业务招待费

B. 销售产品延期交货致使购货方提起诉讼,法院判决应付的赔偿款

C. 随同产品出售且不单独计价的包装物成本

D. 因销售商品发生的保险费

E. 专设销售机构发生的不满足固定资产确认条件的固定资产大修理费

解析 选项 A,应计入管理费用。选项 B,应计入营业外支出。

(三)财务费用

财务费用的核算内容,见表 15-10。

表 15-10 财务费用的核算内容

项目	内容
利息	短期借款的利息支出(利息收入冲减财务费用)。 长期借款不符合资本化条件的利息支出
手续费	办理银行承兑汇票的银行手续费、贴现利息支出(不包括发行股票、债券的手续费)
汇兑损益	汇兑损失(汇兑收益冲减财务费用)
融资摊销	未确认融资费用摊销(分期付款取得固定资产、租赁负债的融资费用摊销、融资成分的预收款)、分期收款销售方式下未实现融资收益摊销

【例题 26·多选题】(2021 年)下列各项中,属于企业期间费用的有( )。

A. 筹办期间发生的开办费

B. 固定资产盘亏发生的净损失

C. 无法区分研究和开发阶段的研发支出

D. 为销售本企业商品而专设的售后服务网点发生的职工薪酬

E. 行政管理部门发生的不满足资本化条件的固定资产大修理费用

解析 期间费用包括:管理费用、销售费用和财务费用。选项 A、C、E,应计入管理费用。选项 D,应计入销售费用。选项 B,计入营业外支出,不属于期间费用。

答案
例题 25 | CDE
例题 26 | ACDE

考点五 政府补助 ★★ 　　一学多考｜中注

（一）政府补助的范围与核算方法

1. 政府补助的范围

政府补助，是指企业从政府无偿取得货币性资产或非货币性资产。

对于企业收到的来源于其他方的补助，有确凿证据表明政府是补助的实际拨付者，其他方只起到代收代付作用的，该项补助也属于来源于政府的经济资源。

并不是所有来源于政府的经济资源都属于政府会计准则规范的政府补助（如：对国有企业的出资）。

政府补助的范围，见表15-11。

表15-11 政府补助的范围

包括	财政拨款、财政贴息、税收返还、无偿划拨非货币性资产
	政府对企业的资本性投入
不包括	企业从政府取得的经济资源，如果与企业销售商品或提供服务等活动密切相关，且是企业商品或服务的对价或者是对价的组成部分
	减免税款（直接减征、免征、增加计税抵扣额、抵免部分税额等不涉及资产直接转移的经济资源，不适用政府补助准则）、增值税出口退税（政府退回企业事先垫付的进项税）

> 记忆密码
> 近几年政府补助的范围考查较少，2025年可能会考查。

2. 政府补助的核算方法

（1）总额法，是在确认政府补助时，将其全额一次或分次确认为收益，而不是作为相关资产账面价值或者成本费用等的扣减。

（2）净额法，是将政府补助确认为对相关资产账面价值或所补偿成本费用等的扣减。

提示1 对一般纳税人增值税即征即退只能采用总额法进行会计处理。

提示2 与企业日常活动相关的政府补助，应当按照经济业务实质，计入其他收益或冲减相关成本费用。与企业日常活动无关的政府补助，计入营业外收支。

提示3 企业取得政策性优惠贷款贴息，且财政将贴息资金直接拨付给企业的，应当将对应的贴息冲减相关借款费用。

（二）与资产相关的政府补助(2020年、2023年、2024年单选)

与资产相关的政府补助，是指企业取得的、用于购建或以其他方式形成长期资产的政府补助。

与资产相关的政府补助,应当冲减相关资产的账面价值或确认为递延收益;政府补助确认为递延收益的,应当在相关资产使用寿命内按照合理、系统的方法分期计入损益。

1. 收到货币性资产形式的政府补助

政府补助为货币性资产的,应当按照收到或应收的金额计量。如果企业已经实际收到补助资金,应当按照实际收到的金额计量;如果资产负债表日企业尚未收到补助资金,但企业在符合了相关政策规定后就相应获得了收款权,且与之相关的经济利益很可能流入企业,企业应当在这项补助成为应收款时按照应收的金额计量。

(1)总额法下的相关处理,见表15-12。

【知识点拨】可以先掌握总额法和净额法下先取得补助再形成资产的核算,再比较掌握其他形式的核算。

表15-12 总额法下的相关处理

项目	账务处理		
先补助后资产	先取得补助: 借:银行存款 　　贷:递延收益	后形成长期资产: 借:有关资产 　　贷:银行存款	资产折旧或摊销期间分摊递延收益: 借:递延收益 　　贷:其他收益[与日常活动有关] 　　　　营业外收入[与日常活动无关]
	应当在开始对相关资产计提折旧或进行摊销时,按照合理、系统的方法将递延收益分期计入当期收益		
先资产后补助	先形成长期资产: 借:有关资产 　　贷:银行存款	后取得补助: 借:银行存款 　　贷:递延收益	剩余使用寿命内确认收益: 借:递延收益 　　贷:其他收益[与日常活动有关] 　　　　营业外收入[与日常活动无关]
	应当在相关资产的剩余使用寿命内按照合理、系统的方法将递延收益分期计入当期收益		

a. 采用总额法的,如果对应的长期资产在持有期间发生减值损失,递延收益的摊销仍保持不变,不受减值因素的影响。

b. 相关资产在使用寿命结束时或结束前被处置(出售、报废、转让、发生毁损等),尚未分配的相关递延收益余额应当转入资产处置当期的损益,不再予以递延。对相关资产划分为持有待售类别的,先将尚未分配的递延收益余额冲减相关资产的账面价值

【例题27•单选题】(2024年)甲公司2015年12月向政府有关部门提交800万元补助申请,作为对其购置环保设备的补助。甲公司2016年3月1日收到800万元政府补助,2016年4月16日,甲公司购入一项不需要安装的设备用作产品生产,实际成本1 200万元,预计使用年限为10年,预计净残值为0,采用年限平均法计提折旧。2024年4月30日,甲公司将设备出售取

得价款 180 万元。甲公司取得政府补助，按年限平均法分摊计入当期损益（采用总额法核算）。假设不考虑相关税费，甲公司因出售设备对当期损益的影响为（　　）万元。

A. 60　　　　　B. 0　　　　　C. 100　　　　　D. 160

解析 因设备出售影响当期损益的金额=180-[1 200-(1 200÷10×8)-(800-800÷10×8)]=100(万元)。

2024 年 4 月 30 日设备出售时：

借：固定资产清理　　　　　　　　　　　　　　　2 400 000
　　累计折旧　　　　　　　　　(12 000 000÷10×8)9 600 000
　　贷：固定资产　　　　　　　　　　　　　　　12 000 000
借：递延收益　　　　　　(8 000 000-8 000 000÷10×8)1 600 000
　　贷：固定资产清理　　　　　　　　　　　　　　1 600 000
借：银行存款　　　　　　　　　　　　　　　　　1 800 000
　　贷：固定资产清理　　　　　　　　　　　　　　　800 000
　　　　资产处置损益　　　　　　　　　　　　　　1 000 000

(2)净额法下的相关处理，见表 15-13。

表 15-13　净额法下的相关处理

项目	账务处理	
先补助后资产	先取得补助： 借：银行存款 　　贷：递延收益	后形成长期资产： 借：有关资产 　　贷：银行存款 借：递延收益 　　贷：有关资产
先补助后资产	净额法下应当将取得的政府补助先确认为递延收益，在相关资产达到预定可使用状态或预定用途时将递延收益冲减资产账面价值	
先资产后补助	先形成长期资产： 借：有关资产 　　贷：银行存款	后取得补助： 借：银行存款 　　贷：有关资产
先资产后补助	净额法下应当在取得补助时冲减相关资产的账面价值，并按照<u>冲减后的账面价值</u>和相关资产的<u>剩余使用寿命</u>计提折旧或进行摊销	

【例题 28·单选题】（2023 年）甲公司于 2019 年 1 月向政府提交了 80 万元购置环保设备的补助申请。2019 年 3 月 15 日，甲公司收到补助款 80 万元，并采用净额法进行会计核算。2019 年 4 月 26 日，甲公司购入不需要安装的环保设备，实际成本为 272 万元，使用寿命为 8 年，预计净残值为 0，采用年限平均法计提折旧。2022 年 12 月该台设备发生毁损，变价收入为

例题 27｜C

20万元。不考虑其他因素,该设备毁损时计入营业外支出的金额为( )万元。

A. 80   B. 84   C. 68   D. 82

解析 固定资产的入账价值=272-80=192(万元),计入营业外支出的金额=192-192÷8÷12×(3×12+8)-20=84(万元)。

2. 收到非货币性资产形式的政府补助

企业取得的政府补助为非货币性资产的,应当按照公允价值计量;公允价值不能可靠取得的,按照名义金额(1元)计量。

(1)企业在收到非货币性资产形式的政府补助时:

借:有关资产科目
　　贷:递延收益

(2)然后在相关资产使用寿命内按合理、系统的方法分期计入损益:

借:递延收益
　　贷:其他收益[与日常活动有关]
　　　　营业外收入[与日常活动无关]

提示 对以名义金额计量的政府补助,在取得时计入当期损益。

(三)与收益相关的政府补助

与收益相关的政府补助,是指除与资产相关的政府补助之外的政府补助。此类补助主要是用于补偿企业已发生或即将发生的相关成本费用或损失。

(1)与收益相关的政府补助如果用于补偿企业以后期间的相关成本费用或损失,企业在取得且满足政府补助确认条件时应当将其确认为递延收益,并在确认相关成本费用或损失的期间,计入当期损益或冲减相关成本。

(2)与收益相关的政府补助如果用于补偿企业已发生的相关成本费用或损失的,直接计入当期损益或冲减相关成本。

选择总额法的,应当计入其他收益或营业外收入;选择净额法的,应当冲减相关成本费用或营业外支出。

与收益相关的政府补助的会计处理,见表15-14。

表15-14　与收益相关的政府补助的会计处理

情形	会计处理	
	取得补助	以后期间
补偿企业已发生的相关成本费用或损失	借:银行存款 　贷:其他收益[总额法-有关] 　　　营业外收入[总额法-无关] 　　　相关成本费用[净额法-有关] 　　　营业外支出[净额法-无关]	—

答案
例题28 | B

(续表)

情形	会计处理	
	取得补助	以后期间
补偿企业以后期间的相关成本费用或损失	借：银行存款 　贷：递延收益	借：递延收益 　贷：其他收益[总额法-有关] 　　　营业外收入[总额法-无关] 　　　相关成本费用[净额法-有关] 　　　营业外支出[净额法-无关]

【例题29·单选题】(2020年)下列关于政府补助的会计处理中，错误的是(　　)。

A. 与资产相关的政府补助，应当冲减相关资产的账面价值或确认为递延收益

B. 与收益相关的政府补助，应当直接确认为递延收益

C. 企业直接收到的财政贴息，应当冲减相关借款费用

D. 与企业日常活动相关的政府补助，应计入其他收益或冲减相关成本费用

解析 选项B，与收益相关的政府补助，应当分情况按照以下规定进行会计处理：①用于补偿企业以后期间的相关成本费用或损失且满足政府补助确认条件的，确认为递延收益，并在确认相关成本费用或损失的期间，计入当期损益或冲减相关成本；②用于补偿企业已发生的相关成本费用或损失的，直接计入当期损益或冲减相关成本。

(四)综合性项目的政府补助(2024年多选)

对于同时包含与资产相关部分和与收益相关部分的政府补助，应当区分不同部分分别进行会计处理；难以区分的，应当整体归类为<u>与收益相关</u>的政府补助。

(五)政府补助的退回

已确认的政府补助需要退回的，应当在需要退回的当期分情况处理：①初始确认时冲减相关资产账面价值的，调整资产账面价值；②存在相关递延收益的，冲减相关递延收益账面余额，超出部分计入当期损益；③属于其他情况的，直接计入当期损益；④对于属于前期差错的政府补助退回，作为前期差错更正进行追溯调整。

【例题30·多选题】(2024年)下列关于政府补助会计处理的表述中，正确的有(　　)。

A. 对于综合性项目政府补助，应整体归类为与收益相关的政府补助

B. 与收益相关的政府补助如用于补偿已发生的相关成本费用或损失，其

答案
例题29 | B

金额直接计入当期损益或冲减成本

C. 政府补助为非货币性资产的，收到时其公允价值不能可靠取得，应按其账面价值计量

D. 属于前期差错的政府补助退回，应按规定作为前期差错更正进行会计处理

E. 来自政府补助的递延收益按规定分摊计入损益，可记入"其他收益"科目

解析 选项A，对于综合性项目政府补助，企业应将其进行分解，区分不同部分分别进行会计处理；难以区分的，应将其整体归类为与收益相关的政府补助。选项C，政府补助为非货币性资产的，应当按照公允价值计量；公允价值不能可靠取得的，按照名义金额(1元)计量。

考点六 利润 ★ 一学多考|注

（一）营业外收入与营业外支出

营业外收入与营业外支出的核算内容，见表15-15。

表15-15 营业外收入与营业外支出的核算内容

营业外收入	营业外支出
非流动资产毁损报废利得	非流动资产毁损报废损失
盘盈利得(现金)	盘亏损失(固定资产)
捐赠利得	公益性捐赠支出
罚没利得	罚款支出
与日常活动无关的政府补助	非常损失(自然灾害)
无法支付的应付账款	
权益法下长期股权投资初始投资成本小于应享有被投资单位可辨认净资产公允价值份额的差额	

提示 控股股东或非控股股东直接或间接代为偿债、债务豁免或捐赠，应当将利得计入资本公积。

【例题31·多选题】下列各项中，应通过"营业外支出"科目核算的有（　　）。

A. 固定资产毁损的净损失

B. 出售无形资产发生的净损失

C. 建设期间工程物资毁损净损失

D. 权益法下长期股权投资初始投资成本大于应享有被投资单位可辨认净资产公允价值份额的差额

答案
例题30 | BDE

E. 因未按时缴纳税款产生的税收滞纳金

解析 选项 B，计入资产处置损益。选项 C，计入在建工程。选项 D，不进行账务处理。

（二）利润的计算

利润的计算，见表 15-16。

表 15-16　利润的计算

一、营业收入（主营+其他）	二、营业利润
减：营业成本	加：营业外收入
税金及附加	减：营业外支出
销售费用	三、利润总额
管理费用、研发费用	减：所得税费用
财务费用	四、净利润
资产减值损失 　　信用减值损失	五、其他综合收益的税后净额
加：公允价值变动收益（损失减） 　　投资收益（损失减） 　　资产处置收益（损失减） 　　其他收益 　　净敞口套期收益（损失减）	六、综合收益总额

> ● **得分高手**
>
> 利润构成是财务与会计考试的核心内容，是各种题型考核利润计算的基础，所以需要熟练掌握。

【例题 32·单选题】下列交易或事项产生的损益中，不影响企业当期营业利润的是（　　）。

A. 固定资产报废处置时产生的损失

B. 投资于银行理财产品取得的收益

C. 预计与当期产品销售相关的保修义务

D. 因授予高管人员股票期权在当期确认的费用

解析 选项 A，计入营业外支出，不影响营业利润。选项 B，计入投资收益，影响营业利润。选项 C，计入主营业务成本，影响营业利润。选项 D，计入管理费用，影响营业利润。

（三）利润的结转

企业期末结转利润时，应将各损益类科目的余额转入"本年利润"科目，

答案
例题 31 | AE
例题 32 | A

结平各损益类科目。

1. 将损益类科目年末余额结转至"本年利润"科目

（1）结转各项收入、利得类科目。

借：主营业务收入
　　其他业务收入
　　公允价值变动损益
　　投资收益
　　其他收益
　　营业外收入
　　资产处置损益
　　贷：本年利润

（2）结转各项费用、损失类科目。

借：本年利润
　　贷：主营业务成本
　　　　其他业务成本
　　　　税金及附加
　　　　销售费用
　　　　管理费用
　　　　财务费用
　　　　资产减值损失
　　　　信用减值损失
　　　　营业外支出

2. 计算所得税费用

（1）当期所得税。

借：所得税费用
　　贷：应交税费——应交所得税

（2）递延所得税（假设递延所得税资产减少，递延所得税负债增加）。

借：所得税费用
　　贷：递延所得税资产
　　　　递延所得税负债

3. 结转所得税费用

借：本年利润
　　贷：所得税费用

4. 结转本年净利润

借：本年利润
　　贷：利润分配——未分配利润

考点七 产品成本 ★★ 一学多考|注

(一)产品成本构成

1. 产品成本归集

计入产品成本的费用分为直接计入和间接计入。

2. 成本项目

(1)直接材料:指构成产品实体的原材料以及有助于产品形成的主要材料和辅助材料。

(2)燃料和动力:指直接用于产品生产的燃料和动力。(如果企业不设置"燃料及动力"成本项目,则外购的动力计入直接材料项目中)

(3)直接人工:指直接从事产品生产的工人的职工薪酬。

(4)制造费用:指企业为生产产品和提供劳务而发生的各项<u>间接费用</u>,包括企业生产部门(如生产车间)发生的水电费、固定资产折旧、无形资产摊销、管理人员的职工薪酬、劳动保护费、国家规定的有关环保费用、季节性和修理期间的停工损失、正常废品范围内的废品损失等。

(二)生产费用的分配

1. 约当产量比例法(2020年单选)

(1)在产品完工程度与约当产量。

在产品完工率=(以前工序累计工时定额+本工序工时定额×50%)÷单位产品工时定额×100%

在产品约当产量=在产品实际产量×在产品完工率

提示 一般默认月末在产品在各工序的完工程度为50%。

【例题33·单选题】(2020年)某企业生产的甲产品需要经过两道工序,第一道工序工时定额12小时,第二道工序工时定额8小时。月末,甲产品在第一道工序的在产品数量是50件、在第二道工序的在产品数量是80件。若各工序在产品完工百分比均为50%,则月末甲产品在产品约当产量为( )件。

A. 65　　　　B. 79　　　　C. 84　　　　D. 105

解析 第一道工序完工率=(12×50%)÷(12+8)×100%=30%,第二道工序完工率=(12+8×50%)÷(12+8)×100%=80%,月末在产品的约当产量=50×30%+80×80%=79(件)。

(2)生产费用在完工产品和在产品之间分配。

某项费用分配率=某项费用总额÷(完工产品产量+在产品约当产量)

完工产品应负担的费用=完工产品产量×费用分配率

答案
例题33 | B

提示 材料分配率：一次投料不约当，陆续投料才约当。

如果原材料是生产开工时一次投入，在产品无论完工程度如何，都应负担全部原材料费用，即按在产品实际数量与完工产品产量的比例直接分配材料费用。

如果原材料是分次投入，则在产品的直接材料费用负担额应按完工程度确定，此时，在产品应按完工程度折合为约当产量与完工产品产量的比例进行分配。

【例题34·单选题】某企业基本生产车间生产甲产品。本月完工300件，月末在产品50件，甲产品月初在产品的成本和本期生产费用总额为147 300元，其中直接材料71 400元，直接人工26 400元，制造费用49 500元。原材料在开工时一次投入，月末在产品完工程度为60%。按约当产量比例法计算完工产品和在产品成本，则甲产品本月完工产品的总成本为（　　）元。

A. 130 200　　　B. 133 909　　　C. 130 909　　　D. 130 299

解析 在产品约当产量=50×60%=30（件）；本月完工产品总成本=71 400÷(300+50)×300+26 400÷(300+30)×300+49 500÷(300+30)×300=130 200（元）。

2. 定额比例法（2021年单选）

定额比例（费用分配率）=（月初在产品实际费用+本月实际费用）÷（完工产品定额消耗量+月末在产品定额消耗量）

完工产品实际费用=完工产品定额消耗量×费用分配率

月末在产品实际费用=月末在产品定额消耗量×费用分配率

提示 直接材料一般按照定额消耗量或定额费用比例分配，加工费用一般按定额工时比例分配。

【例题35·单选题】甲企业生产W产品，生产费用采用定额比例法在完工产品和在产品之间计算分配。月初在产品直接材料费用3 200元，直接人工费用500元，制造费用300元；本月内发生直接材料费用6 000元，直接人工费用625元，制造费用600元。本月完工产品350件，每件产品的材料消耗定额与工时定额分别为5千克和10小时；月末在产品材料定额消耗量为250千克，月末在产品定额工时为1 000小时。假定直接材料费用按定额消耗量比例分配，直接人工费用和制造费用均按定额工时比例分配，本月W完工产品的总成本为（　　）元。

A. 9 125　　　B. 10 500　　　C. 9 625　　　D. 8 500

解析 直接材料费用分配率=(3 200+6 000)÷(350×5+250)=4.6，完工产品应负担的直接材料费用=350×5×4.6=8 050（元）。

直接人工费用分配率=(500+625)÷(350×10+1 000)=0.25，完工产品应负担的直接人工费用=350×10×0.25=875（元）。

制造费用分配率=(300+600)÷(350×10+1 000)=0.2，完工产品应负担

答案
例题34｜A
例题35｜C

的制造费用=350×10×0.2=700(元)。

W完工产品的总成本=8 050+875+700=9 625(元)。

3. 在产品按定额成本计算(2022年、2023年单选)

月末在产品定额成本=月末在产品数量×在产品单位定额成本

完工产品成本=月初在产品成本+本月生产费用–月末在产品定额成本

月末在产品成本脱离定额的节约差异或超支差异计入当月完工产品成本

【例题36·单选题】(2023年)长江公司生产甲产品所耗用的直接材料系陆续投入,月初在产品成本和本月生产费用总额为13 180元,其中直接材料5 640元,直接人工4 330元,制造费用3 210元。本月完工甲产品118件,月末在产品30件,直接材料的费用定额为18元,单位定额工时为8小时,单位定额工时的直接人工定额为2元、制造费用定额为1.5。月末在产品成本按定额成本计算,则本月完工产品的单位成本为(　　)元。

A. 100　　　B. 103　　　C. 105　　　D. 108

解析 ↘ 月末在产品的定额成本=18×30+8×(2+1.5)×30=1 380(元),完工产品的单位成本=(13 180–1 380)÷118=100(元)。

(三)产品成本计算的基本方法

1. 成本计算对象与适用范围

成本计算对象与适用范围,见表15–17。

表15–17　成本计算对象与适用范围

方法	产品成本计算对象	适用企业
品种法	产品品种	大量大批的单步骤生产,或者管理上不要求分步计算产品成本的大量大批多步骤生产
分批法	产品批别(或订单)	单件小批单步骤生产和管理上不要求分步计算成本的多步骤生产
分步法	产品的生产步骤	大量大批多步骤生产,而且管理上要求分步计算产品成本的工业企业

2. 分步法分类

(1)逐步结转分步法(计算半成品成本)。

逐步结转分步法,是指按产品加工步骤的先后顺序,逐步计算并结转各步骤半成品成本,直至最后计算出产品成本的一种方法。它适用于各步骤半成品有独立的经济意义,管理上要求核算半成品成本的企业。

(2)平行结转分步法(不计算半成品成本)。

平行结转分步法,是指不计算各步骤的半成品成本,而只计算本步骤发生的费用和应由产成品负担的份额,将各步骤成本计算单中产成品应负担的份额平行汇总来计算产品成本的一种方法。

答案 ↘
例题36 | A

同步训练

考点一 收入的确认与计量

1. (单选题)2022年2月1日,甲公司与乙公司签订了一项总额为2 000万元的固定造价合同,在乙公司自有土地上为乙公司建造一栋办公楼。截至2022年12月20日,甲公司累计已发生成本650万元。2022年12月25日,经协商合同双方同意变更合同范围,附加装修办公楼的服务内容,合同价格相应增加340万元,假定上述新增合同价款不能反映装修服务的单独售价。不考虑其他因素,下列各项关于上述合同变更会计处理的表述中,正确的是(   )。

   A. 合同变更部分作为单独合同进行会计处理
   B. 合同变更部分作为原合同组成部分进行会计处理
   C. 合同变更部分作为单项履约义务于完成装修时确认收入
   D. 原合同未履约部分与合同变更部分作为新合同进行会计处理

2. (单选题)2023年1月1日,甲公司向乙公司销售A、B、C三种商品,A、B、C三种商品的单独售价分别为25万元、15万元、10万元,合同价款为45万元。甲公司经常以25万元的价格单独出售A商品,并且经常将B、C商品组合在一起以20万元价格销售。不考虑其他因素,下列关于甲公司分摊交易价格的表述中不正确的是(   )。

   A. 应将合同折扣在A、B、C商品中按单独售价比例分摊
   B. 商品A交易价格为25万元
   C. 商品B交易价格为12万元
   D. 商品C交易价格为8万元

3. (单选题)2021年1月1日,甲公司与乙公司签订一批产品销售合同,产品总成本为420万元。合同约定,该批产品将于2年之后交货。合同中包含两种可供选择的付款方式,即乙公司可以在2年后交付产品时支付349.92万元,或者在合同签订时支付300万元。乙公司选择在合同签订时支付货款,该批产品的控制权在交货时转移。按照上述两种付款方式计算的内含利率为8%。甲公司于2021年1月1日收到乙公司支付的货款。不考虑增值税等因素的影响,则甲公司2021年1月1日的账务处理中正确的是(   )。

   A. 贷记"合同负债"科目349.92万元　　B. 贷记"主营业务收入"科目300万元
   C. 借记"财务费用"科目49.92万元　　D. 借记"合同资产"科目420万元

4. (单选题·2024年)2024年1月1日,甲公司采用分期收款方式向乙公司销售一批商品,适用的增值税税率为13%。合同约定的不含税售价为200万元,商品成本为150万元。当天收取价款23.4万元,剩余款项分3年于每年年末收取。该商品在现销方式下不含税售价为170万元。假定甲公司在合同签订当日开出增值税专用发

票，不考虑其他因素。甲公司2024年1月1日向乙公司销售商品的会计处理中正确的是(　　)。

A. 贷记"应交税费——应交增值税(销项税额)"科目22.1万元

B. 借记"财务费用"科目30万元

C. 借记"未实现融资费用"科目30万元

D. 贷记"主营业务收入"科目170万元

5. (单选题)2023年9月1日，甲公司与客户签订一项固定造价建造合同，承建一幢办公楼，预计2025年12月31日完工；合同总金额为12 000万元，预计总成本为10 000万元。截至2023年12月31日，甲公司实际发生合同成本3 000万元。2024年年末预计增加收入200万元。同时由于物价上涨的原因，预计总成本将为11 000万元。截至2024年12月31日，甲公司实际发生合同成本7 700万元，假定甲公司按实际发生的成本占总成本的比例确定该合同的履约进度。不考虑其他因素，则2024年度甲公司对该项建造合同确认的收入为(　　)万元。

A. 3 700　　　　B. 4 800　　　　C. 4 940　　　　D. 5 794

6. (多选题)下列各项中，属于收入确认条件的有(　　)。

A. 合同各方已批准该合同并承诺将履行各自义务

B. 该合同有明确的与所转让的商品相关的支付条款

C. 该合同具有商业实质

D. 企业因向客户转让商品而有权取得的对价很可能收回

E. 销售方已经向购买方开具发票

7. (多选题)下列各项中，属于在某一时段内履行的履约义务的条件有(　　)。

A. 客户在企业履约的同时即取得并消耗企业履约所带来的经济利益

B. 企业就该商品享有现时收款权利

C. 客户能够控制企业履约过程中在建的商品

D. 企业应当在该段时间内能够确定履约进度

E. 企业履约过程中所产出的商品具有不可替代用途，且该企业在整个合同期间内有权就累计至今已完成的履约部分收取款项

考点二 特定交易的会计处理

1. (单选题)2023年1月1日，长江公司向黄河公司销售一批商品共3万件，每件售价100元，每件成本80元。销售合同约定2023年3月31日前出现质量问题的商品可以退回。长江公司销售当日预计该批商品退货率为12%。2023年1月31日，长江公司根据最新情况重新预计商品退货率为10%。假定1月未发生退货。不考虑其他因素，长江公司2023年1月应确认收入(　　)万元。

A. 264　　　　B. 270　　　　C. 6　　　　D. 300

2. (单选题)2021年5月10日，黄河公司向乙公司赊销商品5万件，单价300元，单位成本200元。按照销售合同约定，乙公司可以在3个月内退回任何没有损坏的产品，并得到全额现金退款。黄河公司销售当日预计该批商品的退货率为8%。2021年5月31日，黄河公司根据最新情况重新预计商品的退货率为10%。不考虑

增值税等因素的影响，则黄河公司针对重新预计的退货率的会计处理中，错误的是（　　）。

A. 冲减主营业务收入30万元　　　　B. 确认预计负债30万元

C. 冲减主营业务成本20万元　　　　D. 增加库存商品20万元

3. （单选题）甲公司是电脑制造商和销售商，与其客户丁公司签订了一批电脑的销售合同，合同约定：电脑的销售价款为100万元，同时提供"延长保修"服务，即从法定质保90天到期之后的2年内甲公司将对任何损坏的部件进行保修或更换。该批电脑和"延长保修"服务各自的单独售价分别为80万元和20万元。该批电脑的成本为70万元。甲公司根据以往经验估计维修在法定质保的90天保修期内出现损坏的部件将花费5万元。不考虑相关税费，则甲公司在交付电脑时的会计处理中，错误的是（　　）。

A. 确认合同负债20万元　　　　B. 确认营业收入100万元

C. 结转营业成本75万元　　　　D. 确认预计负债5万元

4. （单选题）2023年1月1日，甲公司委托乙商店代销A产品1 000件，单位售价1 130元（含13%的增值税），单位成本680元。1月31日收到乙商店转来的代销清单上列明已售出400件，共收手续费5 000元（不考虑增值税），甲公司按售价向乙商店开具增值税专用发票。假设甲公司对存货采用实际成本法计价。下列关于甲公司会计处理的表述中，正确的是（　　）。

A. 1月1日，甲公司确认的主营业务收入金额为100万元

B. 1月31日，甲公司确认的主营业务收入金额为100万元

C. 1月31日，甲公司确认的主营业务成本金额为68万元

D. 1月31日，甲公司确认的销售费用金额为0.5万元

5. （单选题）2023年2月16日，甲公司以500万元的价格向乙公司销售一台设备。双方约定，1年以后甲公司有义务以600万元的价格从乙公司处回购该设备。对于上述交易，不考虑增值税及其他因素，甲公司正确的会计处理方法是（　　）。

A. 作为租赁交易进行会计处理

B. 作为融资交易进行会计处理

C. 作为附有销售退回条款的销售交易进行会计处理

D. 分别作为销售和购买进行会计处理

6. （单选题）企业销售商品时，因存在与客户的远期安排而负有回购义务，且回购价格高于原销售价格的，二者之间的差额在回购期内按期分摊时应计入的会计科目是（　　）。

A. 主营业务成本　　B. 财务费用　　C. 销售费用　　D. 主营业务收入

7. （单选题）2022年度，某商场销售各类商品共取得货款6 000万元。同时共授予客户奖励积分60万个，每个积分可在未来购买商品时按1元的折扣兑现，每个积分的单独售价为0.9元。该商场估计2022年度授予的奖励积分将有54万个被兑换。2022年客户实际兑换奖励积分共计45万个。不考虑其他因素，该商场2022年应确认的收入总额为（　　）万元。[计算结果保留整数]

A. 5 991　　　　B. 5 946　　　　C. 54　　　　D. 6 060

472

8. (单选题)甲公司是一家著名的足球俱乐部,2022年1月1日,授权乙公司在其设计生产的服装、帽子、水杯及毛巾等产品上使用甲公司球队的名称和图标,授权期间为2年。合同约定,甲公司收取的合同对价由两部分组成:一是300万元固定金额的使用费;二是按照乙公司销售商品所取得销售额的8%计算的提成。乙公司预期甲公司会继续参加当地顶级联赛,并取得优异的成绩。假定乙公司每年实现销售额100万元,不考虑其他因素,则甲公司2022年应确认收入额为(   )万元。

   A. 308   B. 300   C. 158   D. 150

9. (单选题)甲公司经营一家蛋糕店,适用的增值税税率为13%。2022年甲公司向客户销售了100张储值卡,每张卡的面值为200元,客户可在该蛋糕店使用储值卡进行消费。根据历史经验,甲公司预期客户购买的储值卡中将有大约相当于储值卡面值金额10%的部分不会被消费。不考虑其他因素的影响,则甲公司销售储值卡的处理表述中,正确的是(   )。

   A. 确认营业收入1 769.91元   B. 确认合同负债1 769.91元

   C. 确认营业收入17 699.12元   D. 确认合同负债17 699.12元

10. (多选题)2023年3月1日,甲公司与丙公司签订售后回购融入资金合同。合同规定,丙公司购入甲公司100台中型设备,每台销售价格为30万元。同时约定,甲公司于2023年7月31日按每台35万元的价格购回全部设备。甲公司已于当日收到货款,并开具增值税专用发票,设备已经发出,每台设备成本为10万元(未计提跌价准备)。假定甲公司按月平均计提利息费用。下列关于售后回购业务,甲公司的会计处理正确的有(   )。

    A. 没有确凿证据表明该售后回购交易满足销售商品收入确认条件,不应确认收入
    B. 2023年3月1日销售商品时确认计入其他应付款的金额为3 500万元
    C. 2023年3月31日计提利息费用的金额为100万元
    D. 2023年3月1日销售商品时应确认营业成本1 000万元
    E. 2023年3月1日,甲公司应按实际售价确认收入

考点三 合同成本

1. (多选题)下列关于合同成本的会计处理表述中,正确的有(   )。

   A. 企业为取得合同发生的增量成本预期能够收回的,应当作为合同取得成本确认为一项资产
   B. 企业取得合同发生的差旅费、投标费、销售佣金应当在发生时计入合同取得成本
   C. 合同取得成本摊销期限不超过一年的,可以在发生时计入当期损益
   D. 与合同成本有关的资产,应当采用与该资产相关的商品收入确认相同的基础进行摊销,计入当期损益
   E. 以前期间减值的因素之后发生变化,使得合同履约成本价值恢复,应当转回原已计提的资产减值准备,并计入当期损益

2. (多选题)下列各项中,企业为履行合同所发生的支出,作为合同履约成本确认为一项资产应当满足的条件的有(   )。

A. 该成本与一份当前或预期取得的合同直接相关
B. 该成本增加了企业未来用于履行履约义务的资源
C. 该成本预期能够收回
D. 与履约义务中已履行部分相关的支出
E. 无法在尚未履行的与已履行的履约义务之间区分的相关支出

3. (多选题)企业为履行合同发生的支出中，应计入当期损益的有(　　)。
   A. 明确应由客户承担的管理费用
   B. 为履行合同发生的直接人工、直接材料、制造费用或类似费用
   C. 与履约义务中与已履行部分相关的支出
   D. 非正常消耗的直接材料、直接人工和制造费用
   E. 无法在尚未履行的与已履行的履约义务之间区分的相关支出

考点四 费用（期间费用）

1. (单选题)下列各项中，可以计入财务费用的是(　　)。
   A. 外币应收账款发生的汇兑差额　　B. 销售商品发生的商业折扣
   C. 随产品出售且单独计价的包装物成本　　D. 委托代销商品支付的手续费

2. (多选题)下列应在"管理费用"科目核算的有(　　)。
   A. 筹建期间发生的开办费　　B. 按规定应缴的资源税
   C. 购买交易性金融资产支付的交易费　　D. 购买车辆时缴纳的车辆购置税
   E. 根据行政管理人员工资总额计提的工会经费

3. (多选题)下列项目中，不应计入销售费用的有(　　)。
   A. 筹建期间发生的长期借款利息　　B. 自行研发无形资产研究阶段的支出
   C. 计提存货跌价准备　　D. 销售人员工资
   E. 随同产品出售不单独计价包装物的成本

考点五 政府补助

1. (单选题)下列各项中，属于政府补助形式的是(　　)。
   A. 家电下乡补贴　　B. 税收返还
   C. 增值税出口退税　　D. 政府的资本性投入

2. (单选题)下列关于政府补助的表述中，错误的是(　　)。
   A. 政府作为所有者投入企业的资本不属于政府补助
   B. 有确凿证据表明政府是无偿补助的实际拨付者，其他企业只是代收代付，该补助应属于政府补助
   C. 与收益有关的政府补助，应当直接计入其他收益
   D. 企业对与资产相关的政府补助选择总额法的，应当将递延收益分期转入其他收益或营业外收入

3. (单选题)2022年11月15日，甲公司收到购置环保设备的政府补贴款580万元。2022年12月20日，甲公司以820万元的价格购入一台不需要安装的环保设备，当月投入车间使用，预计可使用年限为6年，采用年数总和法计提折旧，预计净残值为12万元。2024年5月，甲公司出售该台设备取得价款182万元。假定甲公司采

用净额法核算政府补助。不考虑相关税费,甲公司因出售该设备增加的营业利润为( )万元。

A. 29.76　　　　　B. 25.76　　　　　C. 0　　　　　D. 35.76

4. (多选题)下列各项关于政府补助的处理,说法正确的有( )。

A. 政府补助为非货币性资产的,应当按照公允价值计量,公允价值不能可靠取得的,按照名义金额计量

B. 总额法下,企业在取得与资产相关的政府补助时,贷记"其他收益"科目

C. 综合性项目政府补助,企业难以区分的,应将其整体归类为与资产相关的政府补助

D. 对一般纳税人增值税即征即退只能采用总额法进行会计处理

E. 企业取得政策性优惠贷款贴息,且财政将贴息资金直接拨付给企业的,应当将对应的贴息冲减相关借款费用

考点六 利润

1. (单选题)甲公司为增值税一般纳税人,2023年发生的有关交易或事项如下:①销售产品确认收入12 000万元,结转成本8 000万元,当期应缴纳的增值税为1 060万元,有关税金及附加为100万元;②持有的交易性金融资产当期市价上升320万元,其他权益工具投资当期市价上升260万元;③处置一项因自然灾害毁损的设备产生净收益600万元;④计提无形资产减值准备820万元。不考虑其他因素,甲公司2023年的营业利润为( )万元。

A. 3 400　　　　　B. 3 420　　　　　C. 3 760　　　　　D. 4 000

2. (单选题)下列关于利润分配及未分配利润的会计处理中,错误的是( )。

A. 以当年实现的利润弥补以前年度结转的未弥补亏损,不需要进行专门的会计处理

B. 年末要将"利润分配"科目所属的其他明细科目的余额转入"利润分配——未分配利润"科目

C. 年末要将"本年利润"科目的余额转入到"利润分配——未分配利润"科目

D. 盈余公积弥补亏损时应贷记"利润分配——未分配利润"科目

考点七 产品成本

1. (单选题)甲公司只生产一种产品乙产品,2022年10月初在产品数量为零,10月共投入原材料74 680元,直接人工和制造费用共计23 400元。乙产品需要经过两道加工工序,工时定额为20小时,其中第一道工序12小时,第二道工序8小时,原材料在产品生产时陆续投入。10月末乙产品完工344件,在产品120件,其中第一道工序80件,第二道工序40件。甲公司完工产品和在产品费用采用约当产量法分配,各工序在产品完工百分比均为50%,则甲公司2022年10月完工乙产品的单位产品成本为( )元。

A. 245.2　　　　　B. 256.3　　　　　C. 275　　　　　D. 282.8

2. (单选题)甲企业采用定额比例法分配材料费用,月初在产品直接材料费用12 500元。本月发出材料5 000千克,单位成本25元。月末完工产品350件,单位消耗定

额20千克；在产品150件，单位消耗定额12千克。甲企业完工产品应负担的直接材料费用为(　　)元。

A. 3 850　　　　B. 109 375　　　　C. 96 250　　　　D. 85 937.5

3. (单选题·2024年)甲公司月初定额工时为340小时，制造费用1 800元，本月发生制造费用3 400元。本月完工产品定额工时600小时。月末在产品定额工时300小时。制造费用按工时定额比例分配，则本月完工产品应分摊的制造费用为(　　)元。

A. 5 167　　　　B. 3 333　　　　C. 4 233　　　　D. 3 466.67

4. (单选题)丙公司C产品本月完工产品产量30万件，月末在产品数量4万件；C产品本月月初在产品和本月耗用直接材料费用13 600万元、直接人工费用6 400万元、制造费用9 600万元。在产品单位定额成本为：直接材料400元，直接人工100元，制造费用150元。在产品按定额成本计算，则C产品完工产品的总成本为(　　)万元。

A. 12 000　　　　B. 6 000　　　　C. 9 000　　　　D. 27 000

5. (多选题)下列关于各种成本计算方法的表述中，错误的有(　　)。

A. 品种法主要适用于产品大量大批的单步骤生产，或管理上不要求分步计算产品成本的大量大批多步骤生产

B. 分批法适用于产品单件小批单步骤生产和管理上不要求分步计算成本的多步骤生产

C. 分步法适用于产品大量大批多步骤生产，而且管理上要求分步计算产品成本的生产

D. 平行结转分步法适用于各步骤半成品有独立的经济意义，管理上要求核算半成品成本的产品生产

E. 逐步结转分步法适用于管理上不要求核算半成品成本的产品生产

6. (多选题)甲公司产品需经过两道工序加工完成，原材料在开始生产时一次投入，生产成本在完工产品和在产品之间的分配采用约当产量比例法。2021年2月与产品生产成本有关的资料如下。①月初在产品费用为：直接材料120万元，直接人工60万元，制造费用20万元。本月发生费用为：直接材料80万元，直接人工100万元，制造费用40万元。②产品单件工时定额为100小时，第一道工序工时定额40小时，第二道工序工时定额60小时，各工序内均按50%的完工程度计算。③本月完工产品560件，月末在产品240件，其中，第一道工序80件，第二道工序160件。下列说法中，正确的有(　　)。

A. 第二道工序月末在产品完工率为50%

B. 第二道工序月末在产品的约当产量为112件

C. 月末完工产品直接材料费用为162.79万元

D. 月末在产品直接人工费用为29.77万元

E. 本月完工产品成本为319.07万元

综合拓展

1. (综合分析题)黄河公司系一家多元化经营的上市公司，与收入有关的部分经济事

项如下：

（1）其经营的一商场自2022年起执行一项授予积分计划，客户每购买10元商品即被授予1个积分，每个积分可自2023年起购买商品时按1元的折扣兑现。2022年度，客户购买了50 000元的商品，其单独售价为50 000元，同时获得可在未来购买商品时兑现的5 000个积分、每个积分单独售价为0.9元。2023年商场预计2022年授予的积分累计有4 500个被兑现，年末客户实际兑现3 000个，对应的销售成本为2 100元；2024年商场预计2022年授予的积分累计有4 800个被兑现，至年末客户实际兑现4 600个，对应的销售成本为3 200元。

（2）2024年10月8日，与长江公司签订甲产品销售合同，合同约定：销售价款500万元，同时提供"延长保修"服务，即从法定质保90天到期之后的1年内由本公司对任何损坏的部件进行保修或更换，销售甲产品和"延长保修"服务的单独售价分别为450万元和50万元，当天在交付甲产品时全额收取合同价款，甲产品的成本为360万元。黄河公司估计法定质保期内，甲产品部件损坏发生的维修费为确认的销售收入的1%。

（3）2024年11月1日，与昆仑公司签订合同，向其销售乙、丙两项产品，合同总售价为380万元，其中：乙产品单独售价为80万元，丙产品单独售价为320万元。合同约定，乙产品于合同签订日交付，成本50万元；丙产品需要安装，全部安装完毕时交付使用，只有当两项产品全部交付之后，黄河公司才能一次性收取全部合同价款。经判定销售乙产品和丙产品分别构成单项履约义务。

丙产品的安装预计于2025年2月1日完成，预计可能发生的总成本为200万元，丙产品的安装属于一段时间履行的履约义务，黄河公司采用成本法确定其履约进度，至2024年12月31日，累计实际发生丙产品的成本为150万元。

（4）2024年12月21日，与华山公司签订销售合同，向其销售丁产品100件，销售价格800元/件，华山公司可以在180天内退回任何没有损坏的产品，并得到全额现金退款。黄河公司当日交付全部丁产品，并收到全部货款，丁产品的单位成本为600元/件，预计会有5%的丁产品被退回。

假设不考虑增值税等相关税费影响。

根据上述资料，回答下列问题。

(1)下列关于收入确认和计量的步骤中，属于与收入计量有关的有(　　)。
A. 确定交易价格　　　　　　　　B. 识别与客户订立的合同
C. 识别合同中的单项履约义务　　D. 履行各单项履约义务时确认收入
E. 将交易价格分摊至各单项履约义务
(2)针对事项(1)，2024年年末"合同负债"账户的期末余额为(　　)元。
A. 208.24　　　　B. 172.02　　　　C. 228.36　　　　D. 218.36
(3)针对事项(3)，黄河公司交付乙产品时应确认主营业务收入(　　)万元。
A. 80　　　　　　B. 378　　　　　C. 76　　　　　　D. 280
(4)针对事项(3)，黄河公司2024年12月31日根据丙产品履约进度，下列会计处理正确的有(　　)。

A. 借：主营业务成本　　　　　　　　　　　　　　　　　　　1 500 000
　　　贷：合同履约成本　　　　　　　　　　　　　　　　　　　　1 500 000
B. 借：合同结算　　　　　　　　　　　　　　　　　　　　　2 280 000
　　　贷：主营业务收入　　　　　　　　　　　　　　　　　　　　2 280 000
C. 借：主营业务成本　　　　　　　　　　　　　　　　　　　1 500 000
　　　贷：合同负债　　　　　　　　　　　　　　　　　　　　　　1 500 000
D. 借：合同结算　　　　　　　　　　　　　　　　　　　　　2 850 000
　　　贷：主营业务收入　　　　　　　　　　　　　　　　　　　　2 850 000

（5）针对事项（4），黄河公司应确认预计负债（　　）元。

A. 4 000　　　　　　B. 0　　　　　　C. 3 000　　　　　　D. 2 400

（6）上述交易和事项，对黄河公司2024年度利润总额的影响金额为（　　）元。

A. 1 852 861.18　　　　　　　　　　B. 1 838 561.27
C. 1 986 368.21　　　　　　　　　　D. 1 914 104.13

2. (综合分析题) 甲公司为增值税一般纳税人，适用的增值税税率为13%。甲公司2024年发生如下经济事项：

（1）1月1日，甲公司与乙公司（增值税一般纳税人）签订协议，向乙公司销售商品，成本为900 000元，增值税专用发票上注明销售价格为1 100 000元、税额为143 000元。协议规定，甲公司应在当年5月31日将所售商品购回，回购价为1 200 000元，另需支付增值税156 000元。货款已实际收付，不考虑其他相关税费。

（2）1月2日，甲公司与丁公司签订不具有融资性质的分期收款销售合同，向丁公司销售产品50件，单位成本为720元，单位售价为1 000元（不含增值税）。根据合同规定丁公司可享受20%的商业折扣。销售合同约定，丁公司应在甲公司向其交付产品时，首期支付20%的款项，其余款项分4个月（包括购货当月）于月末等额支付。甲公司发出产品并按全额开具增值税专用发票一张，丁公司于1月2日支付首期货款和所有增值税款，并在以后各期如约支付各期货款。

（3）1月5日，甲公司向丙公司赊销商品200件，单位售价为300元（不含增值税），单位成本为260元。甲公司发出商品并开具增值税专用发票。根据协议约定，商品赊销期为1个月，6个月内丙公司有权将未售出的商品退回甲公司，甲公司根据实际退货数量，给丙公司开具红字增值税专用发票并退还相应的货款。甲公司根据以往的经验，合理地估计退货率为20%。2月5日甲公司收到货款。7月5日退货期满，丙公司实际退回商品50件，甲公司当天开出红字增值税专用发票并当即返还货款，收到退货。

（4）甲公司委托M公司代销商品100件，单件成本为800元/件，单件协议价为1 000元，增值税税率为13%，于1月16日发出商品，M公司可以将未售出的商品退还给甲公司。M公司于3月2日将全部商品以单价2 000元标准卖给C公司并开出增值税专用发票，3月10日向甲公司发出代销清单，甲公司于3月20日开出增值税专用发票，双方于3月21日结款。

假设不考虑甲公司发生的其他经济业务以及除增值税以外的相关税费。

根据以上资料，不考虑其他因素，回答下列问题。

(1)根据事项(1)，下列关于甲公司账务处理说法正确的有(　　)。

A. 1月1日确认收入1 100 000元

B. 1月1日确认其他应付款1 100 000元

C. 回购之前每月需计提利息费用20 000元

D. 5月回购商品时应确认库存商品900 000元

(2)根据事项(2)，甲公司应确认收入(　　)元。

A. 50 000　　　　B. 0　　　　C. 10 000　　　　D. 40 000

(3)根据事项(3)，下列关于甲公司账务处理说法不正确的是(　　)。

A. 1月5日确认收入48 000元　　　　B. 1月5日确认收入60 000元

C. 7月5日冲减收入3 000元　　　　D. 7月5日冲减预计负债12 000元

(4)根据事项(4)，下列关于甲公司账务处理说法不正确的是(　　)。

A. 1月16日发出商品时确认主营业务成本80 000元

B. 1月16日发出商品时不确认收入

C. 甲公司收到代销清单时确认收入100 000元

D. 结算货款时冲减应收账款113 000元

(5)甲公司2024年1月应确认的主营业务收入为(　　)元。

A. 40 000　　　　B. 48 000　　　　C. 88 000　　　　D. 98 000

(6)上述经济事项对甲公司2024年度利润总额的影响额为(　　)元。

A. 30 000　　　　B. 26 000　　　　C. 70 000　　　　D. -70 000

3.(综合分析题)黄河公司为上市公司，属于增值税一般纳税人，适用的增值税税率为13%。2024年财务报告批准报出日为2025年4月18日。黄河公司2024年发生的有关销售业务如下：

(1)2024年1月5日，与甲公司签订合同，向甲公司销售单位成本为380元的W产品一批，协议约定如下：甲公司2024年第一季度采购量不超过800件，每件产品销售价格为500元(不含增值税，下同)；第一季度采购量超过800件，每件产品销售价格为450元。甲公司1月实际采购80件，预计第一季度采购量不超过800件。甲公司2月因完成升级，当月采购600件，预计第一季度采购量将超过800件。截至2024年3月末，甲公司第一季度实际采购量为960件，以银行存款支付货款。

(2)2024年10月，黄河公司向乙公司组合销售X、Y、Z产品，交易总价为14万元，产品总成本为10万元。X产品的单独售价为8万元，黄河公司经常以8万元的售价单独销售X产品；Y、Z产品经常以6万元的价格组合销售，Y产品以市场调整法估计的单独售价为2万元，Z产品以成本加成法估计的单独售价为6万元。黄河公司当月交付全部产品，乙公司以银行存款支付相关款项。

(3)2024年3月1日，黄河公司和丙公司签署M产品销售合同，每件售价1 280元，无折扣、折让，销售数量为150件，单位成本为960元。当日黄河公司交付50件M产品，剩余M产品在3个月内交付。4月1日，市场上出现竞争产品，

单价为1 050元。当日黄河公司与丙公司达成协议，将剩余的100件M产品按每件1 050元的价格销售。黄河公司于5月30日交付剩余产品，款项已收存银行。

（4）2024年12月1日，黄河公司向丁公司销售200件N产品，单位售价为180元，单位成本为120元，产品已经发出，款项尚未收到。同时销售协议约定，丁公司应于2024年12月31日之前支付货款，在2025年3月31日之前，丁公司有权退回没有损毁的N产品。黄河公司预计N产品的退货率为20%。2024年12月31日，黄河公司重新估计退货率为10%。2025年3月31日，N产品实际退回15件。

不考虑其他因素，回答下列问题。

(1) 针对事项(1)，黄河公司2024年2月应确认的主营业务收入为（　　）万元。
A. 30　　　　　B. 26.6　　　　　C. 24.6　　　　　D. 27

(2) 针对事项(2)，黄河公司组合销售应分摊至Z产品的售价为（　　）万元。
A. 6　　　　　B. 1.5　　　　　C. 4.5　　　　　D. 5.5

(3) 针对事项(3)，黄河公司将剩余100件M产品以每件1 050元销售，下列表述正确的有（　　）。
A. 该变更属于交易价格变动
B. 原合同终止，新合同订立
C. 变更部分作为一份单独合同
D. 该变更属于合同变更
E. 变更部分作为原合同的一部分进行会计处理

(4) 针对事项(4)，2025年3月31日实际退回15件N产品，对黄河公司2025年利润总额的影响为（　　）元。
A. 300　　　　B. 600　　　　C. 0　　　　D. 900

(5) 上述交易和事项，对黄河公司2024年"应交税费——应交增值税（销项税额）"的影响为（　　）元。
A. 101 010　　B. 100 659　　C. 101 530　　D. 100 542

(6) 上述交易和事项，对黄河公司2024年利润总额的影响额为（　　）元。
A. 143 300　　B. 141 800　　C. 143 000　　D. 145 800

参考答案及解析

考点一 收入的确认与计量

1. B　【解析】本题考查合同变更。在合同变更日已转让商品与未转让商品之间不可明确区分的，应当将该合同变更部分作为原合同的组成部分，在合同变更日重新计算履约进度，并调整当期收入和相应成本等。

2. A　【解析】本题考查将交易价格分摊至单项履约义务的计算。选项A，三种商品单独售价合计为50万元，合同价款为45万元，确认合同折扣5万元。由于甲公司经常将B、C商品组合以20万元的价格销售，该价格与其单独售价合计的差额为5万元[(15+10)-20]，与合同折扣一致，且A商品单独出售价格与其单独售价一致，因此，甲公司应当将合同折扣仅在B、C商品之间分摊。选项B、C、D，各商品交易价格分别为：A 商品 25 万元，B 商品 12 万元（15÷25×20），C 商品 8 万元（10÷25×20）。

3. A 【解析】本题考查重大融资成分。2021 年 1 月 1 日的账务处理：

借：银行存款　　　　　　　　　　　　　　　　　　　　　　　3 000 000
　　未确认融资费用　　　　　　　　　（3 499 200 − 3 000 000）499 200
　　贷：合同负债　　　　　　　　　　　　　　　　　　　　　　3 499 200

4. D 【解析】甲公司的账务处理如下：

借：长期应收款　　　　　　　　　　　　　　　　　　　　　　2 026 000
　　银行存款　　　　　　　　　　　　　　　　　　　　　　　　234 000
　　贷：主营业务收入　　　　　　　　　　　　　　　　　　　　1 700 000
　　　　未实现融资收益　　　　　　　　　　　　　　　　　　　　300 000
　　　　应交税费——应交增值税（销项税额）　　　　　　　　　　260 000
借：主营业务成本　　　　　　　　　　　　　　　　　　　　　　1 500 000
　　贷：库存商品　　　　　　　　　　　　　　　　　　　　　　1 500 000

5. C 【解析】本题考查建造合同。截至 2023 年年末，合同履约进度 = 3 000÷10 000×100% = 30%。2023 年度对该项建造合同确认的收入 = 12 000×30% = 3 600（万元）。截至 2024 年年末，合同履约进度 = 7 700÷11 000×100% = 70%。2024 年年末合同总收入 = 12 000+200 = 12 200（万元）。2024 年度对该项建造合同确认的收入 = 12 200×70% − 3 600 = 4 940（万元）。

6. ABCD 【解析】本题考查收入确认的条件。选项 E，按照企业会计准则的规定，是否开具发票并不属于收入确认条件。

7. ACE 【解析】本题考查属于在某一时段内履行的履约义务的条件。选项 B，属于在某一时点履行的履约义务中判断客户是否已取得商品控制权的迹象。选项 D，属于干扰项。

考点二 特定交易的会计处理

1. B 【解析】本题考查附有销售退回条款的销售。1 月确认收入 = 3×100×(1 − 10%) = 270（万元）。

1 月 1 日：

借：应收账款　　　　　　　　　　　　　　　　　　（30 000×100）3 000 000
　　贷：主营业务收入　　　　　　　　　　　[30 000×(1−12%)×100]2 640 000
　　　　预计负债　　　　　　　　　　　　　　　（30 000×12%×100）360 000
借：主营业务成本　　　　　　　　　　　　　　　[30 000×80×(1−12%)]2 112 000
　　应收退货成本　　　　　　　　　　　　　　　（30 000×80×12%）288 000
　　贷：库存商品　　　　　　　　　　　　　　　　　　（30 000×80）2 400 000

1 月 31 日：

借：预计负债　　　　　　　　　　　　　　　　[30 000×100×(12%−10%)]60 000
　　贷：主营业务收入　　　　　　　　　　　　　　　　　　　　　　60 000
借：主营业务成本　　　　　　　　　　　　　　　　　　　　　　　　48 000

　　　　贷：应收退货成本　　　　　　　　　　　　　　　[30 000×80×(12%-10%)]48 000
2．D　【解析】本题考查附有销售退回条款的销售。账务处理如下：
　　5月10日，销售时：
　　借：应收账款　　　　　　　　　　　　　　　　　　　(50 000×300)15 000 000
　　　　贷：主营业务收入　　　　　　　　　　　　　　　[15 000 000×(1-8%)]13 800 000
　　　　　　预计负债　　　　　　　　　　　　　　　　　(15 000 000×8%)1 200 000
　　借：主营业务成本　　　　　　　　　　　　　　　　　[10 000 000×(1-8%)]9 200 000
　　　　应收退货成本　　　　　　　　　　　　　　　　　(10 000 000×8%)800 000
　　　　贷：库存商品　　　　　　　　　　　　　　　　　(50 000×200)10 000 000
　　5月31日，对退货率进行重新估计：
　　借：主营业务收入　　　　　　　　　　　　　　　　　　　　　　　　　300 000
　　　　贷：预计负债　　　　　　　　　　　　　　　　　[50 000×300×(10%-8%)]300 000
　　借：应收退货成本　　　　　　　　　　　　　　　　　[50 000×200×(10%-8%)]200 000
　　　　贷：主营业务成本　　　　　　　　　　　　　　　　　　　　　　　200 000
3．B　【解析】本题考查附有质量保证条款的销售。账务处理如下：
　　借：银行存款　　　　　　　　　　　　　　　　　　　　　　　　　　1 000 000
　　　　贷：主营业务收入　　　　　　　　　　　　　　　　　　　　　　　800 000
　　　　　　合同负债　　　　　　　　　　　　　　　　　　　　　　　　　200 000
　　借：主营业务成本　　　　　　　　　　　　　　　　　　　　　　　　　700 000
　　　　贷：库存商品　　　　　　　　　　　　　　　　　　　　　　　　　700 000
　　借：主营业务成本　　　　　　　　　　　　　　　　　　　　　　　　　 50 000
　　　　贷：预计负债——产品质量保证　　　　　　　　　　　　　　　　　 50 000
4．D　【解析】本题考查委托代销的会计核算。甲公司(委托方)有关的会计分录如下：
　　(1)1月1日发出产品时：
　　借：发出商品　　　　　　　　　　　　　　　　　　　　　　　　　　　680 000
　　　　贷：库存商品　　　　　　　　　　　　　　　　　　　　　　　　　680 000
　　(2)1月31日收到代销清单时：
　　借：应收账款　　　　　　　　　　　　　　　　　　　　　　　　　　　452 000
　　　　贷：主营业务收入　　　　　　　　　　　　　　　　　　　　　　　400 000
　　　　　　应交税费——应交增值税(销项税额)　　　　　　　　　　　　　52 000
　　借：主营业务成本　　　　　　　　　　　　　　　　　　　　　　　　　272 000
　　　　贷：发出商品　　　　　　　　　　　　　　　　　　　　　　　　　272 000
　　借：销售费用　　　　　　　　　　　　　　　　　　　　　　　　　　　 5 000
　　　　贷：应收账款　　　　　　　　　　　　　　　　　　　　　　　　　 5 000
5．B　【解析】本题考查售后回购销售业务处理。企业因存在与客户的远期安排而负有回购义务，回购价格不低于原售价的，应当视为融资交易。
6．B　【解析】本题考查售后回购销售业务处理。回购价格高于原销售价格的，作为融资交易处理，二者的差额属于融资费用，在回购期内按期分摊确认为财务费用。

第十五章 | 收入、费用、利润和产品成本

7. A 【解析】本题考查客户有额外选择权的销售业务处理。商品分摊的交易价格=6 000×[6 000÷(6 000+54)]=5 946(万元),积分分摊的交易价格=6 000×[54÷(6 000+54)]=54(万元),客户因使用积分而确认的收入=54×(45÷54)=45(万元),所以2022年度应确认的收入总额=5 946+45=5 991(万元)。

8. C 【解析】本题考查涉及知识产权许可的销售业务处理。甲公司授予的该使用权许可,属于在2年内履行的履约义务,甲公司收取的300万元固定金额的使用费应当在2年内平均确认收入,按照乙公司销售相关商品所取得销售额的8%计算的提成应当在乙公司的销售发生时确认收入。因此甲公司2022年应确认收入额=300÷2+100×8%=158(万元)。

9. D 【解析】本题考查客户有未行使合同权利的销售业务处理。销售储值卡时,甲公司不确认收入,应确认合同负债的金额=100×200÷(1+13%)=17 699.12(元)。
借:库存现金 (100×200)20 000
　　贷:合同负债 17 699.12
　　　　应交税费——待转销项税额 2 300.88
【拓展】若客户使用该储值卡消费的金额(含税)为5 000元,应确认的收入=5 000÷(1-10%)÷(1+13%)=4 916.42(元)。

10. AC 【解析】本题考查售后回购销售业务处理。选项B,确认的其他应付款金额=30×100=3 000(万元)。选项C,每月应计提利息费用的金额=(35×100-3 000)÷5=100(万元)。选项D、E,该项售后回购业务不符合收入确认条件,无须确认收入、结转成本。

考点三 合同成本

1. ACDE 【解析】本题考查合同成本。选项B,企业取得合同发生的差旅费、投标费应当在发生时计入当期损益。

2. ABC 【解析】本题考查合同履约成本。选项D、E,应计入当期损益。

3. CDE 【解析】本题考查合同成本。企业应当在下列支出发生时,将其计入当期损益:一是管理费用,<u>除非这些费用明确由客户承担</u>。二是非正常消耗的直接材料、直接人工和制造费用(或类似费用),这些支出为履行合同发生,但未反映在合同价格中。三是与履约义务中已履行(包括已全部履行或部分履行)部分相关的支出,即该支出与企业<u>过去的履约活动</u>相关。四是<u>无法</u>在尚未履行的与已履行(或已部分履行)的履约义务之间<u>区分</u>的相关支出。

考点四 费用(期间费用)

1. A 【解析】本题考查财务费用的核算范围。选项B,商业折扣是对商品价格而言的,与财务费用无关。选项C,应计入其他业务成本。选项D,应计入销售费用。

2. AE 【解析】选项B,计入税金及附加。选项C,购买交易性金融资产支付的交易费应计入投资收益。选项D,购买车辆时缴纳的车辆购置税应计入外购车辆的成本。选项E,工会经费应根据职工提供服务的受益对象,分别计入管理费用、生产成本、销售费用等科目。

3. ABC 【解析】本题考查销售费用的核算范围。选项A,计入相关资产成本或管理

费用。选项 B，计入管理费用。选项 C，计入资产减值损失。

考点五 政府补助

1. B 【解析】本题考查政府补助的形式。政府补助的主要形式包括政府对企业的无偿拨款、税收返还、财政贴息以及无偿给予非货币性资产等，选项 A、C、D 不属于政府补助。

2. C 【解析】本题考查政府补助的核算。与收益相关的政府补助，应当分情况按照以下规定进行会计处理：①用于补偿企业以后期间的相关成本费用或损失的，确认为递延收益，并在确认相关成本费用或损失的期间，计入当期损益或冲减相关成本；②用于补偿企业已发生的相关成本费用或损失的，直接计入当期损益或冲减相关成本。

3. A 【解析】本题考查政府补助的核算。固定资产的入账价值=820-580=240（万元），2023 年计提折旧=(240-12)×[6÷(1+2+3+4+5+6)]=65.14（万元），2024 年计提折旧=(240-12)×[5÷(1+2+3+4+5+6)]×5÷12=22.62（万元），出售该设备增加的营业利润=182-(240-65.14-22.62)=29.76（万元）。

4. ADE 【解析】本题考查政府补助的会计处理。选项 B，总额法下，企业在取得与资产相关的政府补助时应当按照补助资金的金额借记"银行存款"等科目，贷记"递延收益"科目。选项 C，综合性项目政府补助，企业难以区分的，将其整体归类为与收益相关的政府补助进行会计处理。

考点六 利润

1. A 【解析】本题考查营业利润的计算。营业利润=12 000-8 000-100+320-820=3 400（万元）。

2. D 【解析】本题考查利润分配的核算。盈余公积弥补亏损时，应当借记"盈余公积"科目，贷记"利润分配——盈余公积补亏"科目。

考点七 产品成本

1. A 【解析】本题考查约当产量法。第一道工序的完工率=12×50%÷(12+8)×100%=30%，第二道工序的完工率=(12+8×50%)÷(12+8)×100%=80%，在产品的约当产量=80×30%+40×80%=56（件）。单位产品的成本=(74 680+23 400)÷(344+56)=245.2（元）。

2. B 【解析】本题考查定额比例法。直接材料费用分配率=(12 500+5 000×25)÷(350×20+150×12)=15.625，完工产品应负担的直接材料费用=350×20×15.625=109 375（元）。

3. D 【解析】本月完工产品应分摊的制造费用=(1 800+3 400)÷(600+300)×600=3 466.67（元）。

4. D 【解析】本题考查在产品按定额成本计算法。C 产品完工产品总成本=(13 600+6 400+9 600)-4×(400+100+150)=27 000（万元）。

5. DE 【解析】本题考查产品成本计算的基本方法。选项 D、E，逐步结转分步法适用于各步骤半成品有独立的经济意义，管理上要求核算半成品成本的企业；平行结转分步法适用于管理上不要求核算半成品成本的企业。

6. BDE 【解析】本题考查约当产量法。选项 A，第二道工序月末在产品完工率 =（60×50%+40）÷（60+40）×100% = 70%。选项 B，第二道工序月末在产品的约当产量 = 160×70% = 112（件）。选项 C，月末完工产品直接材料费用 =（120+80）÷（560+240）×560 = 140（万元）。选项 D，第一道工序月末在产品完工率 =（40×50%）÷（60+40）×100% = 20%，月末在产品直接人工费用 =（60+100）÷（560+80×20%+112）×（80×20%+112）= 29.77（万元）。选项 E，本月完工产品成本 = 140+（60+20+100+40）÷（560+80×20%+112）×560 = 319.07（万元）。

综合拓展

1. （1）AE；（2）B；（3）C；（4）AB；（5）A；（6）D。
【解析】
（1）本题考查收入确认与计量的步骤。确定交易价格和将交易价格分摊至各单项履约义务主要与收入的计量相关，识别与客户订立的合同、识别合同中的单项履约义务和履行各单项履约义务时确认收入与收入的确认有关。
（2）本题考查客户有额外购买选择权的销售业务处理。2022 年授予奖励积分的公允价值 = 5 000×0.9 = 4 500（元），确认合同负债的金额 = 50 000×4 500÷（50 000+4 500）= 4 128.44（元）。

借：银行存款　　　　　　　　　　　　　　　　　　　　　50 000
　　贷：主营业务收入　　［50 000÷（50 000+4 500）×50 000］45 871.56
　　　　合同负债　　　　　　　　　　　　　　　　　　　4 128.44

2023 年因兑换积分确认收入的金额 = 4 128.44×3 000÷4 500 = 2 752.29（元）。

借：合同负债　　　　　　　　　　　　　　　　　　　　2 752.29
　　贷：主营业务收入　　　　　　　　　　　　　　　　2 752.29
借：主营业务成本　　　　　　　　　　　　　　　　　　2 100
　　贷：库存商品　　　　　　　　　　　　　　　　　　2 100

2024 年预计 2022 年授予积分累计有 4 800 个被兑换，已经实际兑现 4 600 个，积分兑换收入 = 4 128.44×4 600÷4 800 - 2 752.29 = 1 204.13（元）。

借：合同负债　　　　　　　　　　　　　　　　　　　　1 204.13
　　贷：主营业务收入　　　　　　　　　　　　　　　　1 204.13
借：主营业务成本　　　　　　　　　　　　　　（3 200-2 100）1 100
　　贷：库存商品　　　　　　　　　　　　　　　　　　1 100

合同负债余额 = 4 128.44 - 2 752.29 - 1 204.13 = 172.02（元）。
或：2024 年还剩余 200 个积分未被兑换，因此 2024 年年末"合同负债"账户的期末余额 = 4 128.44÷4 800×200 = 172.02（元）。

（3）本题考查将交易价格分摊至单项履约义务。乙产品应分摊的交易价格 = 80÷（80+320）×380 = 76（万元）。
2024 年 11 月 1 日交付乙商品时：
借：合同资产　　　　　　　　　　　　　　　　　　　　760 000
　　贷：主营业务收入　　　　　　　　　　　　　　　　760 000

借：主营业务成本	500 000	
贷：库存商品		500 000

(4)本题考查时段履约义务的收入确认。丙产品应分摊的交易价格＝320÷(80＋320)×380＝304(万元)；2024年12月31日丙产品的履约进度＝150÷200×100％＝75％；年末，丙产品应结转实际成本150万元；确认收入＝304×75％＝228(万元)，选项A、B正确。

会计分录如下：

借：合同结算	2 280 000	
贷：主营业务收入		2 280 000
借：主营业务成本	1 500 000	
贷：合同履约成本		1 500 000

(5)本题考查附有销售退回条款的销售业务处理。预计退货率为5％，因此需要确认预计负债＝100×800×5％＝4 000(元)。

借：银行存款	(100×800)80 000	
贷：主营业务收入		(80 000×95％)76 000
预计负债		(80 000×5％)4 000
借：主营业务成本	(60 000×95％)57 000	
应收退货成本	(60 000×5％)3 000	
贷：库存商品		(100×600)60 000

(6)本题考查利润总额影响金额的计算。

针对事项(1)，2023年因兑换积分确认收入的金额＝4 128.44÷4 500×3 000＝2 752.29(元)，2024年因兑换积分确认收入的金额＝4 128.44÷4 800×4 600－2 752.29＝1 204.13(元)；对2024年利润总额的影响＝因兑换积分确认收入1 204.13－结转销售成本(3 200－2 100)＝104.13(元)。

针对事项(2)，对2024年利润总额的影响＝甲产品销售收入4 500 000－成本3 600 000－预计法定保修费用4 500 000×1％＝855 000(元)，延长保修服务暂不确认收入，待服务实际发生时才确认收入。

针对事项(3)，对2024年利润总额的影响＝乙产品销售收入760 000－乙产品成本500 000＋丙产品根据履约进度确认收入2 280 000－丙产品根据履约进度结转成本1 500 000＝1 040 000(元)。

针对事项(4)，对2024年利润总额的影响＝丁产品确认销售收入800×100×(1－5％)－结转主营业务成本600×100×(1－5％)＝19 000(元)。

以上四个事项对黄河公司2024年度利润总额的影响金额＝104.13＋855 000＋1 040 000＋19 000＝1 914 104.13(元)。

2. (1)BCD；(2)D；(3)B；(4)A；(5)C；(6)D。

【解析】

(1)本题考查售后回购销售业务处理。事项(1)甲公司账务处理如下：

1月1日发出商品时：

借：发出商品	900 000	
贷：库存商品		900 000
借：银行存款	1 243 000	
贷：其他应付款		1 100 000
应交税费——应交增值税（销项税额）		143 000

1—5月每月计提利息费用=(1 200 000-1 100 000)÷5=20 000(元)。

借：财务费用	20 000	
贷：其他应付款		20 000

5月回购商品时：

借：库存商品	900 000	
贷：发出商品		900 000
借：其他应付款	1 200 000	
应交税费——应交增值税（进项税额）	156 000	
贷：银行存款		1 356 000

(2)本题考查具有商业折扣的商品销售。事项(2)甲公司账务处理如下：

1月2日甲公司发出商品时：

借：银行存款	（50×1 000×80%×20%+50×1 000×80%×13%）13 200	
应收账款	（50×1 000×80%×80%）32 000	
贷：主营业务收入		40 000
应交税费——应交增值税（销项税额）		5 200
借：主营业务成本	（720×50）36 000	
贷：库存商品		36 000

1—4月每月末收取款项时：

借：银行存款	（32 000÷4）8 000	
贷：应收账款		8 000

(3)本题考查附有销售退回条款的销售业务处理。事项(3)甲公司账务处理如下：

1月5日甲公司发出商品时：

借：应收账款	［200×300×(1+13%)］67 800	
贷：主营业务收入		（60 000×80%）48 000
预计负债		（60 000×20%）12 000
应交税费——应交增值税（销项税额）		7 800
借：主营业务成本	（200×260×80%）41 600	
应收退货成本	（200×260×20%）10 400	
贷：库存商品		52 000

2月5日收到货款时：

借：银行存款	67 800	
贷：应收账款		67 800

估计退货率为20%，即估计退货商品为200×20%=40(件)，7月5日，实际退回商

品为50件,即冲减10件产品的收入。

7月5日退货时:

借:主营业务收入	(10×300)3 000
预计负债	12 000
库存商品	(50×260)13 000
应交税费——应交增值税(销项税额)	(50×300×13%)1 950
贷:主营业务成本	(10×260)2 600
应收退货成本	10 400
银行存款	(50×300×113%)16 950

(4)本题考查委托收款销售商品。事项(4)甲公司账务处理如下:

发出商品时:

| 借:发出商品 | 80 000 |
| 贷:库存商品 | 80 000 |

受托方实际销售商品,委托方收到代销清单时:

借:应收账款	113 000
贷:主营业务收入	100 000
应交税费——应交增值税(销项税额)	13 000
借:主营业务成本	80 000
贷:发出商品	80 000

结算货款时:

| 借:银行存款 | 113 000 |
| 贷:应收账款 | 113 000 |

(5)本题考查营业收入的计算。甲公司2024年1月应确认的主营业务收入=40 000[事项(2)]+48 000[事项(3)]=88 000(元)。

注:事项(4)确认收入的时间不在1月。

(6)本题考查利润总额影响金额的计算。上述经济业务对甲公司2024年度利润总额的影响额=-100 000[事项(1)]+(40 000-36 000)[事项(2)]+(48 000-41 600-3 000+2 600)[事项(3)]+(100 000-80 000)[事项(4)]=-70 000(元)。

3. (1)B;(2)C;(3)BD;(4)C;(5)B;(6)A。

【解析】

(1)本题考查交易价格的确定。2月应确认主营业务收入=(600+80)×450-80×500=266 000(元)=26.6(万元)。

(2)本题考查交易价格的分摊。Z产品的售价=(14-8)×6÷(2+6)=4.5(万元)。

(3)本题考查合同变更。本例中,由于合同无折扣、折让等金额可变条款,该价格折让是市场条件的变化引发,这种变化是黄河公司在合同开始日根据其所获得的相关信息无法合理预期的,由此导致的合同各方达成协议批准对原合同价格作出的变更,不属于可变对价,应作为合同变更进行会计处理,该合同变更未增加可明确区分的商品,黄河公司已转让的商品(已转让的50件M产品)与未转让的商品(未转让的 100 件 M 产品）之间可明确区分，因此，该合同变更应作为原合同终止及新合同订立进行会计处理。

(4)本题考查附有销售退回条款的销售。实际退回 15 件 N 产品属于资产负债表日后调整事项，应调整 2024 年的利润，对 2025 年度利润总额的影响额为 0。

2024 年 12 月 1 日：

借：应收账款　　　　　　　　　　　　　　　　　　　　　　　　40 680
　　贷：主营业务收入　　　　　　　　　　　　　　　　(200×180×80%)28 800
　　　　预计负债　　　　　　　　　　　　　　　　　　(200×180×20%)7 200
　　　　应交税费——应交增值税(销项税额)　　　　　　(200×180×13%)4 680
借：主营业务成本　　　　　　　　　　　　　　　　　　(200×120×80%)19 200
　　应收退货成本　　　　　　　　　　　　　　　　　　(200×120×20%)4 800
　　贷：库存商品　　　　　　　　　　　　　　　　　　　　(200×120)24 000

2024 年 12 月 31 日：

借：预计负债　　　　　　　　　　　　　　　　　　　　　　　　　　3 600
　　贷：主营业务收入　　　　　　　　　　　　　　　[200×180×(20%-10%)]3 600
借：主营业务成本　　　　　　　　　　　　　　　　　　　　　　　　2 400
　　贷：应收退货成本　　　　　　　　　　　　　　　[200×120×(20%-10%)]2 400

2025 年 3 月 31 日：

借：预计负债　　　　　　　　　　　　　　　　　　　　　　　　　　3 600
　　应交税费——应交增值税(销项税额)　　　　　　　　　(15×180×13%)351
　　贷：以前年度损益调整——营业收入　　　　　　　[(200×10%-15)×180]900
　　　　银行存款　　　　　　　　　　　　　　　　　[15×180×(1+13%)]3 051
借：库存商品　　　　　　　　　　　　　　　　　　　　　　(15×120)1 800
　　以前年度损益调整——营业成本　　　　　　　　　[(200×10%-15)×120]600
　　贷：应收退货成本　　　　　　　　　　　　　　　　　　　　　　2 400

(5)本题考查"应交税费——应交增值税(销项税额)"的计算。对黄河公司"应交税费——应交增值税(销项税额)"的影响=960×450×13%[事项(1)]+140 000×13%[事项(2)]+(1 280×50+100×1 050)×13%[事项(3)]+(200-15)×180×13%[事项(4)]=100 659(元)。

(6)本题考查利润总额的核算。对黄河公司 2024 年利润总额的影响额=960×(450-380)[事项(1)]+(140 000-100 000)[事项(2)]+(1 280×50+1 050×100-960×150)[事项(3)]+(180-120)×(200-15)[事项(4)]=143 300(元)。

亲爱的读者，你已完成本章7个考点的学习，本书知识点的学习进度已达84%。

第十六章　所得税

重要程度：重点章节　　分值：12分左右

考试风向

▰▰▰ 考情速递

本章重点内容为资产和负债的计税基础、暂时性差异、当期所得税（应交税费）、递延所得税、所得税费用的确认和计量等。常以计算题和综合分析题的形式考核，需要理解并掌握。

▰▰▰ 2025年考试变化

新增：与单项交易相关的递延所得税的处理。

▰▰▰ 脉络梳理

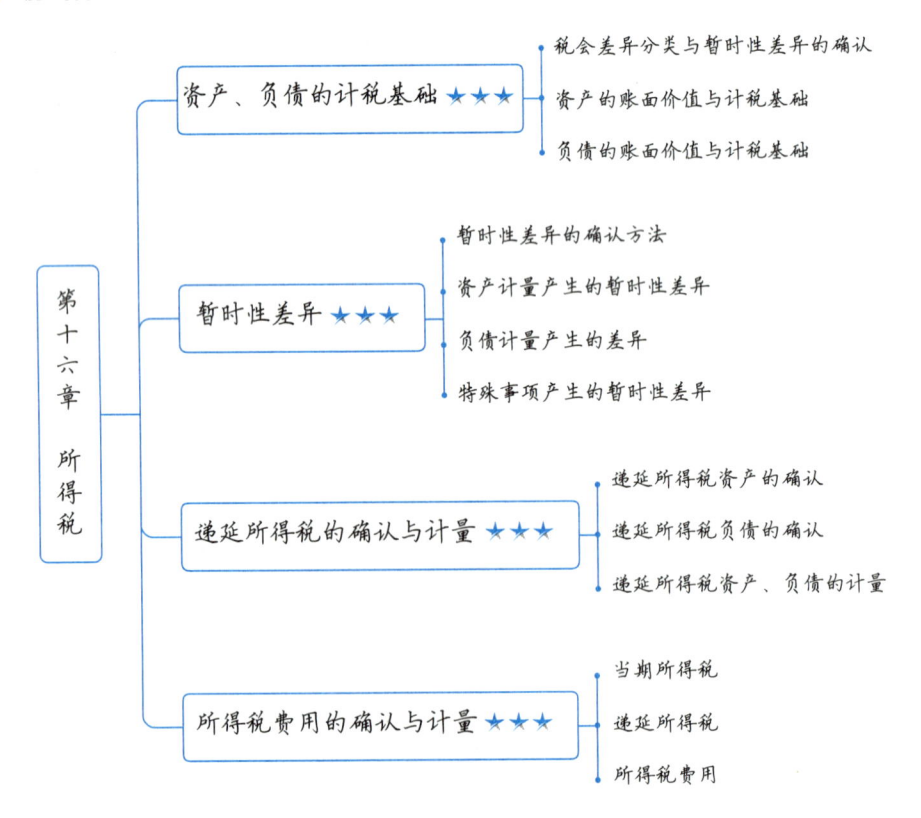

```
                              ┌─ 税会差异分类与暂时性差异的确认
           资产、负债的计税基础★★★ ─┼─ 资产的账面价值与计税基础
                              └─ 负债的账面价值与计税基础

                              ┌─ 暂时性差异的确认方法
                              ├─ 资产计量产生的暂时性差异
           暂时性差异★★★ ────────┼─ 负债计量产生的差异
第十六章                        └─ 特殊事项产生的暂时性差异
  所得税
                              ┌─ 递延所得税资产的确认
           递延所得税的确认与计量★★★ ─┼─ 递延所得税负债的确认
                              └─ 递延所得税资产、负债的计量

                              ┌─ 当期所得税
           所得税费用的确认与计量★★★ ─┼─ 递延所得税
                              └─ 所得税费用
```

考点详解及精选例题

考点一 资产、负债的计税基础 ★★★　　一学多考|中注

（一）税会差异分类与暂时性差异的确认

税会差异分类，见表16-1。

表16-1　税会差异分类

差异		内容
永久性差异（非暂时性）		差异一旦发生，便永久存在。永久性差异只影响当期的应纳税额，而不影响以后各期的应纳税额
		（1）国债利息收入。 （2）境内居民企业之间的股息、红利。 （3）研发费用的费用化支出加计扣除额	（4）罚款、税收滞纳金。 （5）债务担保损失。 （6）超标的业务招待费、职工福利费、工会经费
暂时性差异	应纳税暂时性差异	指在确定未来收回资产或清偿负债期间的应纳税所得额时，将导致产生应税金额的暂时性差异（导致将来多缴税的差异）
	可抵扣暂时性差异	指在确定未来收回资产或清偿负债期间的应纳税所得额时，将导致产生可抵扣金额的暂时性差异（导致将来少缴税的差异）

> 记忆密码
> 口诀：债加股，罚保会招福。

（二）资产的账面价值与计税基础（2020年单选）

1. 资产账面价值

资产的账面价值是指企业按照相关会计准则的规定进行核算后在资产负债表中列示的金额。

（1）成本计量的资产：资产账户余额-备抵账户余额（如固定资产）。

（2）公允价值计量的资产：资产账户余额（如交易性金融资产）。

2. 资产计税基础（税法规定认可的资产价值）

资产的计税基础，即资产在未来期间计税时按照税法规定可以税前扣除的金额。

资产在初始确认时，其计税基础一般为取得成本，即企业为取得某项资产支付的成本在未来期间准予税前扣除。

在资产持续持有的过程中，其计税基础是指资产的取得成本减去以前期间按照税收法律、法规规定已经税前扣除的金额后的余额，该余额代表的是按照税法规定，就涉及的资产在未来期间计税时仍然可以税前扣除的金额。

计税基础=税法认可的（取得成本-折旧、摊销）

【例题1·单选题】甲公司2024年内部研究开发支出共计500万元,其中研究阶段支出200万元,开发阶段支出300万元且全部符合资本化条件。2024年7月1日已达到预定用途,确认为无形资产,预计使用年限为10年。根据税法规定,企业研究开发未形成无形资产的费用按100%加计扣除;形成无形资产的,按照其成本的200%摊销。不考虑其他因素,则2024年年末甲公司开发形成的该无形资产的计税基础为( )万元。

A. 285　　　　B. 300　　　　C. 600　　　　D. 570

解析 2024年7月1日：无形资产的账面价值=300(万元),无形资产的计税基础=300×200%=600(万元)。

2024年12月31日：无形资产的账面价值=300-300÷10÷2=285(万元),无形资产的计税基础=300×200%-300×200%÷10÷2=570(万元)。

【例题2·单选题】某公司2022年12月1日购入的一台环保设备,原价为1 000万元,预计使用年限为10年,预计净残值为0。会计处理时按照年限平均法计提折旧,税法规定按双倍余额递减法计提折旧。2024年年末该公司对该项固定资产计提了80万元的固定资产减值准备。2024年年末该项设备的计税基础为( )万元。

A. 800　　　　B. 720　　　　C. 640　　　　D. 560

解析 2023年按税法规定计提的折旧=1 000×2÷10=200(万元),2024年按税法规定计提的折旧=(1 000-200)×2÷10=160(万元)。税法不承认资产的减值准备,因此,2024年年末该项设备的计税基础=1 000-200-160=640(万元)。

(三) 负债的账面价值与计税基础

1. 负债账面价值

负债的账面价值是指企业按照相关会计准则的规定进行核算后在资产负债表中列示的金额。

2. 负债计税基础

负债的计税基础=负债的账面价值-未来期间计算应纳税所得额时可以扣除的金额

【知识点拨】考试的速算方法：先识别确认负债的收入或费用,是否属于暂时性差异。如果属于,则负债的计税基础是0(交易性金融负债除外);如果是无差异或有永久性差异,则负债的计税基础是账面价值。

【小案例】

(1)当期计提管理人员薪酬费用确认应付职工薪酬30万元,税法允许当期全部税前扣除。

借：管理费用　　　　　　　　　　　　　　　　　　　　300 000
　　贷：应付职工薪酬　　　　　　　　　　　　　　　　300 000

口诀：永计账、暂计0。

答案
例题1 | D
例题2 | C

应付职工薪酬：账面价值=30(万元)，计税基础=30-0=30(万元)。[无税会差异]

(2)因预计产品质量保证费用确认预计负债10万元，税法规定实际发生支出时可以税前扣除。

借：主营业务成本　　　　　　　　　　　　　　　100 000
　　贷：预计负债　　　　　　　　　　　　　　　　　100 000

预计负债：账面价值=10(万元)，计税基础=10-10=0。[有税会差异：暂时性差异]

(3)因对外提供担保确认预计负债20万元，税法不允许税前扣除。

借：营业外支出　　　　　　　　　　　　　　　　200 000
　　贷：预计负债　　　　　　　　　　　　　　　　　200 000

预计负债：账面价值=20(万元)，计税基础=20-0=20(万元)。[有税会差异：永久性差异]

考点二　暂时性差异 ★★★　　一学多考|中注

(一)暂时性差异的确认方法

暂时性差异的确认方法，见表16-2。

表16-2　暂时性差异的确认方法

	期末比较	暂时性差异	差异×未来税率
资产	账面价值>计税基础	应纳税	递延所得税负债
	账面价值<计税基础	可抵扣	递延所得税资产
负债	账面价值>计税基础	可抵扣	递延所得税资产
	账面价值<计税基础	应纳税	递延所得税负债

记忆密码
口诀：产大有钱应纳税、债大没钱可抵扣。

(二)资产计量产生的暂时性差异

资产计量产生的暂时性差异，见表16-3。

表16-3　资产计量产生的暂时性差异

资产	账面价值	计税基础	差异原因
存货 应收账款	账户余额-减值准备	取得成本	计提的减值损失未来实际发生时才允许扣除
固定资产 无形资产	账户余额-会计折旧(摊销)-减值准备	取得成本-税法折旧(摊销)	减值，折旧(摊销)方法、年限，净残值

(续表)

资产		账面价值	计税基础	差异原因
无形资产（研发加计摊销）		账户余额-会计摊销-减值准备	取得成本×200%-税法摊销	税法按照无形资产成本的200%摊销
长期股权投资		账户余额-减值准备	取得成本	减值、权益法核算
债权投资		账户余额-减值准备	账户余额	减值
交易性金融资产		公允价值	取得成本	持有期间的公允价值变动损益不计入应纳税所得额，未来处置时影响应税所得
其他债权投资			除公允价值变动明细外的账户余额	
其他权益工具投资			取得成本	
投资性房地产	公允价值模式	公允价值	取得成本-税法折旧（摊销）	持有期间的公允价值变动损益不计入应纳税所得额，未来处置时影响应税所得；税法角度折旧（摊销）
	成本模式	与固定资产、无形资产相同		减值，折旧（摊销）方法、年限，净残值

提示 对内部研究开发形成的无形资产，在初始确认时，对于会计与税收规定之间存在的暂时性差异不予确认；持有过程中，在初始未予确认暂时性差异的所得税影响范围内的摊销额等的差异亦不予确认。

【知识点拨】所得税会计处理是历年考试重点和难点，熟练掌握资产和负债的计税基础以及形成的暂时性差异，是综合分析题解题的基础。

资产计量产生的暂时性差异举例，见表16-4。

表16-4 资产计量产生的暂时性差异举例

业务举例	账面价值	计税基础	暂时性差异
年末应收账款余额为1 000万元，计提100万元的坏账准备	1 000-100=900	1 000	资产账面价值<计税基础，可抵扣暂时性差异100万元
设备原值1 200万元、使用年限10年、年限平均法、预计净残值0，已折旧2年，年末可收回金额为900万元	1 200-1 200÷10×2-60=900	折旧方法、年限、净残值与会计规定相同；1 200-1 200÷10×2=960	资产减值损失本期不允许税前扣除，将来实际发生损失时允许扣除；资产账面价值<计税基础，产生可抵扣暂时性差异60万元

(续表)

业务举例	账面价值	计税基础	暂时性差异
研究阶段支出 200 万元，开发阶段费用化支出 200 万元、资本化支出 600 万元，已达到预定用途（尚未开始摊销）	600	600×200%＝1 200（假定摊销比例为 200%）	费用化 400 万元本期加计扣除 100%（假定加计扣除比例为 100%），属于永久性差异；无形资产 600 万元按 200% 摊销；资产账面价值＜计税基础，可抵扣暂时性差异 600 万元（但不确认递延所得税资产）
办公楼成本 2 000 万元、预计使用年限 20 年（已使用 5 年）、年限平均法计提折旧、预计净残值为 0。第 6 年年初转为公允价值模式计量的投资性房地产，当日公允价值 1 500 万元，当年年末公允价值 1 600 万元	1 600	假定税法规定的折旧方法、折旧年限及净残值与该房屋自用时会计规定相同；2 000－2 000÷20×6＝1 400	公允价值变动损益不计入应纳税所得额，未来处置时再计入；资产账面价值＞计税基础，产生应纳税暂时性差异 200 万元
年初取得交易性金融资产成本 100 万元，年末公允价值为 120 万元	120	100	公允价值变动损益不计入应纳税所得额，实际处置资产时再计入应纳税所得额；资产账面价值＞计税基础，产生应纳税暂时性差异 20 万元

（三）负债计量产生的差异

负债计量产生的差异，见表 16-5。

表 16-5　负债计量产生的差异

负债	账面价值	计税基础	差异分析
应缴的税收滞纳金和罚款	账户余额	账户余额	永久性差异。现在和将来都不允许税前扣除

(续表)

负债	账面价值	计税基础	差异分析
预计负债(质保、诉讼)	账户余额	0	可抵扣暂时性差异。预计的费用在未来实际发生时可以税前扣除
预计负债(对外担保损失)	账户余额	账户余额	永久性差异。现在和将来都不允许税前扣除
应付职工薪酬(超标工资、超标福利)	账户余额	账户余额	永久性差异。现在和将来都不允许税前扣除
应付职工薪酬(超标职工教育经费)	账户余额	扣除标准	可抵扣暂时性差异。超标职工教育经费在未来实际发生时可以扣除
合同负债 税法不作为收入	账户余额-未确认融资费用	账户余额-未确认融资费用	没有差异
合同负债 税法作为收入	账户余额-未确认融资费用	0	可抵扣暂时性差异

负债计量产生的差异举例,见表16-6。

表16-6 负债计量产生的差异举例

业务举例	账面价值	计税基础	税会差异
预计保修支出确认预计负债100万元	100	账面价值100-未允许扣除100=0	预计保修费用在计提时不允许税前扣除,未来实际发生修理费用时允许税前扣除;负债账面价值>计税基础,产生可抵扣暂时性差异100万元
预计担保支出确认预计负债200万元	200	账面价值200-未允许扣除0=200	对外担保支出不允许税前扣除,属于永久性差异
当期计入成本费用的应付职工薪酬300万元,可以税前扣除金额200万元	300	账面价值300-未允许扣除0=300	永久性差异。超标的工资费用100万元现在和将来计算应纳税所得额时都不允许税前扣除
收到合同预付款10万元作为合同负债,税法计入应税所得	合同负债10	账面价值10-未允许扣除10=0	产生期间已经计算缴纳了企业所得税,则未来期间不再计入应纳税所得额

(四)特殊事项产生的暂时性差异

1. 未作为资产、负债确认的项目产生的暂时性差异

企业发生的符合条件的广告费和业务宣传费支出,除另有规定外,不超过当年销售收入15%的部分准予扣除;超过部分准予在以后纳税年度结转扣除。该类费用在发生时按照会计准则规定计入当期损益,不形成资产负债表中的资产,但按照税法规定可以确定其计税基础,两者之间的差异形成暂时性差异(可抵扣暂时性差异)。

2. 可抵扣亏损及税款抵减产生的暂时性差异

按照税法规定可以结转以后年度的未弥补亏损及税款抵减,虽不是因资产、负债的账面价值与计税基础不同产生的,但与可抵扣暂时性差异具有同样的作用,均能够减少未来期间的应纳税所得额,会计处理上视同可抵扣暂时性差异,符合条件的情况下,以很可能获得用来抵扣可抵扣亏损及税款抵减的未来应纳税所得额为限,确认与其相关的递延所得税资产。

【例题3·多选题】企业当年发生的下列交易或事项中,可产生应纳税暂时性差异的有( )。

A. 购入使用寿命不确定的无形资产
B. 应缴的罚款和税收滞纳金
C. 本期产生亏损,税法允许在以后5年内弥补
D. 年初交付管理部门使用的设备,会计上按年限平均法计提折旧,税法上按双倍余额递减法计提折旧
E. 期末以公允价值计量且其变动计入当期损益的金融负债公允价值小于其计税基础

解析 选项A,会计上不计提摊销,而税法上计提摊销,所以导致无形资产的账面价值大于计税基础,形成应纳税暂时性差异。选项B,属于永久性差异。选项C,属于可抵扣暂时性差异。选项D,会计方法计提的折旧金额比税法方法少,所以使得资产的账面价值比计税基础大,形成应纳税暂时性差异。选项E,负债的账面价值小于计税基础,形成应纳税暂时性差异。

【例题4·单选题】(2021年)下列各项中,能够产生可抵扣暂时性差异的是( )。

A. 超过税法扣除标准的职工福利费
B. 因销售商品提供保修服务而确认的预计负债
C. 持有的交易性金融资产持续升值
D. 税收滞纳金

解析 选项A、D,产生永久性差异。选项B,产生可抵扣暂时性差异。选项C,产生应纳税暂时性差异。

答案

例题3 | ADE
例题4 | B

考点三 递延所得税的确认与计量 ★★★   一学多考|中注

(一) 递延所得税资产的确认(2022 年单选)

(1)递延所得税资产产生于可抵扣暂时性差异。

因为可抵扣暂时性差异在未来转回期间将抵扣应纳税所得额,所以在差异发生当期已形成未来少交税的权利,确认递延所得税资产。

当期和未来的递延所得税资产对比,见表 16-7。

表 16-7　当期和未来的递延所得税资产对比

	当期	未来
业务	存货成本 100,计提减值准备 10。 借:资产减值损失　　　　　　10 　贷:存货跌价准备　　　　　　10	计提准备的存货销售,假定售价 150,确认主营业务收入 150,主营业务成本 90(100-10)
当期所得税	假定当期扣减损失后利润总额 100。 借:所得税费用 　贷:应交税费　　(100+10)×25%	假定当期利润总额=150-90=60。 借:所得税费用 　贷:应交税费　　(60-10)×25%
递延所得税	存货账面价值 90,计税基础 100。 借:递延所得税资产　　　　10×25% 　贷:所得税费用	借:所得税费用 　贷:递延所得税资产　　10×25%

(2)确认递延所得税资产的限制条件:确认由可抵扣暂时性差异产生的递延所得税资产,应当以未来期间很可能取得用来抵扣可抵扣暂时性差异的应纳税所得额为限。可抵扣暂时性差异的影响在未来期间无法实现的,则现在不确认递延所得税资产。

【应用1】长期股权投资业务产生的可抵扣暂时性差异,在未来期间很可能转回且未来很可能取得用来抵扣可抵扣暂时性差异的应纳税所得额时才确认递延所得税资产。(如权益法下承担的亏损、计提减值准备)

【应用2】企业发生的交易或事项不属于企业合并,并且交易发生时既不影响会计利润也不影响应纳税所得额时,资产和负债的初始确认金额与计税基础不同产生的可抵扣暂时性差异不确认递延所得税资产。(如内部研发形成的无形资产因加计摊销产生的差异)

【应用3】对于按照税法规定可以结转以后年度的可弥补亏损和税款抵减,应视同可抵扣暂时性差异处理。在预计可利用可弥补亏损或税款抵减的未来期间内很可能取得足够的应纳税所得额时,应当以很可能取得的应纳税所得额为限,确认相应的递延所得税资产,同时减少确认当期的所得税费用。

【例题5·单选题】(2022 年)2021 年 6 月 10 日,甲公司购入一台不需要安装的固定资产,支付价款 420 万元。该固定资产预计使用年限为 6 年,无残值，采用年数总和法计提折旧。按照税法规定该固定资产采用年限平均法按 4 年计提折旧。甲公司适用的企业所得税税率为 25%，则 2021 年 12 月 31 日，甲公司应确认递延所得税资产（　　）万元。

A. 3.75　　　　B. 4.375　　　　C. 6　　　　D. 1.875

解析 2021 年年末，该固定资产的账面价值 = 420－420×6÷21×6÷12 = 360（万元），计税基础 = 420－420÷4×6÷12 = 367.5（万元），资产的账面价值小于计税基础，形成可抵扣暂时性差异，应确认递延所得税资产额 =（367.5－360）×25% = 1.875（万元）。

【例题 6·多选题】若某公司未来期间有足够的应纳税所得额抵扣可抵扣暂时性差异，则下列交易或事项中，会引起"递延所得税资产"科目余额增加的有（　　）。

A. 本期发生净亏损，税法允许在以后 5 年内弥补
B. 确认债权投资发生的减值
C. 预提产品质量保证金
D. 转回存货跌价准备
E. 确认国债利息收入

解析 选项 D，转回存货跌价准备是可抵扣暂时性差异的消失，应转回之前因该准备确认的递延所得税资产，会减少递延所得税资产的余额。选项 E，国债利息收入不形成暂时性差异，不会引起递延所得税资产余额增加。

（3）确认递延所得税资产的对应科目。

a. 有关交易或事项发生时，差异对税前会计利润或是应纳税所得额产生影响的，所确认的递延所得税资产应作为利润表中所得税费用的调整。

b. 有关的可抵扣暂时性差异产生于直接计入所有者权益的交易或事项的，确认的递延所得税资产也应计入所有者权益。

比如：会计政策变更或前期差错更正涉及的递延所得税资产或负债调整期初留存收益；以公允价值计量且其变动计入其他综合收益的金融资产因公允价值变动产生暂时性差异确认的递延所得税资产或负债计入其他综合收益。

c. 企业合并中取得的有关资产、负债产生的可抵扣暂时性差异，其所得税影响应相应调整合并中确认的商誉或是应计入合并当期损益的金额。

(二) 递延所得税负债的确认

（1）递延所得税负债产生于<u>应纳税</u>暂时性差异。

因为应纳税暂时性差异在未来转回期间将增加应纳税所得额，所以在差异发生当期已形成未来交税的负债，确认递延所得税负债。

当期和未来的递延所得税负债对比，见表 16-8。

答案
例题 5 | D
例题 6 | ABC

表 16-8　当期和未来的递延所得税负债对比

	当期	未来
业务	交易性金融资产取得成本 100，期末公允价值变动增加 10： 借：交易性金融资产　　　　10 　贷：公允价值变动损益　　　10	变动后交易性金融资产出售 110： 借：银行存款　　　　　　110 　贷：交易性金融资产　　　110 　　　投资收益　　　　　　0
当期所得税	假定当期包括变动损益的利润总额 100。 借：所得税费用 　贷：应交税费　（100-10）×25%	假定当期利润总额＝110-110＝0。 借：所得税费用 　贷：应交税费　（0+10）×25%
递延所得税	金融资产账面价值 110，计税基础 100。 借：所得税费用 　贷：递延所得税负债　　10×25%	借：递延所得税负债　　10×25% 　贷：所得税费用

（2）确认递延所得税负债的限制条件：应纳税暂时性差异的影响在未来期间无法实现的，则现在不确认递延所得税负债。

【应用 1】与子公司、联营企业、合营企业投资等相关的应纳税暂时性差异，一般应确认相关的递延所得税负债，但同时满足以下两个条件的除外：一是投资企业能够控制暂时性差异转回的时间；二是该暂时性差异在可预见的未来很可能不会转回。

权益法核算的长期股权投资，如果企业拟长期持有该项投资，则因初始投资成本的调整产生的暂时性差异、因确认应享有被投资单位其他权益的变动而产生的暂时性差异，在长期持有的情况下预计未来期间不会转回；因确认投资损益产生的暂时性差异，如果在未来期间逐期分回现金股利或利润时免税，也不存在对未来期间的所得税影响；对于长期股权投资账面价值与计税基础之间的差异，一般不确认相关的所得税影响。

如果投资企业的持有意图由长期持有转变为拟近期出售，因长期股权投资账面价值与计税基础不同产生的有关暂时性差异，均应确认相关的所得税影响。

【应用 2】非同一控制下企业合并形成的商誉，商誉的计税基础为零，其账面价值与计税基础之间的差额形成应纳税暂时性差异，不确认递延所得税负债。

（3）确认递延所得税负债的对应科目。

除与直接计入所有者权益的交易或事项以及企业合并中取得资产、负债相关的以外，在确认递延所得税负债的同时，应增加利润表中的所得税费用。

【例题 7·单选题】黄山公司 2022 年 5 月 5 日购入乙公司普通股股票一批，成本为 2 300 万元，将其直接指定为其他权益工具投资。2022 年年末，黄山公司持有的乙公司股票的公允价值为 2 900 万元；2023 年年末，该批股票的公允价值为 2 600 万元。黄山公司适用的企业所得税税率为 25%，预计未来期间不会发生变化。不考虑其他因素，2023 年黄山公司应确认的递延所得税负债为（　　）万元。

A．-75   B．-25   C．0   D．300

解析 2022年年末，应纳税暂时性差异余额=2 900-2 300=600（万元），递延所得税负债期末数=600×25%=150（万元）。

借：其他综合收益   1 500 000
　　贷：递延所得税负债   1 500 000

2023年年末，应纳税暂时性差异余额=2 600-2 300=300（万元），递延所得税负债期末数=300×25%=75（万元），应确认递延所得税负债=75-150=-75（万元）。

借：递延所得税负债   750 000
　　贷：其他综合收益   750 000

（三）递延所得税资产、负债的计量

递延所得税资产、负债的计量，见表16-9。

表16-9　递延所得税资产、负债的计量

税率	期末递延所得税资产（负债）=差异余额×转回期间的税率 （1）适用税率：应当以预期收回该资产或预期清偿该负债期间的税率计量。 （2）税率变化：应当对已确认的递延所得税资产和递延所得税负债按照新的税率重新计量	
不用折现	无论暂时性差异的转回期间如何，递延所得税资产或递延所得税负债都不要求折现	
资产复核	资产负债表日对递延所得税资产的账面价值复核。预计未来期间无法取得足够的应纳税所得额，应当减记递延所得税资产，之后能够取得时可以恢复递延所得税资产	
特殊交易或事项涉及递延所得税的确认	与股份支付相关的递延所得税	如果税收法律、法规规定与股份支付相关的支出允许税前扣除，应估计可税前扣除的金额计算确定其计税基础及由此产生的暂时性差异，符合确认条件的情况下应当确认相关的递延所得税。其中预计未来期间可税前扣除的金额超过会计上确认的成本费用，超过部分的所得税影响应直接计入所有者权益
	与单项交易相关的递延所得税 **新增**	对于不是企业合并、交易发生时既不影响会计利润也不影响应纳税所得额（或可抵扣亏损），且初始确认的资产和负债导致产生等额应纳税暂时性差异和可抵扣暂时性差异的单项交易（包括承租人在租赁期开始日初始确认租赁负债并计入使用权资产的租赁交易，以及因固定资产等存在弃置义务而确认预计负债并计入相关资产成本的交易等），不适用关于豁免初始确认递延所得税负债和递延所得税资产的规定。企业对该单项交易因资产和负债的初始确认所产生的应纳税暂时性差异和可抵扣暂时性差异，应当在交易发生时分别确认相应的递延所得税负债和递延所得税资产

答案
例题7｜A

【例题8·多选题】下列关于递延所得税会计处理的表述中,错误的有( )。

A. 企业应将当期发生的可抵扣暂时性差异全部确认为递延所得税资产

B. 企业应将当期发生的应纳税暂时性差异全部确认为递延所得税负债

C. 企业应在资产负债表日对递延所得税资产的账面价值进行复核

D. 企业不应当对递延所得税资产和递延所得税负债进行折现

E. 递延所得税费用是按照会计准则规定当期应予确认的递延所得税资产加上当期应予确认的递延所得税负债的金额

解析 选项A,确认由可抵扣暂时性差异产生的递延所得税资产,应当以未来很可能取得用来抵扣可抵扣暂时性差异的应纳税所得额为限,不能全部确认递延所得税资产。选项B,企业应当确认所有应纳税暂时性差异产生的递延所得税负债,除准则明确规定可不确认递延所得税负债的情况,如商誉的初始确认、拟长期持有的长期股权投资。选项E,递延所得税费用等于因确认递延所得税负债而产生的所得税费用减去因确认递延所得税资产而产生的所得税费用,不包括递延所得税计入其他综合收益的部分。

考点四 所得税费用的确认与计量 ★★★   一学多考|中注

(一) 当期所得税

应纳税所得额=会计利润总额±纳税调整额(所有税会差异:−利润总额中税法不认可的收入+利润总额中税法不认可的费用+税法确认但会计未核算收入−税法确认但会计未核算费用)

应交所得税=应纳税所得额×<u>当期适用税率</u>

借:所得税费用
　　贷:应交税费——应交所得税

(二) 递延所得税

递延所得税是递延所得税资产和递延所得税负债当期发生额的综合结果,但不包括计入所有者权益的所得税影响金额。

递延所得税=(递延所得税负债期末数−递延所得税负债期初数)−(递延所得税资产期末数−递延所得税资产期初数)

递延所得税资产期末数=期末可抵扣暂时性差异×转回期间税率
递延所得税负债期末数=期末应纳税暂时性差异×转回期间税率
递延所得税资产和递延所得税负债的会计分录,见表16-10。

口诀:债末初减产末初。

答案
例题8 | ABE

表16-10 递延所得税资产和递延所得税负债的会计分录

项目	账务处理	
影响所得税费用	差异产生于计入税前会计利润或应税所得额的交易或事项	
	借：递延所得税资产 　　贷：所得税费用 [或相反分录]	借：所得税费用 　　贷：递延所得税负债 [或相反分录]
不影响所得税费用	差异产生于计入所有者权益的交易或事项	
	借：递延所得税资产 　　贷：其他综合收益等 [或相反分录]	借：其他综合收益等 　　贷：递延所得税负债 [或相反分录]

【例题9·单选题】甲公司适用的企业所得税税率为25%，预计未来期间不会发生变化。2021年12月20日，甲公司购入一项不需要安装的固定资产，成本为500万元，预计使用年限为10年，采用年限平均法计提折旧，预计净残值为零。税法规定，该项固定资产采用双倍余额递减法计提折旧，折旧年限为8年，预计净残值为零。不考虑其他因素，下列关于甲公司的会计处理正确的是（　　）。[计算结果保留两位小数]

A. 2023年年末的递延所得税负债余额为29.69万元

B. 2023年年末应确认的递延所得税负债为18.75万元

C. 2022年年末的递延所得税负债余额为10.94万元

D. 2022年年末应确认的递延所得税资产为18.75万元

解析 2022年年末：固定资产的账面价值=500－500÷10=450（万元）；计税基础=500－500×2÷8=375（万元）；应纳税暂时性差异=450－375=75（万元），确认递延所得税负债=75×25%=18.75（万元）。

2023年年末：固定资产的账面价值=500－500÷10×2=400（万元）；计税基础=500－500×2÷8－(500－500×2÷8)×2÷8=281.25（万元）；应纳税暂时性差异=400－281.25=118.75（万元），递延所得税负债余额=118.75×25%=29.69（万元），确认的递延所得税负债=29.69－18.75=10.94（万元）。

（三）所得税费用（2022年单选；2020—2022年综合分析）

所得税费用=当期所得税+递延所得税

【例题10·单选题】（2022年）甲公司2021年12月31日因以公允价值计量且其变动计入当期损益的金融资产和以公允价值计量且其变动计入其他综合收益的金融资产的公允价值变动，分别确认了20万元的递延所得税资产和40万元的递延所得税负债，甲公司当期应交所得税税额为250万元。假设不考虑其他因素，甲公司2021年度利润表"所得税费用"项目应列报的金额为（　　）万元。

答案
例题9｜A

A. 310　　　　B. 230　　　　C. 190　　　　D. 270

解析 以公允价值计量且其变动计入其他综合收益的金融资产的公允价值变动，确认的递延所得税负债的对方科目为其他综合收益，不计入所得税费用。所得税费用=250+0-20=230（万元）。

　　借：递延所得税资产　　　　　　　　　　　　　　　　　　　200 000
　　　　贷：所得税费用　　　　　　　　　　　　　　　　　　　　200 000
　　借：其他综合收益　　　　　　　　　　　　　　　　　　　　400 000
　　　　贷：递延所得税负债　　　　　　　　　　　　　　　　　　400 000
　　借：所得税费用　　　　　　　　　　　　　　　　　　　　2 500 000
　　　　贷：应交税费——应交所得税　　　　　　　　　　　　2 500 000

【例题 11·综合分析题】（2024 年）长城公司系上市公司，适用企业所得税税率为25%，所得税采用资产负债表债务法核算。2023年1月1日，"递延所得税资产"和"递延所得税负债"科目余额均为零。2023年度会计利润总额为610万元，相关交易或事项如下：

（1）2022年12月30日，长城公司取得一项固定资产并立即投入使用，该固定资产原值800万元，预计使用年限10年，预计净残值为0，会计上采用双倍余额递减法计提折旧；税法规定：该固定资产使用年限为10年，预计净残值为0，按年限平均法计提折旧。2023年年末，长城公司估计该固定资产的可收回金额为580万元。

（2）2023年6月10日，长城公司支付银行存款145万元购入一台设备，作为固定资产核算，并于当月投入使用。公司采用双倍余额递减法计提折旧，预计使用年限为5年，预计净残值为15万元。按税法规定，公司将该台设备在投入使用年度一次性全额企业所得税税前扣除。

（3）2023年6月1日，长城公司收到主管税务机关退回2022年度的企业所得税税款100万元。

（4）2023年11月1日，向光明公司销售一批不含税价格为2 000万元的产品，其成本为1 500万元，合同约定，光明公司收到产品后3个月内若发现质量问题可立即退货，根据以往经验估计，该批产品的退货率为10%。截至2023年12月31日，上述产品尚未发生销货退回。

（5）2023年度计提职工工资薪金700万元，实际发放660万元，其余部分拟绩效考核完成后于2024年7月初发放；发生职工教育经费56.8万元。根据税法规定，企业实际发放的工资薪金准予税前扣除；企业发生的职工教育经费不超过工资薪金总额8%的部分，准予税前扣除；超过部分，准予结转以后年度税前扣除。

（6）2022年4月20日，长城公司购入一项股权并通过"其他权益工具投资"科目核算。该项股权2022年末的公允价值为500万元（与其计税基础一致）。2023年6月20日，收到该股权的现金股利10万元。2023年末，该股权的公允价值为520万元。根据税法规定，居民企业之间直接持有股权收到

答案
例题 10｜B

504

的现金股利，免征企业所得税。

长城公司均已按企业会计准则的规定对上述交易或事项进行了会计处理；预计在未来有足够的应纳税所得额用于抵扣可抵扣暂时性差异。假设除上述事项外，没有影响所得税核算的其他因素，不考虑所得税以外的其他税费。

根据上述资料，回答下列问题。

（1）针对事项（1），该项固定资产在2023年年末产生的暂时性差异是（　　）。

A. 可抵扣暂时性差异140万元
B. 应纳税暂时性差异60万元
C. 应纳税暂时性差异80万元
D. 可抵扣暂时性差异60万元

解析 2023年年末，固定资产计提减值前的账面价值 = 800 - 800×2÷10 = 640（万元），大于可收回金额580万元，所以固定资产发生减值，计提减值后的账面价值为580万元，计税基础 = 800 - 800÷10 = 720（万元），固定资产的账面价值小于计税基础，产生可抵扣暂时性差异 = 720 - 580 = 140（万元），应确认递延所得税资产 = 140×25% = 35（万元），分录为：

借：递延所得税资产　　　　　　　　　　　　　350 000
　　贷：所得税费用　　　　　　　　　　　　　　　　350 000

（2）针对事项（2），该台设备在2023年年末产生的应纳税暂时性差异为（　　）万元。

A. 66　　　　B. 50　　　　C. 149　　　　D. 116

解析 2023年年末，固定资产的账面价值 = 145 - 145×2÷5×6÷12 = 116（万元），计税基础 = 0，资产的账面价值大于计税基础，产生应纳税暂时性差异 = 116 - 0 = 116（万元）。

（3）针对事项（3），长城公司收到企业所得税税款时，会计处理不可能涉及的会计科目有（　　）。

A. 以前年度损益调整　　　B. 银行存款
C. 利润分配——未分配利润　　D. 应交税费
E. 所得税费用

解析 会计分录为：

借：银行存款　　　　　　　　　　　　　　　　1 000 000
　　贷：所得税费用　　　　　　　　　　　　　　　　1 000 000

（4）针对事项（4），下列关于结转销售商品成本的会计处理正确的是（　　）。

A. 借：主营业务成本　　　　　　　　　　　　13 500 000
　　　应收退货成本　　　　　　　　　　　　　1 500 000
　　　贷：库存商品　　　　　　　　　　　　　　　15 000 000
B. 借：主营业务成本　　　　　　　　　　　　15 000 000

          贷：库存商品   15 000 000
    C. 借：主营业务成本   13 500 000
         合同资产   1 500 000
          贷：库存商品   15 000 000
    D. 借：主营业务成本   13 500 000
         发出商品   1 500 000
          贷：库存商品   15 000 000

解析 2023年11月1日，长城公司销售商品时分录如下：
借：银行存款   20 000 000
  贷：主营业务收入   （20 000 000×90%）18 000 000
    预计负债   （20 000 000×10%）2 000 000
借：主营业务成本   13 500 000
  应收退货成本   1 500 000
  贷：库存商品   15 000 000
借：递延所得税资产   （2 000 000×25%）500 000
  贷：所得税费用   500 000
借：所得税费用   375 000
  贷：递延所得税负债   （1 500 000×25%）375 000

（5）长城公司2023年度应缴企业所得税（　　）万元。
A. 208.5　　　B. 174.5　　　C. 179.5　　　D. 242.5

解析 2023年度应纳税所得额=610+140[事项（1）]-116[事项（2）]+（200-150）[事项（4）]+[（700-660）+（56.8-52.8）][事项（5）]-10[事项（6）]=718（万元），应缴企业所得税=718×25%=179.5（万元）。

事项（1）产生可抵扣暂时性差异=720-580=140（万元），应纳税调增140万元，确认递延所得税资产=140×25%=35（万元）。

事项（2）产生应纳税暂时性差异=116-0=116（万元），应纳税调减116万元，确认递延所得税负债=116×25%=29（万元）。

事项（3）不产生暂时性差异，不确认递延所得税。

事项（4）预计负债的账面价值为200万元，计税基础为0，负债的账面价值大于计税基础，产生可抵扣暂时性差异200万元，应纳税调增200万元，确认递延所得税资产50万元。应收退货成本的账面价值为150万元，计税基础为0，资产的账面价值大于计税基础，产生应纳税暂时性差异150万元，应纳税调减150万元，确认递延所得税负债37.5万元。

事项（5）可当期扣除的工资薪金为660万元，即应付职工薪酬的账面价值为700万元，计税基础为660万元，负债的账面价值大于计税基础，产生可抵扣暂时性差异=700-660=40（万元），应纳税调增40万元，确认递延所得税资产=40×25%=10（万元）。

职工教育经费的扣除限额=660×8%=52.8（万元），会计上实际扣除金额

56.8万元,应纳税调增金额=56.8-52.8=4(万元),确认递延所得税资产=4×25%=1(万元)。

事项(6)收到免税现金股利10万元属于永久性差异,应纳税调减10万元。其他权益工具投资的账面价值为520万元,计税基础为500万元,形成应纳税暂时性差异20万元,确认递延所得税负债(对应其他综合收益)=20×25%=5(万元)。

(6)长城公司2023年度应确认的所得税费用为(　　)万元。
A. 174.5　　　B. 150　　　C. 50　　　D. 42.5

解析 当期应交企业所得税对应的所得税费用为179.5万元;递延所得税资产对应的所得税费用=-35[事项(1)]-50[事项(4)]-(10+1)[事项(5)]=-96(万元);递延所得税负债对应的所得税费用=29[事项(2)]+37.5[事项(4)]=66.5(万元),综上可知,2023年度应确认的所得税费用=179.5-96+66.5-100[事项(3)]=50(万元)。

或:所得税费用={610-10[事项(6)]}×25%-100[事项(3)]=50(万元)。

【例题12·综合分析题】 长城公司系上市公司,适用的企业所得税税率为25%,采用资产负债表债务法核算。

2021年1月1日,"递延所得税资产"科目余额是500万元(因上年可以结转以后年度的未弥补亏损确认递延所得税资产350万元、因计提产品质量保证金确认递延所得税资产100万元、广告费用超过扣除限额确认递延所得税资产50万元),递延所得税负债余额为0。

2021年长城公司会计利润总额6 000万元,与企业所得税相关交易如下:

(1)2021年3月10日,以4 000万元价格购入办公大楼,并在当日出租给黄河公司,年租金180万元,作为投资性房地产,采用公允价值模式计量。按税法规定该大楼按年限平均法计提折旧,折旧年限为20年,净残值率10%,2021年12月31日该办公楼公允价值3 600万元。

(2)2021年6月1日,收到主管税务机关因上年享受企业所得税优惠退回的税款100万元。

(3)2021年11月1日,以5元/股购入丁公司股票200万股作为其他权益工具投资核算,另付交易费用10万元。2021年12月31日,股票收盘价是7元/股。

(4)2021年12月1日,向光明公司出售不含税售价为2 000万元的产品,成本为1 500万元,合同约定光明公司收到产品后3个月内若发现质量问题可退货。截至2021年12月31日,未发生退货,根据以往经验,退货率为10%。

(5)2021年度,因销售承诺的保修业务计提产品质量保证金额350万元,当期实际发生保修业务费用310万元。

(6)2021年发生广告费7 000万元,均通过银行转账支付,根据税法规定,当年广告费不超过7 500万元的部分可以税前扣除,超过的部分以后

答案
例题11丨(1)A
(2)D
(3)ACD
(4)A
(5)C
(6)C

度扣除。

长城公司均已按企业会计准则规定对上述业务进行了会计处理，预计在未来期限有足够的应纳税所得额用于抵扣暂时性差异，不考虑除所得税以外的其他税费。

根据上述资料，回答下列问题。

(1)根据事项(3)，下列各项中会计处理正确的是(　　)。
A. 其他权益工具投资的初始入账金额是1 000万元
B. 期末递延所得税资产的余额为97.5万元
C. 期末递延所得税负债的余额为100万元
D. 期末其他权益工具投资的账面价值为1 400万元

解析 事项(3)，其他权益工具投资的初始金额=200×5+10=1 010(万元)；年末其他权益工具投资账面价值1 400万元，计税基础1 010万元，形成应纳税暂时性差异390万元，确认递延所得税负债=390×25%=97.5(万元)。

(2)长城公司2021年年末，递延所得税资产科目的余额为(　　)万元。
A. 226.25　　B. 198.75　　C. 223.75　　D. 236.5

解析 事项(1)，2021年年末，投资性房地产账面价值3 600万元，计税基础=4 000-4 000×(1-10%)÷20×9÷12=3 865(万元)，产生可抵扣暂时性差异265万元，确认递延所得税资产=265×25%=66.25(万元)。

事项(2)，冲减所得税费用，不形成暂时性差异。

事项(3)，其他权益工具投资初始金额=200×5+10=1 010(万元)；年末账面价值为1 400万元，计税基础为1 010万元，产生应纳税暂时性差异390万元，确认递延所得税负债97.5万元，对应的会计科目是其他综合收益。

事项(4)，年末预计负债账面价值=2 000×10%=200(万元)，计税基础0，产生可抵扣暂时性差异200万元，确认递延所得税资产50万元。

应收退货成本的账面价值=1 500×10%=150(万元)，计税基础是0，产生应纳税暂时性差异150万元，确认递延所得税负债37.5万元。

事项(5)，产生可抵扣暂时性差异额=350-310=40(万元)，确认递延所得税资产=40×25%=10(万元)。

事项(6)，税法规定广告费扣除限额为7 500万元，本年度发生7 000万元(解析：年初有税前可扣除的广告费=50÷25%=200万元)，转回年初递延所得税资产50万元。

年初未弥补亏损经本年利润弥补后，转回年初递延所得税资产350万元。

因此，年末递延所得税资产的余额=年初500+①265×25%+④200×25%+⑤40×25%-⑥转回年初50-转回年初350=226.25(万元)。

(3)2021年年末，递延所得税负债的余额为(　　)万元。
A. 0　　B. 12.5　　C. 135　　D. 107.5

解析 事项(3),产生应纳税暂时性差异390万元,确认递延所得税负债97.5万元。事项(4),产生应纳税暂时性差异150万元,确认递延所得税负债37.5万元。

期末余额=97.5+37.5=135(万元)。

递延所得税负债发生额:

借:其他综合收益　　　　　　　　　　　　　975 000
　　所得税费用　　　　　　　　　　　　　　375 000
　　贷:递延所得税负债　　　　　　　　　　　　　1 350 000

(4)2021年年末,递延所得税费用的金额为(　　)万元。

A. 311.25　　B. 191.25　　C. 363.75　　D. 405.75

解析 递延所得税费用=递延所得税负债37.5-递延所得税资产(226.25-500)=311.25(万元)。

(5)2021年企业应交所得税的金额为(　　)万元。

A. 1 188.75　　B. 1 091.25　　C. 1 306.25　　D. 1 366.25

解析 应交所得税=(利润总额6 000+①400房地产变动损失-①追加的折旧费135+④认可退货利润(200-150)+⑤本期计提的质量保证费(350-310)-⑥期初超标广告费50÷25%-期初未弥补亏损350÷25%)×25%=1 188.75(万元)。

(6)2021年所得税费用的金额为(　　)万元。

A. 1 400　　B. 1 580　　C. 1 480　　D. 1 520

解析 所得税费用的金额:

标准=1 188.75+311.25-100退税=1 400(万元)。
简化=6 000×25%-100退税=1 400(万元)。

【例题13·综合分析题】(2023年)甲公司系高新技术企业,适用的企业所得税税率为15%,采用资产负债表债务法核算。2022年资产负债表中递延所得税资产项目上年年末余额为82万元,递延所得税负债项目上年年末余额为零。

甲公司2022年度企业所得税汇算清缴完成日与财务报告报出日均为2023年3月31日。甲公司2022年度实现的利润总额为3 200万元,甲公司预计能够产生足够的应纳税所得额用于抵减可抵扣暂时性差异。

2021—2023年甲公司发生的相关交易或事项如下:

(1)甲公司2021年1月1日以银行存款800万元购入某项专利技术用于新产品生产,当日投入使用,预计使用年限为5年,预计净残值为零,采用直线法摊销。甲公司该专利技术的初始入账价值与计税基础一致,税法规定该专利技术每年在税前可以扣除的金额为160万元。

2021年12月31日,该专利技术出现了减值迹象,经过减值测试,可收回金额为560万元。计提减值后预计尚可使用年限为4年,预计净残值为零,仍采用直线法摊销。

答案
例题12 | (1)D
　　　　(2)A
　　　　(3)C
　　　　(4)A
　　　　(5)A
　　　　(6)A

2022年12月31日,可收回金额为430万元。

(2)甲公司2021年12月30日与乙公司签订租赁合同:2022年1月1日租入管理用写字楼,租赁期限为5年,年租金300万元,于每年年初支付。甲公司无法确定租赁内含利率,其增量借款年利率为6%。甲公司取得使用权资产后,合理确定在租赁期届满时无法取得该租赁资产的所有权,在租赁期内按照年限平均法计提折旧,租赁期开始日确认递延所得税资产和递延所得税负债。

根据税法规定,企业以经营租赁方式租入固定资产发生的租赁费支出,在租赁期内按期限均匀扣除。

已知:(P/A,6%,5)=4.2124,(P/A,6%,4)=3.4651。

(3)甲公司2022年10月购入某设备,并于当月取得发票投入使用。该设备的账面原价350万元,截至2022年12月末累计折旧5.6万元。

根据税法规定,高新技术企业在2022年10月1日至2022年12月31日新购置的设备可以一次性全额在计算应纳税所得额时扣除,并且还可以按照100%加计扣除。甲公司在进行企业所得税汇算清缴时决定享受该优惠政策。

(4)甲公司2022年12月末,与丙公司因货物销售合同的一项未决诉讼预计需要赔付680万元,并确认了预计负债680万元。2023年3月5日,经法院一审判决,甲公司需要赔付丙公司620万元,甲公司与乙公司均同意并不再上诉,并于15日内执行。不考虑增值税等相关税费的影响。

除了上述事项外甲公司无其他纳税调整事项。根据以上资料,回答下列问题。

(1)针对事项(1),甲公司2022年度因该专利技术计提的摊销额为(　　)万元。

A. 160　　　　B. 140　　　　C. 80　　　　D. 0

解析 ↘ 2021年12月31日,无形资产减值前账面价值=800-800÷5=640万元,可收回金额560万元,减值后的账面价值为560万元;2022年摊销额=560÷4=140万元。

(2)针对事项(2),甲公司2022年度关于使用权资产的处理正确的有(　　)。

A. 2022年12月31日,该租赁业务当期确认的实际利息费用为75.8232万元
B. 2022年12月31日,租赁负债账面价值为1101.9018万元
C. 2022年12月31日,使用权资产的账面价值1071.624万元
D. 2022年12月31日,确认递延所得税费用-4.5417万元
E. 2022年1月1日,使用权资产的原值为1263.72万元

解析 ↘ 2022年1月1日:
租赁负债=300×(P/A,6%,4)=300×3.4651=1039.53(万元)。
使用权资产入账价值=300+1039.53=1339.53(万元)。

2022年12月31日:财务费用=1 039.53×6%=62.371 8(万元)。

租赁负债账面价值=1 039.53+62.371 8=1 101.901 8(万元)。

使用权资产当年计提折旧额=1 339.53÷5=267.906(万元),账面价值=1 339.53-267.906=1 071.624(万元)。

2022年1月1日:

使用权资产账面价值为1 339.53万元,计税基础为0,产生的应纳税暂时性差异1 339.53万元,应确认递延所得税负债=1 339.53×15%=200.929 5(万元)。

租赁负债账面价值1 039.53万元,计税基础为0,产生的可抵扣暂时性差异为1 039.53万元,应确认的递延所得税资产=1 039.53×15%=155.929 5(万元)。

借:递延所得税资产　　　　　　　　　　　　　1 559 295
　　所得税费用　　　　　　　　　　　　　　　　450 000
　　贷:递延所得税负债　　　　　　　　　　　　　2 009 295

2022年12月31日:

租赁负债账面价值=1 039.53+62.371 8=1 101.901 8(万元),计税基础为0,累计可抵扣暂时性差异为1 101.901 8万元,累计应确认的递延所得税资产=1 101.901 8×15%=165.285 3(万元)。

当期确认的递延所得税资产=165.285 3-155.929 5=9.355 8(万元)。

使用权资产账面价值=1 339.53-267.906=1 071.624(万元),计税基础为0,累计应纳税暂时性差异为1 071.624万元,累计应确认的递延所得税负债=1 071.624×15%=160.743 6(万元)。

当期确认的递延所得税负债=160.743 6-200.929 5=-40.185 9(万元)。

递延所得税费用=递延所得税负债(期末-期初)-递延所得税资产(期末-期初)=-40.185 9-9.355 8=-49.541 7(万元)。

借:递延所得税负债　　　　　　　　　　　　　401 859
　　递延所得税资产　　　　　　　　　　　　　　93 558
　　贷:所得税费用　　　　　　　　　　　　　　495 417

(3)针对事项(3),影响甲公司2022年资产负债表中递延所得税负债的账户金额为(　　)万元。

A. 104.16　　B. 51.66　　C. 0　　D. 52.5

解析 2022年12月31日该设备的账面价值=350-5.6=344.4(万元),计税基础=0,应确认递延所得税负债=344.4×15%=51.66(万元)。

(4)针对事项(4),影响2022年度甲公司资产负债表中递延所得税资产的账户金额为(　　)万元。

A. 93　　B. 102　　C. 0　　D. 90

解析 本题未决诉讼属于资产负债表日后调整事项,需要对2022年度资产负债表进行调整,即判决后不存在暂时性差异(暂时性差异转回了),递延所得税资产的账户影响金额是零。

(5)2022年度甲公司应纳税所得额为(　　)元。[计算结果保留两位小数]
A. 3 195.88　　B. 2 858.56　　C. 3 194.16　　D. 2 575.88

解析 2022年度甲公司应纳税所得额＝3 200－20＋30.277 8－694.4＋60＝2 575.88(万元)。

分析：

事项(1)：会计上2022年摊销额＝560÷4＝140(万元)，税法规定当年税前扣除160万元，因此需纳税调减额＝160－140＝20(万元)。

事项(2)：会计上确认财务费用62.371 8万元，确认管理费用267.906万元；税法上当年税前扣除300万元；因此需纳税调增额＝(62.371 8＋267.906)－300＝30.277 8(万元)。

事项(3)：会计上计提折旧额5.6万元，税法上当年税前扣除额＝350＋350＝700(万元)，因此需纳税调减额＝700－5.6＝694.4(万元)。

事项(4)：日后调整前预计支出680万元，日后调整后按税法规定应列支620万元，应调增利润60万元。

(6)2022年度甲公司利润表中所得税费用列示的金额为(　　)万元。
A. 436.5　　B. 529.5　　C. 480　　D. 427.5

解析 简化：所得税费用＝(3 200＋60－350)×15%＝436.5(万元)。

答案
例题13|(1)B
(2)BC
(3)B
(4)C
(5)D
(6)A

同步训练

考点一 资产、负债的计税基础

1. (单选题)甲公司2022年3月取得一批股票，将其划分为交易性金融资产，支付购买价款100万元，另支付交易费用5万元。6月30日，该批股票公允价值为110万元。9月1日，甲公司将该交易性金融资产对外出售了50%。2022年年末，剩余股票的公允价值为60万元。2022年年末，甲公司持有交易性金融资产的计税基础为(　　)万元。
A. 55　　B. 52.5　　C. 60　　D. 50

2. (单选题)某企业2022年因债务担保确认了预计负债600万元，该担保发生在关联方之间。假定税法规定与该预计负债有关的费用不允许税前扣除。那么2022年年末该项预计负债的计税基础为(　　)万元。
A. 600　　B. 0　　C. 300　　D. 无法确定

3. (单选题)甲公司2022年计提工资薪金1 000万元，为职工计提职工福利费150万元。税法规定，一般企业发生的职工福利费支出，不超过工资薪金总额14%的部分准予扣除，超出部分以后不得扣除。甲公司计提的职工福利费所确认的应付职工薪酬的计税基础为( )万元。

A. 0　　　　　B. 10　　　　　C. 140　　　　　D. 150

4. (多选题)下列关于资产或负债计税基础的表述中,正确的有( )。

A. 资产的计税基础是指账面价值减去在未来期间计税时按照税法规定可以税前扣除的金额

B. 负债的计税基础是指在未来期间计税时按照税法规定可以税前扣除的金额

C. 如果负债的确认不涉及损益,就不会导致账面价值与计税基础之间产生差异

D. 资产在初始确认时通常不会导致其账面价值与计税基础之间产生差异

E. 资产的账面价值与计税基础之间的差异主要产生于后续计量

考点二 暂时性差异

1. (单选题)甲企业2023年为开发新技术发生研发支出共计800万元,其中研究阶段支出200万元,开发阶段不符合资本化条件的支出60万元,其余的均符合资本化条件。2023年末该无形资产达到预定可使用状态并确认为无形资产。根据税法规定,企业为开发新技术、新产品、新工艺发生的研究开发费用,未形成无形资产计入当期损益的,在按照规定据实扣除的基础上,再按照研究开发费用的100%加计扣除;形成无形资产的,按照无形资产成本的200%摊销。假定该项无形资产在2023年尚未摊销,则2023年年末该项无形资产产生的暂时性差异为( )万元。

A. 800　　　　　B. 260　　　　　C. 540　　　　　D. 600

2. (单选题)甲公司于2022年1月1日开始对N设备计提折旧,N设备的初始入账成本为30万元,预计使用年限为5年,预计净残值为0,采用双倍余额递减法计提折旧。2022年12月31日,该设备出现减值迹象,可收回金额为15万元。税法规定,2022—2026年,每年税前可抵扣的折旧费用为6万元。2022年12月31日N设备产生的暂时性差异为( )万元。

A. 18　　　　　B. 15　　　　　C. 12　　　　　D. 9

3. (单选题)2024年3月1日,甲公司因违反环保的相关法规被处罚270万元,列入其他应付款。根据税法的相关规定,该罚款不得进行税前抵扣。2024年12月31日甲公司已经支付了200万元的罚款。不考虑其他因素,2024年12月31日其他应付款的暂时性差异为( )万元。

A. 70　　　　　B. 270　　　　　C. 200　　　　　D. 0

4. (单选题)甲公司2023年因政策性原因发生经营亏损500万元,按照税法规定,该亏损可用于抵减以后5个会计年度的应纳税所得额。甲公司预计未来5年间能够产生足够的应纳税所得额。不考虑其他因素,下列关于该经营亏损的表述中,正确的是( )。

A. 不产生暂时性差异

B. 产生应纳税暂时性差异500万元

C. 产生可抵扣暂时性差异500万元

D. 产生暂时性差异,但不确认递延所得税资产

5. (多选题)企业当年发生的下列会计事项中,可产生应纳税暂时性差异的有( )。

A. 预计未决诉讼损失

B. 年末以公允价值计量的投资性房地产的公允价值高于其账面余额

C. 年末交易性金融负债的公允价值小于其账面成本(计税基础)

D. 年初投入使用的一台设备，会计上采用双倍余额递减法计提折旧，而税法上要求采用年限平均法计提折旧

E. 在投资的当年年末按权益法确认被投资企业发生的净亏损

考点三 递延所得税的确认与计量

1. (单选题)A 公司 2023 年 1 月 1 日购入价值 90 万元的无形资产一项，预计使用年限不可预测，预计无残值。计税时采用直线法按照 10 年进行摊销。2023 年年末对此无形资产进行减值测试，计提减值 6 万元，2024 年年末测试无减值。A 公司适用的所得税税率为 25%。2024 年 12 月 31 日确认的递延所得税负债金额为( )万元。

A. 3　　　　　B. 2.25　　　　　C. 0.75　　　　　D. 0

2. (单选题)若 A 公司未来期间有足够的应纳税所得额抵扣可抵扣暂时性差异，则下列交易或事项中，会引起"递延所得税资产"科目余额增加的是( )。

A. 以前年度经营亏损在本年度补亏

B. 本期转回坏账准备

C. 购入交易性金融资产，当期期末公允价值大于其初始确认金额

D. 因产品质量保证而确认预计负债，税法规定在损失实际发生时可以税前扣除

3. (单选题)关于内部研究开发形成的无形资产加计摊销的会计处理，下列表述正确的是( )。

A. 属于暂时性差异，不确认递延所得税资产

B. 属于非暂时性差异，应确认递延所得税负债

C. 属于非暂时性差异，不确认递延所得税资产

D. 属于暂时性差异，应确认递延所得税资产

4. (单选题)2022 年 1 月 1 日，甲公司购入一批股票，将其指定为以公允价值计量且其变动计入其他综合收益的金融资产，购买价款为 1 000 万元，另支付手续费及相关税费 4 万元。2022 年 12 月 31 日，该批股票的公允价值为 1 100 万元。甲公司适用的企业所得税税率为 25%，预计未来期间不会发生变化。不考虑其他因素，则甲公司 2022 年 12 月 31 日下列会计处理中正确的是( )。

A. 金融资产计税基础为 1 000 万元　　B. 应确认递延所得税资产 24 万元

C. 应确认递延所得税负债 24 万元　　　D. 应确认递延所得税费用 24 万元

5. (单选题)甲公司适用的所得税税率为 25%。2021 年 1 月 1 日，承租人甲公司就某栋厂房与出租人乙公司签订了为期 3 年的租赁协议。租赁期内的不含税租金为每年 200 万元，于每年年末支付。甲公司无法确定租赁内含利率，增量借款年利率为 5%。甲公司在该项租赁中所形成的相关使用权资产按直线法在 3 年内计提折旧。假定税法认定该项租赁为经营租赁，即使用权资产和租赁负债的计税基础为 0，未来期间有足够的应纳税所得额用以抵扣可抵扣暂时性差异。已知：$(P/A, 5\%, 3) = 2.723\ 2$。不考虑其他因素，下列说法中不正确的是( )。[计算结果保留两位小数]

A. 使用权资产的入账价值为544.64万元

B. 2021年1月1日分别确认递延所得税资产136.16万元和递延所得税负债136.16万元

C. 2021年12月31日分别转回递延所得税资产43.19万元和递延所得税负债43.19万元

D. 2021年12月31日应确认递延所得税费用-2.20万元

6. (多选题)下列有关递延所得税会计处理的表述中,正确的有(   )。

A. 无论暂时性差异的转回期间如何,相关的递延所得税资产和递延所得税负债均不需要折现

B. 企业应针对本期发生的暂时性差异全额确认递延所得税资产或递延所得税负债

C. 与直接计入所有者权益的交易或事项相关的递延所得税影响,应计入所有者权益

D. 资产负债表日,递延所得税资产和递延所得税负债应按照预期收回该资产或清偿该负债期间适用的税率计量

E. 企业应在资产负债表日对递延所得税资产的账面价值进行复核

7. (多选题)下列关于递延所得税资产的说法,正确的有(   )。

A. 资产或负债的账面价值与其计税基础不同产生应纳税暂时性差异的,应确认相关的递延所得税资产

B. 按照谨慎性原则,当期递延所得税资产的确认应以递延所得税负债的数额为限

C. 按照税法规定可以结转以后年度的未弥补亏损,若企业预计未来有足够的应税所得,应视同可抵扣暂时性差异处理,确认递延所得税资产

D. 企业合并中取得各项可辨认资产、负债的入账价值与其计税基础形成的可抵扣暂时性差异,应确认递延所得税资产,但不调整商誉

E. 若未来期间税率发生变化,递延所得税资产应按变化后的新税率计算确定

8. (多选题)甲公司于2021年12月31日取得一栋写字楼并对外经营出租,取得时的入账金额为2 000万元。按税法规定,该写字楼应采用直线法按20年计提折旧,预计无残值。甲公司对该投资性房地产采用公允价值模式计量,2022年12月31日,该写字楼的公允价值为2 100万元,2023年12月31日,该写字楼的公允价值为1 980万元。假设适用的所得税税率为25%,则下列说法正确的有(   )。

A. 2022年年末应确认递延所得税资产50万元

B. 2022年年末应确认递延所得税负债50万元

C. 2023年年末应确认递延所得税负债45万元

D. 2023年年末应转回递延所得税负债5万元

E. 2023年年末应转回递延所得税负债50万元,同时确认递延所得税资产30万元

考点四 所得税费用的确认与计量

1. (单选题)2022年,甲公司当期应交所得税为15 800万元,递延所得税资产本期净增加320万元(其中20万元对应其他综合收益),递延所得税负债未发生变化,不考虑其他因素,2022年利润表应列示的所得税费用金额为(   )万元。

A. 15 480　　　　B. 16 100　　　　C. 15 500　　　　D. 16 120

2. (多选题)采用资产负债表债务法核算企业所得税时,调减所得税费用的项目包括(　　)。
   A. 本期由于税率变动或开征新税调减的递延所得税资产或调增的递延所得税负债
   B. 本期转回前期确认的递延所得税资产
   C. 本期由于税率变动或开征新税调增的递延所得税资产或调减的递延所得税负债
   D. 本期转回前期确认的递延所得税负债
   E. 以公允价值计量且其变动计入其他综合收益的金融资产发生的公允价值暂时性下跌

3. (多选题)下列关于所得税会计处理的表述中,正确的有(　　)。
   A. 所得税费用包括当期所得税费用和递延所得税费用
   B. 当期所得税等于当期应纳税所得额乘以当期所得税税率
   C. 递延所得税费用等于期末的递延所得税资产减去期末的递延所得税负债
   D. 当企业所得税税率变动时,"递延所得税资产"的账面余额应及时进行相应调整
   E. 当期所得税费用等于当期应纳企业所得税税额

综合拓展

1. (综合分析题·2019年)黄山公司2021年适用的企业所得税税率为15%,所得税会计采用资产负债表债务法核算。2021年递延所得税资产、递延所得税负债期初余额均为零,2021年度利润表中利润总额为2 000万元,预计未来期间能产生足够的应纳税所得额用以抵减当期确认的可抵扣暂时性差异。由于享受税收优惠政策的期限到期,黄山公司自2022年开始以及以后年度企业所得税税率将适用25%。

   黄山公司2021年度发生的部分交易或事项如下:

   (1)对2020年12月20日投入使用的一台设备采用双倍余额递减法计提折旧,该设备原值1 000万元,预计使用年限为5年,预计净残值为零。按照税法规定,该设备应采用年限平均法计提折旧。

   (2)拥有长江公司有表决权股份的30%,采用权益法核算。2021年度长江公司实现净利润2 000万元,期末"其他综合收益"增加1 000万元。假设长江公司各项资产和负债的公允价值等于账面价值,且该长期股权投资不打算长期持有,双方采用的会计政策、会计期间相同。

   (3)持有的一项账面价值为1 500万元的无形资产年末经测试,预计资产可收回金额为1 000万元。

   (4)全年发生符合税法规定的研发费用支出800万元,全部计入当期损益,享受研发费用加计扣除100%的优惠政策并已将相关资料留存备查。

   (5)税务机关在9月纳税检查时发现黄山公司2020年度部分支出不符合税前扣除标准,要求黄山公司补缴2020年度企业所得税20万元(假设不考虑税收滞纳金及罚款)。黄山公司于次月补缴了相应税款,并作为前期差错处理。

   假设黄山公司2021年度不存在其他会计和税法差异的交易或事项。

   根据上述资料,回答下列问题。

   (1)下列会计处理中,正确的有(　　)。

A. 对事项(2)，应确认投资收益900万元

B. 对事项(1)，2021年应计提折旧400万元

C. 对事项(5)，应确认当期所得税费用20万元

D. 对事项(3)，应确认资产减值损失500万元

(2)黄山公司2021年应确认的递延所得税资产为(　　)万元。

A. 175　　　　　B. 105　　　　　C. 225　　　　　D. 135

(3)黄山公司2021年度应确认的递延所得税负债为(　　)万元。

A. 105　　　　　B. 225　　　　　C. 175　　　　　D. 135

(4)黄山公司2021年度"应交税费——应交所得税"贷方发生额为(　　)万元。

A. 215　　　　　B. 255　　　　　C. 230　　　　　D. 210

(5)黄山公司2021年度应确认的所得税费用为(　　)万元。

A. 185　　　　　B. 250　　　　　C. 240　　　　　D. 170

(6)与原已批准报出的2020年度财务报告相比，黄山公司2021年所有者权益净增加额为(　　)万元。

A. 2 050　　　　B. 2 020　　　　C. 1 995　　　　D. 2 035

2. (综合分析题·2021年)长江公司适用的企业所得税税率为25%，采用资产负债表债务法核算所得税。2020年递延所得税资产、递延所得税负债期初余额均为零。长江公司2020年度实现销售收入5 000万元，利润总额3 258万元，预计未来期间能产生足够的应纳税所得额用以抵减当期确认的可抵扣暂时性差异。2020年度发生相关交易或事项如下：

(1)2020年初开始研究开发某项新技术，其中研究阶段支出为800万元；开发阶段共发生支出1 200万元，其中符合资本化条件的支出为800万元。该无形资产于2020年7月1日达到预定可使用状态并交付管理部门使用，预计可使用年限为10年，预计净残值为零，采用直线法摊销。

根据税法规定，企业研究开发支出未形成无形资产计入当期损益的，按照研究开发费用的100%加计扣除；形成无形资产的，按照无形资产成本的200%摊销，假定税法规定的摊销年限、净残值和摊销方法与会计相同。

(2)经股东大会批准，自2020年1月1日起授予100名管理人员股票期权，当被激励对象为公司连续服务满2年时，有权以每股5元的价格购买长江公司1万股股票。公司本年度确认该股票期权费用400万元。

税法规定，行权时股票公允价值与员工实际支付价款之间的差额，可在行权当期计算应纳税所得额时扣除。公司预计该股票期权行权时属于当年可予税前抵扣的金额为680万元，预计因该股权激励计划确认的股份支付费用合计数不会超过可税前抵扣的金额。

(3)长江公司2019年12月31日购入一栋建筑物用于出租，实际支付价款1 000万元，作为投资性房地产核算，并采用公允价值模式进行后续计量。2020年年末确认了公允价值变动收益350万元。

假定税法规定该投资性房地产按年限平均法计提折旧，预计使用年限为20年，预计净残值为零；持有期间的公允价值变动损益不计入当期应纳税所得额，待处置

时一并计入应纳税所得额。

（4）2020年度长江公司计入当期费用的职工工资总额为300万元，已全额支付完毕。按照税法规定可予税前扣除的金额为200万元。

（5）长江公司本年度发生广告费用830万元，均通过银行转账支付。根据税法规定，当年准予税前扣除的广告费支出不超过当年销售（营业）收入的15%；超过部分，准予结转以后年度税前扣除。

（6）长江公司本年度取得国债利息收入26万元，因违反环保法规被环保部门处以18万元罚款。根据税法规定，国债利息收入免征企业所得税，因违反法律法规发生的行政处罚支出不能税前扣除。

根据上述资料，回答下列问题。

(1)针对事项(1)，下列关于该无形资产会计处理的表述中正确的有（　　）。
A. 2020年12月31日其账面价值为1 140万元
B. 2020年12月31日其计税基础为1 520万元
C. 2020年产生可抵扣暂时性差异760万元
D. 使长江公司2020年度利润总额减少900万元

(2)针对事项(2)，由于所得税的影响，应直接计入所有者权益的金额为（　　）万元。
A. 100　　　　B. 170　　　　C. 70　　　　D. 0

(3)针对事项(3)，2020年12月31日产生的应纳税暂时性差异为（　　）万元。
A. 50　　　　B. 300　　　　C. 350　　　　D. 400

(4)2020年12月31日，长江公司"递延所得税资产"账户的期末余额为（　　）万元。
A. 20　　　　B. 170　　　　C. 190　　　　D. 290

(5)2020年12月31日，长江公司"递延所得税负债"账户的期末余额为（　　）万元。
A. 170　　　　B. 190　　　　C. 100　　　　D. 90

(6)2020年度长江公司应确认的所得税费用为（　　）万元。
A. 814.5　　　B. 625　　　　C. 527.5　　　D. 435

参考答案及解析

考点一　资产、负债的计税基础

1. D　【解析】本题考查交易性金融资产的计税基础。交易性金融资产的计税基础等于其初始成本，不受公允价值变动的影响，因此计税基础=100×50%=50（万元）。

2. A　【解析】本题考查预计负债的计税基础。负债的计税基础=600（账面价值）-0（可从未来经济利益中税前扣除的金额）=600（万元）。

3. D　【解析】本题考查应付职工薪酬的计税基础。负债的计税基础=账面价值-未来期间可以税前扣除的金额。由于本题职工福利费按照工资总额的14%扣除，超出部分不能扣除，所以未来可扣除的金额为0，即计税基础=150-0=150（万元）。

4. DE 【解析】本题考查资产和负债的计税基础。选项 A，资产的计税基础是指未来期间计税时按照税法规定可以税前扣除的金额。选项 B，负债的计税基础是指账面价值减去在未来期间计税时按照税法规定可以税前扣除的金额。选项 C，负债的确认不影响损益，但如果影响应纳税所得额，也会产生负债的账面价值与计税基础的差异，比如会计预收的款项通过合同负债核算，会计核算不涉及损益，但如果按税法规定需要缴纳所得税，就会产生税会差异。

考点二 暂时性差异

1. C 【解析】本题考查内部研发无形资产的暂时性差异。无形资产研究开发过程中，研究阶段发生的支出、开发阶段发生的不符合资本化条件的支出，应该予以费用化，费用化加计扣除形成永久性差异；开发阶段发生的符合资本化条件的支出应该予以资本化，所以 2023 年年末无形资产的账面价值 = 800 - 200 - 60 = 540（万元），无形资产的计税基础 = 540×200% = 1 080（万元），产生可抵扣暂时性差异的金额 = 1 080 - 540 = 540（万元）。

2. D 【解析】本题考查常见资产的暂时性差异。2022 年 12 月 31 日，N 设备计提减值前的账面价值 = 30 - 30×2÷5 = 18（万元），可收回金额为 15 万元，发生减值，计提减值后的账面价值 = 15（万元）；计税基础 = 30 - 6 = 24（万元）。资产账面价值小于计税基础，产生可抵扣暂时性差异，金额 = 24 - 15 = 9（万元）。

3. D 【解析】本题考查常见负债的暂时性差异。行政罚款税法不允许税前扣除，所以其他应付款的计税基础 = 70（账面价值） - 0（未来可税前扣除金额） = 70（万元），负债计税基础 = 账面价值，不产生暂时性差异。

4. C 【解析】本题考查可抵扣暂时性差异的特殊情形。可以在未来 5 年内税前扣除的亏损，会减少企业未来期间的应纳税所得额，因此发生的亏损 500 万元属于可抵扣暂时性差异，应确认递延所得税资产。

5. BC 【解析】本题考查应纳税暂时性差异的判定。选项 A、D、E，均产生可抵扣暂时性差异。

考点三 递延所得税的确认与计量

1. B 【解析】本题考查无形资产确认递延所得税负债的计算。2023 年年末无形资产的账面价值 = 90 - 6 = 84（万元），计税基础 = 90 - 90÷10×1 = 81（万元），递延所得税负债余额 = (84 - 81)×25% = 0.75（万元）；2024 年年末无形资产的账面价值为 84 万元，计税基础 = 90 - 90÷10×2 = 72（万元），递延所得税负债余额 = (84 - 72)×25% = 3（万元），则 2024 年 12 月 31 日应确认的递延所得税负债 = 3 - 0.75 = 2.25（万元）。

2. D 【解析】本题考查递延所得税资产的确认。选项 A，会转回可抵扣暂时性差异，并引起递延所得税资产余额的减少。选项 B，转回坏账准备会使资产账面价值恢复，会转回可抵扣暂时性差异，并引起递延所得税资产余额的减少。选项 C，税法不认可公允价值变动，交易性金融资产公允价值上升，会使得其账面价值（即公允价值金额）大于计税基础（即初始确认金额），从而产生应纳税暂时性差异，增加递延所得税负债。选项 D，会计上计提产品质量保证确认的预计负债，税法当期不认可，未来期间实际发生时允许扣除，计税基础为 0，预计负债的账面价值大于计税

基础，产生可抵扣暂时性差异，确认递延所得税资产。

3. A 【解析】本题考查内部研发无形资产的递延所得税处理。内部研究开发形成无形资产的，按照无形资产成本的200%进行摊销，导致账面价值小于计税基础，产生可抵扣暂时性差异，但是因为该暂时性差异在初始确认时既不影响会计利润，也不影响应纳税所得额，所以不确认递延所得税资产。

4. C 【解析】本题考查其他权益工具投资的递延所得税确认。选项A，2022年12月31日金融资产的计税基础＝初始取得成本＝1 000+4＝1 004（万元）。选项B、C，2022年12月31日，金融资产的账面价值为1 100万元，计税基础为1 004万元，形成应纳税暂时性差异＝1 100-1 004＝96（万元），应确认递延所得税负债＝96×25%＝24（万元）。选项D，该暂时性差异是金融资产公允价值变动产生的，公允价值变动计入其他综合收益，所以确认的递延所得税负债也计入其他综合收益，不影响递延所得税费用。

借：其他综合收益　　　　　　　　　　　　　　　　　　　　　240 000
　　贷：递延所得税负债　　　　　　　　　　　　　　　　　　　240 000

【拓展】2022年影响其他综合收益的金额＝96-24＝72（万元）。

5. C 【解析】本题考查租赁相关的递延所得税的处理。

2021年1月1日：

租赁负债＝200×(P/A，5%，3)＝200×2.723 2＝544.64（万元）。

借：使用权资产　　　　　　　　　　　　　　　　　　　　　5 446 400
　　租赁负债——未确认融资费用　　　　　　　　　　　　　　　553 600
　　贷：租赁负债——租赁付款额　　　　　　　　　（2 000 000×3）6 000 000

使用权资产的账面价值为544.64万元，计税基础为0，产生的应纳税暂时性差异为544.64万元，应确认递延所得税负债＝544.64×25%＝136.16（万元）。

租赁负债的账面价值为544.64万元，计税基础为0，产生的可抵扣暂时性差异为544.64万元，应确认的递延所得税资产＝544.64×25%＝136.16（万元）。

借：递延所得税资产　　　　　　　　　　　　　　　　　　　1 361 600
　　贷：递延所得税负债　　　　　　　　　　　　　　　　　　1 361 600

2021年12月31日：

借：财务费用　　　　　　　　　　　　　　　（5 446 400×5%）272 300
　　贷：租赁负债——未确认融资费用　　　　　　　　　　　　272 300

借：租赁负债——租赁付款额　　　　　　　　　　　　　　　2 000 000
　　贷：银行存款　　　　　　　　　　　　　　　　　　　　　2 000 000

借：制造费用　　　　　　　　　　　　　　　（5 446 400÷3）1 815 500
　　贷：使用权资产累计折旧　　　　　　　　　　　　　　　1 815 500

使用权资产的账面价值＝544.64-181.55＝363.09（万元），计税基础为0，累计产生应纳税暂时性差异363.09万元，累计确认递延所得税负债＝363.09×25%＝90.77（万元）；当期应转回递延所得税负债＝136.16-90.77＝45.39（万元）。

租赁负债的账面价值＝(600-200)-(55.36-27.23)＝371.87（万元），计税基础为0，累计产生可抵扣暂时性差异371.87万元，累计确认递延所得税资产＝371.87×

25% = 92.97(万元);当期应转回递延所得税资产 = 136.16 - 92.97 = 43.19(万元)。
借:递延所得税负债　　　　　　　　　　　　　　453 900
　　贷:递延所得税资产　　　　　　　　　　　　　　431 900
　　　　所得税费用　　　　　　　　　　　　　　　　 22 000

6. ACDE 【解析】本题考查递延所得税的会计处理。选项 B,企业确认的递延所得税资产,应以<u>未来期间能够获得的应纳税所得额为限</u>。

7. CE 【解析】本题考查递延所得税资产的确认与计量。选项 A,产生的应纳税暂时性差异应确认递延所得税负债。选项 B,递延所得税资产的确认应以"未来期间可获得的应纳税所得额×适用所得税税率"为限。选项 D,确认的递延所得税资产应调整合并中确认的商誉。

8. BD 【解析】本题考查递延所得税资产和递延所得税负债的确认与计量。2022 年 12 月 31 日,投资性房地产的账面价值 = 2 100(万元),计税基础 = 2 000 - 2 000÷20 = 1 900(万元),应确认的递延所得税负债 = (2 100 - 1 900)×25% = 50(万元);2023 年年末,投资性房地产的账面价值 = 1 980(万元),计税基础 = 2 000 - 2 000÷20×2 = 1 800(万元),递延所得税负债余额 = (1 980 - 1 800)×25% = 45(万元),因此应转回递延所得税负债,金额 = 50 - 45 = 5(万元)。

考点四 所得税费用的确认与计量

1. C 【解析】本题考查所得税费用的计算。所得税费用 = <u>应交所得税费用 + 递延所得税费用</u>,递延所得税费用 = 递延所得税负债 - 递延所得税资产;其中 20 万元的递延所得税资产对应其他综合收益,不影响所得税费用的金额,在计算所得税费用的时候应该剔除这 20 万元的递延所得税资产。2022 年利润表应列示的所得税费用 = 15 800 - (320 - 20) = 15 500(万元)。

2. CD 【解析】本题考查所得税费用的核算。选项 A、B,会调增所得税费用。选项 E,不影响所得税费用。

3. ABDE 【解析】本题考查所得税费用的确认。选项 C,递延所得税费用等于当期确认的递延所得税负债减去当期确认的递延所得税资产,同时不考虑直接计入所有者权益等特殊项目的递延所得税资产和负债。

综合拓展

1. (1)BD;(2)A;(3)B;(4)A;(5)D;(6)D。
【解析】
(1)本题考查各交易或事项的会计处理。事项(1),应计提折旧额 = 1 000×2÷5 = 400(万元);事项(2),应确认投资收益额 = 2 000×30% = 600(万元),确认其他综合收益额 = 1 000×30% = 300(万元);事项(3),应计提减值额 = 1 500 - 1 000 = 500(万元);事项(5),作为前期差错处理,应调整 2020 年的所得税费用。
(2)本题考查递延所得税资产的确认与计量。应确认递延所得税资产的金额 = 50[事项(1)] + 125[事项(3)] = 175(万元)。
事项(1):固定资产的账面价值 = 1 000 - 1 000×2÷5 = 600(万元),计税基础 = 1 000 - 1 000÷5 = 800(万元),形成可抵扣暂时性差异 200 万元,确认递延所得税资产额 = 200×25% = 50(万元)。

事项(2)：权益法下，被投资单位因实现净利润以及其他综合收益而调增长期股权投资的账面价值，税法不认可，导致资产的账面价值大于计税基础，确认递延所得税负债。

事项(3)：无形资产账面价值是1 000万元，计税基础是1 500万元，形成可抵扣暂时性差异500万元，确认递延所得税资产额＝500×25%＝125(万元)。

事项(4)：自行研发无形资产时费用化支出，因加计扣除形成的差异，属于永久性差异。

(3)本题考查递延所得税负债的确认与计量。应确认的递延所得税负债＝(2 000＋1 000)×30%×25%＝225(万元)。

事项(2)的分录是：

借：长期股权投资——损益调整	(20 000 000×30%)	6 000 000
贷：投资收益		6 000 000
借：长期股权投资——其他综合收益	(10 000 000×30%)	3 000 000
贷：其他综合收益		3 000 000
借：所得税费用	(6 000 000×25%)	1 500 000
其他综合收益	(3 000 000×25%)	750 000
贷：递延所得税负债	(9 000 000×25%)	2 250 000

(4)本题考查应交所得税的计算。2021年度应纳税所得额＝2 000＋200[事项(1)]－600[事项(2)]＋500[事项(3)]－800×100%[事项(4)]＝1 300(万元)，2021年度应交所得税的金额＝1 300×15%＝195(万元)；因此，2021年度"应交税费——应交所得税"贷方发生额＝195＋20[事项(5)]＝215(万元)。

提示：事项(2)中，由于被投资单位实现净利润而确认的投资收益600万元，税法不认可，因此要做纳税调减，由于被投资单位期末"其他综合收益"增加而确认的其他综合收益300万元不影响应纳税所得额，因此不作调整。

事项(5)前期差错更正分录是：

借：以前年度损益调整——所得税费用	200 000
贷：应交税费——应交所得税	200 000
借：盈余公积　　　(假设盈余公积计提比例为10%)	20 000
利润分配——未分配利润	180 000
贷：以前年度损益调整	200 000

实际补缴时：

借：应交税费——应交所得税	200 000
贷：银行存款	200 000

(5)本题考查所得税费用的计算。2021年度应确认的所得税费用＝195(当期应交所得税)＋600×25%(长期股权投资确认被投资单位实现净利润形成的递延所得税负债)－175(递延所得税资产)＝170(万元)。

(6)本题考查所有者权益总额。所有者权益净增加额＝(2 000－170)＋1 000×30%×(1－25%)－20＝2 035(万元)。

其中2 000－170属于净利润，1 000×30%×(1－25%)属于扣除所得税影响的其他综合收益，会增加所有者权益；20补缴税款是前期差错，减少所有者权益。
2. (1)BC；(2)C；(3)D；(4)C；(5)C；(6)C。

【解析】
(1)本题考查自行研发无形资产的所得税核算。2020年7月1日：无形资产的账面价值=800(万元)，计税基础=800×200%=1 600(万元)，产生可抵扣暂时性差异=1 600-800=800(万元)。

2020年12月31日：无形资产的账面价值=800-800÷10×6÷12=800-40=760(万元)，计税基础=1 600-1 600÷10×6÷12=1 520(万元)，累计产生可抵扣暂时性差异=1 520-760=760(万元)，即年末转回可抵扣暂时性差异40万元。

使2020年度利润总额减少的金额=计入管理费用的金额=费用化支出[800+(1 200-800)]+当年摊销额40=1 240(万元)。

(2)本题考查股权激励对所得税的影响。长江公司应确认递延所得税资产的金额=680×25%=170(万元)。长江公司根据企业会计准则规定在当期确认的成本费用为400万元，但是预计未来期间可税前扣除的金额为680万元，超过了该公司当期确认的成本费用。根据规定，超过部分的所得税影响应直接计入所有者权益。

借：递延所得税资产　　　　　　　　　　　　　　　　　1700 000
　　贷：所得税费用　　　　　　　　　(4 000 000×25%)1 000 000
　　　　资本公积——其他资本公积　　　　　　　　　　　 700 000

(3)本题考查应纳税暂时性差异。2020年12月31日投资性房地产：账面价值=公允价值=1 000+350=1 350(万元)，计税基础=1 000-1 000÷20=950(万元)，产生应纳税暂时性差异金额=1 350-950=400(万元)。

(4)本题考查递延所得税资产的计算。2020年12月31日长江公司递延所得税资产账户期末余额=680×25%[事项(2)]+(830-5 000×15%)×25%[事项(5)]=190(万元)。

(5)本题考查递延所得税负债的计算。2020年12月31日长江公司递延所得税负债账户期末余额=400×25%[事项(3)]=100(万元)。

(6)本题考查所得税费用的计算。应交所得税(当期所得税)={3 258-[800+(1 200-800)+40]×100%[事项(1)]+400[事项(2)]-(350+1 000÷20)[事项(3)]+(300-200)[事项(4)]+(830-5 000×15%)[事项(5)]-26[事项(6)]+18[事项(6)]}×25%=547.5(万元)；递延所得税费用=递延所得税负债100-递延所得税资产(190-计入资本公积70)=-20(万元)；所得税费用=547.5-20=527.5(万元)。

或：2020年度所得税费用={3 258-[800+(1 200-800)+40]×100%[事项(1)]+(300-200)[事项(4)]-26[事项(6)]+18[事项(6)]}×25%=527.5(万元)。

亲爱的读者，你已完成本章4个考点的学习，本书知识点的学习进度已达88%。

第十七章 会计调整

重要程度：非重点章节　　分值：5分左右

考试风向

▰/// 考情速递

本章重点内容为会计政策变更与会计估计变更的业务区分、前期差错更正和资产负债表日后调整与非调整事项业务的区分，会计政策变更、差错更正、调整事项对留存收益的影响等。常以单选题、多选题的形式考核，需要理解并掌握。

▰/// 2025年考试变化

新增：会计估计判断应当考虑的因素。
调整：会计估计的常见情形。

▰/// 脉络梳理

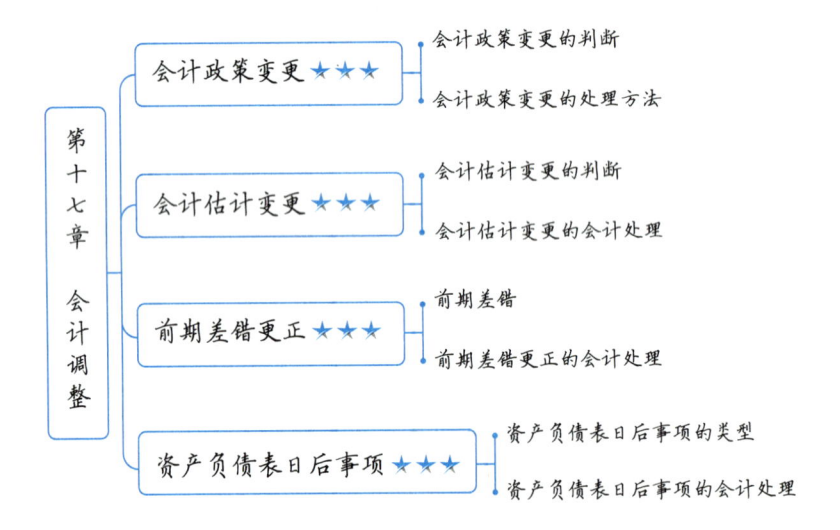

第十七章 会计调整
- 会计政策变更★★★
  - 会计政策变更的判断
  - 会计政策变更的处理方法
- 会计估计变更★★★
  - 会计估计变更的判断
  - 会计估计变更的会计处理
- 前期差错更正★★★
  - 前期差错
  - 前期差错更正的会计处理
- 资产负债表日后事项★★★
  - 资产负债表日后事项的类型
  - 资产负债表日后事项的会计处理

第十七章 | 会计调整

考点详解及精选例题

考点一 会计政策变更 ★★★ 一学多考|中注

(一)会计政策变更的判断(2020年、2021年单选)

会计政策,是指企业在会计确认、计量和报告中所采用的原则、基础和会计处理方法。

会计政策变更常见业务,见表17-1。

表17-1 会计政策变更常见业务

属于	(1)会计核算方法改变——存货发出计价由加权平均法改为先进先出法。 (2)会计计量基础改变——投资性房地产由成本模式变更为公允价值模式
不属于	(1)对初次发生的交易或者事项采用新的政策。 (2)本期发生的交易或者事项与以前相比具有本质差别而采用新的会计政策可看作新业务,比如:长期股权投资增减资导致核算方法改变、将自用办公楼改为出租。 (3)对不重要的交易或者事项采用新的政策。 (4)错误运用政策——投资性房地产公允价值模式变更为成本模式。 (5)会计估计变更——固定资产(无形资产)折旧(摊销)方法的改变

提示 会计政策变更并不意味着以前期间的会计政策是错误的。

【例题1·多选题】下列会计事项中,属于会计政策变更的有( )。
A. 增资导致长期股权投资的后续计量由权益法变更为成本法
B. 固定资产折旧方法由工作量法变更为年数总和法
C. 对不重要的交易或事项采用新的会计政策
D. 存货的期末计价由先进先出法变更为月末一次加权平均法
E. 按新实施的《企业会计准则第14号——收入》准则确认产品销售收入

解析 选项A,增资导致长期股权投资业务与以前相比具有本质差别,不属于会计政策变更。选项B,属于会计估计变更。选项C,对初次发生或不重要的交易或事项采用新的会计政策,不属于会计政策变更。

(二)会计政策变更的处理方法

1. 追溯调整法

追溯调整法,是指对某项交易或事项变更会计政策,视同该项交易或事项初次发生时即采用变更后的会计政策,并以此对财务报表相关项目进行调整的方法。

答案
例题1 | DE

会计政策变更采用追溯调整法的，应当将会计政策变更的累积影响数调整期初留存收益。会计政策变更累积影响数，是指按照变更后的会计政策对以前各期追溯计算的列报前期<u>最早期初</u>留存收益应有金额与现有金额之间的差额。

追溯调整法核算，见表17-2。

表17-2 追溯调整法核算

	处理步骤	政策变更调增利润举例（调减相反）
账务调整	（1）损益调整<u>不通过</u>"以前年度损益调整"科目核算，<u>直接调整留存收益</u>	借：资产、负债等科目 　贷：利润分配——未分配利润
	（2）政策变更不调整应交所得税，但要<u>考虑</u>损益调整涉及暂时性差异时，调整递延所得税资产（负债）——对税后净利润的影响	借：利润分配——未分配利润 　贷：递延所得税负债（资产）
	（3）<u>不考虑</u>由于以前期间净利润变化需要分派的股利，只需调整盈余公积	借：利润分配——未分配利润 　贷：盈余公积
报表项目调整	调整列报年度的财务报表时，应调整资产负债表有关项目的<u>年初</u>余额、利润表有关项目的<u>上期</u>金额、所有者权益变动表有关项目的<u>本年</u>金额和<u>上年</u>金额	

> **● 得分高手**
>
> 　　会计政策变更、前期差错更正、日后调整事项在计算题中的考法非常类似，最终计算对留存收益的影响。第一步，计算收入或费用对利润的影响；第二步，计算调整利润对所得税的影响；第三步，计算对净利润的影响；第四步，将净利润分配盈余公积和未分配利润。

【例题2·单选题】甲公司2019年12月31日以100万元购入A写字楼用于出租，且采用成本模式计量。甲公司从2022年1月1日起将A写字楼由成本模式改为公允价值模式计量，当日公允价值为118万元，该写字楼已累计计提折旧32万元（每年计提16万元），未计提减值准备，且计税基础与账面价值相同。甲公司适用的所得税税率为25%，按净利润的10%提取法定盈余公积。A写字楼2020年年末、2021年年末公允价值分别为108万元、118万元。不考虑其他因素，此项变更，甲公司下列会计处理中错误的是(　　)。

A. 2022年投资性房地产报表项目年初余额增加50万元
B. 2022年净利润报表项目上期金额增加19.5万元
C. 2022年期初留存收益增加37.5万元
D. 2022年递延所得税资产报表项目年初余额增加12.5万元

答案↙
例题2｜D

解析 选项 A，2022 年投资性房地产报表项目年初余额增加金额＝118－(100－32)＝50(万元)。选项 B，2022 年净利润报表项目上期金额是指 2021 年的发生额，所以其增加金额＝[(118－108)＋16]×(1－25%)＝19.5(万元)。选项 C，此项变更应冲减成本模式下累计折旧 32 万元，确认 2 年的公允价值变动收益 18 万元(118－100)，共计调增留存收益＝(32＋18)×(1－25%)＝37.5(万元)。选项 D，2022 年递延所得税负债报表项目年初余额增加金额＝[118－(100－32)]×25%＝12.5(万元)。甲公司政策变更的会计分录：

(1)成本模式变更为公允价值模式。

  借：投资性房地产累计折旧　　　　　　　　(160 000×2)320 000
    贷：利润分配——未分配利润　　　　　　　　　　　　320 000
  借：投资性房地产——公允价值变动　(1 180 000－1 000 000)180 000
    贷：利润分配——未分配利润　　　　　　　　　　　　180 000

(2)确认所得税影响。资产账面价值 118 万元、计税基础＝100－32＝68(万元)。

  借：利润分配——未分配利润　　　　　　　　　　　　125 000
    贷：递延所得税负债　　　[(1 180 000－680 000)×25%]125 000

(3)提取盈余公积。

  借：利润分配——未分配利润　　　　　　　　　　　　 37 500
    贷：盈余公积　　　　　　　　　　　　　　　　　　　 37 500

【例题 3·单选题】下列关于会计政策变更的表述，正确的是(　　)。
A. 会计政策变更只需调整变更当年的资产负债表和利润表
B. 会计政策变更违背了会计政策前后各期保持一致的原则
C. 会计政策变更可任意选择追溯调整法和未来适用法进行处理
D. 变更后的会计政策对以前各期追溯计算的列报前期最早期初留存收益应有金额与现有金额之间的差额作为会计政策变更的累积影响数

解析 选项 A，会计政策变更除调整变更当年的资产负债表和利润表外，还需要调整所有者权益变动表。选项 B，会计政策变更是国家的法律法规要求变更，或者会计政策变更能提供更可靠、更相关的会计信息，并不违背会计政策前后各期保持一致的原则。选项 C，会计政策变更能切实可行地确定该项会计政策变更累积影响数时，应当采用追溯调整法；在当期期初确定会计政策变更对以前各期累积影响数不切实可行的，应当采用未来适用法处理。

2. 未来适用法

未来适用法，是指将变更后的会计政策应用于变更日及以后发生的交易或者事项，或在会计估计变更当期和未来期间确认会计估计变更影响数的方法。

(1)不计算会计政策变更的累积影响数，不调整变更当年年初的留存收益；

答案
例题 3 | D

(2)在变更当期及以后采用新的会计政策,并计算确定会计政策变更对当期净利润的影响数。

【例题4·分析题】M公司原对存货采用移动加权平均法,由于管理的需要,公司从2020年1月1日起改用先进先出法。2020年1月1日存货的价值为250万元,公司购入存货实际成本为1 800万元;2020年12月31日按先进先出法计算确定的存货价值为220万元,当年销售额为2 500万元,适用所得税税率为25%,税法允许按先进先出法计算的存货成本在税前扣除。假设2020年12月31日按移动加权平均法计算的存货价值为450万元。

要求:请说明该政策变更对期初留存收益和当期净利润的影响。

解析 (1)不需要计算改变方法对期初留存收益的影响。

(2)采用先进先出法计算的销售成本=期初存货+购入存货实际成本-期末存货=250+1 800-220=1 830(万元)。

采用移动加权平均法计算的销售成本=期初存货+购入存货实际成本-期末存货=250+1 800-450=1 600(万元)。

由于会计政策变更使公司当期净利润减少的金额=(1 830-1 600)×(1-25%)=172.5(万元)。

3.会计政策变更处理方法选择

企业根据法律、行政法规或者国家统一的会计制度等要求变更会计政策的,应当按照国家相关会计规定执行。国家发布了相关会计处理方法的,应按国家发布的相关会计处理方法进行处理;国家没有发布相关会计处理方法的,应采用追溯调整法进行处理。

会计政策变更能够提供更可靠、更相关的会计信息的,应当采用追溯调整法处理;在当期期初确定会计政策变更对以前各期累积影响数不切实可行的,应当采用未来适用法处理。

【例题5·单选题】下列关于会计政策变更的表述中正确的是( )。

A. 确定累积影响数时,不需要考虑损益变化导致的递延所得税费用的变化

B. 法律、行政法规或者国家统一会计制度等要求变更会计政策的,必须采用追溯调整法

C. 采用追溯调整法计算出会计政策变更的累积影响数后,应当调整列报前期最早期初留存收益,以及会计报表其他相关项目的期初数和上年数

D. 企业采用的会计计量基础不属于会计政策

解析 选项A,确定累积影响数时,需要考虑递延所得税费用的变化。选项B,法律、行政法规或者国家统一的会计准则等要求变更的情况下,企业应当分为以下情况进行处理:①法律、行政法规或者国家统一的会计准则要求改变会计政策的同时,也规定了会计政策变更会计处理办法,企业应当

答案
例题5 | C

按照国家相关会计规定执行；②法律、行政法规或者国家统一的会计准则要求改变会计政策的同时，没有规定会计政策变更会计处理方法的，企业应当采用追溯调整法进行会计处理。选项 D，会计政策，是指企业在会计确认、计量和报告中所采用的原则、基础和会计处理方法。

考点二 会计估计变更 ★★★   一学多考｜中注

（一）会计估计变更的判断（2023年多选）

1. 会计估计

会计估计是指企业对其结果不确定的交易或事项以最近可利用的信息为基础所作的判断。会计估计的判断，应当考虑与会计估计相关项目的性质和金额。

需要进行会计估计的项目，见表17-3。 调整

表17-3　需要进行会计估计的项目

类别	项目
减值	存货可变现净值的确定；固定资产、无形资产、长期股权投资等非流动资产可收回金额的确定
折旧、摊销	固定资产的使用寿命、预计净残值和折旧方法、弃置费用的确定；使用寿命有限的无形资产的预计使用寿命、残值、摊销方法
收入、费用确认	职工薪酬金额的确定；预计负债金额的确定；收入金额中交易价格的确定、履约进度的确定等；应纳税暂时性差异和可抵扣暂时性差异的确定
公允价值	采用公允价值模式下投资性房地产公允价值的确定；非货币性资产公允价值的确定；与股份支付相关的公允价值的确定；与政府补助相关的公允价值的确定；与债务重组相关的公允价值的确定；与非同一控制下的企业合并相关的公允价值的确定
租赁	租赁资产公允价值的确定、租赁付款额现值的确定、承租人折现率的确定、承租人对未确认融资费用的分摊、出租人对未实现融资收益的分配、未担保余值的确定
金融工具	与金融工具相关的公允价值的确定、摊余成本的确定、信用减值损失的确定；继续涉入所转移金融资产程度的确定、金融资产所有权上风险和报酬转移程度的确定

2. 会计估计变更

（1）会计估计变更，并不意味着以前期间的会计估计是错误的，如果以前期间的会计估计是错误的，则属于前期差错。

（2）对会计确认、计量基础、列报项目的指定或选择，是会计政策，其相应的变更是会计政策变更；根据会计确认、计量基础和列报项目所选择的、为取得与该项目有关的金额或数值所采用的处理方法，是会计估计，其相应的变更属于会计估计变更。

(3)企业难以对某项变更区分为会计政策变更或会计估计变更的,应当将其作为会计估计变更处理。

【例题 6·多选题】(2023 年)下列各项中,不属于会计估计变更的有( )。

A. 经股东大会决议,将年度现金股利分配率由4%变更5%
B. 固定资产可收回金额的确定
C. 将存货计价方法由移动加权平均法变更为先进先出法
D. 将政府补助中一般纳税人增值税即征即退的会计处理由总额法变更为净额法
E. 投资性房地产的后续计量由成本模式变更为公允价值模式

解析 选项 A,属于分红策略的决策,不属于对结果不确定的交易或事项以最近可利用的信息为基础所作的判断,不属于会计估计变更。选项 C、E,属于会计政策变更。选项 D,一般纳税人增值税即征即退只能采用总额法核算,属于会计差错。

(二)会计估计变更的会计处理(2021 年单选)

(1)对于会计估计变更,企业应采用未来适用法。即在会计估计变更当年及以后期间,采用新的会计估计,不改变以前期间的会计估计,也不调整以前期间的报告结果。

(2)具体处理方法。

a. 会计估计变更仅影响变更当期的,其影响数应当在变更当期予以确认;既影响变更当期又影响未来期间的,其影响数应当在变更当期和未来期间予以确认。

b. 会计估计变更的影响数应计入变更当期与前期相同的项目中。

【例题 7·单选题】(2021 年)甲公司 2017 年 12 月 1 日购入一台不需要安装的管理部门用设备,原值为 88 000 元,预计使用年限为 8 年,预计净残值为 6 000 元,采用双倍余额递减法计提折旧。考虑到技术进步因素,甲公司 2020 年 1 月 1 日将该设备的尚可使用年限变更为 4 年,预计净残值变更为 4 500 元,并改按年限平均法计提折旧。假定甲公司适用的企业所得税税率为 25%,采用资产负债表债务法进行所得税核算,假定变更前后会计折旧方法及预计净残值均符合税法规定。上述会计估计变更增加甲公司 2020 年度的净利润为( )元。

A. 0   B. 3 656.25   C. 843.75   D. 2 531.25

解析 2018 年计提的折旧 = 88 000×2÷8 = 22 000(元),2019 年计提的折旧 = (88 000-22 000)×2÷8 = 16 500(元);截至 2020 年 1 月 1 日,该固定资产的账面价值 = 88 000-22 000-16 500 = 49 500(元);变更前 2020 年计提的折旧 = (88 000-22 000-16 500)×2÷8 = 12 375(元);变更后 2020 年计提的折旧 = (49 500-4 500)÷4 = 11 250(元);上述会计估计变更增加的净利润金

答案
例题 6 | ACDE
例题 7 | C

额 =（12 375-11 250）×（1-25%）= 843.75（元）。

【例题8·单选题】甲公司在2021年1月1日将某项管理用固定资产的折旧方法从年限平均法改为年数总和法，预计使用年限从20年改为10年。在未进行变更前，该固定资产每年计提折旧230万元（与税法规定相同）；变更后，2021年该固定资产计提折旧350万元。假设甲公司适用的企业所得税税率为25%，变更日该固定资产的账面价值与计税基础相同，则甲公司下列会计处理中错误的是（　　）。

A．预计使用年限变化按会计估计变更处理
B．折旧方法变化按会计政策变更处理
C．2021年因变更增加的固定资产折旧120万元应计入当年损益
D．2021年因该项变更应确认递延所得税资产30万元

解析 固定资产折旧年限和折旧方法的变化属于会计估计变更。变更使固定资产会计折旧费大于税法规定，导致本期资产账面价值小于计税基础，产生120万元可抵扣暂时性差异，应确认为递延所得税资产，金额 = 120×25% = 30（万元）。

考点三 前期差错更正 ★★★ 一学多考|中注

（一）前期差错

前期差错通常包括计算错误、应用会计政策错误、疏忽或曲解事实以及舞弊产生的影响以及固定资产盘盈等。

（二）前期差错更正的会计处理（2021—2023年单选；2020年多选）

（1）企业应当采用追溯重述法更正重要的前期差错，但确定前期差错累积影响数不切实可行的除外。

追溯重述法，是指在发现前期差错时，视同该项前期差错从未发生过，从而对财务报表的相关项目进行更正的方法。（推导：不重要的差错调整发现当期数据）

会计政策变更与前期差错更正的追溯处理的比较，见表17-4。

表17-4　会计政策变更与前期差错更正的追溯处理的比较

以调增利润为例	会计政策变更	重要前期差错更正
损益调整	借：资产、负债等科目 　贷：利润分配——未分配利润	借：资产、负债等科目 　贷：以前年度损益调整
确认所得税影响	借：利润分配——未分配利润 　贷：递延所得税负债（资产）	借：以前年度损益调整 　贷：应交税费/递延所得税负债（资产）

答案
例题8｜B

（续表）

以调增利润为例	会计政策变更	重要前期差错更正
利润分配	借：利润分配——未分配利润 　　贷：盈余公积	借：以前年度损益调整 　　贷：利润分配——未分配利润 借：利润分配——未分配利润 　　贷：盈余公积
报表项目	调整	调整

（2）确定前期差错累积影响数<u>不切实可行</u>的，可以从可追溯重述的最早期间开始调整留存收益的期初余额，财务报表其他相关项目的期初余额也应当一并调整，也可以采用未来适用法。

【例题9·单选题】 E公司于2024年12月发现，2023年漏记了一项管理用固定资产的折旧费用150 000元，但在所得税申报表中扣除了该项折旧费用，并对该项固定资产记录了37 500元的递延所得税负债。该公司适用的企业所得税税率为25%，按净利润的15%提取盈余公积金。不考虑其他因素，则2024年12月该公司处理错误的是（　　）。

A．调减盈余公积16 875元　　　　B．调增累计折旧150 000元
C．调减未分配利润95 625元　　　D．调增递延所得税负债37 500元

解析 （1）补提折旧：
借：以前年度损益调整　　　　　　　　　　　　　　　　　150 000
　　贷：累计折旧　　　　　　　　　　　　　　　　　　　　150 000
（2）转回递延所得税负债：
借：递延所得税负债　　　　　　　　　　　　　　　　　　37 500
　　贷：以前年度损益调整　　　　　　　　　　　　　　　　37 500
（3）将"以前年度损益调整"科目余额转入利润分配：
借：利润分配——未分配利润　　　　　　　　　　　　　112 500
　　贷：以前年度损益调整　　　　　　　　　　　　　　　112 500
（4）调整盈余公积：
借：盈余公积　　　　　　　　　　　　　　　　　　　　　16 875
　　贷：利润分配——未分配利润　　　　　　　　　　　　　16 875

【例题10·单选题】 （2022年）甲公司适用的企业所得税税率为25%，采用资产负债表债务法核算，按净利润的10%提取法定盈余公积，不提取任意盈余公积。2022年5月，甲公司发现，公司2021年12月31日将成本为530万元的W库存商品的可变现净值预计为430万元，实际应为230万元。对此项差错，甲公司应调减2022年资产负债表"未分配利润"期初余额的金额为（　　）万元。

A．150　　　　B．180　　　　C．200　　　　D．135

答案
例题9｜D
例题10｜D

解析 ↘ 应调减未分配利润的金额=[(530-230)-(530-430)]×(1-25%)×(1-10%)=135(万元)。

【例题 11·单选题】(2023 年)甲公司适用的企业所得税税率为25%，所得税会计采用资产负债表债务法核算，按照净利润的15%提取法定和任意盈余公积。2023 年 6 月发现 2022 年 12 月 31 日少计提一项固定资产减值准备 80 万元，不考虑其他因素，针对该项会计差错，下列关于对 2023 年初调整的处理，错误的是(   )。

A. 调减固定资产 80 万元　　B. 调减递延所得税资产 20 万元
C. 调减盈余公积 9 万元　　　D. 调减未分配利润 51 万元

解析 ↘ 选项 B，应调增递延所得税资产 20 万元。会计分录如下：

借：以前年度损益调整	800 000
贷：固定资产减值准备	800 000
借：递延所得税资产	200 000
贷：以前年度损益调整	200 000
借：利润分配——未分配利润	510 000
盈余公积	90 000
贷：以前年度损益调整	600 000

【例题 12·多选题】 下列会计事项中，可能会影响企业期初留存收益的有(   )。

A. 发现上年度财务费用少计 10 万元
B. 因固定资产折旧方法由年限平均法改为年数总和法，使当年度折旧计提额比上年度增加 150 万元
C. 研究开发项目已支出的 200 万元在上年度将费用化部分计入当期损益，本年度将其中符合资本化条件的部分确认为无形资产
D. 本年度投资性房地产后续计量方法由公允价值计量模式改为成本计量模式
E. 盘盈一项重置价值为 10 万元的固定资产

解析 ↘ 选项 B，固定资产折旧方法的变更属于会计估计变更，采用未来适用法，不影响期初留存收益。选项 C，将资本化的部分确认为无形资产，借记"无形资产"科目，贷记"研发支出——资本化支出"科目，属于正常事项，不影响期初留存收益。选项 D，投资性房地产的公允价值模式不能改为成本模式，属于本年度会计差错，不影响年初的留存收益。

考点四 资产负债表日后事项 ★★★　　一学多考 | 中注

(一)资产负债表日后事项的类型(2020—2022 年多选)

资产负债表日后事项，是指资产负债表日至财务报告批准报出日之间发

答案 ↘
例题 11 | B
例题 12 | AE

生的有利或不利事项。

1. 调整事项

调整事项，是指对资产负债表日已经存在的情况提供了新的或进一步证据的事项(重大影响)。

(1)资产负债表日后发现了财务报表舞弊或差错。

(2)资产负债表日后诉讼案件结案，法院判决证实了企业在资产负债表日已经存在现时义务，需要调整原先确认的与该诉讼案件相关的预计负债，或确认一项新负债。

(3)资产负债表日后取得确凿证据，表明某项资产在资产负债表日发生了减值或者需要调整该项资产原先确认的减值金额。

(4)资产负债表日后进一步确定了资产负债表日前购入资产的成本或售出资产的收入。

提示 对于在报告期间已经开始协商、但在报告期资产负债表日后的债务重组，不属于资产负债表日后调整事项。

2. 非调整事项

非调整事项，是指在资产负债表日尚未存在，但在财务报告批准报出日之前发生或存在，对理解财务报告有重大影响的事项。

(1)日后发行股票和债券以及其他巨额举债。

(2)日后企业利润分配方案中拟分配的，以及经审议批准宣告发放的股利或利润。

(3)日后资本公积转增资本。

(4)日后发生企业合并或处置子公司。

(5)日后因自然灾害导致资产发生重大损失。

(6)日后发生巨额亏损。

(7)日后发生重大诉讼、仲裁、承诺。

(8)日后资产价格、税收政策、外汇汇率发生重大变化。

● **得分高手**

调整事项与非调整事项的区分，是近几年考核非常频繁的考点，很容易出错，快速识别的方法是记住指南中的业务举例。

【例题13·多选题】(2020年)下列资产负债表日后事项中，属于调整事项的有( )。

A. 外汇汇率发生重大变化
B. 因自然灾害导致资产发生重大损失
C. 发现财务报表存在重要差错
D. 发现财务报表舞弊
E. 资产负债表日前开始协商，资产负债表日后达成的债务重组

解析 选项A、B、E，属于资产负债表日后非调整事项。

答案
例题13 | CD

【例题 14·多选题】甲公司 2021 年度财务报告批准报出日为 2022 年 4 月 12 日，甲公司 2022 年发生的下列事项中，属于资产负债表日后调整事项的有(　　)。

A. 2 月 5 日，收到因产品质量问题退回的一批商品，该批商品销售日期为 2021 年 12 月 20 日

B. 2 月 10 日，发生火灾，致使一批库存商品毁损

C. 2 月 15 日，发现上年度购置的固定资产入账价值少计 10 万元

D. 3 月 2 日，获得确凿证据表明应收乙公司的 80 万元货款已全额无法收回，甲公司此前对该应收账款已计提坏账准备 30 万元

E. 3 月 18 日，董事会决议将部分资本公积转增股本

解析 ↘ 选项 B、E，属于资产负债表日后非调整事项。

【例题 15·多选题】(2022 年)下列资产负债表日后事项中，属于非调整事项的有(　　)。

A. 发生巨额亏损

B. 获取进一步的证据证明报告年度计提的资产减值准备不充分

C. 因遭受水灾导致报告年度购入的存货发生重大损失

D. 收到退回的报告年度销售的商品

E. 发生重大诉讼事项

解析 ↘ 选项 B、D，属于资产负债表日后调整事项。

(二)资产负债表日后事项的会计处理

资产负债表日后事项的会计处理，见表 17-5。

表 17-5　资产负债表日后事项的会计处理

	对报告年度财务报表进行调整(例如，资产减值调减利润)	
调整事项	借：以前年度损益调整 　　贷：资产等科目	(1)对报告年度财务报表进行调整(资产负债表日编制的财务报表相关项目的数字；涉及财务报表附注的，还应当调整财务报表附注相关项目的数字)。 (2)对当期编制的财务报表相关项目的年初数进行调整
	借：应交税费/递延所得税资产(负债) 　　贷：以前年度损益调整	
	借：利润分配——未分配利润 　　贷：以前年度损益调整	
	借：盈余公积 　　贷：利润分配——未分配利润	
非调整事项	不应当调整资产负债表日的财务报表	

【例题 16·多选题】甲公司 2021 年 9 月应收乙公司货款为 45 200 万元。由于乙公司财务状况不佳，到 2021 年 12 月 31 日仍未付款。甲公司于 2021 年 12 月 31 日编制 2021 年度会计报表时，已为该项应收账款提取坏账

答案 ↘
例题 14 | ACD
例题 15 | ACE

准备2 340万元。2021年12月31日"应收账款"科目的余额为80 000万元,"坏账准备"科目的金额为4 000万元。甲公司于2022年3月10日收到乙公司通知,乙公司已进行破产清算,无力偿还所欠部分货款,预计甲公司可收回应收账款的40%。假定盈余公积计提比例为15%。假定甲公司2021年财务报告的批准报出日为2022年3月31日。不考虑其他因素,2022年3月10日,甲公司下列账务处理的表述中,正确的有( )。

A. 2022年"信用减值损失"账户发生额增加24 780万元
B. 2022年"递延所得税资产"账户余额增加6 195万元
C. 调减2021年"盈余公积"账户2 787.75万元
D. 调减2021年"利润分配——未分配利润"账户15 797.25万元
E. 调减2021年净损益24 780万元

解析 选项A,信用减值损失通过以前年度损益调整账户核算,最终调整2021年信用减值损失报表项目。选项E,调减2021年净损益=[45 200×(1-40%)-2 340]×(1-25%)=18 585(万元)。甲公司相关会计分录如下。

(1)补提坏账准备:45 200×(1-40%)-2 340=24 780(万元)。
借:以前年度损益调整——信用减值损失　　　　　247 800 000
　　贷:坏账准备　　　　　　　　　　　　　　　　247 800 000

(2)调整所得税费用:
借:递延所得税资产　　　　　　(247 800 000×25%)61 950 000
　　贷:以前年度损益调整——所得税费用　　　　　　61 950 000

(3)将"以前年度损益调整"科目的余额转入利润分配:
借:利润分配——未分配利润　　　　　　　　　　　185 850 000
　　贷:以前年度损益调整　　　　(247 800 000×75%)185 850 000

(4)调整盈余公积:
借:盈余公积　　　　　　　　　　　　　　　　　　27 877 500
　　贷:利润分配——未分配利润　　　　　　　　　　27 877 500

【例题17·多选题】2019年甲公司与乙公司发生诉讼,由于甲公司未能按照合同发货致使乙公司发生重大损失。乙公司通过诉讼要求甲公司赔偿经济损失55 000万元。该诉讼案件在2019年12月31日尚未判决,甲公司预计了40 000万元的预计负债,并将该项预计赔偿款反映在2019年12月31日的财务报表中,乙公司未登记应收赔偿款。2020年2月7日,经法院判决,甲公司需要赔付乙公司经济损失50 000万元,甲公司不再上诉,并于2020年2月12日以银行存款支付了赔偿款。假定甲公司2019年财务报告批准对外报出日和所得税汇算清缴完成日均为2020年3月31日。2020年2月7日,甲、乙公司调整事项账务处理的表述中,正确的有( )。

A. 甲公司调增2019年报表"营业外支出"项目50 000万元
B. 甲公司调减2019年报表"递延所得税资产"项目10 000万元

答案
例题16 | BCD

C. 甲公司调减2019年报表"预计负债"项目40 000万元

D. 甲公司调减2019年报表"应交税费"项目12 500万元

E. 乙公司调增2019年报表留存收益37 500万元

解析 选项A，甲公司调增2019年报表"营业外支出"项目10 000万元。甲公司相关会计分录如下。

(1)记录应支付的赔偿款(付款略)：

借：以前年度损益调整——营业外支出　　　　　100 000 000
　　预计负债　　　　　　　　　　　　　　　　400 000 000
　　　贷：其他应付款　　　　　　　　　　　　　500 000 000

(2)调整应交税费、结转原预计负债产生的递延所得税：

借：应交税费——应交所得税　　（500 000 000×25%）125 000 000
　　　贷：以前年度损益调整——所得税费用　　　　125 000 000

借：以前年度损益调整——所得税费用　　　　　　100 000 000
　　　贷：递延所得税资产　　　　（400 000 000×25%）100 000 000

(3)将"以前年度损益调整"科目的余额转入利润分配：

借：利润分配——未分配利润　　　　　　　　　　75 000 000
　　　贷：以前年度损益调整　　　　　　　　　　　75 000 000

(4)调整盈余公积(假定盈余公积计提比例为15%)：

借：盈余公积　　　　　　　　　　　　　　　　　11 250 000
　　　贷：利润分配——未分配利润　　　　　　　　11 250 000

乙公司相关会计分录如下。

(1)记录已收到的赔偿款(收款略)：

借：其他应收款　　　　　　　　　　　　　　　　500 000 000
　　　贷：以前年度损益调整——营业外收入　　　　500 000 000

(2)调整应交所得税：

借：以前年度损益调整——所得税费用　　　　　　125 000 000
　　　贷：应交税费——应交所得税　　（500 000 000×25%）125 000 000

(3)将"以前年度损益调整"科目余额转入利润分配：

借：以前年度损益调整　　　　　　　　　　　　　375 000 000
　　　贷：利润分配——未分配利润　　　　　　　　375 000 000

(4)调整盈余公积(假定盈余公积计提比例为15%)：

借：利润分配——未分配利润　　　　　　　　　　56 250 000
　　　贷：盈余公积　　　　　　　　　　　　　　　56 250 000

【例题18·单选题】甲公司2021年度财务报告拟于2022年4月10日对外公告。2022年2月20日，甲公司于2021年12月10日销售给乙公司的一批商品因质量问题被退货，所退商品已验收入库。该批商品售价为100万元(不含增值税)，成本为80万元，年末货款尚未收到，且未计提坏账准备。

答案

例题17 | BCDE

甲公司所得税采用资产负债表债务法核算，适用的企业所得税税率为25%。假定甲公司2021年所得税汇算清缴于2022年4月30日完成。不考虑其他影响因素，则该项业务应调整2021年净损益的金额为（　　）万元。

　　A．15　　　　B．13.5　　　　C．−15　　　　D．−13.5

　　解析 ▶ 应调减2021年净损益的金额=(100−80)×(1−25%)=15(万元)。

【例题19·单选题】（2022年）2022年3月（2021年财务报告尚未报出），甲公司发现2020年一项固定资产折旧计算有误。该固定资产账面原值为5 000万元，会计上错将折旧年限8年记为10年，预计净残值为0，采用年限平均法计提折旧，税法上该固定资产的折旧年限为8年。假定甲公司适用的企业所得税税率为25%，采用资产负债表债务法进行所得税核算，按照净利润的10%计提盈余公积。甲公司进行前期差错更正时，应调整2021年12月31日资产负债表"盈余公积"项目的年初金额为（　　）万元。

　　A．18.75　　　B．9.375　　　C．7.5　　　　D．12.5

　　解析 ▶ 应调整2021年12月31日资产负债表"盈余公积"项目的年初金额=(5 000÷8−5 000÷10)×(1−25%)×10%=9.375(万元)。

【例题20·计算题】甲公司适用的所得税税率为25%，且预计在未来期间保持不变，2021年度所得税汇算清缴于2022年3月20日完成；2021年度财务报告批准报出日为2022年4月5日，甲公司有关资料如下：

　　(1)2021年10月12日，甲公司与乙公司签订了一项销售合同，约定甲公司在2022年1月10日以每件5万元的价格向乙公司出售100件A产品，甲公司如不能按期交货，应在2022年1月15日之前向乙公司支付合同总价款10%的违约金。签订合同时，甲公司尚未开始生产A产品，也未持有用于生产A产品的原材料。至2021年12月28日甲公司为生产A产品拟从市场购入原材料时，该原材料的价格已大幅上涨，预计A产品的单位生产成本为6万元。2021年12月31日，甲公司仍在与乙公司协商是否继续履行该合同。

　　(2)2021年10月16日，甲公司与丙公司签订了一项购货合同，约定甲公司于2021年11月20日之前向丙公司支付首期购货款500万元。2021年11月8日，甲公司已从丙公司收到所购货物。2021年11月25日，甲公司因资金周转困难未能按期支付首期购货款而被丙公司起诉，至2021年12月31日该案尚未判决。甲公司预计败诉的可能性为70%，如败诉，将要支付60万元至100万元的赔偿金，且该区间内每个金额发生的可能性大致相同。

　　(3)2022年1月26日，人民法院对上述丙公司起诉甲公司的案件作出判决，甲公司应赔偿丙公司90万元，甲公司和丙公司均表示不再上诉。当日，甲公司向丙公司支付了90万元的赔偿款。

　　(4)甲公司2021年6月购置了一栋办公楼，预计使用寿命40年，因此，该公司2022年1月1日发布公告称：经公司董事会审议通过《关于公司固定资产折旧年限会计估计变更的议案》，决定调整公司房屋建筑物的预计使用

答案 ▶
例题18丨C
例题19丨B

寿命，从原定的40年调整为20年。不考虑其他因素。

(5)其他资料：①假定递延所得税资产、递延所得税负债、预计负债在2021年1月1日的期初余额均为零。②涉及递延所得税资产的，假定未来期间能够产生足够的应纳税所得额用以利用可抵扣暂时性差异。③与预计负债相关的损失在确认预计负债时不允许从应纳税所得额中扣除，只允许在实际发生时据实从应纳税所得额中扣除。④调整事项涉及所得税的，均可调整应交所得税。⑤按照净利润的10%提取法定盈余公积。

根据上述资料，回答下列问题。

(1)根据资料(1)，甲公司相关会计处理不正确的是( )。

A. 确认预计负债50万元

B. 确认资产减值损失100万元

C. 确认递延所得税资产12.5万元

D. 甲公司不应该执行合同

解析 履行合同发生的损失=(6-5)×100=100(万元)，不履行合同发生的损失=5×100×10%=50(万元)。由于该合同变为亏损合同时不存在标的资产，甲公司应当按照履行合同造成的损失与违约金两者中的较低者确认一项预计负债，所以甲公司应确认预计负债50万元。

会计分录为：

借：营业外支出　　　　　　　　　　　　　500 000
　　贷：预计负债　　　　　　　　　　　　　　500 000
借：递延所得税资产　　　　　　　　　　　125 000
　　贷：所得税费用　　　　　　　　　　　　　125 000

(2)根据资料(2)，甲公司相关会计处理不正确的是( )。

A. 确认预计负债100万元　　B. 确认预计负债80万元

C. 影响净利润的金额为-60万元　D. 确认递延所得税资产20万元

解析 甲公司败诉的可能性是70%，即为很可能败诉，且相关赔偿金能可靠计量，因此甲公司在2021年12月31日确认一项预计负债，金额=(60+100)÷2=80(万元)。

会计分录为：

借：营业外支出　　　　　　　　　　　　　800 000
　　贷：预计负债　　　　　　　　　　　　　　800 000
借：递延所得税资产　　　　　　　　　　　200 000
　　贷：所得税费用　　　　　　　　　　　　　200 000

(3)根据资料(3)，甲公司相关会计处理不正确的是( )。

A. 判决赔偿丙公司款项属于资产负债表日后调整事项

B. 确认预计负债的借方发生额为80万元

C. 确认递延所得税负债的贷方发生额为20万元

D. 确认应交税费的借方发生额为 22.5 万元

解析 会计分录为：

借：预计负债		800 000
以前年度损益调整		100 000
贷：其他应付款		900 000
借：以前年度损益调整		200 000
贷：递延所得税资产		200 000
借：应交税费——应交所得税		225 000
贷：以前年度损益调整		225 000
借：利润分配——未分配利润		67 500
盈余公积		7 500
贷：以前年度损益调整		75 000
借：其他应付款		900 000
贷：银行存款		900 000

(4) 下列关于甲公司对该公告所述折旧年限调整会计处理的表述中，正确的是( )。

A. 对房屋建筑物折旧年限的变更应当作为会计政策变更并进行追溯调整

B. 对房屋建筑物折旧年限变更作为会计估计变更并应当从 2022 年 1 月 1 日起开始未来适用

C. 对 2021 年 6 月新购置的办公楼按照新的会计估计 20 年计提折旧不属于会计估计变更

D. 对因 2021 年 6 月新购置办公楼折旧年限的确定导致对原有房屋建筑物折旧年限的变更应当作为重大会计差错进行追溯重述

解析 选项 A、C，固定资产折旧年限的改变属于会计估计变更。选项 B，会计估计变更按照未来适用法处理，应在变更当期及以后期间确认。选项 D，固定资产折旧年限的改变不作为前期差错更正处理。

答案
例题 20|(1) B
　　　　(2) A
　　　　(3) C
　　　　(4) B

同步训练

考点一　会计政策变更

1. (单选题)下列关于会计政策变更的表述中，正确的是( )。
   A. 会计政策变更可任意选择追溯调整法和未来适用法进行处理
   B. 变更会计政策表明以前会计期间采用的会计政策存在错误
   C. 对不重要的交易或者事项采用新的政策不属于会计政策变更
   D. 会计政策变更只需调整变更当年的资产负债表和利润表

2. (单选题)下列各项中,属于会计政策变更的是( )。
   A. 固定资产转为公允价值模式下的投资性房地产
   B. 发出存货的计价方法由月末一次加权平均法改为先进先出法
   C. 将以摊余成本计量的金融资产重分类为以公允价值计量且其变动计入其他综合收益的金融资产
   D. 有证据表明原使用寿命不确定的无形资产的使用寿命已能够合理估计

3. (单选题)下列会计事项中,属于会计政策变更但不需要调整当期期初未分配利润的是( )。
   A. 固定资产的折旧方法由年限平均法改为双倍余额递减法
   B. 减资导致长期股权投资的核算由成本法改为权益法
   C. 坏账准备的计提方法由应收账款余额百分比法改为账龄分析法
   D. 发出存货的计价方法由先进先出法改为移动加权平均法

4. (多选题)下列事项中,不属于会计政策变更的有( )。
   A. 改变现金等价物的划分标准
   B. 根据新修订的《企业会计准则第21号——租赁》,企业对初次发生的租赁业务采用新的会计政策
   C. 因处置部分股权投资丧失对子公司的控制,导致长期股权投资由成本法变更为权益法
   D. 投资性房地产后续计量由成本模式变更为公允价值模式
   E. 因前期的会计政策使用错误,而采用正确的会计政策

5. (多选题)长江公司拥有一项投资性房地产,采用成本模式进行后续计量。2024年1月1日,长江公司认为该房地产所在地的房地产交易市场比较成熟,具备了采用公允价值模式计量的条件,决定对该项投资性房地产从成本模式变更为公允价值模式计量。2024年1月1日,该写字楼的原值为3 000万元,已计提折旧300万元,账面价值为2 700万元,公允价值为3 200万元。假设2024年1月1日投资性房地产的计税基础等于原账面价值,长江公司适用的所得税税率为25%,按净利润的10%计提法定盈余公积。长江公司的下列会计处理中,正确的有( )。
   A. 确认递延所得税负债125万元
   B. 冲减递延所得税资产125万元
   C. 确认其他综合收益500万元
   D. 调整留存收益375万元
   E. 确认盈余公积37.5万元

考点二 会计估计变更

1. (单选题)长江公司2020年12月20日购入一项不需要安装的固定资产,入账价值为540 000元。长江公司采用年数总和法计提折旧,预计使用年限为8年,预计净残值为零。从2024年1月1日开始,公司决定将折旧方法变更为年限平均法,预计使用年限和预计净残值保持不变,则长江公司2024年该项固定资产应计提的折旧额为( )元。
   A. 45 000   B. 67 500   C. 108 000   D. 28 125

2. (单选题)下列有关会计估计变更的表述中,错误的是( )。

A. 企业难以将某项变更区分为会计政策变更或会计估计变更的，应当将其作为会计估计变更处理

B. 对于会计估计变更，企业应采用追溯调整法进行会计处理

C. 会计估计变更，并不意味着以前期间的会计估计是错误的

D. 会计估计变更既影响变更当期又影响未来期间的，其影响数应当在变更当期和未来期间予以确认

3. (单选题)甲公司于2019年年末购入一台管理用设备并投入使用，入账价值为403 500元，预计使用寿命为10年，预计净残值为3 500元，自2020年1月1日起按年限平均法计提折旧。2024年年初，由于技术进步等原因，甲公司将该设备预计使用寿命变更为6年，预计净残值变更为1 500元，原折旧方法不变。假定该公司适用的企业所得税税率为25%，税法允许按照变更后的折旧额在税前扣除，则该项变更对甲公司2024年度净利润的影响金额为(　　)元。

A. -81 000　　　B. -60 750　　　C. 81 000　　　D. 60 750

4. (多选题)下列各项变动中，属于会计估计变更的有(　　)。

A. 因技术进步，固定资产的折旧方法由年限平均法改为年数总和法

B. 金融负债与权益工具之间的重分类

C. 坏账准备的计提比例由5%提高到10%

D. 由于会计人员的错误估计，将无形资产的摊销年限由10年调整为8年

E. 投资性房地产的后续计量由成本模式改为公允价值模式

5. (多选题)下列各项中，不属于会计估计变更的有(　　)。

A. 固定资产的预计净残值率由8%改为5%

B. 根据会计准则要求，存货的期末计价由成本法改为成本与可变现净值孰低法

C. 劳务合同履约进度的确定方法由已经发生的成本占估计总成本的比例改为已完工作的测量

D. 企业所得税的税率由33%降低为25%

E. 低值易耗品的摊销由一次摊销法变为分次摊销法

6. (多选题)下列关于会计估计变更的说法中，正确的有(　　)。

A. 会计估计变更应采用追溯调整法进行会计处理

B. 如果以前期间的会计估计变更影响数包括在特殊项目中，则以后期间也应作为特殊项目处理

C. 会计估计变更说明企业以前的会计估计是错误的，应该对以前期间的会计估计进行调整

D. 会计估计变更既影响变更当期又影响未来期间的，其影响数应当在变更当期和未来期间予以确认

E. 会计估计变更的累积影响数无法确定时，应采用未来适用法

考点三　前期差错更正

1. (单选题)甲公司2024年12月31日发现2023年度多记管理费用100万元，并进行了企业所得税申报。甲公司适用的企业所得税税率为25%，按净利润的10%提取

法定盈余公积。假定甲公司2023年度企业所得税申报的应纳税所得额大于零,则下列甲公司对这项重要前期差错进行更正的会计处理中,正确的是( )。

A. 调减2024年度当期管理费用100万元

B. 调增2024年当期未分配利润75万元

C. 调减2024年年初未分配利润67.5万元

D. 调增2024年年初未分配利润67.5万元

2. (单选题)2022年年末甲公司在内部审计时发现,当年将对乙公司的40%的股权在个别报表中采用成本法核算,但其并不能对乙公司的经营活动实施控制只具有重大影响。2022年,乙公司实现净利润为500万元,分配现金股利100万元,当年年末乙公司持有的一项以公允价值计量且其变动计入其他综合收益的金融资产的公允价值上升了100万元。下列会计差错更正的处理中错误的是( )。

A. 调增长期股权投资200万元

B. 调增投资收益200万元

C. 不通过"以前年度损益调整"科目核算

D. 调增其他综合收益40万元

3. (单选题)甲公司2024年6月发现,某管理部门用设备在2023年12月31日的账面价值为1 500万元,当日该设备的公允价值减去处置费用后的净额为1 350万元,预计未来现金流量的现值为1 200万元,甲公司计提了资产减值准备300万元。假定甲公司适用的企业所得税税率为25%,采用资产负债表债务法进行所得税核算,按照净利润的10%计提盈余公积,甲公司进行前期差错更正时,应调整2024年"盈余公积"报表项目年初金额( )万元。

A. 11.25　　　　B. 22.5　　　　C. 33.75　　　　D. 0

4. (单选题)丁公司2020年度会计利润(同应纳税所得额)为100万元,适用企业所得税税率为25%,按净利润的15%提取盈余公积。该公司2022年5月发现2020年7月购入的一项管理用专利权在计算摊销金额上有错误,该专利权2020年和2021年应摊销的金额分别为120万元和240万元,而实际摊销金额均为240万元(与企业所得税申报金额一致)。该公司对上述事项进行处理后,其对2022年5月31日资产负债表中"未分配利润"项目年初数的调整数为( )万元。

A. 76.5　　　　B. 102　　　　C. 90　　　　D. 120

5. (单选题)甲公司2023年实现的净利润500万元,当年发生的下列交易或事项中,影响其年初未分配利润的是( )。

A. 为2022年售出的设备提供售后服务发生支出59万元

B. 发现2022年少提折旧费用1 000元

C. 因客户资信状况明显恶化将应收账款坏账准备计提比例由5%提高到20%

D. 发现2022年少计财务费用300万元

6. (多选题)下列关于前期差错的表述中,正确的有( )。

A. 在发现当期一律采用追溯重述法更正

B. 确定前期差错累积影响数切实可行的,应当采用追溯重述法更正

C. 确定前期差错累积影响数不切实可行的，可以从可追溯重述的最早期间开始调整
D. 对资产负债表日后期间发现报告年度的不重要的前期差错，直接调整发现当期相关项目的金额
E. 对重要的前期差错，应在发现当期的年末采用追溯重述法更正

考点四 资产负债表日后事项

1. (单选题) 2022年12月31日，甲公司对一起未决诉讼确认的预计负债为800万元。2023年3月6日，法院对该起诉讼判决，甲公司应赔偿乙公司600万元；甲公司和乙公司均不再上诉。甲公司适用的所得税税率为25%，按净利润的10%提取法定盈余公积，2022年度财务报告批准报出日为2023年3月31日，预计未来期间能够取得足够的应纳税所得额用以抵扣可抵扣暂时性差异。不考虑其他因素，该事项导致甲公司2022年12月31日资产负债表"未分配利润"项目"期末余额"调整增加的金额为（　　）万元。

    A. 135　　　　　　B. 150　　　　　　C. 180　　　　　　D. 200

2. (单选题) 甲公司2023年7月自行研发完成一项专利权，并于当月交付行政管理部门使用，实际发生研究阶段支出1 200万元，开发阶段支出8 000万元（符合资本化条件），确认为无形资产，按直线法摊销，预计净残值为0。2024年1月检查发现，专利权的摊销期限应为8年，会计人员错误地估计为10年；2023年所得税申报时已按相关成本费用的200%进行税前扣除。税法规定该项专利权的摊销年限为8年，摊销方法、预计净残值与会计规定相同。甲公司适用的企业所得税税率为25%，按净利润的10%计提盈余公积。假定税法允许其调整企业所得税税额，不考虑其他因素，则2024年1月该公司应（　　）。

    A. 调增盈余公积5万元　　　　　　B. 调增应交所得税税额25万元
    C. 调减未分配利润45万元　　　　　D. 调增累计摊销17万元

3. (多选题) 甲公司2021年度财务报告批准报出日为2022年4月15日。公司发生的下列事项中，不属于资产负债表日后调整事项的有（　　）。

    A. 2022年1月5日因发生火灾，导致上年购入的一批原材料毁损
    B. 2022年2月1日，法院判决甲公司的诉讼案件败诉（为终审判决），需赔付200万元，甲公司在上年末已就该诉讼确认预计负债50万元
    C. 公司董事会于2022年2月5日提出了2021年每10股分配0.5元的现金股利的利润分配预案
    D. 2022年2月9日公司向银行借入年利率7%的10 000万元长期借款
    E. 2022年3月5日因产品质量问题退回一批2021年12月销售的商品

4. (多选题) 下列资产负债表日后事项中，属于非调整事项的有（　　）。

    A. 发行股票和债券　　　　　　　B. 处置子公司
    C. 发现前期重大会计差错　　　　D. 外汇汇率发生重大变化
    E. 资产负债表日存在的诉讼事件结案

5. (多选题) 丁公司在资产负债表日至财务报告批准对外报出之间发生下列事项，属

于资产负债表日后事项的有( )。

A. 收到上年度的商品销售额　　　B. 发生火灾导致重大固定资产毁损

C. 董事会作出现金股利分配决议　　D. 持有的交易性金融资产大幅升值

E. 收到税务机关退回的上年应减免的企业所得税款

6. (多选题)下列有关资产负债表日后调整事项账务处理的表述中,正确的有( )。

A. 涉及损益类的,通过"以前年度损益调整"科目核算

B. 涉及利润分配调整的,直接在"利润分配——未分配利润"科目核算

C. 涉及损益类的,直接调整相关会计科目及报表相关项目

D. 无论是否涉及损益和利润分配,都直接调整相关会计科目及报表相关项目

E. 不涉及损益和利润分配的,直接调整相关会计科目及报表相关项目

综合拓展

1. (单选题)下列关于会计政策、会计估计及其变更的表述或处理中,错误的是( )。

A. 会计政策是企业在会计确认、计量和报告中所采用的原则、基础和会计处理方法

B. 企业采用的会计计量基础属于会计政策

C. 企业采用的会计政策,在每一会计期间和前后各期应当保持一致,不得随意变更

D. 按照会计政策变更和会计估计变更划分原则难以对某项变更进行区分的,应将该变更作为会计政策变更处理

2. (多选题)下列经济事项中,可能需要通过"以前年度损益调整"科目进行会计处理的有( )。

A. 不涉及损益的资产负债表日后事项

B. 涉及损益的资产负债表日后调整事项

C. 涉及损益的会计估计变更

D. 不涉及损益的前期重要差错调整

E. 涉及损益的前期重要差错更正

3. (综合分析题)甲股份有限公司(下称甲公司)为上市公司,适用的所得税税率为25%,所得税采用资产负债表债务法核算,当年发生的可抵扣暂时性差异预计未来期间均能够转回;年末按净利润的10%计提法定盈余公积。甲公司2023年度实现利润总额6 800万元(未调整前),2023年度财务报告于2024年4月2日批准对外报出,2023年所得税汇算清缴工作于2024年3月25日结束。2024年1月1日至4月2日,发生以下事项:

(1)2023年8月15日,甲公司向乙公司销售一批产品,货款共计234万元,尚未收到。根据合同规定,乙公司应于购货后1个月内支付全部货款。乙公司由于资金周转出现困难,到2023年12月13日仍未支付货款。甲公司2023年年末为该应收账款按10%的比例计提了坏账准备。甲公司于2024年2月3日收到乙公司通知,乙公司已进行破产清算,无力偿还所欠部分货款,甲公司预计可收回该应收账

款的40%。根据税法规定，计提的坏账准备不允许税前扣除。

(2)2024年2月10日，注册会计师在审计时发现，2022年年末甲公司对一项实际未发生减值的管理部门使用的固定资产，计提了56万元的减值准备(该固定资产之前未计提过减值准备)。至2022年年末，该固定资产尚可使用8年，预计净残值为零，采用年限平均法计提折旧。假设该项固定资产的折旧处理方法会计与税法一致。

(3)2024年2月15日，注册会计师审计时发现，从2023年1月1日起，甲公司将出租的办公楼的后续计量由公允价值模式变更为成本模式，并作为会计政策变更采用追溯调整法进行会计处理。该办公楼于2020年12月31日建成后对外出租，成本为1 800万元。该投资性房地产各年末的公允价值如下：2020年12月31日为1 800万元；2021年12月31日为2 100万元；2022年12月31日为2 240万元；2023年12月31日为2 380万元。该投资性房地产采用成本模式计量时，采用年限平均法计提折旧，预计使用20年，预计净残值为零，自办公楼建成后次月起计提折旧。税法规定，该办公楼折旧方法采用年限平均法，预计使用年限为20年。

(4)2023年12月因甲公司违约被丁公司告上法庭，丁公司要求甲公司赔偿270万元。2023年12月31日法院尚未裁决，甲公司按或有事项准则对该诉讼事项确认预计负债160万元。2024年3月12日，法院判决甲公司赔偿丁公司240万元。甲、丁双方均服从判决。判决当日甲公司向丁公司支付赔偿款240万元。根据税法规定该预计负债产生的损失不允许在预计时税前抵扣，只有在损失实际发生时，才允许税前抵扣。

假设除上述事项外，甲公司无其他纳税调整事项，并对上述事项进行了会计处理。

根据上述资料，回答下列问题。

(1)针对上述事项(3)，甲公司下列更正会计处理正确的有(　　)。

A. 冲减2023年度其他业务成本270万元

B. "投资性房地产——公允价值变动"科目增加160万元

C. 冲减2022年度计提的投资性房地产累计折旧90万元

D. 增加2023年度公允价值变动损益140万元

(2)对上述事项进行会计处理后，应调增甲公司原编制的2023年度的利润表中"资产减值损失"项目本年数(　　)万元。

A. 56　　　　　　B. 61　　　　　　C. 78　　　　　　D. 0

(3)对上述事项进行会计处理后，应调减甲公司原编制的2023年12月31日资产负债表中的"递延所得税资产"项目期末余额(　　)万元。

A. 23　　　　　　B. 36.25　　　　　C. 48.75　　　　　D. 55.25

(4)针对上述事项(2)，应调增甲公司原编制的2023年12月31日资产负债表中的"未分配利润"项目年初余额(　　)万元。

A. 22.8　　　　　B. 25.6　　　　　C. 32.6　　　　　D. 37.8

(5)对上述事项进行会计处理后，甲公司2023年度的利润总额为(　　)万元。

A. 6 272 B. 6 506 C. 6 646 D. 6 826
(6)2023年度甲公司应缴企业所得税( )万元。
A. 1 684.1 B. 1 706.6 C. 1 720.6 D. 1 787.6

参考答案及解析

考点一 会计政策变更

1. C 【解析】本题考查会计政策变更的处理方法。选项 A，会计政策变更能切实可行地确定该项会计政策变更累积影响数时，应当采用追溯调整法；在当期期初确定会计政策变更对以前各期累积影响数不切实可行的，应当采用未来适用法。选项 B，会计政策变更并不意味着以前的会计政策是错误的，而是采用变更后的会计政策会使得会计信息更加具有可靠性和相关性。选项 D，会计政策变更除了调整变更当年的资产负债表和利润表之外，还需要调整所有者权益变动表。

2. B 【解析】本题考查会计政策变更情形的判断。选项 A，非投资性房地产转为投资性房地产不属于会计政策变更，投资性房地产后续计量由成本模式转为公允价值模式才属于会计政策变更。选项 C，是正常事项，不属于会计估计变更和会计政策变更。选项 D，属于会计估计变更。

3. D 【解析】本题考查会计政策变更情形的判断。选项 A、C，属于会计估计变更，不属于会计政策变更。选项 B，不属于会计政策变更，属于企业正常的业务。

4. BCE 【解析】本题考查会计政策变更情形的判断。选项 A、D，属于会计政策变更。选项 B，对初次发生的业务采用新准则不属于会计政策变更。选项 C，属于企业正常发生的事项，不属于会计政策变更。选项 E，属于差错更正。

5. ADE 【解析】本题考查会计政策变更的会计处理。将投资性房地产由成本模式转为公允价值模式计量，应作为会计政策变更。

借：投资性房地产——成本　　　　　　　　　　　　　　　30 000 000
　　　　　　　　——公允价值变动　　　　　　　　　　　2 000 000
　　投资性房地产累计折旧　　　　　　　　　　　　　　　3 000 000
　贷：投资性房地产　　　　　　　　　　　　　　　　　　30 000 000
　　　递延所得税负债　　　　　[(32 000 000-27 000 000)×25%]1 250 000
　　　盈余公积　　　　　　　　　　　　　　　　　　　　　375 000
　　　利润分配——未分配利润　　　　　　　　　　　　　3 375 000

考点二 会计估计变更

1. A 【解析】本题考查会计估计变更的会计处理。截至 2023 年年末，该项固定资产累计折旧额=540 000×(8÷36+7÷36+6÷36)=315 000(元)，账面价值=540 000-315 000=225 000(元)；2024 年 1 月 1 日起，在剩余使用年限计提折旧，2024 年折旧额=225 000÷(8-3)=45 000(元)。

2. B 【解析】本题考查会计估计变更的会计处理。会计估计变更应采用未来适用法进行会计处理，不进行追溯调整。

547

3. B 【解析】本题考查会计估计变更的会计处理。原估计下，每年的折旧额＝(403 500－3 500)÷10＝40 000(元)；变更后，该固定资产的账面价值＝403 500－40 000×4＝243 500(元)，年折旧额＝(243 500－1 500)÷(6－4)＝121 000(元)；该变更对甲公司净利润的影响额＝－(121 000－40 000)×(1－25%)＝－60 750(元)。

4. AC 【解析】本题考查会计估计变更的辨别。选项 B，既不属于会计政策变更，也不属于会计估计变更。选项 D，属于会计差错。选项 E，属于会计政策变更。

5. BDE 【解析】本题考查会计估计变更的辨别。选项 B，属于会计政策变更。选项 D，企业所得税的税率是由国家税务总局颁布的税法规定，企业不能进行会计估计。选项 E，既不属于会计估计变更也不属于会计政策变更。

6. BD 【解析】本题考查会计估计变更的表述。选项 A，会计估计变更应采用<u>未来适用法</u>进行会计处理。选项 C，会计估计变更并不能说明企业以前的会计估计是错误的，只是由于情况发生了变化或者掌握了新的信息，积累了更多的经验，使得新的会计估计能更好地反映企业的财务状况。选项 E，会计估计变更不需要计算累积影响数。

考点三 前期差错更正

1. D 【解析】本题考查前期差错更正的会计处理。2023 年多记管理费用，因此差错更正的时候要冲减费用，调增净利润＝100×(1－25%)＝75(万元)；因属于重要前期差错，所以调增 2024 年年初未分配利润，其金额＝75×(1－10%)＝67.5(万元)。

2. B 【解析】本题考查前期差错更正的会计处理。本年发现本年的会计差错，所以在处理时直接调整相关科目即可：

借：长期股权投资——损益调整　　　　　　　　　　　　　　　　2 000 000
　　贷：投资收益　　　　　　　　　　　　　　　　(5 000 000×40%)2 000 000
借：投资收益　　　　　　　　　　　　　　　　　(1 000 000×40%)400 000
　　贷：长期股权投资——损益调整　　　　　　　　　　　　　　　　400 000
借：长期股权投资——其他综合收益　　　　　　　　　　　　　　　400 000
　　贷：其他综合收益　　　　　　　　　　　　　　(1 000 000×40%)400 000

3. A 【解析】本题考查前期差错更正的会计处理。固定资产公允价值减去处置费用后的净额＝1 350(万元)，预计未来现金流量的现值为 1 200 万元，可收回金额按两者之间的孰高者计量，即可收回金额为 1 350 万元。因此固定资产应计提减值准备＝1 500－1 350＝150(万元)，需冲减多计提的减值准备 150 万元。应调整 2024 年"盈余公积"报表项目年初金额＝150×(1－25%)×10%＝11.25(万元)。

4. A 【解析】本题考查前期差错更正的会计处理。冲减 2020 年多摊销费用 120 万元(240－120)，导致增加利润总额 120 万元，增加所得税费用影响 30 万元(120×25%)，增加净利润 90 万元(120－30)，增加盈余公积 13.5 万元(90×15%)，增加未分配利润 76.5 万元(90－13.5)。"未分配利润"项目的年初余额应调增金额＝(240－120)×(1－25%)×(1－15%)＝76.5(万元)。

5. D 【解析】本题考查前期差错更正的会计处理。选项 A，属于 2023 年当期业务，不影响年初未分配利润。选项 B，属于<u>不重要</u>的前期差错，直接调整 2023 年度利润，不影响年初未分配利润。选项 C，属于会计估计变更，采用未来适用法，不影响年初未分配利润。选项 D，属于重要的前期差错，调整 2023 年年初未分配利润。

6. BCD 【解析】本题考查前期差错的会计处理。选项 A、E，对于重要的前期差错，确定前期差错累积影响数不切实可行的，可以从可追溯重述的最早期间开始调整，也可以采用未来适用法。

考点四 资产负债表日后事项

1. A 【解析】本题考查日后调整事项的会计处理。应调增未分配利润的金额 = (800 - 600) × (1 - 25%) × (1 - 10%) = 135(万元)。

2. C 【解析】本题考查日后调整事项的会计处理。甲公司更正的会计处理：
   借：以前年度损益调整——管理费用　　　　　　　　　　　　　　　1 000 000
     贷：累计摊销　　　　(80 000 000÷8×6÷12 - 80 000 000÷10×6÷12)1 000 000
   借：应交税费——应交所得税　　　　　　　　(1 000 000×200%×25%)500 000
     贷：以前年度损益调整——所得税费用　　　　　　　　　　　　　　500 000
   借：盈余公积　　　　　　　　　　　　　　　　　　(500 000×10%)50 000
     利润分配——未分配利润　　　　　　　　　　　　　　　　　　450 000
     贷：以前年度损益调整　　　　　　　　　　(1 000 000 - 500 000)500 000

3. ACD 【解析】本题考查日后事项的分类。选项 B、E，属于资产负债表日后调整事项。

4. ABD 【解析】本题考查日后事项的分类。选项 C、E，都属于资产负债表日后调整事项。

5. BCD 【解析】本题考查资产负债表日后事项的概念。选项 B、C、D 属于日后非调整事项。选项 A、E 属于当年正常业务，不属于日后事项。

6. ABE 【解析】本题考查日后事项的会计处理原则。选项 C、D，资产负债表日后调整事项涉及损益类的，应通过"以前年度损益调整"科目核算，不能直接调整相关会计科目及报表相关项目。

综合拓展

1. D 【解析】本题考查会计政策变更和会计估计变更的概念。选项 D，按照会计政策变更和会计估计变更划分原则难以对某项变更进行区分的，应将该变更作为会计估计变更处理。

2. BE 【解析】本题考查会计调整的会计处理。资产负债表日后调整事项、前期重要差错更正，需要追溯处理，涉及的损益类科目，用"以前年度损益调整"科目核算。选项 A、D，不涉及损益类科目。选项 C，会计估计变更不需要追溯处理。

3. (1)CD；(2)D；(3)A；(4)D；(5)D；(6)A。
   【解析】
   (1)本题考查日后调整事项的会计处理。采用公允价值模式计量的投资性房地产不得再转换为成本模式计量，针对该项差错，应冲减 2021 年、2022 年度分别计提的投资性房地产累计折旧 90 万元，同时冲减 2021 年、2022 年度分别确认的其他业务成本 90 万元(通过期初留存收益来调整)，增加 2021 年、2022 年度确认的公允

价值变动损益总额440万元(通过期初留存收益来调整),增加递延所得税负债155万元,同时增加2023年度确认的公允价值变动损益140万元。甲公司错误的追溯调整处理如下:

借:投资性房地产 18 000 000
  递延所得税负债 1 550 000
  盈余公积 465 000
  利润分配——未分配利润 4 185 000
 贷:投资性房地产——成本 18 000 000
    ——公允价值变动 4 400 000
  投资性房地产累计折旧 1 800 000

2023年度按成本模式计提折旧:

借:其他业务成本 900 000
 贷:投资性房地产累计折旧 900 000

更正差错的处理为:

借:投资性房地产——成本 18 000 000
    ——公允价值变动 4 400 000
  投资性房地产累计折旧 1 800 000
 贷:投资性房地产 18 000 000
  递延所得税负债 1 550 000
  盈余公积 465 000
  利润分配——未分配利润 4 185 000

借:投资性房地产累计折旧 900 000
 贷:以前年度损益调整——其他业务成本 900 000

借:投资性房地产——公允价值变动 1 400 000
 贷:以前年度损益调整——公允价值变动损益 1 400 000

借:以前年度损益调整——所得税费用 575 000
 贷:递延所得税负债 575 000

(2)本题考查日后调整事项的会计处理。事项(1)应调增2023年度的信用减值损失=234×60%−234×10%=117(万元),事项(2)应调减2022年度的资产减值损失,即调减2023年度利润表中"资产减值损失"项目的上年数。

(3)本题考查日后调整事项的会计处理。应调整2023年12月31日资产负债表中的"递延所得税资产"项目期末余额=117×25%−56×25%+7×25%−160×25%=−23(万元)。

事项(1)的调整分录:

借:以前年度损益调整——信用减值损失 1 170 000
 贷:坏账准备 1 170 000

借:递延所得税资产 292 500
 贷:以前年度损益调整——所得税费用 292 500

事项(2)的调整分录：

借：固定资产减值准备　　　　　　　　　　　　　　　560 000
　　贷：以前年度损益调整——资产减值损失　　　　　　　　560 000
借：以前年度损益调整——2022年度所得税费用　　　140 000
　　贷：递延所得税资产　　　　　　　　　　　　　　　　　140 000
借：以前年度损益调整——管理费用　　　　　　　　　70 000
　　贷：累计折旧　　　　　　　　　　　　　　　　　　　　70 000
借：递延所得税资产　　　　　　　　　　　（70 000×25%）17 500
　　贷：以前年度损益调整　　　　　　　　　　　　　　　　17 500

事项(4)的调整分录：

借：以前年度损益调整——营业外支出　　　　　　　　800 000
　　预计负债　　　　　　　　　　　　　　　　　　　1 600 000
　　贷：其他应付款　　　　　　　　　　　　　　　　　　2 400 000
借：以前年度损益调整——所得税费用　　　　　　　　400 000
　　贷：递延所得税资产　　　　　　　　　　　　　　　　400 000
借：应交税费——应交所得税　　　　　　　　　　　　600 000
　　贷：以前年度损益调整——所得税费用　　　　　　　　600 000

(4)本题考查日后调整事项的会计处理。调整2023年12月31日资产负债表中"未分配利润"项目年初余额=(56-56×25%)×(1-10%)=37.8(万元)。

(5)本题考查日后调整事项的会计处理。甲公司2023年度的利润总额=6 800-117-56÷8+90+140-80=6 826(万元)。

(6)本题考查应交所得税的计算。应缴企业所得税=(6 826+234×60%-140-90)×25%=1 684.1(万元)。

第十八章 财务报告

重要程度：非重点章节　　分值：4分左右

考试风向

▶ 考情速递

本章重点内容为资产负债表项目填列、利润表项目计算、现金流量表项目区分、所有者权益变动表项目列示和财务报表附注的内容等。常以单选题、多选题的形式考核，需要理解并掌握。

▶ 2025年考试变化

调整：（1）资产负债表"（一）期末余额栏的填列方法"的相关内容。
（2）现金流量表"（二）投资活动产生的现金流量的编制"和"（三）筹资活动产生的现金流量的编制"的相关内容。

▶ 脉络梳理

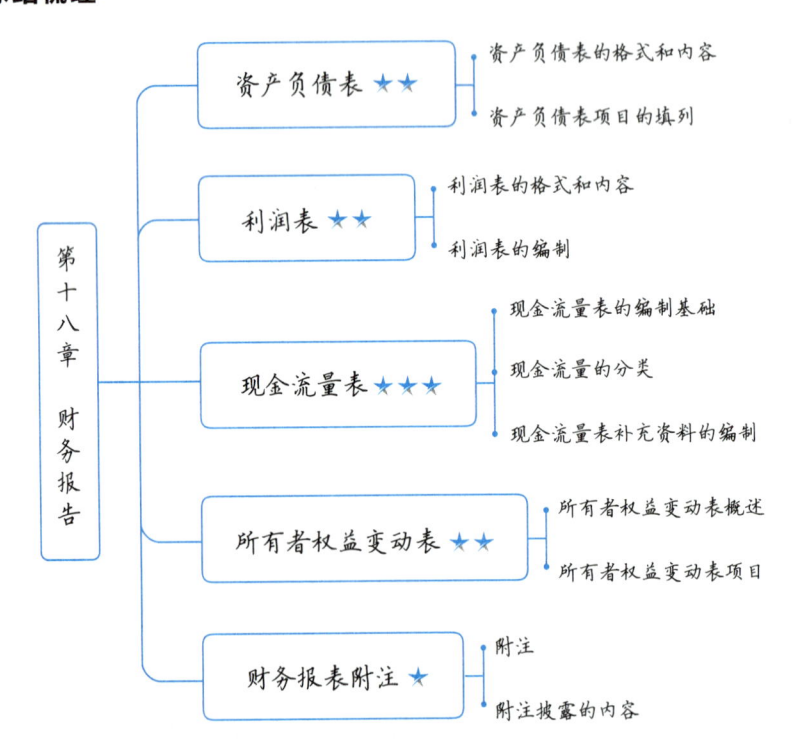

第十八章 财务报告
- 资产负债表 ★★
  - 资产负债表的格式和内容
  - 资产负债表项目的填列
- 利润表 ★★
  - 利润表的格式和内容
  - 利润表的编制
- 现金流量表 ★★★
  - 现金流量表的编制基础
  - 现金流量的分类
  - 现金流量表补充资料的编制
- 所有者权益变动表 ★★
  - 所有者权益变动表概述
  - 所有者权益变动表项目
- 财务报表附注 ★
  - 附注
  - 附注披露的内容

考点详解及精选例题

考点一 资产负债表 ★★ 一学多考|注

（一）资产负债表的格式和内容

资产负债表是反映企业在某一特定日期财务状况的会计报表。

【例题1·多选题】下列各项中，不应作为资产在年末资产负债表中反映的有（　　）。

A. 委托代销商品　　　　　B. 协商转让中的无形资产
C. 拟进行债务重组的应收债权　　D. 很可能获得的第三方赔偿款
E. 尚未批准处理的盘亏存货

解析 选项A，委托代销商品属于企业资产，受托代销商品不属于企业资产。选项D，赔偿款只有基本确定可以收到的时候才予以确认。选项E，盘亏的存货已不能为企业带来经济利益，不符合资产确认条件，需要在期末结转其账面价值，所以期末不需要在资产负债表中列示。

【例题2·多选题】下列各项不属于资产负债表中所有者权益项目的有（　　）。

A. 其他综合收益　　　　B. 其他收益
C. 其他权益工具　　　　D. 未分配利润
E. 本年利润

解析 资产负债表中所有者权益项目包括实收资本（股本）、资本公积、盈余公积、未分配利润、其他综合收益、其他权益工具等。

（二）资产负债表项目的填列

1. 根据总账科目余额填列 调整

（1）直接填列（特殊项目以外的项目）。（2020年单选）

衍生金融资产、短期借款、衍生金融负债、预收款项、应交税费、实收资本、长期待摊费用、其他权益工具投资等项目。

（2）计算填列。

"货币资金"项目=库存现金+银行存款+数字货币+其他货币资金

"其他应付款"项目=其他应付款+应付利息+应付股利

"其他应收款"项目=其他应收款+应收利息+应收股利-坏账准备

【例题3·多选题】在编制资产负债表时，下列报表项目根据总账科目余

> 记忆密码
> "其他应收款"项目应为第5类，为了方便比较，在此处讲解。
>
> **答案**
> 例题1|DE
> 例题2|BE

额直接填列的有( )。

A. 租赁负债 B. 应收账款
C. 长期待摊费用 D. 衍生金融资产
E. 递延所得税资产

解析 选项 A,"租赁负债"项目,应根据总账科目和明细账科目余额分析计算填列。选项 B,"应收账款"项目,应根据"应收账款"科目的期末余额,减去"坏账准备"科目中相关的坏账准备期末余额后的金额填列。

2. 根据明细科目余额计算填列

根据明细科目余额计算填列的项目,见表 18-1。

表 18-1 根据明细科目余额计算填列的项目

两付	"应付账款"项目=(应付账款+预付账款)明细贷方余额。 "预付款项"项目❶=(应付账款+预付账款)所属明细账户借方余额-坏账准备
未开薪	开发支出:"研发支出——资本化支出"明细科目。 应付职工薪酬。 未分配利润:"利润分配——未分配利润"明细科目
一年内到期❷	一年内到期的非流动资产:长期应收款等非流动资产项目中将于一年内到期的。 一年内到期的非流动负债:长期借款等非流动负债项目中将于一年内到期的。 **提示** 一年内摊销(折旧)完(或预计在一年内摊销、折旧)的长期待摊费用、固定资产、无形资产、递延收益皆不填入
特殊	交易性金融资产、应收款项融资、其他债权投资、预计负债

记忆密码❶ "预付款项"项目应为第 5 类,为了方便比较,在此处讲解。

记忆密码❷ 重点关注一年内到期项目的处理。

3. 根据总账科目和明细账科目余额分析计算填列

"长期借款""应付债券""租赁负债"项目:根据"长期借款""应付债券""租赁负债"总账科目余额扣除所属的明细科目中将在资产负债表日起 1 年内到期,且企业不能自主地将清偿义务展期的部分后的金额计算填列。

【例题 4·分析题】甲企业 2024 年 12 月 31 日"长期借款"账户如下表:

借款起始日期	期限(年)	金额(元)	到期时间
2024 年 1 月 1 日	3	1 000 000	2 年后到期
2022 年 1 月 1 日	6	2 000 000	3 年后到期
2021 年 7 月 1 日	4	1 500 000	半年后到期

要求:请计算上述数据在期末列报的项目和金额。

解析 "长期借款"项目=1 000 000+2 000 000=3 000 000(元)。
"一年内到期的非流动负债"项目=1 500 000(元)。

4. 根据有关科目余额减去备抵科目余额后的净额填列

"固定资产"项目=固定资产-累计折旧-固定资产减值准备±固定资产清理

答案
例题 3 | CDE

"在建工程"项目=在建工程+工程物资-在建工程减值准备-工程物资减值准备

"无形资产"项目=无形资产-累计摊销-无形资产减值准备

"投资性房地产"项目=投资性房地产-投资性房地产累计折旧(摊销)-投资性房地产减值准备

"使用权资产"项目=使用权资产-使用权资产累计折旧-使用权资产减值准备

"持有待售资产"项目=持有待售资产-持有待售资产减值准备

"长期应收款"项目=长期应收款(扣除一年内到期)-未实现融资收益-坏账准备

"长期应付款"项目=长期应付款(扣除一年内到期)-未确认融资费用+专项应付款

"长期股权投资"项目=长期股权投资-长期股权投资减值准备

"债权投资"项目=债权投资-债权投资减值准备

提示 自资产负债表日起一年内到期的长期债权投资,在"一年内到期的非流动资产"项目中填列,购入的以摊余成本计量的一年内到期的债权投资,在"其他流动资产"项目中填列。

> "债权投资"项目应为第 5 类,为了方便比较,在此处讲解。

5. 综合运用上述填列方法分析填列

(1)"存货"项目。

"存货"项目=原材料+周转材料+在途物资(材料采购)+委托加工物资+生产成本+合同履约成本(初始确认时摊销期限不超过一年或一个正常营业周期)+库存商品+发出商品±材料成本差异(借加贷减)-存货跌价准备-合同履约成本减值准备+受托代销商品-受托代销商品款

提示

(1)"其他非流动资产"项目,应根据有关科目的期末余额减去将于一年内(含一年)收回数后的金额,及"合同取得成本"科目和"合同履约成本"科目的明细科目中初始确认时摊销期限在一年或一个正常营业周期以上的期末余额,减去"合同取得成本减值准备"科目和"合同履约成本减值准备"科目中相应的期末余额后的金额填列。

(2)应收退货成本:期末应当根据"应收退货成本"科目是否在一年或一个正常营业周期内出售,在"其他流动资产"或"其他非流动资产"项目中填列。

【例题 5·单选题】某公司 2024 年年末有关科目余额如下:"发出商品"余额为 250 万元,"生产成本"余额为 335 万元,"原材料"余额为 300 万元,"材料成本差异"贷方余额为 25 万元,"存货跌价准备"余额为 100 万元,"委托代销商品"余额为 1 200 万元,"受托代销商品"余额为 600 万元,"受托代销商品款"余额为 600 万元,摊销期限大于一年的"合同履约成本"余额为 400 万元,"工程物资"余额为 300 万元。则该公司 2024 年 12 月 31 日资产负债表中"存货"项目的金额为( )万元。

A. 2 060　　　B. 1 960　　　C. 2 360　　　D. 2 485

解析 ▶ 资产负债表中"存货"项目的金额=250+335+300−25−100+1 200+600−600=1 960(万元)。

提示 "工程物资"在资产负债表的"在建工程"项目列示,不在"存货"项目中列示;根据"合同履约成本"科目的明细科目初始确认时摊销期限是否超过一年或一个正常营业周期,在"存货"或"其他非流动资产"项目中填列,已计提减值准备的,还应减去"合同履约成本减值准备"。

(2)应收。

"应收账款"项目,应根据"应收账款"科目的期末余额,减去相应计提的"坏账准备"后的金额填列。

"应收票据"项目=应收票据−坏账准备

(3)合同资产、合同负债。

同一合同下的合同资产和合同负债应当以净额列示:其中净额为借方余额的,应当根据其流动性在"合同资产"或"其他非流动资产"项目中填列,已计提减值准备的,还应减去"合同资产减值准备"科目中相应的期末余额后的金额填列;其中净额为贷方余额的,应当根据其流动性在"合同负债"或"其他非流动负债"项目中填列。

【例题6·单选题】期末同一合同下的合同资产净额大于合同负债净额的差额,如超过一年或一个正常营业周期结转的,在资产负债表中列报为( )项目。

A. 其他流动资产　　　　　　B. 合同资产
C. 其他非流动资产　　　　　D. 合同负债

解析 ▶ 同一合同下的合同资产和合同负债应当以净额列示,其中净额为借方余额的,应当根据其流动性在"合同资产"或"其他非流动资产"项目中填列,已计提减值准备的,还应减去"合同资产减值准备"科目中相应的期末余额后的金额填列;其中净额为贷方余额的,应当根据其流动性在"合同负债"或"其他非流动负债"项目中填列。

【例题7·多选题】下列各项资产负债表项目的填列方法,表述正确的有( )。

A. 自资产负债表日起一年内到期的长期债权投资,在"一年内到期的非流动资产"项目中填列,购入的以摊余成本计量的一年内到期的债权投资,在"其他流动资产"项目中填列

B. 对于按照相关会计准则采用折旧(或摊销、折耗)方法进行后续计量的固定资产、无形资产和长期待摊费用等非流动资产,折旧(或摊销、折耗)年限(或期限)只剩一年或不足一年的归类为流动资产

C. 固定资产折旧(或无形资产及长期待摊费用摊销、折耗)预计在一年

答案 ▶
例题5 | B
例题6 | C

内(含一年)进行折旧(或摊销、折耗),仍在各该非流动资产项目中填列,转入"一年内到期的非流动资产"项目

D. "递延收益"项目中摊销期限只剩一年或不足一年的,或预计在一年内(含一年)进行摊销的部分,不得归类为流动负债,仍在该项目中填列,不转入"一年内到期的非流动负债"项目

E. "长期借款、应付债券、租赁负债"项目,应分别根据"长期借款、应付债券、租赁负债"总账科目余额扣除所属的明细科目中将在资产负债表日起1年内到期,且企业不能自主地将清偿义务展期的部分后的金额计算填列

解析 选项B,不得归类为流动资产。选项C,不转入"一年内到期的非流动资产"项目。

考点二 利润表 ★★ 一学多考|注

(一)利润表的格式和内容

利润表是反映企业在一定会计期间的经营成果的报表。

利润表的主要项目,见表18-2。

表18-2 利润表的主要项目

一、营业收入(主营+其他) 减:营业成本(主营+其他) 　　税金及附加	二、营业利润
	加:营业外收入
销售费用 管理费用、研发费用 财务费用	减:营业外支出
	三、利润总额
资产减值损失 信用减值损失	减:所得税费用
加:公允价值变动收益(损失减) 　　投资收益(损失减) 　　净敞口套期收益(损失减) 　　资产处置收益(损失减) 　　其他收益	四、净利润
	五、其他综合收益的税后净额
	六、综合收益总额
	七、每股收益

记忆密码

营业利润=三营四费五益两减。

(二)利润表的编制

利润表各项目均需填列"本期金额"和"上期金额"两栏。

答案

例题7|ADE

1."上期金额"

应根据上年利润表的"本期金额"栏内所列数字填列。

2."本期金额"

企业应当根据损益类科目和所有者权益类有关科目的发生额填列利润表"本期金额"栏。

提示 "研发费用"项目,应根据"管理费用"科目下的"研究费用"明细科目的发生额,以及"管理费用"科目下的"无形资产摊销"明细科目的发生额分析填列。

【例题 8·单选题】(2024 年)甲公司 2023 年度发生下列事项:①出租无形资产确认租金收入 200 万元;②出售固定资产产生净收益 50 万元;③处置以公允价值计量且其变动计入当期损益的金融资产获得收益 50 万元;④办公用房发生改良支出 30 万元。假设不考虑增值税等其他因素,甲公司 2023 年发生的上述交易或事项直接影响当期营业利润的金额为( )万元。

A. 300　　　　B. 170　　　　C. 190　　　　D. 220

解析 影响当期营业利润的金额 = 200+50+50 = 300(万元)。

【例题 9·多选题】下列各项中,影响企业当期营业利润的有( )。

A. 收到与企业日常活动无关的政府补助

B. 在建工程计提减值准备

C. 固定资产报废净损失

D. 出售原材料取得收入

E. 因存货减值而确认的递延所得税资产

解析 选项 A,计入营业外收支或递延收益。选项 C,计入营业外支出。选项 E,计入所得税费用,影响净利润。

【例题 10·多选题】下列各项中,可能影响企业当期营业利润的有( )。

A. 其他权益工具投资的期末公允价值变动

B. 交易性金融资产的期末公允价值变动

C. 计提在建工程减值准备

D. 固定资产出售净损失

E. 收到因享受税金优惠而返还的消费税

解析 选项 A,记入"其他综合收益"科目,不影响营业利润。

考点三 现金流量表 ★★★

(一)现金流量表的编制基础

现金流量表是反映企业在一定会计期间现金和现金等价物流入和流出的

答案
例题 8 | A
例题 9 | BD
例题 10 | BCDE

报表。

现金流量表的编制基础，见图18-1。

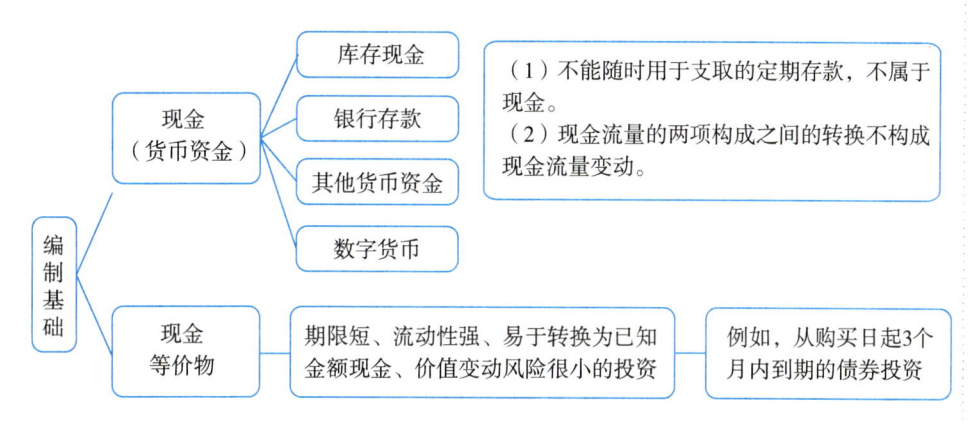

```
编制基础
├── 现金（货币资金）
│   ├── 库存现金
│   ├── 银行存款
│   ├── 其他货币资金
│   └── 数字货币
│   （1）不能随时用于支取的定期存款，不属于现金。
│   （2）现金流量的两项构成之间的转换不构成现金流量变动。
└── 现金等价物
    └── 期限短、流动性强、易于转换为已知金额现金、价值变动风险很小的投资
    例如，从购买日起3个月内到期的债券投资
```

图18-1　现金流量表的编制基础

【例题11·单选题】 下列业务发生后将引起现金及现金等价物总额变动的是( )。

A. 赊购固定资产

B. 用银行存款购买1个月到期的债券

C. 用库存商品抵偿债务

D. 用银行存款清偿债务

解析 选项A、C，并无现金流量变动。选项B，是现金和现金等价物的转换，不会引起现金及现金等价物总额变动。

(二) 现金流量的分类(2024年单选；2020年、2024年多选)

1. 经营活动产生的现金流量

经营活动产生的现金流量的填列，见表18-3。

表18-3　经营活动产生的现金流量的填列

	经营活动	项目填制说明
流入	销售商品、提供劳务收到的现金	收到(前期+本期+预收)的含税价款-销售退回支付价款 也包括：销售材料收款、代购代销收款
	收到的税费返还	返还的各种税费(增值税、企业所得税、消费税等)，以及留抵退税款项
	收到其他与经营活动有关的现金	经营租赁租金收入、罚款收入、捐赠收入

> **记忆密码**
> 2024年考核的有非常规项目，所以2025年也应关注此考法。

> **答案**
> 例题11丨D

(续表)

经营活动		项目填制说明
流出	购买商品、接受劳务支付的现金	支付(前期+本期+预付)的含税货款−购货退回收到货款
	支付给职工以及为职工支付的现金	(1)不包括计入在建工程、无形资产的薪酬; (2)不包括离退休人员的薪酬; (3)包括代扣代缴的职工个人所得税
	支付的各项税费	(1)增值税、土地增值税、消费税、所得税等各种税费,以及缴回并继续按规定抵扣进项税额的留抵退税款项; (2)不包括支付的耕地占用税
	支付其他与经营活动有关的现金	差旅费、罚款、业务招待费、捐赠支出

【例题12·单选题】下列事项所产生的现金流量中,不属于"经营活动产生的现金流量"的是( )。

A. 支付应由在建工程负担的物资款

B. 销售商品收到的货款

C. 支付给生产职工的工资

D. 支付的各项税费

解析 选项A,属于投资活动产生的现金流量。

【例题13·单选题】甲公司为增值税一般纳税企业。2021年度,甲公司现销主营业务收入为1 000万元,增值税销项税额为130万元;收到前期销售商品应收账款50万元;预收账款40万元;本期销售材料收入100万元,销项税额13万元,款项已收到;前期销售本期退回支付60万元。假定不考虑其他因素,甲公司2021年度现金流量表中"销售商品、提供劳务收到的现金"项目的金额为( )万元。

A. 1 080   B. 1 273   C. 1 180   D. 1 260

解析 "销售商品、提供劳务收到的现金"项目的金额=1 000+130+50+40+100+13−60=1 273(万元)。

【例题14·单选题】某企业2021年度支付职工薪酬1 050万元,其中:车间生产工人工资600万元,车间管理人员工资50万元,行政管理人员工资200万元,在建工程人员工资150万元,无形资产研发人员工资50万元。假定支付给在建工程人员和研发人员的工资均为资本化支出,不考虑其他因素,则应在现金流量表中"支付给职工以及为职工支付的现金"项目填列的金额为( )万元。

A. 650   B. 1 050   C. 900   D. 850

解析 金额=600+50+200=850(万元)。在建工程人员和无形资产研发

答案

例题12 | A
例题13 | B
例题14 | D

人员工资应该在"购建固定资产、无形资产和其他长期资产支付的现金"项目中列示。

2. 投资活动产生的现金流量

投资活动指企业长期资产的购建和不包括在现金等价物范围内的投资及其处置活动。投资活动产生的现金流量的填列，见表18-4。

表18-4 投资活动产生的现金流量的填列

	投资活动	项目填制说明
流出	购建固定资产、无形资产和其他长期资产支付的现金	(1)支付含税价款； (2)含工程人员职工薪酬
	投资支付的现金	除现金等价物外的投资
	取得子公司及其他营业单位支付的现金净额	购买价(现金支付部分)-子公司持有的现金和现金等价物
流入	收回投资收到的现金	收回股权投资、债权投资(本金)
	取得投资收益收到的现金	不包括股票股利
	处置固定资产、无形资产和其他长期资产收回的现金净额	净额(处置收入-处置费用)
	处置子公司及其他营业单位收到的现金净额	净额(处置收入-处置费用)

【例题15·多选题】（2020年）下列交易或事项中，属于投资活动产生的现金流量的有（　　）。

A. 支付应由无形资产负担的职工薪酬

B. 全额支付用于生产的机器设备价款

C. 固定资产报废取得的现金

D. 收到返还的增值税税款

E. 经营租赁收到的租金

解析 选项D、E，属于经营活动产生的现金流量。

【例题16·单选题】（2024年）甲公司2023年度发生的部分现金流量情况如下：经营租赁收到的租金50万元，收到购入设备的留抵退税款100万元，支付离退休人员薪酬80万元，偿还租赁负债本金和利息支付20万元，收到长期债券投资的利息500万元，因水灾造成设备损失而收到保险赔款10万元，则甲公司2023年投资活动产生的现金流量净额为（　　）万元。

A. 580　　　　B. 600　　　　C. 630　　　　D. 510

解析 经营租赁收到的租金、收到购入设备的留抵退税款、支付离退休人员的薪酬属于经营活动现金流量。偿还租赁负债本金和利息支付的现金属于筹资活动现金流量。甲公司2023年投资活动产生的现金净流量净额=收到长期债券投资的利息500+因水灾造成设备损失而收到保险赔款10=510（万元）。

答案
例题15 | ABC
例题16 | D

3. 筹资活动产生的现金流量 *调整*

偿付应付账款、应付票据等属于经营活动，不属于筹资活动。筹资活动产生的现金流量的填列，见表 18-5。

表 18-5 筹资活动产生的现金流量的填列

筹资活动		项目填制说明
流入	吸收投资收到的现金	股票发行收入-支付佣金手续费等发行费用后的净额
	取得借款收到的现金	长短期借款、发行债券的净额
流出	偿还债务支付的现金	本金
	分配股利、利润或偿付利息支付的现金	包括：购建固定资产、无形资产和其他长期资产而发生的借款利息资本化部分
	支付其他与筹资活动有关的现金	发行股票、债券直接支付的审计和咨询费用、偿还租赁负债本金和利息所支付的现金、支付的预付租金和租赁保证金、分期付款购建长期资产支付的现金

【例题 17·多选题】下列引起现金流量变化的项目中，属于筹资活动现金流量的有(　　)。

A. 收到被投资企业分配的现金股利　　B. 向投资者分派现金股利
C. 偿还租赁负债本金和利息所支付的现金　D. 发行股票支付的相关费用
E. 购买专利权发生的现金支出

解析 ▶ 选项 A、E，属于投资活动产生的现金流量。

【例题 18·多选题】(2024 年)下列交易或事项中，应在现金流量表中"支付其他与筹资活动有关的现金"项目反映的有(　　)。

A. 为购建固定资产支付的耕地占用税
B. 分期付款购建固定资产以后各期支付的现金
C. 为购建固定资产而支付的应予资本化的借款利息
D. 为发行股票直接支付的审计费用
E. 购买股票时支付的证券交易印花税和手续费

解析 ▶ 选项 A，在投资活动的"购建固定资产、无形资产和其他长期资产支付的现金"项目反映。选项 C，在筹资活动的"分配股利、利润或偿付利息支付的现金"项目反映。选项 E，在投资活动的"投资支付的现金"项目反映。

(三) 现金流量表补充资料的编制 (2021 年单选)

1. 不涉及现金收支的重大投资和筹资活动

(1)"债务转为资本"项目，反映企业本期转为资本的债务金额。
(2)"一年内到期的可转换公司债券"项目，反映企业 1 年内到期的可转换公司债券的本息。
(3)"融资租入固定资产"项目，反映企业本期融资租入固定资产的最低

答案 ▶
例题 17 | BCD
例题 18 | BD

租赁付款额扣除应分期计入利息费用的未确认融资费用的净额。

2. 现金及现金等价物净变动情况
3. 将净利润调节为经营活动现金流量

将净利润调节为经营活动现金流量，见表18-6。

表18-6 将净利润调节为经营活动现金流量

调整类别	净利润调增项目
不涉及现金的收入和费用	资产减值准备、信用损失准备
	固定资产折旧
	无形资产摊销
	长期待摊费用摊销
不属于经营活动的损益	处置固定资产、无形资产和其他长期资产的损失（收益-）
	固定资产报废损失（收益-）
	公允价值变动损失（收益-）
	净敞口套期损失
	投资损失（收益-）
	财务费用（收益-）
应收应付等项目的增减	存货减少
	递延所得税资产减少
	递延所得税负债增加
	经营性应收项目的减少（应收预付、长期应收、其他应收等）
	经营性应付项目的增加（应付预收、应交税费、应付职工薪酬等）

口诀：家呆废（加贷费）。

【例题19·单选题】下列项目中，应作为现金流量表补充资料中"将净利润调节为经营活动现金流量"调增项目的是（　　）。

A. 当期递延所得税资产减少
B. 当期确认的交易性金融资产公允价值变动收益
C. 当期经营性应收项目的增加
D. 当期发生的存货增加

解析 选项A，递延所得税资产减少，会增加所得税费用，减少净利润，但无现金流量，因此要调增。

【例题20·单选题】（2021年）甲公司2020年度实现净利润800万元，应收账款增加75万元，存货减少50万元，应付职工薪酬减少25万元，预收账款增加30万元，计提固定资产减值准备40万元，则甲公司2020年度经营活动产生的现金流量净额为（　　）万元。

A. 790　　B. 870　　C. 820　　D. 780

解析 甲公司2020年度经营活动产生的现金流量净额=800-75+50-25+30+40=820（万元）。

答案
例题19｜A
例题20｜C

考点四 所有者权益变动表 ★★   一学多考|注

(一)所有者权益变动表概述

所有者权益变动表是反映构成所有者权益的各组成部分当期增减变动情况的报表。

(二)所有者权益变动表项目(2024年单选;2021年多选)

在所有者权益变动表上,企业至少应当单独列示反映下列项目的信息:
(1)综合收益总额;
(2)会计政策变更和前期差错更正的累积影响金额;
(3)所有者投入资本和向所有者分配利润等;
(4)提取的盈余公积;
(5)实收资本、其他权益工具、资本公积、其他综合收益、盈余公积、未分配利润等的期初和期末余额及其调节情形。

所有者权益变动表的主要项目,见表18-7。

表18-7 所有者权益变动表的主要项目

项目	本年金额								上年金额
	实收资本(或股本)	其他权益工具	资本公积	减:库存股	其他综合收益	盈余公积	未分配利润	合计	(略)
一、上年年末余额									
加:会计政策变更									
前期差错更正									
二、本年年初余额									
三、本年增减变动金额									
(一)综合收益总额									
(二)所有者投入和减少资本(股份支付)									
(三)利润分配(提盈、分股)									
(四)所有者权益内部结转(转资、补亏)									
四、本年年末余额									

【例题 21·多选题】(2021 年)下列各项应在"所有者权益变动表"中单独列示的有( )。

A．盈余公积弥补亏损

B．提取盈余公积

C．综合收益总额

D．净利润

E．稀释每股收益

解析 选项 D，净利润影响未分配利润项目增减变动，但不是一个单独的项目。选项 E，属于利润表项目。

【例题 22·单选题】(2024 年)在所有者权益变动表中，企业不需要单独列示的项目是( )。

A．股份支付计入所有者权益的金额

B．直接计入当期损益的利得或损失项目及其总额

C．会计政策变更的累积影响数

D．其他权益工具持有者投入资本

解析 选项 B，不在所有者权益变动表中单独列示。

考点五 财务报表附注 ★ 一学多考丨注

(一)附注

附注是对资产负债表、利润表、现金流量表和所有者权益变动表等报表中列示项目的文字描述或明细资料，以及对未能在这些报表中列示项目的说明等。

财务报表附注是财务报表不可或缺的组成部分，附注相对于报表而言，同样具有重要性。

(二)附注披露的内容(2023 年单选；2022 年多选)

(1)企业的基本情况。

(2)财务报表的编制基础。

(3)遵循企业会计准则的声明。

(4)重要会计政策和会计估计，不重要的会计政策和会计估计可以不披露。

(5)会计政策和会计估计变更以及差错更正的说明。

(6)重要报表项目的说明。

(7)或有事项和承诺事项的说明。

(8)资产负债表日后事项的说明(重要)。

答案

例题 21 | ABC

例题 22 | B

(9) 关联方关系及其交易的说明。具体包括：①母公司和子公司的名称。母公司不是该企业最终控制方的，说明最终控制方名称。母公司和最终控制方均不对外提供财务报表的，说明母公司之上与其最相近的对外提供财务报表的母公司名称。②母公司和子公司的业务性质、注册地、注册资本（或实收资本、股本）及其当期发生的变化。③母公司对该企业或者该企业对子公司的持股比例和表决权比例。④企业与关联方发生关联方交易的，该关联方关系的性质、交易类型及交易要素。交易要素是指：交易的金额；定价政策；未结算项目的金额、条款和条件，以及有关提供或取得担保的信息；未结算应收项目的坏账准备金额。⑤企业应当分别通过关联方以及交易类型披露关联方交易。

(10) 其他还应披露的信息。

● **得分高手**

> 附注披露的内容是每年易考的考点，尤其是关联方交易要素，2025年应重点掌握。

【例题23·多选题】（2022年）在财务报表附注中，需披露的关联方交易要素至少应包括（　　）。

A. 未结算项目的金额、条款和条件
B. 关联方交易的定价政策
C. 未结算应收项目的公允价值
D. 关联方交易的金额
E. 未结算应收项目的坏账准备

解析 企业与关联方发生关联方交易的，交易要素至少应当包括以下四项内容：①交易的金额；②未结算项目的金额、条款和条件，以及有关提供或取得担保的信息；③未结算应收项目的坏账准备金额；④定价政策。

【例题24·多选题】下列各项中，无论是否重要，都必须在财务报表附注中披露的有（　　）。

A. 财务报表编制所采用的记账本位币
B. 固定资产可收回金额的计算
C. 会计政策变更的性质、内容和原因
D. 报表项目的说明
E. 资产负债表日后非调整事项

解析 选项B，属于重大会计估计，重要时应在附注披露。选项D，不重要的报表项目无须在报表附注中披露。选项E，不重要的资产负债表日后非调整事项无须在报表附注中披露。

答案

例题23 | ABDE
例题24 | AC

同步训练

考点一 资产负债表

1. (单选题)编制资产负债表时,下列根据相关总账科目期末余额直接填列的项目是( )。
   A. 合同资产　　　B. 合同负债　　　C. 预收款项　　　D. 租赁负债

2. (单选题)2020年12月1日,甲公司"库存现金"科目余额为0.1万元,"银行存款"科目余额为100.9万元,"数字货币"科目余额为5万元,"其他货币资金"科目余额为99万元。5日销售货物收到银行汇票10万元,10日收到银行承兑汇票20万元,15日用银行汇票采购货物30万元,20日开具商业承兑汇票采购货物40万元,25日销售货物收到转账支票10万元。2020年12月31日,甲公司资产负债表"货币资金"项目"期末余额"为( )万元。
   A. 220　　　B. 180　　　C. 195　　　D. 230

3. (单选题)2022年12月31日甲企业从银行取得借款情况如下:①2022年5月1日借款200万元,借款期限1年;②2021年1月1日借款400万元,借款期限4年;③2020年6月1日借款100万元,借款期限3年;④2020年3月1日借款300万元,借款期限4年。2022年12月31日资产负债表中"长期借款"和"一年内到期的非流动负债"项目金额分别为( )万元。
   A. 900;100　　　B. 700;300　　　C. 700;100　　　D. 500;500

4. (单选题)甲公司期末"库存商品"科目余额为100万元,"原材料"科目余额为30万元,"发出商品"科目余额为20万元,"应收退货成本"科目余额为40万元,"合同资产"科目余额为25万元,"合同履约成本"科目余额为120万元(其中初始确认时摊销期限在一年以内的为50万元)。"存货跌价准备"科目余额为10万元,"制造费用"科目的余额为45万元。假定不考虑其他因素,甲公司期末的资产负债表中"存货"项目的金额为( )万元。
   A. 190　　　B. 235　　　C. 300　　　D. 320

5. (单选题)某企业2022年12月31日"固定资产"账户余额为3 000万元,"累计折旧"账户余额为800万元,"固定资产减值准备"账户余额为200万元,"固定资产清理"账户借方余额为50万元,"在建工程"账户余额为200万元。不考虑其他因素,该企业2022年12月31日资产负债表中"固定资产"项目应填列的金额为( )万元。
   A. 3 000　　　B. 1 950　　　C. 2 050　　　D. 3 200

6. (多选题)下列资产负债表项目中,属于根据多个总账科目期末余额计算填列的有( )。
   A. 持有待售资产　　　　　　B. 货币资金

C. 其他应付款
D. 其他应收款
E. 应付账款

7. (多选题)资产负债表"长期应收款"项目,应根据下列账户的期末余额填列的有( )。
   A. 长期应收款
   B. 未实现融资收益
   C. 未确认融资费用
   D. 坏账准备
   E. 其他应收款

8. (多选题)下列各项报表项目填列方法的表述中,正确的有( )。
   A. "交易性金融资产"项目根据"交易性金融资产"总账科目的期末余额填列
   B. "合同履约成本"科目的明细科目中初始确认时摊销期限不超过一年或一个正常营业周期的期末余额填列在"存货"项目
   C. "合同取得成本""合同履约成本"科目的明细科目中初始确认时摊销期限在一年或一个正常营业周期以上的期末余额填列在"其他非流动资产"项目
   D. "合同结算"科目的期末余额在借方的,根据其流动性在"其他流动资产"或"其他非流动资产"项目中填列
   E. "合同结算"科目的期末余额在贷方的,根据其流动性在"合同负债"或"其他非流动负债"项目中填列

考点二 利润表

1. (单选题)甲公司2023年发生下列交易或事项:①出租无形资产取得租金收入200万元;②出售固定资产产生净收益60万元;③处置交易性金融资产取得收益40万元;④管理用机器设备发生日常维护支出30万元;⑤持有的其他权益工具投资公允价值下降80万元。假定上述交易或事项均不考虑相关税费,则甲公司2023年度因上述交易或事项影响营业利润的金额为( )万元。
   A. 190   B. 180   C. 210   D. 270

2. (单选题)甲公司2024年度发生的有关交易或事项有:持有的交易性金融资产公允价值上升100万元,收到上年度已确认的联营企业分配的现金股利50万元,因出售固定资产产生净收益20万元,因存货市价持续下跌计提存货跌价准备30万元,车间管理部门使用的机器设备发生日常维护支出40万元,不考虑其他因素,则上述交易对甲公司2024年度营业利润的影响金额为( )万元。
   A. 30   B. 50   C. 80   D. 90

3. (多选题)下列会计事项中,可能影响企业当期利润表中营业利润的有( )。
   A. 技术研究阶段发生的研究人员工资
   B. 计提存货跌价准备
   C. 投资性房地产获得的租金收入
   D. 固定资产报废产生的净损失
   E. 盘盈的固定资产

4. (多选题)下列会计事项中,能够影响企业当期利润表中营业利润的有( )。
   A. 无形资产报废形成的净损失
   B. 出售原材料取得的收入
   C. 随同产品出售但不单独计价的包装物成本
   D. 无法支付的应付账款

E. 盘亏固定资产形成的净损失

考点三 现金流量表

1. (单选题)下列各项中,能够引起现金流量表中"期末现金及现金等价物余额"发生变化的是( )。
   A. 收到税费返还
   B. 用存货抵偿债务
   C. 从银行提取现金
   D. 盈余公积转增资本

2. (单选题)下列事项所产生的现金流量中,属于"经营活动产生的现金流量"的是( )。
   A. 支付应由在建工程负担的职工薪酬
   B. 因违反《价格法》而支付的罚款
   C. 处置所属子公司所收到的现金净额
   D. 分配股利支付的现金

3. (单选题)下列事项所产生的现金流量中,不属于"经营活动产生的现金流量"的是( )。
   A. 收到的投资性房地产的租金
   B. 收到留抵退税款项
   C. 支付的罚款支出
   D. 以发行股票方式筹集资金而由企业直接支付的审计和咨询等费用

4. (单选题)甲公司2022年度共发生支出1 438万元,其中:以现金支付在建工程人员薪酬100万元、车间生产人员薪酬180万元、管理人员薪酬680万元;计提管理人员非货币福利支出28万元,计提固定资产折旧320万元,支付办公用房租金支出130万元。假定不考虑其他因素,甲公司2022年度现金流量表中"支付给职工以及为职工支付的现金"项目的本期金额为( )万元。
   A. 960
   B. 680
   C. 860
   D. 1 090

5. (单选题)黄河公司当期净利润800万元,财务费用50万元,存货减少5万元,应收账款增加75万元,应收票据减少20万元,应付职工薪酬减少25万元,预收账款增加30万元,计提固定资产减值准备40万元,无形资产摊销额10万元,处置长期股权投资取得投资收益100万元。假设没有其他影响经营活动现金流量的项目,黄河公司当期经营活动产生的现金流量净额为( )万元。
   A. 645
   B. 715
   C. 755
   D. 845

6. (多选题)下列交易或事项所产生的现金流量中,属于"投资活动产生的现金流量"的有( )。
   A. 偿还租赁负债本金和利息所支付的现金
   B. 从联营企业分回利润而收到的现金
   C. 处置固定资产收到的现金
   D. 支付的土地增值税
   E. 向投资方分配利润而支付的现金

7. (多选题)下列现金流入中,应列入现金流量表中"收回投资收到的现金"项目的有( )。
   A. 转让在合营企业中的权益投资收到的现金
   B. 收到购买国债的利息

C. 因战略调整处置子公司收到的现金净额

D. 因购买丙企业股票收到的现金股利

E. 处置对乙企业的长期债权收到的现金

8. (多选题)企业发生的下列现金支出业务中,应列入现金流量表中"购置固定资产、无形资产和其他长期资产支付的现金"项目的有( )。

A. 在建工程人员的薪酬支出　　　　B. 并购其他企业支付的现金

C. 支付工程项目专门借款利息　　　D. 为购建固定资产支付的耕地占用税

E. 以外包方式建造固定资产支付的工程款

9. (多选题)下列交易或事项中,不应在现金流量表中"支付的其他与筹资活动有关的现金"项目反映的有( )。

A. 购买股票时支付的证券交易印花税和手续费

B. 分期付款方式购建固定资产以后各期支付的现金

C. 为购建固定资产支付的耕地占用税

D. 为发行股票直接支付的审计费用

E. 以现金偿还债务的本金

10. (多选题)下列交易或事项会引起筹资活动现金流量发生变化的有( )。

A. 出售其他债权投资收到现金　　　B. 以投资性房地产对外投资

C. 向投资者分配现金股利　　　　　D. 从银行取得短期借款资金

E. 处置固定资产收到现金

11. (多选题)将净利润调节为经营活动的现金流量时,属于应调减项目的有( )。

A. 存货的减少　　　　　　　　　　B. 递延所得税负债的增加

C. 投资收益的增加　　　　　　　　D. 计提的资产减值准备

E. 处置固定资产产生的净收益

考点四 所有者权益变动表

1. (单选题)甲公司2023年年末所有者权益合计数为4 735万元,2024年实现净利润1 560万元,2024年3月分配上年股利630万元;2024年8月发现2022年、2023年行政部门使用的固定资产分别少提折旧200万元和300万元(达到重要性要求),假设按税法规定上述折旧允许税前扣除。甲公司自2022年4月1日起拥有乙公司30%的股权(具有重大影响),2024年10月乙公司将账面价值1 000万元的自用房地产转换为采用公允价值模式计量的投资性房地产,公允价值为1 400万元;甲公司适用企业所得税税率25%,所得税采用资产负债表债务法核算,按净利润10%计提盈余公积。若不考虑其他因素,则甲公司2024年度"所有者权益变动表"中所有者权益合计数本年年末余额应列示的金额为( )万元。

A. 5 254　　　　B. 5 285　　　　C. 5 410　　　　D. 5 380

2. (多选题)在所有者权益变动表中,企业至少应当单独列示反映的项目有( )。

A. 会计政策变更和会计估计变更的累积影响金额

B. 直接计入当期损益的利得和损失项目及其总额

C. 提取的盈余公积

D. 实收资本或股本

E. 其他综合收益

考点五 财务报表附注

1. (多选题)下列各项中,属于附注内容的有( )。
   A. 财务报表的编制基础
   B. 重要会计政策和会计估计
   C. 会计政策和会计估计变更以及差错更正的说明
   D. 债务重组事项的说明
   E. 遵循《企业会计准则》的声明

2. (多选题)企业与关联方发生关联交易的,在财务报表附注中披露的交易要素至少应包括( )。
   A. 未结算项目的金额、条款和条件,以及有关提供或取得担保的信息
   B. 已结算应收项目的坏账准备金额
   C. 交易的累积影响数
   D. 交易的金额
   E. 定价政策

参考答案及解析

考点一 资产负债表

1. C 【解析】本题考查根据总账科目余额填列。选项 A、B,"合同资产"和"合同负债"项目,应分别根据"合同资产""合同负债"科目的相关明细科目期末余额分析填列,同一合同下的合同资产和合同负债应当以净额列示,其中净额为借方余额的,应当根据其流动性在"合同资产"或"其他非流动资产"项目中填列,已计提减值准备的,还应减去"合同资产减值准备"科目中相应的期末余额后的金额填列;其中净额为贷方余额的,应当根据其流动性在"合同负债"或"其他非流动负债"项目中填列。选项 D,"租赁负债"项目应根据"租赁负债"总账科目余额扣除其所属的明细科目中将在资产负债表日起 1 年内到期,且企业不能自主地将清偿义务展期的部分后的金额计算填列。

2. C 【解析】本题考查"货币资金"项目的填列。货币资金 = (0.1+100.9+5+99) + 10−30+10 = 195(万元)。

   【思路点拨】
   买卖双方在使用商业汇票、银行汇票结算中的不同:
   商业汇票是延期结算的工具,买方开出时增加应付票据,卖方收到时增加应收票据。
   银行汇票是即期结算的工具,买方付出时减少其他货币资金,卖方收到时增加银行存款。

3. C 【解析】本题考查根据总账科目和明细账科目余额分析计算填列。第一笔借款是短期借款,其他三笔借款的到期日分别为:2025 年 1 月 1 日(400 万元)、

2023年6月1日(100万元)、2024年3月1日(300万元),因此2022年12月31日资产负债表中"长期借款"项目金额=400+300=700(万元),"一年内到期的非流动负债"项目金额=100(万元)。

4. B 【解析】本题考查"存货"项目的填列。资产负债表中"存货"项目的金额=100+30+20+50-10+45=235(万元)。

【思路点拨】
"存货"填列项目易混点:
(1)"制造费用""生产成本"属于成本类科目,在资产负债表"存货"项目列示。
(2)"工程物资"科目,应在资产负债表的"在建工程"项目列示。
(3)"合同资产"和"合同负债"项目,应根据"合同资产"科目和"合同负债"科目的明细科目期末余额分析填列,同一合同下的合同资产和合同负债应当以净额列示。若净额为借方余额的,应当根据其流动性在"合同资产"或"其他非流动资产"项目中填列,已计提减值准备的,还应减去"合同资产减值准备"科目中相应的期末余额后的金额填列;若净额为贷方余额的,应当根据其流动性在"合同负债"或"其他非流动负债"项目中填列。
(4)"其他非流动资产"项目,应根据有关科目的期末余额减去将于一年内(含一年)收回数后的金额,及"合同取得成本"科目和"合同履约成本"科目的明细科目中初始确认时摊销期限在一年或一个正常营业周期以上的期末余额,减去"合同取得成本减值准备"科目和"合同履约成本减值准备"科目中相应的期末余额填列。
(5)应收退货成本,期末应当根据"应收退货成本"科目是否在一年或一个正常营业周期内出售,在"其他流动资产"或"其他非流动资产"项目中填列。

5. C 【解析】本题考查"固定资产"项目的填列。"固定资产"项目金额=3 000-800-200+50=2 050(万元)。"在建工程"账户的金额,应列示在"在建工程"项目。

6. BC 【解析】本题考查根据总账科目余额填列。"货币资金"项目,需根据"库存现金""银行存款""数字货币""其他货币资金"四个总账科目的期末余额的合计数填列。"其他应付款"项目,需根据"其他应付款""应付利息""应付股利"三个总账科目余额的合计数填列。选项A,应根据该科目期末余额减去其备抵科目余额后的净额填列。选项D,"其他应收款"项目,应根据"应收利息""应收股利""其他应收款"三个总账科目的期末余额的合计数,减去相应计提的"坏账准备"后的金额填列。选项E,"应付账款"项目,需要根据"应付账款""预付账款"两个科目所属的相关明细科目的期末贷方余额合计数填列。

7. ABD 【解析】本题考查"长期应收款"项目的填列。未实现融资收益和坏账准备都是长期应收款的备抵科目,会影响"长期应收款"项目的列示金额。

8. BCE 【解析】本题考查资产负债表的填列。选项A,"交易性金融资产"项目,应根据相应明细科目期末余额分析填列。选项D,"合同结算"科目的期末余额在借方的,根据其流动性在"合同资产"或"其他非流动资产"项目中填列。

考点二 利润表

1. D 【解析】本题考查利润表。上述交易或事项影响营业利润的金额=200+60+40-30=270(万元)。

2. D 【解析】本题考查营业利润的影响额。收到联营企业分配的现金股利，借记银行存款，贷记应收股利，不影响营业利润；车间管理部门使用的机器设备发生日常维护支出，计入制造费用，不影响营业利润。影响营业利润金额 = 100 + 20 − 30 = 90(万元)。

3. ABC 【解析】本题考查营业利润的影响事项。选项 A，无形资产研究阶段发生的支出，发生时计入研发支出——费用化支出，当期期末转入管理费用。选项 B，计入资产减值损失。选项 C，计入其他业务收入。选项 D，计入营业外支出，不影响营业利润。选项 E，作为前期会计差错处理，通过"以前年度损益调整"科目核算，不影响营业利润。

4. BC 【解析】本题考查利润表。选项 A、D、E 均计入营业外收支，不影响营业利润。选项 B 计入其他业务收入，选项 C 计入销售费用，均影响营业利润。

考点三 现金流量表

1. A 【解析】本题考查现金流量表的编制基础。选项 B、D，不涉及现金及现金等价物。选项 C，银行存款减少，库存现金增加，总体上现金及现金等价物余额不变。

2. B 【解析】本题考查现金流量的分类。选项 A、C，属于投资活动产生的现金流量。选项 D，属于筹资活动产生的现金流量。

3. D 【解析】本题考查现金流量的分类。选项 D，属于筹资活动产生的现金流量。

4. C 【解析】本题考查经营活动产生的现金流量。支付给职工以及为职工支付的现金 = 180 + 680 = 860(万元)。其中支付在建工程人员薪酬在"购建固定资产、无形资产和其他长期资产支付的现金"项目下核算。计提非货币福利支出、固定资产计提折旧不产生现金流量。

5. C 【解析】本题考查现金流量表补充资料的编制。经营活动产生的现金流量净额 = 800 + 50 + 5 − 75 + 20 − 25 + 30 + 40 + 10 − 100 = 755(万元)。

【思路点拨】
快速准确地将净利润调节为经营活动现金流量净额的方法：
记忆口诀"加贷费"，即在净利润的基础上加上题目给出的资产、负债账户的贷方发生额，加上各项需调整的费用，反之相减。

6. BC 【解析】本题考查现金流量的分类。选项 A、E，属于筹资活动产生的现金流量。选项 D，属于经营活动产生的现金流量。

7. AE 【解析】本题考查投资活动产生的现金流量。选项 B、D，应列入"取得投资收益收到的现金"项目。选项 C，应列入"处置子公司及其他营业单位收到的现金净额"项目。

8. ADE 【解析】本题考查投资活动产生的现金流量。"购置固定资产、无形资产和其他长期资产支付的现金"项目反映企业本期购买、建造固定资产、取得无形资产和其他长期资产所实际支付的现金，以及用现金支付的应由在建工程和无形资产负担的职工薪酬，不包括为购建固定资产、无形资产和其他长期资产而发生的借款利息资本化部分，以及偿还租赁负债本金和利息所支付的现金。选项 B，应列入"取得子公司及其他营业单位支付的现金净额"项目。选项 C，应列入"分配股利、利润或偿付利息支付的现金"项目。

9. ACE 【解析】本题考查筹资活动产生的现金流量。选项 A，记入"投资支付的现金"项目。选项 C，记入"购建固定资产、无形资产和其他长期资产支付的现金"项目。选项 E，记入"偿还债务支付的现金"项目。

10. CD 【解析】本题考查现金流量的分类。选项 A、E，都会引起投资活动现金流量发生变化。选项 B，不涉及现金流量，不会影响筹资活动的现金流量。

11. CE 【解析】本题考查现金流量表补充资料的编制。选项 A，存货减少，会同时导致主营业务成本的增加，减少净利润但无经营活动现金流出，因此在将净利润调节为经营活动现金流量时，应将其加回。选项 B，递延所得税负债增加，使所得税费用增加，减少净利润但无经营活动现金流出，因此在将净利润调节为经营活动现金流量时，应当将其加回。选项 C、E，增加净利润，但不属于经营活动现金流入，因此在将净利润调节为经营活动现金流量时，应调减。选项 D，减少净利润，但无经营活动现金流出，因此在将净利润调节为经营活动现金流量时，应调增。

考点四 所有者权益变动表

1. D 【解析】本题考查所有者权益变动表的填列。甲公司 2024 年度"所有者权益变动表"中所有者权益合计数本年年末余额 = 4 735 + 1 560 − 630 − (200 + 300) × (1 − 25%) + 400 × (1 − 25%) × 30% = 5 380(万元)。

2. CDE 【解析】本题考查所有者权益变动表。选项 A，不应包括会计估计变更的累积影响金额。选项 B，直接计入当期损益的利得和损失属于计入综合收益总额，并不是单独列示的项目。

考点五 财务报表附注

1. ABCE 【解析】本题考查附注披露项目。附注的主要内容包括：企业的基本情况；财务报表的编制基础；遵循《企业会计准则》的声明；重要会计政策和会计估计；会计政策和会计估计变更以及差错更正的说明；重要报表项目的说明；或有事项和承诺事项的说明；资产负债表日后事项的说明；关联方关系及其交易的说明；其他还应披露的信息。

2. ADE 【解析】本题考查附注披露项目。交易要素至少应当包括以下四项内容：①交易的金额；②未结算项目的金额、条款和条件，以及有关提供或取得担保的信息；③未结算应收项目的坏账准备金额；④定价政策。

亲爱的读者，你已完成本章5个考点的学习，本书知识点的学习进度已达98%。

第十九章　企业破产清算会计

重要程度：非重点章节　　分值：2分左右

考试风向

考情速递

本章重点内容为企业破产清算会计基础与计量属性、破产清算损益账户、清算财务报表等。常以单选题、多选题的形式考核，需要理解并掌握。

2025年考试变化

本章内容无实质性变化。

脉络梳理

```
第十九章 企业    ├── 企业破产清算会计       ├── 企业破产清算的会计基础
破产清算会计       基础与计量属性★        └── 企业破产清算的计量属性
                │
                └── 破产清算会计核算★★   ├── 企业破产清算的确认、计量和账务处理
                                        └── 企业破产清算财务报表
```

考点详解及精选例题

考点一　企业破产清算会计基础与计量属性★

（一）企业破产清算的会计基础

破产企业会计确认、计量和报告以<u>非持续经营</u>为前提。
破产清算会计与传统财务会计的区别，见表19-1。

表 19-1　破产清算会计与传统财务会计的区别

区别		传统财务会计	破产清算会计
传统财务会计的基本假设对破产清算会计不再适用	会计主体假设	会计主体是企业自身	法院宣告企业破产后，破产管理人进入前：会计主体仍是企业； 破产管理人进入后：会计主体是破产管理人
	持续经营假设	适用	不适用
	会计期间假设	适用	不适用
破产清算会计超越了传统财务会计的一些基本原则和要求规范	历史成本	是企业计量资产成本的基本要求	资产的价值更注重以破产资产清算净值来计量
	配比性	企业的营业收入与其对应的成本、费用相互配比	会计核算的目的侧重于资产的变现和债务的偿还，无须强调配比性
	合理划分收益性支出与资本性支出	十分重要，尤其对于计算企业当期损益更为重要	不必再对支出作类似的划分
会计报告的目标、种类、格式、基本内容以及报告的需要者发生较大的变化	会计报告的目标	着眼于企业的收益以及净资产的变化过程及结果	反映破产财产的处理情况以及债务的清偿情况
	会计报告的种类	资产负债表、利润表、现金流量表、股东权益变动表等	清算资产负债表、清算损益表、清算现金流量表、债务清偿表等
	会计报告的需要者	企业的投资者、债权人和政府有关部门	受理破产案件的人民法院、债权人以及国有资产管理部门等

> **记忆密码**
> 能理解就可以，不用全面记忆。

(二) 企业破产清算的计量属性

企业破产清算的计量属性，见表 19-2。

表 19-2　企业破产清算的计量属性

项目	内容
破产资产	资产以破产资产清算净值计量（初始+后续）。 破产资产清算净值指在破产清算的特定环境下和规定时限内，最可能的变现价值扣除相关的处置税费后的净额

(续表)

项目	内容
破产负债	负债以破产债务清偿价值计量(初始+后续)。 破产债务清偿价值指在不考虑破产企业的实际清偿能力和折现等因素的情况下，破产企业按照相关法律规定或合同约定应当偿付的金额

【例题1·多选题】下列各项中，属于企业破产清算计量属性的有(　　)。

A．可变现净值

B．破产债务清偿价值

C．破产资产清算净值

D．公允价值

E．重置成本

解析 ↘ 破产企业在破产清算期间的资产应当以破产资产清算净值计量；在破产清算期间的负债应当以破产债务清偿价值计量。

【例题2·单选题】破产企业在破产清算期间资产的计量属性是(　　)。

A．破产资产清算净值

B．破产资产历史成本

C．破产资产公开拍卖的成交价

D．破产资产的变现净值

解析 ↘ 破产企业在破产清算期间的资产应当以破产资产清算净值计量。

考点二　破产清算会计核算 ★★

(一) 企业破产清算的确认、计量和账务处理（2020—2022年单选；2023年多选）

企业破产清算的确认、计量和账务处理，见表19-3。

表19-3　企业破产清算的确认、计量和账务处理

项目		情形		核算科目
破产宣告日	余额结转	商誉、长期待摊费用、递延所得税资产；递延所得税负债、递延收益；所有者权益类科目	余额	转入"清算净值"科目，不涉及清算损益
	余额调整	按破产资产清算净值调整资产余额；按破产债务清偿价值调整负债余额	差额	

记忆密码
重点掌握损益账户的核算内容。

答案 ↘
例题1 | BC
例题2 | A

（续表）

项目	情形	核算科目
破产清算期间处置破产资产、清偿破产债务	调整破产资产和负债的账面价值变动损益	破产资产和负债净值变动净损益
	收回应收款项类债权或应收款项类投资的差额；出售各类投资的差额；处置破产资产收到的款项扣除相关处置费用后的净损益（如出售存货、固定资产扣除账面价值和税费后的差额）	资产处置净损益
	清偿债务产生的净损益（如支付所欠工资、社保、补偿金，所欠税款等债务的差额，非货币性资产账面价值清偿债务的差额，行使抵销权的差额）	债务清偿净损益
	清查盘点取得未入账的资产	其他收益
	国家收回土地给予的补偿	
	利息、股利、租金收入	
	追回破产资产	
	履行未履行完毕的合同取得资产支付代价与清算净值差额、出售资产账面价值与应收款差额（收益）	
	破产清算终结日剩余不再清偿的债务	
支付破产费用和其他费用	破产费用主要包括破产案件的诉讼费用，管理、变价和分配债务人资产的费用（评估、变价、拍卖等费用），管理人执行职务的费用、报酬和聘用工作人员的费用	破产费用
	为全体债权人的共同利益而管理、变卖和分配破产财产而负担的债务，主要包括因管理人或者债务人请求对方当事人履行双方均未履行完毕的合同所产生的债务、为债务人继续营业而应当支付的劳动报酬和社会保险费用以及由此产生的其他债务等	共益债务支出
	履行未履行完毕合同取得资产支付代价与清算净值差额、出售资产账面价值与应收款差额（损失）	其他费用
	发现未入账的负债	

(续表)

项目	情形	核算科目
终结日损益结转	缴纳所得税	所得税费用
	清算损益账户余额(8个)先转入"清算净损益",再转入"清算净值"	

【例题3·多选题】(2024年)企业破产清算的会计处理中,不通过"其他收益"科目核算的有( )。

A．出售投资性房地产收到的款项

B．以非货币性资产清偿债务产生的净收益

C．破产清算期间通过债权人申报发现的未入账债务

D．处置破产资产时发生的评估、拍卖费用

E．划拨土地使用权被国家收回而取得的补偿款

解析 选项A,按照收到的款项,借记"银行存款"等科目,按照投资性房地产的账面价值,贷记"投资性房地产"科目,按应当缴纳的税费贷记"应交税费"科目,按上述各科目发生额的差额,借记或贷记"资产处置净损益"科目。选项B,差额计入债务清偿净损益。选项C,计入其他费用。选项D,计入破产费用。选项E,计入其他收益。

【例题4·多选题】(2023年)破产企业在破产清算期间发生的下列事项中,错误的有( )。

A．补缴以前年度的企业所得税税款时,记入"所得税费用"科目

B．因盘盈取得的资产,记入"其他收益"科目

C．处置存货的,将扣除账面价值及相关税费后的差额,记入"资产处置损益"科目

D．收到的利息、租金、股利等孳息时,记入"其他收益"科目

E．通过债权人申报发现的未入账债务,记入"破产费用"科目

解析 选项A,所得税费用应当仅反映破产企业当期应缴的所得税。选项C,破产企业出售存货,将扣除账面价值及相关税费后的差额,记入"资产处置净损益"科目。选项E,在破产清算期间通过债权人申报发现的未入账债务,应当按照破产债务清偿价值确定计量金额,借记"其他费用"科目,贷记相关负债科目。

【例题5·单选题】(2022年)破产管理人依法追回相关破产资产的,按破产资产清算净值进行会计处理后形成的净收益,应记入的会计科目是( )。

A．清算净损益　　　　B．资产处置净损益

C．债务清偿净损益　　D．其他收益

解析 破产管理人依法追回相关破产资产的,按照追回资产的破产资产清算净值,借记相关资产科目,贷记"其他收益"科目。

答案
例题3 | ABCD
例题4 | ACE
例题5 | D

【例题6·单选题】(2021年)破产企业在破产清算期间收到的租金,应记入( )科目。

A. 其他收益
B. 共益债务支出
C. 资产处置净损益
D. 破产费用

解析 ▶ 破产企业收到的利息、股利、租金等孳息,借记"现金""银行存款"等科目,贷记"其他收益"科目。

(二)企业破产清算财务报表

1. 清算报表的构成

破产企业的财务报表包括清算资产负债表、清算损益表、清算现金流量表、债务清偿表及相关附注。

破产宣告日:破产企业应当以破产宣告日为破产报表日编制清算资产负债表及相关附注。

法院或债权人会议确定的编报日:破产企业应当根据要求提供清算财务报表的时点确定破产报表日,编制清算资产负债表、清算损益表、清算现金流量表、债务清偿表及相关附注。

破产终结日:破产企业应当编制清算损益表、债务清偿表及相关附注。

2. 清算报表的格式和内容

清算报表的格式和内容,见表19-4。

表19-4 清算报表的格式和内容

项目	内容	
清算资产负债表	清算资产负债表反映破产企业在破产报表日资产的破产资产清算净值,以及负债的破产债务清偿价值	
	列示的项目不区分流动和非流动。"应收账款、其他应收款"两个项目,分别根据"应收账款"或"其他应收款"科目的余额填列,"长期应收款"科目余额也在上述两项目中分析填列。"借款"项目,根据"短期借款"和"长期借款"科目余额合计数填列。"金融资产投资"项目,根据三类金融资产科目余额合计数填列	
清算损益表	资产处置净收益(损失)、债务清偿净收益(损失)、破产资产和负债净值变动净收益(损失)、其他收益	破产费用、共益债务支出、其他费用、所得税费用

答案 ▶
例题6丨A

第十九章 企业破产清算会计

(续表)

项目	内容	
清算现金流量表	期初货币资金余额	
	清算现金流入： (1)处置资产收到的现金净额。 (2)收到的其他现金	清算现金流出： (1)清偿债务支付的现金。 (2)支付破产费用的现金。 (3)支付共益债务的现金。 (4)支付所得税费用的现金。 (5)支付的其他现金
	期末货币资金余额	
债务清偿表	债务清偿表应按有担保的债务和普通债务分类设项	
	反映债务内容：确认金额、清偿比例、实际需清偿金额、已清偿金额、尚未清偿金额等信息	
附注	如，破产资产明细信息，需区分是否用作担保，进行分别披露	

【例题7·单选题】(2024年)下列关于企业破产清算财务报表列报的表述中，错误的是(   )。

A．所得税费用应在清算损益表中单独列示

B．债务应在债务清偿表中按有担保的债务和普通债务分类设项分别列示

C．借款在清算资产负债表中应按有无担保分类列示，但不再区分长短期

D．支付所得税费用的现金应在清算现金流量表中单独列示

解析 选项C，"借款"项目，应根据"短期借款"和"长期借款"科目余额合计数填列，不按有无担保分类列示。

答案 例题7 | C

同步训练

考点一 企业破产清算会计基础与计量属性

1．(单选题)破产企业在破产清算期间破产负债的计量属性是(   )。

　　A．破产债务账面余额　　　　　　B．破产债务清算净值

　　C．破产债务清偿价值　　　　　　D．破产债务公允价值

2．(多选题)下列关于破产清算会计的表述中，正确的有(   )。

　　A．传统财务会计的基本假设对破产清算会计不再适用

　　B．在破产清算会计中，资产的价值以破产资产清算净值来计量

　　C．企业进入破产清算后，其会计核算的目的侧重于资产的变现和债务的偿还，不强调配比性

D. 在破产清算中，收益性支出与资本性支出的划分仍然十分重要

E. 破产清算会计报告的主要目标是反映破产财产的处理情况以及债务的清偿情况

考点二 破产清算会计核算

1. (单选题)企业破产清算期间，应收款项类债权的收回金额与其账面价值的差额，应记入的会计科目是(　　)。

   A. 资产处置净损益　　　　　　　　　B. 其他费用
   C. 债务清偿净损益　　　　　　　　　D. 破产费用

2. (单选题)破产企业按照法律、行政法规规定支付职工补偿金时，可能涉及的会计科目是(　　)。

   A. 破产费用　　　　　　　　　　　　B. 其他费用
   C. 清算净值　　　　　　　　　　　　D. 债务清偿净损益

3. (单选题)下列各项中，通过"其他费用"科目核算的是(　　)。

   A. 破产案件的诉讼费用
   B. 在破产清算期间通过债权人申报发现的未入账债务
   C. 管理人聘用工作人员的费用
   D. 管理、变价和分配债务人资产的费用

4. (单选题)破产企业在处置破产资产时，不涉及"资产处置净损益"科目的情形是(　　)。

   A. 收回应收票据、应收款项类债权产生的损益
   B. 出售各类投资产生的损益
   C. 出售存货、固定资产产生的损益
   D. 处置破产资产发生的评估、变价、拍卖等费用

5. (单选题)破产企业的划拨土地使用权被国家收回，国家给予的补偿额应记入(　　)科目。

   A. 资产处置净损益　　　　　　　　　B. 其他收益
   C. 破产费用　　　　　　　　　　　　D. 其他费用

6. (单选题)破产企业收到的利息、股利等孳息，应贷记(　　)科目。

   A. 递延收益　　B. 营业外收入　　C. 其他收益　　D. 清算净损益

7. (单选题)下列各项中，不属于破产企业在破产清算期间支付的破产费用的是(　　)。

   A. 破产案件的诉讼费用
   B. 管理、变价和分配债务人资产的费用
   C. 管理人执行职务的费用、报酬和聘用工作人员的费用
   D. 为全体债权人的共同利益而管理、变卖和分配破产财产而发生的支出

8. (单选题)破产企业在破产清算终结日，剩余破产债务不再清偿的，按照其账面价值，借记相关负债科目，贷记(　　)科目。

   A. 债务清偿净损益　　　　　　　　　B. 营业外收入
   C. 其他收益　　　　　　　　　　　　D. 清算净损益

第十九章 | 企业破产清算会计

9. (单选题)下列关于企业在破产清算期间账务处理的表述中,错误的是( )。
   A. 清算期间通过盘点方式取得的未入账资产,应贷记"其他收益"科目
   B. 清算期间通过债权人申报发现的未入账债务,应贷记"其他费用"科目
   C. 编制清算期间财务报表时,应当对所有的资产项目和负债项目的价值进行重新计量
   D. 清算期间破产管理人依法追回相关破产资产的,按照追回资产的破产资产清算净值,贷记"其他收益"科目

10. (单选题)下列各项中,破产企业关于破产清算表述正确的是( )。
    A. 破产资产清算净值指在破产清算的特定环境下和规定时限内最可能的变现价值
    B. 破产债务清偿价值指在考虑破产企业的实际清偿能力和折现等因素的情况下,破产企业按照相关法律规定或合同约定应当偿付的金额
    C. "资产处置净损益"科目,核算破产企业在破产清算期间处置破产资产扣除清偿债务产生的净损益
    D. "债务清偿净损益"科目,核算破产企业在破产清算期间清偿债务产生的净损益

11. (多选题)下列关于编制破产清算期间财务报表时的账务处理,表述正确的有( )。
    A. 应当对所有资产项目按其于破产报表日的破产资产清算净值重新计量
    B. 应当对所有负债项目按照破产债务清偿价值重新计量
    C. 需要将资产处置净损益等清算损益类科目余额转入清算净损益科目
    D. 清算净损益科目无余额
    E. 需要根据实际结果将清算净值转入清算净损益科目

12. (多选题)向法院申请裁定破产终结的,破产企业应当编制的财务报表包括( )。
    A. 清算资产负债表
    B. 清算损益表
    C. 清算现金流量表
    D. 债务清偿表
    E. 相关附注

● 参考答案及解析

考点一 企业破产清算会计基础与计量属性

1. C 【解析】本题考查企业破产清算的计量属性。破产企业在破产清算期间的负债应当以破产债务清偿价值计量。
2. ABCE 【解析】本题考查企业破产清算的编制基础。选项D,在破产清算中,由于持续经营的假设不复存在,不必再对支出作类似的划分。

考点二 破产清算会计核算

1. A 【解析】本题考查处置破产资产的账务处理。破产企业收回应收款项类债权,按照收回的款项,借记"现金""银行存款"等科目,按应收款项类债权的账面价值,贷记"应收账款"等科目,按其差额,借记或贷记"资产处置净损益"科目。

2. D 【解析】本题考查清偿债务的账务处理。破产企业按照经批准的职工安置方案，支付的所欠职工的社会保险费用，以及法律、行政法规规定应当支付给职工的补偿金，按照相关账面价值借记"应付职工薪酬"等科目，按照实际支付的金额，贷记"现金""银行存款"等科目，按其差额，借记或贷记"债务清偿净损益"科目。

3. B 【解析】本题考查破产清算的其他账务处理。选项 A、C、D，通过"破产费用"科目核算。

4. D 【解析】本题考查处置破产资产的账务处理。破产企业处置破产资产发生的各类评估、变价、拍卖等费用，按照发生的金额，借记"破产费用"科目，贷记"现金""银行存款""应付破产费用"等科目。

5. B 【解析】本题考查处置破产资产的账务处理。破产企业的划拨土地使用权被国家收回，国家给予一定补偿的，按照收到的补偿金额，借记"现金""银行存款"等科目，贷记"其他收益"科目。

6. C 【解析】本题考查破产清算的其他账务处理。破产企业收到的利息、股利、租金等孳息，借记"现金""银行存款"等科目，贷记"其他收益"科目。

7. D 【解析】本题考查企业破产清算的科目设置。破产费用主要包括破产案件的诉讼费用，管理、变价和分配债务人资产的费用，管理人执行职务的费用、报酬和聘用工作人员的费用。选项 D，属于共益债务支出。

8. C 【解析】本题考查破产清算的其他账务处理。破产企业在破产清算终结日，剩余破产债务不再清偿的，按照其账面价值，借记相关负债科目，贷记"其他收益"科目。

9. B 【解析】本题考查破产清算的其他账务处理。选项 B，清算期间通过债权人申报发现的未入账债务，应当按照破产债务清偿价值确定计量金额，借记"其他费用"科目，贷记相关负债科目。

10. D 【解析】本题考查企业破产清算的确认、计量和记录。选项 A，破产资产清算净值指在破产清算的特定环境下和规定时限内最可能的变现价值扣除相关的处置税费后的净额。选项 B，破产债务清偿价值指不考虑破产企业的实际清偿能力和折现等因素。选项 C，"资产处置净损益"科目，核算破产企业在破产清算期间处置破产资产产生的、扣除相关处置费用后的净损益。

11. ABCD 【解析】本题考查企业破产清算的确认、计量和记录。选项 E，需要根据实际结果将清算净损益转入清算净值。

12. BDE 【解析】本题考查企业破产清算财务报表的列报。破产企业的财务报表包括清算资产负债表、清算损益表、清算现金流量表、债务清偿表及相关附注。而向法院申请裁定破产终结的，破产企业应当编制清算损益表、债务清偿表及相关附注。

亲爱的读者，你已完成本章2个考点的学习，本书知识点的学习进度已达100%。

第三篇 考前模拟

税务师应试指南

考前模拟 2 套卷

优秀的你有足够的理由相信：沉下心，慢慢来，你想要的美好，终将如期而至。现在，你已完成了前期的学习，终于来到应试指南的结束篇"考前模拟"，快来扫描下方二维码进行模拟考试吧！

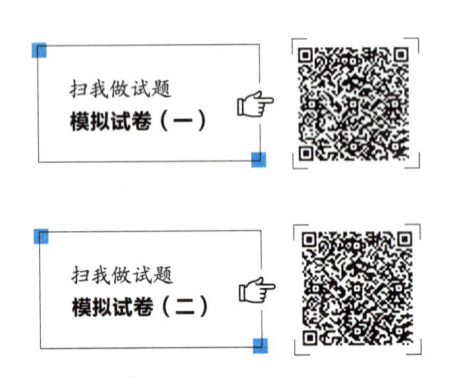

扫我做试题
模拟试卷（一）

扫我做试题
模拟试卷（二）

全国税务师职业资格考试采用闭卷、无纸化形式，此篇考前模拟助力考前练习，快来体验吧！